La Toscane

« On aime Florence sans effort lorsque, devant l'église San Miniato, on la découvre, rose et pierreuse. Mais c'est une pierre qui ne surpasse pas son écrin. Et l'on admirerait moins peut-être le dôme d'argile et les tours crénelées si, autour de Florence, les collines ne dessinaient pas sur l'azur un horizon miraculeux. »

Jean-Louis Vaudoyer

Les Délices de l'Italie

D1407765

Editions des Voyages

46, avenue de Breteuil – 75324 Paris Cedex 07
☎ 01 45 66 12 34
www.ViaMichelin.fr
LeGuideVert@fr.michelin.com

Manufacture française des pneumatiques Michelin
Société en commandite par actions au capital de 304 000 000 EUR
Place des Carmes-Déchaux – 63 Clermont-Ferrand (France)
R.C.S. Clermont-Fd B 855 200 507

Dépôt légal Janvier 2001 – ISBN 2-06-000094-7 – ISSN 0293-9436
Printed in France 01-2002/3.3

Compogravure : MAURY Imprimeur S.A., Malesherbes
Impression et brochage : AUBIN, Ligugé.

Maquette de couverture extérieure : Agence Carré Noir à Paris 17e

LE GUIDE VERT,
l'esprit de découverte

Avec cette nouvelle collection LE GUIDE VERT, nous avons l'ambition de faire de vos vacances des moments passionnants et mémorables, d'accompagner votre découverte de nouveaux horizons, bref... de vous faire partager notre passion du voyage. Voyager avec LE GUIDE VERT, c'est être acteur de ses vacances, profiter pleinement de ce temps privilégié pour découvrir, s'enrichir, apprendre au contact direct du patrimoine culturel et de la nature.

Le temps des vacances avec LE GUIDE VERT, c'est aussi la détente, se faire plaisir, apprécier une bonne adresse pour se restaurer, dormir, ou se divertir. Explorez notre sélection !

Alors, plongez vite dans LE GUIDE VERT à la découverte de votre prochaine destination de voyage. Partagez avec nous cette ouverture sur le monde qui donne au temps des vacances, son sens, sa substance et en définitive son véritable esprit.

L'esprit de découverte

Jean-Michel Dulin
Rédacteur en Chef

Sommaire

S. Sauvignier/MICHELIN

J.C. Gérard/DIAF

À la découverte de... 58

Renseignements pratiques 316

Index 353

Sienne : fresque du Palazzo Pubblico

Ermitage de Camaldoli

5

Cartographie

Carte Michelin n° 988
– à l'échelle 1/1 000 000, elle permet de se rendre aisément d'un point à l'autre du territoire italien.

Carte Michelin n° 430
– carte à 1/400 000 donnant le détail du réseau routier du centre de l'Italie et faisant apparaître tous les sites et monuments isolés décrits dans le Guide Vert Florence et la Toscane
– répertoire des localités
– plan général des principales métropoles

Atlas Michelin Italie
– à 1/300 000

... et pour se rendre en Toscane

Atlas routier Michelin Europe
– toute l'Europe à 1/1 000 000 présentée en un seul volume
– les grands axes routiers et 70 plans d'agglomération ou cartes d'environs
– la réglementation routière appliquée dans chaque pays

Florence vers 1490

Commune di Firenze

INDEX CARTOGRAPHIQUE

Plans de villes

Schémas

Sites et monuments

Votre guide

Ce guide a été conçu pour vous aider à tirer le plus grand parti de votre visite en Toscane. Il est présenté en trois grands chapitres : Introduction au voyage, À la découverte de... puis Renseignements pratiques, que complète une sélection de plans et de cartes.

● Les cartes générales, en pages 10 à 15, ont été conçues pour vous permettre de préparer votre voyage. La carte des **Principales curiosités** repère les sites de plus grand intérêt, la carte des **Itinéraires de visite** suggère divers parcours et la carte des **Lieux de séjour** indique les meilleures destinations ou les plus belles plages.

Avant de commencer votre voyage, permettez-nous de recommander la lecture de l'**Introduction**, qui vous donnera toutes les informations nécessaires pour mieux comprendre l'histoire, l'art, la culture, les traditions et la gastronomie de la Toscane.

● La partie **À la découverte de...** répertorie les principaux sites d'intérêt touristique de la Toscane, par ordre alphabétique. Une place particulièrement importante est accordée à la seule ville de Florence, en raison du nombre considérable de monuments qu'elle offre et de leur immense intérêt. Pour quelques villes, un **Carnet d'adresses** propose des adresses utiles si vous êtes à la recherche d'un hôtel ou d'un établissement typique.

● Toutes les informations de nature pratique (adresses, transports, manifestations touristiques) sont regroupées dans la partie **Renseignements pratiques**. Le symbole ⊙ placé après les curiosités décrites dans le chapitre précédent signale que les horaires de visite et les prix d'entrée sont indiqués dans le chapitre Conditions de visite.

Si vous avez des remarques ou des suggestions à faire, nous sommes à votre disposition sur notre site Web ou par courrier électronique :
www.michelin-travel.com
LeGuideVert@fr.michelin.com

Bon voyage !

Légende

★★★ Vaut le voyage

★★ Mérite un détour

★ Intéressant

Curiosités

⊘	Conditions de visite en fin de volume	►►	Si vous le pouvez : voyez encore…
	Itinéraire décrit Départ de la visite	AZ B	Localisation d'une curiosité sur le plan
	Église – Temple		Information touristique
	Synagogue – Mosquée		Château – Ruines
	Bâtiment		Barrage – Usine
■	Statue, petit bâtiment		Fort – Grotte
⊥	Calvaire		Monument mégalithique
◎	Fontaine		Table d'orientation – Vue
	Rempart – Tour – Porte	▲	Curiosités diverses

Sports et loisirs

	Hippodrome		Sentier balisé
	Patinoire	◆	Base de loisirs
	Piscine : de plein air, couverte		Parc d'attractions
	Port de plaisance		Parc animalier, zoo
	Refuge		Parc floral, arboretum
	Téléphérique, télécabine		Parc ornithologique, réserve d'oiseaux
	Chemin de fer touristique		

Autres symboles

	Autoroute ou assimilée		Poste restante – Téléphone
❶ ❶	Échangeur : complet, partiel		Marché couvert
	Rue piétonne		Caserne
	Rue impraticable, réglementée	△	Pont mobile
	Escalier – Sentier		Carrière – Mine
	Gare – Gare routière	B F	Bacs
	Funiculaire – Voie à crémaillère		Transport des voitures et des passagers
	Tramway – Métro		Transport des passagers
Bert (R.)…	Rue commerçante sur les plans de ville	③	Sortie de ville identique sur les plans et les cartes MICHELIN

Abréviations et signes particuliers

C	Administration du Comté (County council offices)	U	Université (University)
H	Hôtel de ville (Town hall)	M3	Autoroute (Motorway)
M	Musée (Museum)	A2	Itinéraire principal (Primary route)
POL.	Police	ⓐ	Hôtel
T	Théâtre (Theatre)		Champ de bataille

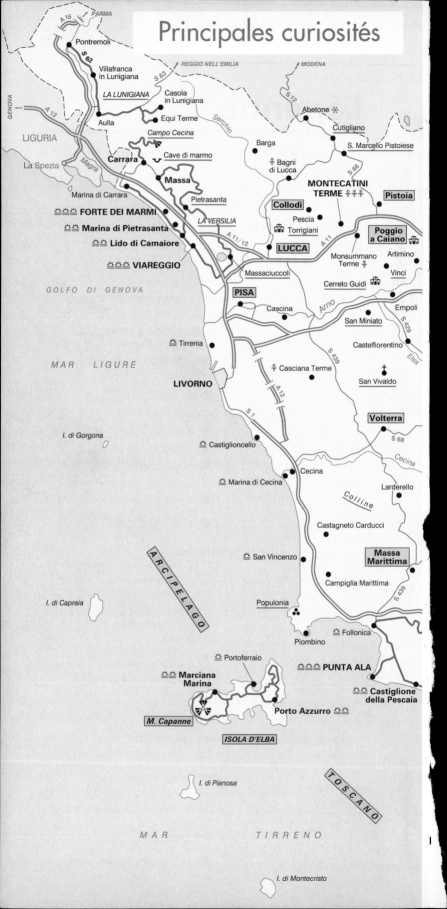

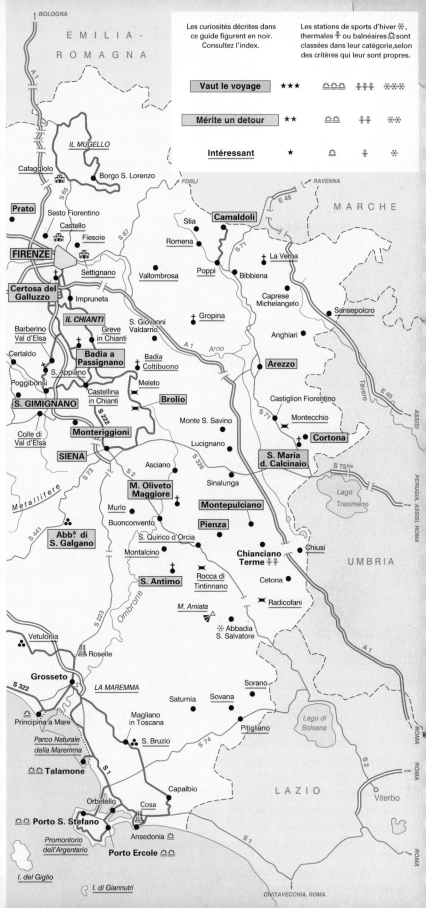

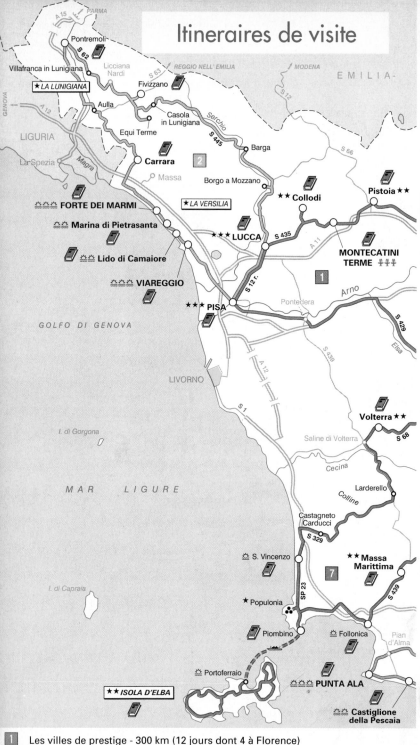

Itineraires de visite

1 Les villes de prestige - 300 km (12 jours dont 4 à Florence)

2 Autour des montagnes de marbre : villes d'art et nature - 300 km

3 Le Nord de Florence - 200 km

4 Casentino et Pratomagno : nature et spiritualité - 250 km

5 De la haute vallée du Tibre au Val di Chiana - 250 km

6 Sienne et le Sud siennois - 200 km

7 La Toscane minière et ses richesses (Collines métallifères et île d'Elbe) - 400 km

8 Le Sud toscan - 450 km

Itinéraires décrits en fin de guide (Chap. Renseignements pratiques - À la découverte de la Toscane)

Ville étape possible

IL CHIANTI ★★ Titre sous lequel un parcours est décrit : consultez l'index

★★★
★★   =   ❊❊❊
★   ❊❊
           ❊   =   ‡‡‡
                      ‡‡
                      ‡   =   ♨♨♨
                                 ♨

0   20 km

BOLOGNA

ROMAGNA

Firenzuola

S 503

IL MUGELLO ★

Borgo S. Lorenzo

Bivigliano

Prato ★★

3

Pratolino

Sesto Fiorentino

Fiesole

Pontassieve

FIRENZE ★★★

IL CHIANTI ★★

Certaldo

S. GIMIGNANO ★★★

Monteriggioni ★★

Colle di Val d'Elsa ★

★★★ SIENA

Metallifere ★

S 441

★★ M. Oliveto
Maggiore

Lucignano d'Arbia

Abb.ª di
S. Galgano ★★

Murlo ★

Buonconvento

Montalcino ★

★★ S. Antimo

Vetulonia ★

Roselle

Grosseto

S 322

LA MAREMMA ★

8

La Sgrilla

S 1

Porto
S. Stefano

Orbetello

Capalbio

Cosa ★

★ Promontorio
dell'Argentario

I. del Giglio

I. di Giannutri

CIVITAVECCHIA, ROMA

MARCHE

RAVENNA

FORLÌ

S 67

E 45

CASENTINO

★★ Camaldoli

Romena ★

La Verna

S 208

Vallombrosa ★

Poppi

Bibbiena

Caprese Michelangelo

PRATOMAGNO

4

Subbiano

Sansepolcro ★

S. Giovanni
Valdarno

Gropina ★

Arno

Arezzo ★★

Monterchi

Anghiari

Tevere

E 45

Monte S. Savino

Castiglion Fiorentino

ASSISI

Taverne
d'Arbia

Lucignano

S 438

Asciano

S 326

S 71

5

Cortona ★★

PERUGIA, ASSISI, ROMA

Sinalunga

Val d'Asso

Farneta

Lago
Trasimeno

Trequanda

Acquaviva

6

★★ Pienza

Montepulciano ★★

UMBRIA

S. Quirico
d'Orcia ★

Chiusi ★

Castiglione
d'Orcia

Chianciano Terme ‡‡

★ M. Amiata △

Radicofani ★

Ombrone

S 223

❊ Abbadia
S. Salvatore

S 323

Roccalbegna

A 1

Sovana ★

Saturnia

Sorano

Lago di
Bolsena

S 2

Pitigliano ★

S 74

LAZIO

Viterbo

ROMA

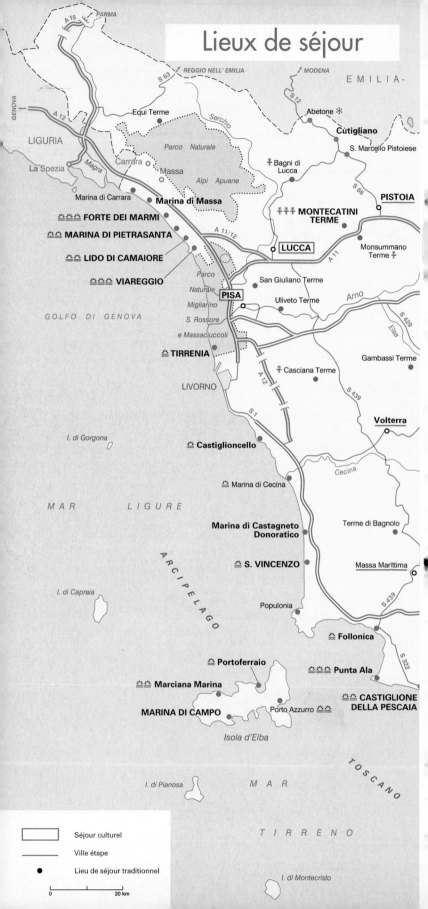

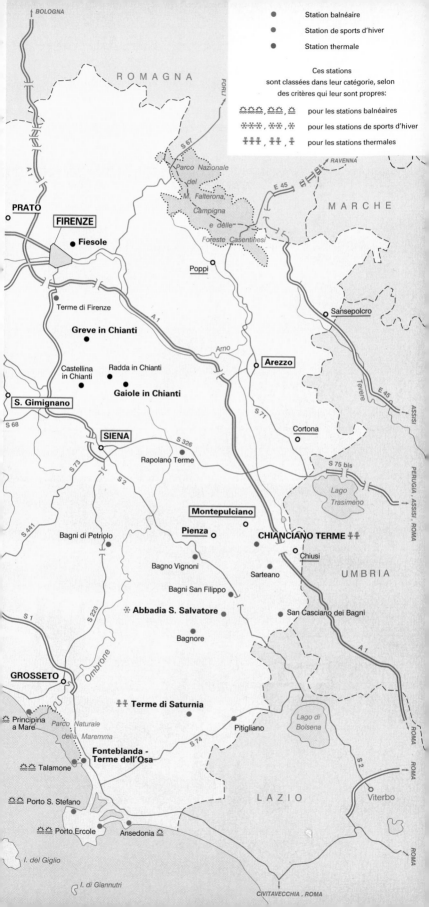

Introduction
au voyage

Une mosaïque de paysages

Le mot « Toscane » apparu au 10ᵉ s. dérive de l'antique « Tuscia » qui désigna, à partir du 3ᵉ s., l'ancienne Étrurie, territoire des Étrusques, ou Tusci, compris entre Tibre et Arno.
Montagnes, collines, bassins intérieurs, basses plaines côtières, aux sols très variés, s'enchevêtrent dans cette région dotée des plus grandes étendues boisées d'Italie et des eaux abondantes que recèle le versant Ouest des Apennins.

UN RELIEF DIVERSIFIÉ

La Toscane est nettement délimitée au Nord-Est par la courbe des **Apennins** dont la ligne de crêtes constitue la ligne de partage des eaux entre la mer Tyrrhénienne et la mer Adriatique. Cette épine dorsale présente un relief assez simple sur son flanc Nord (où des contreforts se greffent perpendiculairement à l'arête centrale), tandis qu'au Sud, sur le versant toscan, un faisceau de chaînes secondaires (moyennes montagnes et collines) se détache parallèlement à la chaîne principale, délimitant des vallées et des bassins intérieurs comme ceux de Florence, de Sienne et d'Arezzo.

Comme les Apennins, ces chaînes de moyenne altitude, extrêmement jeunes, datent de l'ère tertiaire et sont surtout constituées de terrains argilo-schisteux ; les dures et immaculées parois de marbre des **Alpes Apuanes** forment l'exception. Sur ces sols tendres, les pluies très violentes et abondantes occasionnent fréquemment, outre l'inondation des secteurs proches du lit des rivières, de dramatiques glissements de terrain appelés *frane*, ou creusent des ravins vertigineux, les *calanchi*, alternant dans la région de Volterra avec les *balze*. Des glissements plus limités dessinent des reliefs aigus appelés *crete* dans les collines siennoises et du Val d'Orcia.

Important réservoir d'eau, l'Apennin toscan (qui culmine à 2 165 m au mont Cimone) est longé par de petites vallées verdoyantes : la **Lunigiana** est ainsi arrosée par le Magra, puis en avançant vers l'Est, la **Garfagnana** par le Serchio, le **Mugello** par la Sieve (affluent de l'Arno), le **Casentino** par le cours supérieur de l'Arno et, à la limite de l'Ombrie, le début de la **Val Tiberina** où le Tibre prend sa source.

Les plissements plus éloignés de la dorsale apennine, composés de roches tendres gréso-schisteuses, présentent une suite de reliefs mamelonnés aux formes douces, pleines de mesure, comme dans la campagne florentine, ou au contraire sillonnés de crêtes calcaires dans la région de Sienne. De nombreux cours d'eau (Elsa, Cecina, Ombrone...) y prennent également leur source.

Le paysage s'ouvre complètement à proximité de la mer, où les fonds marins restent relativement plats et peu profonds, ce qui explique la largeur de la plaine côtière, largement alimentée par les alluvions des nombreuses rivières toscanes, ainsi que l'émergence de l'archipel toscan et du Monte Argentario, prolongements dans la mer des derniers reliefs issus du plissement apennin.

PAYSAGES CONNUS ET MÉCONNUS

L'Arno et son bassin – Ce fleuve de 241 km de long naît au mont Falterona, à la limite de la Romagne, et baigne sur son parcours un long ruban de terres alluviales. Après avoir traversé le **Casentino**, il contourne par le Sud le massif du **Pratomagno** en une large boucle où, non loin d'Arezzo, le rejoignent les eaux abondantes de la **Chiana** canalisée

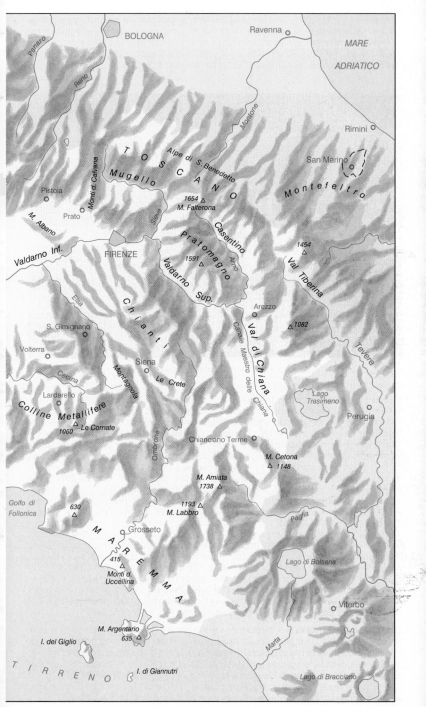

sur une partie de son cours (Canale Maestro della Chiana). Le fleuve toscan remonte alors vers le Nord, drainant le **Valdarno supérieur** que délimitent à l'Ouest les monts du Chianti.

À hauteur de Florence, sa vallée s'ouvre brusquement et s'élargit jusqu'à la mer pour former le **Valdarno inférieur**. Là se concentrent l'essentiel de l'activité agricole et industrielle de la région, ainsi qu'une grande partie de sa population : cultures intensives et spécialisées, notamment dans les environs de Pistoia, où les influences marines ont permis la création d'immenses pépinières d'arbres fruitiers et de plantes d'ornement ; industrie chimique et verrerie à Pise, textiles à Prato, mécanique à Florence, qui pratique aussi une forme d'industrie encore liée à l'artisanat (maroquinerie, chaussures…).

Les Alpes Apuanes – Au Nord-Ouest de la région, elles resplendissent de toute la blancheur de leurs marbres, qui ont rendu célèbre le nom de Carrare et dont les blocs s'entassent sur les quais de Marina di Carrara. À leur pied, la magnifique plage de sable de la **Versilia** déploie l'été, à perte de vue, sa panoplie balnéaire. Viareggio en est la reine incontestée. Le climat, très doux, y est favorable à la culture des fleurs. Livourne, seul port toscan véritablement actif avec d'importants chantiers navals et des raffineries de pétrole, marque la fin de cette côte plate.

T. Spiegel/RAPHO

Vinci et les collines du Montalbano

La campagne florentine et le Chianti – Pureté de la lumière, harmonie des lignes, sérénité caractérisent les célèbres paysages que l'on peut admirer dans les tableaux des peintres florentins. Dans un ondoiement argenté, les oliviers, auxquels se mêlent le mûrier et des cordons de vigne, couvrent les pentes puis laissent peu à peu la place aux champs de maïs ou de blé. Le sommet de ces collines, où la silhouette sombre et effilée de quelques cyprès contraste parfois avec des bosquets de chênes ou de châtaigniers, sert tour à tour d'écrin à d'aristocratiques « villas », de vieilles fermes majestueuses dominées par une grosse tour centrale servant de pigeonnier ou encore à des villages fortifiés comme Monteriggioni. Une brume légère est souvent présente, pouvant persister toute la journée ; elle atténue les contours du lointain en baignant les volumes et les couleurs d'une lumière nacrée.

Au Sud de Florence, aux portes de la Toscane méridionale, s'étendent les monts du **Chianti**, longés à l'Ouest par la grande route de Sienne et à l'Est par le Valdarno qu'emprunte l'autoroute du Soleil. Faite de collines argileuses aux formes puissantes, porteuses de célèbres vignobles dont les crus les plus réputés ont pour nom celui des grandes familles qui en sont propriétaires, c'est une région riante et chaleureuse. Légèrement à l'écart vers l'Ouest, San Gimignano, à peu près inchangée depuis le Moyen Âge, dresse vers le ciel ses nombreuses tours, que certains n'hésitent pas à désigner comme les ancêtres des gratte-ciel.

Les collines siennoises – À mesure qu'on avance vers le Sud en venant du Chianti, les collines se dénudent pour laisser apparaître leur terre blonde ou grise au-delà de Sienne. Au cœur de ce paysage serein et pastoral, la cité du Palio est, comme Florence et Pise, l'un des hauts lieux du tourisme. Au Sud-Est, la route d'Asciano, qui conduit à l'abbaye de Monte Oliveto Maggiore, traverse d'étranges paysages calcaires : c'est la région des *crete* siennoises, houle de collines désolées et arides, crayeuses et, par endroits, puissamment ravinées par les eaux de ruissellement.

Les Collines Métallifères – Entre la campagne florentine et la mer s'étend une zone de collines peu élevées mais massives et inquiétantes, riches, comme l'indique leur nom, en minerai de fer mais également de plomb, de cuivre, de zinc... Aux alentours de Larderello, les vapeurs blanches des *soffioni*, jets d'eau chargée de bore (minéral utilisé dans la fabrication de produits médicaux) s'échappant des profondeurs terrestres, donnent au paysage un aspect fantastique. Cette « houille rouge », qui teinte tout le paysage, est utilisée dans des usines géothermiques pour la production d'énergie électrique.

Au large, appartenant au même système montagneux, l'île d'Elbe possède des gisements de fer, qui alimentent, sur le continent, les hauts fourneaux de Piombino, port d'embarquement pour l'île.

La Maremme et la Toscane méridionale – Aux confins du Latium apparaissent les premiers reliefs volcaniques d'Italie centrale, avec le **mont Amiata** (1 738 m), le plus élevé d'entre eux, riche en cinabre, dont on extrait le mercure.

Ses paysages sévères dominent la **Maremme**, d'une beauté mélancolique, naguère terre de maléfices et de sombres légendes, vouée à la vie pastorale et peuplée de troupeaux de chevaux et de buffles élevés à l'état sauvage par des *butteri* (*voir p. 214*). Dans le cadre de la réforme agraire entreprise en 1950, ces terres, alors aux mains de quelques grands propriétaires citadins, ont fait l'objet d'une bonification qui a modifié leur aspect : redistribuées à des agriculteurs venus d'autres régions et qui y vivent en habitat dispersé, elles sont aujourd'hui rationnellement cultivées (cultures céréalières, fourragères et maraîchères, riz, tournesol...) et des coopératives agricoles y ont été créées.

La Maremme, massif de l'Uccellina

On y pratique aussi l'élevage en vue de la production laitière, qui alimente les villes comme Florence ou Rome. Celui des ovins permet la fabrication d'un délicieux fromage de brebis, le *pecorino*.

Les villas toscanes

Entourées de jardins, ces villas remontant pour la plupart à la Renaissance sont d'anciennes résidences nobles. Acquises ou bâties par les membres de prestigieuses familles comme les Médicis, Rospigliosi, Buonvisi, Chigi, Ricasoli, elles leur permettaient de fuir la chaleur étouffante des grandes villes où ils résidaient (Florence, Pistoia, Lucques, Sienne…) pendant les chaudes journées d'été. En général de plan assez simple et rigoureux, et toujours parées de grands jardins, elles connurent un regain d'intérêt au 17e s., époque où elles furent agrandies et décorées de fresques. Les plus austères, situées aux environs de Florence, conservent bien souvent une structure médiévale, tandis qu'aux alentours de Lucques elles se parent au 17e s. de loggias ou de grandes baies, de sculptures et de balustrades. Autour de Sienne, outre les châteaux proprement médiévaux, les villas restent en accord avec la nature, soulignant leurs formes simples de matériaux naturels apparents comme la brique et la pierre.

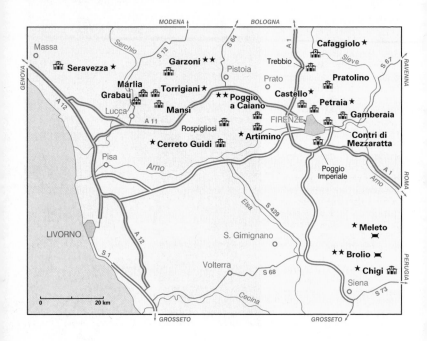

Flore et faune

La Toscane, région la plus boisée d'Italie, déploie une végétation extrêmement variée allant d'espèces de type subtropical, sur certains secteurs de la côte et des îles, au type alpin dans les zones les plus élevées de l'Apennin.

L'étagement de la végétation – À proximité de la mer, le pin est roi, s'étendant en larges pinèdes bien protégées (secteurs de la Versilia, de la Riviera des Étrusques et de la Maremme) : on y distingue le **pin maritime**, à cime conique et fût long et droit, et le **pin parasol**, à cime aplatie. Le pin parasol se développe facilement sur des sols très pauvres et là où il n'est pas en concurrence avec d'autres espèces (le pin maritime, en revanche, se mélange aisément au chêne vert ou au chêne-liège). On trouve ainsi le pin parasol sur les sols sableux du littoral

Pin parasol

ainsi que dans les collines de l'arrière-pays, en sujets isolés ou en combinaison heureuse avec le cyprès en raison de la grâce de son port. Il est cultivé depuis l'Antiquité pour ses graines comestibles et huileuses, les pignes.

Répandu par l'homme pour son aspect décoratif et son rôle efficace de rideau brise-vent pour les cultures, le **cyprès** accepte tous les sols. Il est présent dans le creux du Mugello, les collines siennoises, le Val d'Orcia et surtout les collines du Chianti, dont il est le symbole en association avec la vigne et l'olivier. Dans les zones de faible altitude furent exploités pendant des siècles des taillis, c'est-à-dire des forêts entretenues artificiellement sous forme de petits sujets dont les coupes fréquentes fournissaient essentiellement du bois de chauffage. Délaissés depuis une trentaine d'années, de nombreux taillis dégénèrent, laissant place au maquis. Composé d'arbustes et d'arbrisseaux, celui-ci compte principalement des espèces à feuilles persistantes toujours vertes comme le **chêne vert** ou subpersistantes comme le **chêne-liège** (les feuilles sont caduques mais peuvent subsister plus d'une année). Par leurs feuillages sombres ou gris-vert et leurs troncs tortueux, ces arbres donnent au paysage un aspect sauvage. Le maquis rassemble également quantité de buissons à feuilles dures et luisantes, souvent épineux et aromatiques (bruyères, ronces, petits houx, aubépines, genêts, genévriers, romarin...). Là où le maquis lui-même se dégrade, il laisse place à la garrigue dans les secteurs en général particulièrement secs, où ne survivent que les plantes dites xérophiles (adaptées à la sécheresse, au soleil et au froid), comme les lentisques, les myrtes, les cistes et le romarin. Poussant à

Cyprès

proximité de ces plantes, l'agave et le figuier de Barbarie (fréquent sur l'île d'Elbe) ont été importés d'Amérique au 16e s.

Dans les secteurs les moins élevés, il ne faut pas non plus négliger les zones de pâturages ou de prairies naturelles, ainsi que celles de cultures céréalières, maraîchères, potagères et horticoles. Les zones de culture intensive s'étendent jusqu'à 600-700 m, soit la limite au-delà de laquelle l'**olivier** ne peut s'adapter. Associé à la **vigne**, il est le produit typique de la colline, cultivé tant pour l'olive de dégustation (cueillie sur l'arbre) que pour l'huile d'olive (fruits murs ramassés au sol dans des filets).

Le **châtaignier**, qui peut pousser jusqu'à 1 000 m, est partout très présent en Toscane, même à peu de distance du niveau de la mer : il caractérise tout particulièrement la couverture boisée de l'île d'Elbe et se rencontre couramment dans le Mugello, sur les monts Pisans et le mont Amiata.

Dans les sous-bois, on trouve des mûres, des asperges sauvages (sur l'Amiata) et de nombreux champignons, dont la truffe, qui pousse volontiers dans les racines du chêne vert.

La limite supérieure de la végétation arborée est atteinte entre 1 000 et 1 700 m par le **hêtre** et le **sapin**, c'est-à-dire sur l'Amiata et l'Apennin. De magnifiques forêts de sapins s'étendent sur les territoires de Camaldoli, Vallombrosa et de l'Abetone, tandis que les plus denses futaies de hêtres se situent dans le Mugello et le Casentino. Le hêtre s'associe néanmoins à de nombreuses variétés comme l'érable, le frêne, le charme, le houx, l'orme, le chêne chevelu ou le peuplier. Au-delà des forêts d'altitude, le paysage s'éclaircit pour laisser place à des pâturages lumineux comme dans la Garfagnana.

Olivier

La faune – La richesse de la végétation favorise le maintien en Toscane d'une faune extrêmement variée. Celle-ci est néanmoins menacée comme ailleurs par la chasse, la pollution et l'urbanisation des campagnes, sans parler de la bonification récente d'anciens marais, où se développait une faune particulière. Aujourd'hui clairsemée, cette dernière est toutefois protégée à travers la création de réserves naturelles.

Parmi les **grands mammifères**, l'ours et le lynx ont disparu de Toscane ; toutefois, le loup reste encore présent dans l'Apennin et dans la haute vallée du Tibre. Le cerf, importé à l'époque grand-ducale de Styrie (Est des Alpes autrichiennes), survit dans le Casentino ; on le retrouve dans la Maremme aux côtés d'autres cervidés comme le chevreuil et le daim, lui-même importé d'Asie Mineure dès la Rome Antique et très présent aussi dans les pinèdes de San Rossore, de Migliarino, de Capalbio et du Monte Argentario. Autre ongulé, malheureusement en voie de disparition, la chèvre sauvage se maintient uniquement dans l'île de Montecristo, où elle est hautement protégée. En revanche, le sanglier, animal emblématique de la Maremme, habite les nombreux maquis et pinèdes de Toscane ; jardinier des sous-bois, même s'il provoque la colère des agriculteurs, son rôle régulateur sur la végétation est très important, car il retourne la terre de son groin à la recherche de racines, de glands, de bulbes, de larves ou d'insectes, signant ainsi son passage ou annonçant sa présence.

Châtaignier

Parmi les **petits mammifères**, le lièvre reste courant ; le lapin de garenne, particulièrement prolifique (avec 3 à 4 portées par an de 4 à 10 petits), est aussi très présent, de même que son principal prédateur, le renard, qui s'adapte absolument à tous les milieux. Les lapins de garenne sont également la proie, en particulier sur les dunes de la Maremme, du putois, de la belette, de la martre, de la fouine et même de quelques rapaces nocturnes. C'est en effet leur nombre qui permet la survie de leurs nombreux prédateurs. La martre et la fouine, de même que le hérisson, le porc-épic et le blaireau, se retrouvent aussi dans les pinèdes. Le chat sauvage est également observé dans les maquis des zones rocheuses de la Maremme aux côtés du putois.

Vivant dans les marais et en bordure des grands fleuves, tout comme le castor, la loutre, trop longtemps recherchée pour sa fourrure, est en voie de disparition ; elle survit dans la Garfagnana et dans la Maremme, souffrant en outre de l'aménagement des berges des fleuves, alors que le castor s'en accommode.

En raison de la variété de son relief et de ses richesses hydrographiques, la Toscane abrite une importante **faune ornithologique**, dont de nombreux oiseaux migrateurs, rassemblant passereaux (grive, hirondelle, pie, rossignol, martin-pêcheur...), rapaces (aigle royal, épervier, faucon, buse, milan, chouette et hibou), palmipèdes (cormoran, canard sauvage, foulque, mouette, oie sauvage...), échassiers (héron, bécasse, grue, garzette, cigogne...).

Parmi les **animaux d'élevage**, les bœufs blancs du Val di Chiana, de race très ancienne dite *chianina*, donnent une viande extrêmement tendre, réputée dans toute l'Italie.

L'héritage du passé

En italique, quelques jalons chronologiques

L'Antiquité, période où la Toscane s'appelait Étrurie

Avant J.-C. : 753	*Fondation légendaire de Rome par Romulus.*
Fin du 8e s.	Apparition des Étrusques en Italie centrale.
7e s.	Occupation du pays latin par les Étrusques dans la 2e moitié du 7e s.
Fin du 7e s. – fin du 6e s.	Des souverains originaires d'Étrurie (dynastie des Tarquins) gouvernent Rome. Leur règne marque l'apogée de l'**expansion étrusque** (voir p. 33).
509	Chute de Tarquin le Superbe : début du déclin de la puissance étrusque. *Instauration de la République à Rome.*
Au 3e s.	Les Étrusques sont soumis par Rome : Volterra est vaincue en 295, Pérouse et Arezzo se rallient en 294 ; la chute de la capitale religieuse de l'Étrurie, Volsinies, en 265, marque la fin de l'indépendance étrusque.
Après J.-C. : 330	*Byzance est choisie par Constantin le Grand comme capitale de l'Empire romain, puis rebaptisée Constantinople en son honneur.*
395	*Partage de l'Empire romain en empire d'Orient et d'Occident avec pour capitales respectives Constantinople et Rome.*
476	*Chute de l'Empire romain d'Occident.*

Le haut Moyen Âge et les invasions étrangères

568	Les Lombards, venus du Nord, occupent la plaine du Pô (ils laisseront leur nom à la Lombardie), la Toscane, l'Ombrie et, dans le Sud, la Campanie et les Pouilles. Des duchés sont fondés : autour de celui de Lucques gravite la Toscane. *L'autorité byzantine, dont les territoires d'obédience se trouvent passablement entamés, cohabite avec le royaume lombard.*
570-774	Longue et violente occupation des Lombards.
752	Après Ravenne, qui cède en 751, Rome est menacée par les Lombards : le pape fait appel à Pépin le Bref, roi des Francs.
756	Pépin le Bref s'engage à restituer au pape les États occupés par les Lombards : cet acte marque le début du pouvoir temporel du pape et la naissance des États pontificaux, dont l'importance pèsera jusqu'au 19e s. sur l'histoire de l'Italie.
774	Charlemagne (fils de Pépin le Bref), vainqueur des Lombards : la Toscane passe sous tutelle carolingienne. Lucques reste le centre de la nouvelle marche de Toscane.
9e s.	La dislocation de l'Empire carolingien provoque en Italie l'anarchie et la création de nombreux États rivaux.
951	À la demande du pape, intervention en Italie du roi de Saxe Othon Ier.
962	Othon Ier couronné empereur par le pape fonde le **Saint Empire romain germanique**. L'empereur s'octroie le droit exclusif d'investir de leur titre les ecclésiastiques.

La lutte du Sacerdoce et de l'Empire – Le temps des Communes

À la fin du **11e s.**, secouant la mainmise grandissante du pouvoir impérial sur la Papauté, Grégoire VII décrète (1075-1076) qu'aucun ecclésiastique ne pourra recevoir une église d'un laïque et excommunie l'empereur Henri IV. Ainsi naît la **querelle des Investitures**, origine d'un long conflit entre la Papauté et l'Empire qui constituera la trame de tout un volet de l'histoire italienne.

À cette même époque entre en scène un nouveau protagoniste dont le rôle va s'affirmer de façon déterminante dans la vie politique de l'Italie médiévale : les **Communes**.

Les Communes – La lutte entre le pouvoir impérial et la papauté, chacun des deux cultivant par l'octroi de privilèges le soutien que lui apportait telle ou telle cité, contribua amplement, à partir de la fin du 11e s., au spectaculaire développement des villes italiennes. Les Croisades et la prospérité économique qui s'ensuivit (spécialement à Pise) vinrent accentuer ce mouvement, imprimant au commerce et aux industries (au premier chef celles de la soie et de la laine) un essor sans précédent. Une nouvelle classe apparut, celle des marchands.

Ainsi s'épanouirent les Communes dont l'existence, finalement agréée à la fois par le pape et l'empereur, infléchit considérablement la vie politique de l'Italie médiévale du Nord et du Centre, dont la Toscane, et donna à bon nombre de cités un visage nouveau.

Association autonome de citoyens, la Commune se caractérisait par l'arrivée au pouvoir de la petite noblesse et d'une riche bourgeoisie, au détriment de la noblesse foncière représentée par les grands féodaux. La prospérité croissante des villes permit l'accession au pouvoir des marchands et même de couches plus populaires de la société, qui s'accompagnait de l'effacement progressif des nobles.

Les Communes furent d'abord administrées par des **consuls**, magistrats élus par une assemblée, détenteurs des pouvoirs exécutifs et de justice. Frédéric Barberousse plaça ensuite à la tête des cités par lui soumises un **podestat**, représentant direct du pouvoir impérial, en principe étranger à la ville, chef de l'armée, arbitre en matière de justice mais, comme les consuls, sans pouvoir législatif. Lorsque l'importance prise par les Corporations, ou « Arts » (voir encadré p. 108), donna aux cités une structure nouvelle et porta au pouvoir les classes populaires, un **Capitaine du peuple** (« Capitano del Popolo »), contrôlé par une assemblée devenue de plus en plus influente, gouverna les villes concurremment au podestat, auquel il finit par se substituer.

Guelfes et Gibelins

Au 13e s., à la querelle des Investitures se substitue la question de la primauté entre le pape et l'empereur, soutenus respectivement par les Guelfes et les Gibelins.

Ces appellations résultent de la déformation en italien du nom des deux grandes familles allemandes qui se disputèrent le trône impérial au 12e s. Les **Gibelins** sont partisans des seigneurs de Weiblingen, berceau de la Maison de Souabe, et donc des Hohenstaufen. La famille des Welfen (Maison de Bavière) donna naissance aux **Guelfes,** qui regroupèrent surtout les opposants aux Hohenstaufen et donc les partisans du pape. Ces appellations apparaissent à Florence en 1215. Pour la division entre Guelfes blancs et Guelfes noirs propre à Florence, voir page 109.

Vivifiées par la lutte du Sacerdoce et de l'Empire, les Communes vinrent accroître la complexité de ce conflit, et l'autorité impériale dut compter avec leur hostilité parfois violente. Pape contre empereur : toutes les villes prirent parti, certaines étant même de gré ou de force guelfes et gibelines tour à tour. Dans les luttes furieuses qui, sous ces deux bannières, dressèrent les cités italiennes les unes contre les autres, les rivalités économiques et les antagonismes particuliers ne furent toutefois pas l'un des moindres moteurs.

En dépit de ces déchirements, le pays connut, au 13e s. et dans la 1re moitié du 14e s., une effervescence économique et artistique qui trouva son ferment dans la puissance des Communes devenues, outre d'actifs centres d'affaires, des foyers de culture. Des universités de renommée européenne se développèrent à Sienne, à Pise, à Florence et Dante dora à tout jamais le blason de la langue italienne.

Les épidémies de peste qui à la suite de la grande peste noire de 1348 jalonnèrent la seconde moitié du 14e s., les luttes endémiques de ville à ville et les factions qui intérieurement les minaient finirent par avoir raison des Communes.

1115	Mort de la comtesse Mathilde, marquise de Toscane, qu'elle lègue à la Papauté. Épilogue après un demi-siècle de soutien au pape.
1122	Le concordat de Worms met fin à la querelle des Investitures, au profit du pape.
1125	Florence annexe Fiesole, commençant ainsi son expansion en Toscane.
1152	Une crise de succession en Allemagne oppose les partisans de la Maison de Bavière à ceux de la Maison de Souabe. Ce sont ces derniers qui l'emportent avec l'élection de Frédéric de Hohenstaufen, dit Barberousse.
1155	Descente de Frédéric Barberousse en Italie. Sacré empereur par le pape, il tente d'asseoir son autorité dans tout le pays : la lutte reprend entre la Papauté et l'Empire, compliquée cette fois par l'hostilité grandissante des Communes. Ayant soumis un certain nombre d'entre elles, Frédéric place à la tête de ces dernières un podestat (voir plus haut).
1227-1250	Nouvel épisode de la lutte du Sacerdoce et de l'Empire, avec pour protagonistes Grégoire IX puis Innocent IV, comme pape, et Frédéric II de Souabe (petit-fils de Frédéric Barberousse), roi de Sicile en 1194 et empereur germanique en 1220 : nouveau triomphe de la Papauté en 1245, le pape excommunie et fait déposer l'empereur.

Crise de la Papauté et de l'Empire

1250	La mort de Frédéric II marque le début d'une période troublée.
1251	Formation d'une fédération des villes gibelines de Toscane avec à sa tête Pise et Sienne.
1260	Manfred, bâtard légitimé de Frédéric et roi de Sicile, cherche avec l'appui des villes gibelines à conquérir la péninsule : vaincue à **Montaperti** (*voir p. 281*), Florence, guelfe de tradition, mais qui déjà, à l'époque de Frédéric II, avait été pendant treize ans gibeline, le redevient pour une courte durée.
1263-1266	Le pape fait appel à Charles d'Anjou (frère du roi de France Saint Louis) qui bat Manfred à Bénévent (en Campanie) en 1266 : après la mort de ce dernier lors de la bataille, la dynastie d'Anjou s'établit en Sicile et à Naples, ouvrant en Italie une ère d'ingérence française.
1284	Pise, battue par Gênes à la **bataille de la Meloria**, perd sa suprématie sur la Sardaigne et la Corse et sa place de choix dans la Méditerranée.
1289	**Bataille de Campaldino** : fin des espoirs gibelins (*voir Poppi*).
Fin du 13e s.	Florence, qui a supplanté Sienne dans le domaine de la banque, devient la ville la plus importante.

Le **14e s.** voit le déclin de la puissance des Communes et, comme ailleurs en Italie, l'ascension à Florence d'une grande famille, les Médicis.
À l'effondrement de l'autorité impériale vient s'ajouter l'érosion de celle de la Papauté, pour laquelle s'ouvre une période de graves difficultés. Dans cette Italie en crise, l'influence étrangère va grandissante : celle des Français d'abord, puis celle des Aragonais, qui se disputent le Sud.
En raison de la puissance de Florence, seules Pise, Lucques et Sienne parviennent encore à garder leur autonomie.

1300	À Florence, scission entre **Guelfes noirs** et **Guelfes blancs**, les premiers partisans d'une ingérence étrangère, les seconds prônant au nom de la liberté une autonomie absolue.
1301	Florence annexe Pistoia.
1309	*Les papes fuient la situation troublée qui règne à Rome et s'établissent à Avignon.*
1328	Les Gibelins font appel à Louis de Bavière : l'échec de son intervention marque la fin des prétentions allemandes en Italie.
1348	La grande peste noire qui s'abat sur l'Italie pour gagner ensuite l'Europe entière décime environ la moitié des populations urbaines (voire ponctuellement davantage).
1361	Florence annexe Volterra.
1377	Retour de la Papauté à Rome sous l'impulsion de Pétrarque et de Catherine de Sienne.
1378-1417	**Grand Schisme d'Occident** : au pape qui a réintégré Rome s'opposent un antipape résidant à Avignon, puis un autre à Pise (1409).
1384	Florence annexe Arezzo.

Le 15e s., époque glorieuse de la Renaissance toscane

Au 15e s., on assiste en Italie à un extraordinaire épanouissement économique et artistique. L'ère médiévale prend fin : c'est l'avènement de la Renaissance, dont la Florence des Médicis est à la fois le berceau et l'éblouissante incarnation.

1406	Pise, définitivement vaincue, tombe aux mains de Florence.
1434	Début de l'oligarchie des Médicis à Florence avec l'arrivée au gouvernement de Cosme l'Ancien (*voir Firenze*).
1454	Le traité de Lodi garantit en Italie une politique d'équilibre entre les grands états rivaux, Milan, Rome, Naples et Florence dont le maître, Laurent le Magnifique, à partir de 1469 sera l'un des garants les plus vigilants.
1494	Renouant avec la politique d'ingérence en Italie, le roi de France Charles VIII compromet cet équilibre. Après avoir reçu un accueil triomphal à Pise et obtenu de Florence une neutralité bienveillante, il passe par Sienne, marche sur Rome, puis entre dans Naples, mais doit bientôt rebrousser chemin.
Cette intervention marque le début des guerres d'Italie, reprises sans plus de succès par Louis XII.
1494-1498	À Florence, brève parenthèse de la République instituée par Savonarole (*voir Firenze*).

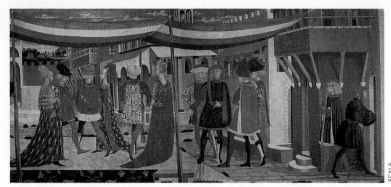

Scène de mariage au 15ᵉ s. (Coffre Adimari – Galleria dell'Accademia, Florence)

La Toscane grand-ducale

Le **16ᵉ s.** est marqué par la rivalité entre la France et l'Espagne qui font de l'Italie le champ de leur lutte pour l'hégémonie en Europe.

Avec les grands papes Jules II (1503-1513) puis Léon X (1513-1521), appartenant tous deux à la famille Médicis, Rome prend le pas sur Florence en matière de centre de création artistique.

1508-1526	*Intervention en Italie du Nord de François Iᵉʳ qui, vainqueur en 1515 à Marignan mais vaincu à Pavie 10 ans plus tard, doit renoncer à l'héritage italien.*
1527	*Entrée en scène de Charles Quint : le sac de Rome porte un coup à la puissance du Saint-Siège.*
	Les Médicis, en la personne du propre gendre de l'empereur, Alexandre, sont rétablis à Florence, érigée en duché (1532).
1545-1563	*Concile de Trente, à l'origine de la Contre-Réforme (ou Réforme catholique).*
1555	L'échec de l'intervention de Henri II, dont les partisans sont défaits par les Impériaux lors du siège de Sienne *(voir p. 281)*, met pour un temps un terme aux prétentions françaises en Italie.
	À l'issue de cette guerre, Sienne est assujettie par Cosme Iᵉʳ, protégé de Charles Quint : ainsi est à peu près accomplie l'unité de la Toscane, à l'exception de Lucques, de Piombino et des Présides (Ansedonia, Orbetello…).
1559	Le traité de Cateau-Cambrésis marque la fin des guerres d'Italie et le début de la domination espagnole.
	L'Italie centrale est prise entre les territoires sur lesquels s'exerce cette hégémonie : Italie méridionale, Sicile et Sardaigne d'une part, duché de Milan d'autre part.
1569	La Toscane est érigée en grand-duché sous l'autorité absolue de Cosme Iᵉʳ.

Au **17ᵉ s.**, l'Italie connaît un déclin, en même temps qu'elle cesse d'être un objet de lutte entre l'Espagne et la France, sous Louis XIV.

Le Marzocco

Cette figure de lion assis, maintenant fermement de sa patte avant droite le lys héraldique florentin, symbolise la puissance politique de Florence. On le retrouve sur la place principale de chaque ville et village assujettis par la cité des Médicis, témoin imposant de la tutelle juridictionnelle florentine.

Son nom dérive de Mars (*Marte*), dieu de la guerre dont une statue antique se trouvait au Moyen Âge à l'entrée du Ponte Vecchio à Florence ; détruite en 1333 par une crue de l'Arno, la statue fut remplacée en 1420 par ce lion, œuvre de Donatello (conservée au Bargello), et modèle immuable, que les habitants dénommèrent *Martoco* (petit Mars) en souvenir de la précédente. Au fil des ans, « Martoco » évolua en « Marzocco » dans la bouche des Florentins oublieux du sens premier du nom.

En 1810, on le plaça Piazza della Signoria où il fut par la suite remplacé par une copie.

Au **18ᵉ s.**, les souverains de certains États italiens vivent à l'heure du despotisme éclairé qui, de France, rayonne dans toute l'Europe.

Cette philosophie des « Lumières » trouve en Italie son plus caractéristique représentant en la personne du grand-duc de Toscane, Pierre-Léopold (1765-1790), fils de Marie-Thérèse d'Autriche, qui puise pour gouverner aux théories les plus novatrices de son temps.

Ce siècle voit aussi, à la suite du traité d'Utrecht (1713), la fin de la domination espagnole et le début de l'hégémonie autrichienne ; l'Italie demeure toutefois pendant la 1ʳᵉ moitié du siècle (1714-1748) l'enjeu d'une lutte entre les Habsbourg et les Bourbons d'Espagne.

1737	Extinction des Médicis : les Autrichiens placent sur le trône du grand-duché de Toscane François de Lorraine, époux de Marie-Thérèse et futur empereur du Saint-Empire. Avec cette dynastie, Florence et la Toscane connaissent une ère de réformes et de progrès.

L'époque napoléonienne

1796-1799	Campagne de Bonaparte, dont la conclusion, la paix de Campoformio (1797), consacre la mainmise de la France sur l'Italie.
	Occupation de Florence.

Le **19ᵉ s.** est, à ses débuts, marqué par les annexions napoléoniennes : les Italiens, dotés d'institutions administratives et militaires inspirées de celles de la France, vivent leur première expérience d'unité.

1800-1801	Seconde campagne de Bonaparte, qui crée une République italienne et érige la Toscane en royaume d'Étrurie au profit de l'ancien duc de Parme.
1805-1806	Devenu empereur, Napoléon se proclame roi d'Italie et confie la vice-royauté à son beau-fils, Eugène de Beauharnais.
	Lucques et Piombino, érigés en principauté, reviennent à sa sœur Élisa (*voir Lucca*), et le royaume de Naples à son frère Joseph puis à Murat.
1807	La Toscane est réunie à la France.
1809-1811	Élisa, nommée grande-duchesse de Toscane, s'établit à Florence.
	L'île d'Elbe est annexée à la France, ce qui explique qu'elle fut ensuite accordée en toute souveraineté à Napoléon.
1814-1815	Effondrement de la politique napoléonienne.
	Le **Congrès de Vienne** marque la fin de l'occupation française en Italie et consacre l'hégémonie de l'Autriche, qui a la mainmise, dans le Nord et le Centre, sur le Royaume lombard-vénitien, le duché de Parme et de Plaisance, sur le grand-duché de Toscane, revenu aux Habsbourg-Lorraine agrandi de l'île d'Elbe et de la principauté de Piombino ; le duché de Lucques est alors attribué à l'infante d'Espagne, Marie-Louise de Bourbon.

Le Risorgimento

Face à un retour au morcellement du pays sous l'autorité de souverains absolus se développe en Italie un mouvement idéologique fondé sur une volonté de libéralisme alliée à une prise de conscience patriotique.

Cette impulsion, nommée **Risorgimento** (du verbe *risorgere* : resurgir), à l'origine entretenue par une élite cultivée et fortement teintée de romantisme, fut ensuite essentiellement le fait de la bourgeoisie libérale et modérée.

Une première phase de révoltes sévèrement réprimées trouva son paroxysme dans la confusion révolutionnaire de 1848, qui se solda par un échec. Vint ensuite le temps de la diplomatie dont l'âme et le génial meneur de jeu fut Cavour, et qui aboutit en 1870 à l'unité italienne.

À partir de 1831	Après quelques émeutes dans toute l'Italie, les insurgés se groupent autour de **Mazzini**, dont le mouvement « Jeune Italie » rassemble de nombreux francs-maçons et anciens membres de la **Charbonnerie** (société secrète d'origine française qui, de Naples où elle s'est opposée au régime de Murat, a gagné le Centre et le Nord de l'Italie et s'est taillé un important succès en France, comptant parmi ses adeptes – nommés les Carbonari – Napoléon III).
1848-1849	Alors que plusieurs souverains, dont le grand-duc de Toscane, procèdent à des réformes vers un certain libéralisme, les mouvements insurrectionnels se multiplient.
Février 1849	Les partisans de Mazzini proclament les Républiques romaine et de Toscane (cette dernière ne dura que six mois) après avoir déclaré aboli le pouvoir temporel du pape et chassé de Florence le grand-duc Léopold de Habsbourg.

1850	Mécanisation du textile à Prato.
	À partir de 1850, le rigorisme mazzinien fait place à des théories plus modérées préconisant des solutions politiques.
1852	*Entrée en scène de **Cavour** devenu président du Conseil.*
1859	*Campagne de Napoléon III venu renforcer les troupes de Cavour : victoires franco-piémontaises de Magenta et de Solferino sur les Autrichiens.*
1860	Année décisive pour l'unité italienne.
	Le grand-duché de Toscane ainsi que les duchés de Parme et de Modène, l'Émilie et la Romagne s'unissent au Piémont (en échange de la reconnaissance de ces annexions, Napoléon III reçoit par le traité de Turin Nice et la Savoie).
	Grâce à l'expédition des Mille volontaires (ou Chemises rouges) de **Garibaldi**, qui débarquent en Sicile et à Naples, le Sud est réuni au Piémont. Seuls les États pontificaux et la Vénétie restent en marge de l'unification du pays.
	Le destin de la Toscane se confond dès lors avec celui de l'Italie.
14 mars 1861	Victor-Emmanuel II de Savoie est proclamé roi d'Italie, et Turin est désignée capitale.
1865-1870	La capitale est transférée pour cinq ans seulement de Turin à Florence, étape sur la route de Rome, qui ne sera prise par les troupes piémontaises qu'en 1870.

La Toscane dans l'Italie unifiée

1905	Reprise et rapide développement des travaux d'assainissement de la Maremme, commencés au 19e s. par les Habsbourg. Disparition presque totale de la malaria.
1915-1918	*Première Guerre mondiale.*
1919	Tremblement de terre dans le Mugello.
1929	La crise économique touche de plein fouet l'activité industrielle et minière de la région.
1940-1945	*Seconde Guerre mondiale.*
1943	Le Nord de l'Italie étant aux mains des Allemands et le Sud dans celles des Alliés (ils venaient de débarquer en Sicile en juillet), l'Italie du Centre et la Toscane en particulier devient un immense champ de bataille. D'importants bombardements alliés ont lieu sur Pise, Livourne et Grosseto, d'où leur aspect assez moderne aujourd'hui. Les bombardements allemands sur Florence détruisent tous les ponts, sauf le Ponte Vecchio.
Juillet 1944	Un tir d'artillerie provoque à Pise l'incendie du Camposanto.

Le Ponte Vecchio à Florence lors de la crue de l'Arno en 1966

12 août 1944	Prise de Florence par les Alliés.
Juin 1946	Institution de la République en Italie, pour laquelle la Toscane s'était prononcée majoritairement.
1948	L'Italie est divisée en 20 régions administratives autonomes, dont la Toscane, qui se subdivise en 9 provinces (l'équivalent des départements en France) : Arezzo, Florence, Grosseto, Livourne, Lucques, Massa-Carrara, Pise, Pistoia, Sienne.
1966	Grandes inondations de l'Arno, en particulier à Florence, où certaines œuvres d'art furent endommagées de façon irrémédiable.
1986	Florence capitale culturelle européenne de l'année.
1988	Vote d'une loi interdisant la circulation automobile dans le centre des grandes villes comme Florence, Sienne, Lucques, Volterra...
1992	Approuvé par la région de Toscane dès 1985, le parc naturel des Alpes Apuanes est créé et reçoit ses statuts.
1993	Le conseil de l'Europe décerne au parc de la Maremme le grand prix de la protection de l'environnement.
27 mai 1993	Attentat dirigé contre la Galerie des Offices à Florence : trois peintures sont détruites et de nombreuses œuvres endommagées plus ou moins gravement.
1994	La province de Prato vient s'ajouter aux neuf précédentes déjà instituées en 1948.

La terre des Étrusques

Comparativement aux pays de l'Orient méditerranéen, la Toscane et même l'Italie ne vit que tardivement se développer sur son sol une véritable civilisation. Aux alentours de l'an 1000 avant J.-C., des peuples venus du Nord et parlant une langue indo-européenne s'installèrent approximativement sur le territoire actuel de la Toscane ainsi que le Nord du Latium et l'Ombrie.

Ces nouveaux arrivants connaissaient l'usage du fer et pratiquaient l'incinération, recueillant les cendres de leurs morts dans des urnes d'argile en forme de double cône ou de cabane, placées au fond de puits. Leur civilisation, qui semble avoir irradié vers le Nord jusqu'à la plaine du Pô, a été appelée **villanovienne**, du nom d'une localité des environs de Bologne où, grâce à la découverte d'une nécropole, elle a pu être pour la première fois identifiée.

Selon toute vraisemblance c'est sur cette implantation villanovienne que naît et se développe la culture étrusque à tel point que cette première civilisation est parfois désignée de **proto-étrusque**.

La fausse énigme des origines étrusques – On crut longtemps que les Étrusques venaient d'Asie Mineure, reprenant en cela la vieille opinion exprimée par Hérodote, selon qui ils ne seraient autres que des Lydiens qui auraient fui en masse leur pays frappé de famine sous la conduite de Tyrrhénos, le fils de leur roi. Le nom de *Tyrrhenoï* que leur donnèrent ainsi les Grecs est resté attaché à la mer (dite Tyrrhénienne) sur laquelle s'acheva leur périple.

En fait, l'aspect orientalisant de leur art au cours des 8e et 7e s. avant J.-C., le caractère divinatoire de leur religion, leur langue qui ne présente aucune similitude avec les différents idiomes de souche indo-européenne alors parlés dans la plupart des régions d'Italie mais qui possède quelques analogies avec les parlers égéens, plaident en faveur d'une telle hypothèse.

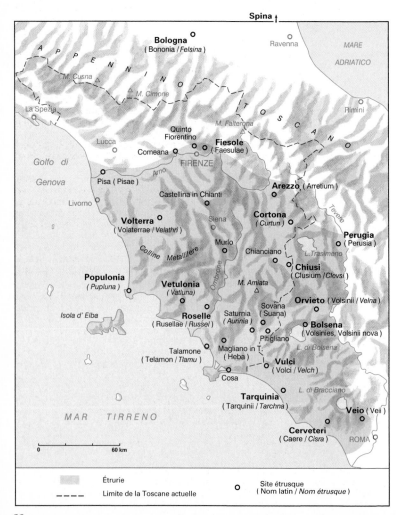

D'autres savants ont en revanche mis en évidence l'origine autochtone de ce peuple méditerranéen, présent dans la péninsule italienne bien avant que ne se produisent les invasions indo-européennes. Le fait que la civilisation étrusque ait mis ses pas dans ceux de la civilisation villanovienne, se développant le plus souvent dans les mêmes sites, a donc suggéré l'idée d'une filiation entre ces deux peuples.

Même si l'on ignore le comment d'une telle floraison, on écarte aujourd'hui pour l'expliquer l'arrivée massive et brutale de populations, et on met l'accent d'une part sur la progressive pénétration de courants artistiques et de pensée à la faveur d'échanges commerciaux en particulier avec l'Orient, d'autre part sur une évolution qui se serait faite à partir d'ethnies diverses (autochtones et étrangères) pour, à un moment idéal, s'épanouir en une civilisation brillante.

HISTOIRE ET CULTURE

L'expansion étrusque – Apparus au 8e s. avant J.-C. en Italie centrale, parvenus dès le 6e s. à l'apogée de leur puissance et de leur civilisation, les Étrusques connurent au siècle suivant le début de leur déclin, pour être finalement absorbés par Rome dès le 3e s. avant J.-C.

C'est sur le territoire limité à l'Est par les Apennins, au Sud par le Tibre et au Nord par l'Arno, que se situe l'Étrurie à proprement parler, parfois dénommée « Étrurie tyrrhénienne » ; à Rome on appelait, du reste, la rive droite du Tibre la *ripa etrusca*. Rapidement, grâce à la puissante flotte qu'ils s'étaient constituée, les Étrusques établirent avec l'Orient (Grèce, Chypre, Syrie), la Gaule, l'Espagne et l'Afrique (Carthage) des échanges commerciaux, exportant le fer et le cuivre toscans, important tissus, bijoux, ivoires, céramiques…

Ils cherchèrent à étendre leur domination vers le Sud où, durant la seconde moitié du 7e s., ils occupèrent le pays latin, s'installant sur le site de Rome qui, pendant plus d'un siècle, fut gouvernée par des rois originaires d'Étrurie, les Tarquins. Vers le début du 6e s., ils s'aventurèrent en Campanie, faisant de Capoue l'un de leurs principaux bastions, mais se heurtèrent aux Grecs installés en Italie du Sud (ou Grande Grèce), à qui ils ne purent enlever Cumes. Au Nord, ils essaimèrent, vers la fin du 6e s., dans une grande partie de la plaine du Pô, y fondant notamment Bologne (alors appelée Felsina), qui devint le principal centre de l'Étrurie padane, ainsi que le port de Spina (aujourd'hui dans le delta du Pô près de Comacchio), d'où ils pouvaient contrôler le commerce de l'Adriatique. Leur « empire » s'étendit jusqu'à la Corse, dont ils occupèrent la côte orientale après avoir livré, vers 540 avant J.-C., la bataille d'Alalia (l'actuelle Aleria).

C'est du reste au 6e s. que l'Étrurie connut son apogée, tant dans ses limites territoriales et ses échanges commerciaux que dans la qualité de son art et le rayonnement de sa civilisation. L'Étrurie formait alors une fédération de cités-états, nommées **lucumonies** (car gouvernées par un roi appelé « lucumon »), dont l'union demeura toujours de nature plus religieuse que politique. Le fait qu'elles ne parvinrent pas à se liguer militairement contre leurs ennemis précipita leur chute. On sait que ces cités étaient au nombre théorique de douze, mais il est difficile de s'accorder sur leur liste exacte car elle semble avoir varié.

À la fin du 6e s., Tarquin le Superbe, dernier des rois de Rome, est chassé. Au début du siècle suivant, les Étrusques ainsi coupés de la Campanie tentent en vain d'atteindre celle-ci par voie de mer et se font définitivement battre par les Grecs au large de Cumes. Menacés au Nord par les Celtes, qui au début du 4e s. envahissent la plaine du Pô, et en lutte à peu près constante avec Rome, les Étrusques voient au cours du 3e s. leurs cités tomber une à une face à la puissance grandissante de cette dernière : la chute de leur capitale religieuse, Volsinies (l'actuelle Orvieto en Ombrie), en 265 avant J.-C., marque la fin de leur indépendance. Désormais tombée sous la coupe des nouveaux maîtres de la péninsule, l'Étrurie suit les destinées de Rome, dont elle obtint, en 90 avant J.-C., le droit de cité.

Une économie riche – L'étendue de la civilisation étrusque est due largement à son commerce actif, qui diffusa les produits réalisés par ses nombreux artisans et agriculteurs. Terre généreuse en métaux, l'Étrurie bénéficia également de riches terrains abondamment arrosés par les nombreux torrents et rivières issus des Apennins. Géographiquement, l'exploitation des minerais (fer, plomb, cuivre et étain) et l'artisanat qui en découle sont davantage des caractéristiques du Nord de l'Étrurie ; le Sud, en revanche, développa une économie agricole (la Maremme fut largement assainie dès cette époque) fondée sur deux denrées très prisées des peuples de la Méditerranée : l'huile d'olive et le vin, boisson de luxe qui, d'ailleurs, fut introduite en Gaule par les Étrusques six ou sept siècles avant notre ère. L'Étrurie méridionale favorisa ainsi la floraison de fortunes – surtout foncières – plus grandes qu'au Nord, permettant la pénétration de l'art hellénique (par un commerce d'objets d'art comme les céramiques) et probablement même d'artistes grecs, qui introduisirent ainsi la peinture monumentale dont témoignent les magnifiques tombes peintes situées dans l'actuel Latium.

Les Étrusques – Les témoignages archéologiques de cette civilisation et les écrits grecs et latins qui en parlent nous permettent aujourd'hui de bien la cerner. On ne connaît pas en revanche de littérature étrusque : d'ailleurs la **langue** étrusque recèle encore quelques zones d'ombre, et si on la lit sans difficulté (les Étrusques adoptèrent

SCALA

Tombe de la Montagnola à Quinto Alto

l'alphabet grec à partir du 7e s. pour faciliter leurs échanges commerciaux), sa structure même et le sens de certains termes restent obscurs. En pratique, on lit facilement les inscriptions courtes, mais les textes longs restent plus difficiles à saisir.

Vie terrestre et au-delà – Bien que les Étrusques soient réputés excellents marins (commerce oblige), voire redoutables pirates, dans leur grande majorité ils vivaient à l'intérieur des terres et surtout en ville. Leur société, de structure aristocratique, utilisait de très nombreux esclaves et, fait extraordinaire pendant l'Antiquité et largement critiqué par les Grecs et les Romains, accordait une place importante aux femmes.

Les scènes familières peintes sur les parois des tombes, ou hypogées, et la multitude d'objets usuels exhumés nous renseignent sur leur vie quotidienne et leurs croyances. Leur civilisation fut à la fois empreinte d'extrême raffinement et de barbarie.

Épris de luxe, ils aimaient se parer de bijoux et de somptueux vêtements, se parfumer, s'entourer d'un mobilier de choix et d'objets précieux. Ils appréciaient énormément la danse et la musique, à tel point que d'innombrables activités, travaux ou jeux se faisaient au son d'un instrument. En revanche, on sait que les funérailles s'accompagnaient parfois de sacrifices humains, et il semble que certains jeux sanglants plus tard privilégiés par Rome (tels les combats de gladiateurs) soient un héritage de rites funéraires étrusques.

Les pratiques religieuses et le culte des morts étaient au centre de leurs préoccupations. Leurs dieux étaient sensiblement les mêmes que ceux des Grecs, mais leur religion fut – contrairement à celles de la Grèce et de Rome – une religion révélée. Ils emplissaient leur univers de symboles, interprétant comme autant de signes tout ce qui faisait exception à la normalité (la foudre par exemple tint dans leur univers un rôle primordial). Accordant grande foi à la divination, ils généralisèrent l'étude des entrailles des animaux (haruspices) et du vol des oiseaux (auspices), que les Romains reprirent en les développant. Contrairement à leurs prédécesseurs, les Villanoviens, qui ne connurent que l'incinération, ils pratiquaient indifféremment selon les lieux et les époques l'inhumation et l'incinération des morts et croyaient – comme la plupart des peuples de l'Antiquité – en une survie dans l'au-delà, pour laquelle sacrifices et offrandes étaient nécessaires.

RMN/Musée du Louvre, Paris

Fibule en or retrouvée aux environs de Chiusi, offrant à la fois un bel exemple d'orfèvrerie

34

L'ART ÉTRUSQUE

La majorité des vestiges dont nous disposons relèvent de l'art funéraire.

Dans sa phase primitive, au 8e s., l'art étrusque est fortement influencé par l'Orient, auquel il emprunte ses motifs de décoration. Cette période offre déjà des témoignages des formes d'artisanat caractéristique des Étrusques, comme des pièces d'orfèvrerie d'une splendeur insurpassable, une céramique en « bucchero » *(voir ci-après)*, ainsi que des bronzes.

Mais c'est à partir du 7e s., et jusqu'au milieu du 5e s., que se situe l'apogée de cet art : c'est l'époque où affluent en Étrurie les céramiques grecques, où sont élevés la plupart des temples, entreprises les fameuses peintures de Tarquinia *(dans l'actuel Latium)*, réalisés les bronzes les plus accomplis et les plus beaux sarcophages.

Pendant la période troublée de la conquête romaine, l'art étrusque perd de sa force et de sa personnalité, et à partir du 3e s., il entre dans sa phase hellénistique. Sous la tutelle de Rome, il produit pendant environ deux cents ans encore des œuvres artistiques qui, réalisées en série, ont perdu de leur force originale, mais ne sont pas sans attrait. Au 1er s. avant notre ère, assimilé par les Romains, l'art étrusque semble avoir désormais perdu toute individualité.

Longtemps considéré comme un simple dérivé de l'art grec, l'art des Étrusques a, au fur et à mesure des découvertes, conquis la place qui lui revient : celle d'un art à la personnalité très marquée, faite d'un fascinant mélange de raffinement et de puissance, d'élégante stylisation et de réalisme violent.

Urbanisme et architecture – Les Étrusques installaient généralement leurs cités sur une colline, à proximité d'un cours d'eau et d'une plaine permettant une activité agricole. Ils protégeaient leurs villes par des murailles colossales *(voir Roselle)* et démontraient un sens de l'urbanisme très développé. Techniciens hors pair, ils se révélèrent de remarquables bâtisseurs de ponts et excellèrent dans les grands travaux d'adduc-

Urne funéraire (Chiusi, Musée archéologique)

Rodolphe Corbel/MICHELIN

tion d'eau et d'irrigation. À Rome, sous le règne des trois rois étrusques qui la gouvernèrent de 616 à 509 avant J.-C., ils asséchèrent la vallée où fut construit par la suite le Forum républicain et réalisèrent – outre quelques temples – la Cloaca Maxima, égout toujours en fonction aujourd'hui.

Bâtis en matériaux relativement fragiles, les édifices étrusques ont peu résisté au temps. Quelques arcs et portes monumentales appareillés en blocs de pierre colossaux subsistent toutefois.

Les Étrusques connaissaient l'emploi de la voûte en plein cintre, qu'ils enseignèrent aux Romains. Leurs temples, de plan rectangulaire, étaient construits en surélévation ; un escalier précédait la façade le long de laquelle s'ouvrait un portique à colonnes.

Aux abords des cités s'étendaient d'immenses nécropoles, véritables cités des morts (avec leurs rues, voire leurs places), aux tombes en forme de temple, de maison, à simple tumulus ou encore – dans les régions volcaniques – creusées dans les falaises de tuf.

L'architecture domestique (dont l'architecture funéraire se fait le reflet et offre davantage de vestiges) est connue essentiellement pour les demeures seigneuriales *(voir Murlo)*. Il semble que les palais s'organisaient autour d'un atrium bordé de portiques à colonnes, tel qu'on le retrouve dans les maisons romaines. Les Étrusques connaissaient également le *compluvium*, cet aménagement de la pente des toits permettant de récolter au centre de l'atrium les eaux de pluie. Les toits pouvaient s'orner de grandes sculptures monumentales tout comme les temples *(voir ci-dessous)*.

à granulation et d'inscription en caractères étrusques. Dernier quart du 7e s. avant J.-C.

Sculpture – Les témoignages architecturaux ayant à peu près disparu, elle apparaît comme ayant eu la faveur des artistes. Ceux-ci ignorèrent le marbre et eurent pour matériau de prédilection l'argile, qu'ils peignaient souvent de couleurs vives ou doraient par endroits à la feuille d'or. Dans la plupart de leurs œuvres, l'influence grecque est manifeste.

La grande époque de la sculpture étrusque se place au 6e s. avant J.-C., où une statuaire importante formait la décoration des temples et même des demeures seigneuriales *(comme le prouvent les vestiges de Murlo)* : celle-ci avait la particularité de hérisser le faîte du toit. Dans le même but furent modelées des plaques décoratives et des frises ornées d'animaux, de scènes de banquets, de cortèges, ainsi que d'innombrables antéfixes représentant souvent des têtes féminines.

La sculpture figurative donna aussi naissance à des statues votives, de taille plus petite que nature, évoquant le défunt dans sa vie terrestre (guerrier au combat, femme à sa toilette…).

Plus originaux sont les bustes de personnages, d'un réalisme saisissant par l'intensité de l'expression malgré la stylisation des traits, et dont les grands yeux globuleux et l'énigmatique sourire caractérisent la manière étrusque. Il en est de même des fameuses figures à demi étendues sur les sarcophages dans l'attitude du convive à un banquet.

La période hellénistique de l'Étrurie vit se multiplier les urnes funéraires, sarcophages en miniature dont le couvercle portait toujours la représentation du défunt et les parois, sculptées en bas-reliefs, des scènes, remarquables par leur mouvement, empruntées le plus souvent à la mythologie grecque. À ce sujet, il faut noter que la représentation des défunts étendus ou appuyés sur un coude est, dans le domaine de l'art funéraire, une innovation étrusque. Cet apport est considérable car il sera repris sous la Rome impériale et beaucoup plus tard à la Renaissance, période où l'on redécouvrit la créativité de l'art antique *(voir le tombeau d'Angelo Marzi Medici à la Santissima Annunziata de Florence)*.

Les bronzes – Une technique que les Étrusques portèrent à un haut degré artistique fut celle du travail du bronze. Favorisée par la richesse en cuivre du sous-sol toscan, cette production alimenta dès la fin du 7e s. une grande partie de leur commerce. Objets utilitaires ou œuvres décoratives, les bronzes d'Étrurie furent très prisés des Grecs, et les Romains en firent également grand cas. En laminé pour les plats, les miroirs, les fibules, ou fondus pour les statuettes votives et les statues, ils portent une décoration gravée au burin ou repoussée.

Sous l'influence de l'Orient et de la Grèce, ils atteignirent leur perfection durant la seconde moitié du 6e s. et le 1er tiers du 5e, conservant toutefois certains de leurs caractères propres comme l'étirement prononcé des silhouettes. La fin du 5e s. produisit, sous une influence profondément hellénique, ce chef-d'œuvre de la statuaire animalière qu'est la Chimère d'Arezzo *(au musée Archéologique de Florence)*. Les bronziers s'orientèrent ensuite vers la production de statues monumentales. Durant la période hellénistique, on ne peut plus parler d'un art authentiquement étrusque, et le célèbre *Arringatore (même musée)* dénote un réalisme un peu théâtral qui appartient déjà à l'art romain.

Peinture – Les splendides vestiges de peinture étrusque furent tous retrouvés dans des nécropoles d'Étrurie méridionale, c'est-à-dire aujourd'hui dans le Latium. Apanage des milieux les plus riches, ces peintures ne font que confirmer l'opposition entre un Nord minier au niveau de vie moyen et un Sud agricole plus riche. La peinture étrusque est la preuve d'une civilisation accomplie connaissant et maîtrisant toutes les formes d'art. Les représentations sont également un témoignage très précieux de la vie quotidienne et des croyances de ce peuple dans son ensemble.

Dans les chambres funéraires des nécropoles, ces peintures étaient censées rappeler aux morts les plaisirs de la vie : jeux, spectacles, musique, danse, chasse, mais surtout le banquet qui fut traditionnellement le sujet le plus important.

Les artistes employaient la technique de la fresque en posant des couleurs (ocre, rouges d'oxydes de fer, blancs de chaux, noirs de carbone, bleus de lapis-lazuli) sur un enduit de lait de chaux encore frais qui les fixait.

Le style dit « archaïque » (6e s.) développa une grande variété de sujets. À l'époque « classique », dans la 1re moitié du 5e s., s'imposa un style attique sévère caractérisé par la répétition presque exclusive de la scène du banquet, des tons moins contrastés, la finesse extrême du dessin, la multiplication des détails. Dans la 2e moitié de ce siècle et au siècle suivant, les contours s'estompèrent au profit des taches de couleurs.

Dans ce domaine encore, les artistes étrusques montrèrent un sens aigu du mouvement.

Orfèvrerie – Des bijoux massifs, souvent en or et d'un travail extraordinairement raffiné, paraient hommes et femmes. D'une habileté insurpassable, les orfèvres étrusques portèrent à leur sommet la délicate technique du filigrane et celle de la granulation, connue dès la fin du 3e millénaire à Troie puis en Grèce : les minuscules grains d'or réalisés atteignaient quelques centièmes de millimètre de diamètre et le secret de leur fabrication est perdu.

La céramique – Artisans de génie, les Étrusques confectionnèrent des céramiques en **bucchero**, terre cuite à pâte noire lustrée réalisée selon une technique aujourd'hui mal connue, et dont ils pratiquèrent largement l'exportation. Les formes les plus fréquentes sont liées à la consommation du vin lors des banquets aristocratiques : l'amphore, l'œnochoé (cruche), le canthare et la coupe. Apparu vers 670 à Cerveteri, le *bucchero* connut d'abord des lignes très pures, sans aucun décor, puis ornées de motifs en pointillés ; ensuite ces poteries se firent de plus en plus complexes tant dans

SCALA

Canthare en bucchero
(Florence, Musée archéologique)

leurs formes que dans leur ornementation. On peut distinguer les pièces en *bucchero sottile* (léger) de celles en *bucchero pesante* (chargé) : les premières, ornées de frises à motifs répétitifs, sont inspirées des vases en bronze grecs dont elles imitent la brillance ; les secondes (apparues après le 7ᵉ s.), aux formes compliquées et alourdies, sont ornées d'une scène figurée unique en relief. À partir du 5ᵉ s., le *bucchero* s'éteint au profit d'autres productions.

Les céramiques grecques *(voir encadré)* connurent en effet chez les Étrusques une vogue extraordinaire. Ils les importèrent en masse et les reproduisirent si bien qu'il est parfois difficile de discerner, parmi la multitude de cratères, canthares, œnochoés qu'ils accumulèrent dans leurs tombes, ce qui provient de Grèce et ce qui appartient à la production locale. Au 5ᵉ s., ils modelèrent d'admirables vases funéraires, les canopes, zoomorphes (de forme animale) ou anthropomorphes (à forme humaine) portant une décoration géométrique que rappellent les poteries incas ou aztèques.

La céramique grecque : un modèle collectionné et copié par les Étrusques

Les amphores, cratères, vases, coupes et autres pièces de céramique dont les Grecs faisaient commerce dans toute la Méditerranée furent importés par les Étrusques en nombre considérable. Peints de scènes où l'évocation de la mythologie est étroitement mêlée à la représentation de la vie quotidienne, ils révèlent selon les époques des aspects différents.

À la céramique **corinthienne** généralement de teinte claire, ornée d'exquises silhouettes miniaturisées selon le goût oriental et figurant en sujet unique ou sous forme de frise, succède dès le 7ᵉ s., la céramique **attique** (produite à Athènes) : tout d'abord à figures noires sur fond rouge puis, à partir de 530 avant J.-C., à figures rouges en réserve sur un fond verni noir (à l'intérieur de ces dernières, traits et motifs réalisés non plus par incision mais au pinceau ; dans les visages représentés de profil, l'œil est dessiné vu de face) ; cette manière fit d'Athènes au début du 5ᵉ s. la capitale de la céramique. Au siècle suivant, à

Canthare

Coupe

Athènes comme en Grande Grèce, sur le vernis noir d'exubérants motifs de fleurs et de rinceaux sont peints en blanc, en jaune, en rouge sombre autour d'une de ces dernières, traits et motifs réalisés non plus par incision mais au pinceau ; dans les visages représentés de profil, l'œil est dessiné vu de face) ; cette manière fit d'Athènes au début du 5ᵉ s. la capitale de la céramique. Au siècle suivant, à Athènes comme en Grande Grèce, sur le vernis noir d'exubérants motifs de fleurs et de rinceaux sont peints en blanc, en jaune, en rouge sombre autour d'une figure unique.

Œnochoé

Cratère à volutes

Amphore

Hydrie

Cratère à calice

En quête
de la beauté parfaite

Si la Toscane vit s'épanouir sur son sol la riche civilisation étrusque, l'art toscan évoque essentiellement deux grandes périodes de l'Histoire : le Moyen Âge, pour le roman et le gothique, et plus encore la Renaissance. L'**époque romaine** ne fut pas en effet l'occasion de réalisations ayant un caractère exceptionnel pour l'art romain ; les vestiges que nous conservons sont simplement la preuve soit de la romanisation de sites étrusques, soit de l'implantation de simples colonies sur le sol toscan.

Ainsi certaines villes conservent dans leur structure urbanistique la trace de monuments romains : à Lucques, on retrouve le contour de l'amphithéâtre sur la place du même nom ; de même à Florence, des ruelles curvilignes à proximité de Santa Croce révèlent le périmètre d'un amphithéâtre, tandis que la Piazza della Repubblica a été aménagée à l'emplacement du forum romain.

De véritables vestiges ont été retrouvés ailleurs : à Fiesole, un théâtre et des thermes, à Volterra, le théâtre et des ruines, à Arezzo, un amphithéâtre, à Cosa, des remparts ; enfin, quelques villas patriciennes sur le bord de mer, comme à Massaciuccoli ou sur l'île de Giannutri, témoignent que les Romains étaient déjà sensibles à la beauté de la côte toscane.

CARACTÈRES DE L'ART TOSCAN

Une région, un esprit ; trois villes, trois courants – Comme ailleurs en Italie du Centre et du Nord, les Communes jouèrent un rôle très important à partir du 11e s. (*voir le chapitre : L'héritage du passé*). En Toscane, trois d'entre elles, Pise, Sienne et Florence, s'opposèrent jusqu'au 15e s., c'est-à-dire jusqu'à ce que la cité des Médicis parvienne à une certaine hégémonie sur la région.

Pendant ce laps de temps les rivalités et cloisonnements politiques eurent une forte répercussion dans le domaine des arts. Chacune de ces villes développa un vocabulaire de formes et un style qui n'eurent d'influence que dans les terres et villes limitrophes.

Sienne - Façade de la cathédrale

Ainsi Pise, éblouie par les splendeurs orientales que rapportaient ses marins et voyageurs, créa des architectures insolites, parcourues d'un frénétique désir d'ornementation : l'alternance des assises de marbres blanc et vert se combine à l'éruption d'arcatures étagées envahissant des façades où presque chaque élément est lui-même sculpté ou incrusté de motifs de marbres de couleur, voire de céramiques (*voir illustration p. 41*).

Les Siennois, eux, furent les chantres du gothique et de toutes ses joliesses, prolongeant sa douceur poétique pendant tout le 15e s. L'architecture, la peinture et la sculpture recherchèrent une beauté délicate et fleurie, empreinte d'une grande fraîcheur. L'art siennois, parfois précieux, est un art plein de vie, tantôt tendre tantôt pétulant de gaieté, jamais sombre ni docte.

Enfin, même si Florence connut également à l'époque romane le goût des ornementations polychromes de marbre, elle fut toujours la ville de la rigueur orgueilleuse, d'une sobriété pouvant atteindre l'austérité, et d'une perfection toute intellectuelle. En peinture, son penchant naturel l'orienta vers la transcription du réel par la justesse du dessin et la définition d'une perspective rigoureuse. La sensualité de la lumière, la volupté des couleurs, bla chaleur d'une scène ou d'un paysage n'intéressèrent pas, à la différence des Vénitiens, les artistes florentins. Seule la stricte vérité – sublimée il est vrai pour engendrer une beauté parfaite – était recherchée et c'est ainsi qu'il faut comprendre le célèbre « sfumato » de Léonard de Vinci *(voir encadré p. 310)*, non comme un moyen de transmettre un quelconque sentiment, mais comme une sublime représentation de l'estompe des contours et des couleurs proportionnelle à l'éloignement de l'objet. Malgré cette diversité de sensibilité dans la création, la Toscane trouve dans ces trois courants une unité fondamentale, celle d'une vision intellectuelle de l'art, satisfaisant la jouissance plus de l'esprit que du cœur. Un beau parfait dans ses formes et sa réalité tangible.

Naissance de l'artiste « universel » – C'est en Toscane que naît cet être complet, artiste dans l'âme, pouvant se frotter à tous les arts (ou presque) avec le même talent, cet être humaniste multiforme, touchant souvent à toutes les disciplines du savoir, qui fut à l'origine de la Renaissance.

Le peintre Giotto, dès le début du 14e s., fut aussi architecte et urbaniste. Par la suite, on peut citer Verrocchio (peintre, sculpteur et ornemaniste), les frères Pollaiolo, peintres et sculpteurs (Antonio étant aussi bronzier et médailleur), le Siennois Francesco di Giorgio Martini (architecte, sculpteur, peintre, bronzier, décorateur et ingénieur), Sansovino, sculpteur et architecte, sans oublier les deux immenses artistes que furent Michel-Ange, sculpteur, peintre, architecte, urbaniste, et même poète, et bien sûr Léonard de Vinci, peintre, sculpteur, graveur, architecte, ingénieur, également musicien et poète. À ces personnalités multiples et exceptionnelles, on peut ajouter quelqu'un comme Piero della Francesca, remarquable peintre dont les recherches sur la perspective et l'optique s'orientèrent à la fin de sa vie vers l'écriture de deux traités de perspective et de géométrie.

C'est cette richesse éclectique qui permit d'importantes avancées dans l'aspect technique de chacun de ces arts. Si l'architecte se soucie de la beauté des volumes, il est ingénieur pour résoudre leur réalité physique dans l'espace, comme en témoigne la coupole de Santa Maria del Fiore de Brunelleschi, à Florence. Du reste, si certains se « cantonnèrent » à un seul art, ils côtoyaient leurs condisciples, s'intéressant, dans une émulation commune, aux découvertes respectives de chacun. Le peintre Masaccio, lié d'amitié à Donatello et Brunelleschi, exprima pleinement les volumes tel un sculpteur, et fut le premier à maîtriser scientifiquement la perspective que lui révéla son ami architecte.

Grâce à cet incroyable foisonnement de fortes personnalités créatrices, la notion d'artiste, et non plus d'artisan anonyme comme au Moyen Âge, apparaît à cette époque, et justement en Toscane, marquant une étape importante dans l'histoire de l'art. C'est ainsi que peu à peu les œuvres portent la signature de leurs auteurs.

Le décor mural – Si le mur appelle un décor, en Toscane naît l'idée du décor qui définit le mur et donc l'espace qui se trouve derrière.

En effet la régularité d'une façade, où les ouvertures et l'appareillage des pierres s'inscrivent dans un réseau de lignes géométriques imperturbables, se définit pour la première fois à Florence. De même l'harmonie d'une cour intérieure de palais résulte de la symétrie de ses quatre façades, l'escalier est donc repoussé dans un des corps du bâtiment de manière qu'il ne désorganise pas la sereine unité créée.

Ce souci de la beauté d'une façade va bientôt toucher l'espace urbain et le monument ne va plus nécessairement se suffire à lui-même mais devoir s'harmoniser avec son environnement, en fonction des vides dont il disposera. Un angle de rue appellera un décor soigné, car les regards s'y concentrent (loge réservée à l'activité commerciale, écusson monumental, niche d'angle…) ; une longue façade sur rue exige un rythme cassant la perspective fuyante et, bien sûr, une place invite à une harmonisation en fonction des monuments préexistants, voire une unité totale lorsque l'espace est conçu *ex nihilo* comme la place centrale de Pienza *(voir ce nom)*.

La façade devient une telle obsession à Florence que de nombreuses églises en sont dépourvues, faute d'avoir trouvé le consensus ou l'argent nécessaire au chef-d'œuvre final (San Lorenzo et Santo Spirito sont restées aveugles tandis que Santa Maria del Fiore et Santa Croce sont revêtues de pastiches au 19e s.).

Même si l'extérieur – pour les Toscans comme pour tout peuple méditerranéen – est le lieu favori de la vie collective, l'intérieur du monument ne fut pas négligé mais perçu également comme un espace de décor. Alors que Byzance trouva son expression privilégiée dans la mosaïque, que les pays du Nord ornèrent leurs cathédrales de somptueux vitraux et leurs demeures seigneuriales de tapisseries, la Toscane révéla toutes les richesses de la **fresque** *(voir encadré p. 47)*.

Cette technique permit de décorer l'intégralité du mur et souvent de la voûte ou du plafond. Les exemples sont innombrables, en particulier dans les églises : à Florence, le chœur de Santa Maria Novella, la chapelle Brancacci au Carmine, les réfectoires peints, les cellules du couvent de San Marco, à Arezzo le chœur de San Francesco, à San Gimignano toute la nef et les bas-côtés de la collégiale, ainsi que le chœur de Sant'Agostino, les cloîtres de Monte Oliveto Maggiore, le Camposanto de Pise… ; sans compter les décors des palais publics, comme à Sienne, ou celui des demeures privées, comme à Florence la chapelle des Mages au palais Médicis et les décors moins prestigieux du palais Davanzati. Par cette technique, les Toscans révèlent une fois de plus que le mur pour eux doit être pensé dans son ensemble et non orné d'un élément décoratif isolé. C'est aussi comme cela qu'il faut entendre le pavement de la cathédrale de Sienne, intégralement composé de tableaux de marbre, ou encore la chapelle des Princes de Florence, où sol, murs et plafond sont ornés de marbre de couleurs.

LE MOYEN ÂGE

Aux 11e et 12e s., période caractérisée par le début d'échanges commerciaux, la campagne toscane change de visage. Grâce à ce bouleversement économique à l'origine d'une certaine prospérité, de nombreuses églises sont construites : certes modestes pour la plupart, d'innombrables pièves sont bâties, même dans les secteurs les plus reculés (comme la Garfagnana, la Lunigiana, le Casentino ou le Pratomagno), témoignant de l'importance de l'art roman en Toscane, plus riche et plus répandu qu'ailleurs en Italie. Au Moyen Âge naissent également, du 11e au 14e s., de nombreux monastères : ceux des communautés traditionnelles – bénédictins, cisterciens – et ceux des nouveaux ordres mendiants : dominicains et franciscains (nés pour ces derniers dans la voisine Ombrie et dont deux implantations furent réalisées en Toscane par saint François lui-même, Le Celle près de Cortona et La Verna où le Poverello fut stigmatisé) ; à ces monastères s'ajoutent ceux des ordres nés sur le sol toscan lui-même : au 11e s., les vallombrosiens et les camaldules, au 13e s. les servites (ordre fondé sur le Monte Senario) et au 14e s. les olivétains nés à Monte Oliveto Maggiore.

Par ailleurs, cette campagne s'anime de petits bourgs, perchés sur les hauteurs et ceinturés de murs, de forteresses et de châteaux forts comme Monteriggioni, Montalcino, Radicofani, les forteresses du Val d'Orcia, Montecchio, Poppi…

Dans les villes le phénomène est comparable : on construit (ou on rebâtit pour certaines) les cathédrales et de multiples églises, parmi lesquelles celles des nouveaux couvents franciscains et dominicains. En outre, les nobles commencent à élever des maisons à encorbellement et des maisons-tours ; des loggias destinées à l'activité commerciale viennent agrémenter les croisements de rues et un palais municipal ou un palais du podestat vient répondre au cœur de la ville au pouvoir religieux représenté par l'église.

L'architecture religieuse romane

Hormis le cas particulier de l'architecture pisane, elle se caractérise par sa simplicité. Simplicité des matériaux : pierre locale souvent tout juste équarrie, brique et bois. Modestie des dimensions : les pièves sont par définition de petites églises paroissiales populaires. Simplicité du plan : le modèle basilical paléochrétien restant profondément ancré (comme ailleurs en Italie), la nef, parfois flanquée de bas-côtés, se prolonge par un chevet à une abside voire trois, mais bien souvent sans être interrompue par un transept saillant. Simplicité des couvertures : la plupart des églises sont à charpente apparente sans voûte. Simplicité enfin des couleurs : la sereine harmonie brune, blonde ou grise de la pierre n'est jamais troublée par la vivacité d'un vitrail, les ouvertures étant bien souvent closes d'une feuille d'albâtre ou de marbre laissant entrer une lumière diaphane.

Influences extérieures – Outre les éléments de tradition **paléochrétienne** communs à toute l'Italie (plan basilical, charpente apparente, construction sans clocher d'où le campanile non intégré), l'architecture toscane assimila des apports bourguignons (dus au rayonnement dès la fin du 10e s. de l'abbaye bénédictine de Cluny) et lombards (les grandes villes du Nord de l'Italie affirment aussi une architecture originale).

L'influence **bourguignonne** confirme d'abord la présence de la crypte que connaissait déjà l'art paléochrétien. On la retrouve dans les monastères bénédictins de l'époque, comme San Salvatore sur le mont Amiata, l'abbaye de Farne près de Cortone ou San Miniato de Florence. L'option du plan en croix latine est également commune aux édifices bénédictins (Abbadia San Salvatore, Farneta, San Bruzio près de Magliano). À Sant'Antimo (voir ce nom), monastère cistercien, l'influence clunisienne se révèle dans le chœur à chapelles rayonnantes, dans la hauteur marquée de la nef centrale par rapport aux bas-côtés et dans certains éléments sculptés comme les chapiteaux historiés. Toutefois, l'influence du monachisme bénédictin dans la région ayant eu peu de retentissement (en raison de la réticence des évêques et surtout de la naissance en Toscane d'ordres réformés austères, c'est-à-dire de stricte obédience à la règle de saint Benoît : les vallombrosiens et les camaldules), son impact sur l'art reste limité. Parallèlement à ces premières influences, des éléments stylistiques **lombards** se retrouvent dans l'architecture toscane : frises d'arceaux dans les parties hautes ou sur les clochers et leurs étages, lésènes, niches (San Piero a Grado, Sant'Antimo, Gropina, Sant'Appiano dans le Chianti, piève d'Artimino…), utilisation du pilier – parfois fasciculé – seul (S. Donato in Poggio, S. Quirico d'Orcia, Sovana, porche de la cathédrale de Lucques) ou en alternance avec la colonne (Sant'Antimo, Gropina, Santa Maria della Pieve à Arezzo), portails ébrasés (San Quirico d'Orcia, Sarteano, Pieve di Corsignano) et même présence d'une tour-lanterne sur coupole à la croisée du transept (Asciano).

Il ne faut pas non plus négliger un **apport transalpin** plus général, véhiculé par la via Francigena *(voir encadré p. 274)*, que l'on retrouve en particulier en Toscane méridionale. Il se révèle à travers des détails comme l'emploi de l'oculus polylobé ou de la voussure dentée, l'utilisation exceptionnelle de la croisée d'ogives dans la cathédrale de Sovana (en dehors de tout contexte gothique) ou l'apparition de l'arc diaphragme mais non porteur car combiné à une charpente (San Miniato de Florence). Toutefois, à partir de la deuxième moitié du 11e s., ces influences étrangères cèdent du terrain en raison de la diffusion de modèles locaux d'une puissante inventivité.

Le roman pisan et son rayonnement - Grâce à leurs contacts avec l'Orient chrétien et l'art islamique, les Pisans élaborent un style hautement décoratif qui s'exprime pleinement sur la place des Miracles avec la réunion scénographique du baptistère, de la cathédrale, de la tour penchée et du Camposanto. Les éléments stylistiques qui caractérisent la cathédrale et qui eurent un vif succès dans les secteurs sous influence pisane furent la bichromie zébrée des façades en marbre blanc et vert, leur décor d'arcatures aveugles ou même, pour les façades principales, de galeries ajourées, le motif du losange encastré, l'adoption de la colonnade pour séparer les nefs et la généralisation de l'arc surhaussé à l'intérieur comme à l'extérieur. Ces différents éléments trouveront un écho plus ou moins marqué dans la région de Pistoia et Prato, celle de Lucques, dans les diocèses de Volterra, de Massa Marittima, et même jusqu'à Sienne (dont la cathédrale commencée à l'époque romane est zébrée) et ses environs.

Lucques : façade de l'église S. Michele, exemple d'art roman pisan

Le roman florentin - Les deux exemples majeurs de ce courant qui s'exprima du 11e au 13e s. à Florence sont le baptistère et San Miniato al Monte *(illustration p. 182)*. Fortement influencés par la tradition paléochrétienne, ces monuments se caractérisent par leur esprit classique, la pureté de leurs volumes et leur rigueur géométrique tant structurelle que décorative. Leurs façades présentent un parement lisse de marbre blanc incrusté de motifs linéaires de marbres de couleurs. Cette formule fut reprise à la Badia de Fiesole et à l'église d'Empoli sans plus de rayonnement, mais fut adoptée pour le décor du mobilier religieux tel que les ambons, les cuves baptismales ou les chaires, comme celle de San Giovanni Maggiore non loin de Scarperia. Néanmoins la rigueur géométrique de ces édifices, pouvant se réduire à des volumes simples, se retrouve dans les pièces sous juridiction florentine, comme San Donato in Poggio.

L'architecture gothique

Elle apparaît dans les centres urbains à partir du 13e s. mais de façon très épurée et modeste par rapport au gothique transalpin.

L'architecture religieuse - En Italie, ce style venu du Nord plaît peu, car on l'assimile à la soumission politique à l'empereur germanique ; c'est pourquoi on le baptise par mépris de « gotico » (propre aux Goths). Introduit par les cisterciens (comme en témoigne en Toscane l'abbaye de San Galgano), ce style fut adopté par les franciscains (suite au chantier de la basilique d'Assise), et dans leur sillage par les dominicains. Au cours des 13e et 14e s., ces deux ordres se firent construire à l'intérieur des villes et des gros bourgs des églises leur permettant d'exercer leur mission commune de prêcheurs. L'arc brisé et l'ogive leur permettent d'ouvrir de larges espaces, souvent à vaisseau unique comme à San Domenico et San Francesco

SCALA

Florence - Intérieur de l'église S. Croce

de Sienne, offrant aux plus humbles fidèles la possibilité de tout voir dans une maison de Dieu ouverte à tous et sans mystère. Dans la plupart des autres édifices religieux de l'époque, le gothique n'influe pas sur la structure de l'espace mais uniquement sur le décor : c'est le cas du Camposanto de Pise, aux hautes arcades en plein cintre à l'intérieur desquelles s'inscrivent des baies gothiques en lancettes (15e s.), ou encore, dans la même ville, de Santa Maria della Spina, véritable orfèvrerie de pierre, tout en gâbles, pinacles et niches. Mais les grandes réalisations de l'époque se concentrent à Sienne et à Florence.

À **Sienne**, pour la cathédrale, on part d'un monument roman à trois nefs, commencé au début du 13e s. avec arcatures en plein cintre, façades zébrées de noir et blanc selon les critères pisans et une coupole sur trompe. En 1284, la conversion au vocabulaire gothique s'opère en façade grâce à Giovanni Pisano : portails profonds coiffés de gâbles, tours dont les contreforts sont surmontés de pinacles et un foisonnement de sculptures et d'éléments de couleurs (mosaïques et incrustations de marbre). Au 14e s., l'abside est prolongée, venant en surplomb sur la rue, ce qui permit de construire dessous un baptistère (San Giovanni) sur ogives. À partir de 1339 commence le projet d'agrandir la cathédrale, de façon à faire de l'ancien édifice le transept du nouveau. Il aurait été le plus grand édifice gothique de Toscane s'il avait pu aboutir *(voir Siena)*. Ce gigantesque chantier néanmoins explique l'extrême simplicité des églises des ordres mendiants de la ville, les forces constructives étant accaparées à leur détriment.

À **Florence** en revanche, c'est avec le couvent dominicain de Santa Maria Novella que pénètre dans le dernier quart du 13e s. le gothique : sa vaste église à trois vaisseaux voûtés d'ogives adopta un plan basilical à chevet plat. Les franciscains peu après construisent à Santa Croce une église à trois vaisseaux séparés par de grands arcs brisés supportant une classique charpente paléochrétienne. L'édifice le plus original est la cathédrale Santa Maria del Fiore, dont les trois vaisseaux voûtés

P. Sommelet/DIAF

Sienne – Fenêtres gothiques du palais Salimbeni

d'ogives sont presque de même hauteur ; c'est la puissance et la simplicité qui la caractérisent, ainsi que la volonté de créer un vaste espace intérieur sans faste. L'horizontalité des lignes y est davantage soulignée que leur verticalité, pourtant propre au gothique. De même, des bandes horizontales rythment l'intérieur de Santa Maria Novella, et une galerie haute casse la verticalité de Santa Croce. Le gothique à Florence est donc complètement revu et réadapté à une sensibilité rationnelle et pudique, qui ne se laisse pas naturellement aller à une expression débridée de formes élancées et foisonnantes.

L'architecture civile - Elle adopta en revanche plus facilement le style gothique. À Florence, le Palazzo Vecchio qui, dans sa partie basse presque sans ouvertures, a l'austérité d'une forteresse, s'anime dans sa partie haute de fenêtres géminées, de mâchicoulis, de créneaux et d'une belle tour à ressaut ; il sera suivi par le Bargello, également muni d'une tour. À Sienne, le palais public s'articule en trois corps, celui du centre étant plus élevé ; ses nombreuses ouvertures lui confèrent une grande légèreté, à laquelle répond la haute tour du Mangia. Sur leurs modèles, un peu partout en Toscane se dressent des municipes ou des palais de podestat crénelés, tandis que les palais patriciens s'ornent de baies géminées ou tripartites. Du reste au cours des 13e s. et 14e s. des villes comme Sienne, San Gimignano, Volterra, Cortone, Arezzo acquièrent la physionomie qui les caractérisent encore aujourd'hui.

Peinture et sculpture médiévales

Peinture – Profondément liée à l'art gréco-byzantin, la peinture toscane voit naître durant le 12e s., à Pise et à Lucques, un courant novateur, celui des crucifix que l'on exposait dans le chœur des églises ou à la croisée du transept. Deux types coexistent : le Christ souffrant (au corps tordu de douleur) et le Christ triomphant (hiératique et paisible) comme celui que **Berlinghieri** peignit pour la cathédrale de Lucques vers 1220-1230. C'est **Giunta Pisano** qui, dès les années 1240, se plaira à exploiter le côté pathétique du Christ souffrant, modèle devenant davantage prisé en raison du succès rencontré par les prédications franciscaines (saint François meurt en 1226). Giunta adapta donc la manière grecque byzantine à ce nouveau modèle iconographique. **Margaritone d'Arezzo** développa de son côté une certaine sensibilité et douceur dans ses œuvres, en particulier la représentation de saint François lui-même. Mais cette sujétion à la manière grecque des icônes se brise avec le chantier du décor intérieur du baptistère de Florence, où les peintres s'expriment à travers la mosaïque. **Cimabue**, qui avait travaillé à l'immense chantier de la basilique d'Assise à la fin du 13e s., révèle une sensibilité nouvelle à l'intérieur des formes traditionnelles byzantines : il parvient à animer ses sujets d'expressions propres à émouvoir le fidèle, à l'attendrir. Outre quelques crucifix, il réalisa des *Maestà* (Vierge à l'Enfant assise sur un trône et souvent entourée d'anges et de saints), sujet qui par sa douceur caractérise la production de Florence et de Sienne. **Giotto** réalisa également des Maestà ainsi que **Duccio di Buoninsegna** à Sienne. L'école siennoise de peinture *(voir Siena)*, dont les figures marquantes furent au 14e s. Simone Martini et les frères Lorenzetti, participa de façon essentielle au **gothique international**, c'est-à-dire au courant le plus décoratif, raffiné et fleuri du gothique finissant (qui se développa aussi à Paris, Avignon et Prague).

Maestà de Duccio di Buoninsegna (Sienne, Musée de l'Œuvre)

Sculpture – Au milieu du 13e s. naissent dans le milieu pisan des œuvres qui eurent une réelle importance pour la sculpture médiévale toscane et même italienne. Après les débuts prometteurs dont témoigne l'ambon (aujourd'hui à Cagliari, *voir p. 182*) créé par **Guglielmo** (12e s.) pour la cathédrale de Pise et des réalisations prouvant des apports lombards, comme le *Saint Martin* anonyme sur la façade de la cathédrale de Lucques (13e s.), le véritable initiateur d'un nouveau courant fut **Nicola Pisano**, qui sculpta en 1260 la chaire du baptistère de Pise. Son style puissant allie des lions encore romans supportant les colonnes du monument, des arcs trilobés déjà gothiques et des bas-reliefs imités de l'antique. Avec la chaire qu'il réalisa de 1266 à 1268 pour la cathédrale de Sienne, il s'oriente résolument vers le goût gothique. Dès lors ce type de mobilier se multiplie en Toscane.

À Pistoia, **Fra Guglielmo** sculpte en 1270 la chaire de San Giovanni Fuorcivitas (appuyée à un mur) et, en 1301, **Giovanni Pisano** (fils de Nicola) celle hexagonale de Sant'Andrea. Ce dernier, auteur de la façade de la cathédrale de Sienne et des chœurs de celles de Massa Marittima et de Prato, réalisera également la chaire monumentale supportée par dix colonnes et un pilier central de la cathédrale de Pise (1302-1312).

Parmi ses élèves, Goro di Gregorio se distingue par l'« arca » de saint Cerbone à la cathédrale de Massa Marittima, mais le plus doué fut le Siennois **Tino di Camaino** (tombeau d'Henri VII de Luxembourg, au Museo dell'Opera del Duomo de Pise).

La génération suivante poursuivra une œuvre toujours plus détachée de l'architecture, au profit d'une sculpture ciselée, travaillée plus en finesse et moins en puissance : **Andrea da Pontedera** dit **Pisano** réalisa le plus ancien des trois portails en bronze du baptistère de Florence (1336) et **Orcagna** le tabernacle d'Orsanmichele à Florence (1352-1359).

RENAISSANCE

Si à l'époque des Communes c'est la Toscane tout entière qui profite d'une floraison des arts dans chacune des villes politiquement fortes, au 15e s. l'installation de l'hégémonie florentine dans la région voit la cité des Médicis centraliser les avancées artistiques *(voir en complément l'introduction sur l'art du chapitre Firenze)*. Il est vrai qu'un climat particulier favorisa cette éclosion : le contexte de prospérité économique et bancaire de la ville, son mécénat aristocratique, son foisonnement intellectuel et philosophique se conjuguèrent ensemble à une époque où l'on redécouvrait à Rome les ruines antiques (les ruines grecques ne seront exhumées qu'au 18e s.). Dès lors l'attrait de la civilisation romaine toucha tous les domaines de l'art et du savoir, engendrant ce que l'on baptisa **Renaissance** : goût pour l'esthétique classique et non plus gothique, pour les thèmes mythologiques et profanes et non plus uniquement religieux, pour la réalité tangible et mesurable mathématiquement et non plus le symbole. Néanmoins, le soubresaut survenu à Florence entraîna toute la région (avant de gagner toute l'Italie et l'Europe) et de nombreux artistes florentins œuvrèrent hors de leur ville, tandis que quelques personnalités hors du commun naissaient et s'épanouissaient à l'ombre de Florence.

Architecture – Les divers voyages à Rome de Brunelleschi n'avaient pas d'autre but que l'observation des ruines antiques et la compréhension de l'art classique. Il fit en effet toute sa carrière à Florence, où il révolutionna toutes les données de l'architecture *(voir Firenze)*. La Vieille Sacristie qu'il construisit à San Lorenzo (1421-1428) et la chapelle des Pazzi à Santa Croce (plan vers 1430) eurent un impact particulier, car elles avaient un **plan centré** articulé autour du carré et couvert d'une coupole. Dans leur lignée naquirent diverses églises à plan en croix grecque : au 15e s., Santa Maria delle Carceri à Prato (commencée en 1485), œuvre de Giuliano da Sangallo, et Santa Maria del Calcinaio à Cortone, par le Siennois Francesco di Giorgio Martini : toutes deux ont leur structure intérieure soulignée par l'emploi brunelleschien de la *pietra serena*, qui se détache sur le mur blanc ; au 16e s., Antonio da Sangallo l'Ancien (frère de Giuliano) construisit de 1518 à 1545 l'église San Biagio à Montepulciano, et Vasari, Santa Maria Nuova à Cortone.

Dans le domaine de l'**architecture civile**, c'est l'époque des **palais** citadins et des **villas** de campagne. Michelozzo (1396-1472), auteur du palais des Médicis à Florence, réalisa également la transformation de leurs demeures féodales de Trebbio et Cafaggiolo en villas. Il travailla également à Pistoia, Montepulciano et Volterra. Giuliano da Sangallo (vers 1443-1516) créa quant à lui pour les Médicis la villa de Poggio a Caiano, exemple unique à l'époque de villa entourée d'un jardin et d'un parc, dressée sur un portique piédestal, avec une entrée soulignée par une loggia centrale couronnée d'un fronton à la manière d'une façade de temple antique *(illustration p. 258)*. La majestueuse villa de campagne était née.

Certaines villes acquirent à cette époque leur caractère propre. Florence, bien sûr, doit beaucoup au Quattrocento, siècle où elle fut agrandie et rebâtie. Pienza *(voir ce nom)* servit d'écrin au tout premier projet d'urbanisme moderne (1459), œuvre de Bernardo Rossellino (1409-1464), le collaborateur d'Alberti au palais Rucellai de Florence ; sur sa place centrale se dressent la cathédrale, le palais de l'évêché, le palais nobiliaire du commanditaire, le palais public et un puits monumental.

À Montepulciano, ce sont Michelozzo, Antonio da Sangallo et Vignola qui rénovèrent la ville en lui donnant son caractère Renaissance ; de même Monte San Savino, ville natale de Sansovino (comme l'indique son pseudonyme) doit à son brillant enfant les plus belles constructions de sa rue centrale.

Sculpture et peinture – Le nombre d'artistes florentins est dans ces deux domaines impressionnant *(voir Firenze pour le détail)* ; néanmoins, la région participe dès le 15e s. au mouvement de la Renaissance.

Sienne, qui pourtant suit sa propre voie jusqu'au 16e s., donne le jour à l'inventif sculpteur **Jacopo della Quercia** (1374-1438), auteur entre autres du tombeau d'Ilaria del Carretto à Lucques et de la Fontaine de Gaia sur la Piazza del Campo de Sienne, à **Francesco di Giorgio Martini** (1439-1502), peintre, sculpteur et architecte (dont les œuvres majeures d'architecture se situent à Urbino et Pesaro dans les Marches) et à **Baldassare Peruzzi** (1481-1536), qui fit surtout sa carrière à Rome.

Arezzo et Cortone virent naître quant à elles deux très grands peintres : **Piero della Francesca** (1416-1492), qui travailla dans sa ville au cycle de fresques de San Francesco *(voir Arezzo)*, et **Luca Signorelli** (1450-1523), élève du premier, peintre au dessin puissant et incisif, auteur de la majeure partie de la décoration du cloître de Monte Oliveto Maggiore *(voir ce nom)*.

Prato est la ville natale de Filippino Lippi, où son père, Fra Filippo Lippi, avait réalisé les fresques du Duomo.

Lucques enfin donna le jour au sculpteur et architecte **Matteo Civitali** (1436-1501) et le vit travailler dans la manière d'Alberti à la chapelle du Saint-Voult de la cathédrale.

R. Leslie

Jacopo della Quercia, tombeau d'Ilaria del Carretto (Lucques, cathédrale)

ÉPOQUE MODERNE

Si, au 15e s. déjà, certains artistes florentins quittent Florence pour réaliser des projets ailleurs en Toscane, comme Benozzo Gozzoli au Duomo de San Gimignano et au Camposanto de Pise, ou même dans des régions proches comme l'Ombrie, les Marches, voire la Lombardie ou la Vénétie (Donatello, Verrocchio, Alberti...), c'est au 16e s. que le mouvement s'accélère. Florence perdant sa primauté politique, c'est toute la région qui pâtit de la fuite de ses artistes vers les nouveaux centres artistiques d'alors : Rome avant tout, avec Raphaël, Michel-Ange, Filippino Lippi, Giuliano et Antonio da Sangallo, Peruzzi, Cellini..., mais également la Lombardie (Léonard de Vinci), la Vénétie (Sangallo le Jeune, Sansovino) et la France (Vinci, Cellini, Rosso Fiorentino).

Dans les siècles qui suivirent, la Toscane, comme essoufflée d'avoir tant donné, contribua fort peu à la naissance de nouveaux talents ou courants artistiques. On peut néanmoins citer pour la fin du 19e s. le mouvement vériste florentin des **Macchiaioli**, qui peut soutenir un certain parallèle avec le mouvement impressionniste français *(voir p. 153)* et, pour le 20e s., **Amedeo Modigliani**, célèbre pour sa participation à l'école de Paris mais natif de Livourne, ou encore le peintre sculpteur florentin **Marino Marini** *(voir p. 198)*.

L'âge d'or et de gloire de la Toscane fut toutefois redécouvert au 19e s. et mis en avant pour ses qualités de spontanéité, de fraîcheur, de quête d'un idéal par les **nazaréens** allemands, qui erraient à Florence et aux alentours, mal vêtus, dormant à la belle étoile, vivant une vie de bohème, d'où le sobriquet que leur donnèrent les Florentins. De même, les **préraphaélites** anglais (tels Rossetti ou Burne-Jones) s'entichèrent des primitifs italiens antérieurs à Raphaël (d'où leur nom), en qui ils voyaient les maîtres à imiter pour renouveler la peinture.

QUELQUES TERMES D'ART

Les termes n'ayant pas d'équivalent en français, et maintenus en italien dans le texte, sont indiqués en bleu.

Abside : extrémité arrondie d'une église, derrière l'autel ; la partie extérieure étant le chevet.

Absidiole : petite chapelle greffée sur l'abside.

Ambon : petite chaire située à l'entrée du chœur et servant aux lectures liturgiques.

Antéfixe : ornement sculpté (que l'on trouve en particulier dans l'architecture étrusque) venant décorer le bord du toit en haut des murs.

Appareil : taille et agencement des pierres constituant la maçonnerie d'une construction.

Arc diaphragme : arc transversal dont l'objet est de soulager les murs latéraux.

Archivolte : ensemble des arcs ornant une arcade ou la partie supérieure d'un portail.

Bandes lombardes (ou **lésènes**) : fins pilastres ornant une façade et réunis en leur sommet par une frise d'arceaux.

Bas-relief : sculpture en faible saillie sur le fond.

Berceau (voûte en) : voûte demi-cylindrique engendrée par un arc en plein cintre indéfiniment prolongé.

Bossages : saillie sur le parement d'une pierre, son relief.

Bucchero : poterie étrusque de couleur noire et brillante *(voir p. 37)*.

Chaire : tribune élevée dans la nef d'une église, souvent ouvragée et pourvue d'un abat-voix, réservée au prédicateur.

Chancel : balustrade ou barrière marquant l'entrée du chœur d'une église.

Ciborium : baldaquin surmontant un autel.

Corniche : élément saillant servant à couronner le sommet d'un mur.

Cortile : cour intérieure d'un palais.

Croisée du transept : espace situé au croisement du transept et de la nef.

Croix grecque : croix dont les quatre bras sont de même longueur (opposée à la **croix latine**, munie d'un bras plus long que les trois autres).

Cul-de-four : voûte en quart de sphère caractéristique d'une abside ou d'une absidiole.

Déambulatoire : prolongement des bas-côtés autour du chœur et permettant de circuler à l'arrière de celui-ci.

Diptyque : *voir Polyptyque.*

Doubleau : arc perpendiculaire aux nefs.

Encorbellement : construction en porte à faux.

Entablement : partie de certains édifices qui surmonte une colonnade ; se compose de trois parties : l'architrave (plate-bande posée sur les tailloirs des chapiteaux d'une colonnade), la frise (ornée de sculptures) et la corniche (couronnement en saillie).

Fresque : peinture murale appliquée sur enduit frais *(voir encadré)*.

Fronton : ornement de l'architecture classique (généralement triangulaire ou semi-circulaire) placé au-dessus d'une porte ou d'une fenêtre.

Gâble : pignon décoratif très aigu.

Glacis : en peinture, mince couche de couleur permettant un fini de surface contribuant à l'éclat du rendu.

Hourd : dans une enceinte fortifiée, galerie de bois construite en encorbellement au sommet des murs.

Lésènes : *voir Bandes lombardes.*

Linteau : traverse horizontale surmontant une baie ou une porte et supportant le poids du mur.

Mâchicoulis : galerie maçonnée construite au sommet d'une fortification ou d'une tour et percée dans sa partie basse d'ouvertures afin de pouvoir toucher l'ennemi avec des projectiles ou des matières brûlantes.

Maestà : Vierge en majesté, généralement sur un trône et tenant l'enfant Jésus.

Mascaron : médaillon sculpté à masque humain.

Merlon : partie pleine d'un parapet de couronnement, entre deux créneaux. En Toscane, on colporte que le merlon plein (donc classique) est guelfe, tandis que le merlon gibelin est évidé dans sa partie haute d'un V central.

Modillon : petite console soutenant une corniche.

Narthex : vestibule intérieur d'une église.

Nef : espace compris entre l'entrée et le chœur de l'église ; on précise parfois nef centrale et nefs latérales – ou collatéraux.

Oculus : baie de forme circulaire.

Ordre : système d'architecture antique trouvant son unité dans un style et se caractérisant par ses colonnes (socle, fût, chapiteau) et leur entablement ; les ordres utilisés en Toscane sont : le dorique (à chapiteaux moulurés – le toscan s'en inspire en le simplifiant), l'ionique (à chapiteaux en volutes), le corinthien (à chapiteaux en feuilles d'acanthe) et le composite issu du corinthien mais en le compliquant.

Pendentif (coupole sur pendentifs) : triangle sphérique ménagé entre les grands arcs qui supportent une coupole et permettent de passer du plan carré au plan circulaire.

Piédroits : piliers encadrant un portail et supportant l'arc qui le surmonte.

Pietà : Vierge de douleur devant le Christ mort.

Pietra serena : pierre gris-bleu provenant de carrières au Nord de Florence.

Pieve : église paroissiale romane.

Pilastre : pilier plat engagé dans un mur.

Pinacle : couronnement vertical d'un contrefort contribuant à son poids.

Polyptyque : panneau peint ou sculpté divisé en plusieurs volets (diptyque : 2 volets ; triptyque : 3 volets).

Portique : galerie couverte dont la voûte est soutenue par des colonnes.

Prédelle : base d'un retable, divisée en petits panneaux.

Presbiterio : espace situé autour du maître-autel et réservé au clergé.

Pulpitum : devant de scène d'un théâtre antique.

Retable : grand tableau destiné à orner un autel.

Sinopie : *voir Pisa, Museo della Sinopia*.

Sfumato : effet de perspective atmosphérique (inventé par Léonard de Vinci), estompant les contours et les arrière-plans dans une légère brume.

Strigile : cannelure dessinant un S étiré ; ce motif décoratif fut beaucoup utilisé sur les sarcophages antiques en successions répétitives. Ce mot dérive du racloir (nommé justement strigile) de forme similaire grâce auquel les athlètes antiques se nettoyaient la peau.

Tempera : la peinture *a tempera* est une peinture dont les pigments broyés sont liés entre eux par une préparation généralement à base d'œuf. Cette technique, utilisée pour les retables, fut supplantée par l'huile.

Travée : espace compris entre deux points d'appui : colonnes ou piliers.

Triptyque : *voir Polyptyque*.

Trompe : section de voûte (proche d'un demi-cône) formant saillie et supportant la poussée verticale d'un élément de construction en encorbellement dans chaque angle d'une tour carrée : les quatre trompes d'angle permettent de passer du plan carré au plan octogonal et ainsi de supporter une coupole.

Tympan : partie placée au-dessus d'une porte (ou d'une baie) située entre le linteau et l'archivolte.

Volute : ornement d'architecture enroulé sur lui-même.

Technique de la fresque

De l'italien peindre « a fresco », la fresque est une peinture murale pratiquée sur un enduit frais. Cet enduit en séchant absorbe et fixe la couleur, solidifie la surface du mur et la protège de l'eau, des différences de température et donc du temps. C'est pourquoi la préparation du support a une extrême importance. La paroi, aspergée d'eau, est d'abord recouverte d'un revêtement grossier composé pour un cinquième de chaux et quatre cinquièmes de sable. Son rôle est de faciliter le séchage de la peinture et de l'isoler du mur. C'est sur ce crépi non lissé, l'*arricio*, qu'est exécuté le dessin préliminaire. À l'époque où le papier était peu courant et fort coûteux (c'est-à-dire surtout jusqu'au 15e s.), l'élaboration du dessin se faisait à même le mur avec une terre plus ou moins rouge nommée « sinopie » (*voir Pisa : Museo della Sinopia*). Par la suite, avec la diffusion du papier, le dessin put se concevoir séparément et être mis au format sur un « carton », lequel était perforé suivant les lignes de la composition. En plaquant le carton sur le mur, les contours étaient reportés en passant du noir de fumée sur les trous. Il suffisait alors de reconstituer le dessin à partir des points noirs. L'*arricio* est ensuite recouvert par petits secteurs d'un enduit fin, l'*intonaco*, constitué de sable et de chaux : la chaux largement prépondérante dans le mélange permet la cristallisation de la surface au moment du séchage. Cet enduit, aplani et poli, ne restant frais que 6 à 7 heures est appliqué sur des surfaces appelées *giornate* (= journées) correspondant à la capacité de l'artiste de peindre durant ce laps de temps : au-delà, aucune reprise n'est possible car elle ne résistera pas au temps. Selon la difficulté du détail traité, les *giornate* (dont on parvient parfois à distinguer les contours) sont plus ou moins grandes. L'*intonaco* recouvrant le dessin, le peintre travaille en aveugle, se repérant sur le reste de la composition. À ce stade toutefois, il peut de nouveau utiliser un carton, qu'il perfore sur l'enduit frais, le piquetage reconstituant le dessin manquant.

La technique de la fresque nécessite donc du peintre rapidité et sûreté d'exécution, et comporte deux exigences majeures : un travail définitif de détail sans la vision d'ensemble et une exécution de la composition non pas au gré de l'artiste mais obligatoirement du haut vers le bas afin que la réalisation du fragment en cours ne risque pas de salir ceux déjà achevés.

De la pensée à l'écriture

L'importance des premiers écrits – La contribution de la Toscane à la langue et à la littérature italiennes est primordiale. Au Moyen Âge, le latin étant la seule langue écrite, il n'existait pas de littérature en langue *vulgaire* ; l'apparition d'une poésie élaborée en toscan fixa donc par écrit pour la première fois (et avant les autres) un des multiples dialectes de la péninsule italienne, premier pas déterminant pour qu'il devienne ensuite la langue de toute l'Italie.

À partir du 13e s., divers courants littéraires coexistent : celui allégorique et didactique influencé par le *Roman de la Rose* et suivi par le maître de Dante, **Brunetto Latini** (vers 1220-1295) ; celui de la chronique burlesque, auquel appartient le Siennois **Cecco Angiolieri** (vers 1260-vers 1312), dont les sonnets célèbrent le vin, le jeu, les femmes et l'argent ; enfin le filon lyrique, inspiré par les modèles siciliens et provençaux, dont le plus grand représentant fut **Guittone d'Arezzo** (vers 1235-1294). La plus célèbre école poétique du Duecento fut toutefois celle s'exprimant dans ce que Dante baptisa le **dolce stil nuovo** *(le « doux style nouveau »)*. Les poètes majeurs de ce courant, qui en s'opposant à la tradition précédente chantent en vers un amour platonique et spirituel, furent **Guido Guinizzelli** (vers 1235-1276), le guelfe **Guido Cavalcanti** (vers 1255-1300), immortalisé dans l'*Enfer* de la *Divine Comédie* (chant X, 52 & sq.) et Dante lui-même.

Les trois couronnes : Dante, Pétrarque et Boccace – Le plus ancien des trois, **Dante Alighieri** (1265-1321), fut le premier théoricien de la langue littéraire vulgaire avec son *De vulgari eloquentia* rédigé en latin. Par l'écriture il exprima également ses convictions politiques (*De Monarchia*) et philosophiques (*Le Banquet*). Dans le domaine poétique, Béatrice Portinari, rencontrée alors qu'elle avait à peine 10 ans et à qui il voua un amour platonique (même après sa mort prématurée à l'âge de 24 ans), fut l'inspiratrice d'une grande partie de son œuvre, et spécialement de la *Vita Nova*, par laquelle il se rattache au *dolce stil nuovo*, faisant de la femme la détentrice de toutes les vertus, sorte d'intermédiaire entre l'homme et Dieu.

SCALA

Dante expliquant la Divine Comédie à la ville de Florence (Florence, cathédrale)

Son chef-d'œuvre reste cependant **La Divine Comédie**, poème allégorique racontant son voyage dans l'outre-tombe. L'*Enfer* y est décrit comme un immense gouffre creusé par la chute de Lucifer, précipité du Ciel jusqu'au cœur de la terre où il demeure pour l'éternité. Au-delà, un boyau étroit permet de regagner la lumière et d'accéder à la montagne du *Purgatoire*, née de l'autre côté de la terre au moment où se creusait l'Enfer. Le *Paradis*, enfin, comporte neuf sphères concentriques dominées par Dieu. Guidé par Virgile dans les deux premiers règnes puis par Béatrice au Paradis, Dante y rencontre une multitude de défunts, damnés ou élus, dont les peines, épreuves ou béatitudes sont proportionnelles à la conduite qu'ils eurent de leur vivant. Savoureuse fresque de la nature humaine, encore nourrie d'images médiévales, ce poème est également une intéressante source de détails historiques.

Le poète, partisan des guelfes blancs *(voir p. 109)*, prit une part active à la vie politique de sa ville, où il fut même prieur en 1300. Exilé par ses adversaires, les Noirs, en 1302, il mena ensuite jusqu'à sa mort à Ravenne une existence errante à travers l'Italie.

Deux autres grands noms, qui avec lui forment le trio grâce auquel fut fixée la langue italienne, dominent le 14e s. : **Boccace** (1313-1375, *voir Certaldo*), l'étonnant conteur aux accents parfois presque modernes du *Décaméron*, et son ami **Pétrarque** (Francesco Petrarca : 1304-1374), précurseur de l'Humanisme et le plus grand poète lyrique italien. Né à Arezzo, il passa presque toute sa jeunesse à Avignon à la cour des papes. Là, dans une église, il rencontra Laure (que la tradition a voulu identifier à Laure de Noves), objet idéal de son amour, qu'il devait immortaliser dans de mélancoliques sonnets ; plus tard réunis sous le titre de *Canzoniere*, ceux-ci constituent un véritable journal intime, résultat d'une profonde introspection traduite dans un style plein de virtuosité, précieux et raffiné. Diplomate et voyageur, tour à tour au service du pape et des grands d'Italie, il connut de son vivant une immense gloire et fut couronné prince des poètes au Capitole à Rome.

Au cours de ce 14e s. fut également rédigé le *Libro dell'Arte* ; sans intérêt ni prétention littéraires, mais d'une extrême importance pour l'histoire de l'art, ce livre est un manuel à l'usage des peintres sur les techniques pratiquées à l'époque, et en particulier celle de la fresque. Son auteur, le peintre **Cennino Cennini**, dont on ne conserve aucune œuvre picturale, a ainsi laissé à la postérité un ouvrage fort précieux auquel se sont référées d'innombrables générations d'artistes.

SCALA/Palazzo Vecchio

Machiavel

La Renaissance – Siècle bouillonnant, le 15e s. voit s'épanouir en Italie l'Humanisme et sa remise à l'honneur des cultures grecque et latine, son exaltation de l'esprit humain, sa vision rénovée du monde. Là encore, Florence occupe le devant de la scène, durant le mécénat de **Laurent de Médicis** *(voir p. 112)*, poète à ses heures, entouré de philosophes comme Pic de la Mirandole et de poètes tel **Politien** *(voir Montepulciano)*. Les artistes eux-mêmes se font écrivains : **Leon Battista Alberti** et **Léonard de Vinci** rédigent des traités, composent des poèmes. C'est également un siècle marqué par les prédications de deux grands moines, **saint Bernardin de Sienne** (1380-1444) et **Savonarole** (1452-1498, *voir p. 112*).

Le début du 16e s., caractérisé par ses tourments politiques, offrit matière à théoriser sur la meilleure façon de gouverner à **Nicolas Machiavel** (1469-1527), homme d'État dont le nom évoque le machiavélisme devenu abusivement, par effet d'une simplification excessive, synonyme de ruse et de duplicité ; pionnier de l'unité italienne, il fut surtout, pour la postérité, l'auteur du *Prince*, essai sur la politique et l'exercice du pouvoir dédié à Laurent II de Médicis (petit-fils de Laurent le Magnifique), mais fortement inspiré par la personnalité de César Borgia. Proches du réalisme de Machiavel, les thèses politiques du diplomate florentin **François Guichardin** (1483-1540) s'expriment avec mesure et un souci d'objectivité dans ses écrits politiques et dans son œuvre historique.

Autre traité, mais d'un tout autre ordre, le *Galateo* de **Giovanni Della Casa** (1503-1556) fixa les premières règles de bonnes manières qui s'imposèrent ensuite à toutes les cours d'Europe.

En littérature, **Michel-Ange** (1475-1564) laissa d'admirables poèmes où s'expriment, avec la même vigueur que celle caractérisant sa sculpture et sa peinture, ses tourments d'homme et d'artiste, ses émois amoureux empruntés de néoplatonisme et, vers la fin de sa vie, sa quête de Dieu. L'orfèvre et sculpteur **Benvenuto Cellini** (1500-1571), également séduit par l'écriture, innova en rédigeant son autobiographie, où il décrit les détails rocambolesques de sa vie d'artiste et d'aventurier belliqueux et passionné ; **Vasari** fut quant à lui l'ancêtre des historiens d'art avec son précieux recueil des *Vies des plus excellents peintres, sculpteurs et architectes*. En revanche Pietro Aretino, dit l'**Arétin** (1492-1556), né à Arezzo, fut un conteur peu scrupuleux et redouté, au style élégant et à la satire mordante.

Galilée par Justus Sushermans

Le 16e s. voit la renaissance de la comédie, genre perdu depuis l'Antiquité. S'inspirant d'une pièce de l'auteur latin Plaute, le cardinal Bernardo Dovizi, dit **Bibbiena** (du nom de sa ville natale), en relança le goût avec sa *Calandria* (1513) ; Machiavel poursuivit dans cette voie avec sa *Mandragore*, puis l'Arétin avec cinq comédies. Grâce à ces quelques œuvres toscanes, le théâtre comique retrouvait en l'espace d'une trentaine d'années ses lettres de noblesse et devenait un genre très prisé dans toute l'Europe.

Du 16e s. date également la création de l'**Accademia della Crusca** *(voir Castello)*, dont les travaux de rédaction du *Dictionnaire* de la langue italienne commencèrent en 1591.

De la Renaissance à l'Ottocento – Avec **Galilée** (1564-1642, *voir p. 237*) qui, en se référant à Archimède et non à Aristote, distingue l'approche scientifique des choses de celles théologique et philosophique, s'achève la plus grande période de créativité et d'inventivité de l'histoire artistique et intellectuelle de la Toscane.

Néanmoins dans le domaine littéraire se distinguèrent encore des personnalités isolées. Dans le cas de **Carlo Lorenzini** (1826-1890), c'est son œuvre *Pinocchio* qui jouit d'une notoriété mondiale infaillible, au détriment de son auteur *(voir Collodi)*.

Premier prix Nobel italien (1906), **Giosué Carducci** (1835-1907), le « Victor Hugo italien », passa sa jeunesse en Toscane. Personnalité mélancolique, cet ardent détracteur du Romantisme fut un nostalgique de la poésie antique dont il chercha, dans *Odes barbares*, à restituer la métrique.

Le 20e s. – Auteur de *La Peau*, **Curzio Malaparte**, pseudonyme de Kurt Suckert (1898-1957), est originaire de Prato ; écrivain et journaliste, il décrivit crûment la société italienne en particulier de l'après-guerre.

Parmi les néoréalistes, **Vasco Pratolini** (1913-1991) décrit la vie quotidienne de Florence, sa ville natale, la bourgeoisie et les petites gens en prise avec les événements historiques et leurs propres aventures sentimentales.

Le paysage toscan enfin sert souvent d'arrière-fond aux romans de **Carlo Cassola** (1917-1987), parmi lesquels restent particulièrement célèbres *Il Taglio del bosco* et *La Ragazza di Bube*.

Quant au journaliste **Indro Montanelli** (né à Fucecchio en 1909), il collabora longtemps au grand quotidien national *Il Corriere della Sera*, avant de devenir fondateur et directeur du *Giornale* (jusqu'en 1994), puis de *La Voce*.

La musique toscane

La Toscane est considérée comme la patrie des pères de la langue italienne, et ses écrivains semblent avoir absorbé presque toutes ses vertus musicales. En effet, hormis le cas de quelques personnalités, elle reste relativement pauvre par rapport à d'autres régions ou villes d'Italie.

Le 16e s. : les débuts et le mélodrame – Le père de Galilée, **Vincenzo Galilei** (vers 1520-1591), fut un des premiers musiciens toscans. Académicien de la *Crusca* et remarquable théoricien de la musique, il composa des madrigaux et pièces pour luth, et mit en musique le chant 23 de l'*Enfer* de Dante, œuvre malheureusement perdue.

À la cour des Médicis, **Giulio Caccini** (vers 1550-1618) se consacra au *recitar cantando*. Aidé de **Jacopo Peri** (1561-1633), autre musicien proche des Médicis, il composa un des premiers mélodrames, *Eurydice*, représenté au palais Pitti en 1600 lors des noces de Marie de Médicis et de Henri IV.

En fait c'est la **Camerata fiorentina**, ou **Camerata de' Bardi**, qui donna naissance au **mélodrame**. Le groupe, qui se réunissait chez le comte Giovanni Bardi del Vernio, comptait, outre des gens de lettres, des hommes tels que Vincenzo Galilei, Jacopo Peri, Giulio Caccini et Emilio de' Cavalieri, compositeur romain au service du cardinal Ferdinand de Médicis, chargé des activités artistiques à la cour du grand-duc. La *Camerata* préconisait un retour à la tragédie grecque.

Toujours dans le domaine du mélodrame, le franciscain **Antonio Cesti** (1623-1669) composa des pièces théâtrales grandioses, appréciées à l'étranger, où il voyagea beaucoup, sollicité en particulier par la noblesse autrichienne. Il semble qu'il soit mort empoisonné après son retour en Italie.

Aux 17e et 18e s., la reconnaissance vient de l'étranger – Le claveciniste **Bernardo Pasquini** (1637-1710), né près de Pistoia, reste méconnu du grand public. Également organiste, il composa de nombreuses œuvres : toccatas, partitas, suites, concertos et sonates. En revanche, **Jean-Baptiste Lully**, né à Florence en 1632, demeure beaucoup plus célèbre. À l'âge de 13 ans, il quitta l'Italie pour Paris, où il mourut en 1687. Compositeur à la cour de Louis XIV, il collabora avec Molière à la création de comédies-ballets, parmi lesquelles *Le Bourgeois gentilhomme* et *Psyché*. Lully composa aussi de nombreuses tragédies lyriques. Dans son sillage, les grands musiciens toscans travaillèrent le plus souvent hors de leur patrie. Le Florentin **Francesco Maria Veracini** (1690-1768), grand violoniste qui composa des sonates pour violon seul et basse continue, fut actif à Venise, Londres, Düsseldorf, Dresde, en Bohême, à Pise, Turin et dans sa ville natale.

Compositeur et violoncelliste, **Luigi Boccherini** (1743-1805) naquit à Lucques, où il fut premier violoncelle, mais travailla aussi à Vienne et à Madrid. Comme compositeur il privilégia le quintette à cordes mais écrivit 30 symphonies, dont celle en ré mineur, *La Maison du Diable*, mérite une reconnaissance.

Luigi Cherubini (1760-1842), natif de Florence, vécut à Londres et Paris, où il mourut. Admiré dans toute l'Europe, il a laissé des opéras comme *Iphigénie en Aulide* et *Médée*, ainsi que 22 messes, qui constituent avec *Médée* l'expression la plus achevée de tout son art. La dimension dramatique de son œuvre se retrouve chez Beethoven, qui tout comme Haydn l'estimait énormément.

19e s. et 20e s. : de l'opéra au piano – Au 19e s., la Toscane contribue au courant vériste exploré par Verdi grâce à **Giacomo Puccini** (1858-1924), qui y apporte un style personnel. Né à Lucques, il vécut à Torre del Lago à partir de 1891. Sa vie fut tourmentée tant professionnellement, par difficulté à s'astreindre à un travail rigoureux, que sentimentalement, la vie avec sa femme Elvira, auparavant mariée à l'un de ses amis, fut difficile, marquée par des trahisons et le suicide d'une jeune fille. De cette vie bouleversée jaillirent des œuvres comme *La Bohème*, *La Tosca*, *Madame Butterfly*, *Turandot*.

Puccini par Arturo Rietti

SCALA/Museo Teatrale alla Scala

À Livourne, ville voisine, devait naître quelques années plus tard **Pietro Mascagni** (1863-1945), qui fut directeur d'harmonie avant de gagner le concours de la maison d'édition Sonzogno avec son œuvre majeure, *Cavalleria Rusticana*.

Né à Empoli *(voir ce nom)*, **Ferruccio Busoni** (1866-1924) fut un compositeur et un pianiste de grand talent. Ses transcriptions pour piano de Bach, telles que *La Ciaccona*, tirée de la 2e partita pour violon, connaissent une certaine renommée.

Un peu de Toscane en Russie..., grâce à Tchaïkowski (1840-1893), auteur de Souvenir de Florence, un sextuor à cordes opus 70.

Spécialités culinaires

Buzzi/DOUBLE'S

La ribollita

Soucieuse de préserver la pleine saveur des produits de qualité dont la région regorge, la cuisine toscane se caractérise par sa simplicité et sa sobriété raffinées.

Historiquement, ce fut Catherine de Médicis, digne fille de cette terre, qui, en épousant Henri II, introduisit en France les plaisirs de la table, à l'origine de la cuisine européenne moderne et de sa culture gastronomique. Elle initia également la cour à l'usage de la fourchette et de la serviette, permettant d'harmoniser la bonne tenue des convives avec le raffinement des plats.

Souvent, la première approche de la gastronomie toscane commence en toute simplicité par la **bruschetta** (tartine grillée, parfois frottée d'ail, nappée d'huile puis salée), ou mieux avec sa variante régionale la *fett'unta* (textuellement « tranche ointe ») ; occasion qui permet de goûter deux produits emblématiques de la région : le bon pain, agréablement odorant, dont la particularité est de n'être presque jamais salé, et la célèbre huile d'olive. L'huile en Toscane est en effet fabriquée avec un soin presque religieux, témoignage d'une activité et d'un savoir-faire séculaires. Selon la tradition locale, dans l'attente d'être servi, on commence par goûter en guise d'apéritif les savoureux

PRIMA PRESS

Cacciucco à la livournaise

crostini ; croustillantes tartines garnies de gros haricots blancs, cuits *al fiasco*, (c'est-à-dire en bouteille), plus souvent d'une crème de foie de volaille ou encore d'une des nombreuses variantes locales à base de gibier ou autre champignon.

Les champignons sont effectivement abondants, de différentes espèces et d'excellente qualité. Quant aux légumes, leur diversité permet d'offrir un large choix de préparations savoureuses, comme les artichauts frits ou les flans de légumes. Si la nature est généreuse, les hommes aussi savent préparer de bons produits : parmi les salaisons, le jambon cru a un goût affirmé (il est traditionnellement servi coupé au couteau), tandis que la **finocchiona** est un saucisson aromatisé de graines de fenouil sauvage ; parmi les fromages, on retiendra le **pecorino** (parfois appelé aussi *cacio*), fabriqué exclusivement avec du lait de brebis (*pecora* en italien d'où son nom), que l'on consomme à divers stades de vieillissement, le minimum étant de huit mois. Parmi les entrées chaudes traditionnelles *(primi)*, les plus fameuses sont la **pappa al pomodoro** (panade à la tomate) et la *ribollita*. La première est une préparation à base de croûtons, cuisinés dans un bouillon parfumé d'herbes aromatiques et enrichi de tomates passées, jusqu'à ce que le pain se dissolve en panade. La **ribollita** est quant à elle une soupe de haricots et de choux qui doit son nom de « rebouillie » à l'usage aujourd'hui révolu de la resservir réchauffée plusieurs jours de suite.

Enfin, toujours parmi les entrées chaudes, les soupes à base de petits poissons (comprenant aussi poulpes et fruits de mer) se sont répandues depuis la côte dans toute la région, comme le célèbre **cacciucco** à la Livournaise. Mais comme ailleurs en Italie, les pâtes cuisinées de diverses manières constituent un bon début de repas, les plus originales étant les pappardelle avec une sauce au lièvre.

Cantucci

Reine de la gastronomie régionale, le bifteck à la Florentine *(bistecca alla Fiorentina)*, dit plus simplement « **La Fiorentina** », est une tranche de bœuf épaisse, tendre et juteuse : coupée dans l'aloyau et le filet (compter en général 400 g par personne), elle est de préférence grillée sur la braise et se consomme saignante. Parmi les plats de résistance *(secondi)* typiquement toscans, il faut également citer les **tripes** à la Toscane et les **fritures** d'agneau, de poulet et d'anguille.

Pour finir le choix de gâteaux ne décevra pas : depuis les simples **cantucci**, biscuits secs parfumés aux amandes qu'il est d'usage d'accompagner de Vin Santo, jusqu'au **castagnaccio**, gâteau traditionnel à base de farine de châtaigne, sans oublier les **brigidini** de Pistoia, petites gaufres cuites dans des moules chauffés à la flamme, et surtout le célèbre **panforte** de Sienne, que l'on consommait autrefois uniquement pour Noël et dont la recette fidèlement transmise depuis le 13ᵉ s. mêle harmonieusement, dans une pâte solide plus ou moins dure, cacao, noix, noisettes, amandes, épices et fruits confits.

L'olive et son huile

Le paysage toscan est fortement caractérisé par la présence de l'olivier. L'huile que l'on peut ainsi produire y est abondante, d'excellente qualité et toujours présente à table. Selon la coutume la récolte des olives, que l'on appelle sur place la *brucatura*, commence en novembre, le jour des Défunts, et à la main. Les premières olives récoltées sur l'arbre servent à la consommation du fruit lui-même, celles récoltées au sol dans des filets sont destinées au pressurage au moyen de meules de pierre. Seule l'huile ainsi obtenue, excluant toute manipulation chimique et répondant à des règles de fabrication précisées par la loi, est classée « *extra vergine* » (extra vierge). L'huile toscane est verte, normalement non filtrée et consommée de préférence au cours des dix-huit mois qui suivent la récolte, jamais au-delà. Une curiosité : le caractéristique piquant, parfois considéré de façon erronée comme un défaut, est en revanche la preuve de la fraîcheur et de la vitalité de l'huile.

Les vins

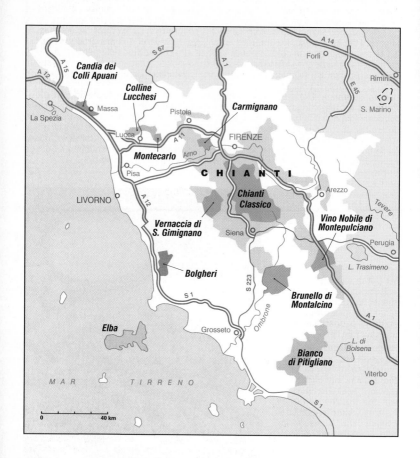

À l'intérieur du large panorama de la production vinicole italienne, la Toscane occupe une position de tout premier plan.

Un ensemble de facteurs, tels que le territoire constitué en grande partie de douces collines, le bon ensoleillement et un climat tempéré, a créé des conditions idéales pour la production d'excellents raisins de cuve.

La culture de la vigne accompagne l'histoire de la Toscane depuis des temps très anciens, les Étrusques sont en effet à l'origine de l'introduction du vin en Gaule. Encore aujourd'hui, à certaines périodes de l'année, le temps qui passe est scandé dans la région par les activités vinicoles et ses rituels.

C'est en Toscane qu'ont eu lieu les premières initiatives pour normaliser l'attribution de la dénomination d'origine contrôlée. Des édits promulgués dès le 18e s. expriment la volonté de réglementer la production dans le Chianti et le Carmignano (secteur autour du village du même nom).

De nos jours c'est presque la moitié du territoire qui est couverte de vignobles inscrits aux registres des diverses dénominations d'origine (la carte ci-dessus mentionne les principales dénominations). Ce sont des dizaines d'appellations officielles dont peut s'enorgueillir la Toscane.

Le « fiasco »

De forme très joufflue, la bouteille traditionnelle de chianti est la fiasque (fiasco). À l'origine fabriquée par des souffleurs de verre, elle se caractérise par un long col et un fond parfaitement rond à la manière d'une grosse bulle. Toutefois cette particularité est masquée par le tressage de paille qui l'habille tout en lui conférant sa stabilité.

De confection trop onéreuse, le fiasco de chianti a disparu au profit d'une bouteille plus classique qui n'est pas sans rappeler par sa forme celle de bordeaux.

Le Chianti – De renommée mondiale, ce vin évoque immédiatement la Toscane. Il est produit sur un territoire qui comprend les provinces d'Arezzo, de Florence, de Pise, de Pistoia et de Sienne et qui constitue la région vinicole la plus grande en superficie et en production. Les caractéristiques du terrain varient sensiblement d'un secteur à l'autre et le vin qui y est produit respecte ces différences.

Les mélanges de raisins sont toutefois partout les mêmes et comprennent : le *Sangiovese*, le *Canaiolo Nero*, le *Trebbiano Toscano* et le *Malvasia del Chianti* ; il en naît un vin de couleur rubis intense au parfum profond, partenaire idéal de la cuisine toscane.

La mention « classico » est réservée au vin produit dans la zone située à cheval sur les provinces de Florence et de Sienne, c'est-à-dire dans le secteur de la médiévale « Ligue du Chianti »

Bouteilles de Chianti Rufina
L'abus d'alcool est dangereux pour la santé, consommez avec modération

(voir p. 83). Le consortium du **Chianti classico**, créé en 1924 afin d'en contrôler la production, a repris l'emblème de cette ligue, le coq noir, ou « Gallo Nero », figurant à l'origine sur toutes les bouteilles et devenant peu à peu synonyme de « classico ».

Par opposition à cette production, un second consortium est né, regroupant les autres dénominations sous l'appellation de **Chianti putto** ; son emblème est, comme le nom l'indique, un chérubin. Ces dénominations sont : Montalbano, Rufina, Colli Fiorentini, Colli Senesi, Colli Aretini, Colline Pisane et sont accordées à condition que le vin soit obtenu à partir de raisins récoltés et vinifiés à l'intérieur des territoires respectifs.

Les rouges à fort caractère – Autre vin prestigieux le **Brunello de Montalcino**, qui pour porter ce nom doit impérativement vieillir quatre ans avant sa commercialisation, cinq ans même pour la « riserva ». Comme le Chianti, c'est un vin à dénomination d'origine contrôlée et garantie (DOCG) ; il dépasse en général les 12° et accompagne admirablement les rôtis et les gibiers.

La légende auréole la renommée du **Nobile di Montepulciano** : il semble en effet que ce vin doive son nom non seulement à ses caractéristiques raffinées (« Nobile » signifie *Noble* en italien) mais également à son mode de production directement réalisé par les familles nobles locales. Comme le précédent c'est un vin qui demande beaucoup de soins et requiert un long vieillissement.

Les blancs – La Toscane est à juste titre synonyme de vins rouges, mais les vins blancs y réservent d'heureuses surprises. Parmi ces derniers il convient de citer la **Vernaccia de San Gimignano**, au caractéristique goût sec ; il fut l'un des premiers vins à obtenir la dénomination d'origine contrôlée.

Vin de dessert par excellence, le **Vin Santo** est produit avec des raisins semi-passés restés sur claies pendant plusieurs mois afin que le jus en s'évaporant concentre le sucre. Foulés et mis à vieillir au moins trois ans dans des barriques scellées il se consomme traditionnellement avec des gâteaux secs, les Cantucci, que l'on trempe dedans.

On utilise généralement des raisins blancs (Malvasia et Trebbiano), mais il existe également un Vin Santo rouge peu connu.

Les « vins de table » – Les vins à dénomination d'origine contrôlée constituent environ 40 % de la production toscane, mais dans cette région sont également nés des « vins de table » de grande qualité, comme le **Tignanello** et le **Sassicaia**. Il s'agit d'heureuses « expériences » qui prouvent l'attachement et l'habitude que les Toscans ont pour le noble métier de producteur de vin.

Dans la partie descriptive du guide, un chapitre complet est consacré à la région du Chianti. Trois itinéraires de visite différents y sont proposés.

À la découverte de...

ABBADIA SAN SALVATORE✽

6 890 habitants
Carte Michelin n° 430 ou Atlas Italie p. 46 N 17

Séjour estival et de sports d'hiver au pied du mont Amiata, la petite ville d'Abbadia San Salvatore conserve un important **quartier médiéval**, dédale de rues et ruelles traversées d'arcs, un château fort et, surtout, le sanctuaire d'une abbaye disparue, qui donna son nom à la ville après avoir été le plus riche monastère de Toscane.

Chiesa abbaziale – Seul vestige de l'abbaye fondée en 743 par Rachis, roi lombard converti au catholicisme, l'**église abbatiale** fut achevée au 11e s. et légèrement remaniée au 16e s. Elle présente une sobre façade percée d'une grande baie à colonnettes et un haut clocher à couronnement crénelé.

L'intérieur, à nef unique, possède un chœur surélevé dont les arcades en plein cintre sont peintes de frises Renaissance. Le transept a été décoré de fresques à la fin du 17e s. et au début du 18e s. Un grand crucifix en bois peint du 12e s. orne le mur droit de la nef. Sous le chœur, on visite la **crypte**★ (8e s.) de l'église primitive : cruciforme (l'un des bras a été reconstitué), elle est soutenue par une profusion de colonnes à chapiteaux ornés.

À gauche de l'église, restes du cloître.

ABETONE✽

718 habitants – Alt. 1 388 m
Cartes Michelin n° 430 ou Atlas Italie p. 39 J 14

Importante station de sports d'hiver et villégiature estivale de l'Apennin toscan, Abetone, bâtie sur les deux versants d'une montagne de part et d'autre du col du même nom, occupe une agréable position au-dessus de deux vallées (beaux points de vue). Elle est la station hivernale la plus renommée de l'Italie centrale et méridionale. Puccini lui-même y séjourna.

Les nombreuses pistes, reliées entre elles, permettent de skier dans les vallées du Sestaione, du Lima, du Scoltenna ainsi que dans le val de Luce. On peut en outre y pratiquer le ski de fond et le patin à glace.

La station s'égrène en bordure d'une majestueuse forêt de 3 700 ha dont un sapin gigantesque (*abetone* étant le superlatif de *abete* qui signifie sapin), abattu lors de la construction de la route Ximenes-Giardini au 18e s., a donné son nom aux lieux. Le col est indiqué par deux bornes pyramidales qui rappellent l'ancienne frontière entre le Grand-Duché de Toscane et celui de Modène.

ENVIRONS

★ **Cutigliano** – *14 km au Sud-Est.* Beau village étagé sur le versant Nord de la profonde vallée du Lima, dans un site très boisé, Cutigliano est devenu l'un des principaux centres de sports d'hiver de Toscane, grâce au **téléphérique de la Doganaccia**. Le village, également apprécié en tant que station climatique l'été, conserve quelques monuments anciens : le **Palazzo Pretorio**, érigé au 14e s. par les sept communes les plus importantes de la montagne de Pistoia, présente une façade décorée des armoiries des Capitaines de la Montagne, investis entre les 14e et 18e s. des pouvoirs judiciaires et administratifs de Cutigliano et des hameaux avoisinants ; on peut voir aussi l'église de la Compagnia, dite **Madonna di Piazza** (Notre-Dame-de-la-Place), au beau parement d'autel d'Andrea Della Robbia, et l'**église paroissiale**, que l'on atteint par une route ombragée bordée de sapins.

★ **San Marcello Pistoiese** – *20 km au Sud-Est.* C'est le centre le plus important des montagnes de la région de Pistoia. L'ensemble de la commune, cernée de très beaux paysages, comprend la localité et des hameaux d'un grand intérêt touristique, parmi lesquels **Maresca** ou **Gavinana**. Dans ce dernier, le 3 août 1530, les milices de la République florentine, commandées par Francesco Ferrucci (dont la statue équestre se trouve au centre de la place principale), résistèrent vaillamment aux troupes impériales de Charles Quint. Ferrucci, blessé par un certain Maramaldo et sur le point de mourir, aurait dit à son assassin : « Tu tues un homme mort ». Le **musée Ferrucciano** ⊙, tout proche, évoque cette bataille.

Non loin de San Marcello Pistoiese, à Pian de' Termini, se trouve un **observatoire astronomique** ⊙ fort intéressant.

À partir de San Marcello, on arrive rapidement, par la SS 66, à **Mammiano**, où a été restauré le **pont suspendu** bringuebalant construit en 1922 sur le torrent Lima pour relier l'usine métallurgique de Mammiano aux villages de la rive opposée.

Si en italien le mot « cattedrale » désigne l'église du diocèse où se trouve le siège épiscopal – la « cathédra » –, le mot « Duomo », dérivé du latin « domus » et transcrit en français par Dôme, représente souvent ce même édifice.

Dans les localités italiennes, on trouve une « Chiesa Madre », encore appelée « Chiesa Madrice » ou « Chiesa Matrice », qui correspond à l'édifice dont dépendent les autres églises de la localité. Certaines d'entre elles, d'origine romane, sont encore désignées par le terme « Pieve ».

Plus rarement, une église ou une chapelle est dite palatine (du latin « palatinus »), parce que dépendant d'un palais.

Monte AMIATA★

Mont AMIATA

Carte Michelin n° 430 ou Atlas Italie p. 46 N 16

Cet ancien volcan, la plus haute montagne de Toscane au Sud de l'Arno (1 738 m), donne naissance à plusieurs cours d'eau et à d'abondantes sources alimentant aussi bien Sienne que Grosseto. Il recèle également de nombreux gisements de mercure, ainsi que d'antimoine, bien connus déjà des Étrusques et des Romains. C'est aujourd'hui une agréable destination pour les sports d'hiver.

Ses versants sont couverts à basse altitude de vignes et d'oliviers, tandis qu'au sommet une belle forêt de châtaigniers, de hêtres et de pins, sillonnée par de nombreux sentiers balisés, pousse parmi les rochers.

Une route sinueuse de 13 km de long en fait le tour (*y accéder de préférence à partir d'Abbadia San Salvatore*), offrant d'impressionnants points de vue. Du versant Sud, le plus beau, on accède au sommet (*Vetta Amiata*) signalé par une croix de fer de 22 m de haut (*1/4 h à pied AR*) en empruntant un chemin pavé qu'encadrent un télésiège et des remonte-pentes. Là-haut, un belvédère offre une **vue**★ intéressante sur les hauteurs, vallées et localités situées au Sud-Ouest.

ANGHIARI

5 908 habitants
Carte Michelin n° 430 ou Atlas Italie p. 41 L 18

Cette petite bourgade, toute de brique et de terre cuite, se blottit en **position pittoresque**★ au sommet d'une colline, où ses petites rues sinueuses et irrégulières montent et descendent en maintenant vivant leur charme médiéval. Du 16e au 19e s., la ville acquit une large réputation dans la fabrication d'armes à feu.

Entre Sansepolcro et Anghiari, la large plaine du Tibre vit s'affronter en 1440 Florentins et Milanais : l'issue du combat favorable aux premiers obligea la bourgade à se soumettre à Florence. Le choix de la **bataille d'Anghiari** comme sujet pour décorer le Salon des Cinq Cents du Palazzo Vecchio de Florence assura à la ville sa notoriété, d'autant qu'on commanda l'œuvre à Léonard de Vinci qui y travailla de 1503 à 1506. Aujourd'hui seuls quelques dessins en témoignent ; l'artiste ayant voulu innover dans la technique de la fresque, celle-ci coula le long du mur au moment du séchage.

Se garer, dans le centre, sur la grande place Baldoccio qui domine la via Matteotti. Face à cette dernière, s'enfoncer à droite dans le dédale des rues.

★ **Museo Taglieschi** ⊙ – *À mi-parcours de la via Garibaldi sur une minuscule place triangulaire.* Le palais Taglieschi du 15e s. abrite principalement des œuvres d'art et de tradition populaire de la haute vallée du Tibre relevant de la vie domestique et religieuse et des travaux agricoles : éléments architecturaux romans et gothiques, fragments de fresques, mobilier, peintures des 15e et 16e s. et sculptures Renaissance dont la très belle Vierge polychrome de Jacopo della Quercia et une *Nativité* de l'école des Della Robbia.

Poursuivre sur quelques mètres la via Garibaldi, et prendre la 1re à droite, puis à gauche ; on débouche peu après sur la place du **palais communal** reconnaissable à ses multiples écussons. La ruelle en face du palais mène à une autre placette où se trouve une petite église dite Chiesa di Badia.

La Badia – Remontant à l'époque romane, mais remaniée à maintes reprises, cette église présente à l'intérieur un plan asymétrique très curieux : le décor du 2e autel à gauche serait l'œuvre de Desiderio da Settignano, beau travail Renaissance en *pietra serena*.

ARCIPELAGO TOSCANO★★

ARCHIPEL TOSCAN
Carte Michelin n° 430 ou Atlas Italie p. 44 et 50 L/M 11, N/O/P 12/13/14/15

L'Archipel Toscan est une constellation de sept îles, dont Elbe est la plus grande. Les îles du **Giglio** (21,21 km²), de **Capraia** (19,50 km²), **Montecristo** (10,39 km²), **Pianosa** (10,25 km²), **Giannutri** (2,62 km²) et **Gorgona** (2,23 km²) ont toutes pour décor un relief montagneux et une nature riche et inviolée, qui s'apprécie surtout durant les saisons où le climat est doux et les côtes préservées des foules de touristes.

★★ **Île d'Elbe** – *Voir Elba.*

★ **Isola del Giglio** – Au large de l'Argentario, la montueuse île du Giglio (ou île du Lys) n'est habitée qu'en trois points : **Giglio Porto**, où arrivent les bateaux qui assurent les liaisons maritimes avec le continent, **Giglio Castello**, le bourg médiéval ceint des murs de sa forteresse, et **Campese**, donnant sur une jolie baie ourlée d'une plage de sable, qui possède les diverses ressources permettant un séjour sur l'île. Les côtes abruptes et découpées, couvertes de maquis, sont en harmonie avec la beauté sauvage et suggestive de la nature, due au climat très sec. La vigne, qui s'adapte particulièrement bien à ces conditions, permet de produire l'*Ansonico*.

Île du Giglio – Baie de Campese

Divers sports peuvent être pratiqués parmi lesquels la plongée, la planche à voile, la marche, l'équitation et le tennis.

★ **Isola di Giannutri** – Propriété privée au Sud de l'île du Giglio, Giannutri est ouverte quelques heures par jour à la visite. Camping et pique-nique y sont interdits. Elle conserve les vestiges d'une villa romaine du 1er s., qui fut peut-être propriété des Domitius Ahenobarbus.

Isola di Capraia – Plus proche de la Corse que de l'Italie, Capraia est une île montagneuse, abrupte sur son versant occidental et plus douce à l'Est.
La nature y est très sauvage et les seuls secteurs habités sont le centre de **Capraia** et le port. C'est justement cette nature inviolée qui fait de l'île un paradis pour les marcheurs, venus admirer le *laghetto*, petit lac formé dans un ancien cratère, ou pour les plaisanciers, qui voudront le contempler du large en allant à la découverte des nids de mouettes ou de l'intense couleur de la Cala Rossa (la Crique rouge). Ses côtes se prêtent à la plongée et à la planche à voile.

Gorgona, Pianosa et Montecristo – *Ne se visitent pas.* **Gorgona**, au large de Livourne, et **Pianosa**, au Sud d'Elbe, accueillent des établissements carcéraux. Quant à **Montecristo**, île granitique au Sud de Pianosa, elle est dominée par le mont de la Fortezza (645 m) et est classée zone naturelle protégée. Inhabitée, elle reste célèbre pour le fabuleux (mais imaginaire) trésor qui permit à Edmond Dantès, par la suite comte de Monte-Cristo, de se venger implacablement de ses ennemis dans le roman d'Alexandre Dumas père (1844).

AREZZO★★

91 729 habitants
Carte Michelin n° 430 ou Atlas Italie p. 41 L 17

Au cœur d'un bassin fertile où prospèrent céréales, arbres fruitiers et vignes, le vieil Arezzo s'étage sur une colline que couronne une citadelle. Du chemin de ronde de celle-ci, le touriste découvre d'attrayants points de vue sur la cité et ses environs. Commune libre dès la fin du 11e s., gibeline *(voir p. 26)*, Arezzo soutint une longue lutte contre la guelfe Florence avant d'être absorbée par celle-ci, en 1384. À cette époque de conflits furent élevées nombre de tours d'habitation qui, aujourd'hui, contribuent à lui donner son aspect pittoresque.

Une longue tradition artistique – Après avoir été l'un des centres de la civilisation étrusque (c'est à Arezzo que fut retrouvée la splendide et célèbre chimère conservée au musée archéologique de Florence), l'antique Arretium fut une riche cité romaine, connue pour sa production de vases, dits « **vases arétins** ». Ce type de céramique en très fine argile vernie, d'un brun rougeâtre, lisse ou portant un décor en relief ton sur ton, fut créé par un habitant d'Arezzo, Marcus Perennius, qui se spécialisa dans la reproduction de pièces hellénistiques en métal. La grande période de cette « industrie » qui, d'Arezzo, s'étendit rapidement à d'autres centres de la péninsule et alimenta une exportation vers tout le monde romain, de la Gaule à la Syrie, semble avoir fleuri pendant près d'un siècle, entre les années 30 avant J.-C. et 40 de notre ère.

Il est probable que **Mécène** (69-8 avant J.-C.), le légendaire protecteur des artistes et des écrivains (Virgile, Horace, Properce...), lui-même poète, ami et ministre d'Auguste, était originaire d'Arezzo.

Au-delà de l'Antiquité, la ville peut se targuer d'avoir donné naissance à de nombreuses figures importantes dans le domaine des arts : tout d'abord le moine bénédictin **Guido d'Arezzo** (né vers 990, mort vers 1050), considéré comme l'inventeur du système de notation musicale, le poète **Pétrarque** en 1304 *(voir p. 49)*, l'écrivain Pietro Aretino, dit l'**Arétin**, en 1492, et le peintre et historien d'art **Giorgio Vasari** en 1511 *(voir index)* ; c'est toutefois **Piero della Francesca** *(voir ci-après)*, natif de Sansepolcro, à une quarantaine de kilomètres de là, qui donna à Arezzo ses véritables lettres de noblesse.

Enfin, le peintre-verrier français **Guillaume de Marcillat** (1467-1529), tout d'abord appelé par le pape Jules II à Rome, où il œuvra au Vatican en compagnie de Raphaël et de Michel-Ange, s'installa à Arezzo. Il y exécuta de nombreuses verrières aux compositions harmonieuses, faisant preuve d'un savoir consommé en matière de perspective et d'anatomie. Vasari disait de ses œuvres : « Ce ne sont pas des vitraux mais des merveilles tombées du ciel pour la consolation des hommes. »

S. FRANCESCO *visite : une demi-heure*

Vaste, car destinée à la prédication, l'**église St-François** fut élevée dans le style gothique du 14ᵉ s. pour les franciscains, puis transformée aux 17ᵉ et 18ᵉ s. Une restauration lui a rendu sa sobriété originelle. Les moines franciscains, gardiens des Lieux saints à Jérusalem, vénéraient particulièrement la Sainte Croix. Ils demandèrent à Piero della Francesca de décorer le chœur de leur église.

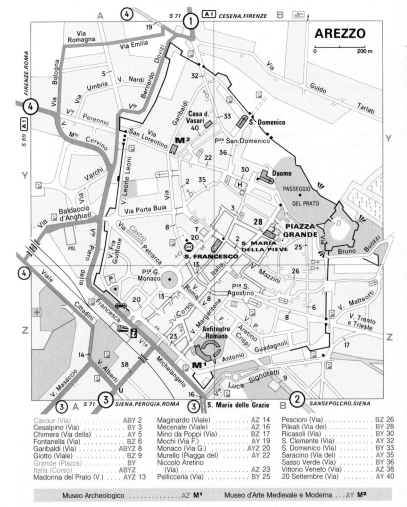

Se garer à Arezzo...

... se révèle être un véritable défi. Les parcmètres à pièces autorisent une **durée maximale de stationnement de deux heures.**

Tous les hôtels disposent d'un parking ; il suffit de confier son véhicule au voiturier qui, en échange d'une somme raisonnable, se charge de le garer et de le restituer à la demande.

Cuisine toscane dans les restaurants du centre

À BON COMPTE

Voici une sélection de restaurants aux tarifs modérés *(voir p. 320 la correspondance des tranches de prix)*, où, dans une atmosphère caractéristique et détendue, on sert une cuisine traditionnelle et savoureuse.

Antica Osteria l'Agania - *10, via Mazzini* - ☎ *0575 29 53 81.* Fermé le lundi.

Trattoria il Saraceno - *6/a, via Mazzini* - ☎ *0575 27 644.* Fermé le mercredi.

Le Tastevin - *9, via de' Cenci* - ☎ *0575 28 304.* Fermé le dimanche.

★★★ Fresques de Piero della Francesca ⊘ – Exécutées sur les murs du chœur entre 1452 et 1466, elles sont considérées comme l'un des sommets de la peinture toscane de la Renaissance. Illustrant la **Légende de la Sainte Croix**, thème courant chez les franciscains au Moyen Âge, le cycle s'inspire du texte de Jacques de Voragine, la *Légende dorée* (13e s.).

Le peintre n'a pas cherché ici à suivre rigoureusement l'ordre du récit de la légende qui s'articule comme suit :

I Mort d'Adam *(à droite)* et son ensevelissement *(à gauche)* : son fils Seth lui dépose dans la bouche trois graines dont naîtra l'arbre de la Croix, qui, ayant déjà poussé, divise la scène.

II Adoration de la Sainte Croix. La reine de Saba, éclairée par une révélation divine, se refuse à traverser le pont construit avec la Sainte Croix *(à gauche)* ; s'étant rendue à Jérusalem, elle révèle sa vision à Salomon *(à droite)*.

III Transfert du bois saint, que Salomon fait enterrer.

IV L'ange annonce à Marie la crucifixion de son Fils (il tient la palme des martyrs et non le lys de la virginité). Cette scène permet l'articulation du récit du bois de la croix (avant et après la Crucifixion) sans avoir à représenter l'épisode central de l'histoire.

V À la veille de livrer bataille à Maxence, qui lui dispute le titre d'Auguste, Constantin (futur premier empereur chrétien) est avisé en songe par un ange qu'il vaincra sous le signe de la Croix. Il s'agit du premier exemple de clair-obscur dans l'art italien.

VI Victoire de Constantin, qui brandit la Croix, sur Maxence au pont Milvius (312 après J.-C.).

VII La torture de Judas. La mère de Constantin, sainte Hélène, désireuse de retrouver le bois de la Croix à Jérusalem, avait appris qu'un certain Judas était seul dépositaire du secret concernant l'endroit où était ensevelie la relique. Comme l'homme ne voulait pas parler, Hélène le fit descendre dans un puits où il resta six jours avant de se décider.

VIII L'impératrice Hélène fait déterrer les trois croix, à l'extérieur des murs d'une Jérusalem qui, en vérité, est une version quelque peu exotique d'Arezzo *(à gauche)*. Assistée de Judas, elle découvre les trois Croix du Calvaire ; la résurrection d'un mort *(à droite)* fait reconnaître celle du Christ.

La légende de la Croix selon Jacques de Voragine

L'idée mère de la légende est de rattacher la Rédemption au péché originel. À sa mort, Adam demande à son fils Seth l'onction miséricordieuse ; celui-ci dépose sous la langue de son père trois graines de l'Arbre de Science, d'où naquit l'arbre qui servit plus tard à façonner la croix de Jésus, nouvel Adam. Une planche taillée dans l'arbre sert de pont, que la reine de Saba refuse de franchir après avoir vu en esprit que le Sauveur y serait attaché un jour ; Salomon fait enfouir la planche.

À nouveau enfouie après la Crucifixion avec celles des Larrons, c'est Hélène, mère de l'empereur Constantin, qui la retrouva et reconnut, parmi les trois croix du Calvaire, la vraie Croix, car un garçon ressuscita à son contact. Dérobée par le roi des Perses Chosroès, elle fut reconquise par Héraclius Ier, qui la rapporta à Jérusalem.

La Légende de la Sainte Croix, par Piero della Francesca (détail : la reine de Saba)

IX Trois cents ans plus tard : victoire d'Héraclius sur le roi des Perses Chosroès qui s'était emparé de la Croix pour en orner son trône.

X Exaltation de la Croix : après que les portes de Jérusalem se furent refermées sur son passage, Héraclius, simplement en s'humiliant, parvint à restituer la Croix.

* **Autres œuvres d'art** – De nombreuses autres fresques décorent le reste des murs : on remarque sur le mur de droite une *Annonciation* de Spinello Aretino (début 15e s.). Dans la chapelle absidale droite, triptyque de l'*Assomption* par Nicolò di Pietro Gerini (début 15e s.). À l'avant du chœur, grand **Crucifié** peint sur bois, de la fin du 13e s.

En sortant de l'église, on remarquera, au revers de la façade, un oculus garni d'un superbe vitrail, marqué du blason fleurdelisé du Berry : Guillaume de Marcillat y a représenté saint François offrant des roses au pape Honorius III, en plein mois de janvier.

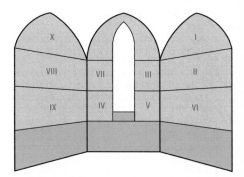

Fresques du chœur de S. Francesco

* **PIAZZA GRANDE**

Visite : une demi-heure

La grand-place est entourée par des maisons médiévales à tours crénelées, par l'abside romane à arcades et petites loggias de Santa Maria della Pieve, le palais du Tribunal (fin 18e s.), le palais de la Fraternité des Laïcs, mi-gothique mi-Renaissance, et le palais des Loggias (16e s.), dues à Vasari et jadis interdites aux classes populaires.

Sur la grand-place se déroule, le dernier dimanche d'août et le 1er de septembre, la **Joute du Sarrasin** (« Giostra del Saracino »), qui voit les meilleurs cavaliers d'Arezzo attaquer à la lance un mannequin représentant le Sarrasin, au milieu d'un grand concours de figurants en costumes des 14e et 15e s.

* **S. Maria della Pieve** – Un campanile altier, dit des « Cent Trous » en raison de ses nombreuses baies géminées (en fait au nombre de quarante), domine cette belle église romane dont la construction, entreprise vers le milieu du 12e s., se

Piero della Francesca (vers 1416-1492)

Cet artiste, qui partagea essentiellement son activité entre sa ville natale, Borgo San Sepolcro (voir Sansepolcro), les cours de Ferrare et d'Urbin, et Arezzo, où il réalisa son chef-d'œuvre fut, par son art austère et puissamment sincère, l'une des personnalités les plus originales et les plus marquantes du Quattrocento. Tout d'abord influencé par les Siennois, il reçut de ceux-ci son goût pour l'harmonie des couleurs et pour un dessin précis qui, dans ses portraits surtout, donne aux personnages représentés une réalité aiguë.

Jeune, il travailla à Florence pendant plus de cinq ans en compagnie d'un Vénitien, Domenico Veneziano, de qui il tient sa science de la lumière douce et irréelle et des coloris clairs et légers. Là, il reçut aussi de Masaccio la révélation de la perspective, liée à une rigoureuse géométrie, et d'Uccello le sens du rendu des volumes. Enfin son admiration pour la peinture flamande est probablement à l'origine de ses jeux de lumière et de clairs-obscurs qui rapprochent certains détails de ses fresques au rendu de l'huile.

De ses figures sculpturales et impassibles, d'une solidité paysanne et comme animées d'un lent mouvement, de ses compositions fortement structurées selon des règles géométriques, de ses tonalités tendres, parfois légèrement passées (gris cendré, bleu terni, brun lavé), se dégage une rare impression d'équilibre et de solennité.

Il consacra presque entièrement les vingt dernières années de sa vie à rédiger deux traités, l'un sur la perspective picturale (codifiée ainsi pour la première fois), l'autre sur la géométrie des « corps purs ».

poursuivit jusqu'au 14e s. Elle a été remaniée, notamment par Vasari, au 16e s. La **façade**★★, inspirée du style roman pisan (voir index), est très décorative avec ses trois étages de colonnettes ornées de motifs variés et dont l'écartement diminue avec la hauteur. Les symboles des 12 mois de l'année, traités avec verve, parent la voussure supérieure du portail central.

L'intérieur comporte une abside en cul-de-four et un chœur surélevé dont les piliers s'ornent de chapiteaux sculptés de grosses têtes humaines. Parmi les œuvres d'art, on remarque deux bas-reliefs en marbre : l'un, byzantin (Épiphanie), fixé au revers de la façade ; l'autre, du 13e s. (Nativité), au mur du bas-côté gauche. Sur le maître-autel, remarquable polyptyque (1320-1324) du Siennois Pietro Lorenzetti.

Via dei Pileati – Cette rue, qui longe la façade de S. Maria della Pieve, est curieuse avec ses palais, ses tours gothiques, ses maisons anciennes. À l'angle d'un carrefour, le palais Pretorio (14e-15e s.) est chargé de blasons de podestats.

AUTRES CURIOSITÉS

Dôme – Cet édifice construit de 1278 à 1511, mais à façade néogothique, possède sur le flanc droit un joli portail romano-gothique datant de la première moitié du 14e s. L'intérieur contient de belles **œuvres d'art**★ : vitraux de Marcillat (Les Profanateurs chassés du temple, au milieu du collatéral droit) ; dans le bas-côté gauche, cénotaphe de G. Tarlati et fresque de Piero della Francesca (près de la sacristie) représentant la Madeleine, admirable exemple de « noblesse paysanne » ; chaire en marbre du 16e s. au centre de l'église et, derrière le maître-autel, tombeau (arca) de saint Donat, du 13e s.

S. Domenico – Cette église, de style gothique du 13e s., restaurée, présente une façade asymétrique. Elle abrite des fresques de l'école de Duccio, de Spinello Aretino et de son école. Au maître-autel, domine un admirable **crucifix**★★ de Cimabue : dans cette œuvre de jeunesse, de tradition encore très byzantine, l'artiste – que Vasari situe à l'aube du renouveau de la peinture italienne – laisse déjà transparaître une sensibilité dramatique et un sens du relief inconnus jusqu'alors.

Casa del Vasari ⊘ – **Vasari**, peintre-sculpteur-architecte-écrivain, symbole de la Renaissance par l'aspect protéiforme de son talent, décora fastueusement sa maison en 1540. Œuvres de peintres maniéristes toscans ; terre cuite (portrait de Galba, le successeur de Néron) par A. Sansovino.

★ **Museo d'Arte Medievale e Moderna** ⊘ – Le palais Bruni-Ciocchi, meublé, abrite des sculptures, de l'orfèvrerie et de nombreuses peintures du Moyen Âge au 19e s. : de Margaritone d'Arezzo, Guido da Siena, Parri di Spinello, Bartolomeo della Gatta, Luca Signorelli, Andrea Della Robbia, Cigoli, Vasari, Salvator Rosa, Gaspart Dughet ; le 19e s. est représenté par quelques-uns des principaux peintres « Macchiaioli » (voir p. 153) : Fattori, Signorini... Une remarquable collection de

majoliques★★ d'Ombrie datant de la Renaissance, des céramiques des 17e et 18e s., de la verrerie, des armes, des ivoires et de nombreuses monnaies complètent ce riche ensemble.

Museo Archeologico ⊙ – Il borde l'**amphithéâtre romain**, ovale, des 1er et 2e s. Ses collections de statuettes étrusques et romaines en bronze (du 6e s. avant J.-C. au 3e s. de notre ère), ses vases grecs (cratère d'Euphronios), ses vases « arétins », et ses céramiques d'époques hellénistique et romaine sont intéressants.

S. Maria delle Grazie – *1 km par le viale Mecenate, au Sud.*
Cette église du milieu du 15e s. est précédée d'un **portique★** gracieux et léger, œuvre du Florentin Benedetto da Maiano (15e s.). À l'intérieur, au maître-autel, un ravissant **retable★** en marbre d'Andrea Della Robbia encadre une peinture de Parri di Spinello *(Vierge de Miséricorde).*

Promontorio dell'ARGENTARIO ★

Promontoire de l'ARGENTARIO

Carte Michelin n° 430 ou Atlas Italie p. 51 O 15 – Schéma : La MAREMMA

Reliée à la terre ferme par les tombolos de la Foniglia et de la Giannella, cordons littoraux formés par une accumulation séculaire de sable, cette ancienne île est constituée du petit massif calcaire du **mont Argentario** culminant à 635 m. Trois chaussées y donnent accès et une route épouse à peu près son contour, permettant d'en découvrir de pittoresques aspects. Appelé autrefois promontoire de Cosa (du nom de la ville étrusque voisine), l'Argentario devrait son nom à l'aspect luisant et argenté de ses rochers, à moins qu'il ne s'agisse d'une allusion à l'activité de banquiers *(argentarii)* que pratiquaient autrefois ses propriétaires. Son histoire a été tourmentée, que ce fût au Moyen Âge, lorsqu'elle était le fief des Aldobrandeschi et des Orsini, ou dans le courant du 16e s., lorsque, territoire de la république de Sienne, elle devint place forte espagnole. Au 18e s., elle passa aux Autrichiens, ensuite aux Bourbons, et enfin au grand-duché de Toscane jusqu'à son annexion au royaume d'Italie en 1860.

CIRCUIT AU DÉPART D'ORBETELLO *43 km - environ 2 h*

Orbetello – Installée sur la chaussée médiane de la lagune – qui livre aussi passage à la principale voie d'accès à la presqu'île (route SS 440) –, la ville portait autrefois le nom latin d'Urbis Tellus *(Territoire de l'Urbs,* c'est-à-dire de Rome) peut-être parce qu'elle fut cédée par Charlemagne en 805 à l'abbaye romaine des Trois Fontaines.
Les fortifications remontent à l'époque de la domination siennoise puis espagnole, quand Orbetello devient capitale de l'État des Présides *(voir encadré ci-dessous).*
La **cathédrale** se dresse sur un ancien temple étrusco-romain. La façade de style gothique tardif a subi des transformations en 1376 sous la domination de Nicolo Orsini, ce que révèle une inscription sur l'architrave du portail central. Les deux ailes latérales remontent à l'époque espagnole. L'église conserve une balustrade de chancel de facture lombarde, décorée de sarments de vigne entrelacés.

L'État des Présides

En 1555, la République de Sienne est conquise par les troupes impériales de Charles Quint qui en confie le gouvernement à son fils, Philippe II. Ce dernier, en reconnaissance de l'aide prodiguée à l'Espagne par les Médicis, cède ce territoire en 1557 à Cosme Ier tout en conservant sous son autorité les places fortes, ou « présides », contrôlant le littoral tyrrhénien, érigées dès 1559 en état. Comprenant 5 forteresses, cet état s'étendait sur tout l'Argentario ponctué par Orbetello (sa capitale), Porto Ercole, Porto Santo Stefano, la Maremme (des environs du lac de Burano jusqu'aux Monti dell'Uccellina, avec Talamone) et, en mer, la corne Sud-Est d'Elbe, centrée sur Porto Longone (l'actuel Porto Azzurro).
Ces villes renforçaient le pouvoir espagnol sur toute la partie occidentale de la Méditerranée et s'intégraient à un vaste système de bases militaires déjà installées sur les Baléares, la Sardaigne, la Tunisie, Malte et la Sicile. Cet état fut reconnu et laissé à Philippe II lors du traité de Cateau-Cambrésis entre la France et l'Espagne, mais à l'occasion de la guerre de Trente Ans il fut rattaché en 1646 à la France. Par la suite il fut confié – tout comme le royaume de Naples – aux Autrichiens en 1713, puis aux Bourbons en 1738. Après une nouvelle parenthèse française de 1801 à 1815, il est enfin rattaché au grand-duché de Toscane.

De la sortie de la lagune à Porto Santo Stefano, la SS 440 suit, en montée, la côte Nord de la presqu'île, entre deux haies de verdure, de villas et d'hôtels, bientôt en vue de la pointe de Talamone et du site de Porto Santo Stefano.

Porto Santo Stefano – Bourg principal de la presqu'île et port d'embarquement pour l'île voisine du Giglio *(voir Arcipelago Toscano)*, il étage ses maisons à flanc de colline, de part et d'autre de sa citadelle (Rocca) aragonaise du 17e s., d'où la **vue**★ est belle sur le port et le golfe de Talamone.

Quitter Porto Santo Stefano par la « strada Panoramica » (route panoramique), au Nord.

Des vues se développent bientôt, passée la pointe Lividonia, sur la côte Ouest et l'île du Giglio. La route, bordée de cyprès, descend en corniche au-dessus de la baie de Cala Grande, qu'agrémente l'îlot de l'Argentarola, puis au-dessus de la petite station balnéaire de Cala Piccola et de sa baie, que ferme au Sud le cap d'Uomo. On aperçoit ensuite, loin au Sud, l'île de Giannutri.

Après le croisement avec une route intérieure reliant Porto Santo Stefano, la route continue en descente sinueuse et sans parapet.

À haute altitude, se multiplient les **vues**★★ sur les criques rocheuses de la côte Sud-Ouest, l'île Rossa (rocher rougeâtre) et, à gauche, sur les cultures en terrasses et les sommets de l'Argentario. Une section de la route *(non revêtue sur plus de 3 km)* permet de dominer la sauvage pointe de Torre Ciana (coiffée d'une tour), la côte Sud, puis découvrir, en avant, l'île d'Isolotto et le fort Stella. On passe ensuite en vue de la « Rocca Spagnola », citadelle bastionnée du 16e s., avant l'arrivée à Porto Ercole.

Porto Ercole

Porto Ercole – Au pied de la « Rocca Spagnola », à laquelle le relient deux murs crénelés parallèles, le minuscule quartier ancien de cette station balnéaire a pour entrée une porte médiévale avec hourd et mâchicoulis. De la piazza Santa Barbara, que bordent les arcades de l'ancien palais du gouverneur (16e s.), vue sur le port de plaisance, la baie et les deux anciens forts espagnols juchés en face sur le mont Filippo.

La route boucle son circuit en longeant le versant Est de l'Argentario, vite serrée entre celui-ci et la lagune du Levant, qu'elle suit au ras de l'eau, avant de redevenir, à droite, la SS 440 vers Orbetello.

ARTIMINO

Carte Michelin n° 430 ou Atlas Italie p. 40 K 15 – 22 km à l'Ouest de Florence

Secteur habité dès le paléolithique, la haute colline d'Artimino et ses abords étaient occupés dès le 7e s. avant J.-C. par une cité étrusque, dont la richesse provenait semble-t-il davantage du contrôle des voies commerciales naturelles constituées par l'Arno et l'Ombrone que de l'exploitation des ressources agricoles. L'acropole se situait probablement sur la hauteur où se dresse actuellement la villa Ferdinanda. Face à celle-ci, le **village** conserve de l'époque médiévale une partie de son enceinte fortifiée et son église située en contrebas.

S. Leonardo – Cette église romane, fondée dit-on par la comtesse Mathilde en 1107, présente la particularité d'avoir été construite en partie avec des matériaux de réutilisation provenant de la nécropole étrusque, dont des urnes (sculptées pour certaines). L'intérieur à trois nefs est voûté d'ogives.

★ **Villa médicéenne « La Ferdinanda »** – Cette vaste construction fut commandée à la fin du 16e s. à Buontalenti par le grand-duc Ferdinand Ier de Médicis, dont elle conserve le souvenir par son surnom. Elle s'érige en position dominante au milieu d'une terrasse (vues au Sud sur le val d'Arno jusqu'à Florence, au Nord sur Prato et Pistoia) à la pelouse parsemée d'amusantes statues de métal. La villa elle-même, dont on remarque en premier lieu la profusion et la variété des cheminées hérissant la toiture, est précédée d'un perron à double révolution que prolonge une rampe d'accès direct à la loggia à colonnade du 1er étage. *L'intérieur ne se visite pas.*

Museo archeologico ⊘ – *Sous-sol de la villa, entrée derrière l'escalier monumental.* Ce musée rassemble le matériel de fouille retrouvé dans le secteur de l'antique cité étrusque *(voir ci-dessus)* : vases grecs d'importation, céramique étrusque en bucchero, monnaies, sculptures, ainsi que d'intéressants vestiges provenant de la nécropole et de quelques grandes tombes des environs *(voir ci-dessous)* : rare brûle-parfum en bucchero de la fin du 7e s. avant J.-C. *Audiovisuel en italien de 20 mn.*

ENVIRONS

★ **Tombes étrusques de Comeana** – *4 km au Nord-Est.* Elles remontent au 7e s. avant J.-C. La **tombe de Montefortini**★ ⊘ *(via di Montefortini, 43)* est la mieux conservée. Située sous un grand tumulus aujourd'hui boisé, elle se compose d'un couloir d'accès *(dromos)* de 13 m de long, d'un vestibule que fermait une dalle (encore visible) et d'une chambre funéraire rectangulaire. Le couvrement est réalisé grâce à des rangées de pierres horizontales décalées les unes par rapport aux autres jusqu'à atteindre le sommet. Sa particularité consiste dans la console continue qui court en haut des murs, sur laquelle était placé le mobilier funéraire. Cette tombe en jouxte une plus ancienne à chambre circulaire *(ne se visite pas)*, dont l'écroulement explique la construction de la seconde sous le même tumulus. La **tombe des Boschetti** *(près du cimetière, à gauche sur la route de Poggio a Caiano)* est de taille plus réduite et ne conserve qu'une partie de ses murs.

Carmignano – *6 km au Nord.* Entouré de vignes et d'oliviers, ce petit bourg ne conserve de son château médiéval qu'une seule tour. Toutefois le trésor du village se trouve dans l'**église S. Michele**, dont le portique et le cloître datent du 16e s. : l'intérieur abrite en effet au 2e autel à droite la splendide *Visitation*★★ de Pontormo (vers 1530) où, par la densité de leurs regards, la Vierge et Élisabeth prouvent leur profond amour et respect mutuels.

ASCIANO

6 365 habitants
Carte Michelin n° 430 ou Atlas Italie p. 46 M 16

Séparé de Sienne par le secteur des crêtes, Asciano est un ancien bourg médiéval fortifié situé sur une hauteur au bas de laquelle coule l'Ombrone. Le Corso Matteotti le traverse de part en part.

S. Agata – Cette église romane du 12e, toute de travertin, présente une façade gothique précédée d'un large escalier. À l'intérieur, un arc diaphragme sépare la nef unique à charpente apparente de la croisée du transept coiffée d'une belle coupole sur trompes. Trois absidioles en cul-de-four s'ouvrent sur le chœur et les deux croisillons du transept. Sur le mur droit de la nef, belle fresque de la *Vierge à l'Enfant* attribuée à Girolamo del Pacchia.

Museo di Arte Sacra ⊘ – *À gauche de S. Agata.* Collection de peintures et sculptures siennoises des 14e et 15e s. dont une *Annonciation* de Taddeo di Bartolo, la *Naissance de la Vierge* de Sassetta et un polyptyque représentant au centre *Saint Michel tuant le dragon* d'Ambrogio Lorenzetti.

Museo archeologico ⊘ – Aménagé dans la petite église S. Bernardino sur le Corso Matteotti, ce musée a recueilli les pièces de la nécropole étrusque voisine de Poggio Pinci (céramiques, urnes) datant du 5e au 1er s. avant J.-C.

Museo Amos e Giuseppe Cassioli ⊘ – Consacré aux peintres Amos Cassioli (1832-1892), qui jouissait en son temps d'une certaine renommée pour ses portraits et ses peintures historiques, ainsi qu'à son fils Giuseppe (1865-1942).

BARGA

10 021 habitants
Carte Michelin n° 430 ou Atlas Italie p. 38 J 13

La ville, aux abords plantés d'arbres et de vignes, occupe un site plaisant sur un replat des pentes Nord de la vallée du Serchio, qu'elle contrôlait au Moyen Âge. Son « château » (Castello) est en fait constitué par la ville haute, d'origine médiévale, où des ruelles étroites et pentues serpentent derrière les restes des remparts, que couronne une altière cathédrale.

Dôme – Bel édifice roman en pierre calcaire blanche. Sa large et sobre façade s'ouvre par un portail au linteau sculpté de scènes de vendanges qu'encadrent deux colonnes engagées supportant chacune un lion dans le style roman lombard. Le clocher, puissant et crénelé, est percé de baies à colonnettes. Du parvis formant terrasse, vue agréable sur les toits de la ville haute et l'horizon montagneux.

Giovanni Pascoli (1855-1912)

Marqué très tôt par la douloureuse expérience du deuil (son père fut assassiné et il perdit successivement une sœur, sa mère et deux frères), le poète d'origine romagnole vécut dans la conviction d'un destin tragique étroitement lié à la condition humaine. Contemplant avec nostalgie l'âge de l'innocence et ses émerveillements, il définit sa poésie dans *Le Petit Enfant*. Sa vaste production comprend le recueil *Myricae* et les poèmes latins *Carmina*, genre dans lequel Pascoli excella, comme le prouvent ses divers succès au concours de poésie latine d'Amsterdam.

À l'intérieur de l'église, en face du *presbiterio* à clôture de marbres de couleur, se dresse un superbe **ambon**★ du 12e s. en marbre et à bas-reliefs (scènes de la vie de Marie et du Christ), reposant sur quatre colonnes (deux portées par des lions terrassant leurs proies, une par un homme accroupi). Remarquer en outre : l'aigle-lutrin, le bénitier à têtes sculptées, la statue (12e s.) et le tableau (18e s.) représentant saint Christophe portant l'Enfant...

ENVIRONS

Castelvecchio Pascoli – *4 km au Nord-Ouest*. Lié pour tout Italien aux *Chants de Castelvecchio* et à leur auteur **Giovanni Pascoli**, le village renferme la **maison** ⊙ que le poète, élève de Carducci, acquit, comme il disait en plaisantant, « grâce à Horace et Virgile » l'ayant en partie payée grâce à cinq médailles d'or qu'il avait remportées au concours de poésie latine d'Amsterdam. Environnée par un tranquille paysage champêtre, la maison, entretenue pendant 40 ans par la sœur de l'écrivain, conserve son mobilier d'époque.
Dans la chapelle, le frère et la sœur partagent la même tombe.

Grotta del Vento ⊙, à **Fornovolasco** – *14 km au Sud-Ouest*. On y parvient par une route sinueuse jalonnée d'à-pics rocheux et offrant d'en bas une vue impressionnante sur l'ermitage de Calomini, encastré dans une paroi rocheuse à plus de 100 m de haut.
La grotte doit son nom au courant d'air perceptible à l'entrée et dû au dénivelé séparant deux trous d'aération naturels. La température intérieure étant invariablement de 10,7° C, le « vent » est appelé à l'intérieur pendant l'hiver, l'extérieur étant plus froid, tandis qu'en été le phénomène inverse se vérifie. Jusqu'à la Première Guerre mondiale, la grotte fut presque exclusivement utilisée comme glacière naturelle, même si son étude spéléologique commença au tournant du siècle. Étant couvertes en permanence d'un voile d'eau, ses intéressantes concrétions (stalactites, stalagmites) sont d'une grande luminosité.

BIBBIENA

11 370 habitants
Carte Michelin n° 430 ou Atlas Michelin p. 41 K 17

Autrefois cantonnée au sommet d'une colline, Bibbiena s'étend aujourd'hui jusqu'au fond de la vallée, son expansion faisant d'elle la ville la plus importante du Casentino. Le cardinal **Bernardo Dovizi** dit **Bibbiena** (1470-1520), y vit le jour. Secrétaire de Léon X et ami de Raphaël, il est également l'auteur de *La Calandria* (1513), première comédie de l'histoire du théâtre italien, genre qui renaît en Italie au 16e s. sans autre exemple depuis l'Antiquité romaine et qui connut dès lors un certain succès dans toute l'Europe.

LA VIEILLE VILLE

Perchée en position panoramique, la vieille ville, aux rues étroites et pentues, respire le charme discret de ces pays un peu rudes, où l'ostentation n'a pas lieu d'être.
Au terme d'une longue montée, la 1re entrée dans la ville haute s'ouvre à gauche à partir d'un grand carrefour, où le centre est fléché. On pénètre alors dans la via Dovizi.

★ **Palazzo Dovizi** – *Via Dovizi n⁰ˢ 26-28.* C'est la demeure que Bibbiena se fit construire au début du 16ᵉ s. Son aspect assez sobre, au simple parement de brique, dégage néanmoins une certaine élégance. La régularité des fenêtres des deux premiers niveaux met en valeur la porte centrale coiffée d'un écusson, tandis que la loggia couronnant le tout apporte une touche de légèreté et d'originalité.

S. Lorenzo – Située en face du palais, cette église remonte au 15ᵉ s. Sa façade en pierre naturelle, également très sobre, cache un intérieur à trois nefs aux harmonieuses formes Renaissance où alternent le blanc et le gris. Deux **terres cuites vernissées★★** des Della Robbia en ornent les nefs latérales : au 3ᵉ autel droit, *Adoration des bergers*, et au 3ᵉ autel gauche, *Déposition de la Croix*.
Plus haut, la via Dovizi aboutit à la piazza Roma. De là, on aperçoit, au fond à droite de la petite rue qui s'ouvre en face, la **mairie** datant du 16ᵉ s. De la place, tourner à gauche et monter jusqu'à la piazza Tarlati.

Piazza Tarlati – Le nom de cette place rappelle le souvenir de la famille Tarlati, dont l'un des membres, Pier Saccone, fit construire en cet endroit précis une des quatre tours de la forteresse *(cassero)*, dont il reste fort peu de vestiges significatifs hormis, à droite du palais ouvert par un joli portique à cinq arches, la **tour de l'horloge** au couronnement crénelé.
À l'arrière, on conserve de la forteresse un mur reliant cette tour à une tour plus basse, en face de laquelle se dresse l'**église SS. Ippolito e Donato**, érigée au début du 12ᵉ s. comme grande chapelle du château des Tarlati. De style roman, elle présente une croisée du transept curieusement très large, flanquée de croisillons en revanche très courts. Sur les murs, nombreuses fresques du 14ᵉ au 16ᵉ s. : en entrant à droite, Croix peinte par le Maître de San Polo in Rosso (13ᵉ s.) suivie d'une sculpture de la *Vierge à l'Enfant* (école toscane du 14ᵉ s.), et dans le transept gauche, *Crucifixion* de l'école de Giotto (2ᵉ moitié du 14ᵉ s.). Dans l'abside, triptyque de la *Vierge à l'Enfant et saints* de Bicci di Lorenzo (1435), et, dans le transept droit, **Vierge à l'Enfant et anges★**, rare tableau d'Arcangelo di Cola da Camerino.
Sur la gauche de la piazza Tarlati, une terrasse offre une belle **vue★** sur la vallée avec, à droite, le château de Poppi et dans le fond les douces ondulations des collines boisées du Pratomagno.

BUONCONVENTO

3 155 habitants
Carte Michelin n° 430 ou Atlas Italie p. 46 M 16

Serré à l'intérieur de son enceinte médiévale du 14ᵉ s., Buonconvento est un petit bourg agricole entièrement en brique qui se dresse sur l'antique via Cassia reliant Sienne à Rome, au confluent de l'Arbia et de l'Ombrone. L'empereur Henri VII, en qui Dante bâtissait l'espoir d'une Italie unifiée et pacifiée, y mourut en 1313. La grande **porta Senese**, surmontée de petits arcs de décharge et de créneaux, s'ouvre au Nord des fortifications, face à Sienne. De là, la via Soccini traverse tout le village : à gauche s'élèvent, sur une petite place, l'**église SS. Piero e Paolo** à façade jésuite et, plus loin, le **Palazzo Pretorio** surmonté d'une élégante tour inspirée de celle de Sienne.

★ **Museo di Arte Sacra della Val d'Arbia** ⊙ – *Via Soccini, 17.* Ce petit musée présente un ensemble intéressant de peintures siennoises du 14ᵉ au 17ᵉ s. ainsi que de l'orfèvrerie et des ornements liturgiques provenant de la région de Buonconvento et du val d'Arbia.

CAMALDOLI★★

Alt. 816 m
Carte Michelin n° 430 ou Atlas Italie p. 41 K 17

C'est en montagne, au cœur de l'immense forêt du Casentino, que se trouve le berceau de l'ordre des camaldules, fondé au 11ᵉ s. par un moine de Ravenne, **saint Romuald**.
La **route★★** venant de Poppi *(18 km)*, sinueuse, procure des vues sur la ville au fier château et sur le val d'Arno, avant de gravir les pentes d'un vallon et de pénétrer dans la forêt.
L'endroit désigné par Romuald pour ses moines, qui suivent la règle de saint Benoît, est composé d'un monastère, où se déroule la vie communautaire et où l'on offre l'hospitalité, et d'un ermitage, où vivent ceux qui ont fait le choix radical de se retirer du monde. Ces deux aspects de la vie des moines se fondent ainsi de façon harmonieuse à l'architecture de Camaldoli.

Quelques jours à Camaldoli ?

« La tradition bénédictine confère à l'hospitalité un rôle fondamental », confirme une brochure d'informations sur l'ermitage et le monastère de Camaldoli. Toute personne intéressée par les rencontres qui s'y déroulent (méditation, hébreu) ou par une retraite, est invitée à consulter le site suivant : www.camaldoli.it, ou à téléphoner au 0575 55 60 13.

* **Couvent** – Il se dresse, imposant, au fond d'une sombre vallée aux versants plantés de sapins. Les seuls lieux accessibles au public sont, dans la partie convertie en hospice, une cour à portique du 11e s. et un petit cloître du 15e s. sur lesquels se greffent diverses salles et chapelles ; l'entrée gauche sur la grande façade conduit à l'église du 16e s. dont l'intérieur baroque abrite plusieurs toiles de Vasari dont la *Déposition* au-dessus du maître-autel. Le monastère réservé aux moines se trouve à l'étage.

En longeant le bâtiment sur la gauche on atteint la **pharmacie**** du 15e s. dont les origines remontent au 11e s., époque où les moines, ayant construit un hôpital, commencèrent à accueillir et soigner gratuitement les malades. Cette activité hospitalière ne s'acheva qu'au début du siècle dernier.

Continuant en forte montée le long du torrent et au milieu de la forêt, la route atteint l'ermitage, bâti dans un site austère et retiré *(2,5 km)*.

PRIMA PRESS

Ermitage de Camaldoli

** **Eremo** ⊘ – 1 027 m. Véritable village de moines, composé d'une vingtaine de maisonnettes construites entre les 13e et 17e s. et entourées d'un mur, l'**ermitage** est précédé de quelques bâtiments ouverts au public. Sur la cour intérieure se dresse à droite la belle **église** du 18e s., aux deux clochers et à la façade ornée de statues. Sous l'atrium d'entrée, beau bas-relief de Mino da Fiesole. De style baroque napolitain, la décoration intérieure mêle stucs, ors, marbres, tableaux, bois sculptés, statues, tout en conservant quelques œuvres plus anciennes : dans la chapelle St-Antoine *(à gauche en entrant)*, terre cuite vernissée d'Andrea Della Robbia (15e s.) ; de part et d'autre de l'abside, deux **tabernacles**** en marbre de Desiderio da Settignano (15e s.), et à l'intérieur, *Crucifixion* attribuée au Bronzino.

Face à l'église on peut visiter le minuscule jardin et la cellule de saint Romuald, petit appartement aux sombres boiseries qui présente le même plan que les autres maisonnettes de moines : une pièce où vivre, dormir et travailler, un oratoire, un abri à bois, un coin toilette et une petite remise, le tout desservi par un couloir.

CAMPIGLIA MARITTIMA

12 545 habitants
Carte Michelin n° 430 ou Atlas Italie p. 45 M 13

Située dans ce qui fut autrefois le secteur de la Maremme pisane, Campiglia s'est développée au sommet d'une colline à 210 m au-dessus du niveau de la mer. Le village apparaît comme un curieux ensemble de maisons de pierre, ceint de murs autrefois infranchissables.

Ses origines sont lointaines, car un document de 1004 mentionne que le comte Gherardo II della Gherardesca cédait la ville à un monastère près de Chiusdino. À partir de 1259, elle est gouvernée par un capitaine pisan, un juge et un notaire, et conserve ce type d'administration après la conquête de Pise par Florence en 1406.

Palazzo Pretorio – *Sur une rue montant de la centrale piazza della Repubblica.* Il est orné des blasons des capitaines du peuple qui y habitèrent jusqu'en 1406. La colonne à gauche servait de base à la cage où les malfaiteurs étaient exposés à la risée publique.

Porta Fiorentina – *Au terme de la via Cavour.* Les quatre blasons qui la décorent rappellent les vicissitudes de l'histoire du village : à côté du lévrier de Campiglia, on retrouve la croix de Pise, le lys de Florence et l'étoile des Gherardesca.

La forteresse – Remontant aux 12e-13e s., les vestiges de la **Rocca** se dressent au-dessus de la Porta Fiorentina, où une première forteresse fut probablement bâtie dès le 8e s. Jolie baie géminée.

Par la via Roma, on atteint la **Porta a Mare** et la piazza della Vittoria, d'où l'on jouit d'une ample **vue** sur la côte.

S. Giovanni – *Dans le cimetière.* Construite au 12e s., cette église à plan en T est intéressante à double titre. D'une part on peut voir, sous le portail latéral, un bas-relief représentant joliment la *Chasse au sanglier de Méléagre.* D'autre part, cette piève conserve sous le toit de sa chapelle latérale l'inscription du mystérieux **carré magique**, dont l'origine remonte au moins au début de l'ère chrétienne. La signification des cinq mots, disposés en carré sur cinq lignes, reste en effet obscure :

```
S A T O R
A R E P O
T E N E T
O P E R A
R O T A S
```

Lisible de la même façon dans n'importe quel sens, ce jeu de mots à consonance latine, connu dans tout le bassin méditerranéen de l'Espagne à la Turquie, fut semble-t-il employé comme une formule magique pour conjurer le mauvais sort.

ENVIRONS

Parco archeologico minerario di San Silvestro ⊘ – Les 450 hectares de ce parc situé sur les collines au Nord de Campiglia Marittima offrent la possibilité de parcourir des itinéraires illustrant l'activité extractive à l'époque étrusque. Au 10e s. naquit **Rocca San Silvestro**, village dédié à l'exploitation minière (extraction du cuivre, du plomb et de l'argent) et à la fusion des métaux.

CAPALBIO

3 867 habitants
Carte Michelin n° 430 ou Atlas Italie p. 52 O 16 – Schéma : La MAREMMA

Parmi les douces ondulations d'une campagne bien cultivée, Capalbio se dresse non loin de la mer au sommet d'une colline de 209 m de haut, offrant à la ronde la vue de sa structure médiévale couronnée d'une tour crénelée.

Un peu d'histoire – Le premier document témoignant de l'existence de Capalbio remonte à 1161. Le sort du village fut par la suite lié à celui de la république de Sienne, à qui la famille Aldobrandeschi le concéda au 14e s. En 1555, Capalbio fut envahi par les Espagnols (alliés des Médicis), tout comme Orbetello. Aux 18e et 19e s. la ville eut à pâtir de la dégradation des terres cultivées redevenues marécageuses, de la malaria et de l'appauvrissement général du secteur qui s'ensuivit. Ce n'est qu'au 20e s. que Capalbio se repeupla grâce au nouveau développement agricole.

Le centre historique – On accède au village médiéval ceint de murs par la Porta Senese et la Porticina (Petite Porte). À l'intérieur, l'église romane **S. Nicola** recèle des fresques du 14e s. *(chapelles de gauche)* et du 15e s. *(chapelles de droite).* Le campanile, ajouré de baies géminées, remonte au 12e s. La forteresse *(rocca)* des Aldobrandeschi se dresse à proximité.

À l'extérieur des murs, piazza Provvidenza, l'**oratoire de la Providence** conserve une fresque du 15e s. inspirée de l'art du Pérugin et de Pinturicchio.

L. Bezzola Hi. – /ADAGP Paris, 2001

Au Jardin des Tarots, la Dame de Cœur vue par Niki de Saint-Phalle

ENVIRONS

Giardino dei Tarocchi ⊘, à **Garavicchio** – *8 km au Sud-Est*. Originale création de **Niki de Saint-Phalle**, le **Jardin des Tarots** met en scène, sur fond d'oliviers et de cyprès, des sculptures de ciment armé et de polyester recouvertes de miroirs et de céramiques de couleur étincelant au soleil. Ces sculptures colossales représentent les 22 arcanes majeurs du tarot.

L'artiste, qui fut l'épouse de Tinguely (mort en 1991), considère ce jardin comme l'œuvre magistrale de sa vie. Caractéristique de son art, où formes, couleurs et matériaux s'assemblent comme toujours dans des combinaisons aux confins de l'imaginaire et du déraisonnable, cette œuvre lui a été inspirée par un simple jeu de tarots qu'un ami lui aurait offert. Depuis lors, elle chercha à approfondir ses connaissances sur les origines antiques de ce mystérieux art divinatoire et décida de le célébrer sur une colline surplombant un des paysages les plus solitaires de Toscane. L'effet ainsi produit est quasi surréel.

CAPRESE MICHELANGELO

1 593 habitants
Carte Michelin n° 430 ou Atlas Italie p. 41 L 17/18

Le doute qui opposait Chiusi della Verna à Caprese pour revendiquer l'honneur d'avoir vu naître **Michel-Ange** le 6 mars 1475 fut levé en 1875 grâce à la découverte d'une copie de l'acte de naissance de l'artiste, l'original étant perdu. C'est le hasard des affectations de son père, podestat florentin, qui fit naître Michel-Ange en ces lieux. Après sa naissance, il fut ensuite confié en nourrice à Settignano *(voir ce nom)* non loin de Florence.

Se garer en haut du village, une rue pavée (interdite à la circulation) mène au château.

Casa di Michelangelo – Située à l'intérieur de l'ancien château du 14e s. dont elle fait partie, la maison du podestat, où était logée la famille de Michel-Ange, conserve encore quelques blasons en façade. D'architecture relativement modeste, elle abrite aujourd'hui le **Museo Michelangiolesco** ⊘ : au rez-de-chaussée, quelques plâtres et photos évoquent l'œuvre sculptée et peinte de l'artiste ; à l'étage, des reproductions de tableaux rappellent sa vie, tandis que la petite salle du fond serait celle où il vit le jour.

Dans le jardin qui s'étend à gauche : diverses statues d'artistes contemporains.

Au pied du château, la petite église S. Giovanni Battista (13e s.), aux modestes murs de pierre nue, serait celle où Michel-Ange fut baptisé.

CARRARA

CARRARE

65 564 habitants
Carte Michelin n° 430 ou Atlas Italie p. 38 J 12 – Schéma : La VERSILIA

À la lisière du massif calcaire des Alpes Apuanes, tourmentées et spectaculaires, si blanches qu'elles paraissent enneigées, Carrare est située dans un riant bassin. Son nom, dérivé de la racine ligure « kar », pierre, est connu du monde entier grâce à ses marbres blancs, d'une grande pureté et d'un grain particulièrement fin. L'exploitation en remonte aux Romains, Michel-Ange y venait choisir les blocs dont il tirait ses chefs-d'œuvre.

En 1769, Maria-Teresa Cybo Malaspina (ultime héritière de la noble famille qui domina pendant des siècles Massa et Carrare) y institua une académie des Beaux-Arts, où encore aujourd'hui est prodigué un enseignement technique et artistique.

Dôme – De construction romano-gothique (11e-14e s.), il présente une façade de style pisan, ornée d'une belle rosace en marbre finement ouvragée, et un élégant campanile du 13e s. À l'intérieur, plusieurs statues intéressantes, dont un *Crucifix* de bois et une *Annonciation* en marbre (les deux du 14e s.).

À côté de la cathédrale, fontaine monumentale du 16e s. ornée d'une statue de Baccio Bandinelli (1493-1560).

★ **Museo del Marmo** ⊘ – *À 1 km du centre, à droite, sur l'avenue reliant la ville à Marina di Carrara.*

Ce musée présente le marbre et son travail depuis l'Antiquité jusqu'à nos jours en cinq sections.

La 1re évoque l'exploitation du marbre dans la région à l'époque romaine, grâce à des témoignages archéologiques.

La 2e – ou **marmothèque**★ – regroupe plus de 300 dalles-échantillons de marbre et granit provenant des plus importants gisements du monde.

La 3e est consacrée aux moyens techniques d'extraction du 18e s. au début du 20e s., la 4e aux différents aspects de l'utilisation du marbre et la 5e à la sculpture moderne.

★ CARRIÈRES DE MARBRE

Le paysage farouche, les coulées blanches formées par les débris, le travail gigantesque exécuté par les hommes offrent un extraordinaire spectacle. Le long de la route, de petites plates-formes permettent de suivre (aux heures de travail) les différentes manœuvres et opérations des machines.

Pour l'extraction, on utilise le « fil diamanté » – câble d'acier emprisonnant des petits cylindres couverts de poudre de diamant à l'action hautement abrasive. Les blocs sont acheminés vers la plaine pour être débités dans les usines de tranchage, puis traités dans les marbreries et enfin exportés à partir du port de **Marina di Carrara** *(voir Versilia, circuit n° 1).*

★★ **Carrières de Fantiscritti** – *4 à 5 km au Nord-Est, par Miseglia.*

Ce sont les plus impressionnantes, par l'âpreté de leur site, leur étagement, la route particulièrement raide qui en dessert les différents niveaux. On y accède à partir des trois viaducs successifs appelés « Ponti di Vara », construits au 19e s. pour l'ancien chemin de fer minier et aujourd'hui ponts routiers.

LARA PESSINA

Le marbre de Carrare

Le gisement de marbre des Alpes Apuanes s'étend sur plusieurs kilomètres carrés, le bassin le plus important étant celui de Carrare. Sa renommée lui vient de sa blancheur translucide et de la finesse de son grain, très prisées pour la statuaire, d'où son nom de *statuario* ; une fois poli, il revêt en effet un scintillement nacré tout à fait caractéristique. Carrare recèle également des marbres plus ou moins teintés ou veinés de rouge sombre, vert, gris-bleu ou orange, couleurs dues à la présence de sels minéraux (ou autres éléments) dans le calcaire originel qui, par cristallisation sur plusieurs millions d'années, s'est transformé en marbre.

L'exploitation bimillénaire de ce versant des Alpes Apuanes en a décapé les pentes boisées, tailladé et mis à nu les flancs de roche blanche brillant au soleil. Aujourd'hui l'extraction se concentre dans trois vallées : **Colonnata, Fantiscritti** et **Ravaccione.**

Pourtant, au fil des siècles l'exploitation du marbre n'a fait que s'amplifier pour arriver actuellement à une production de 800 000 t par an, aidée depuis le siècle dernier par l'évolution des techniques et l'ouverture, en 1876, d'un chemin de fer entre les carrières et la mer, facilitant le transport de la pierre.

Du règne d'Auguste jusqu'au 5e s. après J.-C., la Rome impériale, qui s'était entièrement parée de marbre, a utilisé pour les trois quarts de ses besoins celui de Carrare. Par la suite, on l'a utilisé pour magnifier de prestigieux monuments aussi différents que le palais de l'Ermitage à Saint-Pétersbourg pour son escalier d'honneur et l'Arche de la Défense pour son parement extérieur.

De même, depuis la Renaissance, de nombreux sculpteurs sont venus et viennent encore arpenter les concessions des carriers pour réaliser leurs œuvres tels Michel-Ange, Jean Bologne, le Bernin, Canova ou Henri Moore.

---

* **Carrières de Colonnata** – *8 km à l'Est par Bedizzano ou par Carrare en passant par le fond de la vallée.*

Plus commodément accessibles que les précédentes, par une route en palier (jalonnée d'usines de tranchage), elles offrent un décor moins grandiose mais plus riant, grâce à la verdure subsistant alentour.

* ROUTE DE CAMPO CECINA

20 km au Nord jusqu'au point de vue. Quitter Carrare par la S 446ᵈ, route de Fosdinovo.

La route, en montée constante au-dessus d'un vallon boisé, traverse les villages de Gragnana et de Castelpoggio. Une première vue se révèle, à gauche, sur les dernières pentes des Alpes Apuanes, semées de villages perchés et qui s'abaissent vers la mer, visible entre la plage de Marina di Carrara et le promontoire de Montemarcello.

Tourner à droite dans la route sinueuse de Campo Cecina (*prendre garde aux camions marbriers*) tracée sur le versant Sud, couvert de pins, du mont Pizzo : les vues à droite se multiplient, de plus en plus amples, sur la région de Carrare. Un pittoresque parcours en corniche, taillé dans les flancs de marbre, mis à nu, du mont Uccelliera, et coupé de passages sous bois, aboutit à un vaste rond-point, la **piazzale dell'Uccelliera**, où l'on jouit d'une magnifique **vue★★** dominante sur les étonnantes carrières de Torano, les plages de Marina di Massa et de Montignoso, les îles de l'Archipel Toscan et les sommets des Alpes du Sud.

CASCIANA TERME⚓

3 462 habitants
Carte Michelin n° 430 ou Atlas Italie p. 39 L 13

Située au cœur de collines plantées de vignes, d'oliviers et de pêchers, Casciana Terme jouit d'un climat doux et offre un agréable cadre à des séjours tranquilles et variés, durant lesquels les cures thermales peuvent alterner avec la découverte des villes d'art voisines.

Les cures thermales – Déjà connus du temps de l'empereur Auguste, les thermes de Casciana sont renommés depuis le 11e s. Un épisode de leur histoire confine à la légende : de la fenêtre de son château de Casciana, **Mathilde de Canossa** (1046-1115), marquise de Toscane, vit pendant quelques jours de suite un merle venir baigner sa patte endolorie dans un ruisseau, jusqu'à ce que, cessant de boiter, il s'envola.

Aujourd'hui, les thermes sont particulièrement indiqués pour soigner les maladies veineuses, l'hypertension, l'arthrite, les rhumatismes, l'asthme et la bronchite. Bains, bains de boues, inhalations ou simple prise d'eau constituent les différents traitements.

CASCINA

37 843 habitants
Carte Michelin n° 430 ou Atlas Italie p. 38 K 13

La ville s'est spécialisée dans la fabrication artisanale et industrielle de meubles, d'où son étendue. D'abord pisane, elle devint florentine en 1364 après la **bataille de Cascina**. Cet affrontement resta célèbre car Michel-Ange le choisit pour sujet de la grande fresque – jamais réalisée, mais connue par son splendide carton – qu'il devait peindre dans le salon des Cinq Cents du Palazzo Vecchio de Florence, face à celle de Léonard de Vinci *(voir Anghiari)*. Le peintre, passionné par le rendu de l'anatomie des corps, opta pour cet épisode, car il mettait en scène des soldats florentins surpris par les Pisans en train de se baigner nus dans l'Arno.

VISITE

Régi par un plan en damier, le vieux centre est traversé par le **corso Matteotti**, bordé d'arcades. À une de ses extrémités, cette rue conserve une tour à horloge munie d'une petite cloche, vestige des murs qui cernaient la ville au Moyen Âge. À l'opposé du corso Matteotti, l'**oratoire S. Giovanni** (fin du 14e s.) abrite au-dessus de son autel une *Crucifixion* de Martino di Bartolomeo (1398), d'où commence en haut à droite un cycle de fresques contant l'histoire de la Genèse.

S. Maria – Flanquée de deux autres églises, cette piève du 12e s. présente, sur une petite place en retrait du corso Matteotti, une caractéristique **façade**★ pisane en pierre locale (verrucano), incrustée de motifs de marbre blanc.

CASTAGNETO CARDUCCI

8 288 habitants
Carte Michelin n° 430 ou Atlas Italie p. 45 M 13

Joliment installé au sommet d'une colline dans une campagne plantée d'oliviers, le bourg appartenait autrefois aux comtes della Gherardesca. De leur château ne subsistent aujourd'hui que les ruines d'une tour (torre di Donoratico, *3,5 km au Sud*), où le tristement célèbre **Ugolino della Gherardesca**, accusé de trahison par Pise après la bataille de la Meloria (1284), aurait trouvé temporairement refuge avant de subir le terrible châtiment de mourir de faim avec ses enfants en 1289 *(voir p. 248)*. Pisane depuis le 12e s., Castagneto passa en 1406 sous la juridiction de Florence.

La renommée du village est cependant davantage littéraire qu'historique, puisqu'il porte le nom du poète italien **Giosuè Carducci** (né à Valdicastello en 1835 – *voir Versilia, circuit n° 3* – et mort à Bologne en 1907) : il y séjourna pendant sa jeunesse, célébrant la beauté de cette terre toscane. Dans la mairie a été aménagé un **musée** (museo archivio ⊙) consacré à sa mémoire.

ENVIRONS

Bolgheri – *7 km au Nord*. C'est le village où vécut Carducci de 1838 à 1848. La longue allée bordée de gros cyprès qui y conduit (en venant du village de San Guido plus à l'Ouest) fut célébrée par le poète dans son élégie *Devant San Guido*, très connue des Italiens.

> **« Les cyprès, hauts et élancés, qui de San Guido**
> **à Bolgheri vont en double file... »**
>
> Toujours significatifs pour celui qui parcourt la longue allée ou qui de toute façon se promène dans le « doux pays » de Maremme, ces vers de Giosuè Carducci célèbrent d'abord sa jeunesse passée en Toscane, et reflètent un lien intime entre la nature et l'homme, l'aspiration aux valeurs de liberté, de justice, d'amour de la patrie et de fraternité. Ils sont renforcés par une fervente adhésion aux idéaux classiques parfaitement exprimés par Rome. Cette ville représentait pour le poète une civilisation supérieure. Le mythe classique permit de conférer une certaine noblesse aux vers austères de Carducci, qui voulait s'éloigner des effusions romantiques. Sa véritable inspiration se révèle peut-être dans l'amour nostalgique pour une vie dont la splendide luminosité est destinée à s'éteindre en présence de la mort. Il accepte virilement l'idée d'une existence caduque, et de cette conscience, qui rend ses vers douloureux, naît sa sincère aspiration aux idéaux suprêmes.

CASTELFIORENTINO

16 968 habitants
Carte Michelin n° 430 ou Atlas Italie p. 39 L 14

Connu sous ce nom (c'est-à-dire « Château florentin ») dès 1149, ce fief passa à l'évêque de Florence au 12e s. C'est là que fut signée la paix entre Sienne et Florence après la bataille de Montaperti (1260).

De la grande **piazza Gramsci**, en suivant la direction de Sienne, on arrive à l'**église S. Francesco**, à façade de brique, et à celle de **S. Verdiana**, un des exemples les plus significatifs de l'architecture des débuts du 18e s. en Toscane. Elle se trouve au fond d'une belle esplanade verdoyante.

Raccolta Comunale d'Arte ⊙ – En entrant dans le centre du village, on suit la via Tilli, où, au n° 41, se trouve la **Collection municipale d'art**, qui abrite les **fresques** et les **sinopies★** *(voir p. 244)* de **Benozzo Gozzoli** (1420-1497), détachées de leurs lieux d'origine (deux tabernacles) et restaurées. Le style de ce peintre est ici remarquablement bien représenté dans les fresques du tabernacle de la Madonna della Tosse (Vierge de la Toux), représentant la *Vierge, saint Jean et deux saints*, les *Obsèques de la Vierge* et l'*Assomption*, et dans celles du tabernacle de la Visitation, retraçant elles aussi des épisodes de la vie de la Vierge.

CASTELLO★

5 km au Nord de Florence
Voir plan d'agglomération de Florence :
carte Michelin n° 430 pli 9, Atlas Italie p. 120 ou Guide Rouge Italia

Ce village vaut pour la visite des deux villas médicéennes qui s'y trouvent. Les Médicis en appréciaient la proximité de Florence, le calme et la fraîcheur qu'ils ne pouvaient goûter en ville.

★ **Villa de Castello** ⊙ – *Au Nord-Ouest dans Castello (suivre le fléchage). Grand parking hémisphérique devant la façade ; le jardin, seul ouvert à la visite, se trouve entièrement à l'arrière.* Achetée par les Médicis en 1477 et embellie par Laurent le Magnifique, la villa fut saccagée en 1527, ce qui conduisit le duc Cosme Ier à confier à Tribolo son réaménagement et la création du jardin. Elle abrite depuis 1974 l'**Accademia della Crusca**, dont le but est de protéger la langue italienne. Le jardin se compose d'un grand parterre à l'italienne établi avec un sens exquis des proportions pour mettre en valeur une belle fontaine centrale de Tribolo, ornée d'un groupe de bronze, *Hercule et Antée*, par Ammannati *(en cours de restauration)*. Plus haut, dans l'axe, on accède à une grotte percée de trois niches ornées d'animaux *(les animaux de bronze sculptés par Jean Bologne sont au musée du Bargello, à Florence)*.

★ **Villa de la Petraia** ⊙ – *Au Nord-Est dans Castello (au bout de la via della Petraia) où elle est fléchée.* C'était à l'origine un château fort. En 1576, le cardinal Ferdinand de Médicis chargea l'architecte Buontalenti de le transformer en villa et d'aménager le jardin. Devenu au 19e s. résidence d'été du roi Victor-Emmanuel II, l'intérieur fut remanié : le rez-de-chaussée abritant les appartements d'apparat, la cour et son portique Renaissance furent couverts d'une verrière pour servir de salle de bal.
Le **jardin** (16e s.) se compose de parterres fleuris à l'avant et d'un parc boisé à l'arrière. Une remarquable fontaine conçue par Tribolo – qui ornait à l'origine le parc de la villa de Castello – fut installée sur le côté droit de la villa, mais la vasque et la statue ont été enlevées pour restauration. On peut néanmoins en admirer la statue de Vénus de Jean Bologne au 1er étage de la villa.

CASTIGLION FIORENTINO

11 644 habitants
Carte Michelin n° 430 ou Atlas Italie p. 46 L 17/18

Le bourg s'étage sur une colline au bas de laquelle coule le Chio, court affluent de la Chiana. Le sommet, déjà habité par les Étrusques, vit se construire au 5e s., au moment des invasions barbares, une première place forte, avant d'être couronné aux 11e et 12e s. d'une citadelle (cassero) dominée par une svelte tour carrée.
Le cœur animé de la ville est la Piazza del Municipio, que bordent côté vallée, face à la mairie du 16e s., les arcades du portique appelé « **Logge del Vasari** » (16e s.) en raison de leur style et non de l'intervention du maître ; le mur de fond, tapissé d'armoiries, est percé de trois baies permettant une **vue** agréable sur la collégiale St-Julien *(en contrebas à droite)* et la campagne baignée par le Chio.

CURIOSITÉS

★ **Pinacoteca** ⊘ – *Prendre la rue qui grimpe derrière le palais communal depuis la droite.* Aménagée dans la chapelle S. Angelo accolée à la citadelle, la pinacothèque abrite plusieurs peintures de valeur : deux Christ ombriens sur bois du 13ᵉ et du 14ᵉ s., un *Saint François d'Assise* par Margaritone d'Arezzo (13ᵉ s.), une *Vierge en majesté* du 14ᵉ s. par Taddeo Gaddi, deux panneaux de retable par Giovanni di Paolo (15ᵉ s.), etc. On y voit aussi de belles pièces d'orfèvrerie religieuse dont un buste-reliquaire de sainte Ursule (art rhénan du 14ᵉ s.), une croix reliquaire mosellane de la fin du 12ᵉ s. et un crucifix français de la 2ᵉ moitié du 13ᵉ s. De la salle la plus élevée (saletta della Torre), belle vue sur la collégiale San Giuliano, la campagne et la montagne.

S. Giuliano – Cette collégiale reconstruite au 19ᵉ s., coiffée d'un dôme et précédée d'un portique, renferme un avant-chœur en bois sculpté du 17ᵉ s. et d'intéressantes œuvres d'art : dans la nef droite, un *Saint Antoine abbé*, terre cuite polychrome de l'atelier des Della Robbia, une *Vierge en majesté* de Bartolomeo della Gatta et *Marie et Joseph adorant l'Enfant* de Lorenzo di Credi (15ᵉ s.) ; dans le transept droit, une *Annonciation* de l'atelier des Della Robbia et dans le transept gauche, une *Vierge en majesté* de Segna di Bonaventura (14ᵉ s.). Contiguë à la collégiale, l'**église del Gesú** (16ᵉ s.), elle aussi précédée d'un portique, présente un riche intérieur baroque.

Cloître S. Francesco – Attenant à la fruste église St-François (13ᵉ s.), ce petit cloître refait au 17ᵉ s. avec un étage formant loggia à colonnettes est orné d'un cycle de fresques *(en mauvais état)* illustrant la vie de saint François d'Assise.

ENVIRONS

★ **Château de Montecchio** – *3,5 km.* Surplombant à gauche la route menant de Castiglion Fiorentino à Cortona, ce château se signale par l'importance de son mur d'enceinte crénelé, rythmé par huit petites tours, et son donjon de 30 m de haut servant de demeure au châtelain. Partageant tout d'abord le sort de Castiglion, Montecchio fut par la suite élevé au rang de commune et abrita dans son enceinte diverses habitations, une église et un palais communal (aujourd'hui disparus). Cette forteresse, la plus grande du Val di Chiana, n'en conserva pas moins son importance militaire jusqu'au 17ᵉ s.

CECINA

26 341 habitants
Carte Michelin n° 430 ou Atlas Italie p. 44 M 13

Située au cœur de ce que l'on appelle la Riviera des Étrusques (large bande de terre s'étendant de Livourne à Piombino), Cecina est un centre agricole et industriel (briqueteries) né vers le milieu du 19ᵉ s. après la bonification.

⌂ **Marina di Cecina** – Prolongation de Cecina sur le littoral, cette station balnéaire est ombragée par une belle pinède où subsistent encore de nombreux vestiges étrusques explorés par les archéologues. Le **musée archéologique** ⊘ abrite de la céramique étrusque en bucchero, des vases grecs à figures peintes d'époques classique et hellénistique, des urnes du 6ᵉ s. avant J.-C. et du mobilier funéraire datant de la Rome impériale.

LA RIVIERA DES ÉTRUSQUES

⌂ **Castiglioncello** – *14 km au Nord-Ouest.* Élégante localité balnéaire sur la Riviera des Étrusques, Castiglioncello est connue pour ses agréables plages blotties dans des criques ombragées par les pins. La station profite d'un climat favorable dû à sa situation privilégiée, protégée par un promontoire et des collines descendant jusqu'à la mer.

...ignano Marittimo – *15 km au Nord.* Dans la partie haute se dressent les ...iges du centre médiéval : dans le château, un **musée archéologique** ⊘ illustre ...toire de la région, de l'époque étrusque au Moyen Âge. Non loin de là, **Rosignano** ... est un écart industriel de la commune de Rosignano qui doit son nom au ...te belge qui mit au point un procédé de fabrication industrielle de la soude.

...di Castagneto-Donoratico – *18 km au Sud.* Station balnéaire, dont la ...ge de sable est abritée par une belle pinède.

...zo – *26 km au Sud.* Station balnéaire bien équipée, connue pour sa ...e de sable de 5 km de long, parfois interrompue par quelques rochers.

CERRETO GUIDI★

Carte Michelin n° 430 ou Atlas Italie p. 39 K 14

Situé sur une hauteur parmi les ravissantes collines au Sud-Ouest du Monte Albano, ce village se développa autour de l'ancien château des comtes Guidi, comme en témoigne son nom, seul vestige de l'ancien domaine. Passée aux Médicis, la demeure des Guidi fut totalement reconstruite par Cosme Ier, vers 1560, telle qu'elle apparaît aujourd'hui. Au cœur d'un vaste vignoble et d'un grand terrain de chasse réservé aux grands-ducs, la villa servait à la fois d'entrepôt à vin dans ses souterrains et de halte de chasse à la cour médicéenne. Elle fut toutefois délaissée après que la fille préférée de Cosme Ier, **Isabella Orsini**, duchesse de Bracciano, y trouva la mort. Son mari, Paolo Giordano Orsini, rarement présent auprès d'elle, la fit en effet étrangler ayant appris qu'elle était devenue la maîtresse de l'homme à qui il avait confié son honneur.

★ **La villa** ⊙ – Œuvre de Buontalenti, l'austère villa construite au sommet du village est admirablement mise en valeur par les deux monumentales et majestueuses rampes de brique qui permettent d'y accéder, les « Ponti ».
De l'esplanade de la villa, belle vue sur les collines du val d'Arno, avec à gauche San Miniato et sa haute tour. Dans le salon d'entrée, portraits à droite d'Isabella Orsini et de son mari, et à gauche de Bianca Cappello, épouse de François Ier de Médicis, au destin également infortuné (voir Poggio a Caiano). Au 1er étage, galerie de portraits de la famille Médicis ; de la loggia, belle vue sur le jardin à pergola.
L'église San Leonardo jouxte la villa à gauche.

CERTALDO

15 792 habitants
Carte Michelin n° 430 ou Atlas Italie p. 39 L 15

Bâti en brique rose dans l'attirante vallée de l'Elsa, le bourg de Certaldo a peut-être vu naître, et en tout cas vieillir et mourir, **Boccace.**

VISITE

Dans la **ville haute**, ceinte de remparts, la **maison** (casa museo ⊙) de Boccace, presque entièrement détruite pendant la guerre, a été reconstruite. Plus haut se trouve l'église San Jacopo, du 13e s., où fut enterré le conteur. Une dalle, posée en 1954, indique l'endroit où il fut enseveli ; le cénotaphe, contre le mur à gauche, a été élevé à sa mémoire en 1503.
Proche de là, le **palazzo Pretorio** ⊙, reconstruit au 16e s., présente une façade ornée d'armoiries en terre cuite ou en marbre et une cour à arcades.
À l'intérieur, fresques de Pier Francesco Fiorentino (15e s.). Du haut de la tour, belle vue sur la ville et la vallée de l'Elsa.

Blasons de podestats au Palazzo Pretorio

Un conteur incomparable, Boccace (1313-1375)

Commentateur de Dante et grand ami de Pétrarque, avec lequel il échangea une correspondance soutenue pendant plus de vingt ans, ce précurseur de l'Humanisme reste connu comme la troisième « couronne » de la littérature italienne médiévale.

Né des amours illégitimes du marchand Boccaccino di Chellino de Certaldo avec une Française de haute condition, Giovanni Boccacio fut envoyé adolescent à Naples, où son père voulait qu'il s'initiât aux affaires. Il y fréquenta durant une douzaine d'années la cour brillante et cultivée de Robert d'Anjou, où il s'éprit de la fille naturelle du bon roi, la blonde Maria d'Aquino, célébrée sous le nom charmant de Fiammetta (« petite flamme »). Le poète, bien que tendre, se moque de tout et représente le bourgeois italien du 14e s., amoureux du plaisir et des lettres. À la fois gracieux et cynique, Boccace, devenu chanoine, compose à Florence, dans un style cadencé et limpide, son chef-d'œuvre, le *Décaméron* (« Dix Jours ») : l'auteur présente ce recueil de cent nouvelles comme l'œuvre de trois jeunes gens et sept jeunes filles, qui pendant la peste de 1348 à Florence, s'étant retirés loin de la ville, décident de faire passer le temps en racontant chacun une nouvelle chaque jour pendant dix jours. D'une verve parfois satirique, le *Décaméron* évoque le charme des paysages toscans et de la vie cultivée de l'Humanisme naissant.

Plusieurs de ses contes ont été repris par La Fontaine et portés à l'écran par Pasolini.

CETONA

2 862 habitants
Carte Michelin n° 430 ou Atlas Italie p. 46 N 17

Son origine étrusque explique sa position pittoresque sur une petite colline, dont le sommet fut couronné au Moyen Âge d'une forteresse. Alors située à la frontière entre la république de Sienne et les États pontificaux, Cetona fut aussi bien objet d'échange que de la convoitise des uns et des autres.

Aujourd'hui en vogue auprès de la Jet Set italienne (plusieurs acteurs, industriels et grands couturiers y ont une résidence de vacances), le village a été assez largement restauré.

Collegiale – Elle remonte au 13e s. et conserve une fresque de l'Assomption attribuée à Pinturicchio (15e s.).

Museo civico per la preistoria del Monte Cetona ⊘ – Aménagé dans la mairie, ce musée présente la géologie du mont Cetona et surtout les vestiges attestant de son peuplement durant la préhistoire, du paléolithique jusqu'à la fin de l'âge du bronze : ossements, poteries, pierres aménagées, dioramas reconstituant la vie à cette époque.

LES ENVIRONS

Monte Cetona – *Au Sud-Ouest de Cetona : 5,5 km en voiture puis montée à pied.* Ce mont rocheux et dépourvu de végétation culmine à 1 148 m. Du sommet, que l'on atteint par de nombreux sentiers, on jouit d'un beau **panorama**. Les nombreuses grottes naturelles qui s'ouvrent sur ses pentes ont favorisé une occupation humaine dès le paléolithique (il y a environ 50 000 ans), en particulier celle de l'homme de Neanderthal. Ces hommes vivaient de l'élevage et de la chasse. La grande période de développement démographique se situe au milieu du 2e millénaire avant J.-C. Le site fut ensuite abandonné quand ce peuple passa à une économie plus agricole que pastorale.

Autour du secteur de **Belverde**, des chemins fléchés conduisent à certaines cavités, éclairées et aménagées pour la visite. Possibilité de visites guidées ⊘.

Sarteano – *6,5 km au Nord-Ouest.* Lieu de villégiature où trois piscines sont alimentées par une source thermale (connue depuis l'Antiquité), riche en minéraux et qui jaillit à 24 ºC. Le village est dominé par une éminence boisée où fut construite au 11e s. une **forteresse**, remaniée au 15e s. par les Siennois ; ses murs et sa forte tour carrée, munis de mâchicoulis, sont bien conservés.

L'intérieur à nef unique de l'**église S. Martino** recèle d'intéressants tableaux : à gauche, grande *Annonciation*★★ de Beccafumi et *Vierge à l'Enfant entre saint Roch et saint Sébastien* d'Andrea di Niccolò ; à droite, *Visitation* de Vanni et deux œuvres de Giacomo di Mino del Pellicciaio, une *Vierge à l'Enfant* signée et datée 1342 et un triptyque.

CHIANCIANO TERME‡‡

7 203 habitants
Carte Michelin n° 430 ou Atlas Italie p. 46 M 17

Chianciano Terme est une importante et élégante station thermale agréablement située en vue d'un joli paysage vallonné, au pied du vieux bourg perché de Chianciano Vecchia. Ses eaux sulfatées et calciques étaient déjà connues des Étrusques et des Romains (Horace les cite) ; sur quatre complexes thermaux distincts, elles traitent les affections hépatiques et biliaires (sources Acqua Santa, Acqua Fucoli et Acqua Sillene) ainsi que les maladies des reins, des voies urinaires, du métabolisme et de l'appareil digestif (Acqua Sant'Elena). Dotée d'un équipement hôtelier et curatif très moderne, la station possède de beaux parcs ombragés.
L'artère élégante du centre thermal est le **Viale Roma**.

CHIANCIANO VECCHIA 2 km au Nord-Est.

Venant de la station thermale, on y entre par la Porte Rivellini. La première partie de la rue principale est dominée au fond par la tour de l'horloge, marquée des armes des Médicis. En poursuivant, une belle **vue** sur le Val di Chiana (*à gauche*) précède une place où s'élèvent le palais du podestat, orné de quelques écussons, et, en face, le palais de l'Archiprêtre, qui abrite un petit **musée d'art sacré** (museo di Arte Sacra ⊙) : peintures et orfèvrerie principalement siennoises du 13e au 19e s., dont une *Vierge d'humilité*★ de Lorenzo di Niccolò.
Suivre la rue principale jusqu'à la **collégiale** (sobre façade de travertin ornée d'un délicat portail roman). Prendre à droite la via della Croce, d'où l'on jouit d'une belle vue sur la campagne environnante. Un peu plus loin à gauche, la Porta del Sole mène à l'**église de la Madonna della Rosa** toute de brique et de pierre, remontant à la fin du 16e s. De la Porta del Sole, la via Garibaldi (longée par les murs de la ville) ramène à l'entrée du village.

Le CHIANTI★★

Carte Michelin n° 430 ou Atlas Italie p. 39 et 40 L 15/16

Célèbre grâce à l'excellent vin homonyme dont le vignoble s'étend bien au-delà de ses limites géographiques, le Chianti est une région située entre Florence et Sienne, délimitée à l'Est par les monts du Chianti, massif montagneux au pied duquel coule l'Arno, et s'étendant à l'Ouest et au Sud dans les vallées du Greve, de la Pesa, de l'Elsa et de l'Arbia. En revanche, le territoire du **Chianti**, vin à dénomination d'origine contrôlée et garantie (DOCG), comprend également le mont Albano au Sud de Pistoia, les collines au Sud de la province de Pise, le Mugello, les pentes du Pratomagno longeant l'Arno, les environs d'Arezzo, la rive Ouest du Val di Chiana et les environs de Montepulciano, le Sud siennois autour de Montalcino, la Montagnola à l'Ouest de Sienne et les environs de San Gimignano (*voir carte p. 54*).
Le secteur central de production, dit du Chianti Classico (réunissant les communes qui fondèrent la **ligue du Chianti** au 13e s. – *voir p. 83*), correspond presque avec le territoire géographique qui lui donna son nom. Traversés du Nord au Sud par la **via Chiantigiana** (S 222), les paysages de cette région témoignent de la séculaire activité agricole, qui, au milieu des forêts de châtaigniers, de chênes verts, de pins et de sapins couvrant les versants les plus difficilement exploitables, a peigné de rangs de vignes ou habillé du vert argenté des oliviers les doux reliefs ponctués çà et là de cyprès. De petits villages, quelques beaux domaines entourant un château, une villa ou une abbaye, viennent ainsi se mêler harmonieusement à cette nature en partie apprivoisée.

CIRCUITS DANS LE CHIANTI

Les trois circuits présentés ci-dessous empruntent chacun partiellement la **via Chiantigiana** (S 222). Il va sans dire qu'à l'occasion d'un voyage rapide en Toscane incluant la visite de Florence et de Sienne, il est conseillé d'aller de l'une à l'autre des deux villes par cette route, qui offre un bel aperçu des paysages forestiers et vinicoles de la région. Le « Raccordo » Firenze-Siena (voie rapide de type autoroutier), qui longe le Chianti par l'Ouest, a néanmoins un parcours très agréable dans les vallées de la Pesa et de la Staggia.

① **Depuis Florence : du Val di Pesa au Val di Greve** environ 100 km.

★★★ **Firenze** – Voir ce nom.
De Florence, emprunter la via Senese pour gagner Galluzzo (voir plan des environs de Florence dans l'Atlas Michelin Italie ou dans la carte Michelin n° 430).

★★ **Chartreuse de Galluzzo** – Voir ce nom.
Se diriger vers Sienne par la S 2 et non l'axe autoroutier dit « Superstrada » ou « raccordo autostradale Firenze-Siena ». Traverser Tavarnuzze et passer sous la Superstrada. À environ 1,5 km de là, tourner à droite vers Sant'Andrea in Percussina tout en traversant le Greve, que l'on longeait depuis Tavarnuzze.

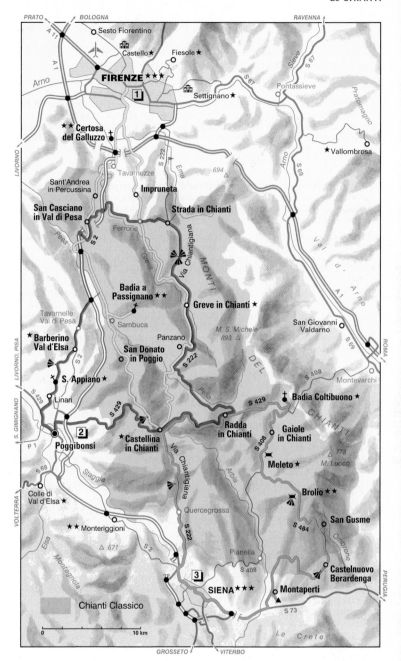

La route, d'aspect d'abord forestier, se dégage peu à peu et permet d'entrevoir les premières vignes. En traversant le hameau de **Sant'Andrea in Percussina**, on longe à gauche l'Albergaccio di Machiavelli *(aujourd'hui restaurant)*, où vécut **Machiavel**, banni de Florence au retour des Médicis pour avoir servi la République de 1498 à 1512. Il y écrivit *Le Prince* en 1513 et ne put retourner à Florence qu'en 1526, un an avant sa mort.

San Casciano in Val di Pesa – Située sur une hauteur entre les vallées du Greve et de la Pesa, San Casciano conserve une partie de ses murs des 14e et 16e s. De la petite Piazza Orazio Pierozzi centrale *(carrefour entre la via Roma et la via 4 Novembre)*, la via Morrocchesi conduit à l'**église de la Miséricorde** (restaurée) de style romano-gothique : à l'intérieur, intéressantes œuvres toscanes des 14e et 15e s. Sur la via Roma, l'église S. Maria del Gesù abrite un **musée d'art sacré** ⊙ (peintures et sculptures toscanes, orfèvrerie et ornements d'autel) ; un peu plus

81

loin, le grand jardin public de la Piazza della Repubblica est bordé par les restes des fortifications, dont une tour du 14e s. De la terrasse, belle **vue** sur le Val di Pesa.

La S 2 descend dans la vallée de la Pesa, que l'on suit longuement. Avant d'entrer dans Sambuca, prendre à gauche en direction de Passignano.

★★ **Abbaye de Passignano** ⓥ – Splendide abbaye vallombrosienne *(voir Vallombrosa)* située au sommet d'une douce colline plantée de vignes et de cyprès, Passignano fut fondée en 1049 par **Jean Gualbert** *(voir index)*, qui y mourut en 1073 et y est enterré. De loin, les bâtiments crénelés de l'abbaye, ponctués de tours et contre lesquels se sont blotties les quelques maisons du village, ressemblent à un bourg fortifié. *Se garer à l'arrière de l'ensemble.* On accède à l'église S. Michele en montant une rampe bordée de cyprès. Au sommet de la façade, statue de marbre de l'archange saint Michel (13e s.) et à l'intérieur, œuvres du 16e s. peintes par Domenico Cresti, dit le Passignano en souvenir de son village natal.

En retournant vers la Pesa, on traverse d'abord des bosquets, puis des champs d'oliviers et de vignes ainsi que de céréales. Au creux de la vallée, on longe le vieux village de Sambuca avant de regagner les hauteurs en parcourant un secteur de nouveau sauvage et boisé.

San Donato in Poggio – Ce village médiéval encore partiellement fortifié couronne une petite colline. Sur la place centrale s'élèvent le palais Malaspina (beaux encadrements de fenêtres en bossage rustique), ainsi qu'une citerne Renaissance. En contrebas des habitations, l'**église S. Donato**, piève dont l'appareillage régulier et soigné souligne l'élégante sobriété romane, date de la deuxième moitié du 12e s. Elle conserve sa structure basilicale d'origine, à trois nefs charpentées fermées par trois absides en cul-de-four. Le campanile, dont les créneaux trahissent sa fonction défensive originelle, contraste dans sa partie haute de pierre sombre avec le reste de l'édifice construit en calcaire blanc.
Pour gagner Castellina, la route poursuit la traversée d'importantes étendues peu déboisées par l'homme où la vue est limitée par les bosquets et les genêts. À 7 km de San Donato, profitant de la crête dénudée d'une colline, large **vue**★ à droite sur la vallée de l'Elsa et au-delà.

★ **Castellina in Chianti** – *Voir circuit* ②.
La route très sinueuse redescend dans la vallée de la Pesa, que l'on traverse pour rejoindre **Panzano**. À l'approche du village, le paysage, beaucoup moins boisé, s'ouvre, devenant moins austère. Dressé sur la gauche de la route, Panzano se repère de loin en raison de la position élevée de son église et de son campanile (portail moderne avec une porte de bronze surmontée d'un tympan orné d'une Assomption de la Vierge en stuc). La Chiantigiana offre ensuite un très agréable tronçon, où alternent oliveraies, vignobles, bosquets et rangées de cyprès.

★ **Greve in Chianti** – Le village, situé au fond de la vallée de la rivière du même nom, s'organise autour d'une jolie place en forme de grand entonnoir, la Piazza Matteotti, entièrement bordée de portiques irréguliers supportant des terrasses fleuries. La place s'étrangle pour aboutir à une petite église (S. Croce), refaite au 19e s., elle-même précédée d'un portique. À l'intérieur, entièrement style Renaissance, on remarque dans l'abside à gauche du chœur, sur le mur de gauche, un triptyque de la *Madone à l'Enfant et les saints* et sur le mur de droite une petite *Annonciation* de Bicci di Lorenzo.
On poursuit vers le Nord en suivant assez longtemps le cours du Greve dans un secteur relativement sauvage ; puis, passé le fleuve, une route se détache à droite, se dirigeant vers Florence. À Ferrone, on monte vers Impruneta par une route bordée de nombreux cyprès, de pins et de chênes verts *(sur environ 500 m cette route n'est pas asphaltée).*

Impruneta – *Voir ce nom.*
Retour à Florence.

② **De Poggibonsi (ou San Gimignano) au cœur de la « ligue du Chianti »** *environ 100 km.*

Poggibonsi – Cette ville moderne et dynamique doit sa forte extension à son activité industrielle. Dans son quartier ancien, légèrement en hauteur par rapport à la vallée, elle conserve (piazza Cavour) un petit **palazzo Pretorio**, orné de blasons et dominé d'une tour crénelée gothique, le tout encastré dans des constructions plus récentes. À côté, une collégiale refaite au 19e s. présente des formes néoclassiques : son campanile crénelé serait le vestige d'un ancien château.

Descendre dans la zone d'activité industrielle pour pouvoir atteindre les collines situées de l'autre côté de la vallée.

En gravissant petit à petit les monts du Chianti, le relief s'accentue et la courbe des collines devient moins douce, quoique le vignoble soit encore très présent. La route devient particulièrement sinueuse lorsqu'elle rejoint presque la crête du

Au début du 13e s., Florence crée la « **ligue du Chianti** », ligue à caractère militaire destinée à lutter contre les prétentions territoriales de Sienne. La Ligue, qui réunissait les villes de Castellina, Gaiole et Radda, prit pour emblème un coq noir, le *Gallo Nero* (qui est repris aujourd'hui par le consortium vinicole du Chianti Classico). Les *terzieri* (chacun des trois territoires formant la Ligue) étaient administrés par un podestat qui, à l'origine, se trouvait à Castellina ; en 1415, son siège fut déplacé à Radda. Avec le rattachement, au milieu du 16e s., de la république de Sienne au grand-duché de Toscane, la Ligue perdit sa raison d'être.

massif : on traverse alors des étendues boisées avec quelques magnifiques échappées sur les collines en contrebas, en particulier sur les 2 km qui précèdent Castellina.

★ **Castellina in Chianti** – Situé, dès la fin du 13e s., à la frontière des territoires florentin et siennois, ce bourg passa alternativement sous l'autorité de ces deux parties en raison de sa position stratégique entre les vallées de l'Elsa, de la Pesa et de l'Arbia. À l'entrée, face à l'église néo-romane du Très-Saint-Sauveur, s'ouvre la curieuse **via delle Volte**★, rue presque entièrement voûtée : aménagée le long des remparts, elle permettait autrefois de faire le tour de la forteresse à cheval. À partir du 16e s., quand la Toscane unifiée devint grand-duché des Médicis, on y perça des ouvertures, d'où l'on voit les collines boisées du Chianti. Au sortir de cette rue et en revenant sur ses pas par la via Ferruccio, l'imposant palazzo Ugolino *(no 26)* abrite depuis la Renaissance des caves à vin. Face à lui, une ruelle monte à la place de la **Rocca** ⊙, forteresse crénelée du 15e s. (restaurée) : au rez-de-chaussée, deux vitrines exposent les objets découverts dans la nécropole étrusque du Poggino, à Fonterutoli (6e s. avant J.-C.) ; du 2e étage, vue panoramique.

À mesure que l'on approche de Radda, le paysage s'ouvre et les collines toujours en partie boisées se couvrent peu à peu de cultures variées et de rangs de vignes.

Radda in Chianti – Village médiéval tout en longueur qui constituait un des trois *terzieri* (avec Castellina et Gaiole) de l'antique Ligue du Chianti, Radda en devint le chef-lieu en 1415. Il conserve encore un côté de son mur d'enceinte et son palais communal du 15e s., orné sous son porche à deux arcs d'une fresque de l'école florentine.

On rejoint la S 222 au Nord-Ouest en suivant la haute vallée de la Pesa.

De Panzano à Greve – *Voir circuit* 1.

La campagne entre Greve et Strada est l'une des plus riantes du Chianti. Ce magnifique parcours emprunte à diverses reprises la ligne de crête des collines et offre ainsi un large **panorama**★★ sur le vignoble.

P. Chevalier/TOP

Épicerie à Radda in Chianti

Strada in Chianti – Ancien lieu de passage obligé pour gagner le Chianti depuis Florence, d'où son nom de Strada (route), ce village moderne ne conserve de son passé que l'église romane S. Cristoforo, dont la façade ornée d'une rosace est précédée d'un porche à trois arcades soutenues par deux élégantes colonnes.

Rejoindre la vallée du Greve en passant par Ferrone.

San Casciano in Val di Pesa – *Voir circuit* ⬜1.

Emprunter la voie rapide direction Sienne : dans la descente, belle vue sur le Val di Pesa, bordé de collines. Quitter la voie rapide en direction de Tavarnelle pour rejoindre la crête des collines. Après la traversée de Tavarnelle s'étendent à droite les Colli Fiorentini et à gauche le Val di Pesa.

★ **Barberino Val d'Elsa** – Aujourd'hui assez étendue, Barberino conserve son village haut fortifié, largement restauré. La Porta Senese, seule ouverture des fortifications des 13e et 14e s., permet d'entrer dans la rue principale, la via Francesco da Barberino, ponctuée immédiatement à gauche par une belle maison à encorbellement et, un peu plus loin, par la piazza Barberini. Sur cette place, à droite, s'ouvrent le palazzo Pretorio, à la belle façade Renaissance ornée de blasons, et, juste à côté, le chevet plat de l'église. Contourner celle-ci pour admirer depuis son perron une ravissante vue sur le val di Pesa.

À la sortie de Barberino quitter la SS 2 à droite direction **Sant'Appiano** : la route qui permet d'accéder à ce hameau offre de très belles **vues**★★ sur les Colli Fiorentini parmi les vignes et les oliviers.

★ **Église de Sant'Appiano** – Construite au cours des 10e et 11e s., cette piève *(voir p. 213)* préromane conserve de cette époque son abside et une partie de sa nef gauche, épargnées par l'écroulement du clocher en 1171 ; le reste fut reconstruit à la fin du 12e s. Devant la façade subsistent également quatre piliers de grès, vestiges d'un baptistère octogonal indépendant comme à Florence (détruit par un tremblement de terre au début du 19e s.). Ces piliers fasciculés, ainsi que les lésènes qui ornent le chevet, dénotent une influence lombarde. À droite de l'église, un ensemble de constructions renferme un pittoresque petit cloître auquel on accède par l'**antiquarium** ⊙ situé à l'arrière du monument.

En poursuivant la route, après un tronçon sinueux et boisé, on voit s'élever en face à droite un promontoire, où s'est construit le village de **Linari** *(accès par une petite côte à 25 %) :* près de l'église, on peut voir un petit château restauré. Descendre ensuite vers la S 429 pour rejoindre l'industrieuse Poggibonsi.

⬛3 **De Sienne aux monts du Chianti** *environ 100 km.*

★★★ **Sienne** – *Voir Siena.*

Entre Sienne et Castellina, la S 222 suit un parcours très boisé de petits chênes verts et de sapins laissant peu de place à la vigne. Jusqu'à Quercegrossa, le relief est néanmoins peu accentué et la route suit le doux profil des collines. Elle monte ensuite lentement, offrant de magnifiques **vues**★★ à gauche sur la vallée de la Staggia.

★ **Castellina in Chianti** – *Voir circuit* ⬛2.

Radda in Chianti – *Voir circuit* ⬛2.

Après Radda les parcelles bien peignées de rangs de vignes alternent avec le sombre moutonnement des collines restées boisées, offrant un paysage admirablement soigné.

Arrivé à un carrefour à cinq branches, prendre à l'extrême gauche celle vers l'abbaye Coltibuono, qui s'élève 900 m au-delà.

★ **Badia Coltibuono** – Cette prospère abbaye vallombrosienne du 11e s., agrandie au 15e et 18e s., dut être abandonnée par ses moines suite à l'édit napoléonien de 1810. Elle fut dès lors transformée en exploitation agricole. L'église romane à nef unique, surmontée d'un clocher crénelé, ainsi que les bâtiments qui la cernent, permettent d'imaginer sa grandeur passée. Du chevet de l'église, on jouit d'une vue sur la moyenne vallée de l'Arno et au-delà sur les hauteurs boisées du Pratomagno.

La route menant à Gaiole reste assez sinueuse et fortement boisée (5 km).

Gaiole in Chianti – Village surtout moderne. Lieu de villégiature situé dans une petite vallée entourée de collines plantées de vignes.

Suivre la S 408 pendant 2 km, prendre ensuite à gauche vers Meleto et 400 m plus loin à droite un chemin non asphalté pendant 700 m jusqu'au château.

★ **Château de Meleto** – *Propriété privée.* Bel exemple de château médiéval quadrangulaire à tours d'angle rondes rappelant sa fonction avant tout défensive. Construit au 12e s., il subit de graves dommages lors de multiples assauts au cours des siècles, mais fut restauré et transformé en demeure nobiliaire au 18e s.

En poursuivant vers le Sud-Est, on arrive bientôt sur le territoire de **Brolio**, planté de vignes et d'oliviers, dont le château, énorme masse crénelée, domine le paysage.

Le château de Brolio et son vignoble

M. Rock/CEPHAS-TOP

★★ **Château de Brolio** ⓥ – *De l'entrée du domaine, poursuivre en voiture sur 1 km pour gagner la porte du château.* Ce grand château crénelé appartient depuis le 11ᵉ s. à la famille Ricasoli, et l'illustre homme politique italien Bettino Ricasoli, né à Florence en 1809, y mourut en 1880.

Démantelé en 1478, il fut reconstruit en 1484 par les Florentins ; ses fortifications pentagonales, munies des tout premiers bastions d'Italie, seraient une œuvre de jeunesse de Giuliano da Sangallo. On peut entrer dans son enceinte et en faire le tour par le jardin, puis le chemin de ronde. À côté du château proprement dit (largement restauré en brique au 19ᵉ s. et toujours habité), la chapelle S. Jacopo abrite dans sa crypte le caveau des Ricasoli.

Du haut des murs, côté Sud, s'étend une magnifique **vue**★★★ sur la vallée de l'Arbia ; on aperçoit au-delà le haut sommet du mont Amiata, précédé par les tours de Sienne, et à l'Ouest, en contrebas, les bâtiments de l'exploitation vinicole du château.

Reprendre la voiture. Pour redescendre, emprunter un chemin non asphalté qui décrit une large boucle (4 km) dans le vignoble de Brolio, avec le château à main droite. Belles vues en contrebas sur le château. Peu après avoir longé les bâtiments agricoles de la propriété, reprendre à droite la S 484, par laquelle on passe à nouveau devant l'entrée du domaine.

Sur les 7 km qui séparent Brolio de San Gusme, le parcours est toujours assez boisé, sauf en arrivant sur San Gusme, où le paysage s'ouvre. Quitter à gauche la S 484 pour une petite route de 700 m menant au village.

San Gusme – Situé à proximité de la source de l'Ombrone, ce bourg agricole entièrement en pierre conserve tout son caractère médiéval : murs d'enceinte, portes, ruelles étroites parfois surmontées d'arcs. Du village, joli panorama sur le Sud de la province siennoise, avec à l'arrière-plan le mont Amiata, la forteresse de Radicofani élevée sur un sommet aplati et, devant, le moutonnement dénudé des crêtes siennoises.

On profite de ce même paysage en gagnant Castelnuovo Berardenga.

Castelnuovo Berardenga – Village le plus méridional du Chianti, Castelnuovo Berardenga couronne une colline qui surplombe la haute vallée de l'Ombrone. En contournant le village, on arrive, plein Sud, dans l'axe de la majestueuse **villa Chigi**★, construite au début du 19e s. sur des soubassements médiévaux ; elle est entourée d'un beau **parc** ⊙ orné d'arbres centenaires, dont on a eu un premier aperçu en arrivant de S. Gusme.

Jouxtant une place aux belles dimensions ornée d'une fontaine centrale, l'église Sts-Juste et Clément se caractérise par sa façade à portique néoclassique et son petit clocher latéral à peigne ; à l'intérieur, *Vierge à l'Enfant et les anges*, de Giovanni di Paolo (1426).

Au sortir de Castelnuovo, splendide **vue**★★ sur l'ondoiement très doux des collines dénudées de la campagne siennoise.

1,5 km après, prendre la direction de Pianella *(et non de Montaperti, cette route n'étant pas asphaltée)*. Au carrefour suivant (après un élevage de chevaux), tourner à gauche en direction de Sienne.

Montaperti (ou Monteaperti) – C'est à proximité qu'eut lieu la fameuse bataille remportée le 4 septembre 1260 par les Gibelins de Sienne sur les Guelfes de Florence *(voir p. 281)*.

En sortant du village prendre à gauche, en face du monument aux morts, un petit chemin *(1,5 km non revêtu)*, menant au promontoire coiffé d'une petite pyramide cernée de cyprès, qui commémore le fait d'arme.

Regagner Sienne par la S 73.

CHIUSI★

8 664 habitants
Carte Michelin n° 430 ou Atlas Italie p. 46 M 17

Sur une hauteur facilement défendable, Chiusi, aujourd'hui calme et accueillante petite ville, fut l'une des douze cités souveraines de l'Étrurie. La Chiana, alors affluent du Tibre, contribua à sa prospérité : elle en contrôlait le cours – qui la reliait à Rome et à la mer – et profitait des ressources agricoles de la fertile plaine qui l'environnait.

Rome et Chiusi, deux villes aux destins mêlés – En 507 avant J.-C., **Porsenna**, le puissant roi de Chiusi (et de toute l'Étrurie selon certains), tenta de restaurer à Rome – y parvenant semble-t-il quelque temps – la domination étrusque qui y avait pesé pendant plus d'un siècle par le biais de trois souverains, dont les Romains venaient de se libérer en instaurant la république.

La capitale du Latium, restée libre et augmentant progressivement sa puissance, finit par séduire Chiusi, qui s'y rallia dès le 4e s. avant J.-C., entrant dès lors dans une phase de romanisation. Ces liens expliquent que, dès les débuts du christianisme, la ville compta de nombreux convertis.

Mustiola, sainte patronne de Chiusi – Amoureux d'une jeune aristocrate romaine prénommée Mustiola, l'empereur romain Aurélien voulut l'épouser. Celle-ci, chrétienne fervente, refusant cette union, s'enfuit avec un prêtre, Félix, et un diacre, Irénée, jusqu'à Chiusi, où sa famille avait des terres. La colère de l'empereur, qui du reste avait ordonné la persécution des chrétiens, fut immédiate. Félix fut tué et Irénée martyrisé à Chiusi par le vicaire impérial, Turcio. Mustiola, douloureusement affectée, se rebella contre Turcio, qui la fit fouetter à mort avec des cordes plombées en juillet 274. Son corps fut recueilli par l'évêque et enterré près de la ville dans des catacombes qui prirent par la suite son nom.

Le labyrinthe de Porsenna

Des fouilles ont révélé un système complexe de galeries souterraines, utilisées à l'origine par les Étrusques pour approvisionner la ville en eau : ils exploitaient le filtre naturel formé par les dépôts laissés par la mer. Ce système fut repris par la suite par les Romains. Cependant Pline rappelle que le célèbre Porsenna « fut inhumé sous la ville de Chiusi, dans un monument à soubassement carré d'environ 90 mètres de côté, qui renfermait un labyrinthe inextricable ». Il est séduisant d'imaginer que ces galeries puissent être une partie de la tombe du roi étrusque.

La visite de ce système hydrique antique, qui débute dans le musée de la Cathédrale, s'achève dans la citerne étrusco-romaine, du 2-1er s. avant J.-C., qui pourrait avoir été un réservoir d'eau en cas d'incendie. La sortie s'effectue par la base de la tour médiévale, transformée en clocher à la fin du 16e s.

CURIOSITÉS

★ **Museo archeologico** ⊙ - Il rassemble de nombreux
objets provenant des nécropoles des environs et
présente l'art et la civilisation étrusques propres à la
région de Chiusi.

On constate que les **urnes funéraires** en poterie de forme
biconique, d'époque villanovienne, puis les canopes
(urnes anthropomorphes) introduites au 7e s.
sont substituées au 6e s. par des bustes sculptés
(la tête servant de couvercle) en pierre fétide,
calcaire local qui doit son nom à la mauvaise
odeur qu'il dégage quand on le travaille. À la
fin du siècle apparaissent de très nombreux
cippes (pierres tombales), des urnes au
couvercle à deux pentes et quelques rares
sarcophages. Le décor, où l'on dénote une
progressive hellénisation, est consacré à des
cortèges, des événements familiaux (mariage,
funérailles) ou des scènes de danse, de chasse...
À la fin du 5e s. s'affirme l'iconographie du
défunt allongé sur l'urne ou le sarcophage ; au
cours des siècles ce modèle évoluera par les
matériaux utilisés (albâtre, pierre fétide, travertin, argile), par la représentation même du
défunt et le décor des faces du support, mais
perdurera dans sa structure.

Parmi les décors choisis pour orner l'urne ou le
sarcophage, la mythologie grecque prend une place
très importante, certaines scènes comme le

Canope étrusque
(Musée archéologique)

fratricide des fils d'Œdipe devenant de véritables décors de série pour les classes
moins fortunées. Du reste à partir du 2e s., Chiusi se distingue par son importante
production d'urnes d'argile au décor moulé.

L'art réaliste et la fantaisie étrusque s'expriment également dans les terres cuites
architecturales ornant les temples ou les maisons princières, les sculptures et
ustensiles de bronze (miroirs, cruches, trépieds), les bijoux en or, les lampes, la
verrerie, les ex-voto d'argile et la vaisselle décorée. Chiusi est un centre de
production de bucchero, cette poterie noire et brillante qui au 6e s. s'orne de motifs
en bas-reliefs et à partir du 5e s. reste sans décor. On admire aussi des vases
attiques à figures noires puis rouges, dus à l'importation puis à la venue en Étrurie
méridionale d'artistes grecs ; parallèlement se développe une céramique
d'imitation de bien moindre qualité.

Enfin la peinture, rare dans le Nord de l'Étrurie, est représentée par la
reconstitution de la « tomba delle Tassinaie » (postérieure au milieu du 2e s.
avant J.-C.), décorée probablement par des artistes venus de Tarquinia.

Si l'on dispose d'une voiture, il est possible de se faire accompagner par un gardien
du musée à quelques-uns des tombeaux qui subsistent, à environ 3 km de la ville
(par la route du lac de Chiusi). On visite, le plus fréquemment, la **tombe du Lion**,
autrefois peinte et dont les chambres sépulcrales (munies de banquettes) se
distribuent en croix autour d'un espace central, et la **tombe de la Pèlerine**, desservie
par un couloir (le *dromos*) et contenant des urnes et des sarcophages des 3e et 2e s.
ornés de reliefs inspirés par la mythologie grecque et, pour les plus récents, la
guerre entre les Galates et les Romains.

Cathédrale S. Secondiano - Plusieurs édifices se sont succédé en ces lieux. Une
première basilique paléochrétienne du 4e ou 5e s. fut détruite par les Goths et
reconstruite au 6e s. par l'évêque Florentin. De nouveau détruite lors des invasions
barbares, elle fut rebâtie à l'identique au 12e s. Les colonnes torses du baptistère
(*à droite en entrant*) sont un vestige de la basilique du 6e s. Ses trois nefs sont
séparées par 18 colonnes antiques différentes, trahissant le réemploi de
matériaux romains de diverses provenances. Une fausse mosaïque, peinte de
1887 à 1894 par le Siennois Viligiardi, imite le décor d'une église romaine dans
la partie haute. Dans le transept droit, corps de sainte Mustiola placé ici au 17e s.

Campanile - Tour du 12e s. appartenant à l'origine au système défensif de la ville
et transformée en clocher dans sa partie haute au 16e s. De l'intérieur, on accède
à une citerne du 1er s. avant J.-C.

Museo della cattedrale ⊙ - Au rez-de-chaussée : vestiges étrusco-romains et
paléochrétiens découverts sous la cathédrale ; du jardin : vue sur un tronçon de la
muraille étrusque datant du 3e s. avant J.-C. À l'étage : mobilier, ornements sacrés
et reliquaires, dont deux magnifiques coffrets du 15e s. (atelier des Embriachi)
entièrement marquetés et ornés de plaquettes d'ivoire historiées. Précieuse
collection d'antiphonaires, psautiers et graduels enluminés des 15e-16e s.
provenant de l'abbaye de Monte Oliveto Maggiore. Belles pièces d'orfèvrerie (essentiellement siennoises) du 14e au 18e s. Quelques tableaux siennois et florentins.

ENVIRONS

Tombeaux étrusques – *Voir ci-dessus le texte consacré au Musée archéologique.*

Catacombes de sainte Mustiola et de sainte Catherine ⊘ – *Sur la route du lac.* Découvertes respectivement en 1634 et 1848, ces catacombes, les seules connues de Toscane, témoignent de la vitalité du christianisme local. Datant du 3e s., elles servaient encore de cimetière au 5e s. Celles où fut enterrée Mustiola présentent un important réseau de galeries et de nombreuses inscriptions ; les autres, moins vastes, doivent leur nom à une petite chapelle dédiée à sainte Catherine d'Alexandrie, située au-dessus.

Tours Beccati Questo (« Prends-toi ci ») **et Beccati Quello** (« Prends-toi ça ») – *3 km à l'Est.* Situées la première en Ombrie, la seconde en Toscane, quoique à quelques dizaines de mètres d'écart, ces tours témoignent de l'ancienne rivalité qui opposaient les deux provinces. La toscane, octogonale et munie de mâchicoulis, est dominée par l'ombrienne, légèrement plus haute et carrée.

Lac de Chiusi – *5 km au Nord.* Une route en cul-de-sac y aboutit. Ce lieu calme offre la possibilité d'y faire du bateau, de l'aviron et d'y pratiquer la pêche. Le poisson du lac entre dans la composition de la cuisine traditionnelle de Chiusi.
On savoure en particulier le **Brustico**, perche cuite directement sur des roseaux du lac et servie sans arêtes avec de l'huile et du citron, et le **Tegamaccio**, comprenant divers poissons du lac cuits dans de la sauce tomate et servis sur des tranches de pain grillées et parfumées d'ail.

COLLE DI VAL D'ELSA★

18 916 habitants
Carte Michelin nº 430 ou Atlas Italie p. 45 L 15

La ville se compose de trois quartiers (les *terzieri*) répartis en deux parties distinctes : Colle Bassa (terziere del Piano, litt. du Bas, ou plat), dans la plaine le long du fleuve Elsa, et Colle Alta (terzieri del Castello et del Borgo, quartiers du château et du bourg), accrochée à la colline et qui a conservé son enceinte bastionnée du 16e s. et sa porte fortifiée de la même époque.

COLLE ALTA

On accède au château en passant par le haut du bourg sous une arche du palais Campana (16e s.), et en suivant la rue centrale, via del Castello, dallée et bordée de maisons-tours médiévales (aux tours tronquées) et de palais du 16e s.

Piazza del Duomo – La cathédrale, du 17e s., présente une façade néoclassique, un solide campanile quadrangulaire et un mobilier intérieur de style baroque (restauré en 1992). En face du campanile, s'élève l'ancien palais communal (13e s.), à la gauche duquel se succèdent le palais Renieri et le palais épiscopal. À gauche du campanile, le palazzo Pretorio du 13e s., orné d'écussons, abrite le **Musée archéologique** (Museo archeologico Bianchi Bandinelli ⊘) aux intéressantes collections étrusques ; suivent le palais Giusti et le vieux séminaire ; partant d'un angle de la place, une curieuse rue (via delle Volte) des 14e et 15e s. est voûtée sur 110 m.

Via del Castello – *Accès depuis la piazza del Duomo.* On y remarque le palazzo dei Priori (15e s.), qui abrite le **Musée municipal** (museo civico e d'Arte Sacra ⊘) toiles des écoles florentine et siennoise des 16e et 17e s.), le « Teatro dei Varii » (18e s.), aménagé dans les locaux du 13e s. de l'hôpital du Saint-Esprit, la maison de Lorenzo Lippi, poète et humaniste du 15e s., et la maison-tour (la dernière de la rue), qui aurait vu naître vers 1245 l'architecte-sculpteur Arnolfo di Cambio, concepteur de la cathédrale de Florence.
Du bastion le plus proche, belvédère offrant une vue dominante sur Colle Bassa, les collines siennoises, le Chianti et la campagne environnante.

COLLINE METALLIFERE★

Les COLLINES MÉTALLIFÈRES

Carte Michelin n° 430 ou Atlas Italie p. 45 M 14

Les Collines Métallifères, ainsi nommées en raison des mines de fer, de cuivre et de pyrite qui y étaient jadis exploitées, revêtent un intérêt tout particulier à proximité de Larderello à cause de la configuration singulière du paysage.

La Vallée du Diable – En venant du littoral par la SS 329 (*à l'Ouest de Larderello*), on découvre, peu après la fourche de Canneto, un paysage qui petit à petit prend une allure tout à fait particulière. Les douces ondulations des collines et la paisible culture des champs contrastent en effet avec l'ensemble presque fantasmatique formé par des tours fumantes, d'où rayonnent d'énormes conduites d'acier brillant qui serpentent sur les collines, suivent ou enjambent les routes en déroulant leurs formes inquiétantes. Le secteur autrefois désolé où jaillissaient à l'air libre des fumerolles accompagnées d'une persistante odeur de soufre suffit à en expliquer la sinistre appellation de Vallée du Diable.

L'effet surréaliste de leur exploitation est particulièrement fort à **Larderello**, localité dont le nom dérive de celui de François de Larderel, qui en 1818 commença l'extraction de l'acide borique des « lagons » de Montecerboli, eaux boueuses en ébullition (*immédiatement au Nord de Larderello*).

> Les soufflards – jets de vapeurs spontanés – sont émis des profondeurs de la terre à hautes pression et température (jusqu'à 230 °C) chargés d'acide borique, précieuse substance autrefois extraite pour ses capacités antiseptiques. Ils contiennent également de l'hydrogène sulfuré, de l'anhydride carbonique, du méthane, de l'ammoniaque et quelques gaz rares, mais sont aujourd'hui utilisés pour la production d'énergie électrique.

Au Nord de Larderello, on s'éloigne peu à peu de la toile d'araignée argentée de la Vallée du Diable grâce à la route panoramique SS 439. Traversant en plein cœur les collines métallifères pour relier Massa Marittima à Volterra, cette route passe par **Pomarance**, pays natal de deux peintres : Cristoforo Roncalli (1552-1626) et Niccolò Circignani (vers 1530-1592), appelés l'un et l'autre le **Pomarancio**.

COLLODI★★

Carte Michelin n° 430 ou Atlas Italie p. 39 K 13/14

Entouré de collines verdoyantes, le bourg se voue au culte de la fameuse marionnette *Pinocchio*, créature du romancier **Carlo Lorenzini** (1826-1890), qui prit comme nom de plume celui du village où naquit sa mère.

★★ **Villa Garzoni** – Dominé par une villa construite sur les fondations d'un édifice médiéval, le **jardin**★★ ⊙ du 17ᵉ s. est un exemple typique d'exubérance baroque à l'italienne. De l'entrée s'ouvre une perspective très architecturée de jets d'eau, de cascades, de parterres en terrasses encadrant des escaliers à balustres chargés de vases ou de statues. La perspective inverse est aussi belle, vue du sommet où se dresse une gigantesque statue de la Renommée.

Pinocchio, le petit pantin de bois

Ce roman, à la thématique apparemment simple, jouit depuis le siècle dernier d'une réputation mondiale, renforcée par de nombreuses versions cinématographiques, dont la plus célèbre est certainement le dessin animé que réalisa Walt Disney en 1940. Selon l'histoire, un vieux menuisier, Geppetto, sculpte un pantin qu'il nomme Pinocchio tout en rêvant qu'il devienne un petit garçon. La nuit venue, la Fée Bleue exauce son vœu et donne vie à la marionnette. Dès lors Pinocchio, toujours bien intentionné mais fantasque et insoumis, accumulera des aventures malheureuses sous l'œil discret mais attentif de la fée. Parmi les leçons de la vie qu'elle cherche à lui enseigner, celle de la vérité reste célèbre : chaque fois que le pantin dit un mensonge, son nez s'allonge. Le conte s'achève quand Pinocchio, mûri par les déboires endurés, devient un vrai petit garçon, passant du rêve à la réalité.
Considérée comme le classique par excellence de la littérature enfantine italienne, l'œuvre est bien davantage qu'une fable. Elle trace le portrait d'une Italie pauvre et provinciale, résignée et pessimiste, et constate une certaine défaite des valeurs paysannes en butte à plus rusé.

Ch. Fleurent/RAPHO

Jardin de la villa Garzoni

En montant chaque gradin de l'escalier, on découvre les détails de ce jardin jadis célèbre dans toute l'Europe : grands bassins ronds à nénuphars, ifs taillés en silhouettes évocatrices d'architectures et d'animaux fabuleux, massifs de fleurs sur fond de verdure et de cyprès, grottes de rocaille s'ouvrant à la base de chaque escalier, sculptures mythologiques ou allégoriques.

De là-haut jusqu'au château, situé à gauche, puis du château à la sortie du parc, la traversée successive du « bois des camélias », du « labyrinthe de verdure », de l'exotique « bois de bambous » parachève l'enchantement.

Le **château**, bâti au 18e s. par les marquis de ce nom, seigneurs de Collodi, présente une large façade au portail armorié et aux toits surmontés de statues mythologiques en terre cuite. Dans la cuisine, Collodi – neveu du chef de cuisine – commença l'écriture de *Pinocchio*.

★ **Parco di Pinocchio** ⊙ – Réalisé à la gloire de l'auteur du célèbre conte écrit en 1883, ce parc, établi dans une pinède au bord du torrent Pescia à proximité du château et du jardin Garzoni, s'ordonne à la manière d'un labyrinthe.

Clairement fléché, son parcours est rythmé par des sculptures en bronze et des créations, dues notamment à Emilio Greco et Venturino Venture, s'inspirant de l'histoire de la marionnette et « commentées » par des panneaux qui rappellent différents épisodes de la fable. L'énorme requin qui a englouti Geppetto est particulièrement suggestif.

La visite, reposante et artistiquement conçue dans un beau cadre de verdure, s'achève par le Laboratoire des Paroles et des Figures, salle d'exposition moderne consacrée aux œuvres et aux illustrations évoquant les aventures du petit pantin Pinocchio.

CORTONA★★

CORTONE

22 436 habitants
Carte Michelin n° 430 ou Atlas Italie p. 46 M 17/18

La ville de Cortone, accrochée aux pentes abruptes d'une colline plantée d'oliviers et dominant le Val di Chiana non loin du lac Trasimène, occupe un site★★ remarquable. Pendant l'Antiquité, elle fit partie de la ligue des Douze Villes étrusques avant de passer sous domination romaine. De l'époque médiévale, elle conserve une ceinture de remparts, commandée au sommet par une puissante citadelle qui succéda à l'enceinte étrusque.

Annexée par Florence en 1411, la ville n'a pas changé depuis la Renaissance, dont elle conserve quelques beaux palais et ses étroites rues dallées, pour la plupart très escarpées, débouchant sur des places irrégulières bordées d'arcades et de monuments.

Terre d'artistes – Si Cortone attira les artistes dès le 14e s., et si, après les Siennois, Fra Angelico vint y peindre, son titre de gloire est d'avoir donné le jour à des maîtres réputés. En peinture, **Luca Signorelli** (1450-1523), par son tempérament dramatique, son modelé sculptural, se révéla comme un précurseur de Michel-Ange ; il trépassa en tombant des échafaudages qu'il utilisait pour brosser les fresques de la villa Passerini, à l'Est de Cortone.

Au 16e s., la ville offrit à la France un architecte, Domenico Bernabei, dit **Boccador** (Bouche d'Or) en raison de ses moustaches blondes : appelé à l'âge de 25 ans par François Ier, il construisit l'hôtel de ville de Paris, de 1533 à 1549.

Pierre de Cortone (1596-1669), peintre et architecte, un des maîtres du baroque romain, doué d'une imagination fertile, fut un décorateur virtuose. À Rome, il aimait aller, avec ses amis, Poussin, Claude Lorrain et le sculpteur Duquesnoy, admirer les *Bacchanales* de Titien à la Casa Aldobrandini. Ses œuvres majeures sont la façade de l'église Santa Maria della Pace à Rome, la décoration du palais Pitti à Florence et du palais Barberini à Rome.

Enfin, le peintre **Gino Severini** (1883-1966) fut, avant de prendre une orientation plus classique, un digne représentant du futurisme, le grand mouvement avant-gardiste italien créé à Paris au début du siècle.

Terre de foi – Les habitants de Cortone vénèrent spécialement saint François, qui fonda un ermitage aux Celle *(voir la rubrique : Environs)*, sainte Marguerite, la « Madeleine du 13e s. », et frère Élie, premier camarade et disciple du Poverello, qui dirigea les travaux de la basilique St-François à Assise ; il est enterré à Cortone sous le chœur de l'église St-François, dont il commença l'édification dans la partie haute de la ville.

LA VILLE *visite : 2 h*

Piazza Garibaldi – De cette esplanade, on découvre une **vue★★** sur le Val di Chiana s'étendant jusqu'au lac Trasimène et à Montepulciano.

Via Nazionale – Agréablement commerçante, cette rue – la seule de Cortone dont le parcours reste résolument plat – est bordée de ruelles pittoresques, pour la plupart en escalier, qui épousent la pente. Du **vicolo Vagnucci**, jolie vue sur le paysage en contrebas.

Palazzo comunale – Datant du 13e s., il fut complété au 16e s. par un clocher et un puissant escalier donnant sur la piazza della Repubblica. La **salle du Conseil★** (sala del Consiglio ⊘) domine la piazza Signorelli, où se situe la façade d'origine du palais. Hormis la cheminée du 16e s., elle conserve son caractère médiéval avec un plafond à poutres richement peint, des murs aux pierres nues sur trois côtés et une grande fresque sur le 4e côté.

★ **Palazzo Pretorio** – Appelé aussi palais Casali, en souvenir de ses anciens propriétaires, seigneurs de la ville, il fut édifié au 13e s. et remanié ensuite : la façade sur la piazza Signorelli est du début du 17e s., mais celle du côté droit, ornée de blasons de podestats, est gothique.

★ **Museo dell'Accademia etrusca** ⊘ – On y accède par un escalier donnant dans la cour, également ornée de blasons.

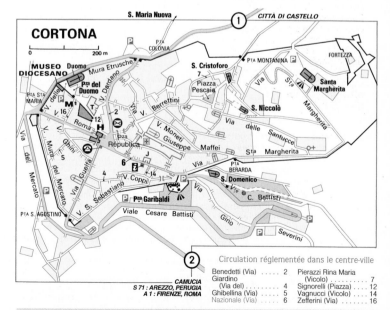

Circulation réglementée dans le centre-ville

Benedetti (Via)	2	Pierazzi Rina Maria (Vicolo)	7
Giardino (Via del)	4	Signorelli (Piazza)	12
Ghibellina (Via)	5	Vagnucci (Vicolo)	14
Nazionale (Via)	6	Zefferini (Via)	16

H Palazzo Comunale   M¹ Palazzo Pretorio

La grande salle centrale renferme les pièces principales. Parmi les objets étrusques, signalons une étonnante **lampe à huile**★★ en bronze (2ᵉ moitié du 4ᵉ s. avant J.-C.) constituée à sa base par une tête de Gorgone qu'entourent 16 figures de silènes et de divinités féminines soutenant 16 becs de lumière. À noter aussi la collection de statuettes étrusques et romaines en bronze, les céramiques, les ivoires italiens du 15ᵉ s. Parmi les tableaux accrochés aux murs : peintures de Signorelli et de son entourage, superbe *Miracle de saint Benoît* d'Andrea Commodi (17ᵉ s.), *Madone* du Pinturicchio et grande *Vierge à l'Enfant et saints* de Pierre de Cortone (17ᵉ s.).

De plus petites salles exposent une collection égyptienne, des peintures du 14ᵉ s., une collection lapidaire antique et des urnes funéraires, tandis que la salle Severini abrite les dons que l'artiste fit à sa ville : noter *La Bohémienne* (1905) et la *Maternité*★ (1906).

Piazza del Duomo – En bordure des remparts, elle offre une jolie vue sur la vallée. Le **dôme**, roman à l'origine, a été remanié à la Renaissance ; il abrite un mobilier intéressant et de nombreuses peintures du 16ᵉ au 18ᵉ s.

★★ **Museo Diocesano** ⊙ – Face au dôme, l'église du Jésus (au beau plafond sculpté de 1536) et ses annexes abritent ce petit musée aux collections de valeur.

Le « divin Angelico », qui vint peindre à Cortone, est représenté par deux de ses meilleures œuvres : une **Annonciation**, remarquable par la finesse générale du dessin et l'intensité du regard qu'échangent l'ange dictant la volonté divine et la Vierge entièrement soumise ; une **Madone** entourée de saints, qui vaut plus par la tendresse de la physionomie de Marie que par l'expressionnisme des scènes de la vie de saint Dominique traitées à la prédelle.

De remarquables peintures d'école siennoise sont exposées : de Duccio, une *Madone* ; par Pietro Lorenzetti (fin 14ᵉ s.), une *Madone aux anges* et un grand *Christ en croix*, aux chairs livides ; par Sassetta, un triptyque de *Madone à l'Enfant* (1434), restauré.

Le musée rassemble aussi un ensemble choisi de peintures de l'un des enfants du pays, Luca Signorelli : les meilleures sont une *Communion des apôtres* et une *Déposition de croix*, dont l'intensité est soulignée par la douceur des fonds de paysages.

Parmi les sculptures, beau sarcophage romain du 2ᵉ s. à bas-reliefs *(Combat des Centaures et des Lapithes)*.

Des pièces d'orfèvrerie religieuses font l'ornement de l'ancienne sacristie, dont le reliquaire Vagnucci, travail de Juste de Florence (1458).

La petite église inférieure est couverte de fresques peintes au 16ᵉ s. d'après un projet de Vasari ; elle abrite une expressive *Pietà* en terre cuite polychrome de la même époque.

S. Cristoforo – Cette petite église toute en longueur remonterait à la fin du 12ᵉ s. Sa sacristie (que l'on prend pour l'entrée) est surmontée d'un clocher-peigne. À l'intérieur, fresque du 14ᵉ s. représentant la Crucifixion, l'Annonciation et l'Ascension.

S. Niccolò – L'église remonte au 15ᵉ s. Un gracieux porche longe la façade et un côté. L'intérieur, baroque, abrite deux œuvres de Luca Signorelli : une *Vierge entourée de saints* (fresque à gauche en entrant) et une *Mise au tombeau*★ d'un grand recueillement (au maître-autel).

S. Margherita – Cette église a été édifiée dans la partie supérieure de la ville au 19ᵉ s., mais son campanile date du 17ᵉ s. Elle renferme, à gauche du chœur, le **tombeau**★ gothique (1362) de la sainte, surmonté de gâbles, d'un dessin très original ; son corps est exposé au maître-autel. À droite du chœur, émouvant *Christ décharné*, du 13ᵉ s.

De l'esplanade, jolies **vues**★ sur la ville, la vallée en contrebas et le lac Trasimène. À droite du sanctuaire aboutit la via Santa Margherita, longue et pentue, que Severini a ornée de mosaïques représentant les stations du **chemin de croix**.

S. Domenico – Cet édifice gothique du début du 15ᵉ s. abrite, dans l'abside droite, une *Madone avec des anges et des saints* de Luca Signorelli ; au maître-autel, un triptyque du *Couronnement de la Vierge* (1402) par Lorenzo di Niccolò Gerini ; près de l'abside gauche, une *Assomption* de Bartolomeo della Gatta (1480-1485), surmontée d'une *Vierge à l'Enfant entre deux dominicains*, fresque de Fra Angelico. Au-delà de l'église, la promenade procure de jolies vues sur le lac Trasimène.

S. Maria Nuova – Fièrement dressée en contrebas de la Porta Colonia, elle présente un plan carré, idéal de la Renaissance, surmonté d'un dôme légèrement postérieur, dû à Vasari : l'ensemble date du 16ᵉ s. À l'intérieur, nombreux tableaux dont *La Naissance de la Vierge* par Allori *(autel à droite de l'entrée)*.

LES ENVIRONS

★★ **S. Maria del Calcinaio** – *3 km. Quitter Cortone par ② du plan.* Construite entre 1485 et 1513 dans le style de Brunelleschi, Santa Maria est l'œuvre du Siennois Francesco di Giorgio Martini *(voir index)* ; bâtie en pierre sombre, elle est – quoique précairement entretenue – admirable par l'élégance et l'harmonie de son dessin, l'équilibre de ses proportions.

Une coupole surmonte l'intérieur, lumineux et élancé, au plan en croix latine. À l'oculus de la façade, le remarquable vitrail (1516) montrant la *Madone de miséricorde* est dû au Berrichon Guillaume de Marcillat *(voir index)* ; une petite fresque du 15ᵉ s., détachée, honore cette même Madone au-dessus du maître-autel.

Tanella di Pitagora – *Même accès que S. Maria del Calcinaio, mais au virage en boucle à gauche, poursuivre tout droit vers Arezzo.* Dans un joli site, entourée de cyprès, la **tombe** dite **de Pythagore** est un mausolée étrusque circulaire datant du 4ᵉ s. avant J.-C. Son nom dérive d'une confusion fort ancienne entre Cortone et Crotone, la ville de Calabre où vécut le mathématicien.

« Le Celle » (ermitage franciscain) – *3,5 km. Sortir par* ① *du plan. À 1,5 km, dans un virage à droite, prendre une petite route à gauche.* De retour de Rome, où le

S. Maria Nuova

R. Meazza/LAURA RONCHI

pape venait de reconnaître sa règle (1210), saint François entreprit un itinéraire apostolique, dont Cortone fut une des premières étapes ; de là, il se retira aux Celle, où il fonda sa première communauté. Il choisit ce lieu pour son silence et son dénuement naturels (encore très suggestifs aujourd'hui). Formé de maisons de différentes hauteurs accrochées à la colline, le couvent conserve l'oratoire primitif des premiers compagnons de saint François, et, derrière l'autel, la minuscule cellule du Poverello qui y revint après avoir reçu les stigmates.

Abbaye de Farneta ⊙ – *15,5 km au Sud-Ouest, par* ② *du plan.* Cette sobre église en T, construite sur un temple romain par les bénédictins, perdit son campanile du 12ᵉ s. et les 14 premiers mètres de sa nef au 18ᵉ s. À l'intérieur, tabernacle du 15ᵉ s. dans le croisillon gauche et, à droite, fresque de la *Vierge de Lorette et les saints Roch et Sébastien* (1527). L'élément le plus intéressant reste la **crypte** bâtie aux 9ᵉ-10ᵉ s., voûtée en berceau et voûtes d'arête, et composée de trois absides polylobées soutenues par des colonnes romaines de diverses provenances. Depuis 1937, l'abbaye est liée de manière indissoluble à la personnalité extraordinaire de Don Sante Felici, archéologue toscan passionné.

C'est à lui que l'on doit la découverte de la crypte et des innombrables vestiges archéologiques et des fossiles mis au jour à Farneta et dans les environs, en partie conservés dans son **Musée-antiquarium**, musée personnalisé par les nombreux panneaux et petites notes qu'il rédigea. Don Sante contribua ainsi à rendre cet endroit de la Toscane antique vraiment attachant.

Rovine di COSA★

Ruines de COSA

Carte Michelin n° 430 ou Atlas Italie p. 51 ○ 15 – Schéma : La MAREMMA

Situés près d'**Ansedonia**⌂, les vestiges de Cosa couvrent le sommet d'un promontoire en vue de l'Argentario. Les cigales y chantent parmi les plantes aromatiques et les oliviers. Un **musée archéologique** ⊙ a été aménagé à Ansedonia.

La cité antique ⊙ – Proche de la via Aurelia, elle fut colonie romaine du 3ᵉ s. avant J.-C. jusqu'au 4ᵉ s. de notre ère. Les parties exhumées forment deux pôles distincts. Sur la crête du promontoire, l'acropole élève ses murailles de blocs colossaux autour des murs et colonnes du capitole, d'un temple et d'autres édifices plus petits. Plus au Nord s'étend la ville proprement dite, avec ses intersections de rues pavées, les fondations des édifices du forum (basilique, temples, curie, boutiques...), de nombreuses citernes, la zone d'habitation ; la porte d'entrée Nord *(porta Romana)* dresse encore sa structure massive de blocs équarris.

Isola d'ELBA★★

Ile d'ELBE

Carte Michelin n° 430 ou Atlas Italie p. 50 N 12/13

Elbe, l'île des hippocampes, est la plus importante de l'**archipel toscan**★★ *(voir Arcipelago Toscano)*. Elle est appréciée des touristes pour ses sites solitaires, son silence, son climat sec et doux, sa nature sauvage et son relief varié.
Les deux villes principales sont Portoferraio (chef-lieu) et Porto Azzurro.
L'île d'Elbe est davantage un lieu de séjour qu'un but d'excursion. Mais il est aussi possible de l'explorer en deux jours, soit avec sa propre voiture, soit en en louant une à Portoferraio.

ACCÈS

En train – S'arrêter à la station Campiglia Marittima sur la ligne Gênes/Rome : de là, un train rejoint directement le port de Piombino (14 km).

En voiture – Quitter la voie rapide Livourne-Grosseto aux sorties San Vincenzo ou Venturina, et gagner Piombino. La signalisation est bien faite.

Depuis le port de Piombino – Nombreuses traversées quotidiennes vers l'île : pour Portoferraio, environ une dizaine par jour et davantage en saison ; compter une heure environ pour la traversée, 40 mn en aéroglisseur (*aliscafo*) pour passagers sans voiture. Certains bateaux se rendent également directement à Porto Azzurro et Rio Marina.
Un départ hebdomadaire depuis Livourne.

Pour information et réservation – L'été, il est conseillé de réserver sa traversée en voiture. S'adresser aux compagnies suivantes à leurs agences de Piombino :
- Navarma, piazzale Premuda 13, ☎ 0565 22 12 12
- Elba Ferries, piazzale Premuda ☎ 0565 22 09 56, fax 0565 22 09 96
- Toremar, piazzale Premuda 13/14, ☎ 0565 31 100, fax 0565 35 294

UN PEU DE GÉOGRAPHIE ET D'HISTOIRE

L'île d'Elbe faisait partie, à l'ère primaire, d'un continent disparu, la Tyrrhénide, qui s'engloutit à l'ère quaternaire, laissant comme témoins les îles de Corse, de Sardaigne, des Baléares, d'Elbe, et les massifs des Maures et de l'Esterel.
Montagneuse, Elbe culmine au mont Capanne (1 018 m), qui domine tout un massif granitique creusé de carrières. Les rivages, très découpés, dessinent des criques naturelles, bien abritées, dont le fond est occupé par de petites plages. La pêche sous-marine se pratique le long des abrupts rocheux de la côte Ouest, percée de grottes marines. Les pêcheurs de métier capturent thons et anchois.
La végétation, de type méditerranéen, se compose de palmiers, eucalyptus, cèdres, bambous, magnolias, mais surtout d'oliviers, de maïs et de vignes : deux cépages donnent des vins parfumés et puissants, le *Moscato* blanc et l'*Aleatico* rouge.
L'île est particulièrement belle en juin, lors de la floraison des genêts, qui teintent de jaune le paysage.

Les mines de fer d'autrefois – Elles furent découvertes et intensément exploitées par les Étrusques dès le 6e s. avant J.-C. Le minerai était exploité à ciel ouvert dans des mines situées dans la partie orientale de l'île, au cap Calamita, et entre Rio nell'Elba et Cavo. Il était ensuite transporté par des chalands halés par des remorqueurs vers les hauts fourneaux de Piombino. Aujourd'hui, les mines qui caractérisèrent longtemps le territoire d'Elbe, ne sont plus exploitées.

Les couleurs de la terre et l'éclat des cristaux

L'île d'Elbe, là où elle ne verdoie pas, se pare à l'Est du rouge de la bauxite et à l'Ouest du blanc du granit. Les amateurs de minéraux y voient leur patience récompensée : cubes, dodécaèdres et octaèdres de pyrite (dorés ou argentés) se trouvent du côté de Rio Marina, tandis qu'on peut chercher des béryls bleu clair – les fameuses aigues-marines – dans le granit du mont Capanne, à la grotte d'Oggi, à la Fonte del Prete, à la Speranza et au Gorgolinato.
Les mines de l'île ne sont plus exploitées, mais de nombreux minéraux restent encore cachés dans les anciens déblais. Celui qui ramasse de la pyrite doit savoir qu'il n'est théoriquement pas loin de l'hématite (rougeâtre ou brune) et de l'ilvaïte au noir velouté (*Ilva* en latin signifie Elbe). Là où l'on cherche des aigues-marines, on a des chances de rencontrer de la tourmaline.

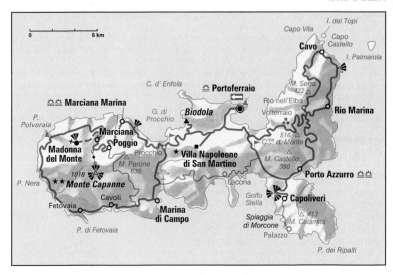

Napoléon, souverain de l'île d'Elbe – Après l'abdication, le traité de Fontainebleau accorda à l'empereur déchu la souveraineté de l'île, où il demeura du 4 mai 1814 au 26 février 1815. Il était entouré d'une petite cour dirigée par le grand maréchal du Palais, Bertrand, et d'environ 1 000 soldats : 300, qui avec 100 grenadiers et chasseurs de sa Garde, l'avaient d'abord accompagné et auxquels vinrent se joindre 600 autres, dont les lanciers polonais sous les ordres de Drouot et Cambronne. Il disposait aussi d'une marine composée du brick *L'Inconstant*.

Durant son court séjour, il rêva devant la vision de la Corse, effectua le tour de son royaume à bord du brick, fit ouvrir des routes par les grognards de Cambronne et les lanciers polonais, améliora l'agriculture, développa les mines et modernisa la voirie de Portoferraio.

★ CIRCUIT DE L'OUEST

Au départ de Portoferraio (70 km, environ 5 h), suivre l'itinéraire indiqué sur le schéma.

⌂ **Portoferraio** – Posée au bord d'une baie admirable, c'est la capitale de l'île. Des restes de murailles et deux forteresses la protègent. Dans la partie haute de la ville, la **palazzina dei Mulini**, face à la mer, est une simple maison avec terrasse et jardin, qu'occupa Napoléon durant son éphémère royauté. On y accède par un long escalier en suivant le fléchage depuis le centre *(montée assez fatigante que l'on peut également tenter en voiture, malgré la raideur et l'état du chemin, si le véhicule le permet)*. La villa abrite le **Musée napoléonien** (museo nazionale della Palazzina ⊘). On y visite le salon des officiers, la bibliothèque de l'empereur, la chambre à coucher, l'antichambre ; à l'étage, un salon offre une belle vue sur le jardin et la mer ; en redescendant, on accède à la garde-robe, la chambre des domestiques, le salon de l'empereur et son cabinet, pour revenir près de l'entrée à la première salle d'où l'on peut se promener dans le jardin.

La **route**★ de Portoferraio à Marciana Marina est particulièrement conseillée pour les vues plongeantes qu'elle offre sur **Procchio** et son golfe.

Biodola – Vaste et belle plage de sable.

⌂⌂ **Marciana Marina** – Port protégé par deux jetées, dont l'une supporte une tour ronde ruinée (tour Médicis).

Quittant Marciana Marina et le bord de mer, la route escalade les pentes Nord, boisées, du mont Capanne.

Poggio – Petit hameau juché sur un éperon rocheux.

On continue de monter, sous bois. À l'entrée de Marciana, on aperçoit, à gauche, la gare de départ de la télébenne du mont Capanne.

★★ **Monte Capanne** – *Accès en un quart d'heure par télécabine ⊘.* Du sommet rocheux, proche de la gare d'arrivée *(un quart d'heure à pied AR)*, splendide **panorama**★★ sur toute l'île, la côte toscane à l'Est, la côte orientale de la Corse à l'Ouest.

Marciana – Au pied de son château ruiné, le bourg s'étage sur le flanc Est du mont Giove, offrant une belle **vue**★ sur le site de Poggio, Marciana Marina et le golfe de Procchio. Son petit **musée archéologique** ⊘ expose des objets de l'âge du fer et de l'âge du bronze, ainsi que des poteries grecques.

Madonna del Monte - 627 m. *3/4 h à pied AR, à partir de la route du château surplombant Marciana.* Un chemin rocheux, d'abord ombragé puis panoramique, monte à ce sanctuaire, chapelle érigée au 16ᵉ s. sur le versant Nord du mont Giove. Près de celle-ci, on voit une curieuse fontaine en hémicycle datée de 1698, et l'ermitage que Napoléon habita avec Marie Walewska quelques jours de l'été 1814.

Gagner les rochers voisins, d'où la **vue**★ est dégagée sur les calanques de la côte Nord, Marciana Marina et le golfe de Procchio, les sites de Marciana et Poggio. Poursuivre ensuite le long de la côte occidentale, en passant derrière les plages de Sant'Andrea, zone touristique résidentielle, jusqu'à rejoindre **Fetovaia**, plage de sable située à la base du promontoire qui termine avec la pointe du même nom. Passé Fetovaia, en allant vers Marina di Campo, on atteint **Cavoli**, autre plage de sable.

Marina di Campo - En bordure d'une plaine parsemée d'oliviers et de vignobles, et au fond d'un golfe pittoresque, Marina di Campo est fréquentée pour sa belle plage. L'activité des pêcheurs donne beaucoup d'animation au charmant petit port.

Par la route remontant la vallée de la Galea (que borde à droite la région sauvage et inhabitée de Lacona) regagner Procchio.
En revenant vers Portoferraio, on trouve à droite l'embranchement de la route conduisant à la villa Napoléon de San Martino.

★ **Villa Nazionale di Villa San Martino** ⊘ - Le cadre de collines silencieuses, plantées de chênes verts, de vignes en terrasses, n'a pas changé ; la vue non plus. Malheureusement, le prince Demidoff, gendre du roi Jérôme, a fait construire un palais de style néoclassique en contrebas de la modeste maison qui fut la résidence estivale de l'empereur et dont le décor intérieur a été reconstitué.
De la terrasse s'offre un agréable coup d'œil sur la baie de Portoferraio. Le jardin est ombragé de beaux arbres.

★ CIRCUIT DE L'EST

Au départ de Portoferraio (68 km, environ 3 h), suivre l'itinéraire indiqué sur le schéma.

⌂ **Portoferraio** - *Voir plus avant.*

À 3 km, prendre à gauche la route de Porto Azzurro, qui contourne d'abord la rade de Portoferraio avant de couper, au Sud et dans la plaine, la partie la plus étroite de l'île, puis la presqu'île du mont Calamita, où l'on pousse une pointe jusqu'à Capoliveri.

Capoliveri - À la lisière Ouest de ce bourg se découvre le **panorama**★★ dit des « Trois Mers » parce qu'il permet de voir trois golfes : celui de Portoferraio, le **Golfo Stella** et celui de Porto Azzurro. On domine la plage de **Morcone** au Sud. La vue s'étend jusqu'aux îles de Pianosa et de Montecristo.

PRIMA/DOUBLE'S

Golfo Stella

Revenir à la route de Porto Azzurro.

⌂⌂ **Porto Azzurro** - Appelé jadis Porto Longone *(voir encadré p. 65)*, c'est un joli port dominé par une forteresse, aujourd'hui pénitencier. Cactus et agaves caractérisent la végétation.

La route serpente ensuite sur les flancs Est des « monts » Castello et Cima del Monte. Avant Rio nell'Elba, prendre à droite.

Rio Marina - C'est un agréable village et port minéralier, que protège une petite tour à merlons.

La **route côtière**★ jusqu'à Cavo fait bénéficier de jolis coups d'œil sur les îlots rocheux de Cerboli et, plus près, de Palmaiola, ainsi que sur les rives continentales du golfe de Follonica.

Cavo - Joli petit port (le plus proche du continent), abrité par le cap Castello.

Revenir à la route Rio nell'Elba-Porto Azzurro : au carrefour, prendre à gauche, puis immédiatement à droite.

La **route du Volterraio**★★, en altitude, procure en regagnant Portoferraio des vues remarquables, notamment sur les ruines du Volterraio, la baie de Portoferraio et la mer.

EMPOLI

43 887 habitants
Carte Michelin n° 430 ou Atlas Italie p. 39 K 14

Située dans la fertile plaine du Val d'Arno inférieur, Empoli s'est énormément développée depuis l'après-guerre dans son secteur traditionnel, la verrerie, et plus récemment dans l'habillement ; sa région, hautement agricole jusque-là, laisse place aujourd'hui à une banlieue largement industrielle, gros pôle d'emploi.

Florence graciée à Empoli - En 1260, au lendemain de la victoire de Montaperti *(voir p. 281)* sur Florence, un parlement gibelin fut réuni à Empoli pour juger du sort de la capitale guelfe.
Les Gibelins étaient d'avis de la raser afin de couronner définitivement leur succès sur l'adversaire, mais **Farinata degli Uberti**, chef gibelin de Florence, y prononça un plaidoyer passionné en faveur de sa ville. Banni de celle-ci par les Guelfes en 1258, il était trop heureux de la retrouver après l'exil pour la voir détruite. Il mourut quatre ans plus tard, mais en 1266, les Guelfes, victorieux des Gibelins, reprirent le pouvoir à Florence et déchaînèrent leur vengeance sur la famille Uberti dont ils rasèrent les maisons et bannirent tous les descendants.

Ferruccio Busoni (1866-1924) - C'est ici que naquit le grand pianiste virtuose, célèbre pour ses transcriptions de Bach pour piano et pour ses recherches harmoniques en tant que compositeur qui font de lui le précurseur de Schönberg. En souvenir de l'artiste, Empoli organise chaque année durant l'automne et l'hiver une saison de concerts baptisée **Journées busoniennes** (Giornate Busoniane).

CURIOSITÉS

★ **Piazza Farinata degli Uberti** - Rare vestige de la ville ancienne, cette place commémore par son nom le plaidoyer que Farinata degli Uberti prononça en faveur de Florence auprès du parlement gibelin rassemblé à Empoli en 1260. Entourée d'un portique régulier, la place est ornée d'une grande fontaine érigée au centre au 19e s. Face à la collégiale se tient le **palais gibelin** (transformé) où eut lieu le célèbre « parlement ».

S. Andrea - Sa jolie façade★ romane en marbre blanc et vert marque la limite occidentale de l'influence stylistique de Florence ; seules les arcades du premier registre sont d'origine, la partie supérieure ayant été réalisée dans le même esprit au 18e s., époque où fut refait également l'intérieur.

★ **Museo della Collegiata** ⊘ - *Au fond de la petite place, à droite de l'église.* Collection de qualité rassemblant des peintures et des sculptures des 14e-17e s. : **fresque**★ représentant une Pietà de Masolino da Panicale, œuvres de Filippo Lippi, Lorenzo Monaco, sculptures de Bernardo et Antonio Rossellino, terres cuites polychromes d'Andrea Della Robbia *(étage supérieur du cloître)*.
On poursuit avec la visite guidée de la toute proche église gothique **S. Stefano**, érigée par des augustins au 14e s. mais reconstruite après la dernière guerre : retable de Bicci di Lorenzo, *Saint Nicolas de Tolentino protégeant Empoli de la peste* (1re chapelle de la nef gauche), fresque de Masolino représentant une émouvante *Vierge à l'Enfant (tympan de la porte de la sacristie)*, *Annonciation* de Bernardo Rossellino *(chapelle de la Miséricorde près de la sacristie)* et vestiges d'autres fresques de Masolino *(1re chapelle de la nef droite)*.

ENVIRONS

Montelupo Fiorentino – *7,5 km à l'Est.* Le village, d'un aspect moderne, a ouvert un **musée**★ (Museo archeologico e della ceramica ⊙), où sont exposés des vestiges archéologiques, de la préhistoire au Moyen Âge, et de belles céramiques produites à Montelupo du 14ᵉ s. à la fin du 18ᵉ s. Les nombreuses pièces, surtout de majolique, témoignent de l'importance des ateliers de Montelupo, en particulier pendant la Renaissance.

Pontorme – *1 km à l'Est ; prendre une petite rue se détachant à gauche de la route pour Firenze.*
Patrie du peintre Iacopo Carrucci, dit **le Pontormo**, ce village conserve dans sa petite église de briques San Michele deux saints peints par l'artiste de part et d'autre de l'autel du transept droit.

FIESOLE★

14 876 habitants
Carte Michelin n° 430 ou Atlas Italie p. 39 K 15
Accès : voir plan d'agglomération de Florence,
carte Michelin n° 430 pli 9, Atlas Italie p. 120 ou Guide Rouge Italia

Quiconque a suivi la route qui, de Florence, serpente jusqu'au sommet de la colline de Fiesole aux pentes couvertes de champs d'oliviers, de sompteux jardins et de longues files de cyprès, ne peut oublier l'émerveillement suscité par cet incomparable **paysage**★★★ entrevu dans maints tableaux de maîtres de la Renaissance italienne, élégant et mesuré, à l'image de l'art florentin.

Fiesole étrusque et romaine – Fondée par les Étrusques au 7ᵉ ou 6ᵉ s. avant J.-C., Fiesole fut le centre le plus important de l'Étrurie septentrionale. Choisi pour sa position élevée commandant les passages qui, après avoir franchi la barrière des Apennins au Nord, débouchaient sur le bassin de l'Arno et, au-delà sur Rome, ce site avait aussi pour avantage d'être plus salubre que la plaine alors marécageuse.
Durant plusieurs siècles, Fiesole, entourée de sa puissante muraille, eut une importance plus grande que Florence. Vers 80 avant J.-C., Sylla y établit une colonie de Vétérans. En 63 avant J.-C., elle se fit l'alliée de Catilina, qui s'y réfugia avant de livrer devant Pistoia la bataille où il trouva la mort. À dater de cette défaite, Fiesole suivit le sort de Rome.
Les monuments étrusques avaient été détruits. D'autres édifices furent élevés.
La Faesulae romaine, devenue le principal centre de la région, avec ses temples, son théâtre, ses thermes, commença, dès le 1ᵉʳ siècle de notre ère, à décliner au profit de sa voisine et rivale, Florence, qui, en 1125, finit par la conquérir et la fit pratiquement raser.

CURIOSITÉS

Le centre de Fiesole est la vaste **piazza Mino da Fiesole**, en pente, aménagée sur l'emplacement de l'ancien forum. Le dôme s'y élève et à l'autre extrémité S. Maria Primerana, oratoire précédé d'un portique de la fin du 16ᵉ s., et le petit palais Pretorio des 14ᵉ-15ᵉ s. portant les blasons des podestats qui s'y succédèrent.
Par la via San Francesco, petite rue en forte montée face à l'entrée du dôme, on accède à l'un des sommets de la colline, là où s'étendait l'acropole de la Faesulae antique.

★★★ **Vue sur Florence** – *À mi-pente de la via San Francesco.* Souvenir marquant d'un voyage à Florence, cette vue se révèle d'un petit jardin public aménagé à flanc de colline *(à gauche)* et formant balcon au-dessus du bassin de l'Arno que l'on découvre dans toute son ampleur et dans toute la subtile opalescence de sa lumière.

Badia Fiesolana, San Domenico ↘ *FIRENZE*

S. Alessandro – Cette basilique fut rebâtie vers le 9ᵉ s. sur une église qu'avait fait aménager Théodoric (6ᵉ s.) à partir d'un temple romain. Sa

Antiquarium Costantini	A	Teatro romano	K
Museo Archeologico	D	Tempietto etrusco	L
Palazzo Pretorio (Municipio)	H	Terme	N

façade néoclassique ajoutée en 1815 incite peu à la visite. Toutefois, l'intérieur, très dépouillé, ne manque pas de noblesse avec ses trois nefs séparées par de belles colonnes romaines.

★ **Convento di S. Francesco** – Ce très humble couvent, admirablement situé sur la partie la plus élevée de la colline, est occupé par les franciscains depuis le début du 15e s. À l'intérieur *(entrée à droite de l'église)*, on peut voir à travers une grille un minuscule cloître du 14e s. ; au 1er étage *(monter l'escalier à gauche de la grille)*, on visite les cellules, d'une exiguïté et d'un dénuement émouvants, autrefois habitées par les frères ; l'une d'entre elles fut occupée par saint Bernardin de Sienne *(voir index)*, prieur du couvent durant plusieurs années.

L'**église** ⊙ contiguë, construite vers le milieu du 14e s. et très remaniée, a gardé intacte sur sa façade gothique (début du 15e s.), ornée d'un petit auvent polylobé, charmante dans sa simplicité. Elle renferme quelques intéressants **tableaux**★ : sur le mur de droite *Immaculée Conception* de Piero di Cosimo et en vis-à-vis *Annonciation* de Raffaellino del Garbo.

De l'église, on accède au **musée des Missions franciscaines** (museo missionario) après avoir traversé le petit cloître : nombreux objets ramenés d'Orient (sculptures, tableaux, vêtements, porcelaines…) et petite section d'archéologie (vestiges ramassés dans le secteur du couvent, objets égyptiens et une momie trouvés en Égypte par des missionnaires).

★ **Dôme** – Édifice roman du 11e s., agrandi aux 13e et 14e s., il a été très restauré entre 1878 et 1883, époque à laquelle la façade fut reconstruite. Il est surmonté d'un campanile, érigé en 1213, auquel son couronnement à merlons et mâchicoulis ajouté au 18e s. donne des allures de beffroi.

L'**intérieur**★, très dépouillé, est de plan basilical avec, comme à San Miniato de Florence, un chœur surélevé au-dessus de la crypte. Celle-ci est supportée par des colonnes dont les chapiteaux sont pour la plupart antiques. Au revers de la façade, une niche en terre cuite vernissée polychrome de Giovanni Della Robbia abrite la statue de saint Romulus, évêque de Fiesole, à qui est dédiée la cathédrale.

La chapelle Salutati, à droite dans le chœur, est ornée de fresques de Cosimo Rosselli (15e s.) et renferme deux jolies **œuvres**★ de Mino da Fiesole : le tombeau de Leonardo Salutati (avec le buste de l'évêque) et un retable sculpté, plein de grâce et d'élégance, représentant la Vierge en adoration avec le jeune saint Jean et d'autres saints.

Zone archéologique ⊙ – Dans un **cadre**★ enchanteur de collines peuplées de cyprès se trouvent groupés les vestiges de plusieurs constructions étrusques et romaines. Le matériel archéologique qui y a été découvert est rassemblé dans un petit musée situé à droite de l'entrée.

Les fouilles – Le **théâtre romain**★ date de l'an 80 avant J.-C. Enseveli durant plusieurs siècles, il ne fut dégagé qu'à partir de la fin du 18e s.

Ses vingt-trois gradins adossés dans leur partie centrale au flanc de la colline et dont quatre, en bas, étaient réservés aux spectateurs de marque, sont bien conservés.

Au pied des gradins s'étendait l'orchestre, semi-circulaire, autrefois pavé de marbres polychromes.

Derrière celui-ci, légèrement surélevée, se trouvait la scène dont l'avant, incurvé en son centre, portait une frise de reliefs en marbre sculpté que l'on peut voir au musée ; à l'arrière de la scène, on distingue, dans la base du mur qui fermait celle-ci, les passages ménagés pour les entrées et les sorties des acteurs.

Au-delà du théâtre, à gauche, s'élevait un petit **temple étrusque**, construit vers la fin du 4e s. avant J.-C. et qui, après avoir été en partie détruit par un incendie, fut incorporé à un nouvel édifice bâti à l'époque de Sylla. On distingue le plan rectangulaire de l'édifice et les marches qui y donnaient accès.

À droite sont visibles quelques fragments de la muraille étrusque.

En face du temple, à droite du théâtre, étaient situés les **thermes**, bâtis par les Romains au 1er s. de notre ère, et dont trois arcades ont été reconstruites. Ceux-ci se composaient d'une partie découverte (à l'avant) comprenant deux grandes piscines rectangulaires, la deuxième étant formée de deux bassins. En arrière, on distingue, dans ce qui constituait la partie couverte, le bain chaud ou « caldarium » dont le sol était supporté par de petits piliers en brique autour desquels circulait l'air chaud.

★ **Museo archeologico** – Les pièces y sont dans l'ensemble rassemblées en fonction de leur provenance, ce qui explique le regroupement d'objets d'époques parfois très diverses.

La salle I rassemble le matériel retrouvé lors de la restauration des murs de la ville. Dans la 2e salle est exposé le matériel funéraire retrouvé dans les tombes d'une nécropole étrusque utilisée ensuite par les Romains et située le long de l'une des

SCALA

Le théâtre romain

voies d'accès à la ville ; on remarque, isolée dans une petite vitrine, une **ciste**★ (urne) cylindrique, en plomb, qui daterait du 3e ou 4e s. de notre ère : elle contenait lors de sa découverte des os calcinés et des cendres, mais servait à l'origine à contenir de l'eau chaude pour les thermes ou les banquets ; on attribue à l'usure son usage final.

La 3e salle est consacrée aux objets provenant de la zone archéologique, parmi lesquels on note des antéfixes (sorte de gargouilles) en forme de bustes féminins et de minuscules bronzes votifs, dont certains reproduisent des pieds ou des jambes, datant de la période qui précéda la colonisation romaine ; contre le mur du fond de la salle sont alignés les fragments de la frise en marbre sculpté qui formait la décoration du *pulpitum* du théâtre (scènes de jeux en l'honneur de Dionysos).

Les salles du 1er étage sont consacrées au Bas-Empire romain et au Haut Moyen Âge. Les objets exhumés de tombes découvertes à l'emplacement de la grande place et dans la zone archéologique sont exposés dans la 1re salle : bouteilles, ornements de ceintures en fer datant des 7e-8e s. (vitrine no 28), fils d'or retrouvés sur les bras et la poitrine du mort (vitrine no 38), perles d'un collier (vitrine no 39), épingles à cheveux en argent retrouvées sous le crâne d'une défunte (vitrine no 40). On remarque, dans les deux salles suivantes : une stèle funéraire, d'un type particulier à la région de Fiesole (5e s. avant J.-C.) sur laquelle sont représentés un repas funèbre, une scène de danse, un combat d'animaux, les poteries étrusques, noires et de lignes très pures, en *bucchero (voir p. 37)* datant du 6e s. avant J.-C. (vitrines nos 43, 46...) ; les vases d'Apulie (Sud de l'Italie) à la décoration raffinée, du 4e s. avant J.-C. (vitrines nos 51-52).

Antiquarium Costantini ⊘ – Rez-de-chaussée : collections de qualité, rassemblées au 19e s., de vases grecs à figures rouges et à figures noires, ainsi que de vases étrusques en bucchero. Au sous-sol : présentation des fouilles réalisées à l'emplacement même du musée (vestiges partiels de peintures murales d'époque romaine).

Museo Bandini ⊘ – Des peintures de l'école toscane des 14e et 15e s. sont rassemblées au 1er étage. À noter les *Triomphes* de Pétrarque, œuvre de l'école florentine de la fin du 15e s. : à gauche *Triomphe de l'Amour et de la Chasteté*, et à droite, *Triomphe du Temps et de la Religion*.

ENVIRONS

Badia Fiesolana – *3 km au Sud-Ouest. En redescendant vers Florence, à peu près à mi-chemin entre les deux villes, prendre à droite la petite via Badia dei Roccettini.* Cet ancien couvent bénédictin fut en partie rebâti au 15e s., dans le style élégant de Brunelleschi, grâce à la prodigalité de Cosme l'Ancien qui y fit de fréquents séjours. La Badia (abbaye) Fiesolana est aujourd'hui le siège d'une université européenne.

La très décorative **façade**★ de l'église romane primitive, à motifs géométriques de marbre vert et blanc dans le style de celle de San Miniato de Florence, a curieusement été incorporée à la nouvelle façade que la mort de Cosme l'Ancien laissa inachevée.

S. Domenico di Fiesole – *2,5 km au Sud-Ouest. Au bord de la route de Florence, à gauche, presque aussitôt après l'embranchement de la via Badia dei Roccettini.* Bâtie au 15e s., l'église fut transformée au 17e s. : de cette époque datent le porche à arcades et le campanile.

C'est ici que, vers 1420, Fra Angelico *(voir encadré p. 168)* prononça ses vœux. Dans le couvent attenant *(on ne visite pas)*, il passa plusieurs années. Un délicat **tableau**★ aux vifs coloris représentant la Vierge en Majesté entourée d'anges et de saints et qu'il peignit vers 1430 est exposé dans l'église (1re chapelle à gauche) ; Lorenzo di Credi réunit en 1501 les éléments de cette œuvre, à l'origine peinte sur fond doré et conçue sous forme de triptyque. De l'autre côté de la nef, dans la 2e chapelle, *Baptême du Christ* par Lorenzo di Credi.

FIRENZE★★★

FLORENCE – 376 662 habitants

Carte Michelin nº 430 ou Atlas Italie p. 39 K 15
Plan d'agglomération carte nº 430 pli 9 ou Atlas p. 120

VENIR ET SÉJOURNER À FLORENCE

Comment se rendre à Florence

En avion – Le petit aéroport Amerigo Vespucci de **Florence** (situé à Peretola, à 4 km de la ville – ☎ 055 37 34 98), essentiellement consacré aux vols intérieurs, n'accueille que quelques vols internationaux en provenance de 10 villes européennes. Depuis Paris, les vols directs pour Florence (5 par jour) sont assurés par Air France et Meridiana. À l'aéroport, un bus de la SITA (départ toutes les heures, trajet de 20 mn environ) conduit au centre historique. Les billets sont en vente au bar de l'aéroport.

Cela dit, de nombreux vols internationaux atterrissent à **Pise** (aéroport Galileo Galilei) : un bus Alitalia ou le train (accessible depuis l'aéroport) conduisent en 1 h environ au centre de Florence.

En train – Par trajet de nuit, c'est une excellente formule, la gare S. Maria Novella étant très centrale. De là, on peut gagner les différents quartiers par le bus ou en taxi.

En voiture – La ville est très bien desservie par la route car elle situe à un nœud routier vers lequel convergent les autoroutes A 1 Milan/Naples via Bologne et A 11 Florence/Pise et la voie rapide Florence-Pise-Livourne.

Visiter la ville

Florence est une ville d'art d'une telle importance que la seule visite de ses principales curiosités nécessite au moins quatre jours. Les grands monuments et musées, presque tous situés dans le centre, sont relativement proches les uns des autres : dans cette partie de la ville, où la circulation automobile est très complexe, nous conseillons vivement de laisser la voiture au parking *(voir ci-après)* et de se déplacer à pied ou en autobus.

Quand – Pour profiter au mieux de la ville, il convient d'exclure la saison d'été pour sa chaleur étouffante. De plus, désertée de ses habitants, la ville perd une partie de son âme. Les moments les plus favorables sont donc le printemps et l'automne, mais attention aux réservations d'hôtels, à prévoir souvent un à deux mois auparavant.

LARA PESSINA

Piazza della Signoria

Que voir – Il va sans dire que moins on dispose de temps plus on doit jongler avec les horaires des musées, monuments et églises, et se limiter aux principales curiosités de la ville présentées p. 123 à 181. Néanmoins la lecture de la rubrique Rues et demeures d'autrefois *(p. 184)* permet de se familiariser avec la sombre austérité des façades anciennes et de profiter pleinement du cadre historique de la ville.

Circulation automobile – Dans le centre, elle est soumise à une réglementation stricte : sans laissez-passer, il est interdit d'y pénétrer de 7 h 30 à 18 h 30 (bien vérifier les créneaux horaires sur les panneaux de signalisation). De nombreuses rues sont par ailleurs totalement interdites aux non-résidents.

Où se garer – Certains hôtels peuvent disposer de quelques places payantes dans des parkings privés (généralement à une certaine distance de l'hôtel). Pour les parkings publics, seuls ceux de la Fortezza da Basso (24h/24) et de la gare S. Maria Novella (5 h 30 – 22 h) sont assez vastes. Divers petits parkings gardés se situent tout autour de la zone à circulation réglementée : ils sont souvent pleins et le coût horaire varie entre 2 000 et 3 000 lires pour toute heure entamée.

Taxi – Centraux téléphoniques : ☎ 055 42 42, 055 43 90 ou 055 47 98.

Bus – Un plan du réseau (géré par l'ATAF) est disponible sur le côté de la gare S. Maria Novella ; on peut aussi y acquérir les billets. Ailleurs en ville, les billets sont disponibles dans les bureaux de tabac (que l'on distingue grâce aux panneaux rectangulaires noirs où se dessine un T blanc) et chez les commerçants signalés par un panonceau ATAF.

Des dépliants où ne figurent que les lignes d'intérêt touristique sont disponibles à l'APT *(voir ci-dessous : Renseignements utiles)*. On retiendra que :

– la ligne 13 inclut dans son parcours la Promenade des Collines et le piazzale Michelangelo
– la 7 va de la gare à Fiesole
– la 10 relie la gare à Settignano
– la 17 B mène de la gare à l'auberge de jeunesse.

Prix du billet en 2000 : 1 500 L (valable 1 h même avec des changements), 2 000 L (pour 2 h), 5 800 L (carnet de 4 billets valables 1 h), 6 500 L (billet touristique valable 24 h).

Locations de voiture – Pour visiter Florence et ses environs, on peut louer une voiture à l'aéroport ou en ville auprès des agences :
AVIS, borgo Ognissanti 128r, ☎ 055 21 36 29 ou 055 239 88 26
ITALY BY CAR-THRIFTY, borgo Ognissanti 134r, ☎ 055 28 71 61 ou 055 29 30 21
EUROPCAR, borgo Ognissanti 53r, ☎ 055 23 60 072/3
HERTZ, via Maso Finiguerra 33r, ☎ 055 23 98 205 ou 055 28 22 60.

Renseignements utiles

Numérotation des rues – Elle est censée partir des bords de l'Arno pour les rues perpendiculaires au fleuve et suivre le cours de l'eau pour celles parallèles à celui-ci. Pourtant, elle peut paraître (et est parfois) quelque peu anarchique. Même si la chose ne semble pas évidente, les numéros suivent une certaine logique. Ils sont en fait le reflet d'un état des lieux passé : un nouveau tracé de rue ou un changement de nom pour un tronçon seulement de voie n'a pas modifié la numérotation antérieure, ce qui engendre inévitablement d'invraisemblables complications dans certains quartiers. La distinction en numéros de rue rouges et bleus est en revanche plus simple à comprendre : les rouges indiquent des locaux abritant une activité commerciale, les bleus les immeubles d'habitation et les hôtels. Pour compléter l'imbroglio, des lettres accompagnent parfois ces numéros (A, B ou C) que l'on peut assimiler à nos bis ou ter, le « r » en revanche signifie *rouge* !

MICHELIN

Bureaux de tourisme – L'Office central de tourisme, **Azienda di Promozione Turistica (APT)**, se trouve via Manzoni 16, fax 055 23 46 286 (renseignements par correspondance uniquement), mais pour toute information s'adresser aux bureaux de renseignements : via Cavour 1r, ☎ 055 29 08 32 ; Piazza Stazione, marquise extérieure, ☎ 055 21 22 45 ; Borgo Santa Croce 29r, ☎ 055 23 40 444.

APT sur Internet : http://www.firenze.turismo.toscana.it
e-mél : firenze@mail.turismo.toscana.it

Consulats – **France** : Piazza Ognissanti 2, ☎ 055 23 02 556 ; **Belgique** : via Servi 28, ☎ 055 28 20 94.

Poste et télécommunications – Via Pellicceria 3 (à proximité de la Piazza della Repubblica). C'est là qu'arrivent les courriers en poste restante. Bien que la ville soit bien équipée de téléphones à carte, un service de téléphone avec opérateurs est ouvert jusqu'à minuit. Un autre bureau de poste se trouve via Pietrapiana 53/55.

Objets trouvés – Via Circondaria 19. Ouvert de 9 h à 12 h sauf le dimanche et les jours fériés, ☎ 055 32 83 942.

Pharmacies ouvertes 24h/24 – Elles se trouvent : dans la gare ☎ 055 21 67 61 et 055 28 94 35 ; via dei Calzaiuoli 7r ☎ 055 21 54 72 et 055 28 94 90 ; à l'hôpital de Santa Maria Nuova.

À la recherche d'un toit

Florence n'est pas Venise, et pourtant le visiteur y est confronté aux mêmes difficultés dès qu'il s'agit de se loger. Depuis longtemps s'y pose le problème des prix, souvent sans rapport avec la qualité du service offert.

Toutefois, tous les goûts et toutes les bourses peuvent y trouver leur satisfaction, pour peu que l'on sache s'adapter à tous les milieux ou à toutes les ambiances. Vous trouverez ci-dessous quelques suggestions classées par ordre de prix *(voir p. 320 la correspondance des tranches de prix)* et qui, lorsqu'il s'agit d'hôtels traditionnels, représentent le coût d'une chambre double. De toute manière, il est préférable de se renseigner à l'avance sur les tarifs en vigueur, variables en fonction de la période choisie, et de réserver le plus tôt possible.

À BON COMPTE

Auberges de jeunesse (Ostelli della Gioventù) – Elles sont au nombre de trois : **Ostello Archi Rossi** *(Via Faenza 94r, ☎ 055 29 08 04, fax 055 23 02 601)*, **Ostello Villa Camerata** *(Viale Righi 2/4, ☎ 055 60 14 51, fax 055 61 03 00)* et **Ostello Santa Monica** *(Via Santa Monica 6, ☎ 055 26 83 38, fax 055 28 01 85)* et peuvent être contactées par Internet *(www.ostello.it)* ou par courrier électronique *(info@ostello.it)*.

Campings

Campeggio Italiani e Stranieri – *Viale Michelangelo 80*, ☎ 055 68 11 977, ouvert d'avril à octobre.

Campeggio Villa Camerata – *Viale A. Righi 2/4*, ☎ 055 60 03 15.

Maisons de séjour gérées par des religieux – Plusieurs ordres religieux accueillent des visiteurs. Le prix est convenable et le milieu rassurant. Il est préférable de se renseigner sur l'horaire de retour (le soir), car, bien entendu, celui-ci est fixé à une heure peu tardive.

Alfa Nuova (Missionnaires du Sacré-Cœur) – *Via E. Poggi 6*, ☎ 055 47 28 83.

Casa del SS. Rosario (Sœurs dominicaines) – *Via Guido Monaco 4*, ☎ 055 32 11 71.

Casa Madonna del Rosario (Sœurs franciscaines de la Vierge Immaculée) – *Via Capo di Mondo 44*, ☎ 055 67 96 21.

Casa Regina del S. Rosario (Sœurs de St-Philippe-Neri) – *Via G. Giusti 35*, ☎ 055 24 77 650 et 055 29 89 18.

Casa SS. Nome di Gesù (Sœurs franciscaines missionnaires) – *Piazza del Carmine 21*, ☎ 055 21 38 56 et 055 21 48 66.

Istituto del Sacro Cuore (Religieuses du Sacré-Cœur) – *Viale Michelangelo 27*, ☎ 055 68 11 872.

Istituto Gould-Tavola Valdese – *Via dei Serragli 49*, ☎ 055 21 25 76.

Istituto Oblate dell'Assunzione – *Borgo Pinti 15*, ☎ 055 24 80 582 et 055 24 80 583.

Istituto Pio X-Artigianelli – *Via dei Serragli 106*, ☎ 055 22 50 44 et 055 22 50 08.

Istituto Salesiano dell'Immacolata – *Via del Ghirlandaio 40*, ☎ 055 62 300.

Istituto San Francesco di Sales Conventino – *Viale Ariosto 13*, ☎ 055 22 41 90 et 055 22 41 17.

Istituto San Giovanni Battista (Sœurs de St-Jean-Baptiste) – *Villa Merlo Bianco, via di Ripoli 82,* ☎ *055 68 02 394.*

Istituto San Gregorio (Sœurs de l'ordre des Servantes de Marie) – *Via Bonaini 9,* ☎ *055 49 08 91.*

Istituto Santa Caterina (Sœurs de la Charité) – *Via Santa Caterina d'Alessandria 15,* ☎ *055 49 53 41 et 055 47 20 53.*

Istituto Santa Chiara (Sœurs du tiers ordre de St-François) – *Borgognissanti 56,* ☎ *055 21 59 15.*

Istituto Sant'Angela (Sœurs ursulines de la Ste-Famille) – *Via Fra' Bartolomeo 56,* ☎ *055 57 22 32.*

Istituto Sant'Anna (Filles de St-François) – *Via Lanzi 41/43,* ☎ *055 48 64 02.*

Istituto Sant'Elisabetta (Sœurs de Sainte-Élisabeth) – *Viale Michelangelo 46,* ☎ *055 68 11 884.*

Oasi del Sacro Cuore (Congrégation des Filles du Sacré-Cœur) – *Via della Piazzola 4,* ☎ *055 57 75 88.*

Pensionato San Filippo Neri (Pères oratoriens) – *Via dell'Anguillara 25,* ☎ *055 21 13 31 et 055 29 09 80.*

Scolopium – *Via Venezia 18b,* ☎ *055 57 52 43.*

Suore Oblate dello Spirito Santo – *Via Nazionale 8,* ☎ *055 23 98 202.*

Villa Agape (Sœurs de la Charité) – *Via Torre del Gallo 8,* ☎ *055 22 00 44.*

Villa I Cancelli (Sœurs ursulines) – *Via Incontri 21,* ☎ *055 42 26 001.*

Villa SS. Maria Assunta (Sœurs de la Rédemption) – *Via delle Forbici 38,* ☎ *055 57 76 90.*

Hôtels – Les suggestions dans cette tranche de prix sont très limitées. Toutefois, nous vous signalons :

Residenza Hannah e Johanna – *Via Bonifacio Lupi 14 –* ☎ *055 48 18 96, fax 055 48 27 21 – 11 chambres – cartes de crédit non acceptées.*
Les séjours dans cette résidence sont très agréables. On y remarquera un certain soin du détail jusqu'au domaine de la lecture (dans quelques chambres, une niche est réservée aux livres qui, comme les revues, sont partout présents). Ici, comme d'ailleurs dans sa « sœur » la Residenza Johanna, le petit déjeuner, sur un petit plateau, est déjà prêt dans la chambre. Excellente adresse en raison de sa situation (près de la Piazza S. Marco), de la sympathie manifestée et de la modération du prix.

Residenza Johanna (hors plan) – *Via delle Cinque Giornate 12 –* ☎ *et fax 055 47 33 77 – 6 chambres avec air conditionné – cartes de crédit non acceptées.*
Ce petit hôtel est discret et accueillant, comme il convient à Florence. On apprécie sa propreté, sa position isolée, même s'il se trouve un peu loin du centre-ville (une demi-heure à pied), ainsi que sa petite cour gravillonnée où l'on peut garer sa voiture (un privilège à Florence !). Formule « do-it-yourself » pour le petit déjeuner, dont les éléments essentiels sont préparés dans la chambre, sur un petit plateau.

VALEUR SÛRE

Villa Azalee – *Viale Fratelli Rosselli 44 –* ☎ *055 21 42 42 et 055 28 43 31, fax 055 26 82 64 – 24 chambres avec air conditionné.*
Une villa patricienne de 1860 accueille cet hôtel dont chaque chambre est meublée différemment, mais toujours dans le style florentin. Le jardin et le salon avec sa petite cheminée sont très appréciés.

Hôtel Villa Liberty – *Viale Michelangelo 40 –* ☎ *055 68 10 581 et 055 68 38 19, fax 055 68 12 595, e-mél : hotel.villa.liberty@dada.it – 14 chambres et 2 appartements avec air conditionné – cartes de crédit acceptées.*
Belle maison du début du 20e s., située sous les ombrages de la viale Michelangelo. Très appréciée des visiteurs désireux de loger à proximité de la ville et pour son atmosphère du début de siècle. Le style Liberty, qui a donné son nom à l'hôtel et dont le leitmotiv est un élégant iris stylisé, se retrouve dans les fresques, les plafonds, les têtes de lit et les appliques.

UNE PETITE FOLIE

J and J – *Via di Mezzo 20 –* ☎ *055 23 45 005, fax 055 24 02 82, e-mél : jandj@dada.it – 14 chambres et 5 appartements avec air conditionné – cartes de crédit acceptées.*
L'hôtel occupe un palais datant de 1600, dont les murs présentent des traces de fresques. L'ameublement, différent dans chaque chambre, s'associe au caractère ancien de la maison. La petite cour, où on savoure (réellement) le petit déjeuner, est charmante.

À la recherche d'une table typique

Pour savourer la cuisine toscane *(p. 52)* dans une ambiance spécifiquement florentine, le touriste cherchera l'un de ces restaurants aménagés en sous-sol appelés « buca » (caveau), que seule signale à l'attention une modeste porte basse et auxquels donne directement accès un escalier prenant départ au ras de la rue. Attention, le soir il est inutile d'essayer de dîner avant 19 h 30, car très peu d'établissements ouvrent avant cette heure-là.

« TRATTORIE » TOSCANES

Si vous aimez les ambiances rustiques et la cuisine authentique, nous suggérons l'**Acquacotta** *(via dei Pilastri 51r,* ☎ *055 24 29 07)*, établissement sans façon et pas cher.
Un établissement à l'ambiance jeune et agréable, l'**Acqua al 2** *(via della Vigna Vecchia 40r, à l'angle de la via dell'Acqua)* propose une grande variété d'entrées. Comme c'est bondé, réservez (☎ *055 28 41 701)*. Il vous en coûtera environ 50 000 L.
Autre adresse pour qui aime la cuisine typique : **Il Latini** *(via dei Palchetti 6r,* ☎ *055 21 09 16)*.
Près de S. Lorenzo, la **Trattoria Palle d'Oro** *(via Sant'Antonino 43-45r,* ☎ *055 28 83 83)* est un petit restaurant familial plus que centenaire. Compter environ 40 000 L.

CUISINE CASHER

Dans un cadre charmant, près de la synagogue, **Ruth's** *(via Farini 2/A)* permet de savourer la cuisine végétarienne casher (sur un fond musical klezmer) et de suivre les règles hébraïques. Très agréable (y compris le prix, très modéré). Il est préférable de réserver.

S'immerger dans la vie florentine

Circuler à bicyclette – C'est la meilleure solution pour visiter Florence, ville où le problème de la circulation est permanent. Certains hôtels louent des bicyclettes sur place. Pour satisfaire tous les cyclistes, l'association **Florence by bike** (site Internet : www.florencebybike.it) loue différents types de bicyclette et propose des circuits organisés, guidés par un leader (évidemment cycliste) qui commente la ville et les alentours.

Journaux – Le quotidien de Florence est *La Nazione*, où l'on trouve naturellement tous les programmes et horaires des spectacles et manifestations de la ville.
Firenze avvenimenti, dépliant mensuel disponible à l'office de tourisme via Cavour n° 1, offre au revers d'un plan de ville le programme des principales manifestations du mois en cours.

Soirées théâtrales – Florence reste une ville d'art même le soir, quand spectacles et concerts animent ses théâtres. Programmes dans *La Nazione* et les pages florentines des principaux quotidiens nationaux ainsi qu'auprès des théâtres eux-mêmes :

Teatro Comunale, corso Italia 12, ☎ 055 27 791

Teatro della Pergola, via della Pergola 102/31, ☎ 055 247 96 51

Teatro Verdi, via Ghibellina 101, ☎ 055 21 23 20

Flânerie à Florence

Achats et artisanat – Suivant les quartiers, on pourra trouver un artisanat très vivant, issu des traditions qui ont fait depuis le Moyen Âge la fortune de la ville. Dans les rues autour de Santa Croce se concentre le **travail du cuir** (vêtements, maroquinerie, objets habillés de cuir). Une partie des locaux du monastère de Santa Croce abrite, du reste, une école du cuir.
Le Borgo Ognissanti offre une jolie promenade où se succèdent boutiques de **broderies** et **antiquaires** ; on retrouve ces derniers également via de' Fossi, via de' Serragli et via Maggio. Quant à l'**orfèvrerie**, les plus belles boutiques se trouvent via de' Tornabuoni et sur le Ponte Vecchio, dont les échoppes aux minuscules vitrines contraignent les joailliers (que l'on voit parfois travailler à l'intérieur) à aligner leurs trésors en rangs serrés.
La **papeterie** est également une spécialité florentine, en particulier pour tous les décors réalisés « au peigne ». Ils sont obtenus en disposant des gouttes de peinture en suspension sur une cuve ; ces gouttes sont ensuite comme étirées au moyen d'un peigne pour dessiner des motifs marbrés, dont la beauté est également liée à l'harmonie de couleurs choisie. En y déposant très délicatement une feuille de papier le motif vient s'y imprimer.

La difficulté de la technique explique que les plus beaux motifs sont édités par photogravure et servent à recouvrir nombre d'articles cartonnés de bureaux. Alors que les articles de série sont en vente un peu partout dans la ville, les plus beaux papiers et articles dérivés (parfois personnalisés) sont en vente piazza della Signoria, via de' Tornabuoni et piazza Pitti.

Le travail de la soie, de la laine et des tissus, qui fit la grandeur et la réputation de la ville, se retrouve dans les belles boutiques de luxe du centre. Le touriste prendra ainsi plaisir à parcourir dans le prolongement du Ponte Vecchio l'artère formée par les rues Por Santa Maria, Calimala et Roma, ainsi que la via de' Calzaiuoli qui lui est parallèle : **boutiques de mode**, chausseurs, maroquineries s'y succèdent.

Les galeries de la Piazza della Repubblica

J.P. Langeland/DIAF

Il s'attardera ensuite dans les **librairies** près de l'Annunziata et via Cavour, explorera le **marché aux Puces** de la piazza dei Ciompi ou encore flânera sous la loggia du Marché Neuf, le long des arcades du piazzale degli Uffizi et aux abords de San Lorenzo, qu'animent les étals des marchands de souvenirs.

Cafés célèbres – Trois grands cafés se côtoient piazza della Repubblica. **Le Giubbe Rosse**, café littéraire fondé en 1890 que fréquentèrent Marinetti, Papini, Prezzolini, Campana, Gadda, Boccioni et Montale, maintient la tradition des gilets rouges *(giubbe rosse)* de ses serveurs. En face et côte à côte, on trouve **Paszkowski**, fondé en 1846 par un général polonais (le soir, orchestre en terrasse), et **Gilli**, établissement datant de 1733 à l'ambiance très évocatrice. Réputé pour son incomparable chocolat chaud (à déguster avec de la crème – *panna*), **Rivoire** *(piazza della Signoria)* conserve un beau décor intérieur style 18e s. Enfin, **Giacosa** *(via Tornabuoni, 83/r)*, où fut servi pour la première fois au début du 19e s. le cocktail Negroni, fut fondé en 1800.

Terrasse du Rivoire

G. Thouvenin/EXPLORER

Découvrir Florence

Prestigieuse cité d'art, reconnue comme l'une des plus brillantes d'Italie, Florence est surtout une terre de génie. Patrie de Dante et berceau de la langue italienne, elle demeure un foyer de civilisation où, dans la première moitié du 15e s., prirent vie l'Humanisme et la Renaissance, mouvements étroitement associés dont le rayonnement fut capital pour l'art et la pensée de toute l'Europe occidentale. Bâtie sur les rives de l'Arno, sertie dans un merveilleux paysage de collines idéalisé par une lumière ambrée et diaphane, elle occupe un **site**★★ admirable qui inspira nombre de peintres et d'écrivains.

Sa sévère beauté et ses rues étroites s'accommodent mal des trépidations d'un trafic intense ; mais, à qui sait oublier l'agitation qui règne jusque dans son centre historique, elle offre l'inestimable richesse de ses musées, de ses églises, de ses palais aux chefs-d'œuvre innombrables, la séduction de ses boutiques où l'élégance se fait raffinement, et le charme insurpassable de sa célèbre **campagne**★★★, la plus mesurée, la plus racée, la plus subtile qui se puisse concevoir, mi-don de la nature, mi-œuvre de l'homme, dont Anatole France disait que le dieu qui l'avait créée ne pouvait être qu'artiste et… florentin.

HEURES DE GLOIRE ET PÉRIPÉTIES

De son lointain passé, Florence n'a livré que de rares données et ne conserve que de modestes traces. Entre les 10e et 8e s. avant J.-C., les Italiotes auraient choisi d'habiter ce site, l'Arno y étant particulièrement étroit donc facile à traverser. Les Étrusques, qui préférèrent s'installer sur la hauteur à Fiesole, éclipsèrent ce premier peuplement.

Ce n'est qu'en 59 avant J.-C. que César y fonda une colonie, pour contrôler le passage de l'Arno et celui de la via Flaminia, qui reliait Rome au Nord de l'Italie et à la Gaule. Le nom de cette colonie fondée au printemps, Florentia, évoque les jeux floraux (*Ludi florales*) ou les champs fleuris (*arva florentia*).

On retrouve dans le centre historique le plan en damier du *castrum* romain, les via Roma et via Calimala épousant le tracé du *cardo* antique (artère Nord-Sud) et les via Strozzi et via del Corso celui du *decumanus maximus* (artère Est-Ouest) ; la piazza della Repubblica (aménagée à la fin du siècle dernier) s'étend, quant à elle, à l'emplacement de l'antique forum, tandis qu'à proximité de Santa Croce la via de' Bentaccordi et la via Torta trahissent toujours les contours de l'amphithéâtre romain.

Ascension d'une ville – Florence acquit de façon relativement tardive une autorité en Toscane, où Fiesole puis Lucques gardèrent longtemps sur elle la prééminence. Il faut attendre le début du 11e s. pour voir le comte Ugo, marquis de Toscane, transférer sa résidence de Lucques à Florence, où il fait construire la Badia (*voir p. 192*). Dans la seconde moitié du siècle, le pouvoir est entre les mains d'une femme de poigne, la comtesse Mathilde, qui, dans la lutte opposant à propos des Investitures l'empereur d'Allemagne Henri IV au pape Grégoire VII, prend les armes en faveur de ce dernier ; c'est dans l'une de ses places fortes, à Canossa (*détails dans le Guide Vert Italie*), qu'eut lieu entre les deux protagonistes l'entrevue restée fameuse pour l'humiliation que dut y subir l'empereur.

À cette époque seulement remontent les débuts de la puissance de Florence. Lorsque Mathilde meurt, en 1115, la ville s'est déjà donné une certaine indépendance qui ira en s'affirmant durant tout le 12e s. C'est l'époque où elle se pare de ces deux chefs-d'œuvre de l'art roman que sont l'église San Miniato al Monte et le Baptistère, l'époque où elle anéantit sa rivale Fiesole (1125), et surtout celle où la bourgeoisie d'affaires, qui fera connaître à la ville une prospérité inouïe durant plusieurs siècles, vient s'ajouter aux deux classes qui présidaient alors à la vie de la cité, le clergé et l'aristocratie favorables à l'empereur.

Moyen Âge : une commune prospère quoique divisée

La puissance de l'argent – On assiste au développement des métiers qui s'organisent en puissantes corporations ou « **Arti** », sur qui va reposer en fait le pouvoir législatif lorsque, à la fin du 12e s., Florence s'érige en Libre Commune (*voir p. 25*). Au 13e s., la ville connaît un extraordinaire essor économique, qu'alimente son industrie lainière à laquelle viendra plus tard s'adjoindre celle de la soie. Elle compte officiellement à cette époque sept « Arts majeurs », cinq « Arts moyens » et neuf « Arts mineurs » (*voir encadré*). Au siècle suivant, l'Arte della Lana, dont on peut voir encore le palais à proximité de l'église Orsanmichele (*voir p. 190*) et l'Arte di Calimala, qui se consacrent, la première au travail et au tissage de la laine, la seconde à la finition d'étoffes d'importation, emploient environ le tiers de la population de la cité et exportent des draps hautement réputés dans tous les grands centres d'affaires d'Europe (Gênes, Venise, Paris, Londres, Bruges, Barcelone), et jusque dans l'Orient musulman.

Outre ces artisans et ces marchands, une troisième catégorie de Florentins contribue à la fortune de la ville. Succédant aux prêteurs lombards et juifs, les **banquiers** de Florence acquièrent une renommée qui va gagner toute l'Europe. Dès 1199, ils sont en relation avec l'Angleterre. En 1262, ils créeront les premières lettres de change, qui donneront une poussée considérable au commerce florentin et européen. À peu près à la même époque est émis le célèbre **florin** d'or, sur une face frappé du lys de Florence, sur l'autre marqué à l'effigie de saint Jean Baptiste, patron de la ville ; cette monnaie, qui va prendre valeur internationale, ne sera éclipsée que vers la fin du 15e s. par le ducat vénitien. La tradition bancaire sera perpétuée par les Bardi-Peruzzi, qui avanceront à Édouard III d'Angleterre d'énormes sommes au début de la guerre de Cent Ans. Sur la scène du monde de la finance, les Pitti, les Strozzi, les Pazzi, les Médicis tiendront avec eux les premières places.

Les luttes intestines : Guelfes et Gibelins – Ce « miracle » économique ne laisse d'étonner, si l'on évoque les antagonismes violents qui, à cette époque, mirent la ville en butte aux attaques de plusieurs autres cités importantes de Toscane, et dressèrent les uns contre les autres les Florentins eux-mêmes.

Les « Arts » à Florence à la fin du 13e s.

La classification en « Arts » majeurs, moyens et mineurs s'est établie entre 1282 et 1293. Au départ il n'y avait qu'un Art, celui des marchands, qui prit le nom de la rue où ils étaient installés : Calimala. Peu à peu, les différents métiers s'organisèrent et s'érigèrent au titre d'art arborant alors un blason. Les **Sept Arts Majeurs** incluent Calimala et comprennent les métiers les plus nobles de la société florentine. Ils sont détaillés ci-contre avec leurs blasons.

Calimala :
drapiers et grands
commerçants.

Arte della Lana :
les Lainiers.

Arte di Por
Santa Maria :
les Soyeux.

Médecins
et apothicaires.

Changeurs.

Fourreurs
et pelletiers.

Juges
et notaires.

Les **cinq Arts moyens** regroupaient les fabricants d'épées et de cuirasses, les serruriers, les chaussetiers, les bourreliers et selliers, et les tanneurs et corroyeurs.

Enfin, parmi les **neuf Arts mineurs**, on trouvait les lingers et fripiers, les forgerons, les maçons et charpentiers, les menuisiers, les fourniers et boulangers, les bouchers, les marchands de vin, les marchands d'huile et les hôteliers.

Au 13e s. apparaissent Guelfes, partisans du pape, et Gibelins, soutiens de l'empereur *(voir encadré p. 26)*. Les Guelfes, tout d'abord vainqueurs, chassent les Gibelins, qui s'allient à d'autres cités ennemies de Florence, Sienne notamment, et battent à leur tour les Guelfes, en 1260, à Montaperti *(voir p. 281)*. Malgré leur écrasante défaite, les Guelfes se ressaisissent et, en 1266, triomphent définitivement de leurs ennemis. Cette ultime victoire entraîne une modification considérable du centre de la ville, les vainqueurs procédant alors à une démolition systématique des nombreuses maisons-tours que les nobles gibelins y avaient fait élever.

Les Guelfes installent alors à Florence, devenue République, le gouvernement de la Signoria, où siègent les Prieurs des Arts *(voir p. 132)*, et dotent la ville d'une constitution démocratique.

Puis une division s'établit entre **Guelfes noirs** et **Guelfes blancs**, ces derniers faisant dissidence d'avec la papauté. Du parti des Blancs, Dante vécut cette tragédie qui, en janvier 1302, lui valut d'être définitivement exilé de sa ville natale.

En 1348, la grande peste qui emporta plus de la moitié des habitants de Florence mit fin à cette scission.

La révolte des Ciompi – Comme toujours quand la situation économique devient critique, même dans la Florence du 14e s., les travailleurs les plus pauvres (n'ayant déjà plus rien à perdre) se révoltent en raison de leurs conditions de travail toujours plus misérables. Il leur était interdit d'entrer dans une corporation, de faire partie d'une confrérie et de participer à la vie politique. Ils étaient contrôlés par un officier étranger, qui devait s'assurer, souvent par la manière forte, qu'ils ne contrevenaient pas à l'interdiction d'association.

SCALA/Biblioteca Laurenziana

Échoppe d'un marchand de légumes et légumineuses au 14e s.

Aux tensions économiques s'ajoutèrent des tensions politiques. Pendant la guerre entre la Commune et la papauté (1375-1378), les bourgeois recherchèrent l'appui du petit peuple pour faire contrepoids aux nobles plus conservateurs, qui souhaitaient la paix avec le pape.

En 1377, la production de la laine connut également une période difficile. L'année suivante, quelques représentants de la bourgeoisie, coalisés avec le petit peuple, prirent le pas sur les Guelfes. Les salariés, espérant en retour obtenir les droits fondamentaux qui leur étaient niés, demandèrent alors la création d'une corporation où pouvoir être reconnus, la disparition de l'officier étranger et une augmentation de salaire. Le 21 juillet 1378, ils surenchérirent, exigeant que la fonction de gonfalonier, c'est-à-dire d'officier de justice et donc de chef du gouvernement communal, soit dévolue à un *ciompo* (cardeur de laine). Cette demande mit le feu aux poudres... Le chef des ciompi, Michele di Lando, parvint à prendre le pouvoir et devint gonfalonier. Pendant quatre ans, le pouvoir resta aux mains des humbles, mais en 1382 Michele di Lando s'allia aux familles les plus fortunées de Florence et devint l'artisan de la répression. L'idée d'une corporation des Ciompi fut définitivement balayée et le pouvoir passa aux mains d'une oligarchie.

Les Médicis : d'un pouvoir officieux au grand-duché de Toscane

Cette famille d'origine obscure et terrienne dont on trouve dans la Florence du 14e s. plusieurs membres, anonymes marchands et modestes « changeurs », donna à cette ville pendant près de trois siècles ses maîtres, d'abord officieux, puis officiels. Certains d'entre eux jouèrent dans le destin de leur ville un rôle capital ; plusieurs exercèrent dans la vie des lettres, des arts et des sciences de leur époque une considérable influence ; presque tous furent de grands collectionneurs.

Le « Siècle des Médicis » – **Giovanni di Bicci**, le fondateur de la « dynastie », homme circonspect et prudent, était à la tête d'une banque prospère et avait été dans sa ville un citoyen de premier plan lorsqu'il mourut en 1429.

Son fils, **Cosme l'Ancien**, le « Grand marchand de Florence », comme son père homme effacé et doté d'une extraordinaire intelligence des affaires, fait de l'entreprise familiale la plus importante de Florence, alliant à l'industrie de la laine et de la soie le commerce « international » et les activités bancaires, traitées à une échelle européenne. Lorsqu'il arrive au « pouvoir » à l'âge de 40 ans, la prospérité de Florence, qui s'est acquis plusieurs villes de Toscane et qui, avec la reddition de Pise en 1406, est devenue une puissance maritime, a atteint son apogée. Menant une vie austère et sans pratiquement assumer de charges officielles, il va se comporter en homme d'État et exercer pendant plus de trente ans une sorte de règne. Il place aux fonctions clés des hommes à lui tout dévoués, contraint à l'exil (qu'il avait lui-même subi en 1433 durant une année) et ruine les grandes familles qui lui sont hostiles, conduit par pouvoir interposé une politique extérieure prudente mais ferme (il met un frein à l'expansion de Venise), et, pour Florence, soucieuse de paix. Mais il mêle aussi parfois aux intérêts généraux ceux de sa famille. Son mérite le plus grand reste toutefois d'avoir pratiqué un actif mécénat et d'avoir, bien que lui-même sans grande culture, favorisé l'épanouissement de l'Humanisme et protégé les arts, réunissant autour de lui le « Tout Florence » des intellectuels et des artistes (le philosophe Marcile Ficin, le poète Politien, Brunelleschi, Donatello, les Della Robbia, Paolo Uccello, Filippo Lippi, Andrea del Castagno, Benozzo Gozzoli, Fra Angelico…). Il fonde l'Académie platonicienne et plusieurs bibliothèques, dont la célèbre Laurentienne *(p. 164)*. Passionné de constructions, il fait édifier ou embellir de nombreux monuments et se lie d'amitié avec l'architecte Michelozzo. À sa mort en 1464, les Florentins font graver sur sa tombe l'inscription *Pater Patriae* (« Père de la Patrie »).

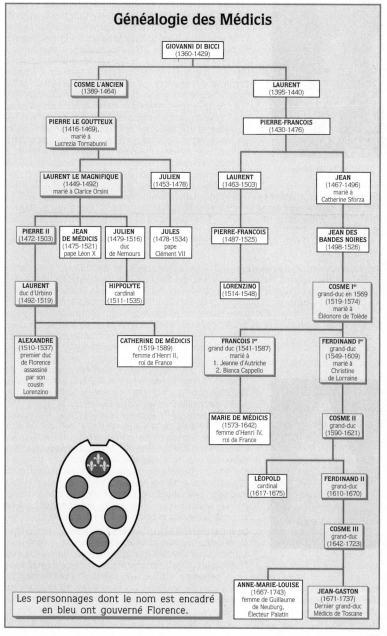

Généalogie des Médicis

GIOVANNI DI BICCI
(1360-1429)

COSME L'ANCIEN
(1389-1464)

LAURENT
(1395-1440)

PIERRE LE GOUTTEUX
(1416-1469),
marié à
Lucrezia Tornabuoni

PIERRE-FRANCOIS
(1430-1476)

LAURENT LE MAGNIFIQUE
(1449-1492)
marié à Clarice Orsini

JULIEN
(1453-1478)

LAURENT
(1463-1503)

JEAN
(1467-1496)
marié à
Catherine Sforza

PIERRE II
(1472-1503)

JEAN DE MÉDICIS
(1475-1521)
pape Léon X

JULIEN
(1479-1516)
duc
de Nemours

JULES
(1478-1534)
pape
Clément VII

PIERRE-FRANCOIS
(1487-1525)

JEAN DES BANDES NOIRES
(1498-1526)

LAURENT
duc d'Urbino
(1492-1519)

HIPPOLYTE
cardinal
(1511-1535)

LORENZINO
(1514-1548)

COSME Ier
grand-duc en 1569
(1519-1574)
marié à
Éléonore de Tolède

ALEXANDRE
(1510-1537)
premier duc
de Florence
assassiné
par son
cousin
Lorenzino

CATHERINE DE MÉDICIS
(1519-1589)
femme d'Henri II,
roi de France

FRANCOIS Ier
grand duc (1541-1587)
marié à
1. Jeanne d'Autriche
2. Bianca Cappello

FERDINAND Ier
grand-duc
(1549-1609)
marié à
Christine
de Lorraine

MARIE DE MÉDICIS
(1573-1642)
femme d'Henri IV,
roi de France

COSME II
grand-duc
(1590-1621)

LÉOPOLD
cardinal
(1617-1675)

FERDINAND II
grand-duc
(1610-1670)

COSME III
grand-duc
(1642-1723)

ANNE-MARIE-LOUISE
(1667-1743)
femme de Guillaume
de Neuburg,
Électeur Palatin

JEAN-GASTON
(1671-1737)
Dernier grand-duc
Médicis de Toscane

Les personnages dont le nom est encadré en bleu ont gouverné Florence.

Son fils aîné, Pierre Ier de Médicis, dit **Pierre le Goutteux**, de nature maladive, n'avait hérité ni son savoir-faire politique, ni son génie des affaires. Il ne lui survécut que cinq ans, et s'allia, en la personne de Lucrezia Tornabuoni, à l'une des plus grandes familles de Florence.

Le fils cadet de Pierre, **Julien**, assassiné en 1478 à l'âge de vingt-cinq ans lors de la conjuration des Pazzi (*voir p. 126*), les peintres, dont Botticelli, ont transmis à la postérité l'image d'un jeune homme d'une beauté qui fait exception chez les Médicis ; la femme qu'il aima, Simonetta Vespucci, morte elle aussi très jeune, servit sans doute de modèle à ce maître de la Renaissance florentine pour sa célèbre *Vénus (aujourd'hui aux Offices)* et fut aussi portraiturée par Piero di Cosimo, dans l'un des plus séduisants tableaux que possède le musée de Chantilly.

Il n'en est pas de même du frère aîné de Julien, **Laurent le Magnifique** (1449-1492), splendide de laideur intelligente et qui fut le plus prestigieux des Médicis. Il avait tout juste vingt ans à la mort de son père, lorsqu'il prit, toujours de façon occulte, la tête des

affaires de Florence. Moins discret que ses prédécesseurs, il s'y imposa comme un prince et y exerça un pouvoir plus personnel. Il se distingua par une diplomatie habile et réussit, comme son grand-père, à conserver la place prépondérante de Florence en Italie et à maintenir entre le pape et les différents États un équilibre qui lui valut le surnom d'« aiguille de la balance ». En revanche, il fit preuve de grandes défaillances dans la gestion des affaires commerciales et bancaires que lui avaient léguées son ancêtre et conduisit à la ruine l'empire financier des Médicis. Sa mansuétude fut loin d'égaler celle de ses père et grand-père, et il exerça, notamment à la suite de la conjuration des Pazzi, une impitoyable et cruelle répression. Personnalité fascinante, faite d'hédonisme et de réalisme politique, froidement calculatrice et intransigeante, mais d'une grande sensibilité artistique et éprise au plus haut point d'humanisme, il est surtout passé à la postérité comme l'incarnation de la Renaissance. Amoureux des lettres, il versifiait lui-même avec talent et ses amis, peintres, philosophes,

Laurent le Magnifique

poètes, qui constituaient sa « cour » l'appelaient familièrement Lauro (« laurier »).

Les deux frères donnèrent à la chrétienté deux papes en la personne de **Léon X** (1475-1521), fils cadet de Laurent, et de **Clément VII** (1478-1534), enfant illégitime de Julien.

La mort du « Magnifique » fut ressentie dans toute l'Europe et marqua la fin du « siècle des Médicis ».

La parenthèse de Savonarole – D'origine ferraraise, le dominicain Savonarole (1452-1498), devenu prieur du couvent de St-Marc, va provoquer la chute des Médicis, profitant d'une période troublée où les Florentins s'émeuvent de voir s'effriter les institutions républicaines et où la France et l'Espagne s'affrontent pour l'hégémonie en Europe. Ce moine fanatique et ascétique est l'antithèse des Florentins, artistes et amoureux de la vie ; ceux-ci n'en subissent pas moins son ascendant lorsque, en 1493, il tonne en chaire de Santa Maria del Fiore contre les plaisirs des sens et l'attention portée aux arts, avec une terrifiante véhémence.

Il fait expulser Pierre II de Médicis (Piero il Fatuo, fils de Laurent, dont la petite-fille, Catherine, sera reine de France), à qui il reproche sa lâcheté à l'égard des Français. Mais, c'est sans réserve que lui-même, en 1494, accueille Charles VIII à Florence.

En cette période de plus en plus troublée, Machiavel, alors secrétaire de la Chancellerie, s'inquiète de voir Florence incapable de faire front à la rébellion de villes comme Pise, Arezzo, Pistoia, et aux menaces que font peser sur elle les puissances européennes.

En 1497, Savonarole organise sur la piazza della Signoria un « bûcher des vanités », où sont brûlés masques, perruques, instruments de musique, livres de poésie, œuvres d'art. Une année plus tard, au même endroit, s'élèvera le bûcher qui lui est destiné.

Le retour des Médicis – Après plusieurs soulèvements du peuple et plusieurs retours éphémères, les Médicis, soutenus par Charles Quint, reprennent possession de Florence en 1530, comme maîtres officiels cette fois, en la personne d'Alexandre, arrière-petit-fils de Lau-

Savonarole

rent, qui prend le titre de duc de Florence. Mais celui-ci tombe, en 1537, sous les coups de son cousin Lorenzino, le Lorenzaccio de Musset, de la branche cadette des Médicis. C'est à cette branche, elle aussi issue de Giovanni di Bicci, que va revenir le pouvoir.

Cosme Ier (1519-1574) est le fils du condottiere Jean des Bandes Noires (lui-même arrière-petit-fils du frère de Cosme l'Ancien). Lorsqu'il est porté au pouvoir, il n'a que dix-huit ans, mais très vite s'affirment en lui des qualités d'homme d'État. Volontaire, résolu, organisé, doué d'un grand sens politique, il va s'imposer par sa fermeté sans faille, sa compétence et sa sagesse. Le régime qu'il instaure est autoritaire tant sur le plan administratif que policier. Il va toutefois redonner à Florence un éclat perdu et lui faire connaître une prospérité nouvelle. Il crée un État toscan dont il contrôle lui-même toute la « machine ».

En 1555, il soumet Sienne, achevant ainsi (à une ville près, Lucques) l'unité de la Toscane, qui sera érigée en grand-duché en 1569. Un autre de ses mérites est de s'être efforcé de tenir son état à l'abri des prétentions extérieures (celles de Charles Quint puis de Philippe II d'une part, de la papauté d'autre part). Continuant la tradition de la branche aînée de la famille, il fut lui aussi un mécène et protégea des artistes comme les sculpteurs Jean Bologne et Benvenuto Cellini, ainsi que le peintre Bronzino. Il avait épousé, en 1539, la fille du vice-roi de Naples, **Éléonore de Tolède**, intelligente et belle, qui lui donna onze enfants, et dont Vasari et Bronzino nous ont laissé des portraits glacés.

Le premier d'entre eux à régner fut François I er (1541-1587), qui fut plus passionné de sciences et d'alchimie qu'avide de pouvoir, mais fit montre d'une extrême fermeté à l'égard de tout opposant. Il épousa Jeanne d'Autriche, fille de l'empereur Maximilien, dont il eut une fille, Marie, future reine de France. Mais il est surtout resté célèbre pour ses amours d'abord illégitimes puis officialisées avec la Vénitienne Bianca Cappello que, devenu veuf, il finit par épouser et avec qui il connut une fin tragique, dans sa villa de Poggio a Caiano (voir ce nom).

Son frère cadet, **Ferdinand I**er (1549-1609), le dernier Médicis d'envergure, aimable et actif, sut faire prospérer son État. Il épousa une princesse française, Christine de Lorraine. Avec ses descendants, Cosme II, Ferdinand II, Cosme III, et enfin, le dernier, Jean-Gaston, désabusé et débauché, se précipita la décadence du grand-duché de Toscane.

L'ultime survivante de la lignée de cette famille d'exception fut en fait Anne-Marie-Louise, sœur de Jean-Gaston, qui avait épousé l'électeur palatin et qui mourut en 1743, laissant Florence, par son expresse volonté, riche des inestimables trésors qu'avaient accumulés ses ancêtres.

L'« après-Médicis »

Le grand-duché passe ensuite aux mains de François de Lorraine, époux de l'impératrice Marie-Thérèse. Leurs descendants le détiendront jusqu'au traité de Lunéville (1801), où Napoléon l'érige en royaume d'Étrurie (1801-1807) avec pour capitale Florence, avant de faire de la ville le chef-lieu du département français de l'Arno (1807-1809) puis de rétablir le grand-duché, à la tête duquel il place sa sœur Élisa, également princesse de Lucques et de Piombino (voir Lucca) ; cette dernière dut quitter Florence en 1814.

Les Habsbourg-Lorraine reviennent alors et demeurent grands-ducs de Toscane jusqu'en 1859.

Conquise en 1860 par la Maison de Savoie, Florence sera incorporée au royaume d'Italie, dont elle assumera le rôle de capitale de 1865 à 1870.

L'ATELIER DU BORD DE L'ARNO

Du 13e au 16e s., du hiératisme byzantin au maniérisme décadent, Florence vit une extraordinaire floraison des arts visuels dont l'apogée se situe au siècle des Médicis.

Peinture, une exceptionnelle palette d'artistes

Les caractères de l'école florentine sont la recherche de la beauté de la forme, le souci d'évoquer une nature idéalisée, le goût pour la composition équilibrée, l'importance attachée à la perspective.

Les prémices de la Renaissance – Le premier qui orienta la peinture florentine et toscane dans cette voie fut **Cimabue** (1240-1302). Encore fidèle à l'école byzantine, dont il conserve les traitements linéaires, presque hachurés, des draperies et une absence de fond tridimensionnel, il humanise sa peinture en donnant une expressivité aux visages et suggérant le volume des corps par un certain modelé.

Son élève et successeur, **Giotto** (1266-1337), se libère de cette tradition en recherchant la vérité plastique de ses figures : il s'attachera à peindre des volumes dans des espaces concrets, à décrire des scènes (et non de simples Maestà ou crucifix) avec un rendu du mouvement et une expressivité nécessaires à leur compréhension et à leur vérité figurative (voir les fresques de la vie de saint François à Santa Croce). Néanmoins il ne se soucie pas encore de transcrire la réalité pour elle-même (volume, espace, expression) mais pour la lisibilité du sujet décrit. Ses moyens sont résolument limités : un arbre et un rocher suggèrent un paysage, les personnages portent de grands drapés pour créer des volumes solides, les expressions (visage et gestuelle) doivent concourir à concentrer le regard sur le point central d'une composition. Les éléments ne sont donc pas peints pour leur vérité individuelle mais pour la vérité du tableau dans son ensemble.

Parmi ses successeurs, **Taddeo Gaddi**, **Maso di Banco** (dit Giottino) et **Bernardo Daddi** ne surent pas conserver l'esprit héroïque de leur maître, affadissant son art par des œuvres plus colorées et riches de détails minutieux.

Retour à des modèles antérieurs – La deuxième moitié du Trecento voit la peinture florentine (et toscane) sombrer dans une période de crise, qui toucha en profondeur toute la société suite aux ravages de la peste de 1348. **Andrea da Firenze** réalisa vers 1365 les fresques de la chapelle des Espagnols (dans le cloître de S. Maria Novella), optant pour une composition non plus réaliste et narrative mais bouillonnante d'animation et dogmatique, caractéristique du Duecento. **Orcagna** (actif de 1344 à 1368), dont l'œuvre nous est parvenue de façon très lacunaire, travailla dans le même esprit (musée de Santa Croce et retable à S. Maria Novella).

À la fin du 14e s., le style narratif revint mais fleuri des joliesses du gothique international que Sienne chérissait et diffusait alors en Toscane, forte de sa puissance bancaire : **Agnolo Gaddi** (vers 1345-1396), fils de Taddeo, et **Lorenzo Monaco** (vers 1370-après 1422) travaillèrent dans ce sens. Ce dernier, moine camaldule à Florence, fut d'abord enlumineur de manuscrits avant de réaliser des retables où il exprima une suavité toute gothique. **Masolino da Panicale** (1383-1447), le maître de Masaccio, quoique fidèle aux finesses décoratives siennoises, se soucia davantage d'exprimer les volumes et l'espace.

Perspective, volume et structure, une révolution dans le dessin – Précurseur dans le domaine des raccourcis, **Masaccio** (1401-1428) étudia véritablement la profondeur de l'espace et le jeu de la lumière sur le rendu des volumes. Aidé de son ami Brunelleschi, il fut le premier à définir une perspective architecturale rigoureuse et scientifique, introduisant ainsi la peinture parmi les disciplines bouleversées par l'esprit de la Renaissance. Dans le dépouillement de son art et la fermeté de ce qu'il décrit, Masaccio, comme son prédécesseur Giotto, peint une réalité objective, paisible et sûre d'elle-même *(voir illustration p. 180)*.

Cette volonté d'exprimer la structure des volumes atteint son paroxysme avec **Paolo Uccello** (1397-1475) et **Andrea del Castagno** (1423-1457). Le premier épure les formes, les fait rouler dans la lumière au point d'utiliser la couleur de façon presque abstraite *(voir ses fresques au Chiostro Verde de Santa Maria Novella et son retable de la Bataille de San Romano aux Offices)* ; le second, lui, exprime la puissance du volume avec une telle tension qu'il semble pétrifier ses figures *(Cène de Sant'Apollonia)*. Ces deux dessinateurs dans l'âme, touchant quasiment à l'irréel, réalisèrent l'un et l'autre des trompe-l'œil de sculptures *(voir à Santa Maria del Fiore et aux Offices)* où leur rendu un peu figé trouve un chemin de vérité.

Les peintres de la lumière et de la couleur – À l'opposé de ce courant, des peintres acquis à la circulation de l'espace – mise en place par Masaccio – restent néanmoins attachés aux agréments des couleurs tendres, des ornementations détaillées ou des compositions denses. L'arrivée vers 1435 du Vénitien **Domenico Veneziano** (vers 1400-1461) les aida à trouver une voie médiane entre les dessinateurs solides de la première Renaissance et la manière gothicisante des héritiers du Trecento. Il fit découvrir aux artistes florentins (qui maîtrisaient la fresque et la peinture a tempera) la technique de l'huile et la possibilité d'organiser l'espace, de l'aérer grâce à une couleur lumineuse, légère et fluide. Il conforta ainsi dans leur manière des peintres enclins à la douceur, tel le dominicain **Fra Angelico** (1387-1455 – *voir encadré p. 168*), formé par Lorenzo Monaco *(voir illustration p. 169)* : respectant la perspective et utilisant le nouveau vocabulaire architectural inspiré de l'antique, celui-ci préserva une esthétique d'une extrême fraîcheur embellie d'or, de brocarts et de perles.

Alessio Baldovinetti (vers 1425-1499), élève de Domenico Veneziano, allia à son dessin clair et soigné, un goût pour d'amples paysages et des couleurs délicates.

Les peintres conteurs – Issus de ce courant de la grâce sereine et descriptive, certains artistes se plurent à explorer le champ du narratif au point de se complaire dans l'anecdotique. **Benozzo Gozzoli** (1420-1497) retint de son maître Fra Angelico, le goût des couleurs lumineuses et du détail exquis ; mais son charme naît d'une volubilité d'esprit gothicisant qui enrichit jusqu'au fourmillement des compositions pourtant fermement campées *(illustration p. 166)*. Par la suite, **Domenico Ghirlandaio** (1449-1494 – *voir encadré p. 191*) excella dans le style descriptif jusqu'à devenir un chroniqueur de la société florentine du dernier quart du Quattrocento. Son dessin tranquille allié à des compositions claires se plut à décrire costumes et détails domestiques *(illustration p. 173)* ainsi que de profonds paysages à l'exemple des Flamands.

Il est vrai que l'arrivée à Florence du triptyque Portinari de Hugo Van der Gœs en 1482 *(conservé aux Offices)* eut un important retentissement parmi les artistes de cette époque. Outre la technique de l'huile, dont ils avaient vu encore peu d'exemples, ils retinrent le réalisme des personnages et des arrière-plans.

Encore moins soucieux que Ghirlandaio des agréments de la couleur, **Antonio Pollaiolo** (1431-1498) – et dans son sillage son frère **Piero** (1443-1496) – fut un dessinateur vigoureux issu de Castagno. À la différence des peintres de son temps et de

Cimabue - *Maestà* (Offices).

Giotto - *Mort de
saint François* (Santa Croce).

Andrea da Firenze - *L'Église militante* (Santa Maria Novella, chapelle des Espagnols).

Paolo Uccello
Giovanni Acuto
(Santa Maria del Fiore).

Antonio Pollaiolo
Hercule et l'hydre de Lerne (Offices).

SCALA

l'humanité sage, sereine voire solide qu'ils représentaient, Antonio s'intéressa au mouvement, aux contorsions du corps et de l'esprit, et même à la sinuosité des décors. Ses compositions sont dynamiques *(illustration page précédente)*.

Les peintres de la grâce – Dernier courant de la peinture du Quattrocento, celui de la beauté suave et légère toute de pureté, d'innocence et de délicatesse. Curieusement ce fut **Filippo Lippi** (1406-1469 – *voir encadré p. 260*) qui ouvrit cette voie, moine défroqué et disciple de Masaccio, dont il acheva les fresques de la chapelle Brancacci au Carmine. Ses Vierges sages portant des voiles transparents annoncent celles de son élève Botticelli, maître de son fils **Filippino Lippi** (1459-1504).

Marquant l'apogée (et même le déclin) de la première Renaissance, **Sandro Botticelli** (1444-1510 – *voir encadré p. 140*) se caractérise par sa sensualité, mais on reconnaît dans son trait fin et incisif, dans son sens du décor et du paysage, dans la gestuelle soignée de ses personnages que prolongent des draperies bouillonnantes ou des voiles animées par une brise légère, tout l'acquis de son siècle.

Mais avec lui, une page se tourne et les tourments qui le frappèrent après la mort de Laurent le Magnifique, les remords qui le harcelèrent en adhérant aux thèses de Savonarole, montrent la fin de l'humanisme serein de cette époque.

Les maîtres de la seconde Renaissance – Bien qu'elle atteignît sa maturité essentiellement à Rome, la seconde Renaissance prit racine à Florence dans les ateliers des artistes du Quattrocento.

Léonard de Vinci (1452-1519) fit en effet ses premières armes chez le peintre bronzier Verrocchio *(voir ci-dessous)*, **Michel-Ange** (1475-1564) chez Ghirlandaio tandis que l'Urbinate **Raphaël** (1483-1520) suivit, très jeune, son maître **le Pérugin** dans la cité des Médicis, où ce dernier réalisa de nombreuses œuvres caractéristiques de sa grâce lascive *(voir sa Crucifixion du couvent de la Maddalena dei Pazzi, p. 195)*.

Léonard *(voir encadré p. 310)* fit merveilleusement la synthèse de l'art de ses prédécesseurs tout en enrichissant la peinture de ses connaissances dans les diverses disciplines du savoir. Son œuvre peint *(voir salle 15 des Offices)* veut exprimer une beauté parfaite, dépouillée des imperfections de la nature et rendue présente par la maîtrise technique : perfection du paysage, de la composition, de l'équilibre des couleurs, de la perspective architecturale et de la perspective atmosphérique (grâce au *sfumato*, qui estompe les contours et baigne les arrière-plans d'une lumière bleutée). Avec sa fresque de la *Bataille d'Anghiari* au Palazzo Vecchio *(voir Anghiari)*, malheureusement perdue, il prouva sa capacité à organiser une composition très complexe et à maîtriser l'anatomie humaine.

Seul Michel-Ange put rivaliser avec lui *(voir Cascina)*, bien que convaincu que l'art suprême – apte à exprimer une nature parfaite – n'était pas la peinture mais la sculpture. Raphaël, enfin, rechercha également dans la lignée de ces maîtres la beauté pure : à la manière de Pérugin d'abord, par la douceur et l'équilibre, puis en s'aidant du *sfumato* de Léonard et enfin en acquérant la maîtrise anatomique de Michel-Ange et la vigueur de son rendu.

Classicisme et maniérisme – À l'ombre de Léonard de Vinci et de Raphaël, le dominicain **Fra Bartolomeo** (1475-1517), disciple de Savonarole, et Andrea del Sarto (1486-1531) furent les représentants du « classicisme florentin », dernière expression de la Renaissance à part entière, quêtant l'essence même du beau. Brillant coloriste et adepte du *sfumato* comme Fra Bartolomeo, **del Sarto** ouvrit la voie au maniérisme en s'intéressant dans certaines de ses œuvres à l'expression des sentiments *(voir illustration p. 194)*. Les tourments de l'âme prirent alors le dessus sur la plénitude de la beauté et l'impression d'éternité qui lui est attachée.

Son élève **le Pontormo** (1494-1556) laissa s'exprimer son naturel inquiet dans des compositions tourmentées, des attitudes sinueuses et des coloris délavés qui touchent profondément le spectateur (*Déposition* de S. Felicità et *Visitation* de Carmignano). L'œuvre peint de Michel-Ange (qui avait déjà réalisé la voûte de la Sixtine entre 1508 et 1512) eut un énorme impact sur cette génération : la puissance de ses figures humaines, leurs positions sculpturales jouant souvent sur la torsion du buste et enfin ses couleurs claires furent imitées et dérivèrent selon la sensibilité de l'artiste.

Giovanni Battista de Rossi, dit **le Rosso** (1494-1540) révéla son anxiété maladive dans des compositions torturées, des figures allongées et des coloris stridents. Invité en France par François Ier, il acheva sa carrière à Fontainebleau.

La deuxième génération maniériste se détache de cette sensibilité pathétique incontrôlée pour au contraire se retenir dans une solennité presque douloureuse. Il **Bronzino** (1503-1572), qui se forma auprès du Pontormo, fut le portraitiste officiel du grand-duché après 1539 ; il s'attacha à représenter la vérité psychologique et la beauté des costumes de ses modèles (voir aux Offices : *Cosme Ier, Éléonore de Tolède* et *Lucrezia Panciatichi*). Son dessin vigoureux et un peu froid, ses tons clairs restent sous l'influence de Michel-Ange.

Enfin **Vasari**, précieux historien de l'art italien de Cimabue jusqu'à son époque, fut également le peintre de la cour médicéenne, réalisant tous les grands décors du Palazzo Vecchio : allégories, tableaux historiques et mythologiques qui malheureusement enferment la peinture florentine dans l'académisme.

Raphaël
Vierge au Chardonneret
(Offices).

Bronzino
Lucrezia Panciatichi
(Offices).

Le Rosso
Déposition
(Pinacothèque
de Volterra).

Léonard de Vinci - *Annonciation* (Offices).

SCALA

Architecture et sculpture, la mesure dans la grandeur

Les architectes ont créé un style fait de mesure dans la grandeur : proportions harmonieuses et décor géométrique en marbre de couleur pour les édifices religieux, massif appareil en bossages et corniche débordante pour les palais *(pour l'architecture civile, voir le chapitre Rues et demeures d'autrefois, p. 184)*.

Le Moyen Âge – De l'époque romane datent les deux magnifiques monuments que sont le baptistère San Giovanni et l'église San Miniato al Monte. Par leurs volumes simples (plan centré pour San Giovanni et plan basilical articulé autour du carré et du cube pour San Miniato) et par leur décor géométrique de marbres de couleurs harmonieusement agencés, ces édifices définissent ce qu'on appelle la **proto-Renaissance**. Ils annoncent directement de grandes œuvres de la Renaissance comme la façade d'Alberti à Santa Maria Novella et les préoccupations de construction rationnelle de l'espace autour de volumes purs basés sur la ligne droite et l'arc en plein cintre, communs aux modèles antiques. Pourtant l'époque gothique apporta sa contribution à la physionomie actuelle de la ville : la floraison des nouveaux ordres religieux suscita la construction dans ce style de Santa Maria Novella pour les dominicains, Santa Croce pour les franciscains, Santa Annunziata pour les servites, Ognissanti pour les humiliates, Santo Spirito pour les augustins, la Trinité pour les vallombrosiens et le Carmine pour les carmélites (certains de ces monuments furent toutefois passablement transformés au cours des siècles qui suivirent).

Les grands maîtres d'œuvre du gothique furent d'une part **Arnolfo di Cambio** (vers 1250-1302), auteur du projet initial de Santa Maria del Fiore et, selon Vasari, de Santa Croce, ainsi que directeur des travaux du Palazzo Vecchio entre 1299 et 1302, et d'autre part **Giotto**, qui construisit le Campanile (à partir de 1334). **Orcagna** (1308-1368), élève des deux précédents, est quant à lui l'auteur du tabernacle d'Orsanmichele, édifice commencé en 1336 qui marque le début d'une architecture privilégiant le prestige et le décoratif sur la fonction utile. La « loggia dei Lanzi » en est l'exemple avec ses arcades d'une remarquable ampleur.

L'éclosion de la Renaissance – On peut presque dater de 1401 le début de la nouvelle ère qui s'ouvre à Florence. Il s'agit de l'année qui oppose, parmi d'autres, **Lorenzo Ghiberti** (1378-1455) à Filippo Brunelleschi pour le concours de la deuxième porte du baptistère, la première étant d'Andrea Pisano (1336). La victoire de Ghiberti éloigna définitivement Brunelleschi de la sculpture, bien que ce dernier fût orfèvre de formation. Ghiberti, en revanche, fut par la suite de nouveau choisi pour la troisième porte, celle que Michel-Ange dénommera pour sa beauté la Porte du Paradis *(illustration p. 128)*. Il réalisa également certains bronzes monumentaux ornant les niches extérieures d'Orsanmichele.

Après son échec face à Ghiberti, **Brunelleschi** (1377-1446), parti pour Rome dont il reviendra, se passionna dès lors pour l'architecture classique, les ruines antiques et leur gigantisme. Il est le premier à en comprendre les structures et à adapter ses trouvailles aux besoins de son époque. L'œuvre qui révéla son talent et ses connaissances fut le dôme de Santa Maria del Fiore ; personne d'autre au début du 15e s. n'aurait été capable de dresser une coupole sur une ouverture de 42 m de diamètre à 60 m du sol sans arcs-boutants. Néanmoins la force des poussées latérales l'obligea à adopter une forme ogivale et non parfaitement hémisphérique à la romaine. Le premier édifice qu'il construisit selon l'idéal classique qu'il s'était fixé fut l'hôpital des Innocents *(illustration p. 189)* et surtout son portique à arcs en plein cintre supportés par des colonnes et surmonté d'un entablement horizontal. Toute la structure est soulignée par l'emploi de la *pietra serena* (cette pierre gris-bleu extraite non loin de Florence) qui se détache sur le reste du mur blanc. Il utilisera ce même procédé à San Lorenzo *(illustration p. 162)*, Santo Spirito et à la chapelle des Pazzi de Santa Croce *(illustration p. 178)*. À chaque fois les volumes s'articulent autour de formes simples, utilisées comme modules et dont la répétition engendre l'harmonie générale. Sa manière de bâtir est rationnelle, fondée sur le calcul et la perspective mathématique. Avec lui naît l'architecte moderne qui conçoit sur plan et ne se repose plus sur la seule expérience du maître-maçon.

Leon Battista Alberti (1404-1472) est l'autre grand architecte du début du 15e s. Grand érudit et humaniste, il écrivit divers traités aussi bien sur la peinture, la sculpture et l'architecture que sur la famille ou la grammaire. Né à Gênes, il gagne Florence en 1428, quand sa famille, condamnée à l'exil, est autorisée à y revenir. En intellectuel, il se désintéresse du pragmatisme des formes antiques pour n'en retenir que l'esthétique. Davantage concepteur que bâtisseur, il partage néanmoins avec Brunelleschi le goût des formes géométriques simples comme le prouve sa façade de Santa Maria Novella *(illustration p. 171)* inscrite dans un carré et structurée dans le détail autour de ce motif. À Florence, il est aussi l'auteur du palais Rucellai *(illustration p. 184)*.

Ami des deux précédents, et tout particulièrement de Brunelleschi avec qui il alla à Rome, **Donatello** (1386-1466) est leur pendant dans le domaine de la sculpture. En observant l'art antique, il apprend à s'attacher au réalisme et à l'énergie des figures. Il révolutionne l'art gothique en refusant les drapés faciles, les contorsions douceâtres et les expressions sereines stéréotypées de son temps comme le prouve

Cellini
Cosimo I. von Medici
(Bargello)

Luca della Robbia
Madonna mit Kind
(Bargello)

Donatello – *David* (Bargello).

Michelangelo – Grabmal des Lorenzo von Medici, Herzog v. Urbino (Neue Sakristei von San Lorenzo)

SCALA

119

son *Saint Georges* volontaire d'Orsanmichele (original au Bargello). Toute sa vie durant, ses personnages, aussi divers que les prophètes du Campanile (au Museo dell'Opera del Duomo), le jeune *David* (Bargello, *illustration page précédente*), *Judith et Holopherne* (Palazzo Vecchio) ou *Marie-Madeleine* (Museo dell'Opera del Duomo), incarneront avec magnificence la grandeur de leurs actions, leur raison d'être et leurs particularités. Donatello ne cherchera pas à inventer un modèle de beauté sublime mais révélera dans chacune de ses sculptures l'intensité expressive de ses figures, leur vérité parfois crue mais réelle.

L'âge d'or de la Renaissance florentine – La 2e partie du siècle voit s'épanouir des formes qu'avaient fait naître tant Brunelleschi et Alberti que Donatello. En architecture, **Michelozzo** (1396-1472) est le vulgarisateur dans le domaine civil et privé des formes employées par son maître Brunelleschi dans ses édifices publics, principalement religieux. Architecte des Médicis, il leur construisit leur palais florentin, dont la cour intérieure a l'allure d'un cloître, et réaménagea en villa leurs demeures féodales de Cafaggiolo et de Trebbio dans le Mugello. Dans cette lignée, **Benedetto da Maiano**, également sculpteur, construisit le palais Strozzi *(illustration p. 184)* et **Giuliano da Sangallo** (1445-1516), le palais Gondi et la sacristie de Santo Spirito.

Dans la voie ouverte par Donatello s'engouffrèrent ses contemporains et la génération suivante. **Luca Della Robbia** (1400-1482) cherche lui aussi le réalisme dans ses modèles humains, leurs attitudes et expressions, mais il idéalise un peu ses figures, laissant de côté le trait incisif de son rival pour plus de souplesse et de pudeur : les deux *cantoria* (tribunes de chanteurs, conservées l'une et l'autre au Museo dell'Opera del Duomo) qu'ils réalisèrent parallèlement le prouvent. Luca popularisa ses reliefs par la terre cuite vernissée aux tons bleu azur et blanc, relevés de jaune et de vert *(illustration page précédente)* ; cette technique fit vivre son atelier et ses descendants : Andrea (1436-1524) et Giovanni (1446-1527).

Les émules de Donatello qui travaillèrent vers le milieu du siècle se montrèrent peu intéressés par la sculpture monumentale. **Desiderio da Settignano** (1428-1464) révéla un goût tendre et intériorisé, un sens de la douceur féminine, réalisant de splendides bas-reliefs. Mort prématurément, il laisse la voie libre à **Mino da Fiesole** (vers 1430-1484), davantage gracieux, et à **Benedetto da Maiano** (1422-1497), auteur de la chaire de Santa Croce, qui s'illustrèrent tous les deux dans le marbre.

À ce courant travaillant la souplesse des lignes s'opposent les ateliers d'**Antonio Pollaiolo** et du **Verrocchio** (tous deux peintres sculpteurs), attirés par la vigueur, l'énergie, la force musculaire et qui s'exprimèrent dans le bronze.

Michel-Ange – À la fin du siècle, avec la mort de Laurent le Magnifique et les soubresauts politiques qui se succédèrent, Florence entre dans une ère de doute que la personnalité passionnée et marginale de Michel-Ange traduit parfaitement, mêlant

Michel-Ange – Vestibule de la Bibliothèque Laurentienne

SCALA

dans ses œuvres fierté et tourments. En sculpture (comme en peinture), il parvient à exprimer la réalité humaine : il va bien au-delà de ses meilleurs prédécesseurs qui décrivaient des figures vraisemblables et même personnalisées ; ses créations semblent palpiter d'une vie intérieure, le poids de leurs membres ou la vigueur de leurs muscles sont ceux d'une personne cueillie à un moment précis et vécu, et non installée dans la douce éternité de la beauté parfaite de la Renaissance : en témoignent son fier *David* (original à la Galleria dell'Accademia), son titubant *Bacchus ivre* (Bargello, *illustration p. 159*), sa douce *Vierge à l'escalier* (Casa Buonarroti), ou sa tragique *Pietà* du Museo dell'Opera del Duomo.

De même en architecture, il anime l'espace en bousculant la formalité du vocabulaire classique : il brise des frontons et installe des niches vides à la Nouvelle Sacristie de San Lorenzo ; dans le vestibule de la bibliothèque laurentienne (point de départ de l'architecture maniériste puis baroque), il enfonce les colonnes dans les murs, les fait supporter par des consoles en volutes, ordonnance les parois comme des murs extérieurs, développe en trois parties l'escalier de manière qu'il occupe presque tout le sol. Il s'est approprié les acquis de Brunelleschi – structure soulignée par la *pietra serena*, goût pour le plan centré, les volumes unifiés – mais il s'en sert pour libérer une dynamique de l'espace où le vocabulaire antique n'est qu'un outil et non un vecteur rigide d'harmonie.

Le maniérisme florentin – La personnalité de Michel-Ange est si forte que la plupart des artistes en subirent l'influence. Le plus intéressant fut **Ammannati** (1511-1592), au service de Cosme Ier à partir de 1555 : il est l'auteur du *cortile* et de la façade arrière du palais Pitti, ainsi que du pont Santa Trinità aux élégantes arches aplaties et, dans le domaine de la sculpture, de la fontaine de Neptune sur la piazza della Signoria. Il travailla fréquemment avec Vasari (1511-1574), l'architecte et peintre, maître d'œuvre des Offices. **Bernardo Buontalenti** (1536-1608), enfin, fut le meilleur architecte florentin de la fin du 16e s., il succéda à Vasari aux Offices, réalisa la façade de Santa Trinità et projeta le fort du Belvédère.

Parmi les sculpteurs, **Baccio Bandinelli** (1488-1560) prolonge au cours du 16e s. l'art d'une statuaire équilibrée, ordonnée et classique mais un peu froide : son *Hercule et Cacus* fait pendant au *David* de Michel-Ange sur la place de la Seigneurie.

Benvenuto Cellini (1500-1571), dont l'étourdissante autobiographie décrit la vie d'aventurier qu'il mena, est un admirateur éperdu de Michel-Ange : orfèvre avant tout, mais aussi médailleur et bronzier, il réalisa des œuvres d'une grande force quoique envahies d'une ornementation fouillée, combinant ainsi habilement toutes les facettes de son savoir-faire (*Persée* de la Loggia dei Lanzi, *Buste de Cosme Ier* au Bargello – *voir illustration p. 118*). **Jean Bologne** enfin (1529-1608 ; Giambologna en italien), sculpteur flamand né à Douai et arrivant de Rome, se fixe à Florence en 1557 : son talent raffiné allie une grâce incisive à un académisme discipliné.

Toutefois, dès cette époque, Florence se vide de ses artistes. La nouvelle ville phare au 16e s. est Rome où sont appelés les meilleurs talents. Au cours des siècles suivants, la cité des Médicis vivra sur l'acquis de son siècle de gloire, ne parvenant plus à réunir cette miraculeuse alliance d'un développement économique rapide, d'une force bancaire, d'une aristocratie mécène et d'un foisonnement d'artistes pris au jeu d'une émulation commune n'ayant d'égale que l'Athènes antique.

Littérature

Florence tenant une part très importante dans la littérature toscane, nous renvoyons le lecteur au chapitre d'introduction : De la pensée à l'écriture, p. 48.

MANIFESTATIONS TRADITIONNELLES

Scoppio del Carro

Le dimanche de Pâques a lieu sur la piazza del Duomo l'**Explosion du char** *(Scoppio del Carro)*. La lointaine origine de cette fête date de 1101, année où un croisé rapporta de Jérusalem trois pierres du tombeau du Christ, qui serviront dès lors à faire jaillir, le jour de Pâques, des étincelles permettant d'allumer les lampes éteintes le vendredi saint. À partir du 16e s., le fait de ranimer le feu prit un sens différent et la fête acquit sa forme actuelle.

Pourquoi fait-on éclater une colombe ?

Réparate, patronne de l'ancienne cathédrale, resta longtemps chère aux Florentins même après la construction de Santa Maria del Fiore. La jeune sainte, martyrisée en Palestine à l'âge de douze ans, mourut décapitée. Selon la légende une colombe s'échappa de son cou. Il semble que cet événement soit à l'origine de la tradition pascale du « scoppio del carro ».

Un char de bois, haut de 6 mètres, le *Brindellone*, est tiré à travers la ville jusque devant Santa Maria del Fiore par quatre bœufs aux cornes et sabots dorés. L'attelage est accompagné d'un cortège en costume Renaissance comprenant des porte-drapeaux, les représentants des quartiers et les équipes du Calcio storico *(voir ci-après)*. Arrivé sur le parvis, le char dételé est mis à feu par une colombe glissant sur un fil depuis le maître-autel de la cathédrale. Frappant en un point précis, elle allume une cascade de feux d'artifice.

Ensuite un jeune enfant tire au sort l'ordre des demi-finales du Calcio storico, renvoyant la ville à d'autres festivités.

Le Calcio storico fiorentino

Il s'agit de trois parties de ballon jouées en costumes du 16e s., la première ayant lieu à la Saint-Jean, le 24 juin, et les deux autres les jours suivants. Elles mettent en lice les quatre quartiers de la ville qui s'affrontent en deux demi-finales et une finale : les Verts représentent San Giovanni (c'est-à-dire le Baptistère), les Rouges Santa Maria Novella, les Bleus Santa Croce et les Blancs Santo Spirito (sur l'Oltr'Arno, c'est-à-dire la rive gauche).

Ce jeu, sans règles précises, mélange de football, de rugby et de lutte, est un héritage des parties de ballon telles que les jouaient déjà les Romains dans l'antique Florentia et dont le seul objectif est de porter la balle dans le but adverse ; le Moyen Âge n'en abandonna pas l'usage puisque la ville dut en réglementer la pratique qui troublait l'ordre public en encombrant les rues et les places ou en gênant les riverains à des heures tardives.

L'actuel Calcio storico commémore quant à lui une partie disputée le 17 février 1530 alors que la ville assiégée par les Impériaux osa, malgré les privations, se moquer de l'agresseur et fêter bruyamment le carnaval. Charles Quint remportera la victoire mais le match entra dans l'Histoire. À la fin du 18e s. on perdit l'habitude du jeu mais à l'occasion de son 4e centenaire, en 1930, les festivités reprirent avec une seule interruption depuis, pendant la Seconde Guerre mondiale.

La fête commence par un grand cortège de 530 participants en costume d'époque rassemblant toutes les composantes de la société florentine du 16e s. Au son des trompettes et tambours, oriflammes au vent, le défilé qui part de S. Maria Novella rejoint la place Santa Croce recouverte de sable où se joue la partie. Le match dure 50 mn et le coup d'envoi en est donné par un coup de couleuvrine qui retentit également à chaque but marqué. Les équipes comptent chacune 27 joueurs : 4 gardiens de but, 3 arrières, 5 demis et 15 attaquants. L'équipe gagnante remporte un veau blanc qui autrefois était découpé sur place pour banqueter ; aujourd'hui le veau est vendu mais le banquet demeure.

Défilé d'ouverture du Calcio storico

J. E. Pasquier/RAPHO

Partie de Calcio storico, caractéristique par son acharnement

La Rificolona

Cette fête se déroule le soir du 7 septembre, veille de la naissance de la Vierge. La tradition remonte probablement à l'époque où paysans et montagnards avaient coutume de gagner Florence pour assister aux festivités mariales, espérant en même temps vendre leurs produits à la foire organisée pour l'occasion. Les distances souvent importantes qu'ils devaient parcourir les obligeaient à marcher pendant plusieurs jours, rendant nécessaire à certaines heures l'usage de lanternes.

Ces lumignons inspirèrent les Florentins quand ils créèrent les premières *rificolone* (ou lampions de papier), à l'origine en forme de poupées évoquant les montagnardes qui participaient à la fête. Éclairées par une chandelle placée sous la robe de la poupée, les *rificolone* étaient portées en haut d'une longue perche. Par la suite ces lampions changèrent de forme, se parèrent de couleurs et on prit l'habitude de les accrocher aux fenêtres des maisons.

Autres manifestations touristiques

Le **Mai musical florentin** voit se dérouler concerts, spectacles d'opéras et de ballets. Souvent le programme déborde sur le mois de juin.

En mai se tient également un concours d'étendards, le **Trofeo Marzocco**.

Pendant l'été, le **10 août**, pour la **Saint-Laurent**, le quartier homonyme (autour de San Lorenzo) propose diverses festivités.

Enfin, de novembre à janvier, a lieu le **Festival du jouet ancien** (Festival del giocattolo d'epoca).

★★★ PIAZZA DEL DUOMO *visite : une demi-journée*

Au cœur de la ville, la cathédrale forme avec le campanile et le baptistère un extraordinaire ensemble de marbre blanc, vert et rose, témoignage du passage de l'art florentin du Moyen Âge à celui de la Renaissance.

La **Loggia del Bigallo** (**A**), construite au milieu du 14ᵉ s., ouvre sur la piazza S. Giovanni et sur la via dei Calzaiuoli deux arcades perpendiculaires en plein cintre surmontées de fenêtres géminées. Sous cette loggia étaient exposés les enfants perdus ou abandonnés.

Dans le petit **musée** du même nom, la fresque (1386 environ) de Niccolò di Pietro Gerini et d'Ambrogio di Baldese illustre le moment où les enfants abandonnés sont confiés aux femmes qui deviendront leurs mères. Le musée abrite aussi des peintures du 15ᵉ s., exécutées sur des panneaux de bois, et le *tondo* de Iacopo del Sellaio, avec son cadre d'époque (1480 environ), représentant la Vierge à l'enfant avec deux anges, saint Pierre Martyr et Tobie.

★★★ Duomo ⊙ (Dôme)

Symbole de la richesse et de la puissance de Florence aux 13ᵉ et 14ᵉ siècles, **S. Maria del Fiore** est l'un des plus vastes édifices du monde chrétien : 155 m de long (St-Pierre de Rome : 186 m, St-Paul de Londres : 152 m, Notre-Dame de Paris : 130 m), 90 m d'une extrémité à l'autre du transept, 107 m entre le sommet de la lanterne et le sol. Son nom, Ste-Marie-de-la-Fleur, évoque le don d'une rose en or, fait par le pape Eugène IV lors de la consécration de l'édifice.

FIRENZE

Circulation réglementée dans le centre-ville

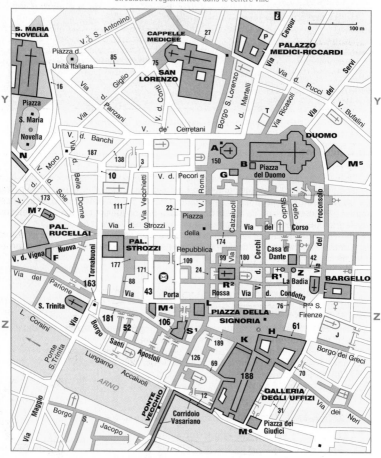

La construction de ce sanctuaire, élevé à l'emplacement de la cathédrale romane S. Reparata jugée trop modeste pour l'importante cité qu'était devenue Florence, mobilisa les efforts de la ville pendant près d'un siècle et demi. C'est à un architecte de renom, Arnolfo di Cambio, que fut confié l'ouvrage. Commencé en 1296, l'édifice ne fut consacré qu'en 1436. Les successeurs d'Arnolfo – Giotto, Andrea Pisano et surtout Francesco Talenti – avaient entre-temps apporté au projet initial des modifications considérables.

Gothique dans son ensemble, la cathédrale S. Maria del Fiore constitue un éclatant exemple de l'originalité de ce style à Florence : goût pour l'ampleur des volumes, attachement à la ligne horizontale, répugnance à l'égard des surfaces sculptées (une marqueterie de marbres polychromes compose, dans la manière typiquement florentine, la décoration géométrique de l'appareil). La façade actuelle, qui a remplacé celle d'Arnolfo di Cambio jamais achevée et démolie en 1588, est une imitation compliquée du style gothique réalisée à la fin du 19ᵉ s. Inséparable du paysage florentin, le puissant **dôme**★★★ est la partie la plus admirable de l'édifice. C'est à Filippo Brunelleschi, « le génial architecte – selon Vasari – envoyé par le ciel pour donner une nouvelle forme à l'architecture égarée » que revient le mérite d'avoir enfin résolu, en 1420, le difficile problème de couvrir l'immense chœur de la cathédrale. Afin de diminuer la formidable poussée exercée vers le centre de la coupole, Brunelleschi imagina une couverture composée de deux calottes reliées entre elles par un réseau complexe d'arcs et de contreforts. L'admiration et l'enthousiasme suscités dans la Florence d'alors par la réalisation de ce dôme gigantesque, édifié sans étais apparents, furent énormes. Durant près de quinze ans, le chantier, avec ses machines élévatrices conçues par Brunelleschi lui-même et capables de déplacer des blocs de pierre de plus de trois tonnes, constitua pour les Florentins un spectacle sans précédent.

Extérieur – Faire le tour de la cathédrale en commençant par le flanc droit. On découvre une vue saisissante sur l'édifice dont le stupéfiant revêtement en marqueterie de marbre accentue encore le caractère grandiose, par l'absence de relief et la répétition régulière de ses éléments. Le chevet★★★, d'une extraordinaire ampleur, déploie ses trois absides polygonales et forme avec la coupole reposant sur un haut tambour un ensemble complexe et d'un exceptionnel équilibre. Une galerie devait courir à la base de la coupole : sa construction aurait été interrompue par une réflexion de Michel-Ange qui l'aurait comparée à une « cage à grillons ». Sur le flanc gauche, on note la porte de la Mandorla : la Vierge de l'Assomption dans une mandorle a été sculptée par Nanni di Banco au début du 15e s. Domenico Ghirlandaio est l'auteur (1490) de la mosaïque du tympan représentant l'Annonciation.

Intérieur – Sa simplicité déconcerte, tant elle contraste avec la somptuosité de l'extérieur. Une corniche courant à la base de la voûte, des arcades de très grande portée (quatre seulement pour les 80 m de la nef), la faible différence de hauteur existant entre les bas-côtés et la nef principale rompent l'élan de cette dernière et semblent réduire les proportions de l'édifice.

On remarque les vitraux de la façade (en particulier celui de la rosace centrale représentant l'Assomption de la Vierge) exécutés d'après des dessins de Lorenzo Ghiberti et dans la composition desquels entre un extraordinaire ton de vert. Le Siennois Tino di Camaino, auteur à l'époque gothique de plusieurs tombeaux monumentaux restés célèbres, a sculpté celui de l'évêque Antonio d'Orso, mort en 1321, dont un fragment (1) est exposé à gauche du portail central (le défunt est représenté assis et endormi au-dessus d'un sarcophage).

On peut voir, dans la 1re travée du bas-côté droit, au-dessus de l'endroit où fut découverte sa tombe en 1972 *(voir plus loin : Crypte de Santa Reparata)*, le portrait de Brunelleschi (2) sculpté, par l'un de ses élèves, dans le premier médaillon à droite en entrant.

Sur le mur du bas-côté gauche, à hauteur du deuxième pilier, deux fresques figurent des sculptures équestres fictives honorant deux condottières qui louèrent leurs services à Florence : la première figurant Nicolò da Tolentino (3) est d'Andrea del Castagno (1456), la seconde représentant Giovanni Acuto (4 – *illustration* p. 115) de Paolo Uccello (1436). Dans la dernière travée, une autre fresque (5) peinte en 1465 par Domenico Michelino montre Dante expliquant son œuvre, la *Divine Comédie*, à Florence symbolisée par sa cathédrale et représentée ici telle qu'elle était alors ; on reconnaît la « géographie » de l'au-delà imaginé par le poète : le trou de l'Enfer, la montagne du Purgatoire et les cieux échelonnés du Paradis *(illustration* p. 48). De remarquables vitraux, datant du 14e s., éclairent les nefs latérales.

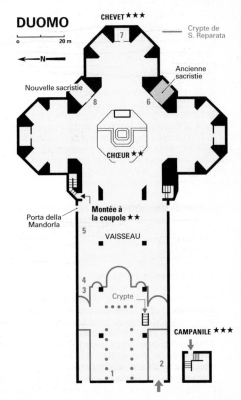

DUOMO

CHEVET ★★★

Crypte de S. Reparata

Ancienne sacristie

Nouvelle sacristie

CHŒUR ★★

Montée à la coupole ★★

Porta della Mandorla

VAISSEAU

Crypte

CAMPANILE ★★★

★★ **Le presbiterio** – C'est là que l'édifice apparaît dans toute sa grandeur. Immense, de forme octogonale, il est ceint d'une élégante clôture de marbre exécutée au milieu du 16e s. Tout autour s'épanouissent en forme de trèfle trois vastes absides dans chacune desquelles s'ouvrent cinq chapelles. Au-dessus s'élève la vertigineuse **coupole**★★★ comptant à sa base près de 50 m de diamètre et dont la hauteur atteint 91 m ; une immense fresque représentant le Jugement Dernier la recouvre : commencée par Vasari qui y travailla durant deux ans, de 1572 à 1574, celle-ci demanda encore cinq années de labeur à Federico Zuccari qui l'acheva en 1579. Au-dessus du maître-autel est suspendu un crucifix de bois de Benedetto da Maiano (fin 15e s.). Le tympan de la porte de l'Ancienne Sacristie (Sagrestia Vecchia) qui s'ouvre à droite est orné d'une *Ascension* (6) en terre cuite de Luca Della Robbia.

La chapelle axiale contient, placé sous l'autel (7), le sarcophage de saint Zanobi, premier évêque de Florence ; cette œuvre remarquable, dont les reliefs en bronze évoquent des scènes de la vie du saint, a été réalisée par Lorenzo Ghiberti. Deux ravissants anges porte-cierges en terre cuite vernissée blanche de Luca Della Robbia et dont les visages rappellent ceux des adolescents de la célèbre « Cantoria » exécutée par le même artiste (*voir ci-après au musée de l'Œuvre de la cathédrale*) encadrent l'autel.

Symétrique de l'ancienne sacristie, la nouvelle a elle aussi un tympan décoré par Luca Della Robbia (8) qui y a figuré, dans des tons de bleus légers, la *Résurrection*★.
Ici, se déroula l'épisode dramatique de la **Conjuration des Pazzi** : ceux-ci, rivaux des Médicis et soutenus par le pape, tentèrent, dans l'espoir de recouvrer les libertés perdues, d'assassiner Laurent le Magnifique le dimanche 26 avril 1478, au cours de la messe de Pâques au moment de l'Élévation ; Laurent, bien que blessé par deux moines, réussit à se réfugier dans la sacristie, mais son frère tomba sous les coups des spadassins. On peut contempler, mises en valeur par un remarquable éclairage, les admirables **armoires**★ en marqueterie qui furent exécutées dans la 2e moitié du 15e s., en grande partie par Benedetto et Giuliano da Maiano. On remarquera aussi les très beaux vantaux de bronze portant des figures d'évangélistes et de prophètes.

★★ **Montée à la coupole** ⊙ – *Accès en haut de la nef gauche. Compter trois quarts d'heure.* L'ascension de la coupole, qui comprend 463 marches, est pénible et impressionnante. On accède tout d'abord à l'étroite galerie qui domine le chœur et d'où l'on a une vertigineuse **vue**★★ plongeante sur l'intérieur de l'édifice. De là, on peut aussi détailler les admirables **vitraux**★ des oculi du tambour qui furent exécutés dans la première moitié du 15e s. d'après des cartons signés des plus grands noms de l'époque : Ghiberti, Donatello, Paolo Uccello, Andrea del Sarto.

La montée au sommet se fait par un escalier qui, aménagé entre les deux calottes, permet d'avoir une très intéressante vision des structures mêmes de la coupole ; le dernier tronçon, très raide et adhérent carrément à la paroi, est le plus spectaculaire. Il débouche au pied du lanternon, dernière œuvre de Brunelleschi, qui ne fut mis en place qu'après sa mort. De là, le **panorama**★★ sur Florence est magnifique : on reconnaît la coupole de San Lorenzo et, un peu en arrière, Santa Maria Novella se détachant sur le fond vert du parc des Cascine ; puis, en tournant de droite à gauche, à gauche du campanile l'arc de la piazza della Repubblica et le bâtiment cubique d'Orsanmichele ; en arrière, l'énorme masse du palais Pitti avec, à sa gauche, la colline portant le jardin Boboli ; un peu plus à gauche encore, la Loggia della Signoria et le Palazzo Vecchio avec en arrière le long bâtiment des Offices ; très proche de cet ensemble, le fin clocher de l'église de la Badia se profilant à côté de la silhouette massive du palais du Bargello ; à l'arrière-plan, la tache claire de l'église de San Miniato et, au-dessous, le piazzale Michelangelo ; en tournant encore, plus près, la façade de marbre blanc de Santa Croce ; enfin, dans le lointain, la colline de Fiesole.

Crypte de Santa Reparata – *Escalier d'accès, dans la nef, près du 1er pilier droit.* Il s'agit en fait des restes, découverts au cours de fouilles entreprises en 1966, de l'édifice roman (13e-14e s.) démoli lors de la construction de l'actuelle cathédrale et résultant lui-même de la transformation d'une basilique paléochrétienne (5e-6e s.) dédiée de sainte Réparate (*voir encadré p. 121*). Par une ouverture donnant sur la partie qui a été dégagée à gauche de l'escalier, on aperçoit à travers une grille l'endroit où a été découverte la tombe de Brunelleschi.

Les structures jusqu'ici mises au jour ont permis de reconstituer dans son ensemble le plan de la cathédrale primitive (trois nefs et chœur surélevé au-dessus de la crypte) dont le niveau de construction était très sensiblement inférieur à celui de S. Maria del Fiore. Un plan exposé dans une vitrine permet d'identifier les différentes époques auxquelles appartiennent les éléments d'architecture dégagés et les larges fragments de pavement à mosaïques, ces derniers remontant pour la plupart à la construction paléochrétienne. D'autres vitrines contiennent divers objets découverts au cours des fouilles : on remarque des éperons et une épée retrouvés dans la tombe d'un Médicis enterré à S. Reparata en 1351 et dont on peut voir, reposant sur un socle, la dalle funéraire.

*** Campanile

Le campanile de Giotto n'est pas moins célèbre que la coupole. Svelte et élancé (82 m de hauteur), il contraste harmonieusement avec l'œuvre de Brunelleschi, ses lignes droites équilibrant les courbes de celle-ci.

L'importance donnée aux lignes horizontales, ainsi que la décoration géométrique illustrent, dans cet édifice encore, l'originalité du gothique florentin. Les tons clairs du revêtement de marbre et la répartition des baies, dont l'ouverture va croissant avec la hauteur, contribuent à créer un effet d'extrême légèreté.

Giotto, alors chargé de diriger les travaux de la cathédrale, dessina les plans et la décoration du campanile, dont il entreprit l'édification en 1334 ; mais seule la partie ornée de panneaux sculptés émergeait du sol lorsque l'artiste mourut trois ans plus tard. Ses successeurs, Andrea Pisano puis Francesco Talenti, qui acheva la construction entre 1349 et 1360 et à qui on doit toute la partie ajourée de baies, apportèrent des modifications au projet initial.

Des copies ont remplacé les bas-reliefs de la partie inférieure de l'édifice, sculptés au 1er registre par Andrea Pisano et Luca Della Robbia, au 2e registre par des élèves d'Andrea Pisano, dont Alberto Arnoldi, selon une conception d'ensemble due à Giotto ; les originaux sont au musée de l'Œuvre de la cathédrale *(voir ci-après)*. Des statues de prophètes et de sibylles, également au musée de l'Œuvre de la cathédrale, occupaient les niches du second niveau.

Montée au sommet ⊘ - *Une demi-heure A-R (414 marches).* De la terrasse supérieure, on découvre un beau **panorama**★★ sur la cathédrale et Florence.

*** Battistero (Baptistère) ⊘

« Mon beau Saint-Jean » : c'est ainsi que Dante évoquait le baptistère dédié à saint Jean Baptiste, patron de la ville, dont l'image figura dès le Moyen Âge sur le fameux florin d'or. De cet élégant édifice octogonal revêtu de marbre blanc et sombre, très représentatif de l'art florentin fait de mesure et d'harmonie, se dégage une rare impression de rigueur et de délicate pureté.

Construction romane remontant probablement au 11e s., San Giovanni présente curieusement des caractères Renaissance (pilastres, chapiteaux, frontons triangulaires...), manifestations de l'un des traits caractéristiques de l'art florentin qui, originalement, ne cessa jamais de s'inspirer de l'Antiquité.

La stricte géométrie de la décoration extérieure va s'allégeant, depuis la base dépourvue de fenêtres, en passant par un registre percé de petites ouvertures surmontées d'amples arcades, jusqu'au plan supérieur de couleur plus claire et aux motifs décoratifs plus fins.

*** Les portes

En bronze, ornées de panneaux magnifiquement sculptés, elles sont universellement connues.

Tournant le dos à la cathédrale, commencer le tour de l'édifice par la gauche.

Porte Sud *(actuelle porte d'entrée)* – C'est la plus ancienne. Réalisée à partir de 1330 par Andrea Pisano, elle présente un caractère nettement gothique dû aux quadrilobes où s'inscrivent les différentes scènes. Dans les vingt panneaux supérieurs sont évoqués des épisodes de la vie de saint Jean Baptiste. Dans les huit panneaux du bas, le sculpteur a représenté les Vertus théologales et cardinales, sculptées avec une aisance remarquable : de gauche à droite et de haut en bas, au vantail de gauche, l'Espérance, la Foi, la Force, la Tempérance ; au vantail de droite, la Charité, l'Humilité, la Justice et la Prudence.

L'encadrement Renaissance, avec sa décoration de feuillages, d'oiseaux et de chérubins, d'une grande virtuosité, est l'œuvre de Vittorio Ghiberti, fils de l'auteur des deux autres portes. Le groupe de bronze représentant la *Décollation de saint Jean Baptiste* qui couronne la porte est l'œuvre de Vincenzo Danti (vers 1570).

Porte Nord – Sa réalisation (1403-1424) fut confiée à Lorenzo Ghiberti, à peine âgé de 25 ans, à la suite d'un concours auquel avaient participé les plus grands artistes de la ville dont Brunelleschi. Dans le souci de conserver une unité avec la porte d'Andrea Pisano, l'artiste a respecté pour les médaillons, bien qu'ayant travaillé près d'un siècle plus tard, la composition en quadrilobes de tradition gothique. Dans les huit panneaux du bas figurent les évangélistes et les docteurs de l'Église.

Dans le baptistère, le tombeau de **Jean XXIII** – mort en 1419 et successeur du pape Alexandre V – en surprendra plus d'un ! En fait, ce pape fut élu par les cardinaux, mais ses lourdes erreurs politiques et sa fuite de Rome conduisirent à sa déposition au profit de Martin V ; il fallut donc attendre le 20e s. pour qu'un nouveau pape souhaitant s'appeler Jean occupe dignement le trône de saint Pierre tout en restant pour la postérité le 23e du nom (numéro ordinal considéré comme non attribué jusque-là).

S. Chirol

Porte du Paradis
(autoportrait de Ghiberti, en bas à gauche)

Au-dessus, les scènes de la vie et de la Passion du Christ (à lire de bas en haut) sont évoquées avec une sobriété, une noblesse et une harmonie de composition exceptionnelles. Au-dessus de la porte, *Saint Jean Baptiste prêchant* par Rustici (début du 16e s.).

Sur la place à quelques mètres de la porte Nord, on remarque la colonne de saint Zanobi datant de 1384, curieusement hérissée à son sommet d'une couronne de feuilles. Cette ornementation rappelle qu'un orme mort se mit à reverdir le jour de la translation des reliques du saint de Saint-Laurent à Sainte-Réparate en janvier 429.

Porte du Paradis – Face à la cathédrale, la **porte Est**, la plus célèbre, est celle que Michel-Ange jugeait digne d'être la « porte du Paradis » (1425-1452). En un peu plus de 25 années, Ghiberti, arrivé au sommet de son talent, a réalisé ici un chef-d'œuvre de sculpture et d'orfèvrerie. Les dix panneaux évoquent, avec une grande complexité de composition et une profusion de personnages, des épisodes de l'Ancien Testament, en des scènes extraordinaires de vie, d'élégance et de poésie. Lire de haut en bas, chaque registre se composant des battants gauche puis droit de la porte.

1er registre :
– Création d'Adam et d'Ève, le péché originel. Adam et Ève chassés du Paradis.
– Caïn et Abel : en laboureur et berger ; sacrifices offerts à Dieu par les deux frères ; Abel tué par Caïn ; la malédiction divine.

2e registre :
– Histoire de Noé : sa famille et les animaux sauvés du Déluge ; Dieu lance à Noé l'arc-en-ciel de l'Alliance ; l'ivresse de Noé.
– Apparition des trois anges à Abraham ; sa femme Sarah sur le seuil de la tente ; le sacrifice d'Isaac.

3e registre :
– Ésaü et son frère Jacob : Isaac envoie Ésaü à la chasse ; Ésaü cède à Jacob son droit d'aînesse ; Rébecca conseille Jacob ; Dieu parle à Rébecca ; Jacob reçoit à la place d'Ésaü la bénédiction d'Isaac.
– Vie de Joseph : tout à fait en haut à droite Joseph vendu par ses frères ; découverte de la coupe dans le sac de Benjamin en bas à gauche ; l'emmagasinage du blé après que Joseph interprétant le songe du pharaon eut prédit sept années de famine ; Joseph assis sur un trône est reconnu par les siens.

4e registre :
– Moïse reçoit les tables de la Loi ; tandis que les Hébreux au pied du mont Sinaï s'inquiètent de son absence.
– Josué et la prise de Jéricho ; en bas le peuple passe le Jourdain à sec et ramasse les pierres du souvenir.

5e registre :
– Histoire de Saül et de David : la bataille contre les Philistins conduite par Saül debout sur un char ; en bas David tranche la tête de Goliath.
– Rencontre du roi Salomon et de la reine de Saba.

Sur l'encadrement des battants : prophètes et sibylles dans les niches et portraits en médaillons, dont celui de Ghiberti par lui-même – chauve et malicieux – sur le battant gauche, côté central à peu près à mi-hauteur. Le groupe du *Baptême du Christ* par Sansovino qui surmontait la porte a été enlevé pour sa conservation.

Intérieur – À l'intérieur, c'est un éblouissement. Avec ses 25 m de diamètre, ses murs revêtus de marbre, ses deux ordres de pilastres et de colonnes en granit à chapiteaux corinthiens dorés, le baptistère produit une extraordinaire impression de majesté et d'harmonie. Mais ce qui saisit le plus, c'est la coupole tapissée de **mosaïques**★★★ resplendissantes. Il semble que pour les réaliser on ait fait appel dans la 1re moitié du 13e s. à des mosaïstes vénitiens, ce qui explique le caractère très byzantin de certaines scènes. Des artistes florentins, dont Cimabue, y travaillèrent également. Sur fond d'or, s'ordonnant en registres concentriques sur les huit pans de la coupole, elles évoquent, parfois avec une grande fraîcheur :

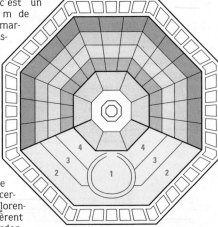

Baptistère – Mosaïques de la coupole

– Le Jugement Dernier *(en jaune sur le croquis)*. De part et d'autre du grand Christ en Majesté (1) s'ordonnent la résurrection des morts avec le Paradis et l'Enfer (2), la Vierge avec les saints et les apôtres (3), les anges de la Résurrection (4).
– Vers le sommet de la coupole, la représentation des divers chœurs des anges, ou Hiérarchies célestes *(en saumoné)*.
– Genèse *(en rose)*.
– Vie de Joseph *(en bleu)*.
– Vie de la Vierge et de Jésus *(en vert amande)*.
– Vie de saint Jean-Baptiste *(en vert soutenu)*.
De belles mosaïques de marbre, dont certaines reprennent des motifs orientaux, composent le pavement, vers la Porte du Paradis qui était en fait, face à l'autel et au grand Christ de la coupole, l'entrée principale du baptistère.
À droite de la petite abside ou « scarsella », le tombeau de l'antipape Jean XXIII, ami de Giovanni di Bicci (le père de Cosme l'Ancien), est une œuvre remarquable réalisée en 1427 par Donatello aidé de Michelozzo.

★★ Museo dell'Opera del Duomo ⊘ *Piazza del Duomo 9*

La visite du **musée de l'Œuvre de la cathédrale** complète celle de la cathédrale, du campanile et du baptistère, car nombre de sculptures et objets provenant de ces monuments y sont rassemblés.

Rez-de-chaussée – La grande salle située derrière l'entrée est consacrée à la façade de S. Maria del Fiore qu'un dessin datant du 16e s. montre telle qu'elle se présentait peu de temps avant sa démolition. Son auteur, Arnolfo di Cambio, a exécuté dans un style d'un équilibre et d'une majesté qui évoquent la statuaire de l'Antiquité la plupart des sculptures dont elle était ornée : on note, contre le mur faisant face à l'entrée, une imposante *Vierge à l'Enfant* et, à côté d'elle, une admirable *Sainte Réparate* tenant un vase qui fut longtemps considérée comme une œuvre antique. D'autres sculpteurs ont exécuté les monumentales statues des évangélistes (contre le mur de l'entrée) dont la plus remarquable est le *Saint Luc de Nanni di Banco*.
De petites pièces s'ouvrent en enfilade au fond de la salle à gauche : dans la 1re, matériel ayant servi à Brunelleschi lors de la construction de la coupole (équerre, compas, poulies, moules à briques, tendeurs en fer permettant de placer les blocs de pierre avec une grande précision, treuil en bois pour hisser les matériaux, petit chariot servant au transport d'outils) ; dans la 2e, maquettes de la coupole et de sa lanterne, et masque mortuaire du grand architecte.
De l'autre côté de la grande salle deux pièces abritent, d'une part, différentes maquettes proposées comme projet pour la façade de la cathédrale (par Buontalenti, Jean Bologne, Giovanni de' Medici) ainsi que des recueils de chants liturgiques datant du 16e s. et, d'autre part, une partie du trésor.

Palier – À mi-étage a été placée la célèbre **Pietà**★★ que Michel-Ange, âgé de 80 ans, destinait à son propre tombeau et que, mécontent de la qualité du marbre, il laissa inachevée ; le maître se serait représenté sous les traits de Nicodème, soutenant la Vierge et le Christ mort ; malheureusement la Madeleine, ajoutée par l'un de ses élèves, bien que tentant elle aussi de retenir le corps sans vie de Jésus dans son irrésistible affaissement, ne semble pas vraiment participer à l'effort intense des deux autres personnages et nuit à l'unité et à la puissance tragique de l'ensemble.

Cantoria de Luca Della Robbia (détail)

SCALA

1er étage – Dans la grande salle de l'étage sont exposées les célèbres « **Cantorie** »★★, tribunes de chantres qui surmontaient les portes des sacristies à l'intérieur de la cathédrale. Contre le mur, à gauche de l'entrée, celle de Luca Della Robbia (1431-1438) est la plus connue (les panneaux séparés au bas du mur sont les originaux, la tribune qui se trouve au-dessus est une reconstitution par moulage) ; ces reliefs sculptés, d'un charme exquis, sont la première œuvre connue de l'artiste, qui s'est inspiré des métopes antiques, mais en donnant à ses groupes d'enfants chanteurs, musiciens et danseurs une délicatesse, une sérénité et un naturel qui lui sont tout personnels. En face, la tribune de Donatello (1433-1439), inspirée aussi des bas-reliefs antiques, offre moins de grâce, mais est animée d'un mouvement et d'une vie exceptionnels. Placée au-dessous de sa *cantoria*, la fameuse **Madeleine**★ pénitente, en bois, d'un expressionnisme et d'une puissance dramatique saisissants, est une œuvre de vieillesse de Donatello (1455).

Dans cette même salle sont rassemblées les statues qui ornaient le campanile ; parmi elles, on remarque encore trois œuvres de Donatello : contre le mur à droite de l'entrée un prophète dont l'expression d'une remarquable vérité laisse à penser qu'il s'agit d'un portrait ; le long du mur faisant face au précédent, les prophètes Jérémie, dont le vêtement au drapé tourmenté souligne la tension intérieure, et Habacuc, surnommé « Zuccone » (grosse courge) en raison de la forme de son crâne chauve, tous deux également dotés d'une vie étonnante.

Les admirables **bas-reliefs**★★ qui décoraient le campanile tapissent la salle située à gauche. Les uns, de forme hexagonale, sont dus à Andrea Pisano et Luca Della Robbia, qui ont représenté avec une verve savoureuse et parfois beaucoup de poésie les différentes activités humaines, quelques personnages antiques et des scènes de la Genèse. Les autres, en forme de losange, ont été sculptés par des élèves d'Andrea Pisano : Arts libéraux, Vertus, Planètes et Sacrements.

La salle qui s'ouvre à droite de celle des *cantorie* renferme le magnifique **autel**★★ en argent provenant du baptistère, monument de l'orfèvrerie florentine des 14e et 15e s. dans lequel se mêlent des éléments gothiques et Renaissance (sa réalisation s'échelonna sur plus d'un siècle) ; de nombreux artistes y ont conté la vie de saint Jean Baptiste, parmi lesquels Michelozzo, puis Antonio Pollaiolo et Verrocchio dont les ateliers étaient les deux plus importants de Florence. Au-dessus s'élève la croix d'autel de Saint-Jean, également en argent, réalisée au milieu du 15e s. par Betto di Francesco, Antonio Pollaiolo et Bernardo Cennini.

Dans les vitrines qui se trouvent de chaque côté de la salle, sont exposés les panneaux du **parement d'autel**★ de Saint-Jean, merveilleux travail de broderie en soie et fils d'or contant des épisodes de la vie de saint Jean Baptiste et de Jésus, d'une prodigieuse finesse d'exécution ; sept artistes d'origine française, flamande et florentine y travaillèrent durant environ vingt ans.

Enfin au centre de la pièce sont conservés 4 bas-reliefs originaux de la porte du Paradis du baptistère : Création, Caïn et Abel, David et Goliath, Histoire de Joseph.

★★ PIAZZA DELLA SIGNORIA

C'était et c'est encore le centre politique de Florence, avec comme toile de fond l'admirable tableau formé par le Palazzo Vecchio, la Loggia della Signoria et, en coulisse, le palais des Offices.

Son origine remonte au 13e s., lorsque les Guelfes victorieux des Gibelins firent abattre les maisons-tours que ces derniers avaient élevées au centre de la ville. Les nombreuses statues qui peuplent les abords du Palazzo Vecchio et la loggia en font un véritable musée de sculpture en plein air.

Dans le milieu de la place se dresse la statue équestre de Cosme Ier de Médicis, exécutée en 1594 par Jean Bologne.

La fontaine de Neptune, à l'angle du Palazzo Vecchio, vaut davantage pour ses divinités marines, ses nymphes aux formes étirées dans le goût maniériste, ses faunes en bronze d'une sensualité provocante et joyeuse, que pour son énorme dieu de la mer en marbre surnommé par les Florentins « Il Biancone » (le Gros blanc) ; réalisée par Bartolomeo Ammannati aidé de Jean Bologne, à l'occasion des noces, en 1565, du fils aîné de Cosme Ier de Médicis avec Jeanne d'Autriche, cette fontaine représentait, sur le lieu même où avait péri Savonarole, une sorte de défi à la morale rigoureuse prêchée par le dominicain qui n'avait cessé de dénoncer le gouvernement des Médicis. En avant de la fontaine, une dalle ronde marque l'endroit où le moine fut brûlé après avoir été pendu, le 23 mai 1498 (cet anniversaire est célébré chaque année par une cérémonie, la « Fiorita »).

Le *David* de la piazza della Signoria

À l'angle gauche des marches précédant le palais se trouvait le « Marzocco », lion de Florence s'appuyant sur un lys héraldique (l'original de Donatello est conservé au musée du Bargello – *voir aussi l'encadré p. 28*).

À côté, on peut admirer la copie du célèbre groupe, du même artiste, représentant **Judith et Holopherne**★ (l'original est à l'intérieur du Palazzo Vecchio).

Près de l'entrée du palais, le grand David en marbre est une copie de l'œuvre célèbre de Michel-Ange (l'original est à la galerie de l'Académie). *Sur l'évolution du thème de David dans la sculpture florentine, voir explications p. 170.*

★★ Loggia della Signoria

Construite à la fin du 14e s. pour abriter les membres de la « Signoria » (*voir ci-après*) durant les cérémonies officielles, elle servit plus tard de corps de garde aux lansquenets de Cosme Ier (16e s.) et fut appelée Loggia dei Lanzi. Bien que gothique, elle s'ouvre sur la place par de larges arcades en plein cintre, dans la tradition florentine.

Quatre médaillons dans lesquels sont représentées les Vertus cardinales (sur un dessin d'Agnolo Gaddi, 14e s.), un bandeau orné de sept blasons (endommagés), une gracieuse frise de petits arcs trilobés et la fine balustrade du toit formant terrasse (*accessible par la galerie des Offices, à la bonne saison seulement*) lui font une élégante décoration.

Des statues antiques (très restaurées) et Renaissance y ont été placées.

À l'avant (*vers la gauche*) se dresse l'admirable **Persée**★★★ brandissant la tête de la Méduse, exécuté entre 1545 et 1553 par Benvenuto Cellini ; l'artiste, parvenu à sa maturité, y fait preuve d'une extraordinaire virtuosité, tant d'orfèvre que de sculpteur : la science déployée dans l'étude de l'anatomie, la puissance du modelé, en même temps que la subtilité et le raffinement avec lesquels sont traités les détails du socle, font de ce bronze l'un des chefs-d'œuvre de la sculpture de la Renaissance (le bas-relief figurant *Persée délivrant Andromède* est une copie : original au musée du Bargello).

On remarque encore, tout à fait à droite, l'*Enlèvement d'une Sabine* (1583) et, derrière, *Hercule terrassant le centaure Nessus* (1599), par Jean Bologne.

★★★ Palazzo Vecchio ⊙ visite : 2 h

La masse puissante du Vieux Palais, dit aussi **Palazzo della Signoria**, surmontée d'un élégant beffroi de 94 m, domine la place.

À la fin du 13e s., Florence décida, comme elle l'avait fait pour sa cathédrale, d'élever un palais communal digne de son importance. C'est probablement d'après un projet du premier architecte de Santa Maria del Fiore, Arnolfo di

131

Cambio, que fut réalisé l'édifice, dans un style gothique sévère : absence quasi totale d'ouvertures au niveau inférieur, aux étages fenêtres géminées à arcs trilobés, mâchicoulis, chemins de ronde, créneaux (les merlons sont, curieusement, guelfes pour le palais, gibelins pour la tour).

Ce palais était destiné à accueillir le gouvernement de la ville, la « Signoria », composée de six **prieurs des Arts** (sortes de représentants des corporations alors toutes puissantes à Florence) et d'un **gonfalonier**, officier de justice réunissant entre ses mains tous les pouvoirs juridique et militaire. Élus pour deux mois seulement, ces magistrats, le temps de leur mandat, vivaient quasiment en reclus à l'intérieur du palais, où non seulement ils avaient leurs bureaux, mais aussi mangeaient et dormaient et d'où ils n'avaient le droit de sortir qu'exceptionnellement. En 1300, Dante, alors membre de cette haute magistrature, y séjourna.

Au 16e s., Cosme Ier en fit, en même temps que sa résidence, une demeure mieux adaptée aux fastes de la vie de cour grand-ducale, agrandissant l'édifice et apportant à l'intérieur de radicales transformations ; la direction des travaux fut confiée à Giorgio Vasari qui, pendant près de vingt ans, de 1555 jusqu'à sa mort, y fit œuvre d'architecte, de peintre et de décorateur. Lorsque Cosme Ier abandonna cette demeure à son fils François et à Jeanne d'Autriche pour s'installer au palais Pitti, l'édifice, longtemps appelé Palazzo della Signoria, prit son nom actuel de Palazzo Vecchio, par opposition à la nouvelle résidence grand-ducale.

L'intérieur, Renaissance, contraste avec l'extérieur par son faste et son raffinement. La **cour**★ à haut portique, entièrement refaite au 15e s. par Michelozzo, a été finement décorée un siècle plus tard par Vasari qui a paré les colonnes de stucs sur fond or et à peint les voûtes de grotesques. Au centre, une gracieuse fontaine à vasque de porphyre est surmontée d'un petit génie ailé, copie du bronze de Verrocchio conservé sur la terrasse de Junon, à l'intérieur du palais.

Les accès aux différentes parties du palais varient en fonction notamment de l'affluence des visiteurs. La description donnée ici tient compte de l'ordre de visite le plus fréquemment adopté ; dans l'éventualité de modifications apportées à cet ordre, elle restera toutefois aisément utilisable à la condition que nos lecteurs prennent soin de localiser très exactement sur le plan ci-contre tous les accès empruntés.

PREMIER ÉTAGE

On y accède généralement par le bel escalier à double montée construit par Vasari *(à droite, après avoir traversé la cour).*

Salle des Cinq Cents – De dimensions gigantesques (sa superficie atteint 1 200 m² et sa hauteur 18 m), le « Salone dei Cinquecento » fut construit en 1495, du temps de la République instituée par Savonarole, pour accueillir le Grand Conseil, dont les membres étaient si nombreux (on en comptait 1 500) qu'un tiers d'entre eux seulement pouvait à tour de rôle prendre part au gouvernement de la ville. Savonarole, maître éphémère de Florence, y prit la parole en 1496 ; c'est là que, deux années plus tard, fut prononcée sa condamnation à mort.

Les Médicis, revenus au pouvoir, firent du « Salone » leur salle d'audience (les grands-ducs se tenaient dans la partie surélevée) ; utilisé aussi comme salle des fêtes, il vit se dérouler le festin donné pour les noces de François de Médicis et de Jeanne d'Autriche.

Les murs et le somptueux plafond à caissons ont été décorés par Vasari et ses aides d'allégories et de scènes à la gloire de Florence et de Cosme Ier figuré, tel une divinité, dans le caisson central, au milieu d'un cercle de chérubins et de blasons représentant les différentes corporations de la ville. Des scènes guerrières couvrent les murs sur toute la longueur de la salle, célébrant les victoires remportées par Florence, essentiellement sur ses deux grandes rivales, Pise et Sienne.

La plupart des sculptures qui se trouvent le long des murs ornaient déjà la salle au 16e s. Parmi elles, on remarque, à gauche de la porte faisant face à l'entrée, l'admirable groupe de « la Vittoria » représentant le Génie terrassant la Force, que Michel-Ange exécuta pour le tombeau de Jules II, jamais achevé, et que le neveu du maître offrit à Cosme Ier.

★★ **Studiolo** – *Visible de la porte ; on ne pénètre pas à l'intérieur.*

L'exquis et inquiétant cabinet de travail de François Ier de Médicis, à l'origine accessible seulement de la chambre de celui-ci par une petite porte masquée (le panneau sans décoration au fond, à droite) et dépourvu de toute source extérieure de lumière, reflète bien le caractère solitaire de ce prince et son goût du secret. C'est Vasari qui imagina cette pièce minuscule et raffinée, s'inspirant, pour la décorer, de la personnalité de ce Médicis amateur d'art et de sciences. Les parois, dont le bas abrite des armoires, sont couvertes de panneaux peints par plusieurs maniéristes florentins qui, avec un symbolisme souvent hermétique, ont illustré autour du mythe de Prométhée (décoration du plafond) et sur le thème de l'Eau, de l'Air, de la Terre et du Feu, les entreprises humaines, les découvertes de la science, les mystères de l'alchimie.

Les deux portraits se faisant face aux extrémités de la pièce sont ceux des parents de François, Cosme Ier et Éléonore de Tolède ; ils ont été peints par l'atelier de Bronzino.

Appartement de Léon X – *De la salle des Cinq Cents, accès par la porte qui s'ouvre face au studiolo.*
Cette aile du palais est la partie ajoutée au 16e s. par Cosme Ier. Les salles de l'appartement de Léon X, destinées à recevoir les hôtes de la cour grand-ducale, portent une décoration à la gloire des Médicis, chacune d'entre elles étant dédiée à un membre illustre de cette famille. Le souci de vérité qui anima Vasari et ses élèves dans l'exécution des scènes qui couvrent murs et plafonds font de celles-ci, en même temps qu'une série de documents historiques, une véritable collection de portraits. *La plupart des salles sont occupées par les bureaux du maire et ne se visitent pas.*

Salle de Léon X – La plus vaste salle de l'appartement de Léon X, celle qui porte son nom, est consacrée à ce fils de Laurent le Magnifique, auquel les Médicis doivent d'avoir, en 1512, rétabli leur pouvoir à Florence et qui devint pape en 1513. On le voit notamment arrivant sur la piazza della Signoria lors de la visite qu'il fit à sa ville d'origine deux années plus tard (mur faisant face à la cheminée). *Cette salle permet d'accéder à l'étage supérieur.*

DEUXIÈME ÉTAGE

Il comprend trois ensembles de salles (ou « quartieri ») : l'appartement des Éléments, l'appartement d'Éléonore de Tolède, et celui des Prieurs des Arts.

Appartement des Éléments – Situé au-dessus de l'appartement de Léon X, il a été construit à la même époque que celui-ci et selon un plan identique. Sa décoration, qui a pour thème la mythologie antique, fut conçue – toujours par Vasari – selon un symbolisme complexe, dans le but d'exalter les vertus de Cosme Ier.

Salle des Éléments (1) – Ainsi nommée en raison des scènes allégoriques dont elle est décorée, elle a donné son nom à l'ensemble de cet appartement. On reconnaît, aux murs : l'Eau (la naissance de Vénus), le Feu (les forges de Vulcain), la Terre (Saturne, qui en reçoit les fruits) ; au plafond, dans le caisson rectangulaire au-dessus de l'allégorie de la Terre : l'Air (représenté par le char d'Apollon).

Salle d'Ops ou de Cybèle (2) – Cette salle, dédiée à Ops, la déesse romaine de l'abondance et de la fécondité souvent assimilée à la déesse grecque Cybèle, mère de tous les dieux, a conservé son remarquable pavement en terre cuite datant de 1556. La décoration de celui-ci et celle du plafond sont ordonnées selon la même géométrie. Les deux très beaux secrétaires incrustés d'écaille de tortue ont appartenu à Cosme Ier.

Salle de Cérès (3) – *Actuellement fermée.* Plafond à caissons représentant au centre Cérès, déesse des récoltes, à la recherche de sa fille Proserpine.

Salle de Jupiter (4) – Dans le caisson central du plafond, Vasari et ses aides ont évoqué le mythe de l'enfance de Jupiter : celui-ci, soustrait par Ops, sa mère, à la cruauté de son père Saturne qui dévorait ses enfants mâles, fut élevé par les nymphes sur le mont Ida et allaité par une chèvre. On y admire également un ravissant cabinet à incrustations de pierres dures.

Terrasse de Junon (5) – Dans l'antichambre se trouve un petit *Amour ailé tenant un dauphin* de Verrocchio destiné à la cour d'entrée.

Salle d'Hercule (6) – Au plafond sont représentés huit des douze Travaux

PALAZZO VECCHIO
2ème étage
0   20 m
N

Via dei Leoni

Quartiere degli Elementi

Via dei Gondi

Via della Ninna

Salone dei Cinquecento

Sala delle Carte Geografiche ★

Corridoio Vasariano

★Sala dei Gigli

1er étage

Quartiere dei Priori

Quartiere di Eleonora di Toledo

Piazza della Signoria

Ascensseur

d'Hercule et, dans le caisson central, Hercule enfant qui étouffe, devant ses parents, Jupiter et Alcmène, les serpents envoyés par Junon, rivale d'Alcmène, pour le tuer.

Terrasse de Saturne (7) – *Périodiquement ouverte en été.* Elle s'ouvre sur l'un des plus attrayants paysages florentins : de droite à gauche, le fort du Belvédère, l'église San Miniato et le piazzale Michelangiolo.

Au centre du plafond, Saturne dévorant ses fils. Dans les caissons en forme de triangles, les quatre âges de l'homme. Dans les caissons rectangulaires du pourtour, les douze heures du jour.

Galerie (8) – L'appartement des Éléments communique avec celui d'Éléonore de Tolède par ce petit passage en balcon au-dessus de la salle des Cinq Cents, dont on mesure mieux, de cet endroit, la hauteur exceptionnelle. À travers les fenêtres en vis-à-vis, on aperçoit le tambour du dôme de la cathédrale et les collines toscanes au lointain.

Appartement d'Éléonore de Tolède – Lorsque Cosme Ier vint vivre avec son épouse âgée de 18 ans au palais de la Signoria, il chargea son architecte d'alors, Battista del Tasso, d'aménager pour elle une partie des sévères appartements autrefois occupés par les prieurs des Arts. Quelques années plus tard, Vasari aidé du Flamand Jan van der Straet – dit « Le Stradano » – s'efforça de donner à ces salles un aspect moins austère, décorant les plafonds de scènes dont l'ensemble constitue une sorte d'hymne à la grandeur féminine.

Chambre verte (9) – Cette salle, la seule à laquelle ne travailla pas Vasari, était la chambre à coucher d'Éléonore. À la voûte, un écusson porte les armes des Médicis et celles de la Maison de Tolède ; la couronne ducale et l'aigle impérial à deux têtes sont également représentés.

Sur cette pièce, s'ouvrent le « **Scrittoio** » (**10**), minuscule réduit éclairé d'une petite fenêtre, qui tenait lieu de bureau à la duchesse, ainsi que sa **chapelle privée (11)** décorée de 1541 à 1545 par le portraitiste Bronzino sur le thème de l'histoire de Moïse (le peintre aurait prêté à la Vierge de l'*Annonciation* qui se trouve à droite de la *Déposition*, contre le mur du fond, les traits de la fille aînée de Cosme et d'Éléonore).

Salle des Sabines (12) – C'est là que se tenaient les dames de la suite d'Éléonore. Au plafond est évoquée la scène au cours de laquelle les Sabines s'interposent entre leurs pères et leurs époux romains afin de faire cesser le combat.

Salle d'Esther (13) – Dans cette pièce qui faisait office de salle à manger, on remarque un joli lavabo en marbre du 15e s., installé ici au 19e s. Dans le grand caisson qui occupe presque entièrement le plafond, le courage et la détermination sont illustrés en la personne d'Esther, la femme juive qui réussit à sauver son peuple (on la voit ici couronnée par Assuérus).

Salle de Pénélope (14) – Dans le grand médaillon central est exaltée la fidélité, que symbolise l'épouse d'Ulysse, vêtue selon la mode florentine du 16e siècle. En plusieurs endroits, on retrouve l'écusson à boules des Médicis associé à l'écusson en damier de la Maison de Tolède, ainsi que (en bordure du grand médaillon côté fenêtre) l'emblème de Cosme Ier : la tortue (symbolisant la prudence) avec une voile (évoquant le sens de l'opportunité).

Salle de la Gualdrada (15) – Cette pièce est dédiée à la vertu incarnée par cette jeune Florentine qui, au 13e s., s'illustra en refusant le baiser de l'empereur Othon. Dans la frise qui court sous le plafond, on reconnaît diverses places de Florence, sous l'aspect qu'elles présentaient au 16e s.

Appartement des Prieurs des Arts – Son aménagement est d'un siècle antérieur aux transformations apportées dans le reste du palais par Cosme Ier.

Chapelle des Prieurs (16) – Ceux-ci s'y réunissaient pour prier avant les délibérations d'ordre juridique, comme en témoignent les inscriptions contenues dans la série de panneaux qui tapissent les murs, toutes tirées de l'Ancien et du Nouveau Testament. C'est Ridolfo del Ghirlandaio qui, à la fin du 15e s., exécuta sur un fond de fausses mosaïques la décoration de la chapelle.

Salle des Audiences (17) – Aménagée durant la deuxième moitié du 15e s., elle possède un somptueux **plafond à caissons bleus et dorés**, œuvre de Giuliano da Maiano qui, aidé de son frère Benedetto, sculpta également le ravissant encadrement de porte en marbre qui s'ouvre sur la salle contiguë (dans la lunette au-dessus, une statuette, œuvre de Benedetto, figure la Justice).

★ **Salle des Lys** – Cette salle, l'une des plus belles du palais, doit son nom aux fleurs de lys or sur fond bleu dont ses murs sont tapissés ; il s'agit non pas du lys florentin (de couleur rouge), mais de l'emblème des rois de France, avec qui la République de Florence entretint des rapports d'amitié. Le superbe **plafond à caissons or et bleus** est dû comme celui de la salle précédente à Giuliano da Maiano (**1478**), tandis que le délicat encadrement de porte en marbre surmonté d'un saint Jean Baptiste est l'œuvre de son frère. Les vantaux en marqueterie de bois portent, l'un le portrait de Dante, l'autre celui de Pétrarque. L'admirable sculpture de *Judith et Holopherne* par Donatello est conservée ici.

« **Cancelleria** » (**18**) – Cette petite pièce servit de bureau à Machiavel pendant la dernière des quinze années où il exerça la haute fonction de secrétaire de la Chancellerie et conduisit la diplomatie de la République florentine, avant que le retour des Médicis en 1512 ne le contraignît à s'exiler de Florence. On y découvre deux portraits de lui : un buste en terre cuite et une peinture posthume par Santi di Tito.

★ **Salle des cartes géographiques** – Elle fut construite par Vasari pour Cosme Ier. Les Médicis y abritaient, outre leurs costumes d'apparat, leurs objets précieux. La décoration des armoires qui la tapissent, réalisée durant la seconde moitié du 16e s., constitue une collection de cartes d'un exceptionnel intérêt, toutes les parties du monde alors connues étant ici représentées. L'énorme mappemonde qui occupe le centre de la pièce date de la même époque.

★★★ GALLERIA DEGLI UFFIZI (GALERIE DES OFFICES) ☉

Visite : 2 h 1/2 pour la totalité des salles

Les « Offices » – En 1560, Cosme Ier chargea son architecte de construire un bâtiment destiné à grouper tous les bureaux – ou « **Uffizi** » – de l'administration médicéenne.
À l'emplacement d'une église romane Vasari réalisa, dans un style Renaissance tardif, cette étrange construction faite de deux longues ailes parallèles réunies en fer à cheval et formant une sorte de place fermée comme une cour, qui s'étire sur toute la distance séparant la piazza della Signoria de l'Arno.
Un passage suspendu, encore visible aujourd'hui, faisait communiquer le Palazzo Vecchio avec la galerie, aujourd'hui vitrée, qui formait le dernier étage du nouvel édifice.
En 1581, François Ier de Médicis entreprit de faire aménager la partie Est de cette galerie afin d'y rassembler les œuvres d'art amassées de génération en génération par sa famille, créant ainsi un véritable musée qui, dix ans plus tard, allait devenir accessible au public. Ces collections médicéennes représentent une grande partie des chefs-d'œuvre qui font aujourd'hui des Offices l'un des tout premiers musées du monde.
Au **rez-de-chaussée**, on voit quelques vestiges de l'ancienne église romane de San Pier Scheraggio, où sont exposés quelques portraits à fresque d'hommes illustres par Andrea del Castagno ainsi qu'une très grande *Bataille de San Martino* (bataille qui eut lieu sur le même site que Solferino et le même jour) peinte à l'huile en 1936 par Corrado Cagli à la manière de l'illustre *Bataille de San Romano* par Uccello *(voir salle 7)*.
Dans le vestibule d'accès à la galerie, situé à droite du hall d'entrée, un grand portrait de femme accueille les visiteurs : celui d'Anne-Marie-Louise, la dernière des Médicis qui, à sa mort, en 1743, légua à la ville de Florence les prodigieux trésors accumulés par ses ancêtres.
On accède au dernier étage du bâtiment par l'escalier monumental construit par Vasari. Les ascenseurs *(au fond du vestibule, à droite)* sont réservés aux personnes en montrant la nécessité.

Le fonds du cabinet des Dessins et Estampes situé au 1er étage n'est pas ouvert au public, toutefois une salle est consacrée à des expositions temporaires (en libre accès) permettant de voir quelques-unes de ses œuvres.

Aile Est

Le long corridor, dont le plafond est orné de grotesques, abrite des sculptures antiques : sarcophages, statues (pour la plupart copies romaines d'œuvres grecques), bustes de l'époque impériale.

La pinacothèque – Les quatre premières salles sont réservées aux **Primitifs toscans**. Les trois grandes *Vierges en Majesté* qui dominent la **salle 2** illustrent les grandes tendances qui, au 13e et au début du 14e s., animèrent la peinture italienne en rupture avec la tradition byzantine dont on note l'empreinte dans les œuvres les plus anciennes : au fond à droite, celle de Cimabue (vers 1280 - **1** - *illustration p. 115*) conserve la composition verticale et symétrique, mais innove par le jeu des lignes courbes, le geste plein d'humanité de la Vierge, l'expression des visages des prophètes au-dessous du trône ; à gauche la *Madone Rucellai* (1285 - **2**) du Siennois Duccio, proche de Cimabue par sa technique héritée de la tradition byzantine, mais animé d'une sensibilité qui appartient déjà à l'art gothique, fait montre d'une légèreté, d'une grâce et d'une préciosité qui caractérisent l'école siennoise ; au centre, la Vierge de Giotto (vers 1310 - **3**) annonce la Renaissance par le sens de la perspective, la vigueur avec laquelle sont traités les personnages et l'humanité qui s'en dégage.

Dans la **salle 3** consacrée à l'école siennoise du 14e s., l'exquise *Annonciation* (1333 – **4**) de **Simone Martini** resplendit de tous ses ors : sobriété du décor, grâce extrême du mouvement, délicatesse des couleurs, caractérisent ce triptyque, chef-d'œuvre

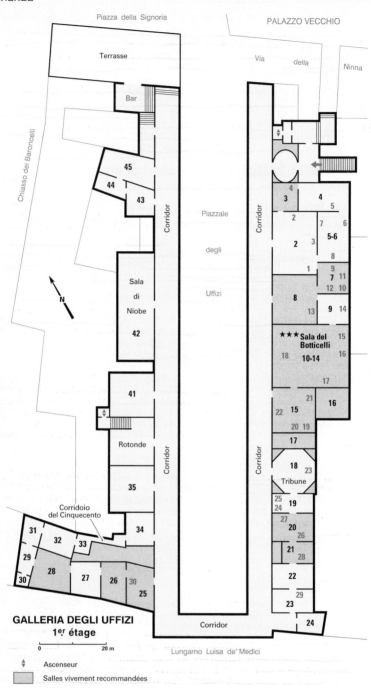

GALLERIA DEGLI UFFIZI
1er étage

0   20 m

⇕ Ascenseur

▨ Salles vivement recommandées

de la peinture gothique. Martini illustre ici le premier cette scène biblique si souvent représentée dans les siècles qui suivirent, définissant un modèle (l'ange à gauche et la Vierge à droite) que l'histoire retiendra.

La **salle 4** est réservée aux peintres florentins du 14e s., pour la plupart disciples de Giotto : Bernardo Daddi, Giottino, qui dans sa *Déposition* (5) fait montre de moins de sens dramatique que son maître Taddeo Gaddi.

La **salle 5-6** groupe les œuvres appartenant au gothique international (fin 14e-début 15e s.), exaspération tardive du style gothique qui s'efforce de reproduire la nature par le menu détail. Abondance des personnages, flamboiement des couleurs et des fonds or, importance de l'ornementation, attrait pour la fonction

L'Annonciation, par Simone Martini

décorative de la ligne, suavité, sont les traits marquants de cet art qui ne semble fait que pour le plaisir des yeux. Les plus brillants représentants de ce style lié à l'art de la miniature et issu de la préciosité de la peinture siennoise sont Lorenzo Monaco, dont la manière influença Fra Angelico, et Gentile da Fabriano. Du premier, on voit ici l'*Adoration des Mages* (6) et un éclatant *Couronnement de la Vierge* (7) ; le deuxième, avec sa somptueuse et éblouissante *Adoration des Mages* (8), a porté à son sommet cette forme d'art.

On aborde ensuite la **Renaissance.**

La **salle 7** (les débuts : 15e s.) est dominée par la célèbre *Bataille de San Romano* (9) de **Paolo Uccello**, volet d'un immense triptyque dont les autres parties sont, l'une au Louvre, l'autre à la National Gallery de Londres. Dans cette mêlée, ordonnée comme une composition géométrique, le peintre a organisé l'espace en fonction d'une recherche de la perspective qui sera l'une des préoccupations essentielles des artistes de la Renaissance ; mais, par l'audace des raccourcis, par la réduction de certains éléments (les soldats) à de simples volumes, par l'emploi insolite de la couleur (chevaux rouges), il occupe une place à part et donne à son œuvre un caractère moderne et abstrait qui l'a fait parfois considérer comme un lointain précurseur du cubisme.

Au cours de cette première Renaissance, deux autres peintres centrèrent leurs recherches sur le rendu du volume : d'une part Masaccio, dont on peut voir une *Vierge à l'Enfant et sainte Anne* (10) à laquelle collabora Masolino, et d'autre part Piero della Francesca *(voir encadré p. 64)*. De ce dernier, sur un chevalet (près d'une fenêtre), le puissant portrait (1465) du duc d'Urbin, *Federico da Montefeltro* (11), et celui de son épouse *Battista Sforza* se détachent, impassibles, cernés par un trait incisif, sur un paysage profond de collines baigné d'une lumière très douce et un peu irréelle. Au dos de cette œuvre sont peints les deux chars nuptiaux qui conduisent les deux époux l'un vers l'autre.

À la même époque un autre courant est formé par des peintres plus proches de leur formation gothique, attachés à la beauté de la ligne et la douceur des couleurs, comme Domenico Veneziano - *Vierge entourée de saints* (12) - et Fra Angelico *(voir encadré p. 168)* dont on remarque (à droite de la porte d'entrée), un *Couronnement de la Vierge*.

Dans la **salle 8** sont groupées plusieurs œuvres de **Filippo Lippi** qui comptent parmi les plus séduisantes de la peinture italienne et dont s'inspira Botticelli : on retrouvera par exemple chez son émule ces figures aux contours cernés d'un trait sombre, ces voiles vaporeux que portent ses anges ou ses Vierges, une grâce un peu maniérée qui enveloppe des personnages dont le calme exprime un profond silence. Contre le mur mitoyen avec la salle 9, la délicate *Vierge à l'Enfant* (1465 - 13) qui apparaît sous les traits d'une jeune femme élégante assise à sa fenêtre

SCALA

Détail de *La Bataille de San Romano*, par Paolo Uccello

(le modèle en fut Lucrezia Buti, la jolie nonne aimée du peintre – *voir encadré p. 260*), est un chef-d'œuvre de grâce délicate et de subtile sensualité. Deux exquises *Adoration de l'Enfant* l'encadrent.

Des deux frères Pollaiolo (2e moitié du 15e s.), la personnalité la plus forte fut l'aîné, Antonio, dont on voit, **salle 9** *(à gauche, près de la fenêtre)*, l'un des fameux portraits de femme, caractéristique de sa manière : profil élégant cerné d'un trait appuyé et souple, richesse des détails du vêtement, fond uni d'un bleu de vitrail. Piero est l'auteur des grandes figures représentant les vertus théologales et cardinales, la Force *(près de l'entrée de la salle suivante)* est de Botticelli. Dans la vitrine (14), quatre tableaux de format très réduit ont été peints avec une extrême minutie : *Hercule et l'hydre de Lerne (illustration p. 115)* est d'Antonio Pollaiolo et l'*Histoire de Judith* de Botticelli.

Quelques instants devant Le Printemps

La scène se déroule dans le jardin de Vénus. La déesse est au centre de la composition, parmi les orangers et les haies de myrtes, sacrées à ses yeux. En haut du tableau vole Cupidon, les yeux bandés : sa flèche est dirigée vers l'une des trois Grâces qui danse, ignorante de son sort, avec ses compagnes. À gauche, Mercure chasse les nuages avec le caducée. À droite, le vert Zéphyr enlève la nymphe Chloris, qui, dit Ovide, devint après son mariage avec Zéphyr la reine des fleurs. Ainsi transformée, Flore répand des roses sur la prairie fleurie.

Cette œuvre, qui a fait l'objet de plusieurs interprétations, pourrait être la narration de la métamorphose de l'amour. La jeune fille, timide et rêveuse, qui est sur le point de recevoir la flèche pourrait être la Chasteté, celle de gauche la Volupté, la troisième, hautaine, la Beauté. Visée par Cupidon, la Chasteté semble se diriger vers la Volupté, tandis que la Beauté assure l'équilibre. Vénus préside aux œuvres d'amour, leur conférant par son statisme une certaine mesure.

Mercure, qui accompagnait les âmes dans l'au-delà et servait donc de lien entre les hommes et les dieux, regarde vers le haut. La Chasteté, qu'inspire un amour supérieur, le suit des yeux. L'harmonie de la composition se réalise dans la correspondance : du ciel, vers lequel Mercure regarde à gauche, arrive sur la terre, à l'extrémité opposée, Zéphyr.

La salle Botticelli★★★ (10-14) est la gloire du musée. Elle renferme, outre une série de tableaux universellement connus de ce maître de la Renaissance, de superbes œuvres dénotant des influences réciproques qui, à la faveur des échanges commerciaux, s'exercèrent au 15e s. entre les peintres florentins et les Primitifs flamands. On découvre de gauche à droite les grands Botticelli : la *Vierge du Magnificat* (15) est une composition en rond d'une remarquable finesse de détails et d'une exceptionnelle harmonie. L'allégorie de la *Naissance de Vénus* (16) et, sur le mur suivant, celle du *Printemps* (17), œuvres de maturité (vers 1480), sont sans doute les plus représentatives du lyrisme poétique de Botticelli et de l'idéalisme qui caractérisait la culture humaniste à l'honneur dans l'entourage de Laurent le Magnifique. On y trouve, portés, à leur perfection, les éléments qui font le charme de l'art, tout empreint de spiritualité, de ce peintre qui voulait « par les mouvements du corps montrer les mouvements de l'âme » : sinuosité des lignes, contours appuyés et précis, goût du détail raffiné, tonalités légères, grâce du mouvement, mélancolie inquiète des visages. Dans la *Naissance de Vénus*, sur un fond de mer et de ciel aux tons froids d'une admirable transparence, surgit une jeune femme d'une grâce mélancolique et fragile (l'artiste aurait représenté ici Simonetta Vespucci,

Le Printemps, par Botticelli
(détail central avec le Printemps, Flore et Zéphyr)

SCALA

aimée de Julien de Médicis) ; les lignes ondoyantes des étoffes, des cheveux dénoués, de la silhouette légèrement inclinée de Vénus donnent à cette scène la grâce d'une danse.

Entre *La Naissance de Vénus* et *Le Printemps* sont exposés *Pallas et le Centaure*, l'animalité domptée par la Pensée, et l'admirable *Vierge à la Grenade*, autre composition circulaire où Botticelli fait montre d'un talent formé au contact des orfèvres. Le petit tableau qui fait suite, la célèbre *Calomnie*, œuvre de vieillesse, témoigne de l'évolution de cet artiste dont les dernières années furent profondément marquées par le mysticisme de Savonarole. Faisant suite au printemps, l'*Adoration des Mages* met en scène plusieurs Médicis : agenouillé aux pieds de la Vierge, Cosme l'Ancien ; à gauche, s'appuyant sur son épée, Laurent ; dans le groupe à droite, vêtu de sombre et reconnaissable à sa chevelure brune, son frère Julien ; le personnage en jaune, à l'extrémité droite, serait Botticelli.

Le triptyque Portinari (18), face à la *Naissance de Vénus*, chef-d'œuvre de Hugo Van der Goes, fut peint vers 1478 pour le représentant à Bruges de la banque Médicis ; au centre, l'Adoration des bergers ; à gauche et à droite, agenouillés, les donateurs et leurs enfants. Cette œuvre aux coloris profonds, savamment ordonnés, reflète une influence italienne : goût pour les vastes compositions, personnages représentés grandeur nature ; elle eut à son tour de grandes résonances auprès

Botticelli (1444-1510)

Élève de Filippo Lippi puis de Verrocchio et admirateur d'Antonio Pollaiolo, Botticelli conserva du premier le sens de la ligne et du contour et des seconds celui d'une certaine énergie, restant indifférent en revanche au rendu atmosphérique que Verrocchio avait commencé à explorer. À la fin du 15e s., il est le plus grand peintre de Florence (il compte au nombre de ceux appelés à Rome pour peindre les murs de la Sixtine) et côtoie le cercle néoplatonicien d'érudits, de philosophes et d'écrivains dont s'entoure Laurent le Magnifique qui l'apprécie énormément. Renouant avec l'Antiquité, il peint des sujets mythologiques (*Vénus*, *Pallas et le Centaure*, le *Printemps*) métamorphosés par une douce poésie leur conférant un caractère allégorique. Auteur également de nombreuses madones, il excelle dans la ligne fluide et dansante qui emporte les étoffes, les voiles, les cheveux et les membres de ses personnages, dont les visages s'infléchissent de façon un peu systématique sur le côté, tendant vers le maniérisme.

La mort de Laurent de Médicis, les prédications de Savonarole, l'avenir de son art qui frôle par l'exaspération de la courbe les préciosités du gothique mènent l'artiste d'une sensibilité extrême vers le doute, comme le montre sa *Calomnie d'Apelle* au dessin tellement incisif qu'il suscite presque un malaise. Caractéristique de l'apogée du siècle des Médicis, Botticelli n'eut pas de rayonnement, son originalité l'ayant mis en marge de ses contemporains.

des artistes florentins : réalisme (rudesse des bergers dont le visage s'éclaire d'une curiosité et d'une joie naïves), minutie dans l'observation des détails, magistrale technique du paysage où le jeu des plans successifs crée une extraordinaire profondeur.

Dans l'*Adoration des Mages* de Domenico Ghirlandaio (à gauche du triptyque Portinari), composition en médaillon exécutée en 1487, on retrouve cette technique apprise des Flamands.

La salle Léonard de Vinci (n° 15) renferme deux des plus célèbres tableaux du maître. L'*Annonciation* (19 – *illustration p. 116*), exécutée dans sa jeunesse (vers 1475), est une œuvre traditionnelle dans sa composition, mais d'une douceur et d'une poésie rares ; si le fond se perd dans une brume subtile, le fameux « sfumato » caractéristique de la manière de l'artiste n'apparaît pas encore dans la scène du premier plan où les détails sont traités avec recherche et les personnages dessinés avec précision. L'*Adoration des Mages* (20) (1481), inachevée, est en revanche, par sa composition en triangle et l'expressivité des visages, tout à fait originale à la fin du 15e s.

Léonard est sans doute également l'auteur de l'ange que l'on voit de profil dans le remarquable *Baptême du Christ* peint vers 1470 par son maître, Verrocchio.

Quant aux œuvres du Pérugin, elles laissent deviner par la grâce paisible et presque alanguie de leurs personnages et la douceur qu'ils irradient l'influence qu'aura le maître de Raphaël sur son émule : on remarque le *Christ au jardin des oliviers* (21) et en face la *Vierge à l'Enfant entre saint Jean Baptiste et saint Sébastien* (22), caractéristique du style de l'artiste par la symétrie de la composition et la suavité de l'éclairage.

On revient dans la galerie (salles 16 et 17 fermées).

La **Tribune** (salle 18), pièce octogonale tendue de rouge, surmontée d'une coupole tapissée de nacre et pavée de marqueterie de marbre, fut construite par Buontalenti pour François de Médicis qui souhaitait y rassembler les pièces les plus précieuses de ses collections. (*Elle ne peut accueillir plus de trente personnes à la fois en raison de son exiguïté et de la fragilité des œuvres.*) On y voit, parmi d'autres sculptures romaines, copies d'œuvres grecques des 3e et 4e siècles avant J.-C., la célèbre **Vénus de Médicis** (23) inspirée de Praxitèle.

Autour de la pièce sont disposés de nombreux portraits, dont plusieurs représentent des membres de la famille Médicis. On remarque, en commençant par la gauche : la belle et intrigante Bianca Cappello (*voir Poggio a Caiano*) par Alessandro Allori ; Laurent le Magnifique par Vasari et Cosme l'Ancien par le Pontormo ; par Bronzino, la hautaine Lucrezia Panciatichi ainsi que son mari (au 15e s. cette puissante famille de Pistoia s'allia aux Médicis) ; de part et d'autre de la niche devant laquelle se trouve la Vénus, également de Bronzino, deux des enfants de Cosme Ier et d'Éléonore de Tolède ; le délicieux portrait de Bia, autre fille de Cosme et d'Éléonore, dans lequel Bronzino fait montre de moins d'impassibilité que dans la plupart de ses portraits ; enfin le grand portrait d'Éléonore avec l'un de ses fils (où les matières sont rendues avec un incroyable réalisme), et celui de Cosme Ier en armure, toujours par Bronzino, peintre officiel de la cour grand-ducale.

En **salle 19**, la peinture ombrienne de la Renaissance est essentiellement représentée par le Pérugin dont la manière harmonieuse et sereine séduisit Raphaël, son élève : on note le portrait de l'artisan florentin, Francesco delle Opere (**24**) et un portrait d'adolescent d'une inexprimable mélancolie (**25**). Cette salle conserve également des œuvres de Signorelli, dont la manière se caractérise par un trait incisif et réaliste, et un tableau de Piero di Cosimo, très influencé par ce dernier, *Persée libérant Andromède* (*à gauche de la porte vers la salle suivante*), aux multiples détails.

La **salle 20** est consacrée à la Renaissance germanique, illustrée ici par ses plus grands maîtres. **Dürer** (1471-1528) fit plusieurs séjours à Venise où il fut marqué par la peinture de Mantegna et de Giovanni Bellini, comme en témoigne son *Adoration des Mages* (**26**) aux coloris brillants et à la perspective savamment construite sur un fond d'architectures en ruine. Les célèbres *Adam et Ève* (**27**) de Cranach (1472-1553) sont exécutés dans un style qui, par l'étirement des lignes, atteint à une élégance extrême et où perce, dans l'exagération des courbes et la blondeur des nus, la sensualité. Le même artiste a peint, avec une remarquable sobriété de moyens, les portraits de son ami et maître à penser Luther et de sa femme, Catherine Bore (*à gauche de l'entrée*).

La peinture vénitienne au 15e s. et au tout début du 16e s. est représentée, **salle 21**, par **Giovanni Bellini** (1435-1516) et son élève Giorgione (1477-1510). Du premier, on remarque la célèbre *Allégorie sacrée* (**28**), composition hermétique, dans laquelle l'équilibre du paysage, l'harmonie des tonalités, l'irréalité de l'eau et de la lumière, traduisent une vision contemplative et se fondent pour créer une atmosphère d'une rare sérénité. Dans les deux œuvres de jeunesse de **Giorgione**, *Moïse enfant subissant l'épreuve du feu devant le pharaon* et le *Jugement de Salomon* (*à gauche de l'entrée*), la composition semble s'ordonner en fonction de la lumière, et le paysage, qui s'estompe dans un flou (« sfumato ») rappelant Vinci, devient l'élément essentiel du tableau.

D'autres peintres allemands de premier plan, ainsi que des maîtres flamands, sont représentés dans la **salle 22 : Albrecht Altdorfer** (1480-1536) qui fut à l'origine de l'École du Danube et l'un des précurseurs de l'art du paysage, avec deux scènes de la vie de saint Florian (*mur face à l'entrée, à droite*) aux rutilantes couleurs et dans lesquelles les personnages, traités avec un réalisme populaire, s'inscrivent sur un fond de paysage fantastique qu'anime un fantasmagorique éclairage ; **Hans Holbein le Jeune** (1497-1543), qui vers l'âge de 40 ans devint le peintre officiel de la cour d'Henri VIII d'Angleterre, avec (*de part et d'autre du passage vers la salle 23*) un autoportrait et un excellent portrait de l'ambassadeur sir Richard Southwell ; les Flamands Joos Van Cleve (vers 1485-1540) et Van Orley (vers 1490-1540) avec chacun un portrait d'inconnu et un portrait de leur femme (*à gauche du passage vers la salle 23*).

La **salle 23** est dédiée au **Corrège** dont la peinture, qualifiée de « suave et tendre » par Stendhal, interprète avec une sensibilité originale le « sfumato » de Vinci. De son *Adoration de l'Enfant Jésus* (**29**), baignant dans une irréelle pénombre dorée, se dégagent un charme plein d'allégresse et une grâce alanguie et un peu affectée qui annonce le maniérisme.

La **salle 24**, décorée au 17e s. pour conserver à l'époque les bijoux des Médicis, rassemble une collection de médaillons et portraits miniatures.

Le corridor qui relie les deux ailes du bâtiment offre une belle vue sur la colline de San Miniato et sur l'Arno avec au premier plan le Ponte Vecchio.

Aile Ouest

À l'époque des grands-ducs Médicis, des artisans y avaient leurs ateliers, d'où sortaient des objets en pierres dures, des miniatures, et même des parfums, des médicaments, des poisons et contre-poisons dont il était fait hommage aux visiteurs de marque.

Pinacothèque (suite) – Avec la **salle 25**, Michel-Ange et les Florentins, on aborde la **seconde Renaissance** (16e s.). Le célèbre *Tondo Doni* (**30**), peint en 1503 par **Michel-Ange**, représente une Sainte Famille se détachant sur un fond de jeunes gens nus. Par la puissance de ses personnages, l'artiste dévoile ses capacités de sculpteur ; en revanche, la perfection du glacis, où aucun coup de pinceau n'est visible, démontre la maîtrise du peintre. La complexité de la composition, où la Vierge semble comme en suspens dans une position où l'on ignore si elle reçoit l'Enfant de Joseph ou si elle le lui tend, exprime ce caractère tourmenté propre à Michel-Ange : la torsion des corps, qui ouvre la voie au maniérisme, se retrouvera en particulier dans de nombreuses figures de la chapelle Sixtine.

Dans la **salle 26**, œuvres de **Raphaël**. Peinte vers 1506, la célèbre *Vierge au chardonneret* (*face à l'entrée sur la gauche – illustration p. 117*) est l'une de ses compositions les plus sereines et harmonieuses : les lignes mollement infléchies, les chaudes tonalités sublimées par une lumière dorée, la grâce des attitudes et des expressions sont encore adoucies par l'emploi du « sfumato », pénombre légère estompant les contours. Dans le fastueux portrait de son protecteur, le pape

Le *Tondo Doni* de Michel-Ange

Léon X, Raphaël fait montre d'une maîtrise exceptionnelle dans l'art de traduire, par les effets de couleurs, la matière des étoffes. À droite de la fenêtre, autoportrait de l'artiste.

La *Vierge aux Harpies (mur d'entrée)*, ainsi appelée en raison des figures qui ornent le socle où trône la Vierge, est une œuvre majestueuse et un peu académique (1517) d'**Andrea del Sarto**, le peintre le plus représentatif du classicisme florentin.

En réaction contre celui-ci, le Pontormo (1494-1556), s'inspirant de la manière de Michel-Ange, est à la tête du courant maniériste en Toscane ; **salle 27**, son *Repas d'Emmaüs (mur de droite)* reflète une mélancolie inquiète.

La **salle 28** réservée à la peinture vénitienne au 16e s., renferme plusieurs tableaux de **Titien**, dont la *Vénus d'Urbin (mur de droite)*, l'un des chefs-d'œuvre de la maturité de l'artiste (1538) ; le caractère intimiste de la scène, l'attitude alanguie du personnage, le nu éblouissant barrant le tableau et contrastant avec les tonalités sombres de l'arrière-plan témoignent d'une sensualité et d'une chaleur bien éloignées de la rigueur qui, à la même époque, caractérise la peinture florentine. *Flore*, peinte vers 1515, est remarquable pour l'intensité et la richesse de gradation de ses tonalités blond et or.

Flore, par Titien

Les deux salles suivantes sont consacrées à l'école émilienne du 16e s. **Le Parmesan** apporte au **maniérisme** une stylisation qui a son origine dans un raffinement poussé à l'extrême et un allongement encore plus exagéré des formes. Exposée dans la **salle 29**, la *Vierge au long cou*, est une œuvre sophistiquée, aux tonalités froides, dont la composition verticale (longues jambes du personnage à gauche, silhouette étirée de la Vierge, fuseau de la colonne) est équilibrée par les lignes horizontales du corps de l'Enfant Jésus. Originaire de Ferrare,

SCALA

La Vierge aux Harpies, par Andrea del Sarto

Dosso Dossi (vers 1490-1542) fait la liaison entre l'école émilienne et l'école vénitienne qui l'influença beaucoup (salle 31).

Consacrée aux Vénitiens, la salle 32 présente la *Mort d'Adonis* de Sebastiano del
Piombo (vers 1485-1547) où la langueur des personnages et la lumière sourde
témoignent de sa formation auprès de Giorgione ; en revanche les nombreux nus
féminins (se détachant sur une vue de Venise) révèlent l'ascendant qu'eut sur lui
Michel-Ange à Rome.

La salle 34, qui fait suite au petit « Corridor du Cinquecento », renferme plusieurs
œuvres du Vénitien **Véronèse** (1528-1588), influencé à ses début par l'élégance et
le raffinement des maniéristes émiliens ; sa *Sainte Famille avec sainte Barbe (à
gauche de l'entrée)* est une œuvre superbe par la sérénité opulente qui s'en dégage
et par la magnificence atteinte dans le rendu des étoffes.

Salle 35, on peut voir plusieurs portraits du **Tintoret** (1518-1595) et surtout sa *Léda
et le cygne* : la tache lumineuse du corps qui, posé en diagonale, imprime son
mouvement à la composition se détache d'une manière un peu théâtrale sur un
fond de draperies brunes.

On aborde ensuite le **17e s. italien et européen.**

L'école flamande est présente, salle 41, avec des portraits de Sustermans et de Van
Dyck et surtout avec plusieurs œuvres de **Rubens** qui, entre tous, eut le plus de
contacts avec la peinture italienne (celle des Vénitiens en particulier). De ce
dernier, on admire le portrait d'*Isabelle Brandt*, sa première femme, d'une force
de pénétration et d'une chaleur extraordinaires.

La grande salle qui suit, dite **salle de Niobé**, fut aménagée et décorée de stucs au
18e s. pour accueillir un ensemble de statues, copies romaines d'un groupe
exécuté au 4e s. avant J.-C. par le sculpteur grec Scopas représentant Niobé
et ses enfants. Celle-ci, selon la légende, avait tourné en dérision Léto qui de
son union avec Zeus n'avait eu que deux enfants, Apollon et Artémis. Ceux-ci,
pour venger leur mère, tuèrent de leurs flèches les sept fils et les sept filles
de Niobé dont la douleur fut telle qu'elle obtint de Zeus qu'il la changeât en
rocher.

La **salle 43** est consacrée au **Caravage** (1573-1610). Celui-ci avait tout juste vingt ans lorsqu'il peignit le célèbre *Bacchus adolescent*, toile claire et lumineuse dont sont encore absents les contrastes brutaux d'ombre et de lumière qui caractériseront la plupart de ses œuvres mais où, dans le jeune dieu représenté sous les traits d'un personnage populaire, éclate la manière naturaliste qui aura un considérable retentissement sur la peinture européenne des 17e et 18e s. Son *Sacrifice d'Isaac*, où l'arrivée subite de l'ange est comme prise sur le vif, est également une œuvre d'extrême jeunesse dans laquelle s'expriment déjà avec force la recherche du réel au détriment du dramatisation, le sens de la dramatisation et le goût pour les éclairages fulgurants. La saisissante tête de Méduse, peinte sur un bouclier (*dressé sur un chevalet*), présente dans l'exaspération théâtrale de l'expression un caractère baroque.

On admire aussi (*mur de droite*) un splendide *Paysage de mer* de Claude Lorrain (1600-1682), où les scènes familières de la vie du port se jouent sur un fond de solennelles architectures et de vaisseaux arachnéens rendus fantomatiques par la merveilleuse lumière dorée venue de la mer.

La peinture flamande et hollandaise du 17e s. est présente dans la **salle 44**, avec **Rembrandt** (1606-1669) dont le luminisme accuse une influence caravagesque mêlée à celle des maîtres vénitiens : un admirable portrait de vieillard et deux autoportraits occupent le mur du fond.

La **salle 45** est réservée au **18e s.** : espagnol avec deux portraits de Goya (*à gauche de l'entrée*) ; français, avec des portraits de Nattier (*à droite*) et, par Chardin, une *Fillette jouant au volant* et un *Garçonnet jouant avec des cartes*, d'une exquise spontanéité (*à côté des Goya*) ; vénitien, avec des *Vues de Venise* (*mur face à l'entrée*), les deux premières – *Le Palais des Doges* et *Le Grand Canal au pont du Rialto*, précises comme des photographies – par Canaletto (1697-1768), les deux suivantes aux sensibles notations de lumière, à la facture légère – presque impressionniste – par Francesco Guardi (1712-1793).

Corridoio Vasariano ⊘ – Cette suggestive galerie de près d'un kilomètre de long, qui fait suite à celle des Offices et court au-dessus du Ponte Vecchio, fut construite en 1565 par Vasari en cinq mois seulement. S'enfonçant sur la rive gauche, dans le dédale des maisons, elle permettait à Cosme Ier, son commanditaire, de se rendre du Palazzo Vecchio au palais Pitti sans avoir à se mêler à la foule ni être vu.

La visite du corridor prolonge celle des Offices, les collections comportant des œuvres des 17e et 18e s. et des autoportraits célèbres. Toutefois si l'on ne regarde pas Florence, l'Arno et les collines environnantes depuis les fenêtres, on perd beaucoup du charme et de la beauté de ce lieu quelque peu secret et mystérieux. Les premiers tableaux présentés sont d'école caravagesque, parmi lesquels la belle *Adoration de l'Enfant* de Gherardo delle Notti. Se succèdent ensuite des œuvres d'école bolonaise (Guido Reni, l'Albane, le Guerchin), vénitienne (Lyss), romaine (le Bamboche), toscane (Lorenzo Lippi) et napolitaine (Salvator Rosa). Parmi les Lombards du 17e s., on signale Giovanni Battista Crespi, dit le Cerano, et les Vénitiens du 18e s., Bellotto et Rosalba Carriera ; enfin, on note parmi les peintres de l'école française : La Tour, La Hyre et Boucher.

Le parcours le long de la partie supérieure du Ponte Vecchio est rythmé par des centaines d'**autoportraits**, dont ceux de Titien, Véronèse, Rosalba Carriera et du Corrège. En poursuivant en direction du palais Pitti, on aperçoit l'intérieur de l'**église Santa Felicità**, reconstruite au 18e s., et l'on chemine parmi les autoportraits de Vélasquez, Rubens, Mme Vigée-Lebrun, Ingres, Delacroix, Chagall.

L'avancée qui surmonte l'entrée de l'église comme une loge de théâtre est le lieu où les grands-ducs venaient assister à la messe. Dans la chapelle à droite de l'entrée, construite par Brunelleschi au début du 15e s., se trouve la *Déposition*★★ du Pontormo, aux tons clairs et acides et aux formes ondulantes et allongées, caractéristiques du maniérisme toscan.

Arrivés au bout du corridor, on sort dans les jardins de Boboli.

La terrasse – La terrasse (*bar*) qui s'ouvre à l'extrémité de la galerie, au-dessus de la Loggia della Signoria, offre une vue incomparable sur la partie haute du Palazzo Vecchio. Elle était autrefois occupée par un jardin qu'agrémentait une fontaine, et où les Médicis venaient écouter les musiciens qui se produisaient sur la place.

Avant de quitter la galerie, on peut voir, dans la **rotonde** précédant l'escalier, un sanglier en marbre (art hellénistique du 3e s. avant J.-C.), offert par le pape Paul IV à Cosme Ier, dont une copie en bronze constitue la fontaine aménagée au Marché Neuf (*voir p. 188*).

★★ PONTE VECCHIO

Son originale silhouette est caractéristique de Florence.

Bâti là où le lit de l'Arno se fait le plus étroit, tout près du lieu où un pont romain faisait franchir le fleuve à la voie reliant Rome au Nord de l'Italie, c'est le plus ancien pont de la ville. Il subit toutefois, au cours des siècles, plusieurs destructions, et l'actuel ouvrage date seulement de 1345. En 1944, il fut le seul

Répertoire des rues et des curiosités des plans de Firenze

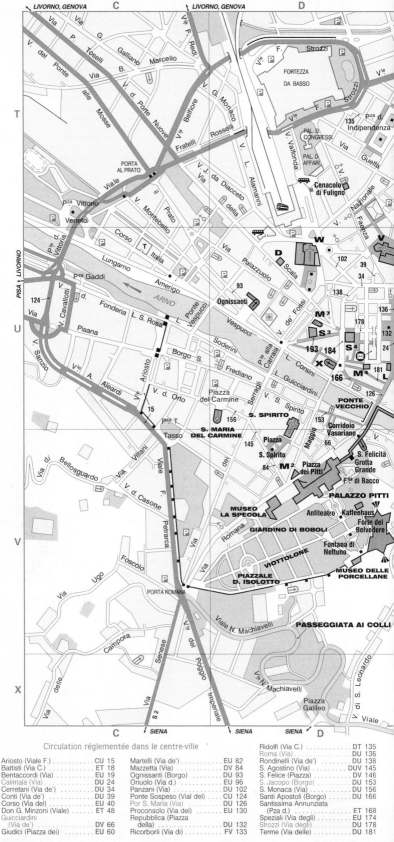

Circulation réglementée dans le centre-ville

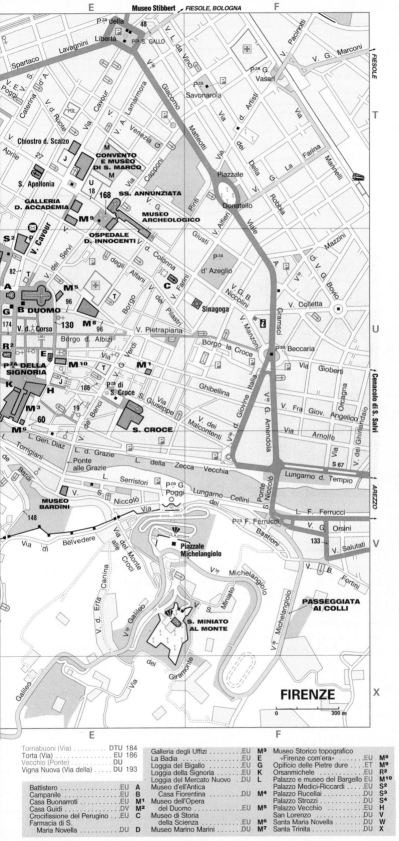

FIRENZE

147

pont de Florence à être épargné par les Allemands qui, pour en interdire l'accès aux troupes américaines venues du Sud, détruisirent presque entièrement les vieux quartiers qui constituaient ses abords (de l'époque médiévale ne subsiste qu'une tour, qui se dresse sur la rive droite, près de l'entrée du pont, en amont). Le Ponte Vecchio fut en revanche très endommagé par les inondations de 1966 (*voir illustration p. 30*).

Les arcades, qui à l'origine le bordaient, abritèrent les ateliers des tanneurs, puis les étals des bouchers, pour qui les eaux du fleuve constituaient un providentiel « tout-à-l'égout ». Au 16e s., ces derniers furent remplacés, sur l'ordre du grand-duc Ferdinand Ier, par des artisans aux activités moins insalubres et plus décoratives – bijoutiers et orfèvres – qui construisirent en encorbellement au-dessus de l'Arno la plupart des minuscules boutiques qu'ils occupent encore aujourd'hui. Celles-ci attirent un flot continu d'acheteurs et aussi de curieux qui, à la bonne saison, se pressent sur le pont jusqu'à une heure avancée de la soirée.

Au milieu du pont, un espace dégagé d'échoppes, où a été placé au 19e s. le buste en bronze d'un orfèvre entre tous célèbre, Benvenuto Cellini, offre une belle vue sur les rives de l'Arno et l'enfilade des ponts.

Ponte Vecchio

★★ PALAZZO PITTI *visite : une demi-journée*

Ce palais Renaissance, aux énormes proportions, domine de sa longue et stricte façade une place en pente qu'il enserre sur trois côtés. Seul le dégradé des puissants bossages atténue le caractère massif de l'architecture et rompt une unité qui confine à la monotonie.

L'édifice fut commencé en 1458 pour les Pitti, influente famille de marchands et de banquiers, amis puis grands adversaires des Médicis. Le bâtiment se limitait alors à la partie comprenant les sept fenêtres centrales. Quelques années plus tard, les Pitti ruinés laissaient inachevée la demeure qu'ils avaient voulue plus prestigieuse que celle de leurs rivaux.

Le palais passa aux mains de ces derniers, en la personne de l'épouse de Cosme Ier de Médicis, Éléonore de Tolède, qui en fit l'acquisition en 1549 et lui donna les dimensions d'une résidence princière (Cosme Ier y transporta sa cour vers 1560). L'architecte et sculpteur Ammannati fut chargé des travaux. Le flanc de la colline fut aménagé en un magnifique jardin. Mais c'est seulement au 17e s. que le bâtiment de façade atteignit sa longueur actuelle (plus de 200 m). Les deux ailes en avancée ont été ajoutées au 18e s.

Marie de Médicis vécut dans cette demeure, et le palais du Luxembourg qu'elle fit construire à Paris en est inspiré. Les œuvres d'art, le mobilier, les objets précieux qu'il renferme font du palais Pitti un musée d'une extraordinaire richesse.

On pénètre dans la cour d'Ammannati, solennelle et sévère avec ses hautes arcades, ses trois étages de colonnes engagées à fort bossage, ses puissantes corniches. Une terrasse aménagée au niveau du 1er étage et donnant sur les jardins en occupe le fond.

E. Baret

Palais Pitti côté jardins

★★★ Galleria Palatina ⏱ *1er étage.*

On y accède par l'escalier d'Ammannati *(dans l'angle de la cour, à droite de l'entrée).*

Cette galerie d'art tient son nom de la dernière des Médicis, Anne-Marie-Louise (1667-1743), épouse de l'électeur palatin ; elle abrite dans un cadre somptueux une extraordinaire collection de tableaux des 16e, 17e et 18e s., dont un ensemble de **peintures**★★★ de Raphaël et de Titien, qui placent le palais Pitti au rang des plus riches pinacothèques du monde. Les œuvres, rassemblées à partir du 17e s. par les grands-ducs Médicis, puis par les Habsbourg-Lorraine, sont disposées dans le style des grandes collections princières de l'époque, sans souci didactique ou de chronologie.

À la **galerie des Statues** (**3**) ornée de sculptures romaines des 2e et 3e s. provenant de la villa Médicis à Rome, fait suite la **salle Castagnoli** (**4**), où l'on admire la **table « des Muses »** (**1**), au splendide travail d'incrustations de pierres dures et semi-précieuses sur fond de lapis-lazuli exécuté durant la première moitié du 19e s. par l'Atelier des pierres dures de Florence (au centre, le char d'Apollon entouré des symboles des neuf muses) ; on note aussi une grande toile de Sodoma représentant le martyre de saint Sébastien.

La partie du palais qui se trouve sur la gauche est ornée de scènes à sujets mythologiques pour la plupart, qui donnèrent leur nom aux salles. La **décoration**★★ des cinq premières – anciennes pièces de réception des Médicis, fastueuses avec leurs stucs, leurs ors et leurs peintures en trompe-l'œil – a été réalisée au 17e s. par l'un des maîtres du baroque, le peintre-décorateur Pierre de Cortone.

Dans la **salle de Vénus** (**5**) se font face deux grandes *Marines* du Napolitain Salvator Rosa (1615-1673), qui travailla près de dix années à la cour des Médicis : la splendide lumière dorée qui embrase le ciel et la mer projette sur les reliefs, les vaisseaux, les personnages, un fantastique éclairage. Mais, surtout, la salle renferme quelques-unes des plus belles toiles de Titien : le *Concert* (**2**), œuvre de jeunesse exécutée sous l'influence de Giorgione, à qui le tableau fut longtemps attribué et dans lequel l'artiste a exprimé avec une sensibilité admirable la tension intérieure qui anime le personnage central ; sur le mur opposé, un puissant portrait de l'*Arétin* (**3**), écrivain et ami de Cosme Ier, peint en 1545 par petites touches, dans de chaudes tonalités de dorés et de bruns ; enfin, un élégant portrait de femme, dite *« la Belle »* (**4**), peint vers 1536 pour le duc d'Urbin et dont la chair dorée tranche avec éclat sur le vêtement aux somptueux tons bruns et verts bleutés (le mystérieux modèle fut peut-être le même que celui de la *Vénus d'Urbino* exposée au musée des Offices). Au centre de la salle a été placée la *Vénus Italique* (Pauline Borghese), l'un des plus beaux exemples de sculpture néoclassique, réalisée en 1811 par Antonio Canova à la demande de Napoléon.

La **salle d'Apollon** (**6**) renferme le portrait de *Charles Ier d'Angleterre* et de sa femme *Henriette de France* (**5**) – fille de Henri IV et de Marie de Médicis – par Van Dyck : toute l'élégance aristocratique des personnages se trouve admirablement traduite dans la subtilité avec laquelle s'expriment les caractères profondément mélancolique du souverain et doucement ironique de son épouse, ainsi que dans l'extraordinaire finesse avec laquelle sont traités leurs vêtements. Titien est encore présent dans cette salle, avec une *Madeleine (dans l'angle opposé)*, œuvre dans laquelle le maître joue remarquablement de l'alternance des surfaces brunes et dorées créées par

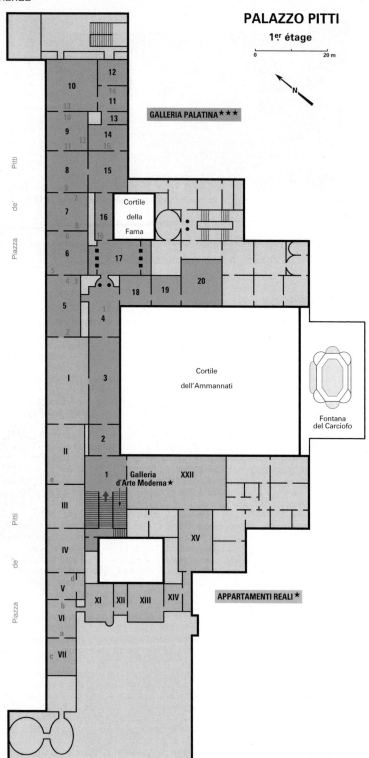

PALAZZO PITTI

1ᵉʳ étage

GALLERIA PALATINA ★★★

Cortile della Fama

Cortile dell'Ammannati

Fontana del Carciofo

Galleria d'Arte Moderna ★

APPARTAMENTI REALI ★

la somptueuse chevelure mais, surtout, il est l'auteur du fascinant portrait de gentilhomme surnommé « *l'Homme aux yeux gris* » (6), peint vers 1540 et dont le visage aux tonalités blondes et au regard d'une indéfinissable couleur, émergeant du fond sombre sur lequel se détache à peine le noir profond de l'habit, capte toute l'attention.

Dans la **salle de Mars** (**7**), deux *Vierges à l'Enfant* aux délicats fondus de couleurs, par Murillo, encadrent les *Quatre Philosophes* (**7**), une des dernières toiles de Rubens : on reconnaît le peintre debout à gauche et, assis à côté, son frère. Le grand portrait du *Cardinal Bentivoglio* (**8**) est une œuvre splendide de Van Dyck : toute la dignité aristocratique du personnage, qui fut ambassadeur du Saint-Siège en Flandres et en France, s'exprime dans le fastueux rendu de la lourde robe rouge, sur laquelle tranchent les taches claires du mince visage à l'extrême pâleur, des longues et délicates mains, et de l'éblouissant surplis d'une extraordinaire finesse de texture. La **salle de Jupiter** (**8**) abrite la fameuse *Femme au Voile* – « la Velata » – (**9**) par Raphaël ; pour réaliser ce portrait, le maître a utilisé, en coloriste virtuose, une gamme de tons établie presque exclusivement sur les bruns, les dorés et les blancs ; la fluidité du dessin, la solide harmonie créée par l'opulence des volumes et le foisonnement des lignes courbes, le morceau de bravoure représenté par le bouillonnement chatoyant de l'étoffe, font de cette toile un chef-d'œuvre ; le modèle en fut peut-être la célèbre Fornarina, aimée du peintre. La *Sainte Famille au panier*, de Rubens *(dans l'angle à droite)*, présente un caractère plus intimiste que sacré. Les taches de couleurs se répondent avec simplicité dans l'émouvante *Déposition (sur le mur d'en face)* de Fra Bartolomeo, que la mort du moine-artiste laissa inachevée et de laquelle se dégage une sensation d'équilibre qui rappelle les œuvres du Pérugin. De ce dernier, on peut admirer une *Adoration de l'Enfant*, dite « la Vierge au sac » *(sur le même mur près de la fenêtre)*, belle composition symétrique sur fond de ciel d'une intense luminosité, caractéristique de sa manière et dans laquelle le sentiment religieux et la sensibilité poétique se fondent en une harmonie empreinte de suavité.

La **salle de Saturne** (**9**) renferme huit toiles de Raphaël, dont deux madones universellement connues. La *Madone du grand-duc* (**10**), que le grand-duc Ferdinand III aimait au point de ne jamais s'en séparer, fut peinte vers 1505 à Florence, où Raphaël subit l'attrait de Michel-Ange et de Vinci ; de ce dernier, il a retenu la technique du contour imprécis, ou *sfumato* ; dans le rayonnement des tonalités blondes, dans le visage serein et tendre de la Vierge, et dans la suavité qui émane du tableau, on trouve aussi des réminiscences du Pérugin qui fut le maître de l'artiste.

La *Vierge à la chaise* (**11**) fut exécutée quelques années plus tard ; le peintre, parvenu au sommet de son talent, emploie ici une palette plus subtile et plus variée ; à la sereine douceur des visages, à la grâce des attitudes, au mysticisme qui caractérisent ses scènes religieuses, s'allie une puissance dans les formes et dans la construction (accentuée par l'effet de mouvement circulaire que favorise la composition en rond, qui se ressent de l'influence de Michel-Ange). Toujours de Raphaël, on note encore plusieurs portraits (Maddalena et Agnolo Doni) d'une remarquable intensité psychologique. On admire aussi, exécutée par le Pérugin, avec une grande sobriété de couleurs et un dessin très pur, une

La Vierge à la chaise, par Raphaël

SCALA

mélancolique *Marie-Madeleine* (**12**), dont les mains et le visage, d'une extrême beauté, émergent, lumineux, sur un fond d'un brun profond, insolite chez cet artiste.

La **salle de l'Iliade** (**10**) est remarquable pour sa série de portraits de Joost Sustermans, qui, né à Anvers en 1597, mourut à Florence en 1681 et fut le portraitiste officiel des Médicis : l'un de ses plus réussis, celui du jeune prince *Waldemar-Christian de Danemark* (**13**) est superbe de pénétrante analyse et de description minutieuse dans la tradition flamande (noter les détails de la cuirasse damasquinée et de la collerette en dentelle blanche). On remarque encore, à gauche de l'entrée, un portrait équestre de Philippe IV d'Espagne par Vélasquez et surtout, à droite de la porte d'accès à la salle suivante, *La Femme enceinte* (« La Gravida ») par Raphaël.

Dans la **salle de l'Éducation de Jupiter** (**11**) est exposé un étonnant petit *Amour dormant* (**14**), peint par le Caravage peu avant sa mort, et qui résume bien sa manière : réalisme sans complaisance, formes et expressions brutalement révélées par un éclairage rasant et violemment contrasté, mépris du décor. On admire *(en face)*, par le Florentin Cristofano Allori (1577-1621), une *Judith* dont le superbe vêtement est traité avec une extraordinaire richesse chromatique ; l'artiste se serait pris comme modèle pour peindre la tête d'Holopherne et aurait prêté à Judith les traits de la femme qu'il aimait.

La **salle du Poêle** (**12**), pavée de majoliques, était la salle de bains de l'appartement grand-ducal. Pierre de Cortone peignit sur les murs, entre 1637 et 1640, avec des couleurs lumineuses et dans un style léger et alerte, les grandes **scènes**★★ allégoriques évoquant les quatre âges de l'humanité.

La petite **salle de bains** (**13**) fut aménagée au début du 19e s. pour Élisa Baciocchi, sœur de Napoléon, devenue en 1809 grande-duchesse de Toscane.

La **salle d'Ulysse** (**14**) renferme une autre madone célèbre de Raphaël, la *Vierge à la croisée* (« Madonna dell'Impannata ») (**15**), aux chaudes tonalités et aux remarquables fondus de couleurs.

On pénètre dans la **salle de Prométhée** (**15**). La *Vierge à l'Enfant* de Filippo Lippi (*à droite au-dessus de la cheminée*) se détache de façon originale sur un fond de scène familière, innovation qui sera reprise, à Florence, par nombre de peintres ; de même, la composition en rond sera adoptée dans de nombreuses œuvres d'artistes florentins des 15e et 16e s. On note aussi, sur le mur suivant, un intéressant portrait de jeune homme portant le *mazzocchio* (coiffure portée à Florence au 15e s.), sorti de l'atelier de Botticelli.

> Le **mazzocchio**, ou coussinet circulaire composé de petits carrés de tissus formant une bouée parfaitement régulière, était la face cachée de la coiffure masculine en usage à Florence au 15e s. L'élégance de ce couvre-chef dépendait de la beauté du drapé qui s'y enroulait pour orner la tête des grands bourgeois de l'époque. Les artistes de la Renaissance firent de cet accessoire du costume, représenté comme une auréole à facettes, « un exercice de virtuosité, un passage obligé pour qui voulait faire reconnaître son talent de peintre, de graveur ou de marqueteur. Piero della Francesca en expose la construction dans son traité *De prospectiva pingendi*. La géométrie régulière de cet anneau polyédrique s'est imposée comme un symbole de pureté, une idée de perfection, une sorte de corps platonicien propre à la Renaissance italienne ». (D'après *La Perspective en jeu* par Philippe Comar, Découvertes Gallimard.)

Suit la **galerie Poccetti** (**16**) avec, par Rubens, un portrait du premier duc de Buckingham (**16**), favori de Charles Ier d'Angleterre, et une magnifique table à incrustations de feuillages, de fruits, d'oiseaux, d'éventails, en pierre dures et semi-précieuses, exécutée pour Cosme III, en 1716, dans les ateliers grand-ducaux.

La **salle de la Musique** (**17**), décorée dans le goût néoclassique, est ornée de huit colonnes en marbre cipolin. Son centre est occupé par une imposante table au plateau en malachite de Russie et au pied superbement ouvragé, œuvre (1819) du bronzier français Pierre-Philippe Thomire (l'auteur du berceau du roi de Rome). Dans la salle des Allégories (**18**) et la salle des Beaux-Arts (**19**) sont exposées des peintures italiennes des 16e et 17e s. Le salon d'Hercule (**20**) a été décoré au début du 19e s. par Giuseppe Cacialli dans le goût néoclassique : grand vase de porcelaine de Sèvres orné de bronze doré par Thomire et fresques représentant l'histoire d'Hercule.

★ Appartements royaux ⊙

1er étage – Accès par le vestibule d'entrée à la Galerie Palatine.

Les salles s'étendent du centre de la façade jusqu'au bout de l'aile droite ont toujours été utilisées comme salles d'apparat ou appartements privés par les trois familles qui régnèrent sur la Toscane : les Médicis, les Habsbourg-Lorraine et les souverains d'Italie, les Savoie, lorsque Florence fut promue capitale (1865-1870).

La **salle Blanche** (**XXII**) est l'ancienne salle de bal du palais. Elle est éclairée par 11 magnifiques lustres en cristal.

La **salle de Bône** (**XV**) est la plus grande des appartements réservés aux invités. Ferdinand Ier demanda à Poccetti d'y peindre ses grandes victoires militaires : la fresque, sur la paroi droite, consacrée à la conquête en 1607 de Bône (actuelle Annaba en Algérie) donna son nom à la salle.

On rejoint la salle des Perroquets en traversant un petit appartement décoré au 19e s., composé d'une antichambre (**XIV**), d'un salon de réception rouge cramoisi (**XIII**), d'un bureau (**XII**) et d'une chambre (**XI**) ornée, à droite en entrant, d'une belle *Vierge à l'Enfant et saint Jean Baptiste* d'Andrea del Sarto.

Les motifs figurant sur la soie dont est tapissée la **salle des Perroquets** (**VI**) lui ont donné son nom. Au-dessus des portes, on remarque les portraits d'Henri IV (**a**) et de son épouse, Marie de Médicis (**b**), par le Flamand Frans Pourbus le Jeune (1569-1622), portraitiste des souverains et grands dignitaires des cours européennes.

La **salle Jaune (VII)** conserve un splendide **cabinet** (c) en ébène, ivoire et albâtre datant du début du 18e s. et à la réalisation duquel collaborèrent, dans les ateliers grand-ducaux, des artistes allemands et hollandais.

On admire dans la **chapelle (V)**, mettant en valeur une suave *Vierge à l'Enfant* du Florentin Carlo Dolci, un somptueux **cadre** (d) en ébène, bronze doré et ornements de fruits en pierres dures, exécuté dans les ateliers grand-ducaux en 1697 pour Jean-Gaston de Médicis, frère d'Anne-Marie-Louise.

Avant de pénétrer dans la salle suivante, on remarque le plafond finement orné de stucs blanc et or de la **salle Bleue (IV)**.

La **salle du Trône (III)** est demeurée telle qu'elle était lorsque Victor-Emmanuel II de Savoie devint premier roi d'Italie. Sous le baldaquin, le trône doré est du reste celui où tous les rois d'Italie prêtèrent serment.

Dans la **salle Verte (II)**, on admire un autre superbe **cabinet** (e) en ébène et bronze doré incrusté de pierres dures, fabriqué à la fin du 17e s., dans les ateliers grand-ducaux, et, à côté, un portrait de Louis XV enfant par Rigaud. Cette salle abrite d'autres peintures françaises. Le cadre noble et froid de la **salle des Niches (I)** servait de salle à manger. Les niches, autour de la pièce, sont occupées par des statues antiques, copies romaines d'œuvres grecques. Sustermans est l'auteur des grands portraits en pied de divers membres de la famille Médicis.

Profitez de votre visite au palais Pitti pour voir les autres curiosités de la rive gauche de l'Arno : les splendides fresques de la chapelle Brancacci au Carmine, l'église Santo Spirito dont la façade aveugle ne laisse pas soupçonner la majesté intérieure, la jolie collection d'un antiquaire passionné au musée Bardini... et pourquoi pas les impressionnantes cires anatomiques du musée de la Specola, à moins que vous n'ayez le temps de parcourir la promenade des Collines !

★ **Galleria d'Arte moderna** ⊙

Au-dessus de la Galerie Palatine.

Dans un cadre néoclassique créé pour les grands-ducs Habsbourg-Lorraine par l'architecte Poccianti, sont présentées des œuvres, toscanes pour la plupart, illustrant les diverses tendances qui animèrent la peinture et la sculpture italiennes depuis la fin du 18e s. jusqu'aux premières décennies du 20e.

L'Académisme – L'art académique de la dernière période des grands-ducs Habsbourg-Lorraine est marqué, entre 1790 et 1860, par trois mouvements. Avec l'annexion du grand-duché par Napoléon, s'impose en effet en Toscane le **style néoclassique**, style officiel de l'Empire, que caractérise son imitation des modèles antiques et sa recherche de la beauté idéale. Née à Rome, la **tendance puriste** est une réaction au néoclassicisme prônant comme modèles la nature et les œuvres de la Renaissance. Le **courant romantique** réagit quant à lui plus résolument contre le néoclassicisme, mettant à l'honneur le Moyen Âge et prenant ses sujets d'inspiration dans la littérature et l'histoire.

Salles 1 à 12 – À l'intérieur de la salle 2 *(à gauche de la 1re salle)* se côtoient néoclassicisme et romantisme dont le Florentin Giuseppe Bezzuoli *(Autoportrait, ébauche de Caïn)* fut le premier représentant en Toscane, et le Vénitien Francesco Hayez *(Samson)* l'un des chefs de file. La salle 3 *(de nouveau à gauche)* groupe des tableaux de romantiques ayant pour thème des œuvres littéraires.

La salle 4 est dédiée aux puristes, avec des œuvres s'inspirant de maîtres comme Verrocchio pour la sculpture, et Raphaël pour la peinture.

Dans la salle 7 *(accès par la 1re salle)*, consacrée aux rapports artistiques entre la France et l'Italie sous la Révolution et l'Empire, on remarque un buste de Napoléon en empereur romain et un autre représentant Calliope sous les traits idéalisés d'Élisa Baciocchi par Canova, qui fut sculpteur officiel de l'Empire. La salle 8 renferme un superbe vase de Sèvres en porcelaine vert foncé habillé de bronze par Thomire, don de Napoléon à Ferdinand III de Habsbourg-Lorraine.

Dans la salle 10, réservée aux œuvres de très grandes dimensions, le tableau qui rendit célèbre le peintre romantique Giuseppe Bezzuoli – l'*Entrée de Charles VIII à Florence* – occupe tout le mur du fond ; on y remarque également deux belles sculptures de bronze *(Caïn et Abel)* du Siennois Giovanni Dupré, d'un réalisme tragique un peu apprêté.

Les Macchiaioli – La manifestation artistique la plus vigoureuse de cette époque fut le fait des « Macchiaioli », dont la galerie possède, réparties dans différentes salles, une exceptionnelle série d'**œuvres**★★.

Né à Florence au milieu du 19e s., ce mouvement – contemporain de l'impressionnisme – apporta à la peinture figée dans la froideur de l'académisme son véritable renouvellement.

Épris de vérité, rejetant les sujets empruntés à la mythologie ainsi que les grandes compositions historiques, les Macchiaioli prennent directement leurs modèles dans la nature, mais cherchent à suggérer l'impression qui s'en dégage plutôt qu'à en donner une description. Dans leurs œuvres, généralement de petites dimensions, ils procèdent, pour traduire la réalité, par taches *(macchie)* de couleurs sur lesquelles s'exerce le jeu de la lumière.

Le Livournais **Giovanni Fattori** (1825-1908), personnalité complexe mais à la manière sobre et vigoureuse, et **Silvestro Lega** (1826-1895), plus poétique, bien que ralliés tardivement aux théories du groupe (nombre de leurs œuvres témoignent de leur attachement à la valeur du dessin), en furent les plus illustres représentants. **Telemaco Signorini** (1835-1901), qui fut aussi un écrivain polémiste brillant, et fut lié d'amitié avec Degas et Manet, s'éloigna du groupe pour céder à un goût toujours plus aigu du réalisme. **Adriano Cecioni** (1836-1886), plus sculpteur que peintre, fut le théoricien et le critique du mouvement. **Giuseppe Abbati** (1836-1868) donne à ses œuvres une note de gravité, et sa contemplation de la nature est empreinte de mélancolie. Le Ferrarais **Giovanni Boldini** (1842-1931) ne fit qu'un passage parmi les Macchiaioli et devint, à Paris notamment, un portraitiste à la mode. **Giuseppe de Nittis** (1846-1884), venu des Pouilles, et dont l'œuvre est marquée d'un colorisme méridional, émigra lui aussi à Paris où il fit carrière comme peintre mondain.

Salles 13 et 18 – On y pénètre par la salle de bal, où l'on remarque *(dans l'angle à gauche)* un portrait en pied de l'impératrice Élisabeth d'Autriche (Sissi) par Giuseppe Sogni. Cette section couvre, en gros, la période allant de 1860 (année où se fit l'unité italienne) à 1871 (moment où Florence cessa d'être la capitale du nouveau royaume). Les œuvres y sont groupées par thèmes (portraits, paysages, scènes de genre, épisodes historiques ayant trait au Risorgimento) et le groupe des « Macchiaioli » domine. *Malheureusement les salles 13 à 16 sont temporairement fermées au public.*

La **salle 17** est réservée aux scènes de genre, parmi lesquelles on note : à droite de l'entrée, la *Visite à la nourrice* par Lega et *L'Usurier* par le Milanais Domenico Induno (1815-1878), qui fut élève du romantique F. Hayez ; au-dessus de la cheminée, un très beau paysage de Nittis qui a représenté, dans la période qui précéda sa venue à Florence, la *Plage près de Barletta*, langue de terres brunes le long de laquelle s'égrène une morne file de buffles, jetée en travers de l'immensité – toutes couleurs confondues – du ciel et de l'eau ; à côté, l'un des rares tableaux qu'ait peints le sculpteur Cecioni *(Portrait de sa femme)*.

La **salle 18**, dédiée au Risorgimento, rappelle que G. Fattori fut, avant d'aborder de petits sujets intimistes, le peintre de grandes compositions militaires.

Salles 19 à 28 – Elles concernent la période allant de 1870 à la veille de la Première Guerre mondiale et comptent un nombre exceptionnel de tableaux d'artistes Macchiaioli, dont plusieurs chefs-d'œuvre nés de ce mouvement.

La **salle 23** renferme quelques-unes des toiles les plus célèbres de T. Signorini et de G. Fattori. Du premier se détache l'hallucinant *Bagne à Portoferraio (face aux fenêtres)*. Du second *(sur le même mur)* : le portrait de sa belle-fille (la *Figliastra*) et le *Staffato* (Cavalier désarçonné), traité avec une économie de moyens et une force saisissantes (sol dépourvu de végétation, ciel inhabité et crayeux sur lesquels se détachent, indiquées à larges coups de pinceau, les taches sombres de l'homme à terre et du cheval fou) ; mais, surtout *(dans l'une des vitrines centrales)*, la fameuse *Rotonde de Palmieri*, œuvre de très petit format extraordinairement suggestive, dont les personnages indiqués de façon sommaire, avec des couleurs très plates, se détachent – telles les silhouettes d'un théâtre d'ombres – sur un paysage décrit lui aussi dans une manière singulièrement dépouillée, par de simples bandes horizontales de couleur.

Également très riche en œuvres d'artistes Macchiaioli et aussi de « post-Macchiaioli », la **salle 24** abrite *(mur faisant face à la fenêtre)* le portrait de sa cousine *Argia* par G. Fattori et, par G. Abbati, la *Fenêtre*, d'une remarquable qualité de lumière.

Giovanni Fattori - *La Rotonde de Palmieri*

★★ Museo degli Argenti ⊘

Rez-de-chaussée et entresol – Accès par la cour d'Ammannati, au fond à gauche.

Les exceptionnelles collections du **musée de l'Argenterie** sont essentiellement constituées par le trésor des Médicis et par celui des Habsbourg-Lorraine. Les objets exposés furent en grande partie réalisés dans les ateliers florentins ; d'autres, provenant d'Allemagne ou d'Autriche, sont venus enrichir le trésor grand-ducal à l'occasion du mariage d'Anne-Marie-Louise avec l'électeur palatin, grâce à l'union des Lorraine et des Habsbourg, ou encore à la suite de l'exil en Autriche de Ferdinand II de Habsbourg-Lorraine lors de la parenthèse napoléonienne.

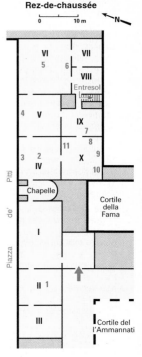

MUSEO D. ARGENTI
Rez-de-chaussée

Rez-de-chaussée – Aménagé pour les hôtes de marque, cette partie du palais fut aussi utilisée comme appartement d'été par les grands-ducs. Les salles d'apparat en ont été fastueusement ornées au 17e s. de compositions à sujets mythologiques, de scènes allégoriques à la gloire des Médicis, et de stupéfiantes architectures en trompe-l'œil.

La **salle de Giovanni da San Giovanni (I)**, ancienne pièce de réception, tient son nom de ce peintre toscan, spécialiste de sujets historiques qui, en 1634, en entreprit la décoration pour célébrer les noces de Ferdinand II de Médicis et de Vittoria della Rovere, évoquée dans la grande fresque du plafond. Les immenses scènes qui couvrent les murs ont pour sujet le mécénat pratiqué par les Médicis et plus particulièrement par Laurent le Magnifique que l'on reconnaît, vêtu et coiffé de rouge, entouré d'artistes ou donnant refuge aux Muses chassées du Parnasse.

La **salle II** était la chambre à coucher de la grande-duchesse. Elle abrite, dans l'une de ses deux grandes vitrines centrales (1), seize coupes et **vases anciens** de la prestigieuse collection de Laurent le Magnifique, dont certains appartiennent à l'art romain du Bas-Empire, d'autres à l'art vénitien du 14e s., et qui reçurent plus tard dans les ateliers florentins leurs magnifiques montures en argent et en or. On peut y lire, gravé, le monogramme de Laurent : LAVR.MED.

Par la petite chapelle, aménagée au 17e s., on passe dans la **salle d'Audience (IV)**, à la profuse et froide décoration d'architectures en trompe-l'œil, puis dans la **salle des Audiences privées (V)** au plafond de laquelle est représenté le *Triomphe d'Alexandre*, et enfin dans une autre **salle d'apparat (VI)**. Ces trois pièces renferment quelques splendides meubles en ébène et pierres dures datant de la fin du 16e et du 17e s. On note : dans la 1re, un cabinet (2) réalisé à Augusta et un prie-Dieu (3) sorti des ateliers grand-ducaux de Florence ; dans la 2e, un échiquier au damier bleu et jaune (4) exécuté en 1619 dans les mêmes ateliers ; dans la dernière, au milieu de la salle, une grande table ronde en porphyre (5) et, à droite, un cabinet (6) datant de 1709 (toujours œuvre des ateliers grand-ducaux), don de Cosme III à sa fille Anne-Marie-Louise (la statuette qui occupe la niche centrale représente l'électeur palatin, mari de cette dernière).

Les salles **VII** et **VIII** abritent une très belle collection d'**ivoires** pour la plupart du 17e s., d'origine germanique ou flamande, ayant appartenu à la famille Médicis. La pièce suivante (**IX**) était la chambre à coucher du grand-duc. On y admire une **table** (7) dont le splendide plateau en marqueterie de pierres dures portant une série de petits paysages ordonnés autour d'un paysage central d'une merveilleuse finesse fut probablement exécuté à Prague au 17e s. On note aussi une remarquable collection d'ambres exposés dans trois vitrines (18e s.).

La salle **X**, ou **salle des cristaux**, renferme quelques-unes des pièces les plus précieuses du musée : à gauche de l'entrée, la célèbre **gourde en lapis-lazuli** (8) avec monture en or décorée d'émaux et de pierres précieuses, œuvre inestimable exécutée à la fin du 16e s. pour François Ier de Médicis d'après un dessin de Buontalenti ; dans la vitrine qui fait suite contre le mur de gauche, la non moins célèbre **coupe de Diane de Poitiers** (9), en cristal de roche gravé, au couvercle en or finement ouvragé portant les fameuses initiales entrelacées du roi Henri II et de sa favorite (art français du 16e s.) ; disséminés dans les différentes vitrines, plusieurs coupes, vases, nautiles en cristal de roche et or, parmi lesquels une coupe figurant un dragon (art milanais du 16e s. – 10) d'une rare élégance, et un merveilleux nautile (11) en forme d'oiseau, à sept têtes de dragon, incrusté de pierres précieuses et de perles.

Entresol – *Accès par le petit escalier qui se trouve entre les salles VIII et IX du plan.*

Trésor des Médicis – Dans la **salle des Camées (XI)**, on note : dans la vitrine centrale, un grand camée en onyx blanc portant les effigies de Cosme Ier et des membres de sa famille, travail d'une extrême finesse exécuté au 16e s. ; une série de petits panneaux en or sur fond d'améthyste figurant les grands Actes de François Ier de Médicis, d'après Jean Bologne, réalisés dans les ateliers grand-ducaux à la fin du 16e s. ; de la même époque et de même origine, une mosaïque en pierres dures représentant la place de la Signoria sur laquelle se détache, en or, la statue équestre de Cosme Ier.

La **salle des bijoux et des pierres gravées (XII)** renferme les joyaux d'Anne-Marie-Louise, dont on peut voir un portrait contre le mur face à l'entrée. Dans une vitrine lumineuse, sont présentées, en transparence, une série de pierres gravées et sculptées. Mais la collection la plus originale du musée est incontestablement composée par ces bijoux et autres petits objets en perles, or et pierres précieuses, singulier travail, dans le goût baroque des orfèvres allemands de la fin du 16e et du 17e s. qui, pour leurs créations, s'inspirèrent de la forme que présentaient naturellement les perles. Dans une vitrine, à gauche de l'entrée, on peut observer, à travers une loupe, le travail réalisé par un sculpteur-virtuose du 16e s. sur un noyau de cerise.

Trésor de Ferdinand III – Il est en très grande partie constitué par le trésor des princes-archevêques de Salzbourg, apporté à Florence en 1814 par Ferdinand III de Habsbourg-Lorraine.

Dans la **salle XIII** est exposé, contre le mur à gauche, un parement d'autel en argent ciselé, représentant avec une exquise poésie la Vierge et l'Enfant et entouré de seize petits panneaux contant la vie de la Vierge et du Christ, qu'encadrent des roses stylisées en lapis-lazuli ; ce splendide travail, d'une extraordinaire finesse, fut exécuté à Salzbourg au 16e s. On remarque aussi un autel portatif en nacre et argent (18e s.), d'une extrême complexité, portant une Crucifixion et des scènes de la Passion en albâtre et corail, et des incrustations de camées et de pierres précieuses.

La **salle XIV** conserve les fastueux services de table en or et vermeil des princes-évêques, dont les pièces les plus précieuses sont, au fond de la salle, vers la gauche, les coupes en or pur émaillé ornées de motifs de grotesques et de blasons et à anses en forme de harpies (Salzbourg, début du 17e s.). Dans une vitrine centrale, on peut voir le nécessaire de table que Ferdinand III utilisait en voyage, travail parisien du 18e s.

Collections exotiques des Médicis – Elles sont rassemblées dans les deux dernières salles. Dans la première **(XVI)**, on remarque une insolite mitre mexicaine en plumes d'oiseaux datant du 16e s., où est représentée la Passion du Christ *(à gauche de l'entrée)* et une série de nautiles confectionnés aux 16e et 17e s. *(vitrine à droite)*. Dans la seconde : porcelaine chinoise des familles rouge, verte, et blanc et bleu ; parure de cérémonie chinoise aux tons éclatants, d'une saisissante modernité (première moitié du 17e s.).

★ Galleria del Costume ⊙

Pavillon de la Méridienne – Accès par un ascenseur situé à proximité de la billetterie et de l'escalier menant à la Galerie Palatine.

La **galerie du Costume** offre un aperçu de l'histoire de la mode du 18e s. à 1930 environ grâce à une large collection de costumes, de chaussures, de linge et d'accessoires (renouvelés deux fois par an). On y découvre les habits mortuaires d'Éléonore de Tolède et de son mari, Cosme Ier, reconstitués d'après les lambeaux retrouvés dans leur tombe.

★ GIARDINO DI BOBOLI ⊙

Visite : 1 h 1/2. Entrée à gauche du corps principal du palais Pitti. Au fond de la cour du palais, accès direct à l'amphithéâtre.

En 1549, Cosme Ier de Médicis chargea l'architecte, sculpteur et paysagiste Nicolo Pericoli, dit « le Tribolo », de faire de la colline qui s'étendait derrière le palais Pitti un immense jardin ; celui-ci devait, avec la cour d'Ammannati et la terrasse qui la domine, prêter son cadre aux somptueuses fêtes données par les grands-ducs. Tribolo mourut l'année suivante, ayant seulement réalisé les plans. Ammannati en 1550, puis Buontalenti en 1583, lui succédèrent, apportant quelques embellissements au projet initial.

Riche en perspectives, coupé de rampes, d'escaliers, de plates-formes, et agrémenté de statues et de fontaines, c'est un bel exemple de jardin en terrasses à l'italienne.

L'entrée se situe au fond de la cour intérieure ; un escalier permet ainsi de gagner la terrasse séparée de l'arrière du palais par la gracieuse fontaine du Carciofo (de l'Artichaut) construite en 1641.

Les jardins de Boboli, du palais Pitti jusqu'au fort du Belvédère

Dans la perspective centrale du parc s'ouvre l'amphithéâtre, aménagé au 17e s., où furent donnés de fastueux spectacles ; en 1841, les Habsbourg-Lorraine firent placer au centre une vasque romaine en granit et un obélisque égyptien du 2e s. avant J.-C. provenant de Thèbes.

En montant vers le sommet de la colline, prendre à droite, juste avant d'atteindre la 1re plate-forme, une allée en montée qui débouche sur un rond-point : en face, descend en forte pente le **Viottolone**★, longue et majestueuse allée bordée de pins et de cyprès séculaires. La partie du jardin qui s'étend sur ce versant ne fut aménagée qu'au début du 17e s. Le Viottolone conduit au charmant **Piazzale dell'Isolotto**★, rond-point occupé par un bassin circulaire orné de statues, avec en son centre un îlot portant des orangers, des citronniers et la fontaine de l'Océan sculptée en 1576 par Jean Bologne : le personnage debout représente Neptune, les trois autres symbolisent des fleuves.

Revenir dans l'axe du palais. On rencontre aussitôt le **bassin de Neptune** orné d'une statue en bronze (16e s.) du dieu de la mer, et, sur la plate-forme suivante, une statue de l'Abondance commencée par Jean Bologne et achevée, en 1636, par le Florentin Pietro Tacca. De là, une courte allée à droite conduit au musée des Porcelaines *(description ci-dessous)*.

L'allée de gauche mène au pied du **fort du Belvédère** *(voir p. 182 – son accès depuis le parc est aujourd'hui fermé par une grille)* ; en contrebas, le **Kaffeehaus**, sorte de folie à dominante rouge, fut construite par Zanobi del Rosso en 1776, témoignant du goût pour l'exotisme en faveur au 18e s. De la terrasse du bar, belle **vue**★ sur Florence.

Redescendre vers le palais, que l'on contourne sur la droite par une large rampe, au bout de laquelle à droite s'ouvre une allée conduisant à la **grande grotte**, création fantastique aménagée principalement par Buontalenti entre 1587 et 1597, et composée de plusieurs salles ornées de vasques, de statues, de peintures, de stalactites et d'une sorte de rocaille simulant des moutons, des chèvres, des bergers... Une multitude de jeux d'eau animaient autrefois les parois. Avant de sortir du jardin, on remarque à droite la petite **fontaine de Bacchus** : le monstrueux personnage chevauchant une tortue est un nain de Cosme Ier.

★ **Museo delle Porcellane (Musée des Porcelaines)** ⊘ – Un escalier à double volée donne accès au délicieux pavillon du « Cavaliere », construit à la fin du 17e s. pour Cosme III de Médicis. Précédant le bâtiment, un petit jardin s'ouvre en terrasse sur l'exquise campagne florentine.

On remarque dans la **1re salle**, au-dessus de la cheminée, un portrait de Napoléon en porcelaine de Sèvres (début du 19e s.), d'après Gérard. Les deux grandes vitrines centrales renferment deux services ayant appartenu à Élisa Baciocchi, fabriqués par la manufacture de Sèvres en 1809-1810. La vitrine sur la droite contient une série de petits personnages du peuple, en biscuit, exécutés à Naples à la fin du 18e s. Dans les vitrines disposées autour de la salle sont exposées *(en faisant le tour, de droite à gauche à partir de l'entrée)* : de nombreuses pièces provenant de manufactures françaises – Sèvres en particulier (18e s.) – parmi lesquelles d'amusants présentoirs à huîtres ; les productions de Doccia près de Florence, des 18e et 19e s. *(vitrines contre le mur de gauche)*, aux fonds généralement blancs avec motifs floraux (un service de tasses porte la reproduction de plusieurs édifices florentins) ; quelques pièces de la fin du 18e s. provenant de Naples et ornés de scènes antiques dorées sur fond noir (mur de façade).

La **2e salle** est consacrée à la porcelaine viennoise du 18e et du début du 19e s., avec des pièces apportées à Florence par les Habsbourg-Lorraine : on y retrouve l'abondance des décors dorés, spécialité de la célèbre manufacture d'Augarten, et les décors miniaturisés de l'âge d'or de cette production. La vitrine placée à droite de l'entrée abrite un service, d'un bleu profond couvert d'un treillis doré, ayant appartenu à Marie-Louise, dont on peut observer les initiales entrelacées. Dans la vitrine qui se trouve contre le mur de droite, les groupes en biscuit de Joseph II et de Marie-Thérèse d'Autriche rappellent que cette souveraine érigea la fabrique d'Augarten en manufacture nationale.

La **3e salle** est réservée aux productions allemandes : Frankenthal, Meissen, avec un magnifique service doré portant un décor floral bleu (1re vitrine à droite), Augsbourg, avec un très beau pot couvert de chinoiseries, de la 1re moitié du 18e s. (2e vitrine à droite), et, dans la vitrine longeant le mur face à l'entrée, une série de ces fameux petits personnages – isolés ou groupés en scènes familières – qui firent, dans la seconde moitié du 18e s. la vogue de la porcelaine de Saxe.

★★★ MUSEO NAZIONALE DEL BARGELLO ⊙ visite : 1 h 1/2

L'austère **palais du Podestat**★ est un bel exemple d'architecture civile médiévale. La partie la plus ancienne en façade, surmontée d'une élégante tour à merlons, fut édifiée au milieu du 13e s. ; elle accueillit le Capitaine du peuple, représentant des classes populaires dans le gouvernement de Florence, puis le podestat, premier magistrat, détenteur des pouvoirs exécutif et judiciaire. La partie postérieure de l'édifice, plus basse et d'aspect moins rude, fut élevée dans le style gothique un siècle plus tard. En 1574, le palais devint résidence du capitaine de justice, ou bargello, chargé de la police, et fut en partie aménagé en prison.

L'édifice abrite aujourd'hui un musée d'un intérêt capital pour la connaissance de la sculpture italienne de la Renaissance, ainsi qu'une section d'arts décoratifs.

La **cour**★★, dont la sévérité est atténuée par un portique à larges arcades et par une loggia à laquelle conduit un pittoresque escalier extérieur, est l'une des plus belles cours médiévales d'Italie. Les blasons des podestats qui habitèrent le palais, du 14e au 16e s., lui font une fantaisiste décoration. Près du puits étaient suppliciés les condamnés.

Le long des galeries, dont les murs et les voûtes sont animés par les vives couleurs des blasons des différents quartiers de la ville, sont placées des œuvres de sculpteurs toscans du 16e s. : les statues et l'imposant groupe disposés contre le mur qui fait face à l'entrée composaient une fontaine réalisée par l'architecte du palais Pitti – Ammannati – pour le grand salon des Cinq Cents du Palazzo Vecchio et qui fut ensuite placée dans la cour du palais Pitti. On remarque encore, sous la loggia, un canon (exécuté au 17e s. pour Ferdinand II de Médicis) magnifiquement décoré et portant une tête de saint Paul ; tout près, le charmant petit pêcheur en bronze est dû au Napolitain Vincenzo Gemito (1852-1929). De l'autre côté de la cour, très beau porte-torchères en fer forgé, du 16e s.

Salles du rez-de-chaussée

Salle de la sculpture toscane médiévale – Face à l'entrée, fond de la galerie. Les quelques sculptures gothiques que possède le musée y sont rassemblées. À noter, contre le mur à gauche une petite Vierge à l'Enfant de Tino da Camaino, à la solide allure de paysanne (14e s.).

Salle de Michel-Ange et de la sculpture florentine du 16e s. – Au pied de l'escalier extérieur. Elle est essentiellement consacrée aux deux personnalités artistiques les plus opposées de la Renaissance florentine.

Dans la travée de gauche sont exposées quatre splendides sculptures de **Michel-Ange** : le groupe du **Bacchus ivre** accompagné d'un satyre rieur (1497-1499) est une œuvre de jeunesse encore imprégnée de réminiscences antiques ; dans le célèbre **Tondo Pitti**, grand médaillon représentant la Vierge avec l'Enfant et saint Jean, réalisé entre 1504 et 1506 pour l'un des membres de cette famille, l'artiste semble avoir, par la présence de reliefs à peine ébauchés, transposé dans le domaine de la sculpture le sfumato de Vinci ; le puissant buste de **Brutus** (vers 1540), en marbre, est lui aussi inspiré de la statuaire romaine ; un peu plus loin, le **David-Apollon** (vers 1530), inachevé, paraît avoir été saisi dans une attitude située à la limite du mouvement et de l'immobilité.

Au fond de la salle sont présentées des copies réduites d'œuvres du maître, effectuées dans l'esprit maniériste (c'est-à-dire « sous l'influence de la manière du maître ») par plusieurs de ses illustres contemporains, ainsi que différentes œuvres de Baccio Bandinelli, Sansovino, Rustici.

Contrastant avec l'art puissant de Michel-Ange, celui de **Benvenuto Cellini** force l'admiration par sa virtuosité et son raffinement. La travée de droite rassemble plusieurs de ses chefs-d'œuvre : au centre de la pièce le **Narcisse** en marbre aux

formes fuselées, aux lignes mélancoliquement incurvées, qui longtemps demeura parmi les statues qui
peuplaient le jardin de Boboli ; disposées en cercle,
à mi-parcours de la salle, les statuettes en
bronze figurant Persée, Mercure, Danaé et son
fils Persée, Minerve, Jupiter, qui occupaient les
niches du piédestal supportant le célèbre Persée
de la Loggia della Signoria ; contre le mur,
l'original de la plaque de bronze qui en ornait le
socle, représentant *Persée délivrant Andromède*, œuvre
traitée avec brio dans l'esprit maniériste (souplesse
des drapés, élégance des corps étirés, fluidité du
mouvement) ; enfin sur le mur à droite de l'entrée, le
buste en bronze de *Cosme Ier* (1546), admirable
portrait où s'expriment avec vigueur l'intelligence,
l'énergie et une certaine cruauté (l'ornementation de
la cuirasse constitue un véritable travail d'orfèvrerie
– illustration p. 119).

Au centre du cercle formé par les petits bronzes de
Cellini se dresse l'*Honneur triomphant de la Ruse* de
Danti, où l'artiste a su rendre, par la vive tension des
muscles, les forces qui s'opposent, tout en tirant
adroitement partie du bloc de marbre (la Ruse est prisonnière dans une position particulièrement ramassée).

1er étage

Terrasse – Elle abrite des œuvres de Jean Bologne,
parmi lesquelles l'*Allégorie de l'architecture*, au centre, et de remarquables animaux en bronze, qui
ornaient une grotte du jardin de la villa de Castello
(*voir ce nom*).

Michel-Ange – *Bacchus ivre*

Salle de Donatello – *Entrée au sommet de
l'escalier extérieur.* Cette vaste et haute salle, noble comme une nef de cathédrale,
était encore au siècle dernier divisée en plusieurs niveaux de cellules aménagées
à la fin du 16e s. pour accueillir les prisonniers.
Sous ses voûtes se trouve réunie une exceptionnelle collection d'œuvres★★★ de
Donatello. Parmi les sculptures de cet artiste dont le génie domina la première
Renaissance italienne, on admire tout d'abord un petit *Cupidon* en bronze (1),
plein d'allégresse ; puis le *David en marbre* (2), œuvre de jeunesse de
l'artiste (1409) dans laquelle apparaît une observation réaliste bien éloignée
de la tradition gothique, et le fameux « **Marzocco** » (3), lion de Florence, la
patte appuyée sur l'écusson de la ville et qui demeura longtemps exposé
devant le Palazzo Vecchio. Le célèbre *David* (4 – illustration p. 119) en bronze
est un chef-d'œuvre de la maturité de Donatello : coiffé d'un chapeau
orné de laurier, l'adolescent, symbole de l'espoir vainqueur de la force, se
tient debout, légèrement déhanché, dans une attitude de fierté désinvolte ;
le corps admirable, à la fois nerveux et d'une grande douceur de modelé,
est l'expression d'un art arrivé à sa perfection. Dans la niche du fond, le
grand *Saint Georges* (5), à l'origine placé à l'extérieur de l'église Orsanmichele,
est une œuvre de jeunesse (1416) qui présente encore une certaine rigidité
gothique.

Nombre d'autres œuvres importantes du Quattrocento sont présentées dans
cette salle : de **Desiderio da Settignano**, un des plus illustres élèves de Donatello,
on note le *Saint Jean Baptiste enfant* (6), dont la frêle silhouette et l'expression
douloureusement interrogative sont chargées d'un vif pouvoir d'émotion ; son
touchant *Profil* (7) également de saint Jean Baptiste enfant est d'une admirable
douceur ; de son maître, l'artiste apprit la technique du *schiacciato*, sculpture
en méplats dégradés aux modelés légers, dont le délicat relief de la *Vierge à
l'Enfant* (8) est un charmant exemple. Un autre élève de Donatello, **Agostino di
Duccio**, a sculpté la *Vierge à l'Enfant avec des anges*, placée à l'intérieur d'un
encadrement en *pietra serena* (9), composition d'une exquise finesse et d'une
grâce souriante dans laquelle la profusion des lignes ondoyantes crée une
impression d'harmonieux mouvement.

La salle renferme aussi plusieurs Vierges à l'Enfant de **Luca Della Robbia**, l'auteur de
l'une des deux célèbres *Cantorie* du musée de l'Œuvre de la cathédrale, mais qui
se rendit surtout populaire en redécouvrant la technique de la terre cuite émaillée
qu'il éleva – en l'associant à la sculpture – au rang d'un art : la *Vierge de la roseraie*
(10) et la *Vierge à la pomme* (11) sont parmi les plus accomplies de ses juvéniles
et sereines madones au souple modelé et à la grâce dépouillée, se détachant toutes
blanches sur un fond bleu et tenant dans leurs bras l'Enfant Jésus traité avec un
naturel rarement égalé.

En longeant le mur à droite de l'entrée afin de se diriger vers la salle suivante, on passe devant un saint Jean Baptiste cheminant (12), œuvre de Francesco da Sangallo, et devant les deux panneaux à quadrilobes du *Sacrifice d'Isaac* réalisés en 1401 à l'occasion du concours pour la porte Nord du Baptistère par Lorenzo Ghiberti (13), le vainqueur, et Brunelleschi (14).

Salle d'art islamique – Elle témoigne des rapports commerciaux que Florence entretint avec le Proche et le Moyen-Orient : tapis, habits et armes, tissus, céramique, vaisselle d'étains et de bronze, ivoires remontent pour certains aux collections grand-ducales.

Salle Carrand – La justice y était rendue. Elle abrite une grande partie de la riche collection du Lyonnais Louis Carrand, léguée à Florence à la fin du siècle dernier (cette collection, composée essentiellement d'objets d'art, est répartie également dans le reste du palais). Cette salle est remarquable pour ses émaux : art limousin et rhénan des 12e et 13e s. *(1re vitrine à gauche)*, art vénitien des 15e et

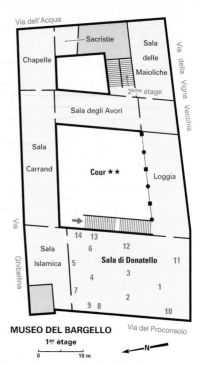

MUSEO DEL BARGELLO
1er étage
0   10 m
← N

16e s. *(dans le 2e groupe de vitrines au centre)*, art limousin des 15e et 16e s. *(4e vitrine à gauche et dernière à droite)*. À noter aussi des instruments de chirurgie en usage au 16e s. *(1re vitrine à droite en entrant)* et une collection de pièces de ferronnerie (serrures, clés, verrous, battants de porte des 15e et 16e s.). Deux vitrines au fond de la salle à gauche renferment des bijoux dont certains remontent à l'Antiquité romaine et byzantine ; d'autres *(au centre de la 1re vitrine)* en argent, appartinrent aux Médicis.

La chapelle accueillait les condamnés à mort qui passaient là leurs derniers moments : les stalles et le pupitre central (15e s.) proviennent de San Miniato al Monte. Dans la **sacristie** : objets d'orfèvrerie religieuse.

Salle des ivoires – C'est l'une des plus riches collections d'ivoires ; elle rassemble des œuvres du 5e au 17e s. Dans la vitrine plaquée contre le mur d'entrée : ivoires italiens des 14e et 15e s. (triptyque portant des scènes religieuses, coffrets avec des personnages tout autour, miroir convexe) et des peignes médiévaux principalement français. La 1re vitrine au centre présente un magnifique échiquier de l'école bourguignonne. La 2e vitrine du mur latéral gauche est dédiée à l'art français du 14e s. : plaques de miroir sculptées, fabuleux travail de miniaturisation, destiné à être porté à la ceinture par les dames (scènes chevaleresques d'amour courtois ou de tournois). On admire dans la vitrine voisine détachée du mur des œuvres d'époque paléochrétienne dont le célèbre diptyque représentant la vie de saint Paul et surtout Adam au Paradis accompagné de nombreux animaux (fin du 5e s.).

Salle des majoliques – On peut observer de spectaculaires vasques provenant d'Urbino (16e s.) extrêmement chargées par les formes, les motifs de décoration, les couleurs *(vitrines placées devant les fenêtres)* et de grands plats hispano-mauresques (15e et 16e s.), blanc et brun, à décor d'une extraordinaire finesse et à reflets métalliques.

2e étage

Salle des armes – *Située à droite de la première salle, au-dessus de la salle Carrand.* Une très belle collection d'armes et d'armures, datant en majorité des 16e s. et 17e s. et ayant pour la plupart appartenu aux Médicis, y est présentée.

On peut admirer, dans la vitrine à droite de l'entrée, des armes et des boucliers orientaux, d'un extraordinaire raffinement. Puis, dans la 1re vitrine contre le mur à gauche, une série de fusils et de pistolets ornés de fruits, d'animaux, de personnages, merveilleux travail d'incrustation d'ivoire et de nacre ; dans la même vitrine, de magnifiques selles en ivoire sculpté. Le reste de la collection est essentiellement constituée par les **armures d'apparat des grands-ducs Médicis**, avec notamment plusieurs splendides boucliers.

Salle Giovanni Della Robbia – *Au-dessus de la salle des ivoires*. Dans cette salle se trouvent réunies des œuvres du dernier des trois grands Della Robbia, petit-neveu de Luca, qui continua la pratique de la sculpture en terre cuite vernissée, mais en l'étendant à des compositions plus vastes et compliquées, plus chargées de couleurs, qui peuvent faire regretter la grâce limpide des madones et la fraîcheur souriante des Enfants Jésus de Luca.

La prédelle figurant le Christ et des saints, que l'on rencontre à droite de l'entrée, est, avec son réalisme, son foisonnement de motifs ornementaux, et sa complexité chromatique, particulièrement caractéristique de cette évolution. Il en est de même de la grande Pietà, aux reliefs accusés, au paysage peuplé de rochers, d'édifices, d'arbres, de cavaliers, et de l'immense Nativité qu'encadrent deux *Apparition de Jésus à la Madeleine* (« Noli me Tangere »).

Mais Giovanni fut aussi l'auteur de compositions plus simples et plus sereines, comme en témoigne la douce Vierge à l'Enfant avec saint Jean (*mur face à l'entrée*).

Salle Andrea Della Robbia – *À gauche*. Andrea Della Robbia, neveu de Luca et père de Giovanni, fut comme son successeur l'auteur de délicates et souples madones. La fluidité et le noble dépouillement qui caractérisent les œuvres de Luca ont toutefois fait place, dans celle d'Andrea, à une certaine préciosité et une recherche toujours plus grande de l'effet décoratif. Ses Vierges à l'Enfant s'enrichissent de têtes d'angelots, de fleurs, de feuillages et s'animent d'une vive polychromie.

Sa **Madone des architectes** (*à droite de la fenêtre*), exécutée pour la corporation des Artisans de la pierre et du bois, dont les outils sont représentés dans la frise de l'encadrement, et sa **Vierge au coussin** (*à gauche de la porte d'entrée*) n'en sont pas moins, pour l'harmonie de leur composition, d'exquis chefs-d'œuvre.

Au centre, un buste d'enfant et, sur le mur de droite, le portrait en médaillon d'une jeune inconnue, d'une merveilleuse délicatesse.

Salle Verrocchio – *À gauche*. On y trouve groupées plusieurs sculptures de cet artiste florentin qui fut, en tant que peintre comme en tant que sculpteur, l'une des figures dominantes de la Renaissance italienne. Vers le centre de la salle se dresse le fameux **David** en bronze, exécuté aux alentours de 1465 pour les jeunes Laurent et Julien de Médicis, dont Verrocchio avait suscité l'amitié ; le héros biblique est représenté – comme celui de Donatello dont l'artiste reprendra à maintes reprises les thèmes – sous les traits d'un adolescent à la fois fragile et déterminé, traité avec élégance et sensibilité.

Contre le mur faisant face aux fenêtres, on remarque encore un buste de jeune femme tenant un bouquet dont les longues mains, admirables de vie et de noblesse, ont peu d'égales dans le domaine de la sculpture ; le mystère de l'identité du modèle ne fut jamais élucidé (peut-être s'agit-il de Lucrezia Donati, aimée de Laurent le Magnifique). Sont à noter aussi, toujours par le même artiste, deux ravissantes Vierges à l'Enfant en marbre qui, par le contraste qu'elles présentent avec l'expressionnisme et la dramatisation marquant des œuvres comme *La Résurrection* en terre cuite polychrome et *La Mort de Francesca Pitti-Tornabuoni*, sont significatives de la faculté d'adaptation du maître au sujet traité.

Parmi les œuvres d'autres sculpteurs du Quattrocento finissant, il faut mentionner : à gauche de l'entrée, par Francesco Laurana, un buste lisse et froid de Battista Sforza, duchesse d'Urbin où cet artiste dalmate, actif surtout à Naples, travailla également ; à droite de la porte, plusieurs sculptures de Mino da Fiesole, parmi lesquelles une très fine Vierge à l'Enfant en médaillon, et le remarquable portrait de Rinaldo della Luna ; contre le mur du fond, par le Florentin Antonio Rossellino, une Adoration de l'Enfant en forme de « tondo » et le buste de Matteo Palmieri, d'une vigoureuse laideur.

Les deux salles qui font suite dans le fond à gauche renferment une collection de médailles. Dans la première, grand buste du cardinal Zacchia Rondanini par Algardi.

Salle des petits bronzes – À l'opposé de la salle de Verrocchio, elle abrite une très importante collection de petits bronzes de la Renaissance italienne, très prisés à l'époque dans la décoration intérieure par une certaine société. Répliques miniatures de modèles anciens (*vitrine à gauche en entrant*, remarquer en particulier le *Laocoon*) ou contemporains (d'après Michel-Ange et Jean Bologne *dans la 1re vitrine sur le mur de gauche*), ces petits bronzes pouvaient aussi être des créations originales issues d'ateliers de renom (Cellini, Jean Bologne, ou à Padoue Riccio : *vitrines centrales*), ou encore de réels objets d'usage (mortiers, lampes, chandeliers... *dans les vitrines du fond*).

★★★ SAN LORENZO *visite : 2 h*

★★ Église

C'était, à quelques pas de leur palais *(actuel Palazzo Medici-Riccardi)*, la paroisse des Médicis (plusieurs membres de cette famille reçurent pour prénom Laurent). Ce fut aussi, pendant plus de trois siècles, leur monumental sépulcre.

Sa construction fut commencée vers 1420 par Brunelleschi, à la demande de Giovanni di Bicci, père de Cosme l'Ancien. Plusieurs générations de Médicis lui apportèrent des embellissements.

Comme celle de plusieurs autres églises florentines, la rude façade ne reçut jamais son revêtement de marbre. L'énorme dôme qui surmonte l'arrière de l'édifice appartient à la chapelle des Princes *(voir ci-après)*, ajoutée au 17ᵉ s.

À l'intérieur, Brunelleschi, en rupture avec les conceptions gothiques, inaugure le style typique de la Renaissance florentine. Adoptant le traditionnel plan basilical à trois nefs d'un édifice préexistant remanié au 11ᵉ s., il mêle à des structures romanes (arcs en plein cintre, pour lesquels Florence garda toujours une prédilection) des éléments repris de l'architecture antique gréco-romaine (colonnes corinthiennes, pilastres cannelés, corniches...). Ainsi, San Lorenzo représente-t-elle un nouveau type d'église, d'une architecture sobre et limpide où l'équilibre des volumes se répondant selon une rigoureuse géométrie et le jeu strict des contrastes entre le gris de la *pietra serena* et le blanc du crépi se substitue à la sublime envolée des lignes et à l'ornementation. Un plafond à caissons, portant dans la nef centrale l'écusson des Médicis reproduit quatre fois, couvre l'édifice. Des chapelles peu profondes surmontées d'un oculus bordent les bas-côtés voûtés en berceau.

San Lorenzo : le gris de la *pietra serena* souligne avec douceur l'harmonie de la structure intérieure de l'église

Le pape Léon X de Médicis, fils de Laurent le Magnifique, avait en 1516 fait appel à Michel-Ange pour terminer la façade que la mort de Brunelleschi, en 1446, avait laissée inachevée : Michel-Ange conçut des projets grandioses, mais seule fut réalisée la face intérieure, avec sa petite tribune destinée à la présentation des reliques aux fidèles.

On remarque, dans la 2ᵉ chapelle à droite, un *Mariage de la Vierge* (1), aux silhouettes élégamment étirées et aux flamboyantes couleurs par le peintre maniériste le Rosso. Desiderio da Settignano est l'auteur du délicieux **relief★** sculpté en marbre, en forme de petit temple (2) que l'on admire à l'extrémité du bas-côté droit ; sur ce modèle, dans la réalisation duquel l'artiste s'inspira lui-même de Donatello, furent exécutés nombre de ces compositions harmonieusement ordonnées et d'un charmant effet décoratif, appelées « **tabernacoli** » (tabernacles), dont le Quattrocento florentin multiplia les créations : la recherche de la perspective, qui fut l'une des grandes composantes de l'art de la Renaissance, y est également remarquable.

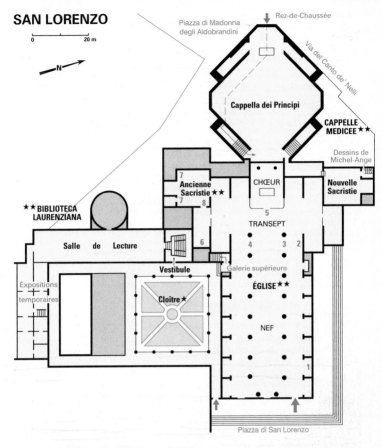

SAN LORENZO

Les deux **chaires**★★ (3 et 4) et sont couvertes de magnifiques panneaux exécutés à la fin de sa vie par Donatello et achevés, après sa mort, par ses élèves. L'artiste y a, de façon originale, suggéré la profondeur par une accentuation plus ou moins importante des reliefs.

L'apparente confusion créée par la présence d'une foule de personnages, en fait disposés avec un véritable sens scénique, ajoute au caractère pathétique des scènes traitées. Celles-ci, évoquant pour la plupart des épisodes de la vie du Christ, sont réparties sans aucun souci de chronologie.

Chaire de gauche		Chaire de droite
Christ devant Pilate	*Côté façade*	Pentecôte
Prière au jardin des Oliviers	*Côté nef latérale*	Martyre de saint Laurent
Saint Jean l'Évangéliste		Saint Luc
Flagellation		Dérision du Christ
Mise au Tombeau	*Côté chœur*	Saintes Femmes au Tombeau
Descente de Croix	*Côté nef centrale*	Descente aux Limbes
Crucifixion		Résurrection
		Ascension

Précédant le chœur, une grande dalle circulaire (5) à incrustations de marbres polychromes et portant, aux angles du carré dans lequel elle s'inscrit, l'écusson des Médicis marque sur le sol l'emplacement où, dans la crypte située au-dessous, repose Cosme l'Ancien.

La **chapelle Martelli** (6) abrite, une ***Annonciation***★ peinte vers 1440 par Filippo Lippi, remarquable pour sa perspective d'arcades, de bâtiments et de pergolas.

★★ **Ancienne sacristie** – C'est par elle que fut commencée la nouvelle église San Lorenzo. Considérée comme l'une des réalisations les plus réussies de la première Renaissance, elle est l'œuvre conjuguée de Brunelleschi pour l'architecture et de Donatello pour la décoration.

Dans cette chapelle de plan carré, couverte d'une coupole hémisphérique sur pendentifs, et dont les différents éléments de l'architecture sont soulignés par le gris de la *pietra serena* (aux angles pilastres cannelés surmontés de chapiteaux corinthiens, entablement, voussures des arcs, pendentifs, base et nervures de la coupole...) se manifeste admirablement l'accord harmonieux des lignes géométriques qui caractérise le style de Brunelleschi. Ici, le grand architecte exprima pour la première fois son idéal d'architecture claire et mesurée, à échelle humaine.

Donatello exécuta les chérubins qui composent la frise de l'entablement, les médaillons polychromes représentant les quatre évangélistes et des scènes de la vie de saint Jean, ainsi que les portes aux remarquables **vantaux**★ (7) de bronze comptant quarante figures de saints martyrs et d'apôtres. C'est lui qui dessina la très belle clôture de marbre travaillé comme une dentelle et l'autel que l'on admire dans la minuscule abside surmontée d'une coupole. Au dos de l'autel, remarquable triptyque *(Vierge à l'Enfant)* par Taddeo Gaddi.

Au centre de la pièce, à l'intérieur du sarcophage en marbre que surmonte une table d'autel, reposent Giovanni di Bicci et son épouse, Piccarda Bueni.

Verrocchio est l'auteur de l'élégant **monument funéraire**★ (8 – *à gauche de l'entrée*) exécuté en 1472, à la demande de Laurent le Magnifique et de son frère Julien, pour glorifier la mémoire de leur père, Pierre le Goutteux, et de leur oncle, Jean de Médicis : placé dans l'encadrement d'une baie faisant communiquer la sacristie avec la chapelle contiguë, le somptueux sarcophage en porphyre et bronze est surmonté d'une originale grille dont les maillons simulent des cordages.

Sur un meuble, à droite de la porte, buste de saint Laurent adolescent en terre cuite, d'une grande douceur d'expression, attribué à Donatello.

★ **Cloître** – *Accès par le bas-côté gauche ou par le portail qui se trouve à gauche de la façade.* Il fut construit au 15e s., dans le style élégant de Brunelleschi. Un peu avant d'accéder au cloître, un escalier mène à la bibliothèque Laurentienne.

★★ Biblioteca Medicea Laurenziana ⊙

Accès par un escalier donnant dans la galerie supérieure du cloître.

La **Bibliothèque Laurentienne** fut créée au 15e s. par Cosme l'Ancien et considérablement enrichie par Laurent le Magnifique, dont elle porte le nom. C'est seulement au siècle suivant, en 1523-1524, que le pape Clément VII de Médicis chargea Michel-Ange de construire, dans le cloître de San Lorenzo, un local destiné à accueillir ce fonds d'une inestimable valeur.

Le vestibule *(illustration p. 120)* – Pour habiller cet espace exceptionnellement resserré et d'une hauteur démesurée, l'artiste a curieusement compartimenté les murs à l'aide d'éléments architecturaux que l'on ne rencontre habituellement que sur les façades, jouant en même temps du contraste entre les surfaces blanches et le gris des reliefs en *pietra serena* : énormes colonnes jumelées, corniches puissantes sur consoles, encadrements de fenêtres plaqués sur la paroi annoncent déjà, par leur emploi insolite, le baroque. Les volutes des consoles et du magnifique **escalier**★★ monumental à triple volée, dont les marches de plus en plus larges vers le bas semblent déferler en cascade, accentuent encore ce caractère. Celui-ci, que le départ définitif de Michel-Ange pour Rome, en 1534, avait laissé à l'état de projet, fut réalisé en 1559 par l'architecte maniériste Ammannati d'après les dessins de Michel-Ange et selon ses conseils, prodigués à distance.

La salle de lecture – D'une architecture plus sobre, elle séduit par le strict jeu de ses lignes géométriques qui, se répétant rigoureusement sur toute sa longueur, crée une admirable perspective. Le somptueux plafond à caissons en bois sculpté, d'une chaude couleur et mis en valeur par un habile éclairage, ainsi que les pupitres furent dessinés par Michel-Ange. Le beau pavement d'époque, en terre cuite, est dû au Tribolo (le créateur du jardin de Boboli), qui le dota d'une décoration inspirée de celle du plafond. Quelques-uns des 10 000 manuscrits que possède la bibliothèque (parmi lesquels un Virgile du 5e s., un Horace annoté par Pétrarque, le livre d'heures de Laurent le Magnifique, des notes de Vinci, une lettre de Catherine de Médicis à Michel-Ange, des autographes de Pétrarque, l'Arioste, Machiavel, Michel-Ange...) y sont exposés par roulement.

★★ Cappelle Medicee ⊙

Entrée piazza della Madonna degli Aldobrandini.

Le terme de **chapelles Médicis** englobe la chapelle des Princes et la nouvelle sacristie.

Cappella dei Principi – On y accède par une vaste crypte dont les voûtes basses et les puissants piliers furent dessinés par Buontalenti et où sont ensevelis les grands-ducs Médicis (la dalle qui se trouve juste avant l'escalier à droite marque l'emplacement de la sépulture d'Anne-Marie-Louise, dernière de la lignée).

Projetée à l'époque de Cosme Ier, mais réalisée au début du 17e s. seulement sous le règne de son fils cadet Ferdinand Ier, la chapelle des Princes fut élevée pour perpétuer la gloire des grands-ducs, dont elle devait être la chapelle funéraire. L'architecte Matteo Nigetti travailla d'après les plans dessinés par Jean de Médicis, fils naturel de Cosme.

On reste saisi par les écrasantes proportions et l'aspect funèbre de l'édifice. Celui-ci, de plan octogonal, est revêtu – murs et sol – en pierres dures et marbres précieux, travail impressionnant réalisé dans les ateliers grand-ducaux (voir p. 196). À la base des murs, seize blasons à incrustations de lapis-lazuli, de corail et de nacre représentent les villes qui faisaient partie du grand-duché de Toscane. Dans ce stupéfiant décor minéral sont disposés tout autour de la salle les gigantesques monuments funéraires, en granit d'Orient et jaspe vert de Corse, de Cosme Ier (à gauche de l'autel) et de ses descendants, qui tous reposent dans les tombeaux au-dessous.

Derrière l'autel, lui aussi prodigieux travail d'incrustations de pierres dures, deux petites salles abritent des reliquaires dont certains, en cristal de roche et de facture musulmane, datent du 10e s. et faisaient partie des collections de Laurent le Magnifique (pièce de gauche, vitrine à gauche).

Sagrestia Nuova – En sortant de la chapelle des Princes, accès par un petit couloir, à gauche. C'est en fait une chapelle funéraire. Aménagée à partir de 1521 à la demande du cardinal Jules de Médicis, le futur pape Clément VII, pour accueillir les tombeaux des Médicis, elle représente le premier travail de Michel-Ange en tant qu'architecte ; celui-ci, en raison de son départ de Florence en 1534, n'acheva pas tout à fait cette œuvre qui fut terminée vingt ans plus tard par Vasari et Ammannati. La nouvelle sacristie doit son appellation à sa position symétrique de celle de l'ancienne sacristie, dont elle rappelle, avec moins de froideur, l'architecture. On y retrouve, soulignant les structures, la décoration grise en pietra serena contrastant vivement avec la teinte claire du marbre et le ton blanc des murs. Mais, par la façon dont sont distribués fenêtres, arcs, corniches, niches, frontons – éléments empruntés pour la plupart au répertoire de l'Antiquité – Michel-Ange donne à l'organisation de l'espace un rythme nouveau duquel se dégage une pathétique solennité. L'édifice, de plan carré, est surmonté d'une coupole à caissons dont la taille va s'amenuisant, ce qui accentue l'effet de profondeur.

***Les tombeaux des Médicis** – Les sculptures sont également de Michel-Ange. Associant intimement l'œuvre du sculpteur à celle de l'architecte, le génial artiste a exécuté, entre 1526 et 1533, les célèbres tombeaux de deux des membres de la branche aînée des Médicis.

L'ensemble devait comprendre quatre mausolées : deux d'entre eux seulement furent réalisés. À droite, celui de Julien, duc de Nemours et fils de Laurent le Magnifique : Julien, qui mourut en 1516, à 35 ans, est représenté vêtu en empereur romain et tenant sur ses genoux le bâton du commandement ; à ses pieds, à demi étendues, les fameuses figures allégoriques du *Jour* (restée à l'état d'ébauche), d'un dynamisme puissant, et de la *Nuit*, dormant dans une pose d'élégant abandon. En face (illustration p. 119), le tombeau de Laurent, duc d'Urbin, petit-fils de Laurent le Magnifique et père de Catherine de Médicis, mort en 1519 à l'âge de 27 ans ; aux pieds du personnage, représenté dans l'attitude de la méditation, sont allongées deux autres célèbres statues figurant l'une le *Crépuscule* sous les traits d'un vieillard mélancolique, l'autre l'*Aurore* sous l'aspect d'une femme émergeant douloureusement du sommeil. De toutes ces figures de marbre émane une grandeur tragique et une extraordinaire vigueur. Peut-être faut-il voir, dans les deux personnages idéalisés, l'*Action* et la *Pensée* triomphant du temps qui, à travers les différentes phases de la vie (symbolisées par les moments de la journée) conduit l'homme à la mort.

Du tombeau qui devait être celui de Laurent le Magnifique (à droite de l'entrée), seul a vu le jour l'admirable groupe de la *Vierge à l'Enfant*, d'une remarquable intériorité ; le plus célèbre des Médicis repose, avec son frère Julien, dans le simple sarcophage qui se trouve au-dessous.

Dans un petit local situé sous la chapelle ont été découverts en 1975 des dessins muraux dus probablement à Michel-Ange. Sortes d'études esquissées d'un trait nerveux de charbon calciné, ceux-ci représentent, dans une disposition confuse, des nus, des visages, des membres, une tête de cheval, des éléments d'architecture.... Peut-être furent-ils exécutés durant les quelques mois où l'artiste, recherché par les Médicis pour avoir en 1527 participé à la révolte qui avait chassé ces derniers de Florence, vécut caché à l'abri du couvent de San Lorenzo.

** PALAZZO MEDICI-RICCARDI ⊙ visite : une demi-heure

Ce palais (illustration p. 184), demeure familiale des Médicis, fut commencé en 1444 sur l'ordre de Cosme l'Ancien par son ami Michelozzo ; il ne vint toutefois habiter qu'en 1459 dans cette demeure qu'il jugeait trop grande, et s'y éteignit cinq années plus tard. Laurent le Magnifique, son petit-fils, y tint une cour princière fréquentée par ses amis les poètes, les philosophes, les artistes, tels Politien, Pic de la Mirandole, Botticelli... La jeune Catherine de Médicis, future reine de France, y vécut. Charles VIII (en 1494) et Charles Quint (en 1536) en furent les hôtes. En 1540, Cosme Ier quitta cette résidence pour aller s'établir place de la Signoria ; le palais demeura possession des Médicis durant encore un peu plus d'un siècle, puis fut vendu aux Riccardi.

Cosme l'Ancien avait voulu une résidence digne de la fortune et de la puissance dont jouissaient les Médicis ; il importait cependant à ce maître encore semi-officiel de Florence que sa demeure ne suscitât point l'envie, « herbe dangereuse », et qu'elle offrît à la vue de ses concitoyens un aspect de sobriété convenant à la discrétion avec laquelle il exerçait le pouvoir. Aussi ce noble édifice, considéré comme le prototype des demeures aristocratiques de la Renaissance florentine, avec son appareil d'énormes bossages s'allégeant vers le haut, ses élégantes baies géminées surmontées d'un arc en plein cintre et sa corniche débordante, reflète-t-il une austérité encore médiévale. Au rez-de-chaussée, à l'angle de la via Cavour et de la via de' Gori, s'ouvraient les arcades d'une loggia, qui furent murées puis remplacées par des fenêtres à fronton sur hautes consoles dessinées par Michel-Ange.

Rompant avec la tradition médiévale, Michelozzo a ordonné le bâtiment autour d'une belle cour à haut portique. Au-dessus des arcades en plein cintre supportées par d'élégantes colonnes à chapiteaux ioniques et corinthiens s'ouvrent des fenêtres géminées que surmonte au dernier étage une loggia aujourd'hui vitrée. Entre les arcades du portique et le 1er étage, un bandeau orné de médaillons sculptés dans l'atelier de Donatello et reproduisant l'écusson des Médicis ou des motifs antiques apporte une note de grâce à la solennité de l'ensemble. Les marbres antiques (inscriptions, reliefs, bustes) qui ornent les galeries de la cour furent rassemblés par les Riccardi dès le 16e s. mais installés ici au début du 18e s. seulement. Le jardin, très réduit par les travaux d'agrandissement du palais effectués par cette même famille, était à l'origine orné d'une fontaine que surmontait la *Judith* de Donatello placée aujourd'hui dans la salle des Lys du Palazzo Vecchio.

L'édifice étant aujourd'hui occupé par les services de la Préfecture, seules l'ancienne chapelle et une salle du 1er étage sont ouvertes aux visiteurs.

*** **Chapelle** – *1er étage. Accès : 1er escalier à droite dans la cour.* La minuscule chapelle au riche plafond à caissons dorés et au dallage incrusté de marbres polychromes a été imaginée par Michelozzo. Les murs sont ornés de **fresques***** peintes en 1459 par **Benozzo Gozzoli**. Dans une manière qui se ressent encore du gothique international, cet élève de Fra Angelico, formé par Ghiberti à l'art minutieux de l'orfèvrerie, a réalisé sur le thème du **cortège des Rois mages** une évocation brillante et pittoresque de la vie florentine. Cette œuvre, qui témoigne à la fois d'un sens aigu de l'observation et d'une délicieuse fantaisie, devait célébrer la cour raffinée des Médicis et commémorer le concile qui, réuni à Florence en 1439, avait beaucoup œuvré pour leur prestige et celui de la ville. Sur fond de paysage peuplé de cavaliers, d'animaux, de scènes de chasse, d'arbres graciles, de rochers fantastiques et de châteaux hérissés de tours, se déroule le cortège où se mêlent d'illustres Florentins, membres et amis de la famille Médicis, et

Le Cortège des Rois mages
par Benozzo Gozzoli (détail avec Laurent de Médicis)

SCALA

d'exotiques personnages venus d'Orient pour le Concile (reconnaissables à leurs costumes somptueux et à leur barbe, la mode à Florence étant alors d'arborer un visage glabre).

Le jeune cavalier au guépard *(mur de gauche)*, serait Julien, le frère de Laurent. Sous les traits des mages, figurant les trois âges de la vie, l'artiste a représenté : en tête *(angle gauche)*, le patriarche de Constantinople mort à Florence au cours du Concile ; puis, revêtu d'un splendide manteau vert et or et coiffé à l'orientale, l'empereur byzantin Jean VII Paléologue, montant un cheval superbement harnaché *(mur face à l'autel)* ; enfin, habillé d'un justaucorps beige et or et chevauchant un palefroi dont les harnais portent l'écusson des Médicis, Laurent le Magnifique encore enfant *(mur de droite)*. À sa suite, sur le cheval blanc, son père, Pierre le Goutteux. Au centre du groupe qui se presse derrière ce dernier, on distingue l'autoportrait de Benozzo, identifiable à son bonnet portant l'inscription « Opus Benotii ». Les trois adolescentes représentées à cheval *(mur face à l'autel, dans l'angle à droite)* et vêtues de tuniques claires sont les sœurs de Julien et de Laurent.

Sur les murs du chœur, Benozzo Gozzoli a représenté l'*Adoration des anges*.

★★ **Salle Luca Giordano** – *1er étage. Accès : 2e escalier à droite dans la cour.*
Cette galerie, claire et d'un goût raffiné, fut construite vers la fin du 17e s. par les Riccardi. La décoration en est éblouissante. Tout du long lambrissée de panneaux de stucs dorés alternant avec des panneaux en miroir peints d'angelots, de feuillages, de fleurs, d'oiseaux d'une grâce admirable, elle prend jour sur le jardin par une élégante suite de fenêtres dont les embrasures s'ornent de riches lambris dorés. Mais la gloire de la salle est son plafond en berceau peint à fresque en 1683 par le Napolitain **Luca Giordano** (1632-1705). Ce virtuose de la décoration baroque, surnommé « Luca Fa Presto » (« Luca Vite-Fait ») en raison de sa prodigieuse rapidité d'exécution, avait appris de son maître Pierre de Cortone (auteur des plafonds baroques de la galerie Palatine au palais Pitti) l'art des grandes compositions et le goût pour les couleurs claires. Avec une exubérance savamment tempérée et une vivacité pleine d'allégresse, il a représenté une **Apothéose de la deuxième dynastie des Médicis**. Au-dessus d'une frise de scènes empruntées à la mythologie, s'envolent en une ascension floconneuse, des figures tourbillonnantes auxquelles d'audacieux raccourcis donnent un extraordinaire mouvement. La juste répartition des taches vives – bleus intenses et rouges profonds – ainsi que la subtilité des fondus dans les tons pâles et légers témoignent chez cet artiste d'un magistral talent de coloriste.

★★ CONVENTO ET MUSEO DI SAN MARCO ⊙ *visite : 1 h*

Accolé à l'église du même nom, le couvent St-Marc abrite le musée des œuvres★★★ de Fra Angelico.
Cet ancien couvent fut construit sur décision de Cosme l'Ancien vers 1436 pour y installer des moines dominicains. C'est son fidèle ami et architecte préféré, Michelozzo, qui, en sept années environ, réalisa cet ensemble d'une extrême sobriété. Fra Angelico et, un peu plus d'un demi-siècle après lui, un autre moine-peintre, Fra Bartolomeo, y vécurent et travaillèrent à sa décoration ; saint Antonin (1389-1459) et plus tard Savonarole en furent prieurs.

Rez-de-chaussée

L'harmonieux **cloître** Renaissance ombragé d'un grand cèdre a des tympans décorés de fresques (fin 16e-début 17e s.) relatant la vie de saint Antonin.

Ancienne salle des Hôtes (Ospizio) - À droite, en entrant dans le cloître. De nombreux tableaux d'autel, parmi les plus connus du dominicain, y sont rassemblés.
À droite de l'entrée est exposée une grande *Descente de Croix* qui, bien que composée en triptyque, est, de toutes les œuvres de Fra Angelico, l'une de celles qui reflètent le plus l'esprit de la Renaissance (fond d'architecture et de paysage, humanité dans les attitudes et les expressions).
Contre le mur suivant, le célèbre **Jugement Dernier** (1425) est une composition dans laquelle Fra Angelico mêle des éléments hérités de la tradition gothique (emploi du doré, détails traités avec la finesse propre aux miniaturistes) à des traits qui participent de l'esprit de la Renaissance (recherche de la perspective dans la ligne fuyante des tombeaux et dans la disposition en demi-cercle, réalisme dramatique dans la représentation des tombes béantes) ; mais il exprime surtout dans les figures qui peuplent le Paradis, un touchant mysticisme ; les damnés ne sont pas de la main de Fra Angelico, mais de ses aides. Un peu plus loin est présentée l'admirable série de petits panneaux contant la vie du Christ qui tapissaient la porte d'une armoire de l'église (Armadio degli Argenti) ; parmi les scènes représentées *(à lire de gauche à droite)* sur l'exquis fond d'architectures et de paysages, la Fuite en Égypte, la Prière au jardin des Oliviers, le Baiser de Judas et l'Arrestation de Jésus retiennent plus particulièrement l'attention. Contre le

pilier suivant, la petite *Vierge à l'étoile* est une œuvre qui appartient encore totalement à la tradition gothique, et forme un étonnant contraste avec l'émouvante *Lamentation sur le corps du Christ*, qui lui fait suite un peu plus loin.

La fameuse **Madonna dei Linaioli**, première œuvre publique du dominicain, peinte en 1433 pour orner un tabernacle en marbre commandé par la corporation des travailleurs liniers, occupe le mur du fond. On reconnaît l'influence de Masaccio dans le rendu du volume des corps et de l'espace ; quant aux anges musiciens représentés sur l'encadrement, ils comptent au nombre des figures les plus exquises peintes par Angelico. À la prédelle : Prédication de saint Pierre devant saint Marc, Adoration des Mages et Martyre de saint Marc.

En revenant vers la porte, on admire aussi, placé contre un pilier, deux tout petits panneaux carrés, dont un portant un *Couronnement de la Vierge*, d'une extraordinaire miniaturisation. Puis la merveilleuse **Madone d'Annalena** (du nom du monastère pour lequel elle fut réalisée), encore marquée par le goût de la miniature et l'emploi de la dorure, mais déjà typique de la Renaissance par son format rectangulaire et son fond de paysage. Le petit panneau gothique (contre le pilier suivant) représentant sur deux registres *l'Annonciation* et *l'Adoration des Mages* est lui aussi un chef-d'œuvre de miniaturisation.

Fra Angelico

Né dans les dernières années du 14e s. à Vicchio, à une trentaine de kilomètres de Florence, Fra Giovanni da Fiesole, plus connu sous le nom de Fra Angelico entra dans les ordres chez les dominicains de Fiesole. Venu s'installer à St-Marc, il couvrit, durant une dizaine d'années, les murs des cellules et des salles conventuelles de scènes édifiantes destinées à favoriser la méditation.

Ce moine modeste se rendit, par son art, célèbre de son vivant. Appelé à Rome à plusieurs reprises, par les papes Eugène IV puis Nicolas V, il fut notamment chargé de décorer la chapelle de ce dernier au Vatican. Il fut aussi l'auteur de nombreux retables, et la cathédrale d'Orvieto possède d'admirables fresques exécutées de sa main.

Il mourut au cours d'un séjour à Rome, en 1455. Qualifié depuis plusieurs siècles de « Beato », c'est-à-dire de « Bienheureux », il a été canonisé en 1983. Sérénité, douceur, humilité, caractérisent sa peinture. Très attaché à la tradition gothique qui lui fit souvent adopter la composition en triptyque, les fonds dorés, la manière précieuse des miniaturistes, il fut aussi sollicité par les théories nouvelles de la Renaissance, comme en témoignent certaines de ses œuvres dans lesquelles il a donné à ses personnages une expression d'humanité et à l'espace une structure qui dénote d'une recherche de la perspective. Mais ses tableaux d'autels et ses fresques, véritables actes de foi, s'imposent toujours par le mysticisme candide de sa vision lié à la pureté du dessin et de la couleur. Il se fit souvent assister, notamment par Benozzo Gozzoli son élève, et Filippo Lippi, et il est parfois malaisé de discerner ce qui fut réalisé de sa seule main.

À l'extrémité de la galerie suivante, à droite, on pénètre dans la **salle du lavabo**, où l'on remarque une *Crucifixion entre saint Nicolas de Bari et saint François* de Fra Angelico, très abîmée par une inondation en 1557. Sur la droite s'ouvre la **salle du grand réfectoire**, dont le mur frontal est orné d'une grande fresque représentant *Saint Dominique et ses frères moines nourris par les anges*, œuvre de Giovanni Antonio Sogliani (1536). De l'autre côté de la salle du lavabo, deux salles sont consacrées à Fra Bartolomeo et Alessio Baldovinetti.

Salle capitulaire – Elle s'ouvre dans la galerie qui fait face à l'entrée et qui abrite une cloche du 15e s. Cette cloche est devenue un symbole anti-médicéen depuis qu'elle servit à sonner le rassemblement du peuple pour venir défendre Savonarole, alors prieur du couvent, lors de son arrestation en 1498 *(voir p. 112)*.

Le mur principal de la salle est couvert par la vaste et sévère fresque de la *Crucifixion*. Fra Angelico y a dépeint les figures historiques de la scène ainsi que les saints fondateurs de l'ordre ou liés au couvent (saint Marc) et aux Médicis (saints Cosme et Damien).

Petit réfectoire – *Accès par le petit corridor à gauche de la salle capitulaire.* La **Cène**★ de Domenico Ghirlandaio, harmonieusement insérée dans le cadre de la pièce, est antérieure à la variante que le même artiste peignit en 1480 dans le réfectoire d'Ognissanti *(voir p. 193)*. Assez rigide dans la composition du paysage et le choix des attitudes des apôtres, elle témoigne, par son traitement décoratif du moindre détail, de la fraîcheur d'inspiration caractéristique du peintre.

Au-delà, une salle renferme des fragments architecturaux provenant du centre de Florence.

L'Annonciation, par Fra Angelico

Premier étage

Les cellules des moines ont toutes été décorées de scènes évoquant la vie du Christ et de la Vierge ou encore les mystères de la religion chrétienne, d'une valeur artistique plus ou moins grande, selon que l'auteur en est Fra Angelico ou ses aides. Pour exécuter ces fresques, destinées non pas comme les retables ou les tabernacles à l'émerveillement des fidèles, mais à la contemplation méditative des moines, l'artiste s'est exprimé sur un ton d'un exceptionnel dépouillement et avec une rare sobriété de couleurs.

L'escalier est dominé par une *Annonciation*, chef-d'œuvre du maître.

Les cellules se répartissent le long de trois corridors, dont la charpente est à nu. Celles qui s'ouvrent sur le côté gauche du corridor renferment les plus belles fresques de Fra Angelico : une fraîche et poétique *Apparition de Jésus à la Madeleine* (cellule n° 1), une autre admirable *Annonciation* (n° 3) à laquelle la nudité du décor et l'extrême économie de couleurs confèrent une rare spiritualité ; un *Christ en Croix* (n° 4) ; une *Transfiguration* (n° 6) ; un *Christ aux outrages* (n° 7) ; les *Saintes Femmes au Tombeau* (n° 8) ; un *Couronnement de la Vierge*, dont les couleurs sont comme absorbées par la lumière (n° 9) ; la *Présentation de Jésus au Temple*, dont le fond rougeâtre est en fait un premier enduit duquel s'est détachée la couleur proprement dite (n° 10).

Au fond du corridor suivant se trouvent les deux cellules qu'occupait Savonarole : on peut y voir son missel, son chapelet, son cilice, son crucifix, et, dans le petit vestibule, son portrait, passionné, têtu, farouche, par Fra Bartolomeo, que le prédicateur avait converti.

Revenir vers l'escalier. Sur le corridor qui se trouve à gauche de celui-ci, donne, tout de suite à gauche, la cellule qu'occupa saint Antonin (n° 31) : elle abrite son masque mortuaire et quelques-uns de ses manuscrits.

Un peu plus avant, à droite, s'ouvre la très belle **bibliothèque**★, spacieuse et claire salle à trois nefs aux élégantes arcades, l'une des plus harmonieuses réalisations de Michelozzo. Près de l'entrée, une plaque marque l'endroit où, dans la nuit du 8 avril 1498, fut arrêté Savonarole qui devait être exécuté place de la Signoria moins de deux mois plus tard.

Sur le mur de sa propre cellule (n° 33), Fra Angelico a représenté la scène du baiser de Judas. Les deux cellules en enfilade (n°s 38 et 39), au fond, à droite, étaient réservées aux retraites de Cosme l'Ancien, le munificent bienfaiteur du couvent ; dans la première, Fra Angelico a représenté un *Christ en Croix* ; la seconde est décorée d'une *Adoration des Mages*.

★★ GALLERIA DELL'ACCADEMIA ⊙ visite : une demi-heure

L'Accademia présente un intérêt exceptionnel pour les sculptures de Michel-Ange qui s'y trouvent rassemblées. Cette galerie abrite également une pinacothèque d'œuvres essentiellement florentines datant du 13e au 19e s.

La première salle rassemble des peintures de la fin du 15e et du début du 16e s. dont, en particulier, une belle *Déposition de Croix* du Pérugin *(face à l'entrée)* presque maniériste par le jeu d'arabesques que dessinent les écharpes permettant de descendre le Christ de la croix. Au centre de la salle, le groupe en terre cuite est le modèle que Jean Bologne exécuta pour son *Enlèvement des Sabines* de la Loggia della Signoria.

★★★ Galerie des œuvres de Michel-Ange – De part et d'autre, on reconnaît quatre des célèbres *Esclaves* (les deux autres sont au Louvre) destinés au tombeau du pape Jules II à Rome (ce mausolée, pour lequel furent successivement élaborés plusieurs projets et dont le monument de l'église Saint-Pierre-aux-Liens représente la version finale, devait à l'origine être élevé au centre de la basilique Saint-Pierre et comprendre quarante statues colossales) ; de ces figures inachevées (1513-1520) qui, dans un mouvement de torsion, semblent vouloir se libérer du bloc de marbre dont elles émergent se dégage une force pathétique.

Entre les deux esclaves de droite, le saint Matthieu, qui faisait partie d'une série de douze statues d'apôtres dont Michel-Ange avait reçu commande pour la cathédrale, est lui aussi resté à l'état d'ébauche (les autres statues ne furent jamais exécutées). La *Pietà* dite *de Palestrina* représente, avec celle du musée de l'Œuvre de la cathédrale et la *Pietà Rondanini* de Milan, l'œuvre ultime de Michel-Ange. Le corps du Christ, dont le bras et le torse exagérément développés et les jambes seulement ébauchées et rendues avec un singulier raccourci suggèrent la mortelle pesanteur, témoigne d'une admirable connaissance de l'anatomie.

Au fond de la salle, mis en valeur par une abside construite en 1873 pour l'accueillir, se dresse le gigantesque *David*. Michel-Ange, âgé de 25 ans, jouissait déjà d'une immense notoriété, lorsqu'il tailla (1501-1504) ce chef-d'œuvre dans un énorme bloc de marbre jugé inutilisable. En choisissant ce sujet, Michel-Ange veut se mesurer à ses plus grands prédécesseurs (*voir les divers « David » du Bargello*). Il campe sa figure, comme les modèles du Quattrocento, la fronde à la main, mais avant l'action, encore anxieux et non rempli de la sérénité et de la fierté de la victoire. Par son léger déhanchement, le corps appuyé sur la jambe droite suggère – selon la technique du « **contrapposto** » – la tension provoquée par le mouvement en puissance. L'artiste a également rompu avec la tradition en donnant au personnage non pas l'aspect d'un frêle adolescent mais celui d'un homme jeune à la musculature puissante dont la beauté accomplie évoque celle d'un Apollon antique. Le héros biblique, vainqueur du géant Goliath, symbolise ainsi en ces années troublées du début du 16e s. la détermination de la jeune République florentine dans la défense de ses libertés face à ses puissants ennemis. La statue fut placée devant le Palazzo Vecchio où elle resta jusqu'en 1873.

Aux murs sont suspendues de magnifiques **tapisseries** exécutées au 16e s. à Bruxelles d'après des cartons attribués à Van Orley et représentant la Création.

★ Pinacothèque – Dans la première des trois petites pièces disposées en enfilade, à droite de la grande galerie, est exposé le panneau avant du fameux **coffre Adimari** (*2e travée à droite*), sur lequel sont représentées les fêtes données à Florence pour les noces de l'un des membres de cette noble famille : avec fraîcheur et vivacité, l'artiste, un peintre inconnu du 15e s., y a fixé, avec comme toile de fond le baptistère et les maisons environnantes, un moment de la vie des plus riches de ses contemporains, témoignage très soigné de costumes, coiffures et objets d'apparat de l'époque. Dans cette même salle sont présentées des œuvres illustrant remarquablement le passage de l'art gothique à celui de la Renaissance : dans la 1re travée, la flamboyante Vierge à la ceinture, entre saint Thomas et sainte Catherine d'Alexandrie, d'Andrea di Giusto (1re moitié du 15e s.), est de facture encore nettement gothique avec son éblouissant fond doré, sa composition en triptyque, ses arcs polylobés, ses personnages encore inexpressifs ; toujours dans la 1re travée, face à l'entrée, la belle Vierge à l'Enfant avec des anges et des saints peinte au milieu du 15e s. par Mariotto di Cristoforo se ressent encore de la manière gothique par son fond de tissu couleur d'or travaillé avec une minutie de miniaturiste, mais le schéma général (forme rectangulaire) et l'ébauche d'un arrière-fond de paysage appartient déjà à la Renaissance ; l'*Annonciation* de Filippino Lippi est quant à elle une œuvre typique de la Renaissance florentine (3e travée, à droite de la porte).

Les deux pièces suivantes poursuivent cette évolution ; dans la 3e salle deux exquises toiles de Botticelli : la fameuse *Madone de la mer* et une ravissante *Vierge à l'Enfant* avec le jeune saint Jean et des anges, œuvre d'une délicieuse fraîcheur et d'une délicate tendresse.

La pinacothèque se poursuit au-delà de la galerie de Michel-Ange. De part et d'autre du David, peintures italiennes du 16e s. : au fond à droite, on découvre une grande *Déposition* du Bronzino où figure à l'arrière-plan une descente de croix dans un camaïeu de bruns jaunes ; à gauche, l'*Annonciation* d'Alessandro Allori a l'originalité de représenter la Vierge tournant presque le dos à l'ange Gabriel, les mains levées comme déjà consciente du destin de son fils, tandis qu'à ses pieds son ouvrage et sa lecture forment une jolie nature morte.

À l'extrémité opposée de cette galerie s'ouvre la « gypsothèque » de deux sculpteurs du 19e s., Bartolini et Pampaloni, professeurs à l'académie des Beaux-Arts : les plâtres sont des modèles originaux destinés à être réalisés en marbre ; aux murs, peintures du 19e s., œuvres également de professeurs de l'Académie.

Dans les trois salles en retour sur la galerie du David, peintures toscanes des 13ᵉ s. et 14ᵉ s. Trois crucifix retiennent l'attention : le premier, immédiatement à gauche en entrant, présente un déhanchement exagéré assez caractéristique du goût de l'école siennoise pour la ligne tortueuse, contrastant ainsi avec les deux autres, situés au fond des deux salles qui s'ouvrent de part et d'autre.
À l'étage, peinture toscane des 14ᵉ et 15ᵉ s.

★★ SANTA MARIA NOVELLA *visite : une heure*

L'église et les cloîtres de Ste-Marie-Nouvelle ferment sur tout un côté la **piazza Santa Maria Novella**, de forme irrégulière, tracée au 14ᵉ s. L'autre extrémité de la place est bordée par les arcades Renaissance de la longue **loggia San Paolo**, légèrement surélevée.

Dès le Moyen Âge théâtre de nombreux tournois et autres fêtes, la place servit de cadre, du milieu du 16ᵉ s. jusqu'au siècle dernier, au Palio dei Cocchi, course de chars instituée par Cosme Iᵉʳ et inspirée des courses de biges de la Rome antique : celui-ci avait lieu pour la Saint-Jean. D'une loge à baldaquin installée sur les marches de la loggia, les grands-ducs présidaient le spectacle. Entre deux pyramides en bois, qui furent au début du 17ᵉ s. remplacées par des obélisques de marbre érigés par Jean Bologne, était tendue une corde divisant en deux pistes la partie centrale de la place.

★★ Église ⏱

Commencée en 1279 pour sceller une tentative de réconciliation entre les Guelfes et les Gibelins, l'église Santa Maria Novella élevée par les dominicains ne fut achevée, pour l'essentiel, qu'en 1360.

Extérieur – La très élégante **façade**, aux motifs géométriques légers en marbre vert et blanc date, dans sa partie inférieure (portails latéraux et enfeus), du milieu du 14ᵉ s. Leon Battista Alberti reprit l'œuvre en 1458 et réussit à marier harmonieusement les éléments gothiques préexistants avec le style de la Renaissance structurant l'ensemble à partir de formes simples telles le carré et le cercle. Le portail central, les piliers et toute la partie supérieure de la façade ont été réalisés d'après ses dessins ; les admirables ailerons à volutes en marqueterie de marbres de couleur, dont il eut l'idée pour combler le décrochement entre la nef principale et les bas-côtés, furent adoptés dans maintes églises de la Renaissance, puis dans les façades baroques. Ces travaux furent financés par les Rucellai, riche famille de marchands, dont on retrouve la dédicace sur le fronton (IOHANES . ORICELLARIVSPAV . F . AN . SAL . MCCCCLXX) et les armes, une voile gonflée par le vent, en particulier sur la frise médiane.
Au-dessus des deux enfeus des extrémités de la façade, on remarque également, à droite, un cadran astronomique et, à gauche, une sphère armillaire.

La façade de Santa Maria Novella, bel exemple d'esthétique florentine
par la sereine rigueur de son décor de marbre

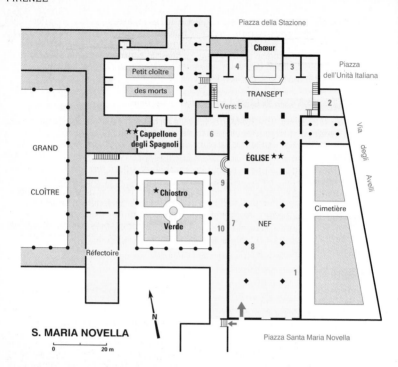

Piazza della Stazione

Chœur

Piazza dell'Unità Italiana

Petit cloître
des morts

TRANSEPT

Vers: 5

★★ Cappellone degli Spagnoli

ÉGLISE ★★

GRAND

CLOÎTRE

★ Chiostro

Verde

Réfectoire

NEF

Cimetière

Via degli Avelli

S. MARIA NOVELLA

0   20 m

N

Piazza Santa Maria Novella

Sur la droite, clos par une série d'enfeus gothiques qui comme ceux de la façade abritent les dépouilles de familles florentines, s'étend un petit **cimetière** *(fermé)*, où repose Ghirlandaio. À la base des enfeus, les sarcophages portent, sculptés dans le marbre, la croix du peuple et les blasons des familles défuntes.

De la piazza dell'Unità Italiana et de la piazza della Stazione, on a une **vue**★ remarquable sur le chevet puissant que domine, sobre et élancé, le campanile roman gothique.

Intérieur – Claire et vaste (près de 100 m de long) car destinée à la prédication, Santa Maria Novella est fortement inspirée du style gothique cistercien. Bâtie sur un plan en croix latine, à très court transept et chevet plat, elle présente à l'intérieur une grande sobriété. La nef centrale, spacieuse et élancée, est bordée d'arcades dont la largeur va diminuant vers le chœur, procédé qui accentue l'effet de profondeur. Les claveaux des arcs sont alternativement noirs et blancs, tandis que des dessins géométriques également noirs et blancs soulignent les ogives des trois nefs.

Bas-côté droit – On remarque tout d'abord le sobre et harmonieux tombeau (1) de la bienheureuse Villana delle Botti, dominicaine morte en 1361, dont Bernardo Rossellino a, près d'un siècle plus tard, figuré le gisant sous un baldaquin de souples draperies *(extrême droite de la 2e travée)*.

Transept droit – Au fond de celui-ci, dans la **chapelle Rucellai** (2), surélevée, on admire au-dessus de l'autel une *Vierge à l'Enfant*★ en marbre, doucement souriante, par Nino Pisano ; au sol, dalle funéraire en bronze portant l'effigie d'un dominicain, par Ghiberti.

La **chapelle de Filippo Strozzi** (3) est entièrement décorée de **fresques**★ *(éclairage payant)* peintes dans une manière tourmentée, presque échevelée, par Filippino Lippi, qui a représenté dans un cadre d'exubérantes architectures des scènes de la vie de saint Philippe et de saint Jean l'Évangéliste. Le riche marchand à qui est dédiée cette chapelle et qui fit édifier l'un des plus beaux palais de Florence *(voir p. 187)* repose dans un riche sarcophage de basalte au-dessus duquel Benedetto da Maiano a sculpté, au milieu d'un vol d'anges gracieux, une Vierge à l'Enfant en médaillon.

Chœur – Les éblouissantes **fresques**★★★ dont Domenico Ghirlandaio couvrit le chœur en 1485, à la demande de Giovanni Tornabuoni, oncle de Laurent le Magnifique, sont considérées comme le chef-d'œuvre de cet artiste *(éclairage payant)*. Pour conter la vie de la Vierge *(à gauche)* et celle de saint Jean Baptiste *(à droite)*, le peintre a pris comme modèles les membres de la famille Tornabuoni et leurs familiers, brossant avec une grande fraîcheur et un sens très vif de la narration un tableau brillant et minutieux de la haute société florentine.

Sur le **mur de gauche** : (**I**) Joachim est chassé du temple car il n'a pas d'enfant (le jeune homme à l'abondante chevelure au premier plan à gauche est le gendre de Giovanni Tornabuoni, tandis que le personnage représenté dans le groupe de droite, une main sur la hanche, serait le peintre lui-même ; on reconnaît à l'arrière-plan la loggia de S. Paolo) – (**II**) Naissance de la Vierge (la toute jeune femme à la riche robe blanche et or qui s'avance en tête du groupe de femmes

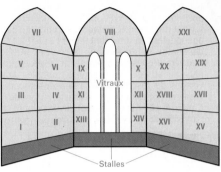

Fresques du chœur de S. Maria Novella

est la fille unique de Giovanni Tornabuoni, Ludovica, morte en couches à l'âge de quinze ans) – (**III**) Présentation de Marie au Temple – (**IV**) Mariage de la Vierge – (**V**) Adoration des Mages (abîmé) – (**VI**) Massacre des Innocents – (**VII**) Mort de la Vierge et au-dessus Assomption. Sur le **mur du fond** : (**VIII**) Couronnement de la Vierge – (**IX**) Saint Dominique faisant subir l'épreuve du feu aux livres hérétiques et aux livres orthodoxes – (**X**) Saint Pierre martyre – (**XI**) Annonciation – (**XII**) Saint Jean dans le désert – (**XIII**, **XIV**) Les commanditaires, Giovanni Tornabuoni et son épouse, Francesca Pitti, en prière.

Sur le **mur de droite** : (**XV**) Apparition de l'ange à Zacharie (dans cette scène, véritable galerie de portraits, on a voulu reconnaître entre autres dans le groupe qui se trouve au premier plan à gauche, de face, le meilleur poète de la Renaissance florentine, Politien, et, à l'extrême gauche, son plus grand humaniste, Marsile Ficin qui répandit en Italie les théories platoniciennes) – (**XVI**) La Visitation (la première des trois femmes qui se tiennent à droite de la Vierge et d'Élisabeth serait Giovanna degli Albizi, belle-fille de Giovanni Tornabuoni qui, en 1488, mourut elle aussi en couches) – (**XVII**) Naissance de saint Jean Baptiste (la scène se déroule dans un intérieur florentin ; la femme qui précède la servante portant sur sa tête des fruits est Lucrezia Tornabuoni, sœur de Giovanni et mère de Laurent de Médicis) – (**XVIII**) Zacharie devenu muet écrivant le nom qui doit être donné à son fils – (**XIX**) Prédication de saint Jean Baptiste – (**XX**) Baptême de Jésus – (**XXI**) Festin d'Hérode.

Croisillon gauche – À l'intérieur de la **chapelle Gondi** (**4**) se détache, très blanc sur un fond sombre de porphyre, le célèbre *Crucifix*★★ de Brunelleschi, saisissant d'élégance et de vérité ; on dit que Donatello fut pris d'une telle admiration en voyant cette œuvre qu'il en laissa choir les œufs qu'il portait.

Sur les murs de la **chapelle Strozzi di Mantova** (**5** – *éclairage payant*), surélevée, Nardo di Cione a peint vers 1357, avec une exceptionnelle ampleur, des **fresques**★ évoquant, sur le mur frontal, le Jugement Dernier ; sur le mur de droite, l'Enfer, inspiré de Dante, contraste par ses couleurs sombres et terreuses avec les tonalités claires et dorées du Paradis, à gauche. Un flamboyant **polyptyque**★ surmonte l'autel : Andrea Orcagna, frère de Nardo di Cione, y a représenté le Christ entouré de séraphins remettant à saint Pierre les clés du royaume des cieux et à saint Thomas d'Aquin le livre de la Sagesse.

Sacristie (**6**) – *Crucifix*★ par Giotto et lavabo fait d'une vasque en marbre surmontée d'une **niche**★ en terre cuite émaillée, charmante composition de Giovanni Della Robbia.

Bas-côté gauche – Masaccio y a exécuté sa fameuse fresque de la *Trinité*★★ (**7**), d'un intérêt capital dans l'histoire de la peinture. Rompant avec la séduisante élégance du gothique, il dépeint dans un cadre Renaissance Dieu le Père soutenant le bois de la croix et présentant ainsi le sacri-

La naissance de saint Jean Baptiste vue par Ghirlandaio

fice de son fils crucifié tandis que la colombe du Saint-Esprit se détache sur sa poitrine ; de part et d'autre du Christ se trouvent la Vierge (dont le visage et la main tendue montrent également l'acceptation du sacrifice), saint Jean et les donateurs agenouillés. En alternant le rose et le bleu l'artiste montre combien il s'attache davantage au dessin qu'à la couleur, Masaccio a mis en pratique les théories mathématiques sur la perspective élaborées par Brunelleschi et réalise ainsi un des plus parfaits et tout premiers exemples de perspective architecturale ; dans les visages des personnages, représentés vus d'en dessous, s'exprime le souci de réalisme qui est une autre caractéristique de ce peintre.

Contre le pilier suivant s'appuie une chaire (8), en marbre rehaussé d'or, dessiné par Brunelleschi et dont les panneaux content l'histoire de la Vierge.

★ **Cloîtres monumentaux** ⓥ

★ **Cloître Vert** – Construit au milieu du 14ᵉ s., dans un style encore roman à amples arcades en plein cintre, son nom lui vient des **fresques** à dominante verte qui le décorent. Celles-ci, exécutées vers 1430 par Paolo Uccello et ses élèves, dépeignent des scènes de la Genèse. Les fresques qui sont entièrement de la main du maître ornent le mur mitoyen à l'église ; de tons sombres, elles évoquent, de gauche à droite, la Genèse de la création à l'histoire de Noé ; seules deux travées sont bien conservées : la première (9) représentant la création des animaux, celle d'Adam et puis d'Ève ainsi que le Péché originel, et dans la 4ᵉ travée (10), le Déluge (dont la tourmente est particulièrement intéressante à détailler) et l'Ivresse de Noé.

★★ **Cappellone degli Spagnoli** – Sur cette même galerie prend jour par deux élégantes fenêtres gothiques géminées à arcs polylobés et ravissantes colonnettes torses la salle capitulaire dite **chapelle des Espagnols** bâtie au 14ᵉ s. et que fréquentèrent, au 16ᵉ s., les membres de la suite d'Éléonore de Tolède, d'où son nom.

Les murs et les voûtes sont couverts de **fresques★★**, d'un symbolisme compliqué, exécutées dans de vifs coloris par Andrea Buonaiuto (dit aussi Andrea da Firenze), entre 1365 et 1370, à la gloire des dominicains. Dans cette succession de figures allégoriques et de scènes dont le but se veut essentiellement didactique, on retrouve une préoccupation très caractéristique du Quattrocento italien.

Mur de gauche – Triomphe de la Sagesse divine et Glorification de saint Thomas d'Aquin.

À la voûte, la Pentecôte (la colombe du Saint-Esprit descend sur les apôtres rassemblés autour de la Vierge). Au-dessous, le théologien dominicain, assis sur un trône et entouré par les Sages de l'Ancien et du Nouveau Testament au-dessus desquels volent les Vertus, personnifie la doctrine catholique. Grâce à celle-ci, les Arts libéraux et les Arts sacrés, symbolisés par quatorze figures de femmes assises dans des niches gothiques et au pied desquelles sont représentés des personnages qui illustrèrent ces disciplines, sont animés par l'Esprit divin.

Mur de droite – L'Église militante et triomphante. Exaltation de l'action des dominicains. À la voûte, la barque de saint Pierre représente l'Église.

Sur le mur, en bas, devant un édifice qui n'est autre que l'un des projets exécutés par l'artiste pour la cathédrale de Florence, se tiennent les deux personnages qui occupent le sommet des hiérarchies humaines : le pape et l'empereur. Devant eux, le groupe de gauche est constitué par les représentants des ordres religieux et de chevalerie. Dans celui de droite, formé par les fidèles, on a voulu reconnaître : debout de face et vêtu d'un grand manteau brun, Cimabue ; à côté de lui, de profil et portant une capuche verte, Giotto ; un peu plus à droite, vêtu de violine et tenant un livre fermé, Boccace ; au-dessus de ce dernier, habillé et encapuchonné d'hermine blanche, Pétrarque ; à côté de lui, de profil et coiffé d'un bonnet blanc, Dante (voir illustration p. 115).

Au même registre, sur la partie droite, les fidèles sont gardés contre les attaques du péché par les dominicains (« Domini Canes » : les « Chiens du Seigneur ») symbolisés par des chiens déchirant les loups hérétiques.

Au-dessus, grâce à la Confession, reçue par un dominicain, les âmes des fidèles qui ont succombé aux péchés capitaux, dont trois seulement sont représentés (l'avarice, la luxure, l'orgueil) assis auprès d'une femme jouant de la viole, sont accueillis au Paradis, dans la contemplation du Tout-Puissant entouré d'anges parmi lesquels se tient la Vierge (dans le groupe de gauche) ; au pied du trône, l'Agneau de Dieu et les symboles des évangélistes.

Mur du fond – De gauche à droite sont figurées : la Montée au Calvaire, la Crucifixion, la Descente aux Limbes. À la voûte, Résurrection ; à gauche du tombeau, les Saintes Femmes venues embaumer le corps du Christ ; à droite, l'Apparition à la Madeleine.

Mur d'entrée – Il ne fut pas intégré dans la décoration globale et représente donc le premier martyr dominicain : saint Pierre martyr. À la voûte : Ascension.

Chiostrino dei Morti – Le **petit cloître des morts** s'ouvre à droite de la chapelle des Espagnols et présente un contour irrégulier. Le sol et les murs, ainsi que ceux de la petite galerie d'accès, sont presque entièrement dallés de pierres funéraires.

Réfectoire – Du vestibule d'entrée, vue sur le **grand cloître** (lequel fait partie de l'école des élèves carabiniers). Le réfectoire proprement dit et la salle qui le précède présentent le trésor de S. Maria Novella (pièces d'orfèvrerie, reliquaires, parements d'autels, habits sacerdotaux...) ainsi que plusieurs fresques détachées des murs de l'église, dont celles d'Orcagna (35 bustes de personnages de l'Ancien Testament) qui ornaient le chœur avant la décoration de Ghirlandaio et qui furent retrouvées à l'occasion d'une restauration.

Au fond de la piazza di Santa Maria Novella, prendre à droite la via della Scala.

Pharmacie de Santa Maria Novella – *Via della Scala, nº 16 (bleu) : à 100 m de la place, trottoir de droite.* Fondée en 1221, quand les dominicains s'établirent à Florence, la pharmacie vend également depuis le 16e s. des épices, dont le parfum se répand au-delà du seuil. La boutique elle-même, de belles dimensions, est installée dans une ancienne chapelle voûtée d'ogives, dédiée à saint Nicolas, datant de 1332 et redécorée dans le style néo-gothique en 1848. On peut visiter également une salle de style Directoire adjacente au jardin, l'ancienne boutique aux voûtes ornées de stucs et au mobilier du 17e s. dont les vitrines conservent de vrais alambics, ainsi que la sacristie de Saint-Nicolas aux fresques illustrant la *Passion du Christ*.

★★ SANTA CROCE *visite : 1 h 1/2*

Au fond d'une place spacieuse se dresse la façade en marbre blanc de l'église Ste-Croix.

La **piazza di Santa Croce**, l'une des plus anciennes et des plus nobles de la ville, a conservé plusieurs de ses vieilles demeures : au nº 1 *(du côté opposé à l'église)*, le palais Serristori, élevé au 15e s. ; aux nos 21 et 22, flanqué à gauche d'une maison ancienne à encorbellement comme lui, le palais de l'Antella, du début du 17e s., décoré de fresques. Au Moyen Âge, le peuple de Florence avait coutume de se rassembler sur la place. Elle fut le témoin des grandes prédications franciscaines, dont, au 15e s., celles célèbres de saint Bernardin de Sienne. Des tournois y avaient lieu : l'un d'entre eux, qui eut pour vainqueur Julien de Médicis, a été immortalisé par Politien, dans l'un de ses poèmes. À partir du 16e s., elle prêta son cadre à l'une des principales manifestations florentines : le calcio (jeu de ballon) en costumes historiques, qui tomba en désuétude à la fin du 18e s. Remis à l'honneur depuis 1930, ce jeu se joue de nouveau sur cette place depuis 1986 *(voir les Manifestations traditionnelles en p. 121).*

Ce quartier fut l'un des plus dévastés, lors des inondations de 1966, et Santa Croce est l'un des monuments florentins qui eut le plus à pâtir de l'envahissement des flots de boue montés jusqu'à trois mètres dans l'église, jusqu'à cinq mètres dans les cloîtres.

Beau à la folie

Phénomène moins connu que le soleil caniculaire d'été et les pluies parfois torrentielles du printemps et de l'automne dont on sait plus ou moins se protéger, la beauté des œuvres d'art peut constituer également un risque qu'il est bon de connaître avant de partir en Toscane !
Les psychiatres de l'hôpital de Florence reconnaissent en effet l'existence d'un malaise profond ressenti par certains visiteurs face à la concentration d'œuvres d'art et à la densité historique que dégagent les lieux (107 cas d'hospitalisation d'urgence furent recensés de 1976 à 1987). Identifié sous le nom du *syndrome de Stendhal*, ce malaise se manifeste en général chez des personnes fragiles âgées de 20 à 40 ans par des troubles allant de la crise de panique ou de vertige à la sensation de dépersonnalisation. Les médecins ont fait le rapprochement entre ces phénomènes et un passage du *Journal* de Stendhal qui, découvrant dans l'église Santa Croce le nombre de monuments funéraires à la gloire des grands noms de la culture italienne, dut sortir sur la place pour calmer l'émotion trop intense qu'il ressentait...

★★ Église ⊙

L'édifice, commencé en 1295 sur des dessins d'Arnolfio di Cambio, a été achevé dans la deuxième moitié du 14e s., à l'exception du campanile actuel (celui d'origine s'étant effondré au 16e s.) et de la façade néogothique, qui datent seulement du 19e s. C'est l'église des franciscains de Florence. Immense (140 m de longueur sur 40 m de largeur) car destinée à la prédication, elle est bâtie, comme S. Maria Novella, sur plan en T.

L'intérieur, dans le style gothique florentin, est d'une remarquable élégance. La sobriété de l'architecture, l'importance de la nef par rapport aux bas-côtés ainsi que l'ampleur des arcades qui les séparent, les lignes élancées de l'abside dont les

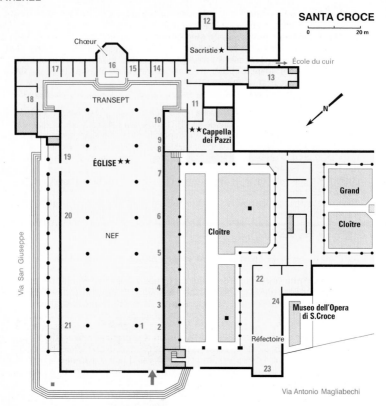

SANTA CROCE
0   20 m

Chœur

12

Sacristie ★

École du cuir

17   16   15   14

13

18

TRANSEPT

11

10

★★ Cappella
dei Pazzi

19   ÉGLISE ★★

9
8

7

Grand

Via San Giuseppe

20   NEF

6

Cloître

Cloître

5

22

4

21   1   2

3

24

Museo dell'Opera
di S.Croce

Réfectoire

23

Via Antonio Magliabechi

Piazza di Santa Croce

étroits vitraux (15e s.) occupent presque toute la hauteur produisent une impression de grande légèreté et ajoutent au caractère spacieux de l'édifice. Une belle charpente peinte couvre la nef centrale.

Les 276 pierres tombales dont elle est dallée et les somptueux monuments funéraires qu'elle renferme – pour la plupart dédiés à la mémoire d'hommes illustres – ont fait surnommer Santa Croce « le Panthéon italien ».

Dans le mur de façade se détache un beau vitrail dessiné par Lorenzo Ghiberti.

Bas-côté droit – Contre le premier pilier (**1**), une très décorative *Vierge allaitant l'Enfant* dans une mandorle enguirlandée de chérubins, sculptée dans un style plein de souplesse par Antonio Rossellino en 1478, surmonte la tombe d'un personnage tombé lors de la conjuration des Pazzi *(voir p. 126)*. En face, le tombeau de Michel-Ange (**2**), mort en 1564 et dont Rome et Florence se disputèrent la dépouille, a été dessiné en 1570 par Vasari (les trois statues de femmes représentent la peinture, la sculpture et l'architecture), qui est aussi l'auteur de la grande *Montée au Calvaire* (**3**) placée au-dessus de l'autel suivant. Le cénotaphe de Dante (**4**) – mort en 1321 et enterré à Ravenne – date du 19e s. (à gauche statue allégorique de l'Italie, à droite la poésie).

La tombe d'Alfieri (**5**), dramaturge italien mort à Florence en 1803, est un monument de Canova. En face, la belle **chaire**★ en marbre a été sculptée de scènes de la vie de saint François en 1476 par Benedetto da Maiano qui, au-dessous des panneaux, a fait figurer les vertus sous la forme de très fines statuettes de femmes assises dans des niches que séparent des consoles délicieusement ouvragées.

Vient ensuite un monument (**6**) élevé à Machiavel (mort en 1527) à la fin du 18e s. : la figure allégorique de la diplomatie assise sur le sarcophage et tenant le portrait de l'écrivain-homme d'État rappelle les missions diplomatiques accomplies par celui-ci.

La fameuse *Annonciation*★★ (**7**) de Donatello, réalisée, vers 1430, en *pietra serena* rehaussée d'or, est l'un des exemples les plus harmonieux de ce type de bas-reliefs à encadrement en forme de petit temple antique – nommés en italien « **tabernacoli** » (tabernacles) – qui sont une création originale de la Renaissance florentine.

Avec le **tombeau de Leonardo Bruni**★★ (**8**) – humaniste et chancelier de la République florentine mort en 1444 –, Bernardo Rossellino a créé, au milieu du 15e s., un nouveau style d'architecture funéraire, qui fut adopté pour nombre de tombeaux de la Renaissance italienne : niche plaquée contre le mur, formée de deux pilastres cannelés surmontés d'un arc en plein cintre, sarcophage à l'antique portant le gisant du défunt, tympan orné d'une *Vierge à l'Enfant* en médaillon, angelots porte-écussons, décoration de rinceaux. À côté, se succèdent les tombeaux de Rossini (9), mort en 1868, puis d'Ugo Foscolo (1778-1827), grand poète de l'Italie moderne (10).

Croisillon droit – Taddeo Gaddi, principal héritier de Giotto, est l'auteur (1332-1338) des **fresques**★ qui ornent la **chapelle Baroncelli** (11). La vie de la Vierge y est évoquée avec un étonnant souci du détail pittoresque et une science originale des effets de lumière (scène nocturne de l'Annonce aux bergers). De haut en bas et de gauche à droite, on reconnaît : au mur de gauche, dans la lunette Joachim chassé du Temple et l'Annonce de l'ange à Joachim, au-dessous la Rencontre de Joachim et d'Anne et la Naissance de la Vierge, au-dessous

Annonciation de Donatello

encore la Présentation de Marie au Temple et le Mariage de la Vierge ; au mur frontal, en haut l'Annonciation et la Visitation, au registre intermédiaire l'Annonce faite aux bergers et la Nativité, au registre inférieur l'Annonce faite aux Rois mages et l'Adoration des Mages. À l'autel, beau **polyptyque**★ représentant le Couronnement de la Vierge, d'une remarquable richesse chromatique, exécuté dans l'atelier de Giotto.

★ **Sacristie** – Un portail Renaissance dû à Michelozzo donne accès à la sacristie, belle salle du 14e s. qui a conservé sa charpente peinte et dont un mur est couvert de fresques de la même époque : une *Montée au Calvaire* attribuée à Spinello Aretino et une *Résurrection* par Niccolò di Pietro Gerini encadrent une *Crucifixion* due à Taddeo Gaddi.

À l'intérieur de l'une des armoires marquetées (15e-16e s.), un reliquaire abrite la bure et la cordelière de saint François d'Assise.

Face à l'entrée, fermée par une grille en fer forgé du 14e s., la **chapelle Rinuccini** (12) est ornée de **fresques**★ contant la vie de la Vierge (*à gauche*) et celle de sainte Marie-Madeleine (*à droite*) : dans ces scènes d'un dessin délicat, exécutées par Giovanni da Milano, l'un des plus importants peintres lombards du 14e s. devenu citoyen de Florence, apparaît, mêlé à une solennité encore médiévale, un souci d'observation de la réalité ; l'autel est surmonté d'un beau polyptyque gothique.

Au-delà de la sacristie, un petit couloir donne accès à l'École du cuir.

Chapelle des Médicis (13) – *Fermée, regarder à travers le carreau de la porte.* Cette harmonieuse chapelle, construite par Michelozzo en 1434, abrite un gracieux **retable**★ en terre cuite émaillée d'Andrea Della Robbia représentant la Vierge à l'Enfant avec des saints encadrés de pilastres à fins motifs de rinceaux et d'une corniche ornée de chérubins.

Chœur et chapelles orientées – Dix petites chapelles s'alignent de part et d'autre du chœur. La chapelle Giugni (14) renferme, à droite le tombeau de Julie Clary, épouse de Joseph Bonaparte, à gauche celui de leur fille, Charlotte Napoléon Bonaparte. À l'intérieur de la **chapelle Bardi** (15), on admire les **fresques de la vie de saint François**★★ (restaurées), exécutées vers 1320 par Giotto qui, reprenant des thèmes développés dans ses célèbres fresques de la basilique d'Assise, a évoqué sur un mode parfois touchant : à droite, l'Épreuve du feu devant le sultan (registre supérieur) et les Visions du frère Augustin et de l'évêque Guido d'Assise (registre inférieur) ; à gauche, l'Apparition du saint à saint Antoine dans l'église d'Arles (registre supérieur) et, surtout, exprimée avec une émotion tendre et contenue, la *Mort de saint François* (registre inférieur – *illustration p. 115*) ; à l'autel, une savoureuse peinture sur bois du 13e s. représente le saint entouré de petites scènes contant des épisodes de sa vie.

La **chapelle centrale** (16) est couverte de **fresques**★ retraçant avec éclat et vivacité la légende de la Sainte Croix, exécutées en 1380 dans un style gothique tardif par Agnolo Gaddi et inspirées de la Légende dorée. Seth, troisième fils d'Adam et Ève, aurait reçu de l'archange saint Michel, un rameau de l'arbre de la science et l'aurait planté sur la tombe de son père. En poussant, ce rameau fournit le bois de la future croix du Christ.

Les fresques qui ornent la chapelle Pulci (17) furent exécutées vers 1330 par Bernardo Daddi et ses élèves (à droite le martyre de saint Laurent, à gauche la condamnation et le martyre de saint Étienne). On note aussi, au-dessus de l'autel, une terre cuite émaillée (*Vierge à l'Enfant entre Marie-Madeleine et saint Jean l'Évangéliste*) d'une composition et d'une polychromie chargées, caractéristiques de Giovanni Della Robbia.

Croisillon gauche – La **chapelle Bardi** (**18**) renferme le célèbre *Crucifix*★★ en bois de Donatello, œuvre d'un réalisme qui choqua certains des contemporains de l'artiste et que Brunelleschi voulut surpasser à S. Maria Novella.

Bas-côté gauche – Le **monument de Carlo Marsuppini**★ (**19**), humaniste et secrétaire de la République florentine mort en 1453, rendit célèbre son auteur, Desiderio da Settignano, qui le réalisa en 1455 dans le style créé avec le tombeau de Leonardo Bruni par Bernardo Rossellino, mais avec plus de recherche et moins de rigueur.

Face au quatrième pilier (**20**) ont été ensevelis Lorenzo Ghiberti, mort en 1455, et son fils Vittorio.

Le tombeau de Galilée (**21**), mort en 1642, a été exécuté au 18ᵉ s.

Cloître

Ce joli cloître du 14ᵉ s. permet d'accéder à la chapelle des Pazzi *(au fond)* et au musée de l'Œuvre de Santa Croce *(sur la droite)*. Sur la gauche, une galerie fermée court le long de l'église ; elle abrite de nombreuses dalles et stèles funéraires très diverses.

★★ Chapelle des Pazzi ⊘

Ce petit édifice, l'une des plus exquises réussites attribuées en général à Brunelleschi, fut construit pour les Pazzi, grands rivaux des Médicis *(voir p. 126)*. L'artiste y travailla jusqu'en 1445, mais la chapelle ne fut achevée que vers 1460, une quinzaine d'années après sa mort survenue en 1446.

Chapelle des Pazzi

La façade est précédée d'un portique qui, avec son arcade centrale surhaussée, ses colonnes corinthiennes, son entablement orné d'une frise de médaillons et compartimenté par de fins pilastres cannelés, évoque les arcs de triomphe de l'Antiquité. La porte centrale en bois est de Benedetto da Maiano. La petite coupole ornée de terres cuites émaillées au-dessus de l'entrée ainsi que le médaillon représentant saint André sont l'œuvre de Luca Della Robbia. Les *putti* de l'entablement extérieur sont de Desiderio da Settignano.

L'intérieur est un chef-d'œuvre de la Renaissance florentine par l'originalité de la conception, la noblesse des proportions, la pureté des lignes et l'harmonie de la décoration. Brunelleschi a porté ici à sa perfection l'idéal d'architecture déjà exprimé à l'ancienne sacristie de San Lorenzo : plan composé autour d'un carré, coupole centrale à nervures sur pendentifs, absidiole elle aussi carrée et surmontée d'une petite coupole circulaire, éléments de l'architecture (pilastres, corniche, voussures des arcs, pendentifs, base et nervures de la coupole) soulignés par le gris de la « pietra serena » se détachant sur le crépi blanc, selon un rythme à la fois strict et gracieux. Une frise de chérubins et d'agneaux mystiques, ainsi que des médaillons en terre cuite émaillée de Luca Della Robbia représentant les apôtres *(sur les murs)* et les évangélistes *(dans les pendentifs)*, peut-être de Brunelleschi, apportent une note vive dans cette sobre harmonie.

Grand cloître

On y pénètre par un beau portail Renaissance. Très vaste et d'élégantes proportions, il fut dessiné par Brunelleschi peu avant sa mort et achevé en 1453. Des médaillons, exécutés probablement par Bernardo Rossellino, ornent les écoinçons des arcades légères au-dessus desquelles court une galerie largement ouverte, aux graciles colonnes.

Museo dell'Opera di S. Croce (Musée de l'Œuvre de Ste-Croix) ⊘

Dans l'ancienne **salle de réunion des franciscains**, noble salle à fenêtres en lancette et charpente apparente, est exposé le célèbre *Crucifix*★ (**22**) de Cimabue : l'œuvre, restaurée avec un soin exemplaire après les considérables dommages subis lors des inondations de 1966, laisse encore deviner, bien que de larges fragments aient été irrémédiablement perdus, une force dramatique intense qui s'exprime dans le fléchissement appuyé du corps.

Le mur du fond est couvert par une immense fresque représentant la Dernière Cène et, au-dessus, l'Arbre de la Croix (**23**), exécuté au 14ᵉ s. par Taddeo Gaddi, représentant la généalogie des franciscains. On remarque encore la statue de saint Louis de Toulouse en bronze doré (**24**) par Donatello (*à gauche*) et de petits fragments de fresques d'Orcagna retrouvées sur les murs de l'église et qui avaient été masquées par des travaux de restauration effectués au 16ᵉ s. par Vasari : à gauche, fragments de *l'Enfer* ; à droite (*3ᵉ panneau*), groupe de mendiants qui appartenaient à un *Triomphe de la Mort*, et qui appellent celle-ci en remède à leurs souffrances.

Les salles situées entre les deux cloîtres abritent des sinopies et des fresques détachées de l'église datant des 14ᵉ et 15ᵉ s. On remarque aussi quelques sculptures dont un tombeau de Tino da Camaino.

★★★ SANTA MARIA DEL CARMINE : FRESQUES DE LA CHAPELLE BRANCACCI ⊘ *visite : un quart d'heure*

Si l'église est fermée, on accède à la chapelle Brancacci en passant par le cloître situé à droite de l'église.

L'intérêt exceptionnel de l'église des Carmes de Florence, ravagée par un incendie au 18ᵉ s., réside dans l'extraordinaire série de **fresques** dont sont ornés les murs de la chapelle Brancacci, située au fond du transept droit, l'une des rares parties de l'édifice épargnées par le feu. Œuvre de trois artistes différents, celles-ci ont pour thèmes la faute originelle et la vie de saint Pierre (le choix de ce dernier thème est sans doute lié au fait que Florence était liée politiquement aux souverains pontifes).

Fresques de Masolino da Panicale – Masolino fut le premier peintre chargé, en 1424, de décorer la chapelle familiale des Brancacci, négociants en soie. Dans un esprit encore gothique comme en témoigne sa vision aimable et sereine, mais avec déjà une recherche dans le domaine de la perspective et du modelé due sans doute à l'influence de son élève Masaccio, il a représenté, au registre supérieur : la *Tentation d'Adam et Ève* (**VII**), *Saint Pierre ressuscitant Tabitha* (**VI**) et la *Prédication de saint Pierre* (**III**).

Fresques de Masaccio – C'est au génie novateur de ce peintre, initiateur de la Renaissance par son sens du relief et de l'expression, que cette petite chapelle doit sa célébrité. L'artiste n'avait guère plus de vingt-cinq ans lorsque, en 1427, peu de temps avant de mourir, il réalisa à Santa Maria del Carmine un ensemble de fresques aujourd'hui considérées comme l'une des plus hautes expressions de la peinture italienne.

Dans sa célèbre représentation d'*Adam et Ève chassés du Paradis* (**I**) faisant pendant à la *Tentation* peinte par Masolino, il exclut toute idéalisation pour exprimer avec une poignante intensité la honte et le désespoir. L'éclairage projeté sur la scène, les taches d'ombre qui obscurcissent certains points des corps et des visages participent à l'effet dramatique et accentuent l'impression de relief, donnant aux personnages une réalité saisissante.

À côté, le *Paiement du tribut* (**II**) met en scène, en la personne des apôtres, des figures vigoureuses et d'une souveraine gravité. La fresque comprend, se dérou-

Fresques de la chapelle Brancacci

179

Masaccio (1401-1428) ou l'entrée du volume en peinture

Mort prématurément à l'âge de vingt-sept ans alors qu'il s'était rendu à Rome avec Donatello et Brunelleschi, Masaccio fut à la peinture ce que ses deux amis furent respectivement à la sculpture et à l'architecture. Il reprit du premier le goût des figures puissantes, des expressions authentiques, des drapés lourds ; du second, il assimila les leçons de perspective qu'il appliqua non seulement aux représentations architecturales mais également à la figure humaine *(voir sa fresque à Santa Maria Novella)*.

Découvrant les ressources sculpturales de la lumière, il travailla avant tout le volume de ses personnages et la circulation de l'espace, abandonnant les grâces, les ornementations et le fourmillement de détails caractéristiques du goût gothique. Initiateur de la Renaissance en peinture, ses œuvres par leur vivant réalisme eurent une immense portée sur les générations suivantes.

lant dans un cadre réduit à ses éléments essentiels, trois épisodes : à la porte de Capharnaüm, le collecteur d'impôts (de dos) réclame le paiement de l'octroi à Jésus qui désigne à Pierre les eaux où il trouvera le poisson dont la bouche renferme une pièce d'argent *(scène centrale)* ; l'apôtre s'empare du poisson *(à gauche)*, puis remet à l'homme la pièce *(à droite)*. On remarquera que le peintre s'est appliqué dans sa composition à aligner à la même hauteur les têtes des différents personnages constituant la scène afin de souligner l'harmonie d'ensemble.

On reconnaît encore *Saint Pierre baptisant les néophytes* (IV) (remarquer la beauté et la vérité des nus) et *Saint Pierre guérissant l'infirme* (V), épisode peint en collaboration avec Masolino, dont on retrouve le style policé et plus anecdotique dans les deux élégants personnages qui traversent la place.

Au niveau inférieur, Masaccio a représenté :

- *Saint Pierre et saint Jean faisant l'aumône* (XII)
- *Saint Pierre guérissant les malades par le seul pouvoir de son ombre* (XI)
- *Saint Pierre en chaire* (X).

Fresques de Filippino Lippi – La décoration de la chapelle, restée inachevée après le départ pour Rome et la mort de Masaccio en 1428, fut terminée en 1481 par Filippino Lippi. Ce dernier, dans un style élégant, a peint au registre inférieur

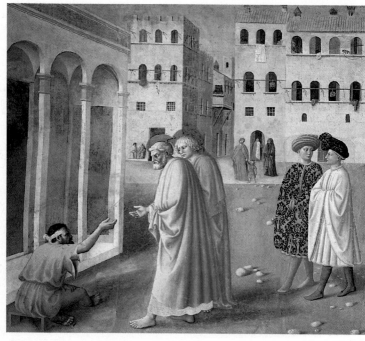

Saint Pierre guérissant l'infirme, par Masaccio
(les deux personnages de droite sont de Masolino)

- *Saint Pierre recevant dans sa prison d'Antioche la visite de saint Paul* (VIII)
- *Saint Pierre ressuscitant le fils de Théophile préfet d'Antioche* (IX), fresque commencée par Masaccio
- *Le saint libéré par un ange, lors de son second emprisonnement à Jérusalem* (XIV)
- *Comparution devant Agrippa et sa Crucifixion* (XIII).

★★ PASSEGGIATA AI COLLI

Promenade d'environ 1 heure à faire en voiture ou autobus, le matin de préférence. Voir plan p. 146-147. Départ piazza F. Ferrucci ; arrivée par la Porta Romana.

La splendide **Promenade des Collines** qui, sous les noms successifs de viale Michelangelo, viale Galileo et viale Machiavelli, domine Florence au Sud fut construite entre 1865 et 1870. Son superbe tracé est dû à l'architecte Giuseppe Poggi, chargé des travaux d'embellissement de la ville durant la brève période où celle-ci fut capitale du royaume d'Italie. Bordée de luxueuses propriétés, la route déroule à flanc de colline ses larges courbes entre deux rangées somptueuses de pins et de cyprès.

Piazzale Michelangiolo

De cette vaste esplanade largement ouverte face à la ville, on découvre sur celle-ci un magnifique **panorama**★★★ : on reconnaît entre autres, de droite à gauche, au premier plan Santa Croce, un peu plus à gauche en arrière la coupole de la cathédrale et le campanile avec devant eux la tour du Bargello et le clocher de la Badia, enfin le Palazzo Vecchio et le Ponte Vecchio ; en toile de fond se déploient les Apennins.
Le monument élevé au centre de la place, en 1875, à la mémoire de Michel-Ange est orné de copies de quelques-unes des plus célèbres statues de l'artiste.

★★ San Miniato al Monte

Du Piazzale Michelangelo, poursuivre par le viale dei Colli, qui monte sur la colline de San Miniato en s'éloignant de la ville. L'église apparaît bientôt à gauche.

Bâtie dans un **site**★★ remarquable dominant Florence, l'église St-Minias est précédée d'un large escalier construit par Poggi, encadré par un charmant cimetière. Du haut, on découvre un paysage composé comme un tableau (à gauche, la colline portant le jardin de Boboli, couronnée par le fort du Belvédère et que soulignent les faux fortifications élevées au 14e s.).
Un monastère bénédictin, dont l'église est l'un des plus admirables exemples de l'architecture romane florentine, fut fondé en ces lieux au 11e s. en souvenir de **saint Minias**, victime des persécutions ordonnées en l'an 250 par l'empereur Decius ; Minias, vraisemblablement toscan et de modeste origine, mais dont la croyance populaire fit un roi venu d'Arménie, avait miraculeusement échappé à plusieurs mises à mort ; décapité, il traversa le lit de l'Arno, tenant sa tête dans ses mains, pour venir mourir sur la colline, alors appelée Mons Florentinus, où il avait vécu en ermite.

Extérieur – La façade du 12e s., d'une exceptionnelle élégance, rappelle le baptistère S. Giovanni : revêtement à dessins géométriques en marbre vert et blanc, décoration d'arcatures en plein cintre, petite fenêtre à fronton triangulaire, mêmes réminiscences classiques, même grâce et même équilibre, typiques du style roman florentin. La partie supérieure est ornée d'une mosaïque du 13e s. (le Christ entre la Vierge et saint Minias) restaurée. Au faîte du couronnement en triangle se détache un aigle juché sur un ballot de laine, emblème de la corporation des drapiers (Calimala) qui longtemps eut en charge l'administration du sanctuaire.
Sur la gauche, le campanile, inachevé, a été élevé au 16e s. par Baccio d'Agnolo. Michel-Ange, chargé de fortifier la colline, eut l'idée de l'utiliser comme point d'appui de l'artillerie, lorsque les troupes de Charles Quint assiégèrent Florence en 1530 afin de rétablir les Médicis chassés de la ville ; c'est ainsi que la tour devint la cible des canons ennemis et qu'on imagina, pour la protéger, de l'envelopper de matelas de laine. Le palais épiscopal, à droite, date de la fin du 13e s.

Intérieur – Comme à la façade règne l'harmonieuse combinaison géométrique du vert et du blanc. De type basilical (plan rectangulaire se terminant en hémicycle, vaisseau central plus élevé que les nefs latérales et éclairé de fenêtres hautes, absence de transept), l'édifice comprend un chœur fortement surélevé au-dessus d'une vaste crypte. Une charpente en bois, peinte au 14e s. et très restaurée, couvre la nef centrale que coupent de grands arcs transversaux reposant sur des piliers en marbre vert. Les autres colonnes séparant la nef des bas-côtés ont été revêtues de faux marbre à la fin du 19e s. Le très beau pavement à incrustations de marbre blanc et noir, d'une finesse de dentelle, est daté de 1207.
La petite **chapelle du Crucifix**, en forme de tabernacle qui, au pied du chœur, occupe le centre de la nef, a été élevée en 1447, sur ordre de Pierre Ier de Médicis, d'après un dessin de Michelozzo. Elle était destinée à abriter un crucifix miraculeux. Les

SCALA

San Miniato al Monte, fleuron du style roman florentin

caissons en terre cuite émaillée qui ornent la voûte sont de Luca Della Robbia.
Agnolo Gaddi a peint (fin du 14e s.) les panneaux qui surmontent l'autel (au centre,
vêtu de rouge, saint Minias).

S'ouvrant sur le bas-côté gauche, la **chapelle du cardinal de Portugal**★, aménagée au
15e s., est un bel ensemble Renaissance. Dessinée par un élève de Brunelleschi,
elle abrite le tombeau de Jacques de Portugal, archevêque de Lisbonne et neveu
du roi du Portugal, mort à Florence en 1459. Cette œuvre, d'une grâce un peu
apprêtée, a été réalisée en 1461 par le sculpteur Antonio Rossellino. Dans la niche
faisant face au sépulcre, Alesso Baldovinetti a peint une délicate *Annonciation*
(restaurée). Le tableau d'autel n'est que la copie d'une peinture conservée aux
Offices, œuvre des frères Pollaiolo. La voûte de la chapelle est revêtue de terres
cuites émaillées dues à Luca Della Robbia, qui a représenté, dans une remarquable
harmonie de bleus, la colombe de l'Esprit-Saint et les vertus cardinales.

La **chaire** forme avec la **clôture du chœur** sur laquelle elle repose un admirable
ensemble★★, magnifique travail d'incrustations de marbre blanc, vert et rose du
début du 13e s.

L'**abside** est dominée par une grande mosaïque de la fin du 13e s. représentant le
Christ bénissant entre la Vierge et saint Minias.

Dans la **sacristie**, Spinello Aretino a brossé en 1387 des **fresques**★ (restaurées) dans
un style qui rappelle Giotto, la *Légende de saint Benoît*.

La **crypte** comprend sept vaisseaux que séparent une multitude de fines colonnes,
d'un bel effet, couronnées de chapiteaux antiques. L'autel abrite les restes de saint
Minias.

La promenade se poursuit suivant de larges boucles jusqu'à la Porta Romana.
Toutefois, de cette longue avenue se détache à droite, à environ 2 km du Piazzale
Michelangiolo, une route étroite *(à sens unique)* permettant d'accéder en voiture
au **fort du Belvédère** *(la promenade s'achève alors sur le quai Lungarno Torrigiani.
Si l'on souhaite monter à pied au fort, c'est de ce quai qu'il faut partir)*. Cette
forteresse et l'élégante villa qui la domine furent construites à la fin du 16e s., sur
des plans de Buontalenti, pour les Médicis désireux d'assurer une défense à leurs
palais et de se ménager un lieu de repli en cas d'agitation. Le splendide **panorama**★★
que l'on découvre des glacis inspira de nombreux peintres. D'un côté on domine
la ville ; de l'autre, le regard embrasse un paysage d'une incomparable harmonie,
caractéristique de la célèbre campagne toscane : collines couronnées d'une tour,
d'une villa, d'un palais à merlons, immenses champs d'oliviers dont la subtile
teinte argentée semble estomper les reliefs que souligne çà et là la silhouette
sombre et nette des cyprès.

183

RUES ET DEMEURES D'AUTREFOIS

Le visiteur curieux de situer dans le temps tel détail d'architecture trouvera dans le panorama qui suit quelques principes élémentaires pouvant l'aider à apprécier non seulement les grands monuments connus mais également les nombreuses façades anonymes qui font l'harmonie de Florence.

Le 13e s. : un passé à oublier – À partir du 13e s., l'essor économique permit de remplacer de nombreuses constructions en bois par des édifices en maçonnerie, mais la **maison médiévale florentine** répondait toujours aux mêmes impératifs : réserver le rez-de-chaussée au local de travail (atelier, boutique...) et abriter toute une famille dans les étages, quitte à les multiplier si celle-ci s'agrandissait. Quant aux nobles, venus en ville dès le 11e s. depuis leur domaine terrien, ils avaient pris l'habitude de construire des **tours**, conçues initialement sur le modèle des donjons de leurs châteaux forts. Réunis en « sociétés des tours », les nobles, et certains bourgeois enrichis, se regroupaient ainsi par affinité ou par intérêt entre familles amies ou associées dans un même quartier, et se prêtaient main-forte en cas d'attaque ou de litige avec un clan familial adverse. Leurs tours pouvant atteindre jusqu'à 70 m de hauteur communiquaient entre elles au moyen de galeries extérieures de bois. Les vicissitudes politiques du 13e s. entraînèrent d'importantes destructions parmi ces tours : d'abord celles des Guelfes à partir de 1260, puis celles de leurs adversaires, les Gibelins, après le retour victorieux des premiers en 1266 (Florence en comptait, dit-on, 150). Fort peu de tours subsistent aujourd'hui (hormis leur base parfois réutilisée pour y greffer une nouvelle construction) d'autant que leur hauteur fut peu à peu réglementée. Dès le siècle suivant le prestige conduisit les nobles à abandonner les tours au profit des palais.

Le 14e s. ou la fin du Moyen Âge – Le **palais traditionnel du 14e s.**, encore couronné de merlons, est formé de quatre corps de bâtiments enserrant une cour (le « cortile ») où un escalier extérieur dessert les étages. En façade ces derniers sont séparés eux par une corniche étroite, courant pour des raisons esthétiques non pas au niveau des planchers mais à hauteur d'appui des fenêtres afin de donner à celles-ci une assise visuelle. Toutefois la régularité et la symétrie des façades n'est pas systématiquement recherchée *(voir le palazzo Vecchio et le palazzo Davanzati)*. L'appareillage de pierre, laissé apparent, donne à ces demeures une allure de forteresse.
Certaines conservent, comme aux siècles précédents, une partie haute en encorbellement sur la rue, soutenue par une succession d'arcs en plein cintre.
Le rez-de-chaussée ou simplement un angle du palais est souvent réservé à l'activité commerciale de la famille et s'ajoure à cet effet d'une **loggia**. Celle-ci, généralement murée au cours du siècle suivant, pouvait également se trouver à proximité du palais sans être incluse dans ses murs.

Le 15e s. ou l'orgueil de l'harmonie – Grâce à leur récent enrichissement et la plus grande quiétude des temps, les grandes familles du 15e s. se font construire de nouvelles demeures à la mesure de leur réputation mais dont le faste ne se voulait pas trop ostentatoire en façade. Ces **palais** comprennent généralement trois niveaux toujours séparés par des corniches étroites : le rez-de-chaussée est percé de petites fenêtres carrées et d'un ou plusieurs grands portails, tandis que les deux étages s'ajourent de majestueuses fenêtres en plein cintre, dans lesquelles s'inscrivent des meneaux ou des colonnettes divisant l'ouverture. Comme au siècle précédent, les fenêtres s'appuient sur des corniches intermédiaires. Le vocabulaire antique apparaît avec l'introduction d'une superposition de pilastres (comme au palais Rucellai) ou une corniche terminale très imposante (palais Médicis et Strozzi). Certaines constructions conservent le traditionnel bossage prononcé, dit « rustique », sur l'ensemble de la façade (palais Strozzi et Pitti), ou limité au rez-de-chaussée pour s'alléger à mesure que l'on gravit les étages (palais Médicis et Gondi). Comme aux siècles précédents, les ouvertures sont soigneusement soulignées par des lits de pierre rayonnants.
De même qu'à l'extérieur les façades répondent à des règles de symétrie et d'équilibre de proportions, la cour intérieure gagne en harmonie : l'escalier est installé dans un des corps du bâtiment pour que les quatre côtés du *cortile* s'ornent de colonnades régulières à la manière des cloîtres. Dernière nouveauté : le palais s'agrémente parfois d'un jardin.

Une évolution limitée – Au 16e s., sous l'influence de la Renaissance romaine, les fenêtres des palais deviennent rectangulaires et sont surmontées de frontons arrondis ou triangulaires (palais Larderel, via Tornabuoni), les bossages laissent place à des murs lisses (au moins pour les étages supérieurs) et les parties pleines du mur s'agrémentent de niches (palais Bartolini-Salimbeni, piazza Santa Trinita), de colonnes engagées ou de pilastres (palais Uguccioni, piazza della Signoria).
Aux siècles suivants, Florence perdit de son importance, ce qui lui permit d'échapper, au moins en plein centre, à des campagnes de construction, préservant ainsi son patrimoine ancien.

Le palais florentin

Palais Davanzati (14e s.).

Palais Médicis (1444-1459).

Palais Rucellai (1446-1451).

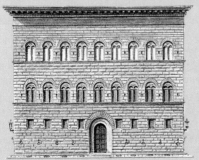

Palais Strozzi (1489-1504).

Palais Bartolini-Salimbeni
(1517-1520).

Sans s'attarder sur les très nombreuses façades ayant un intérêt certain, les quelques rues qui suivent offrent des exemples variés de demeures florentines représentatives.

Piazza della Signoria : palazzo Vecchio★★★, fin 13e s. *(description p. 131).*

Piazza Santa Trinita : palazzo Bartolini-Salimbeni (1517-1520) de Baccio d'Agnolo ; à l'angle avec la via delle Terme, il présente de belles fenêtres à meneaux.

Via Tornabuoni :– no 2, **palazzo Spini-Ferroni**★ crénelé, du 13e s. (fait angle avec le quai).
– no 3, **palazzo Tornabuoni-Beacci**, beau palais du 14e s. (presque sur la piazza Santa Trinita).
– no 7, **palazzo Strozzi**★★, 15e s. *(décrit p. 187).* Passer piazza Strozzi pour voir le **palazzo dello Strozzino** (no 7), qui semble la réplique en plus petit (d'où son nom) du prestigieux palais voisin, bien qu'il lui soit antérieur ; il fut en effet commencé en 1458 par Michelozzo, et le 1er étage de Giuliano da Maiano date du début des années 1460.
– no 19 (bleu), **palazzo Larderel**, construit par Dosio en 1580 : fenêtres à frontons.

Piazza degli Antinori (extrémité Nord de la via Tornabuoni) : no 3, **palazzo Antinori** (1461-1466) attribué à Giuliano da Sangallo. Persistance des formes du 14e s. en plein 15e s.

Via della Vigna Nuova : no 16, **palazzo Rucellai**★★, 15e s. *(décrit ci-contre).*

Borgo Santi Apostoli :– no 10, maisons des Acciaiuoli (15e s.).
– no 8, **palazzo Acciaiuoli**★ (antérieurement **Buondelmonti**) du 14e s., avec à côté une tour du 13e s.
– no 17-19, **palazzo Usimbardi** (16e s.).
– no 9, **palazzo Buondelmonti** (14e-15e s., restauré).

Via delle Terme : anciennes maisons-tours.
Donnant sur cette rue, la **via del Fiordaliso** (qui rejoint le Borgo SS. Apostoli) présente d'intéressantes maisons à étages en encorbellement.

Via Porta Rossa :– palazzo Torrigiani (Hôtel Porta Rossa), rare exemple de palais ayant conservé ses étages supérieurs en encorbellement (14e s.).
– palazzo Davanzati★, 14e s. Il abrite le Museo della casa fiorentina antica *(décrit ci-contre).*

Piazza Davanzati : belle maison-tour « décapitée ».

Piazza di Parte Guelfa : palazzo di Parte Guelfa, 14e s. *(voir description ci-après au Mercato Nuovo).*

Piazza dei Giudici : palazzo Castellani, 14e s. Il abrite le Museo di Storia della Scienza *(voir p. 197).*

Via dei Gondi : palazzo Gondi★ (1490), œuvre importante de Giuliano da Sangallo (fait angle avec Piazza S. Firenze).

Via della Condotta : anciennes maisons-tours.

Via del Proconsolo : – palazzo del Bargello★, 2e moitié du 13e s. *(voir description p. 158).*
– no 10 (au coin du Borgo degli Albizzi) **palazzo Pazzi**★ (fin 15e s.), à fenêtres géminées.

Via del Corso : no 6, **palazzo Portinari**, actuel siège de la Banca Toscana : **cour intérieure**★ du 16e s. (réaménagée).

Via Cavour : palazzo Medici-Riccardi★★, 15e s. *(voir p. 165).*

Via dei Servi : no 15, Palazzo Niccolini★, construit vers 1550 sur un dessin de Baccio d'Agnolo.

Piazza dei Pitti : palazzo Pitti★★, partie centrale du 15e s. *(décrit p. 148).*

Via Maggio : no 26, palazzo di Bianca Cappello★ *(voir Poggio a Caiano)*, aménagé dans la 2e moitié du 16e s. par Buontalenti (les graffiti sur la façade sont de Poccetti).

Piazza Santo Spirito (angle Sud-Est) : palazzo Guadagni★ surmonté d'une splendide loggia (1503) et attribué à Baccio d'Agnolo ou à Simone del Pollaiolo, dit « il Cronaca ».

★ **Museo dell'antica casa fiorentina** ⊘ – Le **musée de la Demeure florentine** occupe les trois étages du **palais Davanzati**★, haute et étroite demeure élevée au 14e s. par un riche marchand de laine et qui fut acquise au 16e s. par l'historien et homme de lettres Bernardo Davanzati. C'est à cette époque que fut ajoutée la typique loggia sous toit débordant qui couronne l'édifice.

Salle à manger du palais Davanzati

Restauré au début du siècle, il a été doté d'un magnifique mobilier (dans l'ensemble florentin ou toscan des 14e, 15e et 16e s.), de tapisseries, de peintures, de sculptures, de céramiques, d'objets usuels, d'étoffes provenant en grande partie du Bargello. Ainsi constitue-t-il, dans un cadre encore en partie médiéval, une suggestive évocation de ce qu'était une riche demeure florentine au temps de la Renaissance, avec sa cour étroite et noble bordée sur deux côtés de galeries voûtées, ses rudes montées d'escaliers barrées de portes, son puits desservant chaque étage, ses salles à décoration peinte simulant des tentures ou évoquant des scènes familières sur des fonds d'arcades et de vergers. Voir aussi dans deux pièces du 1er étage une collection de dentelles provenant principalement de l'Europe du Nord.

Les deux premiers étages comprennent chacun une salle à manger, une chambre à coucher, des lieux d'aisance et une grande salle (au 1er étage : salle d'honneur utilisée pour les réunions familiales à l'occasion des noces, des funérailles, etc. ; au 2e : salle réservée à la maîtresse de maison, où l'on peut voir un grand arbre généalogique de la famille Davanzati). Dans la cuisine, installée au 3e étage, les objets datent pour la plupart du 16e s., le mobilier du 17e s. ; on y voit, à gauche de la 1re fenêtre, une machine à décortiquer le grain, au fond de la salle un métier qui servait à tisser les langes des nouveau-nés, et, dans l'angle face à l'entrée, un balai datant du 17e s. et provenant du couvent de St-Marc.

★★ **Palazzo Rucellai** – *18, via della Vigna Nuova.* Il fut bâti entre 1446 et 1451 par Bernardo Rossellino, d'après un dessin de Leon Battista Alberti, pour Giovanni Rucellai, membre d'une grande famille florentine. Apparentés aux Strozzi et aux Médicis, les Rucellai doivent leur nom et leur fortune à l'importation depuis l'Orient d'un lichen, la rocelle (*oricella*), dont on extrait une teinture rouge ; leur emblème est une voile gonflée par le vent, que l'on trouve représentée sur la frise du premier étage (ainsi que sur la loggia, en face, et à S. Maria Novella).
Ce palais offre le premier exemple depuis l'Antiquité de **façade** structurée par la superposition de trois ordres. Un rythme rigoureux est donné verticalement par l'alignement des pilastres et horizontalement par les corniches coiffant chaque niveau. À l'intérieur de ce carroyage, les ouvertures se dessinent sur un fond de bossage à faible relief tout différent des bossages rustiques du rez-de-chaussée du palais Médicis que le palais Strozzi reprendra plus tard sur toute sa façade.
En face se dresse la **loggia** qui accompagnait la demeure de chaque grande famille ; elle est également attribuée à Leon Battista Alberti. Ses baies quoique comblées conservent leur élégance.

★★ **Palazzo Strozzi** – Dernier construit des grands palais privés de la Renaissance, il reste l'une des plus belles réalisations de l'architecture civile de cette époque. Le riche marchand Filippo Strozzi en commanda la construction à Benedetto da Maiano. Lorsque le commanditaire posa symboliquement la première pierre de sa demeure, le 6 août 1489, le palais de ses rivaux Médicis – dont le palais Strozzi est fortement inspiré – était achevé depuis près de trente ans.

L'édifice était à peine hors de terre lorsque Filippo Strozzi, une année avant de mourir, confia en 1490 à un autre Florentin, Giuliano da Sangallo, l'exécution d'une maquette de son futur palais. Mais c'est un troisième architecte, Simone di Pollaiolo dit « le Cronaca », qui assura finalement la direction des travaux.

On doit à ce dernier la magnifique corniche de pierre qui couronne l'édifice et qui, en raison de son importante avancée et de son poids considérable, représente sur le plan de la technique une véritable prouesse. Une partie seulement de celle-ci fut réalisée, le long des côtés donnant sur la piazza degli Strozzi et sur la rue du même nom.

Le palais fut achevé en 1504 et appartint jusqu'en 1937 aux descendants des Strozzi. Après avoir fait l'objet de gigantesques travaux de remise en état, il est aujourd'hui le siège de divers instituts culturels.

À la différence du palais Médicis, les caractéristiques bossages qui vont s'atténuant vers le haut couvrent entièrement les murs, percés dans les étages de sobres fenêtres géminées à fronton curviligne.

La noble et élégante **cour** (entrée : piazza degli Strozzi), entourée d'un haut portique et sur laquelle donne dans la tradition florentine, une loggia ouverte à l'étage supérieur, est l'œuvre du Cronaca.

★ **Mercato Nuovo** – C'est Cosme Ier qui au 16e s. fit construire, dans un quartier occupé depuis le Moyen Âge par le centre des affaires, la **loggia du Marché Neuf**, aux élégantes arcades Renaissance. Son nom l'oppose à l'ancien marché d'époque médiévale, qui se trouvait à proximité mais fut détruit à la fin du 19e s. lors de l'aménagement de la piazza della Repubblica. La loggia accueille aujourd'hui un marché aux souvenirs, aux broderies, aux dentelles, aux articles en cuir, en pierres dures, en bois dorés et peints, spécialités de l'artisanat florentin. Au bord de l'édifice, sur le côté orienté vers l'Arno, on peut voir la Fontaine du Porcellino (« porcelet ») ainsi nommée par les Florentins en raison de son sanglier en bronze exécuté au début du 17e s. par Pietro Tacca, sur le modèle de la sculpture antique en marbre exposée aux Offices, dans la rotonde précédant la sortie (voir p. 144). Le fond de sa vasque est jonché des pièces de monnaie que les touristes ont coutume d'y jeter en faisant le vœu de revenir à Florence.

Dos au Porcellino on aperçoit, faisant angle en face à droite, le **Palazzo di Parte Guelfa** (palais des capitaines du parti guelfe) : sa façade, donnant sur la piazza di Parte Guelfa, ornée d'un pittoresque escalier extérieur couvert d'un toit, date du 14e s. tandis que l'agrandissement du palais, à l'arrière, fut construit au 15e s. sur un dessin de Brunelleschi.

ÉDIFICES RELIGIEUX

★ **Santissima Annunziata** (l'Annonciation) – C'est le nom de l'une des plus jolies places de Florence et de l'une des églises les plus aimées des Florentins.

★ **La place** – Très harmonieuse, elle est bordée sur trois de ses côtés par des arcades Renaissance : au fond (lorsqu'on vient du dôme), le haut porche de l'église, à droite, le célèbre et aérien portique de l'hôpital des Innocents, à gauche, celui de la confrérie des Serviteurs de Marie, construit sur le modèle du précédent au début du 16e s. par Antonio da Sangallo l'Ancien et Baccio d'Agnolo. Une statue équestre en bronze de Ferdinand Ier de Médicis, dernière œuvre de Jean Bologne, se dresse au milieu de la place, également ornée de deux ravissantes fontaines baroques exécutées en 1629 par Piero Tacca ; ce dernier travailla aussi à l'achèvement de la statue équestre que son maître, surpris par la mort en 1608, n'avait pu terminer.

L'église – Elle fut élevée en 1250 pour les servites de Marie – ordre institué au 13e s. par saint Philippe Benizzi (voir Circuit du Monte Senario en fin de chapitre) –, et reconstruite au 15e s. dans le style de la Renaissance par Michelozzo.

Un atrium, entouré d'un portique et couvert par une verrière, la précède ; il fut construit entre 1447 et 1452, et sa décoration réalisée à partir de 1460 de façon discontinue pendant une cinquantaine d'années. Les **fresques**★, très endommagées par le temps, ont été restaurées. À droite à partir de l'entrée se déroule (à l'envers) un cycle sur la Vierge : l'Assomption par Rosso Fiorentino et la Visitation par Pontormo ; au mur suivant : le Mariage de la Vierge par Franciabigio (le visage de la Vierge aurait été détruit par l'artiste lui-même), puis, aussitôt après une petite Vierge à l'Enfant en marbre sculptée par Michelozzo, et la Naissance de la Vierge, belle scène empreinte de noblesse et traitée dans un cadre intimiste par Andrea del Sarto ; de part et d'autre de la porte d'accès à l'église, du même auteur, l'Arrivée des Rois mages, et une Nativité d'Alessio Baldovinetti sur un fond de paysage ample et naïf. Les deux derniers murs de l'atrium sont consacrés à la vie de saint Philippe Benizzi, cycle en grande partie dû à Andrea del Sarto.

L'intérieur de l'église, davantage dans l'esprit d'une église romaine que florentine, a été fastueusement rénové au 17e s. dans le goût baroque (de cette époque date le somptueux plafond à caissons). On remarque à gauche en entrant la chapelle de marbre en forme de petit temple (« tempietto ») élevée d'après un dessin de Michelozzo pour abriter l'image miraculeuse de la *Vierge de l'Annonciation* qui, son auteur s'étant endormi en la peignant, aurait été achevée par un ange.

Sur le mur de droite à l'entrée du chœur s'élève le monument funéraire de Monseigneur Angelo Marzi Medici (1546) : avec cette œuvre, Francesco da Sangallo fut le premier en Italie à faire renaître le modèle du tombeau étrusque, où le défunt, étendu sur son sarcophage, se maintient redressé en appui sur un coude.

Le chœur, en forme de rotonde autour de laquelle rayonnent neuf chapelles, est surmonté d'une coupole de proportions impressionnantes par rapport à celles de l'édifice (*pour y accéder, suivre à partir du transept gauche les indications "Sagrestia" puis "Confessioni"*). La chapelle axiale qui fut transformée par Jean Bologne pour accueillir son propre tombeau renferme un crucifix de bronze dû à cet artiste. La chapelle suivante à gauche abrite une grande *Résurrection* peinte vers 1550 par Bronzino.

Dans le bas-côté gauche, il faut encore noter dans les deux dernières chapelles deux fresques détachées d'Andrea del Castagno représentant, l'une la *Trinité* – œuvre saisissante par son dur réalisme –, l'autre *Saint Julien et le Sauveur*.

On pénètre dans le **cloître des Morts**, Renaissance, par le transept gauche ou par un portail s'ouvrant dans la façade de l'église, à gauche, sous le porche. La porte située à l'extrémité de la galerie face à la rue est surmontée d'une fresque célèbre d'Andrea del Sarto *(sous verre)* : la *Vierge au sac*★ (1525), ou plus exactement *Repos pendant la fuite en Égypte*, qui prit ce nom anecdotique en raison du magnifique sac sur lequel s'appuie saint Joseph. Un peu plus loin, dans la galerie suivante, donne la chapelle de la confrérie de Saint-Luc (association fondée au 14e s. par les artistes florentins) dans laquelle sont ensevelis notamment Benvenuto Cellini, le Pontormo, Franciabigio…

L'hôpital des Innocents, de Brunelleschi

R. Mazin/TOP

★ **Ospedale degli Innocenti** – L'**hôpital des Innocents** fut édifié au début du 15e s. pour accueillir l'hospice des Enfants trouvés, l'une des institutions les plus populaires de la ville. C'est Brunelleschi qui en dessina les plans. Légèrement surélevés par rapport à la place, les bâtiments sont précédés d'un élégant **portique**★★ formé de neuf arcs en plein cintre portés par de très fines colonnes. Première expression des nouvelles théories élaborées par le génial architecte, cette œuvre ouvrit l'ère des grandes réalisations architecturales de la Renaissance italienne. En 1463, Andrea Della Robbia orna les arcs d'une frise de touchants **médaillons**★★ d'enfants en maillot, d'une exquise fraîcheur. Sous le portique, à l'extrémité gauche, une petite fenêtre aujourd'hui murée, entourée d'un grand encadrement de porte, rappelle la roue où pendant quatre siècles et jusqu'en 1875 on vint déposer dans l'anonymat les enfants abandonnés.

La claire et harmonieuse géométrie de la petite cour intérieure est également due à Brunelleschi. La porte s'ouvrant à l'extrémité de la galerie à gauche de l'entrée est surmontée d'une souple et gracieuse *Annonciation*★ d'Andrea Della Robbia.

Une **galerie d'art** ⊙, installée au 2e étage, présente essentiellement une collection de tableaux religieux du 14e au 17e s. Dans la grande salle, contre le mur à droite de l'entrée, un *Couronnement de la Vierge* par Neri di Bicci – belle composition aux tonalités chaudes (15e s.) – et une *Vierge à l'Enfant* de Filippo Lippi. Dans la petite salle contiguë, sur le mur du fond, grande *Adoration des Mages* (1488) de Ghirlandaio : l'arrière-plan fourmille de détails dont de très beaux paysages et un massacre des Innocents que deux petites victimes en prière devant la Vierge rappellent au premier plan ; sur le mur de droite, *Vierge avec des saints* aux couleurs très vives par Piero di Cosimo et, à côté, *Vierge à l'Enfant* de Luca Della Robbia.

★ **Orsanmichele** – Cette église à la singulière silhouette occupe une halle destinée à l'origine à servir d'entrepôt à blé. En partie détruite par un incendie en 1304, elle fut reconstruite en 1337 dans un style de transition gothique-Renaissance, délicat et fleuri. À la fin du 14e s., les arcades furent murées on suréleva l'édifice afin d'en faire un oratoire. On continua toutefois, jusqu'au 16e s., à entasser dans les étages des denrées susceptibles d'affronter une éventuelle disette... En 1569, Cosme Ier installa au premier étage le Bureau des Contrats, chargeant l'architecte Buontalenti d'établir sur l'arrière, entre l'édifice et le palais de la corporation des Lainiers, une arche au-dessus de la rue permettant de passer de l'un à l'autre sans traverser l'oratoire.

Le nom de « Orsanmichele » provient d'une église primitive dédiée à saint Michel et dépendant des bénédictins de Nonantola, qui au 8e s. s'élevait là à proximité de jardins potagers *(orti)* et fut détruite vers 1240.

À l'**extérieur**, placées dans des niches autour de l'édifice, les statues des patrons des différentes corporations, ou *Arti (voir p. 108),* constituent un véritable musée de la sculpture florentine du 14e au 16e s. Côté via de' Calzaiuoli : de gauche à droite, *Saint Jean Baptiste,* en bronze, coulé en 1416 par Lorenzo Ghiberti pour la corporation des drapiers ; un groupe en bronze commandé à Verrocchio en 1484 par le tribunal des marchands, représentant l'*Incrédulité de saint Thomas (manquant)* ; *Saint Luc,* bronze exécuté en 1562 par Jean Bologne pour la corporation des juges et des notaires. Côté via Orsanmichele : *Saint Pierre (manquant),* sculpté dans le marbre en 1413 par Donatello pour la corporation des bouchers ; *Saint Philippe* (1410, *manquant*), destiné aux cordonniers, puis un groupe de quatre saints (1408), réalisé pour les maîtres de la pierre et du bois par Nanni di Banco ; enfin, une copie du célèbre saint Georges de Donatello (l'original est au Bargello) créé en 1416 pour les marchands de cuirasses et fourbisseurs. Côté via dell'Arte della Lana : *Saint Matthieu* puis *Saint Étienne,* bronzes exécutés par Ghiberti respectivement en 1422 pour les changeurs et en 1426 pour les lainiers ; *Saint Éloi* (1415, *manquant*) destiné, par Nanni di Banco, aux forgerons. Côté via dei Lamberti : *Saint Marc* de Donatello (1411-1413), *Saint Jacques (manquant),* en marbre, sculpté pour les pelletiers et fourreurs ; une Vierge à l'Enfant, dite *Vierge à la Rose* (1399), destinée aux médecins et apothicaires ; enfin, *Saint Jean l'Évangéliste,* bronze coulé en 1515 pour les soyeux par Baccio da Montelupo.

L'**intérieur**, simple salle rectangulaire divisée en deux nefs de trois travées par des piliers carrés soutenant des arcs en plein cintre, abrite un splendide « **tabernacle** »★★ (sorte de ciborium) gothique, commencé en 1349 par **Andrea Orcagna**, architecte, peintre, sculpteur et orfèvre, qui fut l'une des figures dominantes de l'art du 14e s. toscan. L'édicule, orné de marbres polychromes, de mosaïques, de bronze et d'or, porte à sa base et sur tout le pourtour huit charmants bas-reliefs contant la vie de la Vierge *(éclairage à droite devant le tabernacle).* Remarquer au centre de chaque voûtain de la voûte les anneaux remontant à l'époque où l'édifice servait de loge à blé.

★ **S. Spirito** – Située au fond d'une place tranquille et ombragée, à l'écart des grands points d'attraction touristiques, cette église Renaissance a été conçue par Brunelleschi. Sa construction, entreprise en 1444, n'était que très peu avancée lorsque le maître mourut, deux ans plus tard. Les travaux se poursuivirent jusqu'en 1487, avec quelques variantes par rapport au plan original.

La modeste et claire façade crépie et le flanc droit avec son triple étagement de volumes, bien que non conformes aux projets de Brunelleschi, ne manquent pas d'harmonie.

L'intérieur, dont la solennité contraste avec la simplicité extérieure, rappelle à beaucoup d'égards San Lorenzo (même bichromie de la *pietra serena* et du crépi clair, même ampleur des arcs, même pureté des lignes, même ordonnancement géométrique de l'espace). Mais ici les arcades de la nef se prolongent sans solution de continuité autour du transept et du chevet plat, accentuant l'effet d'unité et créant de multiples perspectives. De magnifiques colonnes monolithes à chapiteaux corinthiens surmontées d'un haut entablement soutiennent les arcs. Trente-huit petites chapelles demi-circulaires dont le contour devait sans doute selon le projet de Brunelleschi être apparent à l'extérieur, festonnent l'édifice. Celles-ci s'ouvrent sur les bas-côtés par des arcades de hauteur égale à celles de la nef, détail contribuant à donner l'impression d'une église très spacieuse.

Santo Spirito abrite de nombreuses **œuvres d'art**★ : une naïve *Vierge du Bon Secours* faisant obstacle à un diable rougeoyant et fourchu, par un peintre florentin inconnu du 15e s. *(3e chapelle du transept droit)* ; un ravissant tableau de Filippino

Lippi représentant, sur un très joli fond de paysage, la *Vierge avec l'Enfant* et le petit saint Jean entre sainte Catherine d'Alexandrie et saint Martin présentant le donateur et son épouse *(5e chapelle du transept droit)* ; une *Vierge entourée de saints* de Lorenzo di Credi *(1re chapelle de l'abside)*, un polyptyque de Maso di Banco – peintre florentin de la première moitié du 14e s., élève de Giotto – figurant la Vierge à l'Enfant entre quatre saints *(2e chapelle de l'abside)* ; une élégante toile d'Alessandro Allori évoquant l'épisode de *la Femme adultère (5e chapelle de l'abside)* ; une délicate *Annonciation* par un florentin anonyme du 15e s. *(avant-dernière chapelle de l'abside)* ; la **chapelle Corbinelli** *(au fond du transept gauche)*, avec un somptueux dos d'autel en marbre sculpté, au début du 16e s., par Andrea Sansovino.

Du bas-côté gauche *(porte après la 2e chapelle en revenant)*, on accède à la très noble **sacristie**★, construction monumentale dessinée, dans l'esprit des créations de Brunelleschi, en 1489, par Giuliano da Sangallo. Elle est précédée d'un imposant vestibule à colonnes surmonté d'une voûte profonde en berceau à caissons sculptés, réalisé en 1495 par l'architecte du palais Strozzi, le Cronaca.

Fondazione Romano nel Cenacolo di S. Spirito ⊘ – *À gauche de l'église (n° 29)*. La belle salle gothique à charpente apparente, **réfectoire** de l'ancien couvent d'augustins attenant à l'église, a l'un de ses murs couvert d'une grande *Crucifixion* : cette fresque, exécutée vers 1360, est attribuée à Andrea Orcagna et Nardo di Cione, de même que les vestiges de la *Dernière Cène* située au-dessous. Des sculptures allant de l'époque préromane à l'âge baroque y sont exposées. Parmi celles-ci : deux lions marins du 13e s. *(sous la grande fresque)*, une *Vierge à l'Enfant*, relief polychrome d'un élève de Jacopo della Quercia *(face à l'entrée)*, une margelle de puits du 15e s. *(au centre de la salle)*, une vasque de marbre soutenue par une tortue d'Ammannati (16e s. – *contre le mur, à la même hauteur)*, derrière laquelle se trouvent un *Ange en adoration*, haut-relief de Tino di Camaino (vers 1320), et une vasque quadrangulaire avec une croix (6e s.) ; sur le mur du fond, bas-relief de *Saint Maxime* par Donatello.

Devant Santo Spirito, un des cafés situés sur la gauche de la place expose en permanence de nombreuses photos ayant pour thème l'ornementation de la façade de l'église : projets des plus originaux aux plus colorés ou plus facétieux...

S. Trinita – Datant de la 2e moitié du 14e s., l'**église de la Trinité** a reçu à la fin du 16e s. sa façade baroque, œuvre de Buontalenti. L'intérieur, très sobre et élancé, est un bel exemple des débuts du gothique à Florence. On peut voir, incorporée à la façade actuelle et révélée par des travaux de restauration effectués à la fin du siècle dernier, celle de l'église romane qui au 11e s. avait été élevée.

Les chapelles renferment d'intéressantes œuvres d'art : sur le bas côté droit, la 3e, une *Vierge en Majesté avec des saints*, retable peint au 15e s. par Neri di Bicci ; la 4e, ou **chapelle de l'Annonciation**★, clôturée par une belle grille du 15e s. et ornée de fresques contant la vie de la Vierge par Lorenzo Monaco, un très beau retable gothique du même auteur, figurant l'Annonciation (à la prédelle, la Visitation, la Nativité, l'Adoration des Mages, la Fuite en Égypte) ; la 5e, un autel en marbre, pris dans un très bel encadrement sculpté en forme de *tempietto*, du début du 16e s.

Domenico Ghirlandaio (1449-1494)

Auteur de nombreuses fresques, dont les cycles de Ste-Marie-la-Neuve et de la Trinité, les Cènes des réfectoires de St-Marc et de Tous-les-Saints, ce peintre fut à la tête d'un très important atelier où Michel-Ange fut son élève. Son style se caractérise par son sens de la décoration, son goût du détail, de la ligne et des couleurs. Son œuvre dépeint à merveille les atours de la grande société bourgeoise du 15e s. qui fut son principal client : portraits, costumes, coiffures, architectures et mobilier sont autant de témoignages de la Florence de l'époque.

Mais l'œuvre majeure de l'église est la décoration de la **chapelle Sassetti**★★ *(2e chapelle droite dans le transept droit)*, qui fut réalisée en 1483 par Domenico Ghirlandaio. Pour relater les épisodes de la vie de saint François d'Assise, l'artiste a, comme il le fera un peu plus tard dans le chœur de S. Maria Novella, brossé une brillante galerie de portraits de ses contemporains. Au mur gauche, en haut, le *Renoncement aux biens de ce monde*, en bas, *Saint François recevant les stigmates* (sur le rocher est représenté le couvent de la Verna). Sur le mur du fond : en haut, *l'Approbation de la règle franciscaine* (on reconnaît au fond le Palazzo Vecchio et la loggia della Signoria, dans le groupe debout à droite Laurent le Magnifique avec à sa gauche le donateur et son fils, surgissant de l'escalier au tout premier plan Politien avec les trois fils de Laurent) ; en bas, le *Saint ressuscitant* *un enfant* (la scène se déroule devant l'église Santa Trinita, dans sa facture encore romane). Au mur de droite : en haut, *Épreuve du feu devant le sultan ;* en bas, la *Mort de saint François.* À la voûte, quatre femmes splendides figurent les sibylles. Les donateurs Francesco Sassetti et son épouse sont représentés, agenouillés, et reposent tous deux dans les magnifiques tombeaux à sarcophages de basalte probablement exécutés par Giuliano da Sangallo et disposés de part et d'autre de l'autel. Ce dernier est surmonté d'une *Adoration des bergers,* autre œuvre célèbre de Domenico Ghirlandaio (1485), dans laquelle on a vu l'influence du triptyque Portinari de Van der Goes *(conservé aux Offices).*

La chapelle qui, de l'autre côté du maître-autel, fait pendant à la chapelle Sassetti renferme le monument funéraire en marbre de l'évêque Federighi serti d'une fraîche guirlande de feuillages en terre cuite vernissée polychrome, œuvre de Luca Della Robbia.

On remarque encore, en parcourant le bas-côté gauche, du transept vers la sortie : dans la 1ʳᵉ chapelle rencontrée, une *Marie-Madeleine* en bois commencée par Desiderio da Settignano et achevée par Benedetto da Maiano ; dans la 2ᵉ, *Saint Jean Gualbert* (fondateur du couvent de Vallombreuse, *voir Vallombrosa)* entouré de saints et de moines, par Neri di Bicci, également auteur de l'*Annonciation* placée à côté ; dans la 3ᵉ, *Le Couronnement de la Vierge,* par Bicci di Lorenzo (1430) ; dans la 4ᵉ, peints en 1503 par Ridolfo del Ghirlandaio, un *Saint Jérôme en pénitence* et une *Annonciation.*

La crypte faisait partie de l'église romane primitive.

La Badia - *Face au palais du Bargello, entrée via del Proconsolo ou via Dante.* C'est l'église d'une très ancienne et très importante abbaye *(badia)* bénédictine, fondée peu avant l'an 1000 par la comtesse Willa, marquise de Toscane, et qui fut durant tout le Moyen Âge le centre d'une intense activité spirituelle et intellectuelle.

L'édifice avait été profondément remanié à la fin du 13ᵉ s., à ce que l'on suppose, par Arnolfo di Cambio. Entre 1310 et 1330, fut reconstruit le **campanile★** hexagonal, l'un des plus jolis clochers de Florence, élégant et élancé, roman dans les niveaux inférieurs, gothique dans sa partie supérieure surmontée d'une flèche, et que l'on ne peut admirer qu'avec un certain recul.

En 1627, l'église fit l'objet de nouveaux remaniements. De cette époque date l'intérieur tel qu'on peut le voir aujourd'hui, en forme de croix grecque, d'un style baroque sobre, et couvert d'un très beau **plafond★★** en bois sculpté à caissons.

L'église renferme plusieurs œuvres Renaissance intéressantes : à gauche en entrant, un tableau représentant l'**Apparition de la Vierge à saint Bernard★**, de Filippo Lippi (pour peindre la Vierge et les anges, l'artiste aurait pris pour modèles sa compagne et ses enfants) ; en face, un exquis **relief★★** en marbre sculpté par Mino da Fiesole, dont les personnages – la Vierge avec l'Enfant, saint Léonard et saint Laurent – émeuvent par leur beauté et leur extrême jeunesse. L'église possède aussi de harmonieux **tombeaux★** sculptés par Mino da Fiesole, dans le style de l'architecture funéraire de la Renaissance inauguré pour Leonardo Bruni à Santa Croce par Bernardo Rossellino : celui de Bernardo Giugni (transept droit) – personnage éminent de la République florentine –, et celui du comte Ugo (transept gauche), marquis de Toscane et fils de la fondatrice de la Badia, qu'il combla également de bienfaits.

Cenacolo di S. Apollonia ⊙ - L'ancien **réfectoire** des religieuses camaldules établies dans ce couvent est précédé d'une petite pièce abritant quelques peintures florentines du 15ᵉ s. parmi lesquelles une *Vierge à l'Enfant entourée de saints* par Neri di Bicci dont l'Enfant met curieusement la main dans le corsage de sa mère. La grande *Cène★,* œuvre maîtresse d'Andrea del Castagno, couvre l'un des murs du réfectoire. L'artiste l'exécuta vers la fin de sa très courte vie, aux alentours de

La Cène d'Andrea del Castagno (réfectoire de Ste-Apollonie)...

1450, ainsi que d'autres fresques. Elle dégage une grande force dramatique par son extrême rigueur, l'importance du décor minéral, le relief donné aux personnages et aussi un certain réalisme. Au-dessus, sur un même paysage, est représentée la Passion : au centre, la Crucifixion, à droite la Mise au tombeau et à gauche la Résurrection.

Ognissanti ⊙ – L'**église de Tous-les-Saints** élevée au 13ᵉ s. a été entièrement refaite au 17ᵉ s., à l'exception de son campanile (13ᵉ-14ᵉ s.) qui se dresse sur le flanc droit. La façade baroque, œuvre de Matteo Nigetti, s'orne d'une terre cuite vernissée représentant le Couronnement de la Vierge exécuté dans l'atelier des Della Robbia (lunette au-dessus du portail) et de l'écusson de Florence caractérisé par son lys (au centre du fronton).

À l'intérieur, on remarque, au 2ᵉ autel à droite, deux fresques de Ghirlandaio : une *Descente de Croix* et une *Vierge de Miséricorde* protégeant les membres de la famille du navigateur florentin **Amerigo Vespucci**, dont on peut voir la dalle funéraire au pied de l'autel à gauche. Entre les 3ᵉ et 4ᵉ autels, la fresque de *Saint Augustin* par Botticelli est intéressante à comparer avec celle en vis-à-vis sur le mur gauche de la nef représentant un autre père et docteur de l'Église, *Saint Jérôme* par Ghirlandaio ; toutes deux datent de 1480. Dans le transept droit (chapelle en retour à droite) repose Botticelli, sous une dalle circulaire en marbre portant le nom de Filipepi. Dans la 2ᵉ chapelle du transept gauche est conservé depuis 1503 le vêtement porté par saint François d'Assise lorsqu'il reçut les stigmates en septembre 1224.

La Cène de Domenico Ghirlandaio (réfectoire de l'église de Tous-les-Saints)...

Cenacolo – *Ouvre sur le cloître à gauche de l'église : accès par le transept ou par le nᵒ 42 du Borgo Ognissanti.* Ce **réfectoire** a été décoré en 1480 par Domenico Ghirlandaio d'une immense fresque représentant la **Cène**★, postérieure à celle du couvent de Saint-Marc, également du même peintre *(voir p. 168).* Ces deux œuvres présentent de nombreuses similitudes : une même ordonnance générale et un même décor, Judas isolé des Douze par une table à deux retours ornée d'une nappe brodée, une salle ouvrant sur un jardin luxuriant dont les arbres fruitiers se profilent sur un ciel traversé d'oiseaux, une fenêtre à droite ornée d'un paon... Par rapport à celle de San Marco, la Cène d'Ognissanti gagne en sérénité et en naturel grâce au décor un peu plus sobre et aux poses très variées des apôtres.

Cenacolo di Fuligno ⊙ – *Via Faenza, 42.* C'est le réfectoire de l'ancien couvent de tertiaires franciscaines de Foligno. La fresque de la **Cène**★, qu'il conserve, est attribuée au Pérugin et serait de peu postérieure à 1491, date de la mort de Neri di Bicci à qui les sœurs avaient commandé l'œuvre. La scène est campée au moment où Jésus va prendre la parole, ce qui permet au peintre de représenter une assemblée sereine, sans passion et d'une extrême douceur caractéristique de sa manière. Judas est isolé à l'avant de façon très classique serrant la bourse de sa trahison, seul Jésus et trois apôtres le regardent tandis que Jean dort encore (les noms de tous les apôtres figurent sur l'estrade à leurs pieds). Une certaine théâtralité est apportée par le très beau décor de portique en perspective où s'inscrit au centre la prière sur le mont des Oliviers baignée d'une douce lumière. Les autres fresques sont de Bicci di Lorenzo.

★ **Cenacolo di S. Salvi** ⊙ – *À l'Est de la ville. Accès : à partir de la piazza Beccaria, par la via Vincenzo Gioberti et, dans son prolongement de l'autre côté de la piazza L. B. Alberti, la via Aretina, puis la via San Salvi à gauche. Autobus : 3 (Ponte Vecchio), 6 (cathédrale) et 20 (San Marco), arrêt viale E. De Amicis après le grand pont franchissant les voies ferrées, prendre deux fois à droite après le pont : via Tito Speri, et via San Salvi à gauche. Entrée au nᵒ 16.*

... et celle d'Andrea del Sarto (réfectoire de St-Saulve)

Une longue galerie et deux salles, présentant des tableaux d'autel (école florentine du 16e s.) et des œuvres liées stylistiquement à Andrea del Sarto, précèdent le **réfectoire** de l'ancien monastère de **Saint-Saulve**. C'est là qu'Andrea del Sarto exécuta vers 1520 une splendide fresque représentant la *Cène*★★, inspirée de celle de Vinci à Milan. Dans ce chef-d'œuvre marqué d'une sereine noblesse mais profondément habité par l'événement dramatique s'exprime admirablement la sensibilité équilibrée de ce maître du classicisme florentin, ainsi que son goût pour l'harmonisation des coloris chauds hérité sans doute de Raphaël. L'espace clos, dénué de détails pouvant détourner l'attention, est simplement éclairé par une loggia ouverte sur le ciel, où deux personnes assistent évasivement à la scène.

La composition se concentre sur les apôtres et le Christ qui vient d'annoncer qu'un des douze le trahira provoquant toutes les réactions possibles, de la stupéfaction bondissante à l'incrédulité, de la peine à la colère rentrée, de la surprise pétrifiée à la réflexion. La scène gagne en dynamique comparativement aux œuvres

La Cène, thème favori des réfectoires conventuels

Il était d'usage de représenter la Dernière Cène, à l'origine du mot cénacle et important sujet de méditation pendant les repas des moines, dans les réfectoires des couvents, d'où leur nom italien de *cenacolo*. À Florence, nombre d'œuvres furent réalisées sur ce thème.

Les douze apôtres sont alignés le long d'une longue table couverte d'une nappe, avec Jésus au centre et Jean à ses côtés, penché vers lui ou appuyé contre sa poitrine. Judas, qui ne porte jamais d'auréole, est presque toujours représenté seul au premier plan face aux autres. C'est Léonard de Vinci au réfectoire de S. Maria delle Grazie à Milan (1495-1497) qui inaugura les représentations avec les treize convives du même côté. Il existe deux façons de présenter l'événement : soit immédiatement à l'annonce de la trahison « En vérité, je vous le dis, l'un de vous me trahira », soit – plus rarement – à l'instant d'après, quand Judas se désigne lui-même comme traître mettant la main au plat (selon saint Matthieu) ou en acceptant la bouchée que Jésus lui tend (selon saint Jean).

La Cène de Léonard de Vinci (réfectoire de S. Maria delle Grazie, Milan)...

antérieures du même sujet ; l'auteur a également rompu avec la tradition florentine en plaçant Judas à la droite de Jésus sans l'isoler face aux autres. Le réfectoire abrite aussi un *Noli me Tangere* du même artiste.

★ **Crucifixion du Pérugin** ⊙ – *Borgo Pinti, 58*. Le Pérugin réalisa cette fresque dans la salle du chapitre du **couvent bénédictin S. Maria Maddalena dei Pazzi** entre 1493 et 1496. *Accès par la sacristie de l'église (au fond à droite) et un passage souterrain*. Divisée comme un triptyque en trois tableaux inscrits dans les arcades de la salle, la composition met en présence de gauche à droite saint Bernard et la Vierge, Marie-Madeleine au pied de la croix, saint Jean et saint Benoît, mais trouve son unité grâce à l'admirable paysage ombrien d'une grande profondeur, baigné d'une lumière douce et matinale.

Chiostro dello Scalzo ⊙ – *69, via Cavour*. L'intimité de ce petit cloître abrite un cycle de fresques d'**Andrea del Sarto**, composé en grisaille dans un ton chaud d'ocre jaune : sur les douze scènes de la vie de saint Jean Baptiste, le saint patron des lieux, deux ont été complétées par Franciabigio. Andrea del Sarto, interrompu à de multiples reprises parmi lesquelles un voyage à la cour de François Ier, y travailla de 1512 à 1524. On retrouve dans ce cycle sa maîtrise du dessin et sa douceur d'expression.

Synagogue ⊙ – *Via Farini, 4*. Construite de 1874 à 1882 sur le modèle byzantin de Ste-Sophie de Constantinople, la synagogue de Florence présente un plan en croix grecque surmonté d'une coupole de bronze et, à l'intérieur, une riche décoration mauresque, composée de fresques et de mosaïques, ainsi qu'une chaire résultant du modèle architectural chrétien. Son mobilier provient en partie des deux synagogues de l'**ancien ghetto** qui se situait près de l'actuelle piazza della Repubblica ; les juifs de Florence y vécurent de 1571 (sur autorisation de Cosme Ier) à 1848, date de son ouverture ; il fut progressivement détruit à la fin du 19e s.

AUTRES MUSÉES

★★ **Museo Archeologico** ⊙ – *Entrée via della Colonna, 38*. Il rassemble de nombreux objets et œuvres d'art provenant de la plupart des centres et nécropoles étrusques, ainsi que d'importantes collections d'antiquités égyptiennes, grecques et romaines. Sur le palier du 1er étage, un grand tableau représente l'expédition franco-toscane d'Égypte avec, au centre, le groupe central, Jean-François Champollion assis et, debout à gauche, Ippolito Rosellini, le père de l'égyptologie italienne ; les collections égyptiennes (stèles aux nombreux bas-reliefs, vases, canopes, papyrus, sarcophages, momies...) proviennent principalement de Thèbes (18e et 19e dynasties) et de Saqqarah (26e à 30e dynasties).

Dans le cadre de la sculpture funéraire étrusque, les urnes cinéraires (dont l'usage est spécifique à l'Étrurie septentrionale autour de Volterra, Chiusi, Pérouse) conservaient les cendres des défunts représentés sur le couvercle debout ou assis (6e s.) puis couchés (à partir du 5e s.) dans la position du banqueteur, les hommes tenant à la main une coupe ou une corne et les femmes un miroir, un éventail ou une grenade. Parmi les sarcophages, celui « des Amazones » se remarque pour sa décoration peinte. Une très importante collection de bronzes rassemble de petits bronzes de dévotion, des vases, lampes, poids et mesures, des armes et quelques grandes sculptures de qualité. Datant de la première moitié du 4e s. avant J.-C., la **Chimère**★★ fut découverte en 1553 à Arezzo et serait l'œuvre d'un atelier étrusque de la région de Chiusi ou d'Arezzo. Ce monstre mythique, lion sur lequel se greffent les têtes d'une chèvre et d'un serpent, porte sur la patte avant droite une inscription votive. Sa blessure et son attitude défensive laissent penser qu'elle appartenait à un groupe comprenant également Bellérophon, le héros chevauchant Pégase qui la tua. Autre statue étrusque, l'« *Arringatore* » (orateur réclamant le silence) daterait probablement des années 100 à 80 avant J.-C. comme

La Chimère d'Arezzo

SCALA

le prouve son vêtement aristocratique d'inspiration romaine. La *Minerve*, retrouvée à Arezzo en 1541, serait quant à elle une copie romaine (1er s. avant J.-C.) d'une variante hellénistique d'un original de Praxitèle (340-330 avant J.-C.) connu par plus de vingt copies.

Enfin parmi l'importante collection de céramiques antiques (grecque, romaine et étrusque) le fleuron du musée est le célèbre **vase François★★**, du nom de l'archéologue florentin qui de 1844 à 1845 en retrouva les fragments éparpillés dans une tombe étrusque découverte près de Chiusi. Témoin de la pénétration auprès de la clientèle étrusque de la céramique attique dont il constitue une merveille (570 avant J.-C.), ce cratère est peint dans la technique dite « à figures noires » où les détails sont obtenus par incision ou rehaut de peinture claire. Il est orné de scènes de chasse, de fêtes, de luttes appartenant à la mythologie grecque, d'une remarquable finesse d'exécution.

★ **Casa Buonarroti** ⓥ – *Via Ghibellina, 70*. En mars 1508, **Michel-Ange** se rendit propriétaire d'un groupe de maisons occupant l'angle de la via Ghibellina et de la ruelle qui lui est perpendiculaire ; il habita sans doute l'une d'elles. Établi à Rome à partir de 1534, il céda l'ensemble à son neveu Leonardo, laissant à celui-ci des plans afin que les différentes habitations soient réunies en une seule demeure, celle que l'on visite aujourd'hui, mais dans laquelle le maître ne vécut jamais.

L'édifice, cédé à la ville de Florence en 1858 par le dernier descendant des Buonarroti, renferme de nombreux souvenirs de la famille et plus particulièrement les collections constituées par celui de ses membres qui fut le plus épris d'art et le plus voué au culte du maître, son petit-neveu, dénommé lui aussi Michelangelo. Celui-ci racheta de nombreux dessins de l'artiste et obtint de Cosme II de Médicis la restitution d'œuvres dont son père Leonardo avait fait don au grand-duc Cosme Ier.

Le **rez-de-chaussée** abrite les collections de sculptures antiques (romaines et étrusques) de la famille Buonarroti. Dans la première salle à droite du vestibule : portraits représentant Michel-Ange, parmi lesquels un bronze, fondu en deux parties : la tête serait due à Daniele da Volterra, le buste à Jean Bologne.

Au **1er étage**, sont exposées des œuvres du maître. La 1re des salles qui se trouvent à gauche de l'escalier est consacrée à des sculptures de petit format permettant de suivre l'évolution de l'art de Michel-Ange : le relief (inachevé) en marbre évoquant la *Bataille des Centaures* (avant 1492), inspiré des sarcophages antiques (*à droite de l'entrée*), et la fameuse *Vierge à l'escalier* (1490-1492), autre relief qu'il exécuta alors que – âgé d'une quinzaine d'années – il était l'hôte de Laurent le Magnifique, sont parmi ses toutes premières œuvres ; sa dernière manière est représentée par un petit crucifix en bois (*vitrine à gauche de l'entrée*) datant d'un peu plus d'un an avant sa mort. La salle suivante à gauche abrite le grand modèle (en argile, laine et bois) d'une statue de dieu fluvial qui devait orner l'un des deux tombeaux des Médicis à S. Lorenzo et la maquette en bois que l'artiste réalisa pour la façade de cette même église.

La salle située derrière le vestibule de l'escalier présente par roulement des dessins du maître. De là, on accède à droite à des salles où l'on peut admirer, dans la première, le crucifix en bois que Michel-Ange sculpta à l'âge de dix-sept ans pour l'église S. Spirito et, plus loin, deux *Noli me Tangere* de Battista Franco et du Bronzino, copies d'une œuvre de l'artiste. Le reste de l'étage est occupé par une série de salles magnifiquement aménagées par les soins de Michelangelo Buonarroti en hommage à son grand-oncle. La 1re d'entre elles porte sur ses murs, peints sur toiles, des épisodes remarquables de sa vie et, au plafond, son apothéose ; suivent la salle dite du Jour et de la Nuit (en raison de la scène qui orne son plafond), la chapelle, et la bibliothèque avec des peintures en trompe-l'œil dans lesquelles figure tout ce que la Florence du 17e s. comptait d'artistes, d'écrivains, de savants et d'humanistes célèbres.

★ **Opificio delle Pietre Dure** ⓥ – *Via degli Alfani, 78*. L'**atelier des pierres dures** perpétue une grande tradition de l'artisanat florentin. L'art de travailler les pierres dures, qui avait connu durant l'Antiquité une certaine fortune, fut au 15e s. remis à l'honneur par les Médicis. Le goût de Laurent le Magnifique pour les objets antiques en pierres semi-précieuses donna naissance à un artisanat de restauration et de reproduction que, avec une même passion, ses successeurs entretinrent en le diversifiant. Au 16e s., Cosme Ier puis son fils François Ier de Médicis attachèrent à la cour grand-ducale des artistes (sculpteurs de camées, graveurs sur cristal de roche, spécialistes de la taille des pierres, orfèvres comme Jacques Bilivert...) venus de toute l'Italie et d'autres pays d'Europe, auxquels se joignit l'architecte florentin Bernardo Buontalenti. De cette époque date l'apparition à Florence du « **Commesso** » (assemblage) de pierres dures, sorte de mosaïque qui a pour caractéristique de juxtaposer des éléments taillés avec une précision telle que les commissures demeurent invisibles ; en outre, cette technique utilise, pour créer les contrastes ou les fondus d'ombre et de lumière, les variations de teintes du matériau lui-même. Les pierres les plus couramment employées furent les granits, le porphyre, les quartz, l'onyx, le jaspe ; à celles-ci furent parfois adjointes des pierres plus tendres comme le marbre et l'albâtre.

SCALA

Détail de paysage toscan en pierre dure par Cigoli (1559-1613)

Au début du 17e s. les ateliers, installés aux Offices par François de Médicis puis érigés en institution officielle (dès 1588) par son frère Ferdinand Ier, travaillèrent à la décoration de la chapelle des Princes à S. Lorenzo, et innovèrent avec la fabrication de ces meubles splendides (*Stipi*, ou cabinets) en bois précieux ornés de pierres rares dont on peut voir plusieurs exemplaires au palais Pitti.

La manufacture de la cour, active durant trois siècles, commença à décliner en 1859, c'est-à-dire à la chute du grand-duché de Toscane. Elle est à l'origine du musée créé à la fin du 19e s. où un ancien atelier a été aménagé à l'étage.

Visite – Elle débute par des panneaux destinés aux *stipi*, des mosaïques et des reliefs réalisés en pierres dures et tendres au cours du 17e s. Fruits, fleurs et oiseaux constituent les principaux motifs décoratifs, ce qui s'explique par le naturalisme que cultivaient les Médicis. Ceux-ci imposèrent donc des sujets particulièrement adaptés à cette technique, mettant magnifiquement en valeur les couleurs vives des pierres par le fond noir du meuble. Cosme Ier (1517-1574) était expert dans la sculpture monumentale réalisée en porphyre, matière particulièrement dure déjà utilisée par la Rome impériale. Est ensuite illustrée l'apparition du *commesso* florentin sous François Ier (1541-1587).

Du projet initial de revêtir la chapelle des Princes de pierres dures, sont conservés dix panneaux représentant des paysages (dont deux très évocateurs illustrent la Toscane) et des scènes extraites de la Bible (début du 17e s.). Ensuite des plateaux de table ornés de motifs musicaux et floraux manifestent le soin du détail. Pour finir, l'atelier reconstitué conserve des pierres usagées présentant une vaste gamme de couleurs, ainsi que des outils et des établis d'époque.

★ **Museo di Storia della Scienza** ⊙ – *Un commentaire détaillé rédigé en différentes langues est confié sur demande aux visiteurs.* Installé dans le sévère **palais Castellani**, d'époque médiévale, le **musée d'Histoire de la science** possède un très riche ensemble d'instruments scientifiques anciens. Une bonne partie de ces pièces proviennent des collections des Médicis et des grands-ducs Habsbourg-Lorraine, qui, dès la Renaissance, en raison de leur goût humaniste pour tous les domaines de connaissance, furent passionnés de sciences.

1er étage – Dans les salles 1 à 3, instruments mathématiques florentins, étrangers et toscans des 16e et 17e s. : instruments de représentation céleste (globes, sphères armillaires), de mesure du ciel et de la terre (astrolabe, quadrants, cadrans solaires, compas...). La 4e salle constitue un temps fort de la visite car elle abrite les souvenirs du physicien et astronome pisan **Galilée** (1564-1642) : enchâssée dans une monture d'ivoire, la lentille (brisée) qui lui permit de découvrir en 1609 les satellites de Jupiter (auxquels il donna le nom de planètes médicéennes), ses deux télescopes, le compas qu'il confectionna lui-même, quelques appareils expérimentaux et, dans un reliquaire, l'un de ses doigts.

Les salles 5 et 6 sont consacrées à l'optique, science qui fit de sensibles progrès au 17e s. : origine et évolution du télescope, prisme (pour l'étude de la lumière), jeux optiques. La cosmographie, ou représentation de la voûte céleste, est illustrée salle 7 par de splendides globes terrestres et célestes et sphères armillaires dont celle au centre, particulièrement grande et somptueuse, réalisée entre 1588 et 1593 : la terre, centre de l'univers dans le système de Ptolémée, est entourée de nombreux cercles matérialisant la course des astres.

Les salles suivantes (8 à 11) rassemblent une collection d'instruments d'observation et de recherche avec en premier lieu le microscope, inventé au 17e s., qui permit d'énormes progrès en observation biologique et naturaliste ; on trouve également un magnifique ensemble d'instruments scientifiques en verre, de nombreux instruments météorologiques (17e-18e s.) et astronomiques florentins (18e et 19e s.).

2e étage – La salle 12 est consacrée à l'horlogerie mécanique (apparue en Occident au 13e s.) et aux automates, en vogue au 18e s., dont le mécanisme entretient de larges analogies avec celui de l'horlogerie. Salle 13, instruments mathématiques et de calcul dont le perfectionnement aux 18e et 19e s. permit l'extraordinaire développement (surtout en Angleterre, en Allemagne et en France) de l'industrie des instruments de précision. Salle 14 : instruments du 18e s. permettant la démonstration de phénomènes électriques et magnétiques, découverts à l'époque depuis peu. La salle 15 présente le succès que connurent la pneumatique et l'hydrostatique du milieu du 17e s. à la fin du 18e s. grâce à de nombreux instruments d'expérimentation et de démonstration. De même la mécanique (salles 16 et 17) suscita un grand engouement et donc de grands progrès pendant tout le 17e s. depuis Descartes jusqu'à Newton, dont les principes s'imposèrent au cours du 18e s. : nombreux instruments didactiques de phénomènes mécaniques présentés de façon assez spectaculaires (force centrifuge) et machines de levage, poulies...

Les trois salles suivantes sont consacrées à la médecine : salle 18, la chirurgie avec des instruments chirurgicaux et un très important ensemble de modèles didactiques d'obstétrique en cire et terre cuite (grandeur nature ou presque selon les modèles) ; salle 19, histoire de la pharmacie et salle 20, origines de la chimie moderne. La dernière salle est consacrée aux poids et mesures et appareils de pesée.

★ **Museo Marino Marini** ⊙ – Prêtant son cadre aux œuvres du sculpteur et peintre Marino Marini (1901-1980), l'église S. Pancrazio retrouve astucieusement ses volumes défigurés par les diverses administrations qui s'y installèrent depuis la profanation des lieux en 1808. Le chœur est mis en valeur par le monumental groupe équestre *Aja*, largement éclairé par la verrière reconstituant l'abside détruite. Sculptures, peintures, dessins et gravures montrent l'intérêt marqué de l'artiste pour la plastique dépouillée et statique de la statuaire archaïque sur laquelle il greffa une certaine inquiétude propre à son époque. Principaux thèmes présentés : la femme, le cavalier et le guerrier.

★ **Museo Bardini** ⊙ – *Piazza de' Mazzi, 1.* Il possède, agréablement présentées dans le cadre d'un palais édifié au siècle dernier, les collections de sculptures, de stucs, de peintures, de petits bronzes et de médailles, de tapis persans (16e-17e s.) et de tapisseries sorties au 18e s. des manufactures florentines, de céramiques et d'instruments de musique anciens, léguées en 1922 à la ville de Florence par Stefano Bardini, et qui témoignent du goût éclectique de cet antiquaire de renom. Celui-ci a réemployé, pour la construction de sa demeure, des éléments anciens (parements d'autels en encadrements de fenêtres, chambranles de portes Renaissance, plafonds à charpente peinte ou à caissons...).

Hormis les salles 2 à 4 réservées à la restauration, le rez-de-chaussée est consacré aux sculptures, pour la plupart antiques ou Renaissance : salle 7 *(face à l'entrée)*, groupe de la *Charité*, par Tino di Camaino ; salle 10 *(accès par quelques marches)*, gracieux relief représentant la *Vierge à l'Enfant* par un artiste siennois du 15e s., et, dans la même salle, autre *Vierge à l'Enfant* dans une mandorle avec des anges et des chérubins, retable en terre cuite vernissée de l'atelier d'Andrea Della Robbia.

Au 1er étage, réservé à la peinture et la sculpture sur bois, on remarque : salle 14, un exquis relief *(Vierge à l'Enfant)* en terre cuite polychrome de Donatello ; salle 16, un beau plafond rapporté, datant du 15e s., à caissons ornés de rinceaux argent sur fond bleu ; au centre de la salle 18, une ravissante *Vierge de l'Annonciation* en terre cuite polychrome, œuvre d'un artiste siennois du 15e s. et, au-dessus de la cheminée, l'*Archange saint Michel* peint sur toile par Antonio Pollaiolo.

★ **Museo « La Specola »** ⊙ – *17 via Romana. Prendre l'escalier au fond à gauche.* Fondé en 1775 par le grand-duc Léopold, ce musée d'histoire naturelle doit son nom à l'observatoire d'astronomie (*specola* en italien) et de météorologie qu'il abrita à la demande du grand-duc. Aujourd'hui il présente une importante collection de zoologie (vertébrés et invertébrés, salles I à XXIV) et de nombreuses **cires anatomiques** (salles XXV à XXXIII) d'un réalisme étonnant, œuvres pour la plupart de Clemente Susini : ces cires, plus de 600 au total, reproduisent à l'échelle réelle tous les organes et fonctions anatomiques, représentés soit isolément soit dans la totalité du corps, dont les attitudes contournées rappellent les nus de Michel-Ange.

★ **Museo Stibbert** ⊙ – *Via Federico Stibbert (prendre le bus n° 1, Piazza dell'Unità d'Italia, ou le n° 4, Piazza della Stazione, derrière le chœur de S. Maria Novella).* À l'entrée d'un petit parc ombragé, la villa Stibbert, édifiée au 19e s., abrite les abondantes collections d'art réunies au siècle dernier par le héros garibaldien anglo-italien Federico Stibbert : armes et armures, sculptures, peintures, meubles, faïences, tapisseries, broderies, bibelots, costumes... de provenance et d'époques variées (de la Renaissance au 19e s.).

Musée Stibbert – Armures du 16e s.

Parmi la profusion d'objets exposés dans les quelque 57 salles de la villa, signalons particulièrement : dans le hall, une table en malachite et bronze doré faite par Thomire pour le roi Jérôme ; des souvenirs napoléoniens, dont le costume de sacre porté par Napoléon lorsqu'il fut couronné roi d'Italie, et le sabre de Murat ; des tapisseries flamandes des 16e et 17e s. ; une *Vierge à l'Enfant (salle 32)*, tableau longtemps attribué à Botticelli ; des costumes vénitiens du 18e s...

Une mention spéciale doit être accordée aux centaines d'**armures anciennes**★★ toscanes, turques, sarrasines, espagnoles, indiennes, japonaises..., nombre d'entre elles endossées par des mannequins d'hommes et de chevaux alignés en cortèges impressionnants *(principalement aux rez-de-chaussée et dernier étage)*.

Museo Storico Topografico « Firenze Com'era » ⊘ – *Via Oriuolo, 4*. Tableaux, gravures, cartes anciennes du **musée d'Histoire topographique** évoquent le développement urbain de Florence, l'histoire de ses quartiers et de ses environs, de la Renaissance au 19e s. Belle série de lunettes représentant les villas médicéennes toscanes réalisée par Giusto Utens en 1599.

Casa di Dante ⊘ – *Via S. Margherita, 1 (fait angle avec la Via Dante Alighieri).* C'est dans ce quartier médiéval que se dressaient les maisons des Alighieri, sans que l'on sache si celle-ci précisément vit naître Dante. Le musée qu'elle abrite retrace la vie du poète : les origines de sa famille d'antique noblesse florentine, ses charges à l'intérieur de la ville, les années d'exil. Sont également évoquées la situation de Florence et l'histoire italienne de son vivant (étroitement liées aux préoccupations politiques de Dante), l'évocation de son œuvre majeure, *La Divine Comédie*, et l'amour platonique qu'il porta à Béatrice Portinari, dont la famille habitait ce même quartier et qui fut enterrée dans l'église S. Margherita *(un peu plus haut dans la même rue)*.

On peut voir via Dante, à l'angle avec la Piazza S. Martino, la **torre della Castagna** (12e s.), unique vestige des lieux où siégeaient les prieurs des Arts avant la construction du palazzo della Signoria.

CIRCUITS AU NORD DE FLORENCE

Voir plan d'ensemble de Florence dans l'Atlas routier Michelin Italie, la carte Michelin n° 430 ou le Guide Rouge Italia.

★ **Route panoramique des Colli Alti** - *26 km jusqu'à Sesto Fiorentino. Quitter Florence par la route de Bologne (S 65). Après Montorsoli, prendre à gauche la route du Monte Morello.*

Cette route, d'abord en montée abrupte, serpente sur les versants Sud du mont Morello, tantôt en sous-bois de pins et sapins mêlés, tantôt à découvert parmi les genêts, procurant des échappées successives au Sud sur Fiesole et Florence puis sur le bassin de l'Arno. La **vue**★ la plus ample s'observe, durant 3 km, à partir du « piazzale Leonardo da Vinci », au 6ᵉ km depuis Montorsoli (595 m – *restaurant*) : on découvre à la fois Florence, le val d'Arno avec les monts du Chianti en toile de fond et la plaine de Prato. Après le refuge Gualdo (428 m), la route, plus étroite, amorce en lacet une forte descente *(pente à 22 %)* faisant apercevoir, à travers les pins, tour à tour Prato et Sesto Fiorentino.

Ayant rejoint Colonnata, se diriger vers Sesto Fiorentino en passant par **Quinto Alto**. Dans ce village, la longue via Fratelli Rosselli, qui se détache sur la gauche, permet d'accéder à l'imposante **tombe étrusque de la Montagnola**★ ⊙ *(s'adresser au nº 95)*. Elle remonte aux 7ᵉ ou 6ᵉ s. avant J.-C. et son intérêt réside dans ses remarquables systèmes de couverture enfouis sous un tumulus de terre : dans le couloir d'accès à la chambre funéraire *(illustration p. 34)* d'énormes dalles de pierre monolithes se contrebutent au sommet formant comme un toit pointu, tandis que la chambre elle-même, de forme circulaire, est coiffée d'une coupole de plus de 5 m de diamètre s'appuyant sur un pilier central, la voûte étant formée de cercles de pierre concentriques superposés les uns aux autres.

On rejoint ensuite **Sesto Fiorentino** *(voir description à ce nom)*.

★ **Circuit du Monte Senario** – *Au Nord, 38 km. Même début d'itinéraire que pour l'excursion précédente, de Florence à Montorsoli.*

Dans la montée de Trespiano, vues à droite sur Florence en contrebas puis sur le site de Fiesole, suivies de rares échappées sur la vallée du Mugnone. 800 m après l'embranchement à gauche vers le Monte Morello *(parcours sinueux)*, l'entrée de la villa *(à droite)* se signale par des feux tricolores et un grand portail surmonté de deux lions.

★ **Parc de la villa Demidoff** ⊙, **à Pratolino** – Chef-d'œuvre du maniérisme toscan, ce parc (qui porte le nom du prince qui l'acquit en 1872) entourait la plus somptueuse des villas médicéennes – alors dénommée **villa de Pratolino** – construite au 16ᵉ s. par Buontalenti, délaissée ensuite par les Habsbourg-Lorraine et enfin détruite au siècle dernier lors des transformations de Ferdinand III en parc romantique. Parmi les rares vestiges de sa splendeur passée subsistent la statue monumentale de l'*Apennin*★, œuvre de Jean Bologne (1579-1580), à l'intérieur de laquelle étaient creusées des grottes ornées de fresques et agrémentées de jeux d'eaux. Derrière, dragon ailé du 17ᵉ s.

En parcourant l'allée faisant face à l'antique villa, on aperçoit à droite la chapelle de Buontalenti, de plan hexagonal, dont la loggia permettait aux domestiques de suivre les offices de l'extérieur. Subsistent aussi la fontaine du fleuve Mugnone, de Jean Bologne *(qui faisait partie des grottes situées au pied de la villa médicéenne)* et le vivier du Masque *(le long d'un sentier en contrebas du bar)*, statue à l'expression inquiétante.

L'*Apennin* de Jean Bologne (Parc de la villa Demidoff)

Poursuivre jusqu'au village de **Pratolino**, où l'on quitte à droite la route S 65 pour celle de Bivigliano. Au carrefour suivant, à l'endroit où la route bifurque en boucle (avant le croisement de la route d'Olmo), prendre dans l'axe la branche montant au Monte Senario. Ce trajet de crête dispense de jolies vues sur les collines alentour et le couvent émergeant d'un bois de sapins. Au bout de 2,5 km, bifurquer à droite vers le couvent et monter jusqu'au sommet *(parc de stationnement)*. Une courte voie privée donne accès au couvent.

Couvent du Monte Senario – Occupant à 817 m un **site★★** de choix au bord d'un promontoire boisé en à-pic sur la vallée de la Sieve, le couvent fut fondé au 13e s. par sept nobles florentins, les sept saints fondateurs de l'ordre des servites de Marie. Maintes fois rebâti ou restauré, le couvent actuel remonte aux 17e et 18e s. Sa petite **église** laisse voir un élégant intérieur baroque, avec quelques œuvres d'art dont une Pietà en terre cuite du 15e s. (sur l'autel de la chapelle de l'Apparition). De la voie privée du couvent, on accède à la grotte de saint Alexis et à la fontaine de saint Philippe Benizzi, deux des saints fondateurs.

En redescendant, prendre à droite à la bifurcation pour traverser **Bivigliano** *(comme l'indique le fléchage)*, agréable village résidentiel sous les arbres, auquel fait suite une belle futaie de pins. La fin de la boucle se parcourt sur une jolie route en palier dominant la vallée du Carza. On regagne alors Pratolino et la route S 65 vers Florence.

★ **Le Mugello** – *Voir ce nom.*

Certosa del GALLUZZO★★

Chartreuse de GALLUZZO

Carte Michelin n° 430 ou Atlas Italie p. 40 K 15 – Schéma : Le CHIANTI
6 km au Sud de Florence, sur la droite en sortant de Galluzzo, direction Sienne

Fondée au 14e s. par le grand banquier florentin Niccolò Acciaiuoli, la **chartreuse de Galluzzo** ou **de Florence** ⊙ a subi de nombreuses transformations jusqu'au 17e s. Les chartreux ont occupé les lieux jusqu'en 1957, laissant place un an plus tard à une communauté cistercienne.

Le grand cloître

Un escalier monumental mène aux bâtiments conventuels et, avant d'entrer dans le monastère lui-même, au palais Acciaiuoli, qui abrite une pinacothèque (fresques du Pontormo (1523-25) provenant du cloître et représentant des scènes de la Passion).

Une grande place, aménagée au 16e s., précède l'église, divisée en deux parties distinctes afin de séparer les frères convers et les moines chartreux. Seule l'église des moines remonte au 14e s., quoique son décor et les stalles datent du 16e s. La chapelle gothique S. Maria *(à droite)* mène aux chapelles souterraines où sont enterrés les membres de la famille Acciaiuoli. À gauche de l'église, le parloir (où les moines avaient droit à une heure de « récréation » hebdomadaire) mène, en traversant un petit cloître, à la salle du chapitre : on y remarque un magnifique **monument funéraire de Leonardo Buonafé** par Francesco di Giuliano da Sangallo (1550) et une porte finement sculptée (16e s.). Sur le grand **cloître** Renaissance, orné de médaillons par les Della Robbia, donnent les dix-huit habitations des moines *(on visite l'une d'elles)*. On revient par le réfectoire, le cloître des convers et l'hôtellerie.

201

Chiesa di GROPINA ★

Église de GROPINA

Carte Michelin n° 430 ou Atlas Italie p. 40 L 16 – 1,8 km au Sud-Est de Loro Ciuffenna :
parcourir 1,2 km en direction de S. Giustino Valdarno puis tourner à droite

L'église romane S. Pietro de Gropina, régulièrement appareillée en grès, remonte à la première moitié du 12e s. Sur les premières pentes du Pratomagno, légèrement en hauteur par rapport au Val d'Arno, elle succède à une construction romaine et à deux édifices religieux, l'un paléochrétien, l'autre du 8e s. L'église actuelle a été agrandie de ses bas-côtés dans la deuxième partie du 12e s. et son campanile achevé en 1233.

Intérieur – Le plafond est lambrissé, hormis la dernière travée des bas-côtés, voutée d'ogives, et l'abside centrale en cul-de-four, parée à l'extérieur d'une galerie à colonnettes (celles du centre étant nouées). L'abondant **décor sculpté★** constitue un exemple sans pareil dans le Casentino. Les chapiteaux et l'ambon de la nef droite (la première achevée), de la deuxième moitié du 12e s., présentent un style roman archaïque utilisant encore la sculpture en méplat, tandis que les chapiteaux de la nef gauche sont plus évolués et seraient l'œuvre d'ateliers émiliens – jusqu'en 1191 Gropina dépendait en effet de l'abbaye de Nonantola, non loin de Modène. Les motifs les plus intéressants sont, sur le côté droit, depuis le pilier d'entrée : la truie, symbole de l'Église, allaitant sa portée, les chevaliers en armes luttant contre le démon, les ceps de vigne fortement stylisés, les aigles surmontant l'ambon lui-même sculpté en méplat et en ronde bosse ; sur le côté gauche, remarquer à la 3e colonne les figures du Christ, de saint Pierre et de saint Paul, de Samson tuant le lion et de saint Ambroise présentant la nouvelle Loi, et, à la 4e colonne, symbolisant le châtiment de la luxure, un homme se tirant la barbe et trois femmes dont des dragons déchirent les seins.

GROSSETO

72 662 habitants

Carte Michelin n° 430 ou Atlas Italie p. 45 N 15 – Schéma : La MAREMMA

Capitale provinciale d'aspect moderne située à 13 km de la mer, dans la fertile plaine de l'Ombrone, Grosseto conserve un noyau ancien contenu entre de puissants remparts bastionnés, en briques et de contour hexagonal, érigés par les Médicis à la fin du 16e s.

Le cœur de la vieille ville se déploie autour de la place Dante Alighieri, bordée par la cathédrale et le palais provincial, pastiche gothico-Renaissance.

★ **Museo Archeologico e d'Arte della Maremma** ⊘ – Après plusieurs années de fermeture, le musée vient de rouvrir ses portes. Collection de bijoux et de poteries de l'âge du bronze, bel ensemble de sculptures étrusco-romaines (urnes funéraires sculptées, stèles, sarcophages), amphores, bustes d'empereurs, statues romaines de marbre et petits bronzes. Remarquables **vases grecs et étrusques** datant du 6e au 2e s. avant J.-C.

S. Francesco – L'intérieur de cette église conventuelle du 13e s., à la façade gothique à deux ressauts, conserve quelques petites fresques de l'École siennoise (14e-15e s.) et, au maître-autel, un beau crucifix peint du 13e s. attribué à Duccio di Buoninsegna.

Dans le cloître attenant (reconstruit), puits à portique datant des Médicis (1590), dit « de la bufflonne » parce que certains animaux de la Maremme, parmi lesquels les buffles, venaient s'y abreuver. Un autre puits plus ancien (1465) est visible à l'extérieur, à droite de l'église.

EXCURSIONS

Follonica – 47 km au Nord-Ouest. Voir La Maremma.

Punta Ala – 43 km au Nord-Ouest. Voir La Maremma.

Castiglione della Pescaia – 22 km à l'Ouest. Voir La Maremma.

Principina a Mare – 17 km au Sud-Ouest. Voir La Maremma.

IMPRUNETA

14 785 habitants
Carte Michelin n° 430 ou Atlas Italie p. 39 K 15 – Schéma : Le CHIANTI

Agréable bourg situé dans la région vinicole du Chianti, Impruneta est connue traditionnellement pour sa fabrication de briques, de tuiles et d'objets de décoration en terre cuite de grande qualité ; on raconte volontiers que l'architecte Brunelleschi aurait exigé, au 15e s., des tuiles d'Impruneta pour recouvrir la coupole du Dôme de Florence.

Une notoriété doublement liée à saint Luc – Le village profita dès le Moyen Âge de la renommée d'un **portrait de la Vierge** (conservé dans l'église), que l'on attribuait à l'évangéliste saint Luc. La tradition raconte que ce portrait antique aurait été apporté en Toscane par saint Romulus, qui fut contraint en raison des persécutions d'enterrer le tableau. De nombreuses années plus tard, les habitants ne parvenant pas à construire leur église – les murs élevés le jour tombaient chaque nuit –, ils laissèrent le soin à des bœufs transportant les premières pierres du monument d'indiquer la volonté divine quant au lieu d'édification. Les bœufs s'agenouillèrent là où s'élève aujourd'hui l'église. En creusant les fondations, les habitants retrouvèrent le portrait de la Vierge.

Très vénéré par la suite, le tableau, but de pèlerinages, fut aussi mené plusieurs fois en procession jusqu'à Florence lors de grandes calamités (pestes, guerres, inondations…).

La très ancienne **foire de St-Luc**, organisée chaque année lors de la fête du saint (18 octobre), est célèbre de longue date : autrefois, son marché aux chevaux, ânes et mulets, que Jacques Callot représenta en 1620, drainait des acheteurs de toute l'Europe. Aujourd'hui, la foire donne lieu à une course de chevaux et à une exposition de machines agricoles.

CURIOSITÉS

★ **Basilique S. Maria dell'Impruneta** – Son portique Renaissance ouvre ses cinq arcs sur la grande place centrale. De l'époque romane, il ne reste guère que le campanile du 13e s. L'intérieur, à nef unique, présente de part et d'autre du chœur deux **édicules**★★ dessinés par Michelozzo sur le modèle de celui de la Santissima Annunziata de Florence (1456). L'édicule de droite est orné de céramiques vernissées des Della Robbia, tandis que celui de gauche abrite le fameux portrait de la Vierge, qui ne daterait que du 13e s.

L'ensemble a été bombardé en 1944 (voir les photos dans le baptistère en entrant à gauche) et reconstitué avec les éléments non détruits.

Museo del Tesoro (Trésor) ⊙ – Fruit de plusieurs siècles de dévotion à la Vierge d'Impruneta et de la générosité de grandes familles florentines, dont les Médicis, le trésor de la basilique rassemble des pièces d'orfèvrerie, des reliquaires, des ornements de culte, de nombreux ex-voto datant du 14e au 19e s., ainsi qu'une belle collection d'ouvrages liturgiques enluminés (14e-16e s.).

LIVORNO

LIVOURNE

161 673 habitants
Carte Michelin n° 430 ou Atlas Italie p. 38 L 12
Plan dans le Guide Rouge Italia

Cosme Ier de Médicis fit construire en 1571 une jetée et, en 1573, creuser un canal reliant Livourne à Pise. Au début du 17e s., la ville fut protégée par une enceinte bastionnée, encore visible, et en 1620, sous Cosme II, les travaux du port médicéen étaient achevés.

Aujourd'hui le port marchand, transitant surtout du bois, les produits de l'artisanat florentin, le marbre, l'albâtre brut ou travaillé, les voitures, est le plus important de Toscane et parmi les principaux de Méditerranée. Des industries lourdes le complètent.

La pêche a donné naissance à deux spécialités : le *cacciucco*, soupe de poissons, et les rougets *(triglie)* à la livournaise.

Les Livournais célèbres – Parmi les personnages illustres qu'elle vit naître, Livourne est la patrie du peintre **Giovanni Fattori** (1825-1908), chef de file des Macchiaioli, d'**Amedeo Modigliani** (1884-1920) et du compositeur **Pietro Mascagni** (1863-1945), resté célèbre pour son opéra la *Cavalleria Rusticana*.

LA VILLE ET SES ASPECTS

L'animation de Livourne se concentre via Grande, bordée d'immeubles à arcades, via Cairoli, via Ricasoli. Le quartier élégant avoisine le parc de villa Fabbricotti. Au Nord-Ouest, près du port, entre la vieille forteresse (Fortezza Vecchia) et la nouvelle (Fortezza Nuova) s'étend le quartier de la **Nouvelle Venise** (Venezia Nuova), créé en 1629 par les Médicis et caractérisé par ses canaux, ses ponts,

LARA PESSINA

ses ruelles ; autrefois il était relié au port par ses entrepôts. À proximité se trouvent les **fosses à huile** (Bottini dell'Olio), magasins remontant aux années 1705-1731 où l'huile était conservée.

Piazza Guerrazzi, près de la nouvelle forteresse, le **château d'eau**, construit en 1837 par Poccianti, n'assuma jamais sa fonction, mais fut aménagé dans les années cinquante en maison de la culture. Des expositions d'art figuratif y sont organisées.

Depuis l'après-guerre, un lieu caractéristique de Livourne (malgré son nom) est son **marché américain** *(mercatino americano)*, piazza XX Settembre : créé à l'origine pour vendre des vêtements et du matériel de camping utilisés par les militaires américains, il s'est diversifié depuis.

* **Monument dit « I Quattro Mori »** – Sur la piazza Micheli, d'où l'on aperçoit la vieille forteresse (16e s.), fut érigé ce monument dédié à Ferdinand Ier de Médicis en souvenir d'une victoire remportée sur les Maures par les chevaliers de St-Étienne *(voir Pisa)*. Les statues de bronze furent exécutées en 1624.

Viale Italia – Reliant le centre de la ville à son faubourg Sud, Ardenza, il offre des vues sur la mer. Il passe près de l'**aquarium** (Acquario Diacinto Cestoni ⊘ – poissons de Méditerranée) et de l'**Accademia Navale** (« École navale » italienne).

Musées – Livourne célèbre le souvenir de deux de ses enfants *(voir supra)* avec d'une part le **Musée municipal** (Museo civico G. Fattori ⊘ – *Villa Mimbelli, via San Jacopo in Acquaviva)*, où sont exposées des œuvres du peintre lui-même et de ses amis Macchiaioli *(voir p. 153)*, et d'autre part le **museo Mascagnano** ⊘ *(54 via Cazalbigi)*, qui rassemble des partitions, des instruments et des souvenirs du compositeur Pietro Mascagni.

ENVIRONS

Montenero – *9 km au Sud. Quitter Livourne par la S 1 au Sud. Après Ardenza suivre le fléchage.*
De la route, on découvre un panorama étendu sur la côte et Livourne. Un funiculaire double la route dans la montée finale.
Autour de la place s'élèvent les chapelles qui composent le *famedio* (temple de renommée), réservé aux sépultures des citoyens livournais illustres. Le **sanctuaire** lui-même (1721), but de pèlerinages, est dédié à Notre-Dame-des-Grâces, patronne de la Toscane. Il présente une riche décoration baroque. Des salles contiguës à l'église sont tapissées de curieux ex-voto pour la plupart en relation avec la mer.

LUCCA★★★

LUCQUES

85 484 habitants
Carte Michelin n° 430 ou Atlas Italie p. 38 K 13

Une enceinte de briques roses couronnée de verdure, des rues étroites où se pressent les hautes façades de demeures anciennes, de nombreuses églises dont certaines comptent parmi les plus belles réalisations de l'art roman pisan (p. 237) : telles sont les images que laisse dans le souvenir cette ville au passé de petite capitale, demeurée étonnamment vivante, que l'urbanisme du 20e s. a épargnée de toute altération, abritée qu'elle était derrière ses remparts.

Sa situation au cœur d'une plaine fertile lui a traditionnellement donné une activité liée à l'agriculture. Les haricots blancs (fagioli bianchi) de Lucques constituent l'une des spécialités culinaires toscanes, et son huile d'olive est l'une des plus appréciées d'Italie.

Le touriste ne manquera pas de remarquer également les nombreuses bijouteries, dont les vitrines présentent un vaste choix d'articles raffinés à prix modéré.

La légende de la Sainte Croix – On ne peut parler de Lucques sans évoquer le Volto Santo (le « Saint Voult »), ou Santa Croce, ce crucifix miraculeux vénéré dans la cathédrale San Martino et que Nicodème, après la Mise au tombeau, aurait sculpté de mémoire, d'après les traits mêmes du Sauveur (une autre version veut que la vérité du visage du Christ soit due au concours des anges, qui auraient guidé les mains de Nicodème lors de la sculpture du crucifix).

Le Volto Santo, selon certains jeté à la mer – sur ordre divin – par Nicodème lui-même, selon d'autres retrouvé par un évêque italien pèlerin en Terre sainte et confié par ses soins au hasard des flots, aurait fini par s'échouer au 8e s. à Luni, au Nord de Viareggio.

Les dévots de Luni et de Lucques se disputant l'image sainte, l'évêque de Lucques aurait fait placer celle-ci sur un chariot tiré par des bœufs, laissant à ces derniers la responsabilité de l'arbitrage : c'est la direction de Lucques que choisit de prendre l'attelage.

Au Moyen Âge, la renommée du Volto Santo fut immense. Diffusée par les marchands lucquois, elle gagna les pays du Nord de l'Europe. En France, aux 13e et 14e s., le culte du « saint Voult » eut une telle fortune que les rois eux-mêmes prêtaient serment par « saint Vaudeluc ».

Le soir du 13 septembre, la « **Luminara di Santa Croce** » commémore la mystérieuse translation du Volto Santo : une immense procession, à laquelle participent la ville entière ainsi que les différentes confréries religieuses de la région et des représentants des villes de Toscane, parcourt les rues. À cette occasion, le saint crucifix est paré de velours et d'or.

Vue aérienne, avec la piazza dell'Anfiteatro et l'église S. Frediano

DE CÉSAR À ÉLISA BONAPARTE

De ses origines, Lucques porte le témoignage dans son nom même, qui proviendrait d'un mot celto-ligure, « Luk », signifiant « lieu marécageux ». Colonisée par Rome au début du 2e s. avant J.-C., elle a gardé le plan du camp militaire romain, avec ses différentes rues se coupant à angle droit de part et d'autre de deux grands axes perpendiculaires. C'était déjà une ville importante quand César, Pompée et Crassus s'y rencontrèrent pour former le premier triumvirat. À l'intérieur du quadrillage romain, le Moyen Âge est venu inscrire son réseau serré de ruelles au tracé moins rigoureux et ses places aux contours irréguliers, faisant même disparaître l'amphithéâtre dont l'emplacement a réapparu depuis piazza dell'Anfiteatro.

La fortune des marchands – Érigée en libre commune, Lucques, aux 12e et 13e s., ne cessa d'accroître son importance économique, fondée sur la fabrication et le commerce de la soie, pour connaître son plus grand éclat dans la première moitié du 14e s., sous le gouvernement du grand condottiere **Castruccio Castracani**. De cette époque, où les marchands lucquois exportaient dans toute l'Europe et jusqu'en Orient des soieries devenues célèbres, datent la reconstruction de la plupart des églises et la réalisation de ces merveilleuses façades, dont Lucques a emprunté le style aux architectes pisans, mais en apportant dans leur décoration un surcroît de fantaisie et de raffinement. De cette période de prospérité subsistent aussi quelques imposantes demeures gothiques dont certaines ont conservé leur tour.

Un autre personnage marquant de l'histoire locale fut **Paolo Guinigi**, lui-même issu d'une riche famille de marchands, devenu seigneur de la ville en 1400 : sous son gouvernement, Lucques connut un regain d'activité artistique. Il a laissé à la postérité un palais et une villa portant son nom, ainsi que le souvenir d'une épouse immortalisée par une statue gisante que l'on voit à l'intérieur du dôme.

Renaissance et agriculture – Durant la seconde moitié du 16e s., Lucques abandonne une industrie et un commerce en déclin pour se vouer à l'agriculture. Ce virage économique s'accompagne d'une intense activité dans le domaine de l'architecture. De nombreuses « villas » sont édifiées dans la campagne. La construction de la ceinture de remparts, qui se poursuivra pendant plus d'un siècle, bat son plein. À l'intérieur de ceux-ci, la plupart des maisons sont rebâties ou profondément remaniées, la pierre venant se substituer à la brique des constructions médiévales : c'est alors que sont élevées les innombrables façades Renaissance qui ont donné à la ville son actuelle physionomie.

Une principauté éphémère – Au début du 19e s., une figure de femme domina la vie de Lucques le temps d'un très court règne : celle d'**Élisa Bonaparte**, promue par son frère, à la suite des conquêtes napoléoniennes en Italie, princesse de Lucques et de Piombino. De 1805 à 1813, aidée de son époux Félix Baciocchi, elle gouverna avec décision et sagesse sa principauté et déploya des talents remarquables dans la direction des affaires.

LES GRANDES ÉGLISES

Visite : 3 h

Trois églises tout particulièrement ont donné à Lucques ses titres de gloire : la cathédrale San Martino, San Michele in Foro et San Frediano.

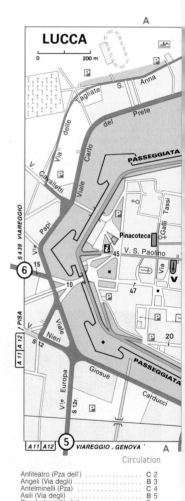

Laisser la voiture sur la vaste **piazza Napoleone**, ombragée de platanes et bordée sur tout un côté par la façade sévère du Palazzo Provinciale, dont la construction fut commencée au 16e s. par l'architecte florentin Bartolomeo Ammannati.

★★ **Dôme** – Une première fois reconstruite au 11e s., la cathédrale de Lucques fut à peu près entièrement refaite, au 13e s. pour l'extérieur, aux 14e et 15e s. pour l'intérieur. Elle est dédiée à saint Martin.

La très belle **façade**★★ en marbre blanc et vert alternés – œuvre de l'architecte Guidetto de Como – produit, en dépit de son asymétrie due à la présence du campanile et malgré l'absence de fronton, une impression de remarquable équilibre. Sa partie supérieure à trois étages de galeries à colonnettes représente la première expression du style roman pisan à Lucques, dans une version toutefois plus aérée et exempte de sévérité : arcs des galeries plus larges que dans les églises pisanes ; colonnes d'une étonnante fantaisie d'exécution ; introduction au-dessus de chaque registre d'arcades d'une frise de motifs géométriques, floraux et d'animaux, en marqueterie de marbre.

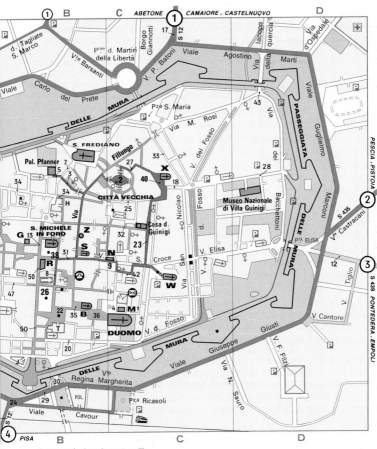

réglementée dans le centre-ville

De lignes à la fois élancées et puissantes, le **campanile**★ date du 13e s. Le contraste entre les couleurs ocre et blanc des matériaux employés, les baies dont l'importance croît avec la hauteur, les arcs des fenêtres et les petites arcatures aveugles soulignant chaque étage d'un feston blanc se conjuguent pour créer une impression de légèreté.

On détaillera la **décoration**★ du porche : piliers portant de fines colonnes aux naïves sculptures ; arcatures aveugles soulignées de marbre rouge ; frise en marqueterie de marbre ; scènes sculptées (au portail de gauche une *Descente de Croix* et une *Adoration des Mages* par Nicola Pisano, aux deux autres portails l'*Ascension* et le *Martyre de Regulus* – saint lucquois qui mourut décapité – par des maîtres lombards du 13e s., entre les portails des épisodes de la vie de saint Martin et au-dessous les Travaux des mois).

L'**intérieur** est gothique. Un élégant triforium à colonnes graciles règne sur la nef, formant un heureux contraste avec les arcs en plein cintre que supportent de robustes piliers. Au revers de la façade, une sculpture romane (1), de facture aisée, évoque le célèbre épisode de saint Martin partageant son manteau.

La nef latérale gauche abrite, au-dessus du 2e autel, une *Présentation de la Vierge au temple* par Bronzino (2), tandis qu'un peu plus haut s'élève le gracieux *tempietto*, petit édicule Renaissance en forme de temple, construit en 1484 par le sculpteur et architecte lucquois **Matteo Civitali** (1436-1501) pour abriter le **Saint Voult**. Sculpté vers la fin du 11e s., le **Grand Christ**★ en bois noirci par le temps, rigide dans sa longue tunique, serait la copie d'une œuvre plus ancienne, peut-être celle-là même autour de laquelle se forgea la légende.

Le croisillon gauche permet d'accéder à la chapelle dite du Sanctuaire : au-dessus de l'autel, on peut voir une *Vierge à l'Enfant entre saint Étienne et saint Jean Baptiste* (3), tableau peint en 1509 par le Florentin Fra Bartolomeo, d'une manière équilibrée et douce qui rappelle celle du Pérugin, son contemporain.

Sur le bas-côté droit s'ouvre la sacristie qui renferme au-dessus de l'autel une ravissante *Vierge à l'Enfant entourée de saints* (4), peinte dans de vifs coloris par Domenico Ghirlandaio. Toutefois le chef-d'œuvre conservé ici est le **tombeau**★★ ⊙, en marbre blanc, d'**Ilaria del Carretto**, épouse de Paolo Guinigi, morte en 1405 *(illustration p. 45)*. La jeune femme, vêtue d'une longue robe au drapé d'une rare souplesse, gît étendue dans le sommeil de la mort avec un chien étendu à ses pieds, symbole de fidélité.

De retour dans la nef, on admire également, à l'autel de la 3e chapelle du bas-côté droit, une spectaculaire *Cène*★ (5) du Tintoret, composition mouvementée sur laquelle l'artiste a, dans la manière qui lui est habituelle, projeté un fantastique éclairage.

Le tout proche **Museo della cattedrale** ⊙ conserve des objets de culte, des tableaux et des œuvres sculptées, parmi lesquels la statue d'apôtre de Jacopo della Quercia et les ornements de fête du Volto Santo.

★ **Baptistère et église SS. Giovanni e Reparata** ⊙ – Au cours d'une vingtaine d'années de fouilles archéologiques ont été retrouvés les vestiges d'une maison et de thermes d'époque romaine, ainsi que l'implantation initiale et les successifs agrandissements de la **cathédrale primitive** et du **baptistère**. La façade de l'église du 10e s. surprend par ses nombreux graffiti.

★★ **S. Michele in Foro** – La **piazza San Michele** sur laquelle s'élève cette église occupe l'emplacement de l'ancien forum romain. De vieilles demeures l'entourent, dont certaines des 13e et 14e s. Le **palazzo Pretorio** (**E**) – ancien palais du podestat – ouvre à l'angle de la via Vittorio Veneto les arcades Renaissance de son rez-de-chaussée en loggia.

Est-ce ou non Ilaria ?

Une récente étude a mis en doute l'attribution du beau sarcophage ainsi que l'identité de la douce jeune fille qui y est représentée.

L'auteur pourrait être d'école française, et la jeune fille Caterina Antelminelli, l'une des promises de Paolo Guinigi, quatre fois fiancé dès l'enfance à de jeunes demoiselles dont trois moururent avant les noces. Il y avait parmi elles Ilaria et Caterina.

Flanquée d'un massif campanile édifié à la hauteur du transept, l'église *(illustration p. 345)*, construite du 12e au 14e s., domine la place de sa masse blanche toute parcourue d'arcatures aveugles et de galeries à colonnettes. La **façade**★★ (13e s.), d'une hauteur exceptionnelle car prévue pour une nef qui devait être surhaussée par rapport à celle existante, représente, malgré de profondes restaurations subies au siècle dernier, ce que le style roman pisan a produit à la fois de plus exubérant et de plus léger. Sur le schéma typique – arcatures aveugles surmontées de plusieurs étages de galeries –, l'architecte a fait ici œuvre d'orfèvre, accentuant la profondeur des loggias, multipliant les motifs dans la décoration des colonnes, développant les frises d'animaux en marqueterie de marbre *(illustration p. 41)*. Au faîte de la façade, deux anges musiciens encadrent une grande statue de saint Michel terrassant le dragon.

L'**intérieur**, lui aussi roman à l'exception des voûtes qui ont remplacé au 16e s. le toit à charpente apparente, contraste avec l'extérieur par sa simplicité. Un arc triomphal occupant toute la hauteur de la nef donne à celle-ci une belle envolée. Le 1er autel du bas-côté droit est surmonté d'une *Madone*★ à l'expression délicieusement juvénile, en terre cuite vernissée blanche, d'Andrea Della Robbia. Le crucifix peint, suspendu devant le chœur, est dû à un artiste lucquois de la première moitié du 12e s. qui a curieusement représenté le buste et le vêtement du Christ en léger relief.

Le croisillon droit du transept renferme un beau **tableau**★ de Filippino Lippi, d'un vif coloris, représentant les saints Roch, Sébastien et Jérôme avec sainte Hélène.

★ **S. Frediano** – Cette église romane, l'une des plus grandes de la ville, fut édifiée au 12e s. à l'emplacement d'une basilique qu'avait fait élever au 6e s. saint Frediano, évêque de Lucques, auquel on attribue le miracle d'avoir endigué les eaux du Serchio (fleuve qui coule au Nord de la ville). Elle présente la particularité d'avoir son abside tournée vers l'Ouest, contrairement à la tradition qui veut que les églises soient orientées vers Jérusalem et donc l'Est.

La **façade**, qui diffère notablement de celles de S. Martino et de S. Michele, date du 13e s., époque à laquelle l'édifice et en particulier la nef furent considérablement surélevés. Très nue, elle est revêtue de pierres blanches provenant de l'amphithéâtre romain. Sa partie centrale, très haute, est dominée par une immense mosaïque exécutée au 13e s., par des artistes lucquois, dans le style byzantin, et représentant l'Ascension.

Un beau campanile à créneaux domine l'édifice.

L'**intérieur** roman, de plan basilical, est, comme la façade, d'une noble simplicité. Des colonnes antiques surmontées de très beaux chapiteaux provenant probablement de l'amphithéâtre bordent la nef extrêmement élevée par rapport aux bas-côtés. Sur ces derniers s'ouvrent des chapelles dont l'adjonction, aux 14e et 15e s., est venue rompre quelque peu l'harmonie de l'ensemble.

On admire, à droite en entrant, une **vasque baptismale**★ romane exécutée au 12e s., ornée de sculptures contant en divers panneaux et dans un style alerte des épisodes de la vie de Moïse parmi lesquels on remarque le Passage de la mer Rouge avec les soldats du pharaon vêtus comme des chevaliers du Moyen Âge, ainsi que le Bon Pasteur entouré de prophètes. Derrière la cuve baptismale, bel encadrement de porte avec une très gracieuse *Annonciation* en terre cuite vernissée par Andrea Della Robbia.

La chapelle Trenta *(1re que l'on rencontre en revenant par le bas-côté gauche)* renferme un **polyptyque**★ gothique en marbre, richement sculpté par Jacopo della Quercia, qui a représenté dans un style à la fois vigoureux et fluide la Vierge avec l'Enfant entourée de saints. La chapelle Sant'Agostino *(3e, toujours en revenant)* a été couverte de fresques au début du 16e s. par un peintre de l'école ferraraise, Amico Aspertini : on reconnaît, contre le mur gauche *(à l'avant)*, le fameux épisode du transport du Volto Santo de Luni à Lucques ; au mur de droite, une Adoration des bergers, et le miracle accompli par saint Frediano.

★ **PROMENADE DANS LA VIEILLE VILLE** *une heure environ*

Suivre, au départ de la piazza Napoleone, l'itinéraire indiqué sur le plan.

Les rues et les places du vieux Lucques *(la « città vecchia »)*, qui n'ont rien perdu de leur cachet ancien et où cohabitent avec harmonie les styles gothique et Renaissance, sont pleines de charme avec leurs palais, leurs tours seigneuriales, leurs vieilles boutiques, leurs portes ouvragées, leurs blasons sculptés, leurs élégantes grilles et balcons en fer forgé.

Via Fillungo – La via Beccheria, puis la via Roma à droite conduisent à la via Fillungo, rue commerçante et élégante parmi les plus pittoresques de Lucques. À l'entrée de celle-ci, à droite, s'élève l'église romane **S. Cristoforo**, aujourd'hui désaffectée ; on notera, percés dans la façade revêtue de marbres clair et sombre alternés, un joli portail à linteau sculpté de motifs floraux et une belle rosace ; à l'intérieur, d'une noble sobriété baignée d'une lumière rosée, les murs sont couverts des noms, gravés dans la pierre, des citoyens de Lucques morts au champ d'honneur.

Sur la même rue s'élève la **Torre Civica delle Ore** (tour communale des heures) datant du 13e s.

Un peu plus loin via degli Asili se trouve le **palais Pfanner**, construit au 17e s. : un monumental escalier extérieur à arcades et balustres et un jardin aménagé au 18e s., auquel la promenade des remparts sert de toile de fond, témoignent encore de sa splendeur passée *(il ne se visite pas, mais son jardin est visible depuis les remparts)*.

Le dernier tronçon de la via Cesare Battisti est dominé par le robuste campanile de San Frediano.

Piazza dell'Anfiteatro – *On y pénètre, de la via Fillungo, par une ruelle voûtée.* Cette singulière place oblongue et fermée, à laquelle on accède par des passages aménagés sous les maisons, occupe l'emplacement d'un **amphithéâtre** construit par les Romains au 2e s. ; tombé en ruine à l'époque des invasions barbares, celui-ci fournit une grande partie des matériaux utilisés au Moyen Âge dans la reconstruction des églises de la ville, en particulier le marbre des façades ; il fut ensuite recouvert d'habitations. C'est seulement en 1830 que fut percée, à l'intérieur de ce quartier médiéval, la place que l'on voit aujourd'hui.

Proche de la place de l'Amphithéâtre, la **piazza San Pietro**, petite, irrégulière, est entourée de nobles façades du 16e s. Elle est dominée par le clocher bicolore (en pierres pour la base, en briques pour la partie supérieure) de l'église romane **S. Pietro Somaldi** élevée au 12e s. et dont la façade fut achevée au 14e s. par deux étages de galeries, dans la tradition pisane ; au linteau du portail central, *Jésus remettant les clefs à saint Pierre.*

L. Senigalliesi/LAURA RONCHI

La tour des Guinigi

Via Guinigi – Au n° 29 de cette rue, l'une des plus pittoresques de Lucques, s'élève la **maison des Guinigi** (Casa dei Guinigi), en briques, surmontée de sa fameuse **tour** ⊙ (visible de l'angle de la via S. Andrea et de la via delle Chiavi d'Oro) couronnée d'arbres. Cette demeure encore imposante déploie sur une surface impressionnante ses fenêtres gothiques à doubles, triples ou quadruples baies. En face, les deux importantes maisons, également en briques, qui occupent les n°s 20 et 22 furent aussi propriété des Guinigi.

S. Maria Forisportam – Ainsi appelée car elle se trouvait à l'origine en dehors de l'enceinte romaine, cette église fut construite vers le début du 13e s. Elle présente une façade en marbre (restée inachevée) réalisée selon le schéma typique des églises pisanes : deux galeries superposées, au-dessus de hautes arcatures aveugles à décoration de losanges, se prolongeant autour de l'édifice ; les trois portails possèdent une architrave joliment sculptée de motifs floraux et d'animaux (à la lunette du portail central, gracieux *Couronnement de la Vierge*, en relief léger). L'intérieur est roman, à l'exception des voûtes et de la petite coupole qui furent ajoutées au 16e s. Un sarcophage paléochrétien en marbre orné de sculptures en strigiles *(niche à droite de l'entrée)* tient lieu de fonts baptismaux. On remarque deux œuvres du Guerchin : *Sainte Lucie (dernier autel du bas-côté droit)* et *La Vierge, saint François et saint Alexandre (bras gauche du transept).*

La via Santa Croce, la piazza dei Servi, la **piazza dei Bernardini**, où s'élève la sévère façade du palais du même nom (16e s.), ramènent à la piazza San Michele.

AUTRES CURIOSITÉS

★ **Passeggiata delle Mura** – Les remparts, qui donnent à Lucques une physionomie si particulière, ceignent entièrement la ville sur une longueur de plus de 4 km. Leur construction s'échelonna sur le 16e et la première moitié du 17e s. Constitués de onze bastions en forte avancée que relient entre eux des courtines d'une largeur de 30 m à la base, ils étaient à l'origine percés de trois portes ; en 1804, Élisa Baciocchi en fit ouvrir une quatrième, à l'Est, la porte Élisa. Plantés au 19e s. d'une double rangée d'arbres, ils forment un original jardin public réservé aux piétons et aux cyclistes.

Pinacoteca ⊘ – Installée dans le palais Mansi (17e s.), elle présente de grandes compositions de peintres italiens, tels Véronèse, Giordano, le Dominiquin, Salvator Rosa, Bronzino, le Pontormo *(Portrait de jeune homme)*, le Tintoret, Ventura Salimbeni *(Sainte Catherine d'Alexandrie)* ; des portraits, dont celui d'un Della Rovere enfant par Federico Barocci ; de petits tableaux italiens *(Christ portant sa croix* attribué au Sodome) ou étrangers, notamment de l'école flamande.

Appartements – Quelques pièces présentent une remarquable **décoration**★ des 17e et 18e s. : petits salons aux plafonds peints de fresques à sujets mythologiques et aux murs tendus de somptueuses tapisseries flamandes du 17e s. contant l'histoire de l'empereur Aurélien et de la reine Zénobie ; la « chambre des Époux », de style 18e s. avec son lit à baldaquin sous une fresque représentant Éros et Psyché.

S. Paolino – Dédiée au saint patron de la ville, elle fut érigée de 1522 à 1536. Elle conserve l'orgue du 19e s. où Puccini, paroissien de San Paolino, venait souvent jouer.

Casa natale di Puccini ⊘ – Ce petit musée, installé dans la maison natale de Puccini, conserve des lettres du compositeur, son piano, des illustrations montrant le décor de certains de ses opéras et autres calendriers parfumés inspirés par ses œuvres, portraits et cartes postales.

Museo Nazionale di Villa Guinigi ⊘ – Cette imposante bâtisse en briques, d'architecture romano-gothique, était la résidence de campagne de Paolo Guinigi, qui la fit construire en 1418, légèrement à l'extérieur de l'enceinte médiévale. Une complète restauration a rendu, sinon aux jardins tout au moins au bâtiment, son aspect d'origine.

Le musée expose du matériel archéologique provenant de la région, offre une rétrospective de la sculpture locale et présente des peintures d'artistes pour la plupart lucquois.

On remarque particulièrement des bijoux en bronze provenant de sépultures ligures (2e et 3e s. avant J.-C.), un remarquable cratère attique (3e s. avant J.-C.) décoré d'une scène mythologique, ainsi que des bijoux étrusques (5e s. avant J.-C.) en or, admirablement conservés.

La sculpture romane est illustrée notamment par un panneau représentant **Samson** chevauchant un lion (début du 13e s.), tandis que la Renaissance est présente avec l'auteur du *tempietto* de la cathédrale, Matteo Civitali, dont on admire un très joli bas-relief représentant l'*Annonciation* et un *Ecce Homo* (tête de Christ couronnée d'épines).

Des **panneaux en marqueterie** témoignent de l'importance qu'eut à Lucques, à l'époque de la Renaissance, l'art de travailler le bois (vues de la Lucques ancienne, d'une exceptionnelle finesse d'exécution).

Quant à la peinture locale de la fin du 15e et du 16e s., elle est évoquée notamment par une belle *Dormition de la Vierge* en bois sculpté et peint par le Siennois Vecchietta ainsi que deux grandes compositions équilibrées du Florentin Fra Bartolomeo, dont une *Vierge de Miséricorde* un peu théâtrale.

Parmi les œuvres du 18e s. on note une *Extase de sainte Catherine* au coloris agréable et au dessin habile, par le Lucquois Pompeo Batoni.

Enfin, splendides **parements sacerdotaux** en soie ou en fil d'argent brodés d'or, tissés à Lucques entre le 15e et le 18e s.

ENVIRONS

Villa Reale de Marlia ⊘ – *8 km au Nord. Sortir par* ① *du plan. Sur la route S 12, à 6 km, prendre à droite vers Marlia (panneau) et traverser la voie ferrée.* La villa Royale est entourée de magnifiques **jardins**★★ du 17e s., modifiés par Élisa Bonaparte. On parcourt le jardin des fleurs, celui des citronniers, le nymphée et le ravissant théâtre de verdure avec ses statues, niches, gradins, ifs taillés.

★ **Villa Torrigiani** ⊘, à Segromigno in Monte – *12 km au Nord-Est. Sortir par* ② *du plan, suivre la route de Pescia dite « la Pesciatina » en direction de « Zone ». À Zone, tourner à gauche direction Segromigno in Monte.* Cette villa du 16e s. fut transformée au 17e s. en une luxueuse résidence d'été par le marquis Nicolao

Santini, ambassadeur de la république de Lucques à la cour pontificale et à celle de Louis XIV. Les jardins, dessinés par Le Nôtre, sont embellis de jeux d'eau, de grottes, de nymphées. La demeure, à l'amusante façade rococo, se dresse au fond d'une longue allée arborée. La villa a accueilli des hôtes illustres : au 19e s. la Malibran, au début du 20e s. les princes de Savoie-Aoste, en 1972 le président Pompidou.

Villa Mansi ⊘, **à Segromigno in Monte** – *11 km au Nord-Est. Même itinéraire que pour la villa Torrigiani, et suivre les indications à partir de Segromigno.* Cette très belle construction du 16e s., à la façade chargée de statues, s'entoure d'un vaste **parc**★ (dont la partie Ouest a été réalisée par Juvara au 18e s.) mi-anglais, magnifiquement ombragé, mi-italien, avec une allée de statues aboutissant à un grand miroir d'eau.

Borgo a Mozzano – Le pont du diable

Borgo a Mozzano – *23 km au Nord-Est, le long de la SS 12.* Situé sur la route d'Abetone, le village attire l'attention par son curieux **pont de la Madeleine** (Ponte della Maddalena) du 12e s., qui franchit le Serchio. Son nom est dû à une statue de Marie-Madeleine, aujourd'hui conservée dans l'église paroissiale. Le pont est également appelé **pont du diable** (Ponte del diavolo), car la légende veut que son constructeur ait demandé l'aide de Satan pour le terminer. Le diable accepta, en échange de l'âme du premier passant qui le traverserait. Le constructeur évita finement l'enfer à un être humain en faisant traverser le pont à un chien.

LUCIGNANO

3 442 habitants
Carte Michelin n° 430 ou Atlas Italie p. 46 M 17

Tranquille village du Val di Chiana, Lucignano présente un curieux plan allongé où la rue principale s'enroule en colimaçon avant de se perdre dans un caractéristique dédale de rues médiévales.

Les restes du **château** *(cassero)* du 14e s. accolé à l'enceinte font face à la **collégiale S. Michele**. Construite à la fin du 16e s., cette dernière s'élève en haut d'un escalier joliment dessiné (mais en médiocre état) d'abord concave puis convexe articulé autour d'un palier ovale. À l'intérieur, la voûte en berceau est soulignée par la *pietra serena* des piliers et des arcs ; monumental autel baroque d'Andrea Pozzo. En longeant la collégiale à gauche, on atteint la piazza del Tribunale, où s'élève, au fond, le petit **hôtel de ville** orné de blasons. Le **musée** ⊘, aménagé au rez-de-chaussée, s'honore de conserver, outre quelques peintures siennoises (13e-15e s.), un remarquable reliquaire d'or orné de pierres précieuses, dit en raison de sa forme l'**Arbre de saint François**★★, chef-d'œuvre d'orfèvrerie siennoise des 14e et 15e s.

À droite de l'hôtel de ville, l'**église S. Francesco** déploie en toute simplicité son harmonieuse façade romane où alternent des lits de pierres blanches et noires. Le linteau de son portail sculpté attire l'attention, étant constitué non pas d'un seul bloc transversal mais de plusieurs pierres imbriquées les unes dans les autres grâce à leur découpe verticale brisée.

La LUNIGIANA

Carte Michelin n° 430 ou Atlas Italie p. 34 I/J 11/12

À cheval sur la Toscane, la Ligurie et l'Émilie, le long du fleuve Magra, cette région historique et géographique mêle diverses cultures, tout en gardant un caractère particulier immédiatement perceptible. Habitée dès le paléolithique, la Lunigiana accueillit des Étrusques puis des Romains, qui établirent une colonie de 2 000 habitants à **Luni**, localité (aujourd'hui en Ligurie) dont dérive le nom Lunigiana. Au Moyen Âge, la région était encore unifiée sous l'autorité de l'évêque de la ville.

Sur fond de châteaux (Aulla, Malgrate, Fivizzano, Fosdinovo, Pontremoli) et d'églises paroissiales romanes dites *pieve* (Sorano, Codiponte), l'attrait aujourd'hui se retrouve dans les **testaroli**, feuilles de farine de blé cuites dans des récipients appelés *testi*, coupées en losange, plongées dans de l'eau bouillante et assaisonnées d'huile d'olive, de

> **La piève (chapelle ou église romane)**
>
> C'était le lieu de culte de la « plebs », mot latin signifiant le peuple, d'où dérive l'italien « pieve ». Ces églises sont souvent riches en sculptures symboliques, illustrant le péché et la rédemption.

basilic et de *pecorino* (fromage de chèvre), et dans les **tourtes** aux légumes de saison – la plus fameuse étant la **torta alle erbe** à base de poireaux, d'oignons, de bourrache et de tête d'orties –, ainsi que dans les **focaccette** de blé et de maïs ou dans quelques variétés de gâteaux typiques.

① De Aulla à Casola in Lunigiana *35 km - environ une demi-journée.*

Aulla – La ville est dominée par la **forteresse de la Brunella**, nom qui provient probablement de la couleur brune de la roche. La construction de ce fort quadrangulaire remontant au début du 16e s. pourrait avoir été voulue par un Médicis, Jean des Bandes Noires. Il abrite un **musée d'Histoire naturelle** (Museo di Storia naturale ⊘), qui reconstitue les milieux naturels de la Lunigiana, des grottes au maquis méditerranéen.

Suivre la SS 63 puis la SS 445 et, près de Gragnola, la déviation pour Equi.

Equi Terme – Dans cette station thermale aux eaux sulfureuses, on soigne les affections de l'appareil respiratoire et celles de la peau, ainsi que les maladies osseuses et articulaires. Outre ses vertus thérapeutiques, l'endroit présente un intérêt archéologique et spéléologique certain.
On peut visiter les **grottes** ⊘ de nature karstique, riches de stalactites et de stalagmites. Dans certaines de leurs anfractuosités, des restes, témoignant de la présence de l'homme au paléolithique et au néolithique, ainsi que des traces d'ours des cavernes, ont été retrouvés.

Retourner sur la SS 445. Continuer vers Codiponte et Casola en Lunigiana (vallée de l'Aulella).

Codiponte – On visite l'église paroissiale romane aux motifs décoratifs lombardo-caroligiens, qui conserve d'anciens fonts baptismaux.

Casola in Lunigiana – La promenade dans l'ancien bourg aux édifices typiques des 15e et 16e s. est conseillée.

② De Aulla à Pontremoli *22 km - environ une demi-journée.*

Aulla – *Voir ci-dessus.*

Parcourir la SS 62 en direction de Pontremoli pendant 11 km jusqu'à Villafranca.

Villafranca in Lunigiana – Cette petite ville est surtout connue pour son **musée ethnographique**★ ⊘. Logé dans un moulin du 14e s. parfaitement restauré, ce musée propose un itinéraire didactique servi par des programmes audiovisuels et illustre efficacement l'identité culturelle de la civilisation paysanne de la Lunigiana à travers de nombreuses pièces présentées par thème : poids de l'époque romaine, gracieuses statuettes d'ex-voto en bois, outils à éplucher les châtaignes, instruments de tissage, hottes, formes pour le fromage, barattes...

Continuer jusqu'à Filattiera sur 5 km le long de la SS 62.

Filattiera – Le long de la route surgit la **piève de Sorano**, de style toscan et lombard, particulièrement manifeste dans la belle abside.

Reprendre la SS 62 et continuer sur 7 km jusqu'à Pontremoli.

Pontremoli – Au confluent du Magra et du Verde, Pontremoli a créé en 1953 le prix littéraire Bancarella, à l'initiative de ses traditionnels vendeurs ambulants spécialisés dans les livres. Le **château du Piagnaro**, commencé au 10e s., est le témoin de l'histoire culturelle de cette ville. Son nom rappelle les *piagne*, dalles d'ardoise qui, en Lunigiana, servaient à couvrir les toits. Le château abrite l'intéressant **musée des statues-stèles de la Lunigiana** ⊘, ensemble de sculptures anthropomorphes féminines, qui rappellent la déesse mère méditerranéenne, symbole de fertilité, et de sculptures masculines, dont les armes désignent peut-être des héros ou des chefs de tribus divinisés. Réparties typologiquement en trois groupes, elles s'échelonnent sur une longue période allant du 2e millénaire avant J.-C. au 5e s. avant notre ère.

Le **campanone**, qui se trouve entre la piazza della Repubblica et la piazza del Duomo, est le symbole de la ville. C'est une tour appartenant à la muraille dite de « Cacciaguerra » (chasse-guerre), construite au 14e s. sur ordre de Castruccio Castracani *(voir index)* pour séparer les parties guelfe et gibeline de la ville.

MAGLIANO IN TOSCANA

3 776 habitants
Carte Michelin n° 430 ou Atlas Italie p. 51 O 15 – Schéma : La MAREMMA

Au sommet d'une colline plantée d'oliviers, Magliano se blottit à l'intérieur de ses murs du 14e s. et de la Renaissance. La rue principale, la séculaire via di Mezzo *(rue du Milieu)*, conserve deux églises : S. Giovanni Battista, à la façade Renaissance, et S. Martino, d'époque romane.

À l'origine s'élevait, à proximité de là, une cité étrusque *(on peut visiter les tombes)* qui devint par la suite colonie romaine sous le nom de **Heba**.

★ **Ruines de l'église S. Bruzio** - *Direction Marsiliana au Sud-Est.* À gauche de la route, peu après la sortie du village, les vestiges de cette église du 12e s. surgissent solitaires au milieu d'un vaste champ. L'harmonie entre la paisible beauté des ruines romanes et la nature aux couleurs changeantes et d'une douceur aquarellée y est particulièrement suggestive.

La MAREMMA★

La MAREMME
Carte Michelin n° 430 ou Atlas Italie p. 51 N/O 14/15/16

La **Maremme** est un vaste secteur géographique généralement divisé en trois zones : la Maremme pisane, qui s'étend des contreforts méridionaux des collines livournaises jusqu'à San Vincenzo, la Maremme grossetaine, correspondant à la province de Grosseto, et la Maremme latine, allant de Tarquinia à Cerveteri. Outre la bande côtière, la Maremme s'étend à l'intérieur du pays jusqu'au versant occidental des Collines Métallifères.

Bien que géologiquement très ancien, ce territoire est assimilé - de façon partiellement erronée - à une zone marécageuse formée au quaternaire. Certains secteurs remontent en effet à l'ère primaire (comme le prouvent des fossiles animaux), au secondaire et au tertiaire, et comprennent des collines (les monts de l'Uccellina) démentant l'image d'une vaste et uniforme plaine alluviale où alternent marais, étangs et *tomboli*, ces dunes littorales qui provoquent des retenues d'eau.

Le « buttero » et la « merca »

Même si de nos jours le travail du *buttero* s'est profondément modifié, il requiert, comme par le passé, un effort quotidien enraciné dans les rythmes de la nature. Auparavant, la journée de ce gardian de la Maremme commençait à l'aube avec le choix du cheval et se poursuivait par de multiples tâches : contrôle du bétail et des clôtures, aide aux bêtes pleines en difficulté quand le fœtus devait être, d'une certaine façon, attaché au cheval qui le mettait au monde en le tirant. Le point culminant de son année de travail est la *merca*, cérémonie - plutôt que pratique - du marquage du bétail par le feu, garantie de propriété. Pour faciliter le marquage et accélérer la cicatrisation, la *merca* a lieu au printemps, quand les animaux ont perdu leur pelage d'hiver. Jadis, ce travail exténuant et risqué était également l'occasion d'un spectacle. Comme dit le dicton : « Qui va à la merca et n'est pas marqué n'est pas allé à la merca. » Mais les gardians n'étaient pas les seuls protagonistes de cette journée dont la « glorieuse » conclusion était confiée aux femmes de la ferme qui, après avoir travaillé des journées entières à la préparation des pâtes, des viandes et des gâteaux, préparaient une table somptueuse.

Martin-pêcheur

Huppe

Héron cendré

Canard souchet

Sanglier

Porc-épic

Blaireau

Plus de 2 000 ans d'histoire – Étrusques, Romains et bonification pourraient résumer l'histoire de la Maremme. Les Étrusques, qui fondèrent en ces lieux Populonia, Roselle et Vetulonia, furent les premiers à tenter d'assainir le secteur, mais les premiers travaux hydrauliques importants ne purent avoir lieu que pendant la période pacifique de la domination romaine. Après la chute de l'Empire romain, les voies de communication restèrent inutilisées et la région, de nouveau soumise aux lois naturelles, perdit le bénéfice de ces premiers assainissements, la malaria s'installant de surcroît dans les zones marécageuses incontrôlées.

Les incursions de pirates de long de la côte et les invasions barbares furent particulièrement dramatiques pendant le haut Moyen Âge, mais à partir du 10e s., à l'époque lombarde et jusqu'au règne des Aldobrandeschi, la région put jouir d'une relative accalmie. Bien que toujours insalubre, elle passa sous le contrôle des Siennois puis des Médicis. Dante la qualifia à plusieurs reprises de modèle terrestre du malheur éternel. En 1826, les Lorraine, et en particulier Léopold II, reprirent les travaux de bonification. Poursuivis à l'époque de l'Unité italienne puis du fascisme, ils permirent d'assainir un territoire dont l'agriculture est aujourd'hui la première ressource.

La faune – Le **sanglier** est le « citoyen d'honneur » et le symbole de la Maremme. Il est chassé durant la *cacciarella*, battue traditionnelle qui rassemblent chasseurs, chiens et piqueurs.

Également caractéristiques sont les « figures » du **bœuf de Maremme**, massif, aux cornes en forme de lyre, et du **cheval de Maremme**, petit et très résistant, descendant probablement du cheval berbère. Gardant les troupeaux, le *buttero* (proche de son cousin le gardian de Camargue) pratique son antique et dur labeur à cheval. Son activité connaît un moment très spectaculaire à l'époque du marquage des bêtes, la *merca*, qui a lieu le 1er mai à Alberese.

Le **daim** est un autre résident régulier des lieux. Son pelage est brun rougeâtre coupé de blanc en été, gris-brun durant l'hiver.

Dans les bois vivent aussi des **chevreuils**, des **porcs-épics** et des **blaireaux**, ces deux derniers partageant souvent la même tanière. Le **renard**, quant à lui, est le seigneur incontesté de la Maremme, fréquentant indifféremment tous les milieux, qu'il s'agisse des cultures, des pâturages, des bois, des zones rocheuses, des pinèdes, des marais ou des dunes. Il faut ajouter aux **chats sauvages**, aux **fouines**, aux **belettes** et autres mammifères de la Maremme une multitude d'oiseaux aux coloris extraordinaires : **faucons, buses, chouettes, canards souchets, mouettes, huppes, hérons, cormorans, martins-pêcheurs** et nombre d'espèces que toute personne patiente peut observer.

La végétation – Comme la faune, la végétation varie selon les milieux. Entre les **lys marins** des dunes du littoral et la pinède, on trouve des **genêts** et des **lentisques**. Les rochers se couvrent de **thym** et des **barbes de Jupiter**, les collines

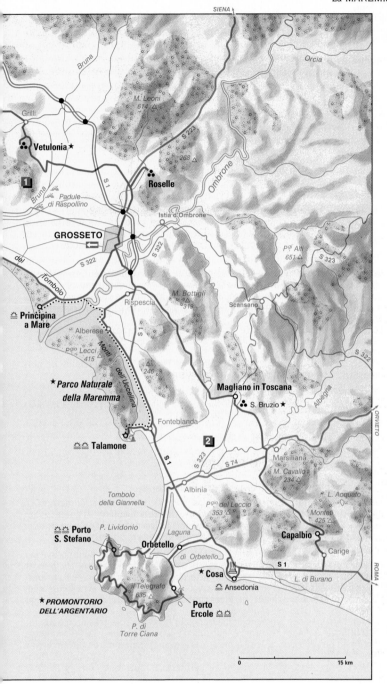

sont le royaume du **maquis**, où pousse la **bruyère**. Parmi les nombreuses autres espèces, on recense le **palmier nain**, le **romarin**, l'**asphodèle**, l'**ajonc**, les **pavots jaunes** et les **orchidées**.

1 **Campagne, pinèdes et mer** *135 km – une journée.*

La province de Grosseto, retenue généralement comme la Maremme par excellence, est formée d'une plaine au-dessous du niveau de la mer, qui en s'enfonçant vers l'intérieur se relève et prend du relief. Les collines plantées d'oliviers et de vignes sont ponctuées de domaines agricoles ; près de la mer le paysage de plaine se pare de couleurs intenses variant au fil des saisons ; la côte enfin est ourlée de pinèdes qui longent les plages de sable fin.

Grosseto - *Voir ce nom.*

Une route de campagne, tranquille et peu fréquentée, mène en peu de temps au site archéologique de Roselle.

Ruines de Roselle - *Voir Rovine de Roselle.*

Passé la via Aurelia, on continue en direction de Buriano. La route traverse la plaine que domine le village de Vetulonia, accroché à une colline sur laquelle on monte par paliers et précédé par sa nécropole et les fouilles.

★ **Nécropole de Vetulonia** - *Voir Necropoli di Vetulonia.*

On peut rejoindre Follonica en poursuivant la route menant à Gavorrano, ou en utilisant pour gagner du temps la voie rapide (superstrada). À partir de là, la côte égraine de jolies villes de mer.

⌂ **Follonica** - Station balnéaire bénéficiant d'un climat doux, de fraîches pinèdes et de la proximité de sites artistiques, Follonica se trouve au centre d'un ample golfe situé entre Piombino et Punta Ala, en face de l'île d'Elbe.

⌂⌂⌂ **Punta Ala** - Récente et luxueuse station résidentielle aménagée dans une belle pinède sur la corne Sud du golfe de Follonica, Punta Ala offre une superbe plage abritée, un important port de plaisance et des infrastructures sportives (sports aquatiques et équestres dont le polo ; son terrain de golf accueille des compétitions internationales).

⌂⌂ **Castiglione della Pescaia** - Port de pêche et station balnéaire, Castiglione se présente comme un port-canal au pied d'une éminence que recouvre la partie médiévale du bourg ceint de remparts. Celle-ci mérite une visite pour ses rues escarpées et dallées, ses maisons à fenêtres grillagées, ses passages couverts, ses portes fortifiées.
Du point culminant, que coiffe un petit château à grosses tours carrées, vue intéressante en contrebas sur le port-canal et les plages de sable fin bordant le promontoire.
Après Castiglione, la route longe la **pinède du Tombolo**, longue étendue de pins parasols.

⌂ **Principina a Mare** - Cette tranquille localité balnéaire est située au cœur de la pinède, qui borde la mer depuis Follonica. Possibilité de belles promenades sous les pins ou sur la très longue plage de sable fin.

Retour à Grosseto.

② Des Monts de l'Uccellina à l'Argentario *160 km - une journée.*

Grosseto - *Voir ce nom.*

Suivre la via Aurelia (SS 1) jusqu'à la sortie d'Alberese.

Le paysage au Sud de Grosseto devient progressivement plus varié, mettant en évidence les caractéristiques de la Maremme. Une fois à **Alberese**, se garer devant le **centre d'accueil** des visiteurs du **parc naturel de la Maremme** ☉, où l'on peut acheter les billets d'entrée au parc et d'où partent les visites en autocar.

★ **Parco Naturale della Maremma** - Le parc est presque entièrement occupé par les **Monti dell'Uccellina** et recouvert de forêts (maquis méditerranéen) sur près de 4 000 ha s'étendant parallèlement au littoral de Principina a Mare à Talamone. Les nombreuses espèces constituant la flore et la faune locales sont influencées par un climat varié aux caractéristiques continentales, méditerranéennes et, dans certains cas particuliers, subdésertiques.
Les témoignages des premiers établissements humains sont très nombreux, du paléolithique à l'âge du bronze, jusqu'à l'époque romaine. Dès l'Antiquité, l'homme a pu y chasser, grâce à la présence de grands mammifères qui ont de tout temps été une caractéristique de la Maremme, même si, dans le passé, les zones côtières empestées par la malaria ne permettaient pas que l'on s'y installât durablement.
Les visites, guidées ou non, s'effectuent le long d'itinéraires thématiques, qui mettent en relief les différents aspects du parc : la forêt, les animaux, les points de vue panoramiques. Il est possible de suivre les itinéraires « intérieurs » *(guidés en été et libres en hiver)* de **San Rabano** *(5 h, un départ par jour)* et **delle Torri** *(« des Tours » - 3 h, deux départs par jour)* ou celui « marginal » autour d'Alberese centré sur la faune et la flore.

Rejoindre la SS 1 au Sud.

Fonteblanda, où se détache la route pour Talamone, est connue pour ses thermes, le **Terme dell'Osa**.

⌂⌂ **Talamone** - Petit port de pêche caractéristique, dominé par une forteresse du 15e s., Talamone a des origines étrusques et même légendaires. La colline qui la surplombe serait le tumulus de Télamon qui avait participé à l'expédition des

Travail des *butteri* avec les chevaux et les bœufs caractéristiques de la Maremme

E. Sailler/GLMR

Argonautes en Colchide à la recherche de la Toison d'or. En 225 avant J.-C. les consuls Emilius Papus et Attilius Regulus remportèrent, dans la plaine voisine de Campo Regio, une importante victoire contre les Gaulois.

Pour la visite de l'Argentario, il est conseillé de l'aborder par le tombolo de la Giannella et de passer à Orbetello au terme du circuit sur le promontoire.

La route suit la pinède jusqu'à la zone lagunaire.

★ **Promontorio dell'Argentario et Orbetello** - *Voir Argentario.*

La dernière partie de l'itinéraire, de moindre intérêt jusqu'à Carige, se poursuit entre Capalbio et Magliano, parmi de douces collines plantées de vignes et d'oliviers.

★ **Ruines de Cosa** - *Voir Cosa.*

Capalbio - *Voir ce nom.*

Magliano in Toscana - *Voir ce nom.*

MASSA

67 909 habitants
Carte Michelin n° 430 ou Atlas Italie p. 38 J 12 - Schéma : La VERSILIA

Ville de plaine et chef-lieu de province, au pied des Alpes Apuanes et à 4 km seulement du littoral de la Riviera de la Versilia, Massa présente un aspect moderne tempéré par quelques monuments anciens. Ses places, ornées de grandes fontaines et de sculptures en marbre, et nombre de façades également en marbre blanc, y rappellent la proximité de Carrare.

Monuments - Fief de la puissante famille Malaspina du 15e au 18e s., la ville conserve leur **château** Renaissance des 15e-16e s., caché dans la forteresse médiévale à demi ruinée sur la butte rocheuse dominant la cité, ainsi que leur résidence des 16e-17e s., le **palais Cybo Malaspina**, aujourd'hui préfecture *(dans le centre, piazza Aranci).*
Le **dôme**, tout de marbre et modernisé, abrite quelques œuvres d'art intéressantes : cuve baptismale, *Madone* du Pinturicchio sur l'autel, crèche du 16e s., crucifix du 13e s. et, dans une chapelle souterraine, les tombeaux des Malaspina.
L'église **S. Sebastiano**, de construction récente, est ornée de peintures murales figuratives de Dino Cellini (1978).

MASSA MARITTIMA★★

8 823 habitants
Carte Michelin n° 430 ou Atlas Italie p. 45 M 14

Le nom de Massa Marittima indiquerait selon certains que son territoire s'étendait jadis jusqu'à la mer et selon d'autres sa relation avec le secteur proche de la Maremme. Située au cœur d'une douce campagne sur les derniers contreforts des Collines Métallifères, elle a conservé son caractère ancien de commune médiévale. Sa prospérité fut de tout temps liée à l'exploitation minière, l'agriculture et l'artisanat, activités qui s'insèrent harmonieusement à la ville.

Deux fois par an (en mai et août), durant le cortège historique du **Balestro del Girifalco** (*voir en fin de guide le chapitre Principales manifestations touristiques*), Massa revit aux couleurs du Moyen Âge : des lanceurs de drapeaux en costume du 14e s. réalisent de spectaculaires démonstrations accompagnées de roulements de tambours et de sonneries de trompettes.

CURIOSITÉS

★★ **Piazza Garibaldi** – Dans son unité, très évocatrice de l'époque médiévale, elle est entourée de trois constructions romanes : le palais du podestat percé de baies géminées, le palais communal couronné de merlons et la cathédrale.

★★ **Dôme** – Remontant probablement au début du 11e s., ce majestueux édifice roman de style pisan, entouré d'arcatures aveugles, fut agrandi en 1287 par Giovanni Pisano et sa façade complétée d'un fronton à trois flèches. Son beau **campanile★**, autrefois crénelé aujourd'hui surmonté de quatre clochetons, est percé de baies dont le nombre croît avec la hauteur. Remarquer, sur la façade, les lions rugissants, les chapiteaux délicatement fouillés et le linteau du portail central contant la vie de saint Cerbone, évêque de Populonia et saint patron de la ville à qui est dédiée l'église.

J.P. Langeland/DIAF

Le Dôme de Massa Marittima

À l'intérieur, de plan basilical, on remarque : les chapiteaux variés de la nef ; au revers de la façade, vestiges de fresques du 14e s. et fragments de bas-reliefs (10e s.) d'influence byzantine ; près de la porte d'entrée, un bas-relief en marbre provenant d'un sarcophage romain du 3e s., au-dessus duquel se trouve une fresque de la *Vierge à l'Enfant* de la fin du 13e s.

L'édifice possède de curieux fonts baptismaux dont la cuve romane monolithe est ornée de bas-reliefs évoquant l'Ancien et le Nouveau Testament.

La chapelle à gauche du chœur abrite la **Vierge des grâces** attribuée à Duccio di Buoninsegna (vers 1255-vers 1318) et des fragments de la *Présentation de Jésus au temple*, œuvre mutilée de Sano di Pietro (1406-1481).

Le chœur renferme l'« arca » de saint Cerbone, sarcophage en marbre sculpté en 1324 par Goro di Gregorio.

Dans la chapelle à droite du chœur, *Crucifixion* de Segna di Bonaventura (début du 14e s.).

Palazzo del Podestà – Le **palais du podestat** remonte aux années 1225-1230. Le plus haut magistrat de la commune, détenteur du pouvoir exécutif, y résidait. Orné en façade des blasons des différents podestats qui y habitèrent, il est le siège du **musée archéologique** ⊘ : intéressante stèle de Vado all'Arancio (exemplaire unique retrouvé en Étrurie d'un style caractéristique du Nord-Ouest de la Toscane et du Sud de la France), collections étrusques provenant de la nécropole du lac de l'Accesa. Dans la pinacothèque, belle **Vierge en majesté** d'Ambrogio Lorenzetti (1285-1348).

★ **Fortezza dei Senesi et Torre del Candeliere** ⊘ – Massa est entourée de murs remontant au début du 13e s. En partie détruite en 1337 par les Siennois, l'enceinte a été reconstruite par leurs soins au cours du 14e s., d'où le nom de **forteresse des Siennois** donné à la citadelle.

Élevée en 1335 et dotée de cinq tours, celle-ci partage la ville en deux secteurs unis par la Porta alle Silici. Elle est reliée par un arc de 22 m de portée à la **tour du Chandelier**, réduite au tiers de sa hauteur par les Siennois et seul vestige de la forteresse antérieure, érigée en 1228.

Museo di Storia e Arte delle miniere ⊘ – À proximité de la forteresse des Siennois, le **musée d'art et d'histoire des mines** expose des outils de travail – pour certains d'époque médiévale, des minéraux, des maquettes de puits d'extraction et une intéressante documentation illustrant la séculaire activité minière de Massa Marittima.

Antico frantoio ⊘ – Ancien et beau **pressoir** de bois du 18e s.

S. Agostino – Cette église du début du 14e s. montre une large façade romane sans ornement, une belle abside gothique et un campanile crénelé ajouté au 17e s. À sa gauche subsistent deux ailes du cloître roman d'origine. À l'intérieur, voûté de bois, noter les vitraux de l'abside aux rouges et aux bleus intenses.

S. Francesco – Soumise récemment à d'importants travaux de restauration (qui en ont modifié la structure originaire), cette église gothique fait partie du couvent (et séminaire) fondé selon la tradition par saint François vers 1220. Même si seule la partie absidale est restée presque intacte, la construction conserve le charme simple et caractéristique des églises franciscaines. Vitraux modernes, d'une belle tonalité verte, racontant des épisodes de la vie de saint François, saint Cerbone et saint Bernardin.

Museo della Miniera ⊘ – *À proximité de la piazza Garibaldi.* L'exploitation du minerai de fer dans la région est évoquée au **musée de la mine** par une galerie de 700 m où sont reproduites les différentes armatures de soutènement (bois, fer, béton) successivement utilisées et les alvéoles abritant les bennes, machines et outils d'extraction, ainsi que des échantillons de minéraux.

EXCURSION

★★ **Abbaye de San Galgano** – *32 km au Nord-Est. Voir San Galgano.*

MONTALCINO ★

5 099 habitants
Carte Michelin n° 430 ou Atlas Italie p. 46 M 16

Accrochée au flanc d'une colline, Montalcino a conservé une partie de son enceinte du 13e s. et sa forteresse bâtie en 1361. Soumise à Sienne pendant plusieurs siècles, elle servit de refuge aux membres du gouvernement de la République siennoise, lorsque leur ville fut prise par Charles Quint en 1555. Chaque automne, à l'occasion de la **Sagra del Tordo** (Fête de la Grive, *voir le chapitre Principales manifestations touristiques en fin de volume*), les quatre quartiers de ce bourg médiéval renouent avec leur passé en défilant en costumes d'époque et en s'affrontant dans un concours de tir à l'arc.

Partout en Italie, Montalcino est surtout connue pour son excellent vin rouge, le **Brunello**, cru de très haute qualité au vignoble limité.

Pour les amateurs de tourisme vert

À BON COMPTE

Il Poderuccio – *À S. Angelo in Colle (53020), à 11 km au Sud-Ouest de Montalcino* – ☎ *0577 84 40 52, fax 0577 84 41 50 – ouvert d'avril à novembre – piscine.* Un havre de paix au milieu des vignes et des oliviers.

Le Ragnaie – *À Le Ragnaie (53024 Montalcino), à 3 km au Sud-Ouest de Montalcino, sur la route de S. Angelo in Colle – ☎ et fax 0577 84 86 39 – ouvert toute l'année – piscine.*
Une agréable atmosphère familiale et décontractée règne sur cette ferme pourvue d'un mobilier campagnard. Le restaurant propose une cuisine typique (sanglier, lapin, fougasse toscane).

CURIOSITÉS

★★ Rocca ⊘ – Bel exemple d'une **forteresse** du 14e s., admirablement conservée bien que dès le siècle suivant le développement de l'artillerie rendît ce type de système défensif vulnérable.
De hauts murs surmontés d'un chemin de ronde et munis de mâchicoulis délimitent une grande enceinte pentagonale où la population pouvait se réfugier. Cinq tours polygonales (dont une est partiellement détruite) dominent les angles de l'ouvrage.
À l'intérieur, on peut voir, à gauche en entrant, les restes d'une basilique et, au fond à droite, le donjon destiné au logement des officiers et de la noblesse en cas de siège (dégustation de vin au rez-de-chaussée et étendard de la République de Sienne peint par Sodoma au 2e étage) ; accès possible au **chemin de ronde**, qui offre un large **panorama** sur la ville et la campagne environnante.

★ Palazzo Comunale – Dominant la piazza del Popolo, l'**hôtel de ville** occupe un palais bâti au 13e s., flanqué d'une loggia à arcades des 14e-15e s. et surmonté d'un haut beffroi.

S. Egidio – *Piazza Garibaldi, derrière l'hôtel de ville.* Intérieur à nef unique et lambrissée, rythmée par trois arcs. Près de l'entrée, grand tabernacle en bois doré du 16e s.

Museo civico e diocesano ⊘ – *Via Ricasoli.* Outre quelques vestiges préhistoriques et étrusques et une collection de céramiques de Montalcino (13e-18e s.), le **musée municipal** renferme des peintures et des statues en bois polychromes de l'école siennoise (14e et 15e s.), ainsi qu'une bible en deux volumes et un crucifix (tous deux du 12e s.) provenant de la proche abbaye de Sant'Antimo.

S. Agostino – *À proximité du musée, là où la via Ricasoli s'élargit en une petite place.* La façade de cette église romano-gothique du 14e s. est ornée d'une rosace et d'un élégant portail de marbre. À l'intérieur, fresques de l'école siennoise du 14e s. dont, à droite de l'entrée latérale, un *Christ aux outrages* et, sur le mur de droite, des *Scènes de la Passion et de la vie de saint Antoine abbé* – œuvres d'artistes inconnus.

ENVIRONS

★★ Abbaye de Sant'Antimo – *10 km au Sud. Voir Sant'Antimo.*

MONTECATINI TERME⊹⊹⊹

20 360 habitants
Carte Michelin n° 430 ou Atlas Italie p. 39 K 14
Plan dans le Guide Rouge Italia

Montecatini, dotée d'un important équipement hôtelier, est l'une des stations thermales les plus fréquentées et les plus élégantes d'Italie. La saison de cure y est particulièrement longue et le séjour très agréable : parcs, distractions variées, hippodrome.
Les vertus thérapeutiques de ses eaux sont célèbres depuis des siècles ; elles soignent les maladies du métabolisme, les affections du foie, de l'estomac, de l'intestin et les rhumatismes. Les thérapies pratiquées, parmi lesquelles les bains de boue et la balnéothérapie, sont nombreuses mais particulièrement centrées sur la simple prise de l'eau à la source.

Museo dell'Accademia d'Arte ⊘ – *Viale Diaz.* Ce musée d'art moderne renferme des sculptures de Dupré, une fresque dramatique et colorée de P. Annigoni (*La Vie*), des souvenirs personnels de Verdi et Puccini, des œuvres de Guttuso, Primo Conti, Galileo Chini, Gentilini et Messina.

L'établissement thermal

ENVIRONS

Montecatini Alto – *5 km au Nord-Est.* Ce gracieux petit bourg accroché à une colline dominant le val de Nievole fut en 1315 le théâtre de la rencontre entre Uguccione della Faggiuola et Castruccio Castracani, Gibelins de Lucques et de Pise, vainqueurs des Guelfes de Florence.
La piazza Giusti est embellie par la tour médiévale, dite « maison d'Ugolin », les maisons décorées d'armoiries, et les jolis terrasses de cafés.

✦ **Monsummano Terme** – *4 km au Sud-Est.* Localité thermale surtout connue pour les cures pratiquées dans les grottes, Monsummano propose des traitements pour soigner la goutte, l'arthrose, les maladies artérielles et veineuses et les affections de l'appareil respiratoire.
C'est également la ville natale du poète italien **Giuseppe Giusti** (1809-1850), comme le rappellent le monument sur la place et, non loin, le musée national **Casa Giusti** ⊘.

Abbazia di MONTE OLIVETO MAGGIORE★★

Abbaye du MONT OLIVETO
Carte Michelin n° 430 ou Atlas Italie p. 46 M 16

La visite (1 h environ) inclut l'église et le grand cloître, et, parfois, le réfectoire.

Les immenses bâtiments de briques roses de cette célèbre abbaye se dissimulent au milieu des cyprès, dans un paysage de collines érodées. Monte Oliveto est la maison mère des Olivétains, congrégation de l'ordre de Saint Benoît fondée en 1313 par le bienheureux Bernard Tolomei de Sienne.
Une tour fortifiée ornée de terres cuites de l'école de Luca Della Robbia donne accès au domaine des moines.

VISITE ⊘

Grand cloître – Il a été décoré d'une superbe série de trente-six **fresques★★**, contant la vie de saint Benoît, par Luca Signorelli dès 1498, et par Sodoma de 1505 à 1508.
Le cycle, que l'on lit de gauche à droite, commence près de l'entrée de l'église, au grand arc où sont peints le *Christ à la colonne* et le *Christ portant sa croix*, chefs-d'œuvre de Sodoma. Tout comme le dernier côté *(au Nord)*, les dix-neuf premières scènes (à partir du *Départ de saint Benoît de la maison paternelle)* sont également de ce peintre ; viennent ensuite une fresque de Riccio, puis huit de Signorelli.
Esprit raffiné, influencé par Vinci et le Pérugin, **Sodoma** s'est représenté dans la 3ᵉ fresque, tourné vers le spectateur, les cheveux tombant sur les épaules. Peu religieux, il est surtout attiré par l'évocation séduisante des types humains, du paysage et du détail pittoresque, comme en témoignent la 4ᵉ fresque, où saint

Benoît reçoit l'habit d'ermite, la 12ᵉ *(1ʳᵉ du côté Sud)*, où le saint accueille deux jeunes gens au milieu d'une foule de personnages aux attitudes variées, la 19ᵉ *(dernière côté Sud)*, où de langoureuses courtisanes sont envoyées pour tenter les moines (magnifiques détails d'architecture sur fond de paysage).

Quant à **Signorelli** *(voir index)*, ses travaux se distinguent par la puissance sculpturale de ses figures et la mise en place dramatique des scènes choisies, où les paysages se réduisent à une simple évocation spatiale comme à la 24ᵉ fresque où saint Benoît ressuscite un moine tombé du haut d'un mur.

À partir du cloître, on visite aussi le réfectoire du 15ᵉ s., orné de fresques de la même époque *(Cène)*.

Église abbatiale – L'intérieur a été refait en style baroque au 18ᵉ s. Les vitraux sont modernes.

Dans la chapelle à gauche de l'entrée extérieure a été placé le crucifix en bois, apporté à l'abbaye par son fondateur, en 1313. Les magnifiques **stalles★★** (1505) de Fra Giovanni da Verona, marquetées d'oiseaux, de perspectives architecturales, de tabernacles, d'instruments de musique..., épousent entièrement le pourtour de la nef. À droite du chœur, un escalier permet d'accéder à la crèche.

MONTEPULCIANO★★

13 890 habitants
Carte Michelin n° 430 ou Atlas Italie p. 46 M 17

Bâtie sur la crête d'une colline de tuf séparant deux vallées et occupant un **site★★** remarquable, Montepulciano est une attachante petite ville, typiquement Renaissance.

Des habitants de Chiusi, fuyant les invasions barbares, fondèrent la cité au 6ᵉ s. et l'appelèrent Mons Politianus, ce qui explique le nom des habitants, Poliziani (Politiens).

Les poètes ont chanté son « vino nobile », couleur de rubis.

Antonio da Sangallo l'Ancien, l'un des deux aînés d'une illustre famille de sculpteurs et d'architectes de la Renaissance, a laissé à Montepulciano quelques-unes de ses œuvres les plus connues.

★ LA VIEILLE VILLE *visite : 1 h 1/2*

Après être passé sous la Porta al Prato, porte fortifiée timbrée de l'écusson toscan, puis à côté du Marzocco, le lion de Florence, on pénètre dans la rue principale bordée de nombreux et intéressants **palais★** ou églises. Nommée via Roma dans sa première partie, cette rue se divise pour former une boucle autour du quartier monumental.

Politien

Né en 1454 à Montepulciano, mort à Florence en 1494, Angelo Ambrogini, « Il Poliziano », un des plus exquis poètes de la Renaissance, devint l'ami de Laurent le Magnifique, qu'il appelait « Lauro » (le laurier). Ils devisaient à Fiesole, où Laurent avait fait don d'une villa à Politien qui l'avait sauvé des assassins de son frère Julien de Médicis lors de la conjuration des Pazzi *(voir p. 126)*. Les *Stances*, chef-d'œuvre de Politien, décrivent une sorte de jardin des délices que hantent de touchantes figures de femmes ; son art correspond à celui de Botticelli, son ami, en peinture.

Au n° 91 de la via Roma, le beau palais Avignonesi, fin Renaissance (16ᵉ s.), est attribué à Vignola ; au n° 73, le palais de l'antiquaire Bucelli est orné de fragments lapidaires étrusques et romains ; plus loin, à droite, l'église **S. Agostino** (restaurée) présente une **façade★** Renaissance dessinée au 15ᵉ s. par le Florentin Michelozzo. En face s'élève une tour dont le jaquemart n'est autre qu'un polichinelle.

À la Halle au Blé, prendre à gauche la via di Voltaia nel Corso ; au n° 21, le palais Cervini, œuvre d'Antonio da Sangallo l'Ancien, est un bon exemple du style Renaissance florentine avec ses bossages, ses frontons curvilignes et triangulaires. Suivre ensuite les rues dell'Opio nel Corso et Poliziano (au n° 1, maison natale du poète) pour accéder à la piazza Grande. Au bout de la via Poliziano, l'église S. Maria dei Servi abrite une *Madone à l'Enfant* de Duccio di Buoninsegna.

★★ Piazza Grande – La Grand-Place est le centre monumental de la ville. Son plan irrégulier, ses façades de styles divers évitent toute monotonie architecturale en se fondant dans un ensemble harmonieux.

★ **Palazzo comunale** – Gothique, il a été remanié au 15e s. par Michelozzo. Avec ses mâchicoulis, ses créneaux et sa belle tour carrée, il rappelle le Palazzo Vecchio de Florence. Du sommet de la **tour** ⊘ *(pour y accéder, s'adresser au gardien ; escalier raide et étroit)*, on découvre un immense **panorama**★★★ sur la ville et ses environs (église de la Madonna di San Biagio), sur la campagne toscane, sur le lac Trasimène et Cortona à l'Est, Sienne au Nord, Pienza à l'Ouest, le mont Amiata au Sud.
De l'autre côté de la place, le palais Contucci, commencé en 1519 par Sangallo l'Ancien, fut terminé au 18e s.

★ **Palazzo Nobili-Tarugi** – Face à la cathédrale, sur la droite, ce majestueux palais Renaissance est attribué à Sangallo l'Ancien. Il comporte un portique et un grand portail à arcs en plein cintre ; six colonnes ioniques posées sur une base très haute supportent les pilastres de l'étage supérieur, où se trouvait, à gauche, une loggia aujourd'hui aveugle.
Les baies, à frontons curvilignes, s'appuient sur de petites consoles. Remarquer, à gauche et au-dessus du portail central, l'ouverture destinée à observer les arrivants.
À côté du palais Tarugi s'élève le palazzo del Capitano.

★ **Puits** – Ce puits est très pittoresque, surtout par son couronnement fait de deux lions supportant le blason des Médicis.

Dôme – Il a été élevé aux 16e et 17e s. La façade, inachevée, n'a pas reçu son revêtement de marbre. L'intérieur, de lignes sobres et pures, est à trois nefs. À gauche du portail central, en entrant, est placé le gisant de Bartolomeo Aragazzi, secrétaire du pape Martin V ; cette statue faisait partie du tombeau du personnage, conçu par l'architecte florentin Michelozzo (15e s.) et dont les éléments furent dispersés au 17e s. ; les deux élégantes statues qui encadrent le maître-autel et les bas-reliefs des deux premiers piliers en proviennent.
Les fonts baptismaux (14e s.) sont surmontés d'une belle terre cuite d'Andrea Della Robbia. L'un des piliers du bas-côté gauche porte une madone peinte au 15e s. par Sano di Pietro.
Sur le maître-autel est exposé un monumental **retable**★ peint en 1401 par le Siennois Taddeo di Bartolo, représentant l'*Assomption*, l'*Annonciation*, le *Couronnement de la Vierge*.

Museo civico ⊘ – *Via Ricci*. Belle collection de terres cuites vernissées d'Andrea Della Robbia, le neveu de Luca ; vestiges étrusques, peintures du 13e au 18e s.

Poursuivre dans la rue principale, d'où l'on accède à la piazza San Francesco : belle **vue** sur la campagne environnante et sur l'église S. Biagio en contrebas. Descendre la via del Poggiolo et tourner à droite, via dell'Erbe, où l'on retrouve la Halle au Blé.

La Madonna di San Biagio

AUTRE CURIOSITÉ

★★ Madonna di San Biagio – *En contrebas de la ville. Franchir la Porta al Prato, par laquelle on est arrivé, prendre la route de Chianciano, puis tourner à droite.*
Au milieu d'un terre-plein herbeux en à-pic sur la vallée, cette magnifique église bâtie en pierre blonde occupe un site très séduisant. C'est le chef-d'œuvre d'**Antonio da Sangallo l'Ancien**. L'église fut inaugurée en 1529 par le pape Clément VII de Médicis.
Fortement influencé par le projet de Bramante pour la reconstruction de St-Pierre de Rome – qui ne vit pas le jour sous cette forme en raison de la mort de l'artiste –, l'édifice de Sangallo est un témoignage précieux des conceptions de l'architecte du pape.
Quoique simplifié, San Biagio reprend l'idée du plan centré en forme de croix grecque surmontée d'une coupole, la façade principale étant magnifiée par deux campaniles logés dans les creux de la croix : l'un est inachevé, l'autre comporte les trois ordres dorique, ionique et corinthien. Le bras Sud est ici prolongé par une sacristie semi-circulaire. Grâce à l'harmonie de ses lignes et la maîtrise des motifs architecturaux qui soulignent la structure du monument, l'œuvre de Sangallo procure au visiteur un sentiment de plénitude.
L'intérieur procure la même sensation de majesté et de noblesse. À noter, à gauche de l'entrée, une *Annonciation* peinte au 14e s., ainsi que l'imposant maître-autel en marbre (1584).
Face à l'église, la « Canonica » réservée aux chanoines est un élégant palais à portique.

MONTERIGGIONI★★

7 744 habitants
Carte Michelin n° 430 ou Atlas Italie p. 45 L 15

Couronnant majestueusement une des gracieuses collines de la campagne siennoise, Monteriggioni doit toute sa beauté à la silhouette clairement découpée qu'offre son mur d'enceinte hérissé de 14 tours carrées. Avant-poste gibelin construit par les Siennois au début du 13e s., cette forteresse est évoquée par Dante dans sa *Divine Comédie*.

Aspects pratiques

Ne pas pénétrer à l'intérieur de l'enceinte en voiture : parking à l'entrée. Il est du reste déconseillé de monter jusqu'au village avec une remorque ou une caravane en raison de la pente.

Le village, entièrement blotti à l'intérieur de ses murs, se résume à une place centrale allongée où se font pratiquement face de part en part les deux portes de la ville.
Sur un côté se dresse une petite église romano-gothique, tandis que de l'autre se détache, dans un angle, une ruelle qui rejoint l'angle suivant après avoir dessiné un croissant de lune où s'alignent les quelques habitations de la forteresse.

MONTE SAN SAVINO

8 087 habitants
Carte Michelin n° 430 ou Atlas Italie p. 46 M 17

Ville natale du sculpteur et architecte Andrea Contucci, dit **Sansovino** (1470-1529), déformation de San Savino, ce bourg médiéval est traversé dans toute sa longueur par une artère, agrémentée de beaux monuments, débouchant à ses extrémités sur les deux portes ouvertes dans l'enceinte (partiellement conservée) de l'antique château fort.

VISITE

Piazza G.F. Gamurrini – À proximité de la Porta Fiorentina s'ouvre cette place ponctuée à son entrée par un obélisque érigé en 1644. À côté de l'ancien **donjon**, construit par les Siennois en 1383, la modeste **église S. Chiara** du 17e s. conserve deux terres cuites de Sansovino : *Saint Sébastien, saint Laurent et saint Roch* et une *Vierge à l'Enfant entre quatre saints* vernissée par Giovanni Della Robbia.

★ Loggia dei Mercanti – Les lignes de ce majestueux édifice attribué à Sansovino (1518-1520) sont soulignées par l'utilisation de la *pietra serena*. Ses chapiteaux corinthiens sont d'une remarquable finesse.

Palazzo Comunale – En face de la « Loggia », l'**hôtel de ville** occupe un palais construit de 1515 à 1517 par Sangallo l'Ancien pour la famille Del Monte, se compose d'un premier niveau à bossage rustique et, prenant appui sur ce socle, d'un étage noble ordonnancé à fenêtres surmontées de frontons alternativement ronds et triangulaires. À l'angle du palais, beau blason des Del Monte. À l'intérieur, la cour caractéristique de la Renaissance est ornée de deux puits tandis qu'à l'étage les fenêtres sont munies de meneaux.

La Misericordia – Cette église romane à une seule nef a été entièrement redécorée dans le goût baroque aux 17e et 18e s. On remarque immédiatement à gauche de l'entrée principale un tombeau, œuvre de jeunesse de Sansovino (1498).

Palazzo Pretorio – 14e s. Les nombreux blasons des podestats florentins qui y résidèrent témoignent de son ancienne fonction.

S. Agostino – Cette église du 14e s. (agrandie aux 16e et 17e s.) est ornée d'un beau portail gothique et d'une rosace dont le vitrail est l'œuvre du Berrichon Guillaume de Marcillat (voir index). À l'intérieur, plusieurs fresques du début du 15e s.
À gauche de l'église, l'entrée d'un petit cloître à arcades en plein cintre, réalisé d'après un dessin de Sansovino, précède le **baptistère S. Giovanni**, dont la belle porte est du même artiste.

ENVIRONS

S. Maria delle Vertighe – *2 km à l'Est.* Sanctuaire marial depuis le 11e s., l'église actuelle, flanquée d'un parterre de marronniers, fut construite au 16e s. On y intégra la totalité du chevet roman de la chapelle initiale, objet de la dévotion populaire. Ainsi furent préservées dans leur agencement les deux représentations successives de la Vierge : la fresque de l'*Assomption* (partiellement conservée) qui orne la petite abside en cul-de-four et le **retable de la Vierge**★, œuvre de Margaritone d'Arezzo (13e s.), qui au début du 15e s. fut placé au-dessous prenant le relais de cette adoration.

Le MUGELLO★

Carte Michelin n° 430 ou Atlas Italie p. 40 J/K 15/16

Située au Nord de Florence, cette ravissante conque au cœur de laquelle coule la Sieve fut dès le 14e s. considérée comme un lieu de villégiature privilégié par les nobles et les riches bourgeois de Florence. Son climat tempéré, l'harmonie des douces montagnes qui la cernent, son paysage toujours verdoyant, en raison de l'abondance de l'eau, et ses forêts giboyeuses assurèrent sa renommée pendant de longs siècles. Région d'origine des Médicis, elle profita en particulier de l'intérêt de **Cosme l'Ancien**, qui y fit aménager pour son agrément les forteresses de Cafaggiolo (voir ci-après) et de Trebbio (domaine privé) toutes proches et remanier le couvent franciscain de Bosco ai Frati (voir ci-après).
Le Mugello eut malheureusement à souffrir des lourds dégâts du tremblement de terre de 1919.

PAR MONTS ET PAR VAUX *100 km - environ 5 h.*

Borgo San Lorenzo – Gravement endommagé par le tremblement de terre de 1919, Borgo San Lorenzo n'en demeure pas moins le principal centre du Mugello. Piazza Garibaldi, le palazzo Pretorio a été reconstruit à l'identique, de même que la façade de l'**église S. Lorenzo**, que l'on aperçoit de la place. Celle-ci remonte au 12e s., tandis que son curieux clocher hexagonal date du 13e s. À l'intérieur, très dépouillé, quelques belles œuvres de l'école florentine : au 4e autel de la nef droite, *Madone à l'Enfant* attribuée à Taddeo Gaddi (15e s.) ; à droite du chœur, fragment de retable représentant le visage de la Vierge, attribué à Giotto ; dans l'abside, *Crucifix* datant de la 2e moitié du 14e s.
De retour sur la piazza Garibaldi, rejoindre la piazza Cavour en passant sous la tour de l'horloge du corso Matteotti. La 2e rue à droite mène à la **Porta Fiorentina** du 14e s. ; quelques pas avant la porte, une ruelle à droite longe les anciens murs curvilignes de la ville et ramène piazza Cavour.

S. Giovanni Maggiore – *Prendre la S 302 direction Faenza et, à 2,8 km du village, suivre à gauche sur 400 m un chemin qui conduit à l'église.*
Cette jolie petite église de campagne, précédée d'un harmonieux portique sur arcades et flanquée d'un gracieux clocher octogonal, conserve à l'intérieur une **chaire** de marbre dont les quatre côtés présentent des motifs symboliques (vases) en pierre noire incrustée.

Reprendre la S 302 en direction de Faenza et tourner à gauche vers Grezzano et Scarperia.

1 km avant Scarperia, le **circuit automobile du Mugello** accueille des courses de Formule 2 et des championnats mondiaux de motos.

Une adresse à la campagne...

À BON COMPTE

Allogio alla Casa Palmira – *Via Faentina, à Feriolo, commune de Borgo San Lorenzo (50030)* – Fermé de mi-janvier à mi-mars – ☎ et fax 055 84 09 749. Dans une ferme médiévale assez fascinante, établissement familial et accueillant.

★ **Scarperia** – Petite ville parfaitement entretenue, où l'activité traditionnelle de coutellerie reste vivante, Scarperia conserve un très beau **palazzo Pretorio**★★ crénelé, construit sur la petite place centrale au début du 14e s. pour accueillir les vicaires du Mugello. Quantité de blasons de pierre et de céramique vernissée ornent la façade ainsi que la cour intérieure, tandis que de nombreuses fresques des 14e et 15e s. prennent le relais à l'intérieur (scènes religieuses et blasons peints).

Face au palazzo Pretorio, l'**église** conserve de part et d'autre du maître-autel deux œuvres de marbre d'une grande délicatesse, un tabernacle de Mino da Fiesole et un tondo de la Vierge à l'Enfant par Benedetto da Maiano.

En sortant de l'église, un petit **oratoire** dit **de la Madonna di Piazza** se dresse sur le flanc gauche de la place ; à l'intérieur, un édicule gothique sur colonnes torses abrite une *Vierge à l'Enfant* de Jacopo del Casentino très vénérée dans la région.

En empruntant la S 503 vers le Nord, on gravit rapidement l'ourlet montagneux qui borde la vallée de la Sieve. La route, sinueuse et assez escarpée, offre de belles vues en arrière sur le Mugello avant de pénétrer dans une partie boisée. Peu après on franchit le col dit **Giogo di Scarperia** pour redescendre vers Firenzuola qu'on aperçoit de loin.

Firenzuola – Gravement endommagée lors de la dernière guerre, Firenzuola conserve toutefois son plan rectangulaire traversé de part en part par une jolie artère bordée de portiques, bornée au Sud par la Porta Fiorentina (surmontée d'un clocheton) et au Nord par la Porta Bolognese. Sur la piazza Agnolo Firenzuola, le palais du Peuple, crénelé et surmonté d'une tour, a été reconstruit à l'identique de celui du 14e s.

En sortant par la Porta Bolognese, prendre à gauche la S 503, et environ 1,5 km plus loin, de nouveau à gauche vers le Passo della Futa par la SP 116. Au moment où la route rejoint la S 65, poursuivre à droite pendant environ 100 m.

Cimetière militaire allemand du Passo della Futa – Sur la gauche de la route se dresse une structure monumentale, très élancée, élevée à la mémoire des 30 653 Allemands tombés dans ce secteur lors de la dernière guerre, et à l'intérieur de laquelle ils ont été enterrés.

Reprendre la S 65 en sens inverse, direction Florence.

On franchit rapidement le col, d'où l'on redescend dans la vallée de la Sieve en traversant une forêt de pins, puis de hêtres. Passé Montecarelli, la vue s'élargit sur la jolie conque du Mugello, bordée de collines au doux profil.

À 8 km de Montecarelli, là se détache à droite une route vers Barberino di Mugello, continuer tout droit jusqu'au carrefour suivant (environ 250 m plus loin) et prendre à gauche direction Galliano puis, 150 m après, à droite vers Bosco ai Frati.

Bosco ai Frati – Restant à l'écart des routes, ce couvent franciscain demeure fidèle à l'idéal de solitude qui présida à sa fondation au 13e s. Cosme l'Ancien en confia la reconstruction à Michelozzo de 1420 à 1428. Précédée par un petit porche dont deux colonnes portent sur leur chapiteau – de même que la façade haute – l'écusson des Médicis, l'église à nef unique abrite, dans le chœur, un grand retable sculpté de style maniériste florentin en bois doré, où se détache la statue de saint François.

Revenir sur la S 65 et poursuivre vers le Sud.

★ **Villa de Cafaggiolo** – *On ne visite pas.* Peu avant un virage à gauche se dresse sur la droite l'ancienne forteresse florentine que Cosme l'Ancien, afin de pouvoir séjourner commodément dans la région de ses ancêtres, fit transformer en maison de campagne par Michelozzo en 1451. Jardins et communs furent aussi dessinés par l'architecte. La villa conserve une allure altière grâce à sa tour centrale, ses volumes assez massifs et son couronnement crénelé (légèrement masqué par les toits qui recouvrent les anciens chemins de ronde). Laurent le Magnifique et son frère Julien y furent en partie élevés, et Lorenzino (le *Lorenzaccio* de Musset) s'y réfugia après avoir assassiné son cousin le duc Alexandre. La petite localité de **Cafaggiolo** fut également célèbre aux 15e et 16e s. pour sa production de majolique.

Traverser le hameau de Cafaggiolo, et tourner à gauche au 2e carrefour suivant.

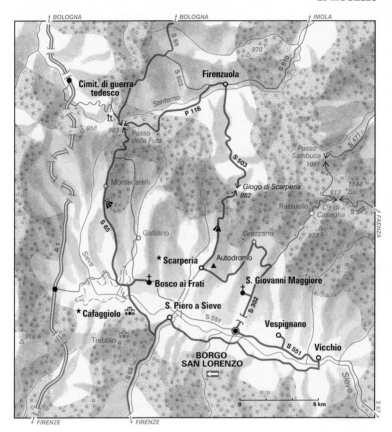

San Piero a Sieve – Petit village assez moderne, San Piero est dominé à l'Ouest par la **forteresse de San Martino**, érigée par Buontalenti sur une haute colline boisée à la fin du 16e s. *(on la devine, à gauche en entrant dans le village, d'où elle est fléchée : accès à 800 m par un étroit chemin de terre).* De forme pentagonale, elle dresse de hauts murs de briques d'où l'on jouit d'une ample vue sur la vallée du Mugello.

Dans le village *(le long de la rue principale)*, l'**église** paroissiale renferme en entrant à gauche de magnifiques **fonts baptismaux**★ en céramique vernissée.

Rester sur la rive droite de la Sieve. Beau parcours au cœur de la verte vallée du Mugello, ourlée de collines boisées.

Vicchio – Sur la grand-place qu'agrémente au centre un jardin public, s'ouvre le porche de la mairie. En longeant le bâtiment par la gauche (via Garibaldi), on aboutit piazza Giotto. De là, à droite, le Corso del Popolo conduit à la maison de Benvenuto Cellini, où le célèbre sculpteur demeura les douze dernières années de sa vie. À proximité, une terrasse surélevée permet d'apprécier les doux contours des montagnes du Mugello.

Piazzetta Don Milani, le **musée Beato Angelico** ⊘ (ainsi baptisé en l'honneur du peintre dominicain qui vit le jour à Vicchio) rassemble des œuvres d'art provenant des églises et monuments religieux de tout le Mugello, dont un buste de saint Jean Baptiste par Andrea Della Robbia.

Sur la grand-place, la route qui s'ouvre à l'opposé de la mairie (direction Gattaia) longe dès la sortie du village un joli lac artificiel où l'on peut pêcher.

La S 551 permet de rejoindre Borgo San Lorenzo par une route facile et agréable. 3,5 km après Vicchio, prendre à droite direction « Casa di Giotto », que l'on rejoint 1 km plus loin.

Vespignano – C'est dans cet écart de Vicchio que, selon la tradition, serait né vers 1266 **Giotto**, l'artiste qui ouvrit la voie à la peinture florentine. Sa **maison natale** (Casa di Giotto ⊘) présente quelques documents sur sa vie et son œuvre. De l'église qui surplombe la maison, belle vue sur le Mugello.

Retour par la S 551.

MURLO★

1 912 habitants
Carte Michelin n° 430 ou Atlas Italie p. 46 M 16

Constitué de quelques bâtisses blotties sur un unique rang contre le mur d'enceinte, le petit bourg médiéval de Murlo fut du 11e au 18e s. fief des évêques de Sienne. Il doit aujourd'hui sa célébrité aux découvertes archéologiques étrusques réalisées sur son territoire, à Poggio Civitate non loin de Vescovado (au Nord de Murlo).

★★ Antiquarium di Poggio Civitate ⊘ - Installé dans le **palazzone** (ex-palais épiscopal), ce musée rassemble les vestiges d'une demeure patricienne des 7e et 6e s. avant J.-C. découverts à Poggio Civitate. Cette villa étrusque d'époque archaïque, de forme quadrangulaire, était occupée au centre par une cour à portiques. Elle a livré de rares témoignages sur l'architecture domestique dont le système de toiture qu'elle a conservé presque intact.

La reconstitution du toit et de sa riche ornementation de terre cuite permet de mesurer l'importance attachée à cet élément architectural en tant que reflet de la situation sociale de la famille : une série de statues de plus de 1,50 m de haut en ornaient le faîte (une vingtaine de figures humaines et animales environ), dont un homme coiffé d'un chapeau à large bord, portant une barbe de type pharaonique ; le toit était ensuite souligné par une bordure d'antéfixes à têtes de gorgone et une large frise décorée de scènes de banquets et de courses de chevaux sur des modèles grecs. À ce matériel s'ajoutent de beaux vases de céramique importés de Grèce ou réalisés localement en *bucchero (voir p. 37)*, de la vaisselle réservée à la cuisine et aux serviteurs, des objets de décoration et des bijoux en ivoire et en bronze, reflets de la vie d'une famille princière étrusque entre le milieu du 7e s. et la fin du 6e s.

L'homme au grand chapeau
de Poggio Civitate

SCALA

PESCIA

17 913 habitants
Carte Michelin n° 430 ou Atlas Italie p. 39 K 14

Chef-lieu historique de la vallée du Nievole, prise en tenaille entre Lucques, Pise et Florence alors en lutte depuis de longues années, elle vit le jour vers le 12e s. pour relier les voies de passage à travers l'Apennin.
De ce passé, Pescia conserve aujourd'hui des monuments d'un certain intérêt artistique, même si elle est davantage connue en Europe pour ses cultures de fleurs. Liée à cette activité, la **Biennale des Fleurs** est l'occasion d'une grande exposition de fleurs coupées et de plantes vertes décoratives.

Porta Fiorentina – Point de départ pour la visite de la ville en arrivant de Pistoia, elle a été construite en 1732 en honneur à Jean-Gaston de Médicis. Elle est surmontée des armoiries médicéennes.

Cathédrale – Cette ancienne église paroissiale datant de 857 est le siège de l'évêché depuis 1726. Le campanile est une tour massive. Malgré ses origines lointaines, peu de choses témoignent du passé de la cathédrale, qui subit une réfection totale en 1693. La façade date de 1892. En face s'élève l'**église S. Maria Maddalena**.

S. Antonio Abate – À proximité de la cathédrale, elle abrite un groupe en bois du 13e s. représentant une *Déposition*. Les fresques de l'abside sont attribuées à Bicci di Lorenzo (1373-1452).

S. Francesco – *Après l'hôpital, sur la place du même nom.* Le vaste intérieur à nef unique, transept et trois chapelles absidiales, abrite un retable représentant le *poverello* d'Assise, qui visita Pescia en 1211, et six histoires de sa vie, œuvre de Bonaventura Berlinghieri datant de 1235. À voir aussi, le *Triptyque de sainte Anne*, le *Martyre de sainte Dorothée* et la chapelle Cardini de Brunelleschi, datant du 15e s. À côté de l'église, les bâtiments conventuels sont aujourd'hui le siège du tribunal.
En face, le **Théâtre des Affiliati** date du 18e s.

Palais des Vicaires – *De l'autre côté du fleuve.* Remontant au 12ᵉ s. et aujourd'hui siège de la mairie, ce palais embellit la place Mazzini par sa position d'angle et sa façade ornée d'armoiries. On peut visiter la salle du Conseil, avec le gonfalon de Pescia surmonté du dauphin, symbole de la ville.

De l'autre côté de la place se trouve l'**Oratoire SS. Pietro e Paolo**, ou **Cappella della Madonna di Piè di Piazza**, remontant à 1447. Plafond en bois doré et peint à fresque représentant la Vierge, datant du 15ᵉ s.

Poursuivre vers la piazza Obizzi.

SS. Stefano e Niccolao – On accède à cette église, citée depuis 1068, par un bel escalier à double rampe. Non loin se trouvent l'ancien palais du podestat, le Palagio, siège d'un **musée** (Gipsoteca Libero Andreotti ⊘) rassemblant 230 œuvres du sculpteur de Pescia, et, sur les collines, l'église de Castello.

PIENZA★★

2 258 habitants
Carte Michelin n° 430 ou Atlas Italie p. 46 M 16/17

D'une remarquable unité de style, Pienza, et tout particulièrement sa place centrale, est un parfait exemple d'urbanisme Renaissance répondant au vœu d'un homme lettré, le pape Pie II, d'ériger une cité idéale.

Les rues de l'Amour – Une cité idéale pouvant espérer choisir entre l'amour et la guerre, Pienza modifia, à la fin du 19ᵉ s., la toponymie de ses rues situées en particulier à l'Est de la place principale, en s'inspirant des jeux de Vénus et des destinées amoureuses.

À droite de l'axe central se succèdent en effet les rues de la Chance (via della Fortuna), de l'Amour (dell'Amore), du Baiser (del Bacio), la rue Sombre (via Buia) et la ruelle Aveugle (vicolo Cieco), lesquelles permettent d'accéder à une promenade panoramique du haut des murs de la ville.

★★ PIAZZA PIO II *visite : 1 h 1/4*

Cette petite place, premier exemple d'urbanisation planifiée, rassemble autour d'elle les principaux monuments élevés par Rossellino. Elle fut conçue de manière que son harmonie architecturale soit le reflet de l'équilibre des pouvoirs civil et religieux de la cité, rassemblés ici en un même lieu. Au Sud s'élève la cathédrale et face à elle l'hôtel de ville, ouvert au rez-de-chaussée par un porche ; à l'Est, le palais épiscopal (simplement restauré au 15ᵉ s.) et, à l'Ouest, le palais Piccolomini, devant lequel un charmant puits Renaissance, surmonté d'une architrave, porte le blason de l'illustre famille.

En contournant la cathédrale, on découvre une jolie **vue**★ sur le val d'Orcia.

★ **Dôme** – La cathédrale, terminée en 1462, montre une façade Renaissance d'une noble simplicité. L'intérieur, restauré, de tendance gothique, comporte trois nefs d'égale hauteur et une abside à cinq chapelles rayonnantes. Elle renferme d'importantes peintures de l'école siennoise du 15ᵉ s. : le retable de la nef droite est l'œuvre de Giovanni di Paolo et celui du transept droit de Matteo di Giovanni, mais les plus remarquables sont, dans le transept gauche, une *Madone et des saints* par Sano di Pietro et, dans l'abside gauche, le chef-d'œuvre de **Vecchietta**, une *Assomption*★★ entre sainte Agathe (tenant une coupe qui contient ses seins arrachés par le bourreau), les papes Pie Iᵉʳ et Calixte, et sainte Catherine de Sienne ; noter les fonds dorés, le relief, le charme de la couleur et la justesse du dessin de cette composition. Dans le chœur, lutrin et stalles gothiques en bois, aux armes des Piccolomini.

Museo diocesano ⊘ – Le **Musée diocésain** renferme, au dernier étage, des tableaux de l'école siennoise des 14ᵉ et 15ᵉ s., des tapisseries flamandes des 15ᵉ et 16ᵉ s., un panneau du 14ᵉ s. à 48 compartiments peints (scènes de la vie du Christ) et une étonnante chape historiée du 14ᵉ s., offerte à Pie II par un prince oriental.

★ **Palazzo Piccolomini** ⊘ – *Visite accompagnée du 1ᵉʳ étage.* Fortement inspiré par le palais Rucellai de Florence *(voir p. 184)*, c'est l'œuvre majeure de Rossellino. Les trois façades côté ville sont semblables, caractérisées par le rythme rigoureux

---

Un pape humaniste, Aeneas Silvius Piccolomini(1405-1464)

Aeneas a assumé de nombreuses missions diplomatiques avant de devenir pape en 1458 sous le nom de Pie II. Son savoir et ses écrits l'ont rendu célèbre et, en 1442, l'empereur Frédéric III lui décerna le « laurier poétique ». Amateur d'art, il délia de leurs vœux Filippo Lippi et Lucrezia Buti *(voir encadré p. 260).*
À peine élu au trône de saint Pierre, il confia au Florentin **Bernardo Rossellino**, élève d'Alberti, le soin de remodeler son village natal, Corsignano, rebaptisé Pienza en souvenir du nom pontifical du plus illustre de ses enfants.

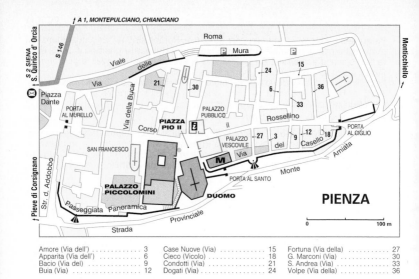

donné verticalement par les pilastres et horizontalement par les entablements. La cour doit son élégance à des colonnes corinthiennes, très élancées. À l'intérieur, on remarque la salle d'armes, les incunables de la bibliothèque, le lit baroque de la chambre papale.

Premier exemple de palais conçu pour ouvrir sur un large paysage, le quatrième côté, au Sud, profite, depuis sa loggia à trois étages et son jardin suspendu, d'une vue sur le val d'Orcia.

ENVIRONS

Pieve di Corsignano – *1 km à l'Ouest. Contourner Pienza par la gauche et longer les murs de la ville.*
Ancienne église du village antérieur à Pienza, cette construction romane des 11e et 12e s. se dresse, solitaire, au pied de la ville. Faite de pierre blonde, la façade ornée d'un portail sculpté et d'une fenêtre à statue-colonne est flanquée d'un court campanile cylindrique percé de baies en plein cintre.

Monticchiello – *10 km à l'Est.*
Bourg médiéval construit à flanc de colline, abritant derrières ses murs ponctués de tours crénelées des ruelles et des placettes pleines de charme et une église au sobre portail gothique précédé d'un escalier pentagonal. Du parking situé devant l'entrée de la ville, belle **vue**★ sur la vallée de l'Orcia, Pienza à droite, précédé du relief aride de quelques crêtes (caractéristiques du Sud siennois), et à gauche le sommet de l'Amiata.

Pienza et la campagne du Val d'Orcia

PIETRASANTA★

24 436 habitants
Carte Michelin n° 430 ou Atlas Italie p. 38 K 12 – Schéma : La VERSILIA

Ville étirée au pied de sa forteresse, la **Rocca di Sala** (13ᵉ s.), Pietrasanta – tout comme sa voisine Camaiore *(voir index)* – fut construite de toutes pièces en 1255 comme avant-poste de Lucques qui cherchait à baliser sa route en direction d'un débouché maritime. Cette implantation permettait en outre de contrôler la via Aurelia qui coïncidait à peu près dans cette région avec la via Francigena menant en France *(voir encadré p. 274).*

Autrefois sur sa défense... – Comme toutes les villes franches fondées du 11ᵉ s. au 13ᵉ s. par intérêt stratégique, Pietrasanta avait un caractère essentiellement militaire. Son plan rectangulaire d'origine (encore parfaitement lisible aujourd'hui) avait la rigueur orthogonale d'un camp romain : quatre bandes d'habitation séparées par trois rues et traversées perpendiculairement au centre par une grande place.
Au début du 14ᵉ s., une enceinte fut construite, reliée à la Rocca par deux courtines crénelées dont il demeure des vestiges.

Aujourd'hui ouverte à l'art... – Chef-lieu historique et artistique de la Versilia, Pietrasanta accueille ou a accueilli depuis les années soixante les artistes sculpteurs du monde entier (Adam, César, Ipousteguj, Lipchitz, Mitoraj, Miró, Moore et bien d'autres), attirés, plus encore que par le marbre de la Versilia et du bassin de Carrare, par la maîtrise des artisans locaux dans le travail de la pierre et, de façon plus surprenante, du bronze.
D'importants travaux de copie et de restauration d'œuvres d'art occupent également la centaine d'ateliers locaux.

CURIOSITÉS

Piazza del Duomo – Sur cette grande place rectangulaire se réunissent les principaux monuments de la ville. Le **dôme S. Martino** *(restauré)* présente une blanche façade de marbre tripartite, fleurie au centre d'une grande rosace surmontant les armes des Médicis et de la papauté (Pietrasanta devint florentine au 16ᵉ s.).
À gauche de la cathédrale se succèdent un grand **campanile** de briques, le **palais Moroni**, datant de la Renaissance et précédé d'une double rampe d'escalier, et enfin, en retour sur la place, l'église **S. Agostino**. À cette extrémité se dressent un monument au grand-duc Léopold II et la colonne du Marzocco (le lion de Florence, érigé en 1513).
À droite, après le **palazzo Pretorio** du 14ᵉ s. et la **tour de l'Horloge** de 1560, la place est clôturée par les maigres vestiges de la **Rocchetta Arighina** (ou Porta a Pisa), ornée de petits arcs en encorbellement.

Museo archeologico ⊘ – *Rez-de-chaussée du palazzo Moroni.*
Témoignages de la vie en haute Versilia depuis la préhistoire jusqu'aux influences génoises, lucquoises, pisanes et florentines du Moyen Âge au 18ᵉ s.

★ **Fresques de l'église S. Biagio e S. Antonio** (ou della Misericordia) – *Via Mazzini.*
De part et d'autre de la petite nef, Fernando Botero a peint en vis-à-vis deux fresques, la *Porte du Paradis* et la *Porte de l'Enfer.* L'apport des maîtres de la Renaissance est évident dans le choix de la technique, des sujets, de la composition et de citations comme les angelots, le paysage ou les moulures d'encadrement, mais le tout est enrichi de nombreux détails, fruits de l'imagination de l'artiste

---

Botero, l'enfant adoptif

Né en 1932 en Colombie, le peintre sculpteur Fernando Botero mêle à sa connaissance de l'art précolombien et du baroque sud-américain la passion de la Renaissance italienne qui l'a amené à venir s'installer à Pietrasanta pour réaliser son œuvre. Dans ses peintures la couleur est vive et gaie et les détails foisonnants, réminiscence de sa culture d'origine ; l'Italie l'a conduit à la maîtrise du dessin et aux techniques traditionnelles de la sculpture sur marbre, de la fonte du bronze et, en peinture, de l'huile et de la fresque. Maître des formes rondes et voluptueuses, il donne de la grâce et de la légèreté à l'obésité, une fausse naïveté à la sensualité, de l'humour à la solidité et communique souvent par sa fantaisie un bien-être – parfois grimaçant – rare dans l'art contemporain.

confronté au monde contemporain et à l'histoire de son pays : Mère Teresa, Hitler, le drapeau italien, un conquistador... À la manière d'une signature figure peut-être, au bas de l'Enfer, un humble autoportrait reconnaissable à la barbiche de l'auteur.

Piazza Matteotti - *Entrée Nord de la ville.*
Face à la mairie se dresse une statue de bronze de Botero, un *Guerrier*★ nu et armé à la manière antique, mais d'une rondeur caractéristique de l'artiste.

ENVIRONS

Carrara - *Voir ce nom.*

★ **La Versilia** - *Voir ce nom.*

PIOMBINO

34 720 habitants
Carte Michelin n° 430 ou Atlas Italie p. 44 N 13

Au cœur de l'antique Étrurie, Piombino a été construite sur un promontoire qui depuis l'Antiquité a vu se succéder trois ports : le **port Baratti**, exploité par les Étrusques, le **port de Marina**, actif du 12e au début du 20e s., et le vieux port Falesia, aujourd'hui appelé **Portovecchio**.
La renommée de la ville, dont on méconnaît les aspects historique et artistique, est intimement liée à son port : premier d'Italie pour le transport des passagers, il est également utilisé pour le trafic des marchandises et voit se développer une activité industrielle, en particulier sidérurgique.

CURIOSITÉS

Piazza Verdi - C'est le point de départ des promenades au cœur de la ville. S'y élèvent le **Rivellino** (1447), ancienne porte principale de Piombino, et une grosse tour, le **Torrione**, construite en 1212.

Palazzo Comunale - *Corso Vittorio Emanuele.*
L'hôtel de ville, construit en 1444, fut complètement restauré en 1935. La salle du Conseil *(Sala consiliare)* abrite une statue de bois de la *Vierge à l'Enfant* de style gothique siennois (14e s.). Une copie se trouve dans la tour.
Dans la toute proche via Ferruccio, la **Casa delle Bifore** (maison aux fenêtres géminées) datant du 13e s. abrite les archives de la ville.

Piazza Bovio - *Au bout du corso Vittorio Emanuele.*
La place, en forme de proue de navire, offre une belle vue★ sur l'Archipel Toscan.

Fonti dei Canali (fontaines des Canaux) - *De la piazza Bovio descendre à droite vers le petit port de Marina.*
Attribuées à Nicola Pisano, ces fontaines publiques en marbre, du 13e s., ont fourni de l'eau au quartier pendant près de sept siècles.

Citadelle - Construite sur ordre de Jacopo III Appiani entre 1465 et 1470, elle se distingue par sa **citerne** de marbre, face à laquelle s'élève la chapelle familiale, Renaissance, œuvre d'Andrea di Francesco Guardi.

Les fortifications - En se dirigeant vers la via Leonardo da Vinci, on aperçoit les bastions du mur d'enceinte. À l'Est de la piazza Verdi *(piazza del Castello)*, on peut encore voir le **donjon** des 13e-16e s., et la **forteresse** construite à la demande de Cosme Ier de Médicis en 1552.

ENVIRONS

★★ **Archipel Toscan** - *Voir Arcipelago Toscano.*

★★ **Île d'Elbe** - *Voir Elba.*

★ **Populonia** - *Voir ce nom.*

Pise, la cathédrale et la tour

PISA★★★

PISE

92 379 habitants

Carte Michelin n° 430 ou Atlas Italie p. 38 K 13

Des airs de petite capitale d'où la vie se serait quelque peu retirée, telle apparaît Pise, dont les admirables monuments rappellent la grandeur passée.

Plus spacieuse que Florence et moins austère de par ses façades tour à tour jaunes, roses ou ocre, elle est comme cette dernière arrosée par l'Arno qui décrit en cet endroit l'une de ses courbes les plus majestueuses. Elle tient aussi son charme d'une certaine allure aristocratique, de la douceur de vivre qu'elle semble prodiguer, de la qualité particulière de sa lumière due sans doute à la proximité de la mer.

Presque entièrement cernée par ses murs percés d'étroites portes, la ville est en partie traversée, du Nord au Sud, par une grande artère commerçante formée sur la rive droite par le **Borgo Stretto**, étroit et bordé d'arcades, et sur la rive gauche par le Corso Italia. Reliant la piazza del Duomo à l'Arno, la sinueuse **via Santa Maria** est l'une des artères les plus caractéristiques de Pise par son aspect à la fois noble et riant. Sur la rive droite, ces deux rues bornent le quartier le plus animé de la ville, aussi bien par ses commerces que par ses restaurants.

Aspects pratiques

Aéroport Galileo Galilei – Situé à 3 km de la ville, l'aéroport international de Pise (☎ 050 50 07 07) est relié aux grandes villes d'Europe, ainsi qu'à Lyon et Marseille. On peut rejoindre le centre historique en train depuis l'aéroport (compter 5 mn), ou y louer une voiture. Petite boutique de marchandises détaxées, dont quelques produits frais.

Circulation automobile et stationnement – La circulation est plutôt malaisée dans le centre en raison des artères interdites et des sens uniques qui détournent les voitures vers l'extérieur. Les plus grands parcs de stationnement se situent aux abords de la piazza dei Miracoli (en dehors des murs). De nombreux petits parkings ou places de stationnement le long des rues ou de l'Arno parsèment le centre et avoisinent les curiosités intéressantes. Dans tous les cas, une personne vient à vous pour vous remettre un ticket de stationnement et, au moment de la reprise du véhicule, pour encaisser le paiement (compter de 1 500 à 2 000 L l'heure).

HISTOIRE D'UN PORT

Grandeur maritime de Pise – Fondée vers le 7ᵉ s. avant J.-C., Pise était alors située en bord de mer. Rapidement, le littoral s'éloigna d'elle en raison de la platitude des fonds sous-marins (comme en témoigne la plaine qui s'étend à l'Ouest de la ville). Occupée par les Étrusques, elle fut longtemps l'alliée de Rome, qui la colonisa en 180 avant J.-C. ; la capitale latine avait mis à profit la position privilégiée de ce port, sur les bords de l'Arno et déjà à quelques kilomètres de la mer, en en faisant une base navale à l'abri des incursions des pirates. Pise assuma ce rôle jusqu'à la fin de l'Empire romain d'Occident (476).

Mais c'est seulement au Moyen Âge que la ville, devenue République indépendante en 888, commença à tirer de ses avantages géographiques les éléments de son plein essor. Elle fut, au même titre que Gênes et Venise, l'une de ces puissantes Républiques maritimes dont les « marchands-guerriers » livrèrent contre la domination musulmane une lutte opiniâtre à travers le bassin méditerranéen. C'est ainsi qu'elle se rendit maîtresse de la Sardaigne (1015), puis de la Corse, sur laquelle elle finit par exercer dans le dernier quart du 11ᵉ s. une autorité absolue, et enfin des îles Baléares (1114). Elle poussa ses conquêtes en Tunisie et, dans la partie orientale du bassin de la Méditerranée, fonda des comptoirs jusqu'en Syrie.

Ainsi, devenue dès le 11ᵉ s. un port de commerce extrêmement actif, Pise atteint au 12ᵉ s. et dans la première moitié du 13ᵉ l'apogée de sa prospérité. Les navires pisans sillonnent la Méditerranée, emportant vers l'Orient armes, laine, fourrures, cuirs, bois provenant des Apennins et fer extrait des mines de l'île d'Elbe ; ils en rapportent des épices, de la soie, du coton... C'est de cette époque que remonte la construction des plus beaux monuments de Pise et la fondation de son université aujourd'hui encore réputée.

Le déclin – La grande querelle du Sacerdoce et de l'Empire ouverte *(voir p. 25)*, Pise se range – résolument gibeline – du côté de l'empereur face à la papauté. Elle soutient avec succès la lutte que lui mène sa grande rivale maritime, Gênes, à qui elle dispute la souveraineté commerciale en Méditerranée. Elle fait également face, sur terre, à ses deux adversaires guelfes, Lucques et Florence.

Mais, privée du soutien de l'empereur Frédéric II mort en 1250, puis de celui de son fils, le roi Manfred, tué en 1266, Pise amorce sa décadence. En août 1284, la grande **bataille de la Meloria** (petite île au large de Livourne), qui voit l'anéantissement de la

Galilée

Né à Pise en 1564 d'une famille cultivée, Galileo Galilei abandonna des études de médecine pour se consacrer à la physique et à l'astronomie. Il avait tout juste 19 ans lorsque, observant à l'intérieur de la cathédrale de sa ville natale le balancement d'une lampe, il remarqua que les oscillations en étaient isochrones (c'est-à-dire de durée constante) ; tirant de cette observation les lois du mouvement du pendule, il résolut d'appliquer la mesure du mouvement de ce dernier à celle du temps. Il se servit de la tour penchée pour étudier les lois de la chute des corps et de l'accélération de la pesanteur. Dans le domaine de l'optique, on lui doit aussi, entre autres, la construction de l'un des tout premiers microscopes.

Inventeur d'une lunette qui porte son nom, il entreprit d'observer les astres, mesurant la hauteur des reliefs lunaires, découvrant l'anneau de Saturne, les satellites de Jupiter, observant les taches solaires...

En 1610, le grand-duc de Toscane Cosme II fit de lui son philosophe officiel et le combla d'honneurs.

Prônant avec force le système de Copernic quant au mouvement des planètes sur elles-mêmes et surtout du soleil, soutenant en particulier la théorie de la double rotation de la Terre, il eut des démêlés avec les Scolastiques, tenants de la tradition, qui le firent comparaître en 1633 devant le tribunal de l'Inquisition. Au terme d'un procès de vingt jours, il fut condamné et contraint d'abjurer, à genoux, sa doctrine. La tradition veut qu'il ait, en se relevant, ajouté, désespéré, cette phrase restée célèbre : « Eppur si muove ! » (« Et pourtant elle tourne ! »). Il était âgé de 70 ans.

S'étant retiré dans une villa, près de Florence, il acheva sa vie sous le contrôle de l'Inquisition, dans une sorte de liberté surveillée, et mourut, aveugle, en 1642.

flotte pisane par les navires génois, porte à la ville un coup funeste. Elle doit céder à Gênes tous ses droits sur la Corse et renoncer à la Sardaigne. Elle assiste à la dislocation de son empire commercial d'Orient, qu'elle ne peut plus atteindre étant amputée de sa flotte. Ruinée, de plus, par des luttes internes, elle est finalement absorbée par Florence, en 1406.

Les Médicis lui portèrent une attention particulière. Laurent le Magnifique réorganisa son université et entreprit d'en faire construire une nouvelle. Au 16e s. Pise, incorporée au grand-duché de Toscane, suscita également l'intérêt de Cosme Ier qui y fonda l'ordre des chevaliers de Saint-Étienne *(voir p. 248)*. La ville connut à cette époque un renouveau qui se manifesta essentiellement dans le domaine scientifique.

L'ART PISAN : RIGUEUR ET FANTAISIE

Alors que s'affirmaient la prospérité économique et la puissance politique de la ville, du 11e à la fin du 13e s., naquit et se développa à Pise un art novateur qui eut pour terrains d'élection l'architecture et la sculpture.

L'architecture religieuse – Originale par rapport aux autres styles présents en Italie à l'époque romane, elle atteignit son apogée au 13e s. et exerça son rayonnement à travers la Toscane, dans des villes comme Lucques, Pistoia, Arezzo... Elle marqua aussi de son empreinte les églises de Sardaigne et de Corse, alors possessions pisanes.

Ce style, dénommé **style roman pisan**, naquit de l'harmonieuse conjugaison de plusieurs influences : essentiellement celle des architectes lombards à laquelle s'ajoute une richesse décorative nourrie par les formes et les motifs des objets rapportés d'Orient ou du monde islamique par la flotte pisane.

Cela a donné lieu à des créations d'une élégance et d'une unité accomplies dont la cathédrale de Pise est l'exemple le plus rigoureux et le plus solennel. Façade, flancs, abside sont appareillés avec recherche, en marbre vert et blanc, matériau précieux pour lequel Pise partagea sa prédilection avec d'autres villes de Toscane, Florence en particulier. Mais, alors que les artistes florentins ont en quelque sorte tracé, en l'incrustant dans le marbre, le découpage géométrique qui orne les façades de leurs édifices religieux, les maîtres d'œuvre pisans ont, pour décorer l'extérieur de leurs églises, essentiellement misé sur le relief : de hautes arcades aveugles de faible profondeur courent autour de l'édifice ; des galeries à colonnettes (élément discrètement présent dans l'architecture lombarde et interprété ici avec exubérance) barrent de leur étagement la partie supérieure de la façade de haut pignon, animant celle-ci de jeux d'ombre et de lumière. Une décoration de rosaces et de losanges ou autres petits motifs en marqueterie de marbre dénotent, par leur polychromie, une inspiration orientale.

Les architectes dont le nom est resté lié aux grandes réalisations pisanes furent, dans la seconde moitié du 11e et au début du 12e s., **Buschetto**, puis son successeur direct **Rainaldo**, contemporain de **Diotisalvi** et de **Bonanno Pisano** qui fut aussi sculpteur. **Giovanni di Simone** œuvra dans la seconde moitié du 13e s.

Nicola Pisano, chaire du baptistère de Pise

SCALA

La sculpture pisane des 13e et 14e s.

La sculpture pisane du Moyen Âge occupe dans l'art italien une place de tout premier plan.

Des artistes locaux, comme **Bonanno Pisano** et **Fra' Guglielmo**, ou lombards, comme Guido da Como, travaillèrent au 12e et au début du 13e s. à la décoration des églises romanes de Pise. Mais c'est à un sculpteur venu vraisemblablement des Pouilles, Nicola Pisano, que revient le mérite d'avoir donné naissance, dans la seconde moitié du 13e s., à une lignée d'artistes auxquels Pise doit d'avoir été le foyer de la sculpture romane et surtout gothique italienne. Le nom de ces sculpteurs, qui étaient aussi architectes et décorateurs, reste entre autres lié à la réalisation de chaires monumentales, d'une conception originale, véritables chefs-d'œuvre par l'harmonie de leur structure, la richesse de leur décoration et la beauté plastique des scènes sculptées qu'elles portent.

Nicola Pisano (né vers 1220, mort un peu après 1280) avait étudié la sculpture antique dont il assimila la noblesse et la puissance, mais avec une humanité et un réalisme qui se retrouvent dans la peinture de Giotto, son contemporain. Ses principales œuvres sont la chaire du baptistère de Pise et celle de la cathédrale de Sienne à l'exécution de laquelle collabora son fils Giovanni ; avec l'aide de ce dernier, il réalisa aussi la Fontana Maggiore de Pérouse. Arnolfo di Cambio, l'architecte de la cathédrale de Florence, fut au nombre de ses élèves.

Son fils, **Giovanni Pisano** (né vers 1250, mort vers 1315-1320), parmi tous sans doute le plus grand, possède une technique plus souple et recherche avant tout l'expression du sentiment dramatique. Il travailla en collaboration avec son père jusqu'à la mort de ce dernier. Son art évolua vers la création de compositions toujours plus complexes et de personnages de plus en plus tourmentés mais dotés d'une intensité de vie exceptionnelle. On doit à son seul génie la splendide chaire de la cathédrale de Pise et celle de l'église St-André à Pistoia ; il fut aussi, à Sienne, le premier maître d'œuvre de la façade de la cathédrale, qu'il avait ambitionné de couvrir de grandes statues, à la façon des cathédrales gothiques françaises qu'il avait pu voir vers 1270. Avec Giovanni s'achève la première dynastie Pisano et avec elle la grande envolée de la puissante sculpture monumentale gothique en Toscane. Son élève le plus marquant fut le Siennois Tino di Camaino.

Né à la fin du 13e s., Andrea da Pontedera (localité proche de Pise), dit **Andrea Pisano**, travailla surtout à Florence où il exécuta notamment la première porte de bronze du baptistère : sa manière élégante et raffinée, issue de sa formation d'orfèvre, et ses scènes joliment dessinées ne doivent rien à l'art de ses prédécesseurs pisans. Il sculpta toutefois de vigoureux reliefs destinés à la décoration du campanile de Giotto (voir p. 127).

Le fils d'Andrea, **Nino Pisano**, mort vers 1365-1370, travailla quant à lui en ronde-bosse. Maître dans l'art du modelé, il est l'auteur souriant de gracieuses madones, dont une fameuse Vierge allaitant que l'on peut voir au musée national de San Matteo (voir ci-après). Cette deuxième dynastie Pisano (à laquelle appartient également **Tommaso**, le frère de Nino) jouissait néanmoins à la fin du 14e s. d'une renommée qui faisait de leur atelier une référence obligée où se formèrent plusieurs des grands sculpteurs florentins et siennois du début du 15e s. tels que Lorenzo Ghiberti ou Jacopo della Quercia.

PISE EN FÊTE

Les fêtes traditionnelles de la ville se concentrent toutes avant l'été :

Régate historique des Républiques maritimes (en mai ou juin) – Depuis 1956 se déroule alternativement dans chacune des villes concernées la régate des quatre Républiques maritimes : Amalfi, Gênes, Venise et Pise. Les festivités commencent par un cortège en costumes d'époque à travers la ville mettant en scène, parmi des pages, demoiselles, capitaines et hommes d'armes, des personnages historiques dont les habits ont été reconstitués d'après des documents anciens : Kinzica de' Sismondi (toute de rose vêtue), héroïne qui par son courage sauva Pise assiégée par les Sarrasins, le duc d'Amalfi en costume lamé d'or, le Génois Guglielmo Embriaco dit Testa di Maglio et le doge de Venise accompagné de Caterina Cornaro. La régate est une course d'aviron entre les anciennes Républiques rivales.

La « Luminara » di San Ranieri (16 juin) – Sur les bords de l'Arno la veille au soir de la fête de saint Rainier, patron de Pise, les quais Lungarno Mediceo et Lungarno Galilei sont illuminés d'une multitude de petites lampes soulignant les encadrements de fenêtres, les lignes architecturales des palais, les quais et toute l'architecture de S. Maria della Spina *(voir illustration p. 248)*. Se reflétant dans l'Arno où voguent d'autres lumignons, cette féerie lumineuse trouve son plus beau cadre à l'heure du coucher du soleil quand le ciel s'embrase de rouge. La nuit venue, un spectaculaire feu d'artifice est tiré.

Régate historique en l'honneur de saint Rainier (17 juin) – L'après-midi se déroule sur l'Arno une régate sur d'anciennes embarcations. Quatre quartiers *(Rioni)* historiques de la ville se mesurent dans une course de 2 km à contre-courant conduite par des équipages de huit rameurs en costumes traditionnels.

Il Gioco del Ponte (dernier dimanche de juin) – Issu du jeu du *Mazzascudo* pratiqué au moins dès le 12e s., le « Jeu du Pont » remonterait au 22 février 1569 ; les Pisans, toujours très fiers de ce jeu, en interdisaient l'imitation dans les territoires mêmes qu'ils avaient conquis, comme le prouve un bref daté de 1318 concernant la Sardaigne. Au fil des siècles, sans que le principe en ait jamais été modifié, il a réglé l'affrontement sur le Ponte di Mezzo (pont du Milieu) des quartiers situés de part et d'autre de l'Arno, la « Tramontana » au Nord et le « Mezzogiorno » au Sud.
Le pont, divisé en deux parties égales où se positionnent les équipes, doit être conquis dans sa totalité par l'une d'elles. Au cours de son histoire, l'évolution du jeu a consisté à le rendre moins violent. Le *Mazzascudo*, littéralement massue-bouclier, était une arme étroite à une extrémité pour attaquer et large à l'autre pour se protéger. Il fut remplacé dans le Gioco del Ponte par le *targone* de tilleul ou de peuplier, de forme sensiblement équivalente (comme une petite rame) mais moins dangereux malgré son mètre de long et ses 2,5 kg. Le corps à corps en armure restait néanmoins violent, c'est pourquoi, depuis l'après-guerre, l'affrontement se déroule en poussant à reculons sur la partie adverse du pont un char de 7 t placé sur un rail médian. Un drapeau bascule mécaniquement lorsque le char pénètre totalement dans la moitié opposée. Les six quartiers de chacune des deux parties de la ville s'affrontent deux à deux en manches successives, et la victoire revient à l'équipe ayant remporté au moins quatre manches.
Avant le jeu, les deux « armées » aux couleurs de chacun des quartiers défilent séparément sur les quais en deux cortèges de plus de 300 participants en riches costumes du 16e s. et armures, tandis que le cortège des magistrats, d'environ 60 personnes, reste indépendant. Le dimanche suivant, la remise du Palio (drapeau) aux vainqueurs dans l'hôtel de ville est suivie de festivités dans les quartiers concernés.

★★★ PIAZZA DEI MIRACOLI *visite : 3 h*

Sur cette place prestigieuse, appelée aussi **Piazza del Duomo**, se trouvent réunis, dans un rapport d'exceptionnelle harmonie, quatre édifices composant un ensemble monumental qui compte parmi les plus célèbres du monde.
Bordée sur deux côtés par une mince enceinte de briques rouges crénelée du milieu du 12e s., elle se présente comme un vaste champ clos sur lequel se dressent, éclatantes, les masses en marbre blanc du baptistère, du dôme et de son fameux campanile ou « Tour penchée » ; en toile de fond, le Camposanto (cimetière) déploie sa longue série d'arcades aveugles, elles aussi en marbre blanc.
La vue la plus belle sur l'enfilade des monuments se découvre de la **porta Santa Maria**. C'est aussi de cet endroit que l'inclinaison de la tour est le plus spectaculaire.

★★★ Torre Pendente

Campanile et beffroi de 58 m de haut, la **tour penchée** est le symbole de Pise.
Sa célèbre inclinaison (environ 5 m par rapport à un axe central vertical) lui a valu de compter parmi les monuments les plus visités du monde. Cette anomalie, dont on est aujourd'hui certain qu'elle ne fut pas voulue par l'architecte, est de fait due à la nature alluviale du terrain, insuffisamment résistant pour supporter le poids d'un tel édifice. C'est Bonanno Pisano qui entreprit sa construction en 1173. Les travaux en étaient au 1er étage lorsque se produisit un affaissement du sol ; passant outre, l'architecte éleva encore deux étages, mais un nouveau tassement du terrain ayant été constaté, la construction fut arrêtée. C'est seulement un siècle plus tard qu'un deuxième maître d'œuvre, Giovanni di Simone, reprit les

---

Tentatives de sauvetage

Depuis 1178 que l'inclinaison est constatée, 8 000 projets, plus ou moins efficaces, ont été élaborés pour remédier au phénomène. À raison de 1 à 2 mm par an en moyenne, la chute est prévue pour 2040. Pourtant, le mouvement de bascule fut stoppé de 1550 à 1817 grâce aux travaux de consolidation de la base entrepris par Vasari. Malheureusement, au 19e s. des ingénieurs hydrauliciens modifièrent la structure du sol en pompant la nappe phréatique.

Fermée au public le 7 janvier 1990 en raison du caractère dangereux du phénomène, la tour fait l'objet de soins constants :

- deux cercles d'acier inoxydable ont rapidement été placés autour du 1er étage ajouré d'arcades ;
- en 1991, le monument est amarré au sol par 18 câbles d'acier ;
- en 1993, le socle est renforcé par une gaine de béton armé où sont noyés 670 t de lingots de plomb d'1 m de long pour contrebalancer le mouvement d'inclinaison *(d'un point de vue esthétique cette opération est sans conséquence sur le panorama de la place)* ;
- début 1994, on constate que la tour s'est redressée de 9 mm, mais les travaux sont interrompus faute d'argent.

Sa réouverture (prévue au départ pour fin 1995) ne se fera que si les experts parviennent à la redresser de 20 cm ! On pourra alors de nouveau gravir les 294 marches tout en ayant la curieuse impression d'être entraîné du côté où penche la tour, puis découvrir au sommet une **vue**★ plongeante sur les monuments de la place et embrasser du regard toute la ville et même, par temps clair, la campagne et la mer. Mais dans cette prestigieuse ville universitaire, attention à la malédiction séculaire bien connue des Italiens : « L'étudiant désireux un jour se diplômer jamais se risquera d'en gravir le sommet ! »

---

travaux, essayant de corriger l'inclinaison de la tour et donnant un moindre poids au côté qui s'enfonçait. Il mourut à la bataille de la Meloria, sans avoir achevé son œuvre. Le couronnement du campanile fut ajouté en 1350.

La singularité de la position de la tour de Pise ne doit toutefois pas faire oublier la beauté de son architecture. Cylindrique à la façon des tours byzantines, elle est ceinte de six étages de galeries qui, en raison de l'inclinaison, semblent se dérouler en une spirale légère ; au niveau inférieur, on retrouve, également dans le pur style roman pisan, la ronde des arcades aveugles à décoration de losanges.

★★ Duomo ⊙ (Dôme)

Ses maîtres d'œuvre furent successivement Buscheto, qui en commença la construction en 1063, et Rainaldo, qui l'acheva vers le milieu du 12e s., agrandissant le transept et allongeant la nef vers la façade dont il est également l'auteur.

C'est le fabuleux butin conquis sur les Sarrasins en Sicile qui permit de financer la construction de ce somptueux édifice.

Très vaste, en forme de croix latine, la cathédrale de Pise produit une impression de formidable équilibre avec sa longue nef, son puissant transept et son abside en forte saillie.

Contrastant avec cette solennité, un effet de grâce et de légèreté est créé par les galeries étagées de la façade, le motif des arcades aveugles et des fenêtres encadrées de pilastres courant sur trois registres autour de l'édifice, et l'appareillage à assises alternées de marbre clair et sombre : éléments qui constituent les grandes caractéristiques du style roman pisan.

Dans la **façade**★★★, décorée de fins motifs géométriques en marqueterie et mosaïque de marbres et de terres émaillées polychromes, est encastré *(1re arcade à gauche)* le tombeau de Buscheto. Des **portes**★ de bronze, fondues en 1602 d'après des projets de Jean Bologne, ont remplacé celles d'origine détruites par un incendie à la fin du 16e s. ; elles représentent la vie de la Vierge au centre, la vie du Christ sur les côtés.

Mais la porte la plus célèbre est celle dite de St-Rainier (San Ranieri), qui s'ouvre dans le transept droit, face à la tour penchée ; ses admirables **vantaux**★★ romans, en bronze, ont été réalisés vers la fin du 12e s. par Bonanno Pisano. Avec une rigoureuse économie de personnages, mais en faisant montre d'une prodigieuse liberté d'invention, l'artiste a retracé, dans une manière très stylisée et gracieusement naïve, la vie du Christ en vingt petites scènes *(qu'il est malheureusement très malaisé de détailler, en raison du flot incessant des visiteurs)* ; des panneaux traités sous forme de frises, en haut et en bas de chaque vantail, et un encadrement de torsades et de petites rosaces créent un bel effet décoratif.

Piazza dei Miracoli

Intérieur – L'intérieur de l'édifice (qu'il est conseillé de contempler du bas de la nef) présente moins d'unité que l'extérieur. Très imposant, avec ses 100 m de longueur, ses cinq vaisseaux, son abside profonde, son transept à triple travée et sa coupole légèrement ovale, il présente, par le jeu de ses soixante-huit colonnes (toutes monolithes), une étonnante multiplicité de perspectives. L'effet de légèreté engendré par la présence de matronées (galeries hautes réservées aux femmes) s'ouvrant largement sur la nef et sur le transept, ainsi que par l'alternance des bandes claires et sombres de la partie haute de l'édifice, est quelque peu étouffé par le plafond à caissons en bois doré qui a remplacé celui d'origine détruit dans l'incendie de la fin du 16e s., et par la décoration peinte des arcs du chœur.

Le Christ Pantocrator en mosaïque, à la voûte de l'abside, date du début du 14e s. La splendide **chaire**★★★ à la réalisation de laquelle Giovanni Pisano travailla pendant près de dix ans (1302-1311) est un chef-d'œuvre de puissance et de légèreté. La cuve est soutenue par des colonnes de porphyre, dont deux prennent appui sur des lions (motif repris à la tradition lombarde), et par cinq piliers ornés de statues : les figures de femmes qui constituent le pilier central symbolisent les vertus théologales (Foi, Espérance, Charité) et reposent sur un socle où de petits personnages représentent les Arts libéraux. Formant les piliers du pourtour, on reconnaît (en commençant par le côté face au chœur et en tournant de gauche à droite) : saint Michel, les évangélistes portant le Christ, les vertus cardinales (Force, Justice, Prudence et Tempérance) soutenant une femme allaitant, allégorie de l'Église nourrissant les deux Testaments, et pour finir Hercule. La cuve se développe sur un plan quasiment circulaire que permet la légère convexité des huit panneaux sculptés. Dans ces compositions tumultueuses, peuplées d'une foule de personnages, Giovanni Pisano a donné toute la mesure de son talent expressionniste et de son sens dramatique ; on reconnaît (en tournant de gauche à droite, à partir de l'entrée de la chaire) : sur le 1er panneau l'Annonciation et la Visitation, puis la Nativité, l'Adoration des Mages, la Présentation au Temple et la Fuite en Égypte, le Massacre des Innocents, la Passion du Christ, la Crucifixion, le Jugement dernier (ce dernier sur deux panneaux).

Près de la chaire est suspendue la lampe dite de Galilée, en bronze. Les oscillations que lui imprimait le sacristain en l'allumant auraient, selon la tradition, inspiré au savant sa célèbre théorie ; en réalité, Galilée avait fait sa découverte quelques années avant que cette lampe-ci ne fût placée dans la cathédrale.

Le crucifix qui surmonte le maître-autel est une œuvre de Jean Bologne à qui l'on doit également les deux anges porte-cierge en bronze placés aux angles de la clôture du chœur. De part et d'autre de celui-ci, contre deux piliers se faisant face, on remarque deux tableaux exécutés au 16e s. : à droite une *Sainte Agnès* par Andrea del Sarto, à gauche une *Vierge à l'Enfant* d'Antonio Sogliani.

★★★ Battistero ⊙ (Baptistère)

C'est un majestueux édifice élevé sur plan circulaire, dont la circonférence atteint près de 110 m et dont la hauteur (un peu moins de 55 m) est presque égale à celle de la tour. Sa construction s'échelonna sur 250 ans : commencée en 1153, près d'un siècle après celle de la cathédrale, elle dura (avec une interruption d'une cinquantaine d'années au 13ᵉ s.) jusqu'en 1400. Le projet et les premiers travaux furent exécutés par Diotisalvi. Nicola et Giovanni Pisano y travaillèrent également y réalisant une grande partie de la décoration sculptée.

Comme les arcades aveugles et les galeries à colonnettes du campanile, l'ornementation extérieure du baptistère devait faire en quelque sorte écho à celle du dôme. Toutefois, si les deux premiers niveaux ont été conçus dans le style qui caractérise les édifices romans pisans, le 2ᵉ étage ainsi que les gâbles et les pinacles qui surmontent les arcades du 1ᵉʳ étage sont gothiques. Un singulier dôme se terminant en forme de petite pyramide tronquée et coiffée d'une statue de saint Jean Baptiste couvre l'édifice.

Ses portails ne sont pas l'un de ses moindres ornements. Celui qui s'ouvre face à la cathédrale, le plus riche des quatre, est encadré de colonnes remarquablement sculptées au 13ᵉ s., de motifs de feuillages ; au linteau sont représentés, dans un style d'inspiration encore byzantine, des épisodes de la vie de saint Jean Baptiste et, au-dessus, Jésus entre la Vierge et saint Jean avec, de part et d'autre et alternant avec des anges, les quatre évangélistes. Sur les piédroits, figurent les Travaux des mois *(à gauche)* et les apôtres *(à droite)*.

Intérieur – Imposant, avec ses 35 m de diamètre, ses hautes arcades superposées et sa profonde coupole, il frappe par sa noblesse et sa luminosité. Il faut y entendre se répercuter un remarquable écho *(en saison, les visiteurs sont admis à entrer par petits groupes seulement, toutes les 10 mn environ, afin de pouvoir assister à la démonstration effectuée par un gardien)*.

L'alternance des bandes de marbre clair et sombre compose une sobre décoration. D'élégantes colonnes monolithes à chapiteaux joliment sculptés et de puissants piliers forment, au niveau inférieur, un harmonieux péristyle au-dessus duquel court une large galerie où l'on peut monter *(escalier à gauche de l'entrée)*. De là-haut, la perfection de l'agencement des volumes s'apprécie pleinement : le plan circulaire du baptistère, rythmé par l'anneau des colonnes et des piliers, converge vers la très belle **cuve baptismale**★ octogonale dont le tracé rigoureux est repris par le pavement et répercuté au sol vers l'extérieur comme un écho. Elle est l'œuvre d'un artiste venu de Côme, Guido Bigarelli, qui l'exécuta en 1246, et servait aux baptêmes par immersion ; à noter, contre la paroi interne, les petites cuves cylindriques dans lesquelles étaient plongés les nouveau-nés. Légèrement surélevée, la cuve est décorée de panneaux carrés en marbre dans lesquels s'inscrivent des rosaces sculptées de feuilles d'acanthe et de têtes d'animaux, ainsi que des incrustations de petits motifs géométriques polychromes d'inspiration orientale. Les panneaux de l'autel réalisés dans le même style au siècle précédent formaient à l'origine la clôture du chœur de la cathédrale.

Le baptistère renferme lui aussi une admirable **chaire**★★, due, celle-là, à Nicola Pisano, qui l'acheva en 1260. Plus sobre que celle sculptée par son fils Giovanni pour la cathédrale, la chaire de Nicola repose sur de simples colonnes. Des arcs en plein cintre, mais dont le dessin trilobé annonce le style gothique, portent la cuve formée de cinq panneaux que délimitent un encadrement et des faisceaux de colonnettes en marbre rouge ; à l'un des angles figure l'aigle porte-évangile, attribut de saint Jean. Pour retracer la vie du Christ, l'artiste s'est inspiré de la sculpture antique dont il pouvait admirer la plénitude et la noblesse sur les sarcophages romains du Camposanto : cette influence est particulièrement visible dans les deux premiers panneaux *(à partir de l'entrée de la chaire et en tournant de gauche à droite)*, représentant la Nativité et l'Adoration des Mages et où la Vierge revêt l'aspect d'une matrone romaine ; les panneaux suivants représentent la Présentation au Temple, la Crucifixion et le Jugement dernier (la face du Lucifer en bas et à droite de la scène évoque les masques du théâtre antique).

★★ Camposanto ⓥ

Le cimetière n'est guère moins célèbre que les autres monuments de la piazza del Duomo. Sa construction fut entreprise en 1277 par le deuxième architecte du campanile, Giovanni di Simone. Une dizaine d'années plus tard, la guerre contre Gênes, avec son épilogue de la Meloria, interrompit les travaux, qui ne furent achevés qu'au 15ᵉ s.

L'une des portes s'ouvrant dans la longue file d'arcades aveugles romanes qui constituent le mur méridional est surmontée d'un charmant édicule gothique ajouté au 14ᵉ s. ; à l'intérieur trône une *Vierge à l'Enfant* sculptée dans l'atelier de Giovanni Pisano.

Conçu à l'origine comme un vaisseau de cathédrale dont la nef centrale aurait été à ciel ouvert, ce cimetière monumental se présente aujourd'hui comme un vaste cloître, les hautes arcades romanes ayant été au 15ᵉ s. transformées en fenêtres gothiques à quatre baies, d'une merveilleuse légèreté. Au milieu, le Camposanto (ou « Champ Sacré ») proprement dit serait formé avec de la terre du Golgotha rapportée par les Croisés au début du 13ᵉ s. Cette terre avait, dit-on, la propriété de réduire en quelques jours à l'état de squelettes les morts qui y

> ### Quelques instants devant le *Triomphe de la Mort*
>
> À gauche, sur une montagne, se déroule la vie d'ermite, gage de vie éternelle, tandis que, au pied de la montagne, a lieu la rencontre des Trois Vifs et des Trois Morts. Selon la légende, connue dans l'Europe entière, les trois chevaliers rencontrent trois squelettes animés, qui leur rappellent comment nous finirons tous. Dans l'interprétation italienne apparaît, entre les deux groupes, l'ermite (dans ce cas le moine Macaire), sage interprète de cette inquiétante rencontre et modèle de vie ; les morts sont représentés dans des tombeaux ouverts. Sur la droite, un groupe de jeunes gens s'amuse dans un jardin. La mort plane sur la vanité de la vie et les âmes deviennent propriété des anges et des diables.

étaient ensevelis. Les galeries sont pavées de 600 pierres tombales. De très beaux sarcophages gréco-romains, dont la plupart furent réutilisés au Moyen Âge pour recevoir la dépouille de nobles pisans, y ont été placés.

Les murs des galeries étaient couverts d'admirables **fresques** exécutées dans la deuxième moitié du 14e s. et au siècle suivant par des artistes tels que Benozzo Gozzoli, Taddeo Gaddi, Andrea di Buonaiuto et Antonio Veneziano. En juillet 1944, un tir d'artillerie provoqua un incendie qui fit fondre la toiture en plomb, anéantissant et endommageant considérablement la plupart d'entre elles. On a pu sauver et restaurer certaines de ces œuvres, dont la fameuse fresque du *Triomphe de la Mort*, attribuée à **Buffalmacco**, auteur également du *Jugement dernier*, de l'*Enfer* et de la *Thébaïde*.

Effectuer le tour du Camposanto par la droite.

Galerie Nord – Aujourd'hui totalement nue comme la galerie Sud, elle est bordée par plusieurs salles dans lesquelles sont exposées les fresques les plus remarquables du Camposanto.

Une petite chapelle renfermant l'autel dit de Saint-Rainier, sculpté par Tino di Camaino, précède une salle consacrée à la reconstitution photographique de l'ensemble des fresques tel qu'il se présentait à l'origine. Au centre de la pièce est exposé un très beau vase attique en marbre (2e s. avant J.-C.) sculpté de scènes dionysiaques en faible relief.

Salle des fresques – La grande salle qui fait suite abrite les fresques détachées des galeries. Parmi elles, occupant presque entièrement le mur de gauche, le *Triomphe de la Mort*★★★ est au nombre des créations les plus intéressantes de la peinture italienne du 14e s.

Image reprise du dit des « Trois Morts et des Trois Vifs », saint Macaire, tenant à gauche un rouleau déployé et désignant les cadavres décomposés de trois rois, explique à un groupe de seigneurs en route pour la chasse que, par son caractère inéluctable, seule la mort est une réalité ; au-dessus, des moines anachorètes s'y préparent avec sérénité, dans l'accomplissement des tâches quotidiennes ; à droite, la mort ignorant un groupe de mendiants qui l'implorent *(au centre)* s'apprête à fondre, triomphante, sur une assemblée de jeunes gens insouciants réunis dans un riant verger.

Les deux magnifiques fresques qui couvrent le mur du fond de la salle et une partie du mur suivant, représentant le *Jugement dernier*★★ et l'*Enfer*★, faisaient partie du même cycle que la précédente. L'*Histoire des anachorètes en Thébaïde*, qui leur fait suite, décrit divers détails de la rude vie solitaire et ascétique de ces premiers chrétiens, persécutés et réfugiés en Égypte. Sur le dernier mur, à droite de l'entrée : *Le Pacte de Satan avec Dieu* et *Les Premières Mésaventures de Job* par Taddeo Gaddi.

Galerie Ouest – Contre le mur sont accrochées les chaînes qui fermaient autrefois le port. Cette galerie fut la première à accueillir les fastueux monuments funéraires des notables pisans à partir du 16e s., mis en scène symétriquement les uns par rapport aux autres. La galerie Est lui fit pendant avant que le phénomène, s'amplifiant considérablement au 18e s., ne commence à s'étendre aux côtés Nord et Sud plus longs. En 1807, Carlo Lasinio, nommé conservateur du Camposanto, y réunit les sarcophages antiques situés aux abords du dôme et dans les nombreux couvents et églises pisans.

★ Museo delle Sinopie ⊙

Les sinopies des fresques du Camposanto sont rassemblées dans un édifice des 13e et 14e s., qui servit un temps d'hôpital.

En effet, à l'occasion des travaux de restauration des fresques du cimetière monumental, terriblement endommagées après le bombardement de 1944, les sinopies furent à leur tour déposées et remises en état. Elles sont aujourd'hui présentées sur deux niveaux dans une haute salle, où elles font l'objet d'une remarquable mise en valeur.

SCALA

Détail d'une sinopie du *Triomphe de la Mort*

Rez-de-chaussée – La plupart des sinopies exposées à ce niveau furent exécutées au 15e s. et sont très sommaires, l'usage alors plus répandu du papier sur lequel l'artiste pouvait travailler ses études lui permettant de n'indiquer sur le mur lui-même que les grandes lignes de la composition.

Niveau supérieur – Un système de plate-forme *(monter par l'escalier qui se trouve au fond de la salle)* permet d'avoir une vision panoramique des gigantesques sinopies qui précédèrent les fresques les plus célèbres du Camposanto. Au fond de la salle, la sinopie de la *Crucifixion*, la première à avoir été réalisée vers 1320-1330, est due à Francesco di Traino, le peintre pisan le plus important du 14e s. Les grandioses compositions du *Triomphe de la Mort*, du *Jugement dernier* et de l'*Enfer* – ces deux dernières tracées d'un seul jet, à larges traits – ainsi que l'*Histoire des anachorètes en Thébaïde* dénotent, chez le décorateur inconnu et cependant le plus célèbre du Camposanto, de remarquables talents de dessinateur surtout dans les expressions des visages.

Deux galeries encore plus élevées permettent de différencier les points de vue.

★★ Museo dell'Opera del Duomo ⊘

Les œuvres du musée proviennent du complexe monumental de la piazza dei Miracoli ; la salle 1 propose donc de revenir aux monuments, présentés grâce à des maquettes du 19e s., avant d'en admirer les sculptures et le mobilier.

Rez-de-chaussée – Architecte et sculpteur, **Guglielmo** *(salle 2)* réalisa son œuvre majeure en sculptant de 1158 à 1162 la première chaire de la cathédrale (dont il était maître d'œuvre) : bien que remplacée en 1310 par celle de Giovanni Pisano et donnée à la cathédrale de Cagliari en Sardaigne, cette chaire, présentée ici grâce à des copies, n'en demeure pas moins dans sa structure le prototype des futures créations toscanes. Salle 3 sont présentées des œuvres étrangères qui faisaient partie du mobilier du dôme et dont l'origine lointaine permit au premier art roman, essentiellement classique, de s'enrichir. Le principal apport fut celui du monde islamique, que les Pisans connaissaient bien grâce aux échanges que permettait leur flotte : de nouveaux motifs géométriques et iconographiques furent introduits, ainsi que le goût pour la marqueterie polychrome en marbre

---

La sinopie

Si elle offrait l'avantage de pouvoir défier les siècles et les intempéries, la peinture à fresque *(voir p. 47)*, qui ne pouvait être exécutée que sur un enduit frais, présentait de ce fait le double inconvénient d'exiger une grande rapidité d'exécution et d'exclure, une fois sèche, toute possibilité de retouches. Pour pallier ces désagréments, le peintre dessinait au préalable sur le mur revêtu d'un premier enduit une ébauche appelée « sinopie », du nom de Sinope, ville des bords de la mer Noire d'où provenait la terre de couleur rouge-brun avec laquelle elle était généralement tracée. Une fois la scène esquissée dans son ensemble, l'artiste pouvait réaliser sans hâte, sur ce dessin, l'œuvre définitive, recouvrant au jour le jour d'un deuxième enduit la surface exacte qu'il désirait peindre. Nombre de ces « premiers jets » ont été découverts durant ces dernières décennies lorsque, pour les restaurer, on détacha des fresques de leur support.

(déjà connue grâce à l'art byzantin). Des sculptures provençale (Tête de David) et bourguignonne (Christ en bois) sont la preuve de contacts avec la plastique romane française.

Sont ensuite évoqués les autres monuments de la place (la tour, *salle 4 ;* le baptistère, *salles 5 et 6*) et surtout les gloires de la sculpture pisane qui y travaillèrent. Les neuf bustes couronnant la loggia du baptistère (1269-1279, *dans la galerie du cloître*) sont l'œuvre de **Nicola Pisano** et de son fils **Giovanni**.

Ce dernier est également l'auteur de la chaire de la cathédrale (1302-1310, *salle 5*) et des œuvres de la salle 7 : la *Madone d'Henri VII* (composition d'inspiration française avec la Vierge assise et l'Enfant debout sur son genou) et *Pise agenouillée* faisaient partie du même groupe, réalisé en 1312 en l'honneur de l'empereur ; la *Vierge à l'Enfant* (en buste), de goût très gothique, est en revanche caractéristique de Giovanni par cette conversation muette échangée par les regards.

Le Siennois **Tino di Camaino** *(salle 8)*, longtemps actif à Pise, fut l'un des plus illustres sculpteurs de tombeaux du 14e s. De son mausolée de Henri VII de Luxembourg, mort en 1313 *(voir Buonconvento)*, on peut voir les statues de l'empereur, de quatre de ses conseillers, une *Annonciation* et deux anges (1315).

Nino Pisano *(salle 9)*, dans la deuxième moitié du 14e s., réalisa aussi des monuments funéraires pour la cathédrale : celui de l'archevêque Giovanni Scherlatti plut tant à l'archevêque Francesco Moricotti que ce dernier réclama à Nino le même pour lui, ce qui explique la jeunesse du visage de son gisant alors qu'il mourut 27 ans après le sculpteur.

La figure marquante du 15e s. est le Florentin Andrea di Francesco Guardi *(salle 10)*, issu de l'atelier de Donatello. Son œuvre majeure est le monument funéraire de l'archevêque Pietro Ricci.

Salle 11 est présenté le **trésor** de la cathédrale. Parmi les pièces les plus anciennes et précieuses figurent un coffret d'ivoire orné de putti et d'animaux remontant au 11e s., un petit crucifix en argent doré dit « Croix des Pisans » datant du 12e s. (l'assemblage sur piédestal est du 14e s.), deux coffrets reliquaires de Limoges (12e s.), six fragments de la ceinture *(cintola)* du dôme, des 13e et 14e s. : toute de damas rouge, ornée de plaques métalliques historiées et de pierres précieuses, elle servait avant sa mystérieuse dispersion à ceindre entièrement la cathédrale à l'occasion des grandes fêtes. On remarque enfin la merveilleuse petite *Vierge à l'Enfant* de Giovanni Pisano (1299), dont la cambrure épouse la courbe naturelle de la défense d'éléphant où elle fut sculptée. Les vitrines de la salle 12 conservent les pièces d'argenterie réalisées pour la cathédrale du 16e s. au 19e s. : reliquaires, croix, ostensoirs, calices.

Premier étage – Après les peintures et sculptures des 15e-18e s. *(salles 13-14)*, on admirera, salle 15, les travaux de marqueterie ornant les stalles de la cathédrale. Très en vogue à la fin du 15e s. et au 16e s., cet art révèle le talent des artistes dans la maîtrise de la perspective. Les trois panneaux de la *Foi*, l'*Espérance* et la *Charité* sont l'œuvre de Baccio et Piero Pontelli sur un carton de Botticelli ; ceux de Guido da Seravallino représentent quant à eux des vues des quais de Pise au 15e s.

La salle 16, consacrée aux enluminures et antiphonaires, recèle deux *Exultet*, l'un réalisé à Bénévent au 12e s., l'autre en Toscane au 13e s. Ces rouleaux comportent d'un côté la transcription du chant liturgique chanté par un diacre le samedi saint et de l'autre les scènes du mystère de la résurrection peintes pour être vues des fidèles.

Les parements sacrés des salles 17 à 20 permettent d'admirer des tissus et des broderies du 15e au 19e s. ainsi que des dentelles de Flandre.

La dernière section du musée est consacrée à l'archéologie, c'est-à-dire aux vestiges égyptiens, étrusques et romains rassemblés au 19e s. par le conservateur du Camposanto, Carlo Lasinio, et provenant des différentes églises et couvents de Pise. Lasinio grava également avec son fils une série de planches d'après les fresques du Camposanto (malheureusement presque entièrement détruites en 1944, *voir plus haut au Camposanto*).

AUTRES CURIOSITÉS

★★ **Museo Nazionale di San Matteo** ⊙ – Ses salles, disposées autour du cloître de l'ancien couvent San Matteo (15e s.), renferment entre autres une insigne collection de sculptures et de peintures (provenant d'églises et de couvents pisans), œuvres d'artistes locaux, qui montrent à quel point la ville fut, du 13e au 15e s., un riche centre artistique.

Rez-de-chaussée – *Gagner à droite du cloître.* La première porte au fond de la galerie conduit aux collections de **céramiques**. La ville, alimentée en céramique d'origine islamique, fut également un centre créatif du 13e au 17e s., dont la production s'exporta à partir du 14e s. de l'Espagne à la Turquie, en passant par la Provence, la Corse et la Grèce. Localement, on l'utilisa de façon originale dans l'ornementation architecturale des églises (comme on peut voir à San Piero a

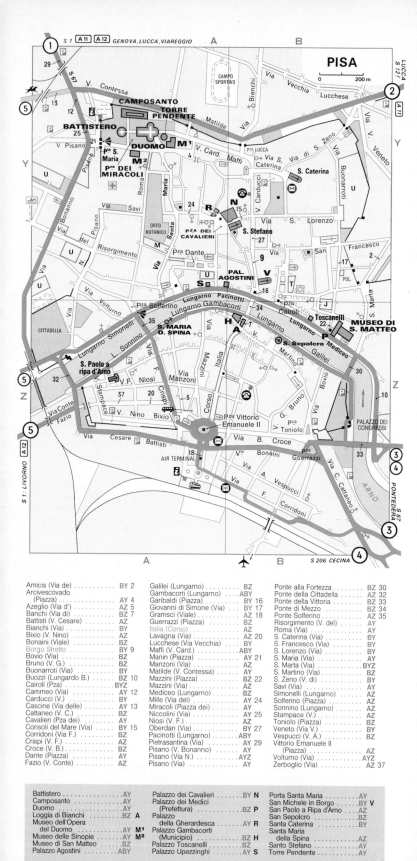

Grado aux environs de la ville). Dès le milieu du 13e s., les ateliers pisans (parmi les premiers en Toscane) réussirent à rendre leur céramique imperméable grâce à des vernis vitrifiés à base d'étain : cette « majolique archaïque » se caractérise par son décor peint brun et vert. À partir du 15e s., le décor est incisé et généralement relevé d'ocre brun tandis que la pièce, pouvant rester blanche, est souvent uniformément peinte en jaune pâle, ocre ou vert. Ces incisions *a stecca* (stries en baguette) évoluent par la suite vers un décor dit en « en œil de plume de paon ». Les salles suivantes présentent les céramiques importées, d'origine ligure, islamique, moyen-orientale ou d'Italie méridionale ; nombreuses pièces de l'Islam occidental du 10e au 13e s.

Premier étage – La galerie haute du cloître où débouche l'escalier conserve des sculptures architecturales datant pour les plus anciennes du 12e s.

Le circuit sur la **peinture pisane** commence dans la salle située à gauche en sortant de l'escalier avec des œuvres des 12e et 13e s. Les grands crucifix sont tout à fait caractéristiques de cette époque encore sous influence gréco-byzantine. Le Christ y est tour à tour représenté triomphant, le visage serein, ou souffrant, la tête penchée et les yeux clos. Giunta di Capitinio dit Giunta Pisano (mort vers le milieu du 13e s.), qui s'inscrit dans le courant hellénisant, accentue volontiers cet aspect humain de la douleur divine. Ranieri di Ugolino (fin du 13e s.) témoigne en revanche d'un style novateur issu des recherches de Cimabue.

À droite de l'escalier, les œuvres du 14e s. montrent combien Pise s'ouvre alors aux nouveaux courants artistiques. Placé perpendiculairement à la salle, le grand polyptyque peint d'un côté à la gloire de sainte Ursule et de l'autre à celle de saint Dominique est une œuvre de Francesco di Traino (1344). Influencé par le Siennois Simone Martini tout autant que par Giotto, Francesco di Traino peint d'une manière précieuse et néanmoins vigoureuse, comme en témoignent aussi sa *Vierge à l'Enfant avec des saints* et une *Sainte Catherine d'Alexandrie* resplendissante dans son riche manteau *(sur le mur de droite)*. Au fond de la salle se trouve le magnifique polyptyque représentant la *Vierge à l'Enfant*, peint vers 1320 par Simone Martini pour l'église Santa Caterina. De gauche à droite sont représentés Marie-Madeleine, saint Dominique, saint Jean l'Évangéliste, saint Jean Baptiste, saint Pierre martyr et sainte Catherine. Cette œuvre, attachante par l'humanité des visages, est empreinte d'une douceur triste caractéristique de Martini.

La salle au fond à droite est consacrée à la **sculpture pisane** du 14e s., alors largement dominée par l'atelier d'Andrea Pisano et de ses fils Nino – le plus connu – et Tommaso *(voir p. 238)*. On y remarque une très jolie *Vierge à l'Enfant* en marbre, de Nino, et surtout la **Madone allaitant** *(Madonna del latte)*, gracieusement infléchie et délicieusement souriante qu'il sculpta en collaboration avec son père.

Le circuit sur la peinture reprend dans la salle s'ouvrant en vis-à-vis *(et sur la galerie en retour du cloître)*. Bien que la peste de 1348 marque une rupture dans l'élan des commandes et le choix des sujets, Pise reste après cette date un centre créatif important. Dans l'école pisane se distinguent deux élèves de Francesco di Traino : Francesco Neri da Volterra et Cecco di Pietro : du premier on peut voir une *Vierge à l'Enfant entourée de saints (à droite en entrant)* et du second *(contre le long mur)* une *Pietà* et un riche polyptyque représentant la *Crucifixion entre des saintes* dont la vie est évoquée à la prédelle. En outre le chantier de fresques du Camposanto permit à des peintres formés à Florence de travailler à Pise : Spinello Aretino *(Couronnement de la Vierge, Trois Saints)*, Agnolo Gaddi *(Quatre Saints)*, Taddeo di Bartolo (cinq ravissants panneaux contant la vie de saint Galgan) et Antonio Veneziano dont le petit étendard processionnel porte sur une face une *Crucifixion* peuplée d'une foule de personnages dotés d'une vie extraordinaire et sur l'autre saint Rainier (patron de Pise) et les flagellants.

La salle suivante est consacrée à Turino Vanni (mort en 1444) et à son influence. Au centre, une des dernières œuvres de l'artiste représente une *Crucifixion* avec le donateur agenouillé à gauche devant les murs de Pise : on aperçoit la tour, déjà penchée, à gauche.

La suite de la visite permet de découvrir l'activité artistique de la ville au 15e s. : Pise, passée sous domination florentine en 1406, accueille alors de nombreux artistes prestigieux venus de la capitale toscane. On peut voir en effet, dans l'angle sous la galerie du cloître une *Vierge d'humilité* de Gentile da Fabriano, puis dans la première salle de cette même galerie un **Saint Paul** d'une stupéfiante présence, qui faisait partie d'un polyptyque exécuté en 1426 par Masaccio – peint selon la tradition gothique sur fond doré mais dans une manière totalement innovatrice –, une **Vierge à l'Enfant** (bas-relief de stuc) de Michelozzo, une ravissante **Vierge à l'Enfant**, aux tons un peu passés, de Fra Angelico, et un buste en bronze doré de saint Rossore par Donatello. Dans la pièce suivante, plusieurs œuvres de Benozzo Gozzoli, et enfin en sortant de nouveau sur la galerie du cloître *(à droite)* une *Sainte conversation* de Ghirlandaio.

Toujours sous la galerie, les sculptures grandeur nature en bois polychrome et doré sont pour la plupart l'œuvre de **Francesco di Valdambrino** formé auprès des Pisano. Ces figures principalement féminines ornaient divers couvents de la ville.

Piazza dei Cavalieri – Cœur de la cité médiévale, aujourd'hui fréquentée par les étudiants, cette place spacieuse et paisible est restée l'un des lieux les plus nobles et les mieux préservés de Pise. C'est là qu'en 1406 fut annoncée la fin de la République pisane.

La place fut entièrement transformée lorsque Cosme Ier de Médicis y fit élever par son architecte Vasari les édifices destinés à accueillir les **chevaliers de St-Étienne** (Cavalieri di Santo Stefano). Fondé en 1562, cet ordre sacré et militaire, soumis à la règle de saint Benoît, avait charge de mener la lutte contre les Infidèles, avec pour principale mission de pourchasser à travers la Méditerranée les pirates musulmans. La confrérie disparut en 1860.

Cernée d'édifices élevés aux 16e et 17e s., la place est dominée par le **palazzo dei Cavalieri**, dont la longue et singulière **façade**★, légèrement incurvée, est couverte d'une décoration en graffiti de grotesques et de feuillages. Une frise de niches abritant les bustes de six Médicis qui furent grands-ducs de Toscane sépare les étages supérieurs. On reconnaît en plusieurs endroits leur écusson (aux six boules) et la croix des Chevaliers qui recevaient là leur instruction. Le palais est actuellement le siège d'une université dont les origines remontent à Napoléon. Devant le perron se dresse la statue de Cosme Ier exécutée en 1596 par le Florentin Francavilla.

L'**église S. Stefano** date de 1569, mais sa façade en marbre blanc, vert et rose où, mêlés à une décoration de colonnes, de pilastres et d'effets de draperie, se retrouvent l'écusson des Médicis et la croix de St-Étienne fut réalisée une quarantaine d'années plus tard.

Le **palais de l'Horloge** (palazzo dell'Orologio) ou de la **Gherardesca** fut reconstruit par Vasari en 1607 sur deux bâtiments anciens. Dans cet édifice furent incorporés les restes d'une tour (Torre della Fame) dans laquelle, après la défaite de la Meloria, le comte **Ugolino della Gherardesca** (commandant de la flotte pisane), accusé de trahison, fut condamné à mourir de faim avec ses enfants. Dante a évoqué cet épisode dans *L'Enfer* de sa *Divine Comédie* (chant XXXIII).

Santa Maria della Spina lors de la Luminara di S. Ranieri

J. P. Langeland/DIAF

★★ **S. Maria della Spina** – Isolée sur les quais de l'Arno, blanche et légère, cette petite église romano-gothique en marbre a l'apparence d'une châsse, toute ciselée de flèches, de gâbles, de pinacles, de niches et de rosaces. Elle abrita longtemps une épine de la Couronne du Christ, d'où son nom.

Construite au début du 14e s. au niveau même du fleuve, elle fut, en raison des détériorations causées par la proximité de l'eau, démolie en 1871 et rebâtie pierre par pierre à l'endroit où elle se trouve aujourd'hui. Elle fit alors l'objet d'une importante restauration, notamment dans sa partie sculptée.

Plusieurs des statues qui l'ornaient extérieurement, œuvres de l'école des Pisano, ont été remplacées par des copies. Dans la façade s'ouvrent deux portails romans flanqués de délicats panneaux de marbre rose d'un heureux effet. Le flanc droit est le plus ouvragé : percé de fenêtres gothiques à triple et à quadruple baie inscrites dans des arcades romanes surbaissées et de deux portails eux aussi encadrés, dans le goût local, de piédroits à caissons, il est couronné d'une galerie de niches à l'intérieur desquelles figurent le Rédempteur et les Apôtres.

La simple salle rectangulaire tenant lieu de nef et de chœur, qui prend jour du côté de l'Arno par une série presque continue de baies gothiques géminées ouvertes sous un arc roman, abrite une gracieuse *Vierge à l'Enfant*, œuvre de Nino Pisano.

S. Paolo a ripa d'Arno – Toute proche de l'Arno, comme son nom l'indique, cette église date des 11e et 12e s. Sa jolie **façade**★ à triple galerie de colonnes, ses parements où alternent des lits de marbre blanc et noir, et les arcades aveugles qui ornent ses côtés, caractéristiques du style roman pisan, évoquent en plus modeste la cathédrale.

La **chapelle Ste-Agathe**, située derrière l'abside, est un curieux petit édifice en brique, de forme octogonale, coiffé d'un toit en pyramide élevé au 12e s. En raison de sa ressemblance avec l'église du San Sepolcro, elle est volontiers attribuée à Diotisalvi.

S. Michele in Borgo – Sa **façade**★ illustre remarquablement la transition entre les styles roman et gothique pisans : trois étages de galeries à arcs aigus trilobés et à colonnettes entrecoupées de masques y tranchent avec allégresse sur une partie inférieure robuste et, à la différence de la plupart des églises pisanes, dépourvue d'arcades aveugles.

S. Caterina – Elle présente une **façade**★ légère, en marbre blanc discrètement strié de sombre où se marient harmonieusement un niveau inférieur de sobres et amples arcades romanes aveugles et deux étages de hautes galeries gothiques à colonnes graciles et arcs polylobés. L'intérieur, caractéristique de l'ordre des dominicains par sa nef unique et charpentée, abrite deux tombeaux monumentaux de marbre blanc qui se font face : celui de gauche (milieu du 14e s.) a été sculpté par Nino Pisano, celui de droite date du début du 15e s. De part et d'autre du chœur, groupe de l'*Annonciation* par Nino Pisano.

S. Sepolcro – Comme le saint sépulcre de Jérusalem, cette église du même nom est construite sur plan centré. Sa construction octogonale à toit pyramidal réalisée au 12e s. par Diotisalvi est, à l'**intérieur**★, formée d'un déambulatoire et d'un chœur central de noble allure autour duquel de puissants piliers très élevés soutiennent de hautes arcades portant une profonde coupole tout appareillée de briques.

Au pied de l'autel repose **Marie Mancini** qui, ayant inspiré à Louis XIV une vive passion, fut éloignée de la cour par son oncle Mazarin ; mariée à un prince Colonna dont elle se sépara et qui la fit emprisonner, elle s'enfuit à Anvers puis en France ; veuve, elle revint en Italie et acheva sa malheureuse existence à Pise où elle mourut en 1715.

Lungarno Pacinotti – Des abords de la piazza Solferino et du pont du même nom on embrasse, vers l'Est, la boucle de l'Arno et les quais qui la bordent avec en arrière-plan le Monte Pisano, tandis qu'à l'Ouest se dresse la haute tour de brique de la vieille citadelle ; sur l'autre rive, l'église Santa Maria della Spina se détache, fine et blanche.

Au n° 43 s'élève le **palais Upezzinghi**, du début du 17e s., aujourd'hui occupé par l'université ; sa façade s'articule autour d'un grand portail coiffé d'une fenêtre ouvrant sur un balcon, elle-même surmontée d'un grand écusson orné d'un lion. Le **palais Agostini**★ (nos 28 à 25), bâti au 15e s., déploie sa décorative façade entièrement en brique, percée de deux étages de fenêtres gothiques et couverte de médaillons, d'écussons, de guirlandes en terre cuite ; au rez-de-chaussée subsiste le célèbre **caffè dell'Ussero** (« du Hussard ») fondé en 1794 et fréquenté des écrivains du Risorgimento.

De l'autre côté du Ponte di Mezzo se dressent, à proximité l'un de l'autre, la **loggia di Banchi** du 17e s., qui abritait à l'origine le marché des étoffes, et le sévère **palais Gambacorti**, palais communal, de la fin du 14e s., construit en pierre gris-vert et strié de quelques lits de pierre rose : très restaurés, ses trois niveaux s'ajourent de fenêtres biforées inscrites dans des arcs en plein cintre.

Lungarno Mediceo – On y rencontre au n° 17 le beau **palais Toscanelli** à la noble façade Renaissance en pierre claire et au toit débordant au-dessus d'une corniche à caissons sculptée de rosaces ; Byron y écrivit, de l'automne 1821 à l'été 1822, une partie de son *Don Juan*. Le **palais des Médicis** (siège de la préfecture), des 13e-14e s. mais très remanié, eut pour hôte Laurent le Magnifique.

EXCURSIONS

San Piero a Grado et les plages – *Circuit de 30 km au Sud-Ouest. Sortir par ⑤ du plan. Quitter Pise par l'Ouest en restant sur la rive gauche de l'Arno, suivre direction « Mare » et « Marina di Pisa » jusqu'au fléchage de San Piero.*

★ **San Piero a Grado** – La basilique romane de St-Pierre-du-Quai, en belle pierre dorée (11e s.), est située, d'après la tradition, sur un ancien quai du port romain de Pise où saint Pierre aurait débarqué. Elle se caractérise par ses deux absides opposées, celle située à l'Est étant flanquée de deux absidioles. Les arcatures lombardes du chevet sont ornées de losanges et de cercles alternés, tandis qu'une frise de bols de céramique (décoration propre à la région pisane) agrémente le haut du flanc Nord *(voir Museo Nazionale di San Matteo)*.

À l'intérieur, les fresques du 14e s. relatant la vie de saint Pierre seraient une copie de celles qui ornaient la basilique primitive St-Pierre de Rome.

La 2e route à droite après la basilique conduit à **Tirrenia**⌂, élégante station réputée pour sa riche pinède, sa plage de sable blanc et ses studios cinématographiques.

Marina di Pisa – Plage fréquentée, à l'embouchure de l'Arno, on y pêche au printemps les jeunes anguilles à l'aide de vastes filets à mailles très fines. Vue sur Livourne. Près de là s'étend l'immense pinède du domaine de **San Rossore**, propriété des Médicis puis de la Maison de Savoie, aujourd'hui affectée à la présidence de la République ; elle est comprise aujourd'hui dans le parc naturel Migliarino-San Rossore-Massaciuccoli *(voir Versilia, circuit n° 3)*.

On regagne Pise par la route qui longe l'Arno.

★ **Le Monte Pisano** – *Circuit de 60 km – environ 2 h 1/2.*

Prolongement des Alpes Apuanes, cette petite montagne s'élève entre Pise et Lucques, séparant les deux villes de sa masse qui culmine à 917 m au mont Serra.

Sortir de Pise par ② du plan ; longer pour cela les murs Nord de la ville vers l'Est. Suivre direction Lucca (panneaux bleus) par la SS 12 et Firenze A 11 (panneaux verts).

La route fait rapidement face au mont Pisano, qui présente un versant rude et abrupt, exploité en partie par des carrières. Le parcours, étroit et bordé de platanes, s'approche curieusement du mont tout en restant dans la plaine comme s'il allait s'y heurter.

San Giuliano Terme – Cette petite station thermale fut autrefois fréquentée par d'illustres personnalités comme Montaigne et le dramaturge Alfieri puis, au 19e s., par Byron, Shelley, Louis Bonaparte et Pauline Borghèse. On aperçoit de loin le grand portique ocre jaune à cinq arches de l'établissement thermal, se détachant en hauteur sur un fond de sapins.

Tourner à gauche avant un petit pont pour rentrer dans le village (non fléché). On longe un cours d'eau avant de prendre le 1er pont à droite.

L'établissement thermal se dresse sur une petite place où habita Shelley. À l'intérieur deux sources d'eau chaude jaillissent à 38° et 41°. Connues depuis l'époque romaine, les eaux de S. Giuliano permettent de soigner des affections des appareils respiratoire et digestif, ainsi que l'arthrite et les rhumatismes.

Face à l'établissement thermal, prendre à droite pour rejoindre la SS 12. Tourner à droite pour revenir au carrefour initial, où l'on bifurque complètement à gauche direction Calci.

La route longe le flanc aride du mont Pisano, mais rapidement la montagne se fait beaucoup plus verdoyante et agréablement boisée. Tandis qu'à gauche apparaissent quelques oliveraies, à droite se dessine l'aqueduc de Pise, qui alimentait la ville en eau de source.

Dès que sur la gauche se détache la route direction Agnano, on aperçoit au loin le mont Pisano descendre doucement vers la plaine. Le petit monticule appelé « Verruca » (Verrue), dernier promontoire de crête avant la descente, servait autrefois de base à une forteresse pisane aujourd'hui ruinée (13e s.). Un peu plus bas, la silhouette de la montagne s'interrompt brutalement au pied d'une tour, avant-poste de cette forteresse : ce sont les carrières de Caprona qui ont exploité la roche jusqu'à l'extrême limite de l'ouvrage défensif.

À 8 km de S. Giuliano, après avoir dépassé une station-service sur la droite, tourner à gauche vers Calci, Montemagno. La route, après 1 km de zigzags, aboutit droit à l'église de Calci.

Calci – La **pïève** *(voir p. 213)* du 11e s. présente une belle façade de style roman pisan. L'intérieur, remanié au 19e s., conserve dans la 1re chapelle à gauche une vasque baptismale monolithe à immersion datant de la 2e moitié du 12e s.

Poursuivre la rue ; au feu continuer tout droit jusqu'à la chartreuse (700 m).

★ **Certosa di Pisa** ⊙ – C'est en 1366 que fut posée la première pierre de cette **chartreuse** solidement ancrée à une colline couverte d'oliviers. Le couvent fut conçu pour 15 moines chartreux, dont la vie se déroulait entre la solitude de leur cellule et les offices où ils se réunissaient ; 60 frères convers étaient à leur service, assurant toute l'intendance des lieux. L'église baroque s'inscrit harmonieusement dans le corps principal de l'édifice, composé du **grand cloître**★, de l'appartement du prieur et des cellules.

Au 17e s, on entreprit de rénover le complexe, et les travaux furent alors confiés à l'architecte pisan Cartoni et à un moine originaire de Sienne, Feliciano Bianchi. La fontaine placée au centre du cloître fut réalisée par A. Monzoni. Au siècle suivant, on confia la décoration à des artistes bolognais, comme les figuristes Roli et les fresquistes Guidi, tandis que des artisans carrarais lambrissaient de marbre la façade de l'église et l'escalier et le Livournais Somazzi concevait les stucs. Bientôt pourtant, la chartreuse ne bruissait plus des prières des moines. S'y étaient substituées les voix des hôtes de l'appartement grand-ducal : Léopold Ier,

Gustave II de Suède, l'empereur Joseph II ou le roi de Naples Ferdinand. Peut-être cet abandon a-t-il contribué à rendre l'endroit si évocateur, que ce soit dans la pharmacie ou les chapelles, dont le dallage géométrique toujours gris, blanc ou noir est différent de l'une à l'autre, dans le cimetière ou les jardins, dans les cellules ou le réfectoire, décoré de personnages portant des paniers de légumes (l'ordre était végétarien, et n'admettait comme chair que celle du poisson) et illustrant chaque mois de l'année identifié en français.

Une des ailes de la chartreuse abrite un **musée d'histoire naturelle** Ⓥ, qui conserve des pièces dont les plus anciennes remontent à la riche collection de Ferdinand Ier de Médicis commencée en 1591. Le dernier étage constitue le clou de la collection avec sa magnifique **galerie des cétacés**. Une étrange sensation se dégage de cette promenade parmi les énormes squelettes de la longue vitrine dont les parois de verre laissent filtrer l'image de la chartreuse et de son parc.

De l'extérieur vue sur un amphithéâtre de montagnes et les ruines de la forteresse de la Verruca.

Revenir au carrefour de Calci et tourner à droite aux feux, en direction du mont Serra.

La route commence à monter, puis zigzague et se resserre à mesure qu'elle gravit le Monte Pisano. Les dernières habitations se font plus rurales, mais rapidement on pénètre dans une forêt tour à tour de pins et de feuillus alternant avec des étendues de bruyère et de genêts. À droite s'ouvre la plaine de l'Arno qui serpente majestueusement en contrebas : belle **vue**★ à partir d'un terre-plein aménagé à 5,3 km du carrefour de Calci. La route continue de monter jusqu'au Monte Serra (hérissé d'antennes de télévision), mais on peut la quitter environ 3 km avant le sommet pour poursuivre tout droit et redescendre direction Buti. Le versant opposé semble rapidement moins sauvage.

À Buti, suivre d'abord direction Pontedera, Lucca, Pisa, puis arrivé au carrefour en T face au cours d'eau qui traverse le village, tourner à droite vers le centre. Prendre ensuite la 1re à gauche et traverser le pont ; tenir sa gauche, à la fourche prendre à droite la route en montée qui se rétrécit rapidement : parcours sinueux avec descente à 10 % (Vicopisano n'est pas fléché).

Sur la fin du parcours on aperçoit la butte de Vicopisano et son donjon dans l'axe de la route.

Vicopisano – L'**église** romane de type pisan (12e-13e s.) abrite un rare groupe en bois sculpté de la *Déposition*★ remontant au 11e s. Le vieux village conserve quelques éléments pittoresques de ses fortifications médiévales, dont trois tours : les tours de l'Horloge, des Quatre Portes (ouverte à la base par quatre arcs brisés) et celle dite de Brunelleschi, reliée au donjon par un mur à mâchicoulis. Au sommet, le donjon crénelé jouxte le Palazzo Pretorio orné de nombreux blasons.

Revenir vers Pise en longeant la rive droite de l'Arno.

On retrouve les pentes âpres et rocheuses du mont Pisano aux abords d'**Uliveto Terme**, puis, en arrivant sur Caprona, la tour avant-poste de la forteresse de la Verruca (que l'on voyait de loin en début de parcours), qui surplombe une carrière de pierre à veines ocre, appelée « verrucano ».

Suivre le fléchage pour revenir rapidement à Pise par la S 67.

PISTOIA★★

85 866 habitants
Carte Michelin n° 430 ou Atlas Italie p. 39 K 14

Ville largement gagnée à l'industrialisation, Pistoia réserve cependant à ses visiteurs la surprise de découvrir une fois franchis les nouveaux quartiers, serré autour d'une place médiévale qui compte parmi les plus harmonieuses d'Italie, un petit noyau ancien sillonné de ruelles dans lesquelles les étals de minuscules boutiques débordent en un pittoresque marché.

Plusieurs édifices religieux élevés au 12e s., à l'époque où la ville, érigée en libre commune, connaissait grâce à l'activité de ses marchands et de ses banquiers son plus grand essor, font aujourd'hui encore sa fierté.

Convoitée aux 13e et 14e s. par Lucques et par Florence contre lesquelles elle éleva une enceinte, elle fut tour à tour démantelée et plus ou moins assujettie à ces deux villes, pour être finalement complètement annexée en 1530 par les Médicis.

★★ PIAZZA DEL DUOMO *visite : 2 h*

Cette très vaste place séduit par l'équilibre de ses proportions et l'harmonieuse disposition des monuments qui s'y élèvent. Les édifices religieux et civils les plus importants de la ville s'y trouvent rassemblés : la cathédrale précédée de son baptistère et encadrée par le campanile et l'ancien **palais épiscopal**, très restauré ; fermant deux autres côtés de la place, le palais communal qu'une arche relie à la

S. Chirol

Piazza del Duomo

cathédrale et le palais Pretorio. Légèrement en retrait se dresse une tour médiévale, dont le nom – « **tour de Catilina** » – rappelle que le célèbre conjuré romain fut vaincu et perdit la vie en 62 avant J.-C. devant Pistoia, alors place fortifiée romaine.

En juillet, la place prête son cadre à la **Joute de l'Ours** (Giostra dell'Orso). Lors de ce tournoi – dont les participants revêtent des costumes du 14e s. –, les meilleurs cavaliers des quatre quartiers qui composaient la Pistoia médiévale, lancés à toute bride, rivalisent d'adresse en visant à l'aide d'une hampe la cible que tient un mannequin représentant un ours.

Sur la place attenante (*piazza della Sala*) s'élève le gracieux **pozzo del Leoncino**, puits du 15e s. surmonté d'un petit lion (*leoncino*) qui appuie sa patte avant gauche sur l'écusson en damier de la ville.

★ **Dôme** – La cathédrale St-Zénon de Pistoia, détruite par un incendie en 1108, fut rebâtie aux 12e et 13e s., mais subit jusqu'au 17e s. de considérables modifications.

Sa **façade**★ revêtue de marbre allie harmonieusement un style roman pisan très sobre (galeries superposées de la partie haute) et le style florentin de la Renaissance (porche à fines colonnes, ajouté au 14e s.).

Dans le curieux **campanile**, haut de près de 70 m, plusieurs styles se trouvent également juxtaposés : sur une massive tour de guet en pierre blonde percée de rares ouvertures, et qui déjà existait à l'époque de la domination lombarde fut ajouté à la fin du 13e s. un couronnement léger fait de trois étages de galeries pisanes ornées de bandes de marbre clair et sombre et surmontées de deux plates-formes crénelées en brique ; c'est seulement au 16e s. que le petit toit en pyramide et à clocheton vint parachever l'ouvrage.

Des terres cuites vernissées d'Andrea Della Robbia ornent le tympan du portail principal (*Vierge à l'Enfant entre deux anges*) et la voûte en berceau de l'arcade centrale du porche.

Intérieur – Le chœur baroque, tout chargé de dorures, qui au 17e s. fut substitué au chœur d'origine, forme un contraste surprenant avec les trois vaisseaux romans d'une extrême nudité. Le beau plafond à charpente peinte que la construction d'une voûte avait totalement masqué a, en revanche, été dégagé.

On remarque, tout de suite en entrant, adossé au collatéral droit, le monument funéraire de **Cino da Pistoia**, écrivain contemporain de Dante et de Pétrarque ; un sculpteur siennois du 14e s. a représenté, sur le sarcophage et à l'intérieur de la niche gothique qui le surmonte, le maître dispensant son enseignement à des disciples.

Plus avant, après un crucifix de Coppo di Marcovaldo, s'ouvre la **chapelle** ⊙ qui abrite le fameux **autel de saint Jacques**★★★, chef-d'œuvre d'orfèvrerie dont une partie fut réalisée à la fin du 13e s. et qui fut transformé et agrandi au cours des deux siècles suivants (*pour se faire ouvrir la grille et éclairer l'autel, s'adresser un peu plus loin à droite à la sacristie*). L'ouvrage, en argent repoussé et ciselé, compte 628 personnages. Les motifs du retable s'ordonnent autour de deux grandes figures : saint Jacques, assis sur un trône, traditionnellement coiffé d'un chapeau et muni de la bourse et du bâton du pèlerin, encadré par les Apôtres et des saints figurant à la prédelle et dans des niches gothiques (partie la plus ancienne de l'autel) ; au-dessus, un Christ en gloire, entouré de chérubins, et trônant au milieu du chœur des anges. L'autel proprement dit est lui aussi couvert de scènes de la Bible : sur le devant sont représentés douze moments de la vie de Jésus ainsi que trois scènes ayant trait à saint Jacques ; dans les neuf petits panneaux qui ornent le côté droit, on reconnaît des épisodes de l'Ancien Testament ; l'autre côté, consacré à la vie de saint Jacques, est le plus remarquable.

Lire chaque partie de l'autel de gauche à droite et de bas en haut.

Côté gauche	Devant d'autel	Côté droit
Vocation de saint Jacques et de son frère saint Jean l'Évangéliste Leur mère, Marie Salomé, les recommande à Jésus La mission apostolique de saint Jacques Prédication de saint Jacques Son arrestation Procès et condamnation du saint Saint Jacques baptise son accusateur converti Martyre de saint Jacques Ses disciples transportent sa dépouille en Espagne	Annonciation et Visitation Nativité Christ en gloire, entre la Vierge et saint Jacques Cortège des Rois mages Adoration des Mages Massacre des Innocents Baiser de Judas Crucifixion Les saintes femmes au tombeau Apparition du Christ à saint Thomas Ascension Présentation de Jésus au Temple Prédication de saint Jacques Condamnation de saint Jacques Martyre de saint Jacques Sur les côtés : prophètes	Création d'Adam et Ève Le Péché originel ; Adam et Ève chassés du Paradis Faute et châtiment de Caïn Construction de l'Arche de Noé Noé et sa famille recevant la bénédiction divine ; Sacrifice d'Isaac Moïse reçoit la Loi sur le Sinaï et la transmet aux Hébreux David reçoit la bénédiction divine et est couronné roi ; Naissance et Présentation de la Vierge au Temple Le Mariage de la Vierge

La chapelle qui s'ouvre à gauche du chœur abrite une belle *Vierge en majesté*★ entre saint Jean Baptiste et saint Donat, œuvre sereine réalisée dans un subtil accord de couleurs par Lorenzo di Credi (vers 1480), dans l'atelier de Verrocchio ; le maître participa sans doute à cette réalisation comme en témoignent la rigueur de la composition et la recherche des effets lumineux.

Avant de sortir, on notera encore, plaqué contre le mur au début du bas-côté gauche, le monument funéraire du cardinal Forteguerri, très chargé, mais harmonieux dans son ensemble, auquel travaillèrent Verrocchio et plusieurs de ses élèves, mais qui subit plus tard des adjonctions ; enfin, au revers de la façade, les fonts baptismaux, en forme de petit temple Renaissance, en marbre, très joliment sculptés en 1499 de scènes de la vie de saint Jean Baptiste par Andrea da Fiesole, d'après un dessin de Benedetto da Maiano.

★ **Battistero S. Giovanni in Corte** ⓥ – C'est une construction gothique (14e s.) bâtie d'après des plans d'Andrea Pisano. De forme octogonale, paré d'un revêtement de bandes en marbre blanc et vert alternées, il est couronné d'élégantes arcades aveugles.

Le portail principal, à droite duquel a été aménagée une délicieuse petite chaire, a son tympan orné d'une *Vierge à l'Enfant entre saint Jean Baptiste et saint Pierre*, statues attribuées aux deux fils d'Andrea Pisano, Nino et Tommaso. Au-dessous de petits bas-reliefs évoquent le martyre du Précurseur : de gauche à droite, *Saint Jean Baptiste devant Hérode*, la *Danse de Salomé*, **Salomé présentant la tête du saint**, l'*Ensevelissement de saint Jean.*

L'intérieur saisit par la lumière rosée qu'y fait régner la brique, à nu sur à peu près toute la surface des murs et de la profonde coupole, elle aussi à huit pans. Une élégante vasque baptismale revêtue de panneaux en marbres polychromes finement sculptés et marquetés, réalisée en 1226 par Lanfranco da Como, occupe le centre de l'édifice.

Palazzo Pretorio – C'est l'ancien palais du podestat ou capitaine de justice, remanié du 14e s. au siècle dernier. De la construction d'origine sont demeurés notamment le portail d'entrée, les baies géminées gothiques du 1er étage et, à l'intérieur de la cour entourée d'un portique aux voûtes peintes au 19e s. de motifs de grotesques, l'escalier d'accès à l'étage ; dans la cour subsiste également, le long du mur à gauche, un rare exemplaire de banc de justice, en pierre, où prenaient place les juges, avec, à côté, le banc des accusés.

Palazzo del Comune – Cet édifice gothique, élevé entre 1294 et 1385, dresse sur la place sa massive **façade**★ sur arcades. La teinte blonde de la pierre, l'élégance des fenêtres gothiques – géminées au 1er étage, à triples baies au-dessous du toit – et leur harmonieuse distribution, le petit balcon central en fer délicatement forgé apportent leur note de chaleur et de grâce à cette austère construction. On reconnaît, au centre de la façade et aux angles du palais, l'écusson à six boules des Médicis.

Ce n'est qu'en 1637 que l'édifice fut uni à la cathédrale par une arche. Il fait aujourd'hui fonction d'hôtel de ville et abrite le musée municipal *(voir ci-dessous Autres curiosités)*. Au centre de la cour a été placée une grande sculpture (1953) de la série des « *Miracoli* », l'une des plus célèbres de Marino Marini ; ce groupe, en bronze, reprend l'un des thèmes favoris de l'artiste : celui de la chute du cavalier.

★ **Palazzo dei Vescovi** ⊙ – *Visite guidée (environ 1 h).* Remontant au 11ᵉ s., le **palais épiscopal** offre aujourd'hui un parcours archéologique et didactique au cours duquel sont présentés les vestiges mis au jour lors de la restauration du palais, témoignant de son histoire et de celle, plusieurs fois millénaire, du terrain où il fut construit : intéressants restes des murs d'enceinte romains, de la via Cassia, d'urnes funéraires étrusques, de vases lombards…

Le parcours comprend la visite du **musée de la cathédrale**, riche en pièces d'orfèvrerie et ornements sacrés liés à l'histoire du dôme. On s'arrêtera également dans la **sacristie**, dont le trésor fut volé à la fin du 13ᵉ s. par Vanni Fucci comme le raconte Dante dans le chant XXIV de *L'Enfer*, puis dans la **salle**★ consacrée à Boldini (fresques peintes par le peintre macchiaiolo), ainsi que dans la **chapelle St-Nicolas** (13ᵉ s.), ornée de fresques et portant des inscriptions dues aux prisonniers qui y séjournèrent à partir du 15ᵉ s. quand, désaffectée, elle servit de prison.

AUTRES CURIOSITÉS

Ospedale del Ceppo – Fondé en 1277, cet hôpital tient son nom du tronc d'arbre *(ceppo)* évidé qui servait à recueillir les offrandes. L'élégant portique Renaissance qui précède sa façade et qui rappelle celui – conçu par Brunelleschi – de l'hôpital des Innocents à Florence ne fut ajouté qu'en 1514.

L'admirable **frise**★★ en terre cuite vernissée dont celui-ci est décoré est l'une des gloires de Pistoia. Harmonie de la composition, fraîcheur des couleurs, expressivité des personnages caractérisent cette œuvre réalisée, peu avant 1530, dans l'atelier du dernier des Della Robbia, Giovanni. En sept panneaux (dont l'un orne le côté gauche) sont illustrées les *Sept Œuvres de miséricorde* : de gauche à droite, Vêtir ceux qui sont nus *(sur le côté)*, Accueillir les pèlerins, Visiter les malades, Visiter les prisonniers, Ensevelir les morts, Donner à manger à ceux qui ont faim, Donner à boire à ceux qui ont soif. Entre les panneaux, de gracieuses figures de femmes représentent les vertus : de gauche à droite, la Prudence, la Foi, la Charité, l'Espérance, la Justice. Des médaillons entourés, dans la tradition florentine, de guirlandes de feuillages, de fruits et de fleurs occupent des écoinçons des arcs : on reconnaît, vers la droite, l'écusson des Médicis et, à côté, l'emblème de Pistoia à motif de damier.

★ **S. Andrea** – Élevée au 8ᵉ s. mais très remaniée quatre siècles plus tard, elle présente une très jolie façade de style roman pisan, avec ses cinq arcades aveugles aux fins chapiteaux et sa décoration en marbre vert et blanc dont la partie supérieure est restée inachevée. Le linteau du portail central porte trois scènes sculptées d'allure byzantine : de gauche à droite, le *Voyage des Rois mages*, l'*Annonce à Hérode de la naissance du Sauveur*, l'*Adoration des Mages* ; sur la base, l'auteur a signé son œuvre, en latin.

S. Chirol

Ospedale del Ceppo, détail de la frise de Giovanni Della Robbia

L'**intérieur**★★, très dépouillé, est d'une admirable pureté architecturale. La nef, très haute, extrêmement étroite, est séparée des bas-côtés par des arcades basses, de faible portée, dont les colonnes sont surmontées de chapiteaux à la décoration remarquablement variée.

À l'intérieur d'une niche en marbre du 15e s. sculptée de fins rinceaux (*après le 1er autel à droite*), on admire un **crucifix**★ en bois doré, œuvre de Giovanni Pisano. Mais le joyau de l'église est la fameuse **chaire**★★ exécutée entre 1298 et 1301 par le même artiste, dans une manière dramatique, un peu confuse mais extraordinairement vivante. Elle fut réalisée sur le modèle de celles du baptistère de Pise et de la cathédrale de Sienne, conçues par le père et maître de Giovanni, Nicola. De forme hexagonale, portée avec élégance par sept colonnes de porphyre rouge que surmontent des arcs gothiques légers à triple lobe, la cuve est couverte de cinq panneaux de marbre admirablement sculptés ; on reconnaît, en partant du panneau qui fait face au mur et en tournant de gauche à droite : sur le même panneau l'*Annonciation (tout à fait à gauche)* et la *Nativité*, ensuite l'*Adoration des Mages*, le *Massacre des Innocents*, la *Crucifixion*, le *Jugement dernier*.

★ **La Madonna dell'Umiltà** – Édifice octogonal, la **basilique de la Vierge de l'Humilité** est couronnée d'un dôme monumental rappelant celui que Brunelleschi conçut pour la cathédrale de Florence. On éleva cette église Renaissance pour accueillir l'image miraculeuse de la Vierge de l'Humilité, sainte patronne de Pistoia.

S. Giovanni Forcivitas – L'église St-Jean-hors-les-Murs, élevée du 12e au 14e s., a subi diverses restaurations. Son **flanc Nord**★, qui dresse au-dessus de la via Cavour sa longue et spectaculaire masse zébrée, lui tient curieusement lieu de façade. L'appareillage de bandes de marbre blanc et vert, les hautes arcatures aveugles du niveau inférieur surmontées de deux étages de galeries à colonnettes et la décoration de motifs en losanges révèlent ici encore le style roman pisan.

L'intérieur, sombre, est de plan basilical à une seule nef et ne comporte pas d'abside.

Un beau bénitier a été réalisé en partie par Giovanni Pisano ; la petite vasque de marbre ornée de têtes de femmes figurant les vertus cardinales est portée par un pilier formé de trois statues représentant les vertus théologales.

À l'intérieur d'une niche à gauche se détache, toute blanche, une **Visitation**★★ en terre cuite vernissée de Luca Della Robbia. De cette œuvre dépouillée et limpide, mais d'une exceptionnelle virtuosité d'exécution, se dégagent une émotion contenue, une harmonie et une noblesse qui en font l'une des créations les plus réussies de cet artiste.

La **chaire**★, appuyée au mur de droite, est une œuvre raffinée et d'une beauté sévère que réalisa en 1270 Fra Guglielmo de Pise, élève de Nicola Pisano. Ses panneaux de marbre blanc évoquent la vie de Jésus et de la Vierge ; sur l'avant, au centre, sont représentés les symboles des évangélistes ; un groupe de trois prophètes occupe chacun des angles.

Contre le mur à gauche de l'autel, polyptyque de Taddeo Gaddi (14e s.), plein de douceur, représentant la Vierge entre des saints.

Oratorio di S. Antonio Abate – La partie inférieure de ce petit bâtiment proche de l'église est un ancien oratoire bâti au 14e s., qu'une arche reliait autrefois à S. Giovanni Forcivitas.

Cappella del Tau ⊘ – Cette petite église du 14e s., restaurée et aujourd'hui désaffectée, est connue pour ses **fresques**★ gothiques, œuvres d'artistes locaux.

L'expression « du Tau » tient son origine du fait que la lettre T, dix-neuvième lettre de l'alphabet grec, apparaissait en émail bleu sur la tunique et le manteau des moines de l'ordre hospitalier de Saint-Antoine, vivant ici au 14e s.

Palazzo del Tau ⊘ – Ancien couvent des hospitaliers de Saint-Antoine, il abrite aujourd'hui le centre de documentation Marino Marini.

Aménagé à la suite d'une donation faite à sa ville natale par le sculpteur lui-même (1901-1980), ce musée présente des sculptures, mais aussi des dessins, lithographies, eaux-fortes de cet artiste dont l'œuvre, dépouillée jusqu'à la schématisation, gravita autour de quelques thèmes (personnages dansant, chevaux, cavaliers...), exploités avec une puissance, un sens du mouvement et une tension dramatique de plus en plus saisissants.

Parmi les dessins de nus, remarquer *Le Repos* (1927). Sont également présentés une série de portraits de personnages célèbres, dont celui en argent de Stravinski (1950), le fameux *Toile de fond*, (1978), qui déploie ses silhouettes anguleuses et un peu inquiétantes, et enfin *La Rencontre* (1964), grand tableau aux accords assourdis de rouges et de bruns.

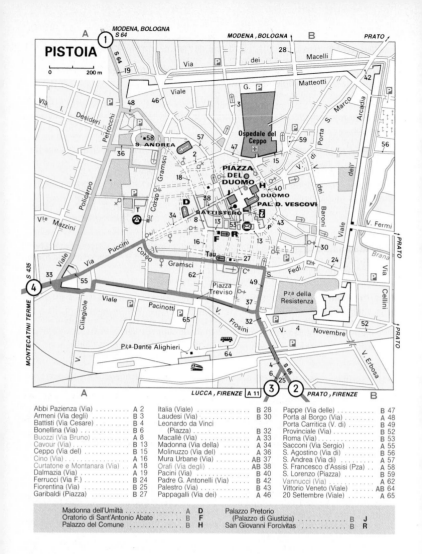

Museo Civico ⊙ – Installé dans l'hôtel de ville, il rassemble une collection de peintures et de sculptures du 13e au 19e s.

Au 1er étage, un *Saint François* (no 1) entouré de scènes illustrant sa vie et ses miracles posthumes, une *Pietà* (no 4) et un polyptyque représentant la *Vierge à l'Enfant entourée de saints* (no 5) témoignent respectivement de l'activité, à Pistoia, d'artistes lucquois, ombriens et florentins à la fin du 13e et au début du 14e s.

On note encore une délicate *Madone* (no 17), relief d'un sculpteur anonyme du 15e s., et quatre grands retables Renaissance illustrant le thème de la Sainte Conversation ; deux d'entre eux sont l'œuvre de peintres florentins : Lorenzo di Credi (no 20) qui travailla à Pistoia et dont la manière fait songer au Pérugin qui fréquenta à la même époque que lui l'atelier de Verrocchio, et Ridolfo del Ghirlandaio (no 21) ; les deux autres (nos 22 et 23) ont été exécutés par un peintre local – Gerino Gerini – qui au début de sa carrière subit l'influence du même Pérugin.

La salle suivante est surtout consacrée à des artistes locaux des 15e et 16e s.

Au 3e étage, dans le salon d'honneur, sont rassemblées des toiles datant pour la plupart des 17e et 18e s., parmi lesquelles une *Vision de saint Jérôme* (no 61), dont l'auteur, Piero Paolini, fut influencé par le luminisme du Caravage.

Le corridor contournant la cour abrite notamment un triptyque du maître de Francfort (16e s.) figurant la Vierge en majesté (no 104) et une toile du caravagiste Mattia Preti (1613-1699) représentant *Suzanne et les vieillards* (no 120).

Dans la dernière salle réservée au 19e s., Luigi Sabatelli et Giuseppe Bezzuoli, entre autres, illustrent respectivement le néoclassicisme et le romantisme.

PITIGLIANO★

4 232 habitants
Carte Michelin n° 430 ou Atlas Italie p. 53 ○ 16/17

Pitigliano occupe un site pittoresque, sur un éperon de tuf volcanique dominant le confluent de deux torrents, la Lente et le Meleta. On en a une **vue**★ particulièrement impressionnante en arrivant du Sud-Ouest par la route S 74. Avant d'entrer dans le village, il est conseillé de s'arrêter près de l'église de la Madonna delle Grazie, d'où l'on jouit d'une bonne vision d'ensemble.

Le bourg, d'origine étrusque puis romanisé, fut du 13e s. au début du 17e s. le fief de la famille Aldobrandini puis des comtes romains Orsini, avant d'être rattaché au grand-duché de Toscane. Sa population compta, jusqu'au 19e s., une importante communauté hébraïque, ainsi qu'en témoigne la synagogue de la via Zuccarelli.

La petite Jérusalem

Ainsi était appelé Pitigliano pour son aspect médiéval et la sagesse de sa florissante communauté hébraïque, qui peupla le village dans la seconde moitié du 16e s.
On voit encore la synagogue et le four à pain azyme.

CURIOSITÉS

Les restes de l'enceinte (au soubassement étrusque) et l'**aqueduc** (dont subsistent deux arches du 16e s.), au Sud de la cité, sollicitent le regard. La piazza della Repubblica réserve ensuite un beau point de vue sur la vallée en contrebas.

Le bourg médiéval – En longueur et en pente, il est traversé par des rues pavées, ayant conservé leurs vieilles lanternes, que relient des passages couverts ou des escaliers.

Dans le bas du bourg, la petite **église S. Rocco**, du 12e s., au clocher ajouré d'arcatures, arbore une façade Renaissance. Son flanc gauche porte, encastré, un bas-relief du 11e s. (homme ayant ses mains prises dans les gueules de deux dragons).

Pitigliano

Palais Orsini – Ce vaste bâtiment en équerre a gardé, en façade, son aspect du 14e s. : faîte crénelé, avant-corps à mâchicoulis, sévère loggia posée sur deux arches inégales. Sur l'arrière, transformé au 16e s., on découvre une cour ornée d'un puits armorié à portique et bordée par une aile à arcades reposant sur des colonnes ioniques ; l'autre aile du palais montre un portail Renaissance finement sculpté.

Dôme – Sa façade baroque du 18e s. contraste avec son puissant campanile fortifié, ancien beffroi médiéval. À proximité se dresse une colonne en travertin (1490), sculptée d'armoiries et surmontée d'un ours (emblème des Orsini).

ENVIRONS

★ **Sovana** – *8 km au Nord. Voir ce nom.*

★ **Sorano** – *9 km au Nord-Est. Voir ce nom.*

Villa di POGGIO A CAIANO★★

Carte Michelin n° 430 ou Atlas Italie p. 39 K 15

Visite : une demi-heure sans le jardin. Se garer sur le parking de l'église à 50 m.

La **villa** ⏱, environnée d'un agréable jardin, a été bâtie en 1485 par Giuliano da Sangallo pour Laurent le Magnifique. Premier exemple de villa toscane à part entière, et non forteresse réaménagée comme il était d'usage jusque-là, elle fut agrémentée d'un fronton à horloge au 18e s. tandis que son escalier à deux rampes droites fut transformé en fer à cheval au 19e s. La loggia de la façade a été décorée à la manière des Della Robbia.

François Ier de Médicis et sa seconde épouse, **Bianca Cappello**, y périrent empoisonnés dit-on en 1587 après de nombreuses années d'amours tapageuses. La jeune Vénitienne, qui avait fui sa famille avec un premier amant qu'elle épousa à Florence, subjugua dès le premier regard le grand-duc, dont elle devint la maîtresse. L'ayant installée avec son mari dans un beau palais de l'Oltrarno à Florence *(p. 186)*, François Ier, marié à Jeanne d'Autriche, dut attendre la mort du mari de Bianca (du reste assassiné), puis de sa propre femme, avant de s'unir à son aventurière.

Dans le magnifique salon du 1er étage commandé par le pape Léon X (fils de Laurent le Magnifique), curieux plafond à caissons. Parmi les fresques, commencées en 1521 par Andrea del Sarto, Franciabigio et le Pontormo, celle de ce dernier représentant Pomone et son époux Vertumne (dieu du printemps) est particulièrement remarquable. Plusieurs pièces ont été décorées au 19e s. pour le roi Victor-Emmanuel II.

La villa médicéenne

POPPI★

5 822 habitants
Carte Michelin n° 430 ou Atlas Italie p. 41 K 17

Le val d'Arno est dominé par la fière et pittoresque Poppi, ancienne capitale du Casentino, aux rues bordées d'arcades, elle-même couronnée par l'altier castel des comtes Guidi.

La fin des espoirs gibelins – Mue par sa volonté expansionniste, Florence, alliée aux autres villes guelfes de Toscane et de Romagne et profitant du renfort des chevaliers de la maison d'Anjou (alliés au pape), rencontra les troupes gibelines d'Arezzo au pied de Poppi le 11 juin 1289 lors de la très meurtrière **bataille de Campaldino**. Le centre de la plaine où eut lieu la bataille est aujourd'hui occupé par la fourche au Nord-Ouest de Poppi où la route allant vers Consuma se ramifie vers Pratovecchio. Cette terrible défaite des Gibelins (pourtant supérieurs en nombre) marqua le début de l'hégémonie florentine en Toscane.

CURIOSITÉS

La ville haute – Au terme d'une longue montée, on y pénètre en passant sous une porte imbriquée dans les habitations. La petite place Amerighi, ornée au centre d'une fontaine de marbre, est dominée par l'église à plan centré de la **Madonna del Morbo** (17e s.), surmontée d'un dôme et cernée sur trois côtés de portiques. Face à elle, la **via Cavour** également bordée de portiques ombragés aboutit sur le flanc droit de l'**église S. Fedele**, construite au 13e s. par les moines de Vallombreuse. L'intérieur à une seule nef charpentée conserve dans le chœur un *Crucifix* peint datant de la 2e moitié du 14e s.

Château de Poppi

★ **Château** ⊘ – Situé au sommet de la ville haute et précédé d'une esplanade ombragée, ce château gothique du 13e s., à fenêtres trilobées, conserve châtelet, donjon et merlons. Après avoir servi de palais des prieurs, il abrite aujourd'hui l'hôtel de ville.
Sa curieuse **cour**★ décorée de blasons conserve à l'arrière une table en pierre où la justice était rendue ; deux étages de balcons de bois (couverts) et un escalier extérieur en agrémentent l'élévation.
On visite au 1er étage la bibliothèque, riche de 20 000 volumes remontant pour certains aux 13e et 14e s., puis le grand salon d'apparat dont le plafond à poutres conserve ses peintures d'origine : au fond de la pièce, tondo de l'école de Botticelli représentant une *Vierge à l'Enfant* et à droite de l'entrée terre cuite vernissée dans la tradition des Della Robbia. Au 2e étage, le salon d'angle, qui donne accès à une chapelle ornée de fresques attribuées à Taddeo Gaddi, conserve une belle cheminée de 1512 portant l'écusson des marquis Gondi. Des fenêtres, belle vue sur le val et les montagnes vers Camaldoli et La Verna.

Parc-Zoo ⊘ – *0,5 km à l'Est.* Cet agréable zoo consacré à la faune européenne propose son circuit ombragé (2 km) autour d'un étang central.

POPULONIA★

Carte Michelin n° 430 ou Atlas Italie p. 44 N 13

Face à la mer, la **nécropole** ⊘ de l'étrusque *Pupluna*, dominée par l'acropole, remonte à l'âge du fer (9e-8e s. avant J.-C.), quand le golfe de Baratti était le lieu d'implantation des grandes nécropoles. L'activité économique était probablement basée sur le contrôle des gisements minéraux de l'île d'Elbe et des collines autour de Campiglia. Quand, à partir du 4e s. avant J.-C., l'exploitation des gisements de fer de l'île se développa, la nécropole fut recouverte progressivement de scories et de restes provenant des hauts fourneaux, dont elle ne fut dégagée qu'au début de ce siècle. On découvrit alors différents types de sépultures : les tombes à puits, fosse ou chambre, les plus anciennes, et celles à tumulus, d'influence orientalisante.

La **tombe aux lits funèbres** (« letti funebri ») et celle à l'**aryballos piriforme** *(petit vase grec de forme ronde)* font partie des tombes à tumulus à socle cylindrique. La **tombe des entonnoirs** (« dei colatoi ») est à tumulus haut. Les seules tombes à tumulus intact sont celle dite des **orfèvreries** (« delle oreficerie ») et celle des **éventails** (« dei flabelli ») ainsi nommée en raison de ceux retrouvés dans le mobilier funéraire. Exemple de tombe à édicule, celle du **petit bronze d'offrande**.

Dans le bourg de Populonia se trouve le **musée Gasparri** : petite collection d'urnes funéraires, fibules, jarres à vin et autres objets étrusques retrouvés dans la région.

PRATO★★

172 473 habitants
Carte Michelin n° 430 ou Atlas Italie p. 40 K 15

Malgré l'atmosphère paisible et l'allure provinciale de ses quartiers centraux bordés à l'Est par le cours du Bisenzio, Prato est, par sa population, la quatrième ville d'Italie centrale, après Rome, Florence et Livourne. C'est aussi l'une des plus actives et des plus industrialisées. À sa traditionnelle industrie lainière, qui au 13e s. déjà produisait des tissus de renommée européenne, est venue s'ajouter celle des fibres et tissus synthétiques. Depuis la fin du 19e s., la ville s'est spécialisée dans le traitement des laines dites « de récupération ». Son nom signifie « pré » : c'est ainsi que se nommait à l'origine l'un de ses quartiers qui, hors de l'agglomération, s'était développé autour du *prato*, vaste terrain où se tenaient entre autres les marchés et qui, au 11e s., finit par prendre le pas sur les autres.

Fief des Alberti, devenus par investiture impériale comtes de Prato et qui étendirent leurs possessions dans toute la Toscane du Nord, la ville s'érigea ensuite, au milieu du 12e s., en libre commune régie par un gouvernement populaire. Déchirée par les luttes qui opposaient Guelfes et Gibelins, longtemps dressée contre Florence, elle passa en 1351 sous l'influence de cette dernière, dont elle suivit les vicissitudes jusqu'à la fin du 18e s. Prato fut aussi, comme nombre de villes de Toscane, un riche centre artistique où travaillèrent plusieurs architectes, sculpteurs et peintres de renom. Les monuments qui s'y élèvent et les œuvres d'art qu'ils renferment en portent témoignage. Elle vit naître, au 15e s., **Filippino Lippi**, fils de Filippo *(voir ci-dessous)* et, plus près de nous, l'écrivain Curzio Malaparte *(voir index)*.

La légende de la Sainte Ceinture – L'apôtre Thomas qui n'avait pas cru à la Résurrection du Christ ne voulut pas davantage admettre l'Assomption de la Vierge dont il n'avait pas été témoin. Ayant demandé qu'on lui ouvrît la tombe de la Mère de Dieu, il trouva celle-ci pleine de lys et de roses. Levant alors les yeux vers le ciel, il vit la Vierge dans une gloire, dénouant sa ceinture pour lui en faire don.

Un moine artiste et libertin

C'est à Prato où il peignait les fresques de la cathédrale que **Fra Filippo Lippi** (1406-1469) connut, à l'âge de 50 ans, la ravissante Lucrezia Buti, nonne du couvent dont il était alors chapelain. Ayant reçu les ordres à 15 ans, puis s'étant enfui de son couvent, il fut capturé par les Barbaresques et vendu en Afrique où ses talents picturaux étonnèrent les Sarrasins qui lui rendirent la liberté. Redevenu moine, il s'éprit de Lucrezia. L'année suivante naissait Filippino. Le scandale fut considérable, mais Cosme de Médicis obtint du pape Pie II que le moine fût relevé de ses vœux. Filippo épousa Lucrezia, dont il reproduisit inlassablement le visage triangulaire et lisse et la délicate blondeur dans ses Madones et ses Salomés. Pêcheur impénitent, il serait mort empoisonné par un mari jaloux.

Élève de Lorenzo Monaco, aussi influencé par Masaccio, Filippo Lippi exprime dans sa peinture grâce et fraîcheur. Sincérité d'inspiration, vision naturelle et simple, pureté du dessin, subtilité du coloris sont les traits caractéristiques de cet artiste dont l'art demeura toujours religieux.

Filippino continua, dans ses œuvres de jeunesse, la manière de son père.

Au 12ᵉ s., un habitant de Prato aurait reçu en dot à Jérusalem, où il avait pris femme, la miraculeuse ceinture. Revenu dans sa ville natale sans son épouse morte en chemin, il conserva jalousement la relique, la cachant sous sa couche pour dormir. Ayant été, durant son sommeil, jeté à terre par les anges émus par tant d'irrévérence, il se décida enfin, avant de mourir, à révéler son secret. Ceci se passait vers l'an 1175. La relique fut alors transportée en grande pompe jusqu'à la cathédrale, où elle est conservée depuis.

La Sainte Ceinture (Sacro Cingolo) est présentée plusieurs fois par an à la ferveur des fidèles : le dimanche de Pâques, les 1ᵉʳ mai, 15 août et 8 septembre (fête de la naissance de la Vierge, qui donne lieu à une grande procession en costumes historiques) ainsi que le jour de Noël.

CURIOSITÉS

Elles sont groupées à l'intérieur de l'hexagone que forme l'enceinte fortifiée construite au 14ᵉ s. et dont l'agglomération, au début du siècle encore, n'avait pas franchi le tracé.

Chaire de Michelozzo, à l'extérieur de la cathédrale

★ **Dôme** – La cathédrale de Prato, construite en grande partie aux 12ᵉ et 13ᵉ s. mais qui reçut aux 14ᵉ et 15ᵉ s. de considérables adjonctions, allie harmonieusement les styles roman et gothique et donne une impression de remarquable unité.

L'élégante façade gothique, très haute dans sa partie centrale, est partiellement revêtue de marbre vert et de pierre blanche ; elle est originalement ornée de frises de médaillons légers en pierre sculptée, ajourés de motifs quadrilobés, soulignant le toit de chacune des trois nefs. L'angle droit de l'édifice porte la fameuse **chaire** circulaire, surmontée d'un auvent, conçue probablement par Michelozzo au début du 15ᵉ s. et destinée à la présentation de la Sainte Ceinture ; Donatello, dans l'atelier duquel Michelozzo travaillait alors, sculpta pour la décorer de remarquables panneaux *(La Danse des enfants)* auxquels ont été substituées de fidèles copies et qui sont conservés au musée de l'Œuvre de la cathédrale. Une *Vierge à l'Enfant* en terre cuite vernissée d'Andrea Della Robbia (1489) surmonte le portail.

Sur le flanc droit, dans lequel s'ouvrent deux ravissants portails, se déploient une série d'arcatures aveugles, réalisées dans le goût roman pisan par Guidetto da Como.

Le **campanile**, roman, a reçu un couronnement gothique *(dernier étage)*.

Intérieur – À l'intérieur, d'un style sobre et aux harmonieuses proportions, de massives colonnes en marbre vert supportent les arcs romans que souligne une alternance de bandes claires et sombres. Des voûtes ont recouvert au 17ᵉ s. la charpente apparente. Le transept et le chœur, surélevés, sont gothiques.

La **chapelle de la Sainte Ceinture** (*1re chapelle à gauche*), construite à la fin du 14e s. pour abriter l'insigne relique, est fermée par deux **grilles**★ en bronze, à motifs de rosaces, de chérubins, d'animaux, d'une extrême élégance. Entre 1392 et 1395, Agnolo Gaddi et ses élèves la couvrirent de fresques. Sur l'autel est posée l'exquise petite *Vierge à l'Enfant*★, en marbre, dite « Madonna della Cintola », sculptée en 1317, vers la fin de sa vie, par Giovanni Pisano.

Un peu plus loin à gauche, la **chaire**★ en marbre, d'un dessin original en forme de calice, est une réalisation (1473) de Mino da Fiesole et Antonio Rossellino : ses panneaux, sculptés d'un ciseau souple, évoquent la vie de saint Jean Baptiste (*Banquet d'Hérode* et *Décollation*), de la Vierge (*Assomption*) et de saint Étienne à qui est dédié l'édifice (*Lapidation* et *Funérailles*).

Au fond à droite, une niche abrite la touchante *Vierge à l'olive*★ (Madonna dell'Ulivo), en terre cuite, due à Benedetto da Maiano (1480) qui, tout en traitant avec une souple élégance le vêtement de la Vierge, a donné à celle-ci une solidité – qu'accentue la composition en pyramide – et une fraîcheur toutes paysannes.

La chapelle axiale a été couverte de **fresques**★★ par Filippo Lippi qui, de 1452 à 1465, a réalisé là l'une de ses œuvres les plus accomplies. Avec un talent parvenu à sa maturité, il déploie, dans ces scènes évoquant la vie de saint Étienne et de saint Jean Baptiste, tout son savoir dans la recherche de la lumière (*Banquet d'Hérode*) et de la perspective (*Funérailles de saint Étienne*), alliant à une remarquable rigueur dans la composition et à une subtilité savante dans le dégradé des coloris une spontanéité pleine de poésie. La scène la plus célèbre fait revivre le *Banquet d'Hérode*★★★, avec la *Danse de Salomé* dont on retrouve les lignes ondoyantes, la douceur mélancolique et la grâce immatérielle dans les plus belles figures de femmes peintes par l'illustre élève de Filippo, Botticelli.

La première chapelle à droite de l'autel ou chapelle Bocchineri est elle aussi ornée de **fresques**★, exécutées dans la 1re moitié du 15e s. Paolo Uccello en commença la décoration (vers 1436) ; celle-ci fut achevée par un autre Florentin contemporain de l'artiste, Andrea di Giusto. Au mur de droite sont relatés des épisodes de la vie de la Vierge, au mur de gauche des scènes de la vie de saint Étienne.

Museo dell'Opera del Duomo ⓥ – *Entrée dans un renfoncement, à gauche de la cathédrale.*

Les quelques salles du **musée de l'Œuvre de la Cathédrale** s'ordonnent autour d'une cour bordée sur un côté par les **arcades**★ d'un ravissant petit cloître roman, où les marbres blanc de Carrare et vert de Prato se marient en de charmants motifs géométriques au-dessus des graciles colonnes blanches surmontées de chapiteaux joliment sculptés (les deux du centre rappellent l'art roman du Sud-Ouest de la France).

Dans une salle s'ouvrant directement sur la cour sont présentés les sept **panneaux**★ originaux de la chaire de la Sainte Ceinture. Ceux-ci furent sculptés entre 1428 et 1438 par Donatello assisté de quelques élèves, et représentent une exquise ronde d'enfants dansant. Dans la même salle, on peut admirer le coffret en forme de temple orné de chérubins, très belle œuvre d'orfèvrerie de la Renaissance, destiné à accueillir la Sainte Ceinture, et un charmant tableau représentant *Sainte Lucie*, œuvre de jeunesse de Filippino Lippi, d'un agréable coloris.

La salle suivante renferme une grande toile intitulée *L'Ange gardien*, œuvre d'un peintre florentin du 17e s., Carlo Dolci, dont les éclairages évoquent ceux du Caravage.

De l'autre côté du couloir, on accède à la crypte qui abrite des vestiges d'architecture et d'éléments décoratifs.

★ **Palazzo Pretorio** – C'était au Moyen Âge la résidence du capitaine du peuple, détenteur du pouvoir exécutif. D'architecture en partie romane (côté en briques), en partie gothique (côté percé de fenêtres géminées à trilobes), il se dresse, haut et rude comme une forteresse, sur une charmante petite place, la **piazza del Comune**. Celle-ci est agrémentée d'une gracieuse fontaine en bronze surmontée d'un Bacchus enfant (l'original est conservé à l'intérieur du palais Pretorio), œuvre de Ferdinando Tacca (1659).

Museo civico ⓥ – Une partie du musée est transférée au couvent S. Domenico, une autre partie, la **Quadreria comunale** ⓥ, est restée au palazzo Pretorio.

Installé à l'intérieur du palais, le musée municipal présente au 1er étage la reconstitution du petit « tabernacle », peint à fresque avec une voûte ornée de grotesques, dit « *Madonna del Mercatale* », en 1498 par Filippino Lippi près de la porte d'entrée de la maison où sa mère Lucrezia, revenue à Prato après la mort de Filippo, vint habiter.

Cette demeure, qui se trouvait piazza Mercatale, face au couvent Ste-Marguerite où Lucrezia avait été nonne, fut, comme toutes celles qui entouraient la place, détruite en 1944 par un bombardement ; la fresque, qui représente la Vierge à l'Enfant avec des saints, fut miraculeusement sauvée.

Au 2e étage, au centre de l'immense salle au beau plafond à poutres peintes dans laquelle étaient servis les repas lors des grandes réceptions, est présenté le joyau de la galerie : la collection de **polyptyques**★ toscans des 14e et 15e s. On note tout

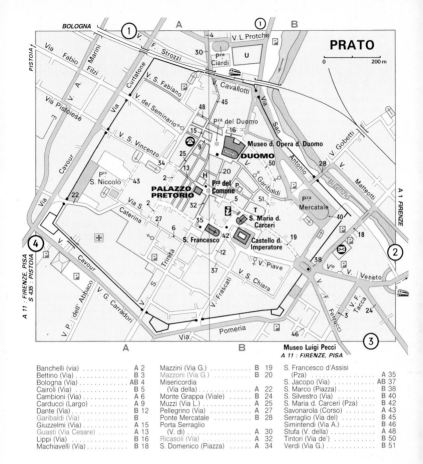

PRATO

0 _____ 200 m

d'abord deux œuvres de Bernardo Daddi, qui s'inspira du style de Giotto : la prédelle (1337) du retable qui surmontait le maître-autel de la cathédrale, contant en sept scènes *(à lire de gauche à droite)* l'histoire de la Sainte Ceinture, et une *Vierge à l'Enfant avec saint François, saint Barthélemy, saint Barnabé et sainte Catherine.*

Le peintre lombard Giovanni de Milano, qui travailla à Florence, est l'auteur (1354) du grand polyptyque d'un style gothique tardif représentant la *Vierge en majesté en compagnie de sainte Catherine d'Alexandrie, saint Bernard, saint Barthélemy, saint Barnabé*, chacun des personnages étant évoqué dans la partie supérieure de la double prédelle par une scène de sa vie.

On remarque une autre *Vierge à l'Enfant avec des anges et des saints*, triptyque attribué à l'un des plus brillants représentants du « gothique international », Lorenzo Monaco. La *Madonna del Ceppo* (1453) est une œuvre de Filippo Lippi dans laquelle il adopte encore le fond doré cher aux tenants du style gothique tardif, parmi lesquels Lorenzo Monaco son maître.

Dans la petite salle qui fait suite, on admire une toile du Napolitain Caracciolo (1570-1637), l'un des peintres les plus authentiquement caravagistes, comme en témoignent la dramatisation dans les attitudes des personnages et les violents contrastes d'ombre et de lumière de son *Noli me Tangere* : le Christ y est représenté coiffé d'un chapeau, allusion à la méprise de Marie-Madeleine qui crut voir en Jésus ressuscité un jardinier.

La 3e salle renferme une série de petits paysages avec ruines (vues de la campagne romaine) dont certains attribués au Hollandais Van Wittel, père de l'architecte napolitain Luigi Van Vitelli.

Castello dell'Imperatore – Frédéric II de Hohenstaufen, désireux de renforcer les positions des Gibelins en Toscane, fit élever vers 1248 ce puissant édifice. Peut-être l'ouvrage, dont la présence constitue une exception dans toute l'Italie du Centre et du Nord, était-il – comme nombre de ceux que fit édifier Frédéric en Allemagne, en Alsace et dans le Sud de l'Italie – un jalon fortifié sur la voie qui reliait deux parties du vaste territoire sur lequel il régnait : le royaume de Sicile et l'Empire germanique.

Ces châteaux d'Italie, dont la plupart furent bâtis par les mêmes architectes et dont Frédéric II dessina sans doute les plans, présentent une grande similitude dans la rigueur géométrique de leur architecture, leur ordonnance généralement en carré autour d'une cour centrale, leurs murs cyclopéens quasiment dépourvus d'ouvertures et jalonnés d'énormes tours en forte saillie. Des merlons bifides gibelins couronnent l'édifice.

Très remanié au 18e s., le château a bénéficié au 20e s. de plusieurs restaurations. Il est impressionnant d'en faire le tour et de pénétrer dans la cour intérieure.

S. Maria delle Carceri – Son nom lui vient d'une image miraculeuse peinte sur le mur de la prison (« carcere ») qui l'avait précédée à cet endroit.

C'est une construction des débuts de la Renaissance, dont l'extérieur est resté inachevé. Elle fut édifiée dans les dernières années du 15e s. par Giuliano da Sangallo, architecte de Laurent le Magnifique.

Le plan de l'édifice, en croix grecque avec coupole centrale, est celui adopté par plusieurs architectes de la Renaissance.

Sévérité, rigueur géométrique, noblesse des proportions caractérisent l'**intérieur** où la *pietra serena* soulignant les lignes de l'architecture et contrastant avec la couleur claire des murs rappelle les chapelles construites à Florence par Brunelleschi. Au-dessus des pilastres cannelés court une gracieuse frise en céramique vernissée blanc et bleu d'Andrea Della Robbia à qui l'on doit aussi les quatre médaillons ornant les écoinçons des arcs et figurant les évangélistes.

Jolis vitraux de la fin du 15e s.

S. Francesco – Sa construction a été commencée à la fin du 13e s. La haute façade striée de marbre vert fut élevée au début du 14e s., mais le fronton triangulaire Renaissance a été ajouté à la fin du siècle suivant. L'intérieur est très restauré.

La salle capitulaire (ou chapelle Migliorati – *accès au fond à droite de l'autel*), qui prend jour par une fenêtre gothique sur le petit cloître du 15e s., a été ornée de **fresques**★ par Nicola di Pietro Gerini, artiste florentin qui fut influencé par Giotto.

Sur le mur faisant face à l'entrée est évoquée la vie de saint Matthieu : en haut, au centre le publicain Lévi (nom sous lequel l'Apôtre exerçait, avant sa conversion, le métier de collecteur d'impôts) avec des contribuables et à gauche sa vocation ; en bas, à gauche le saint venu prêcher l'Évangile en Éthiopie ressuscite la fille du roi, à droite la mort de saint Matthieu. À la voûte, figurent les évangélistes.

Museo d'Arte Contemporanea Luigi Pecci ⊘ – *277, viale della Repubblica. Sortir par ③ du plan et suivre le fléchage ; possibilité d'emprunter les bus nos 7 ou 8.*

Consacré à l'art contemporain, cet édifice à l'intéressante structure futuriste abrite un département éducatif, une bibliothèque et des expositions temporaires. La pelouse qui l'environne est elle-même agrémentée de sculptures contemporaines.

RADICOFANI★

1 229 habitants
Carte Michelin n° 430 ou Atlas Italie p. 46 N 17

Perchée sur un promontoire naturel de plus de 800 m de haut, la forteresse de Radicofani s'impose dans tout le paysage alentour, reconnaissable à sa puissante tour fièrement dressée vers le ciel. Tenant tête à la fois au souverain pontife et à la République de Sienne, le hors-la-loi **Ghino di Tacco**, condamné par Dante et célébré par Boccace, s'y était établi au tournant du 13e s. et du 14e s., faisant le bien ou semant la terreur de Pienza à Chiusi et dans tout le val d'Orcia. Ayant juré de venger son père et son frère aîné, assassinés devant ses yeux par le podestat de Sienne, il entra dans la clandestinité en tuant à son tour le coupable. Sa légende rapporte également qu'il emprisonna l'abbé de Cluny venu soigner en cure des maux d'estomac à San Casciano in Bagni. Gâtant la suite du prélat et ses soldats, il laissa l'abbé dans un cachot où il venait quotidiennement le voir, lui prodiguant un régime alimentaire sévère tout en se faisant passer pour un simple serviteur. Pris de compassion et d'amitié pour son prisonnier qu'il finit par guérir, il le libéra. Le prélat lui en fut infiniment reconnaissant et plaida sa cause avec succès auprès du pape.

Pour les amateurs de tourisme vert

UNE PETITE FOLIE

Il Poggio – *53040 Celle Sul Rigo, 53040 San Casciano Bagni (Sienne) –* ☎ *0578 537 48, fax 0578 535 87, internet : www.borgodelpoggio.it – ouvert toute l'année – piscine.*

Ce bel établissement constitue l'endroit idéal pour s'adonner à l'équitation : des randonnées équestres sont organisées dans la campagne siennoise. On peut aussi, tout simplement, découvrir la cuisine régionale.

La forteresse de Radicofani

N. Bosqués/MICHELIN

Visite – Construit dans la même pierre brun foncé que la forteresse qui le domine, le village de Radicofani blottit contre elle ses maisons médiévales et ses rues abruptes. En montant la rue principale s'ouvre à gauche une petite place où se font face deux églises. Du jardin public adjacent, belle **vue**★ sur le mont Amiata et la campagne alentour où affleurent çà et là les arêtes vives et nues des **Crete d'Orcia** (phénomène équivalent aux crêtes siennoises). La rue centrale mène ensuite au Palazzo Pretorio du 16ᵉ s., orné de blasons, et à la **forteresse**★ elle-même (*parking à proximité*) : construite au 13ᵉ s. et remaniée au 16ᵉ s., elle fut détruite au 18ᵉ s. par une explosion ; ses majestueuses ruines ont été consolidées au début des années 90.

ROMENA★

Carte Michelin n° 430 ou Atlas Italie p. 41 K 17

Petit hameau de la haute vallée du Casentino, Romena dépend administrativement de **Pratovecchio** (*2 km au Nord*), commune voisine qui vit naître **Paolo Uccello**, le peintre des volumes et des compositions presque abstraits.

★ **Église** ⊘ – En venant de Pratovecchio, la route permet d'embrasser tout d'abord le ravissant **chevet** de cette piève (*voir p. 213*), entièrement orné d'arcatures sur deux niveaux. Très bel exemple d'art roman du début du 12ᵉ s., cette église fut amputée au 17ᵉ s., à la suite d'un glissement de terrain, de ses deux premières travées, perdant sa façade d'origine. À l'intérieur, les trois vaisseaux charpentés, supportés par des colonnes monolithes à beaux chapiteaux sculptés, sont surélevés dans leur partie terminale. Au centre, l'abside présente une jolie voûte en cul-de-four.

★ **Château** ⊘ – *Depuis l'église, en retournant vers Pratovecchio, prendre un chemin asphalté à quelques mètres sur la gauche.*
Dressées sur le haut d'une colline dominant toute la campagne du Casentino et visibles des environs, les imposantes ruines du château de Romena sont précédées d'une magnifique allée de cyprès. Construit par les comtes Guidi au 11ᵉ s., il ne conserve que trois de ses 14 tours d'origine : le donjon, la poterne et celle des prisons. C'est ici que se déroula un épisode raconté par Dante dans *L'Enfer* (XXX, 46-90) : un certain Maître Adam y frappa de faux florins (de 21 carats au lieu de 24) à la demande des Guidi ; son méfait découvert, il fut arrêté et brûlé vif à Florence en 1281, comme le voulait la loi contre les faux-monnayeurs.
Du chemin d'accès face au château, se diriger vers la S 70 (Poppi/Consuma) afin de profiter sur quelques centaines de mètres des magnifiques **vues**★★ rétrospectives sur les pittoresques ruines du château et son allée de cyprès.

Rovine di ROSELLE

Ruines de ROSELLE

Carte Michelin n° 430 ou Atlas Italie p. 45 N 15 – Schéma : La MAREMMA

Une des plus illustres villes de l'Étrurie septentrionale fut implantée non loin de l'actuelle Roselle, au sommet d'une colline séparée de Vetulonia par le *Lacus Prilius*. Asséché dès l'Antiquité, ce lac n'était en fait qu'une grande lagune occupée aujourd'hui par les terres cultivables du marais de Raspollino. Selon Tite Live, en 294 avant J.-C., l'étrusque Russel (Rusellae en latin) fut colonisée par Rome. La ville déclina après la chute de l'Empire romain et fut pratiquement abandonnée après 1138, date où elle perdit son rang d'évêché.

Les fouilles ⊘ – Commencées en 1942 et toujours en cours, elles ont dégagé une enceinte de pierre de plus de 3 km de long composée de blocs polygonaux pouvant atteindre jusqu'à 2 m de haut. Ces murs, qui furent précédés d'une première fortification en briques crues probablement du milieu du 7ᵉ s. avant J.-C., furent bâtis au Nord au 6ᵉ s. et à l'Ouest au 2ᵉ s. avant J.-C. Seules trois portes monumentales ont été découvertes, même si les voies d'accès devaient être plus nombreuses. Des traces d'habitations et d'ateliers artisanaux remontant à la fin du 6ᵉ s. ont aussi été mises au jour, ainsi que de notables vestiges de constructions romaines : amphithéâtre, forum impérial, rues pavées et villa d'époque impériale ornée au sol d'une mosaïque.

Abbazia di SAN GALGANO★★

Abbaye de SAN GALGANO

Carte Michelin n° 430 ou Atlas Italie p. 45 M 15

Non loin de la route nationale Massa Marittima-Sienne se dresse l'évocateur complexe de San Galgano, composé de l'abbaye et de l'ermitage. Son fondateur, **Galgano Guidotti**, était issu de la noblesse siennoise et originaire d'une localité toute proche, Chiusdino. Galgano dut sa vocation à une apparition de l'archange saint Michel et abandonna une vie agitée pour revêtir l'habit cistercien. Il finit ses jours en ermite, dans une petite chapelle édifiée par ses soins, là où s'élève aujourd'hui l'abbaye, œuvre des moines cisterciens de Casamari.

Abbaye ⊘ – Les ruines à ciel ouvert, majestueuses et impressionnantes, sont les seuls vestiges de cette abbaye cistercienne romano-gothique, érigée entre 1224 et 1288 en l'honneur de **saint Galgan** (1148-1181). Première église gothique toscane, elle inspira la construction de la cathédrale de Sienne. Sa visite permet de reconnaître les conceptions traditionnelles de l'art cistercien. De l'ancien monastère, seuls restent l'angle du cloître, la salle capitulaire et le scriptorium.

R. Mezza/LAURA RONCHI

Les ruines de l'abbaye de San Galgano

Ermitage – L'abbaye est dominée, à 200 m de là, par l'ermitage, curieuse construction romane en rotonde du 12ᵉ s., dont l'étonnant **dôme** (1181-1185) sans nervures s'inspire des tombes étrusco-romaines et qu'il faut comprendre comme une liaison idéale entre l'Antiquité et la Renaissance. Il est caractérisé par 24 cercles de brique et de pierre, blancs et rouges. Multiple de 12, ce nombre a des connotations sacrées (on pense aux apôtres et aux tribus d'Israël). L'église a été érigée pour abriter la dépouille de Galgano Guidotti et conserver le rocher où il planta, en 1180, son épée de chevalier, symbolisant dès lors une croix.

Comme certains temples païens, l'église est orientée par rapport aux astres. Dans la chapelle située à gauche de l'autel, fresques d'Ambrogio Lorenzetti (1285-1348 environ).

SAN GIMIGNANO★★★

7 027 habitants
Carte Michelin nᵒ 430 ou Atlas Italie p. 40 L 15

Au sein d'un doux paysage de collines où croissent la vigne et l'olivier, San Gimignano couronne une hauteur tout hérissée de ses quatorze tours de pierre grise. Ceinte de remparts où s'ouvrent cinq portes, elle offre le charme d'une petite cité médiévale, construite principalement en brique et étonnamment préservée. Les origines de San Gimignano sont incertaines, et les raisons qui lui firent prendre pour nom celui d'un évêque qui vécut à Modène au 4ᵉ s. relèvent de la légende.

Devenue Libre Commune au milieu du 12ᵉ s., la cité ne cessa durant deux cents ans de prospérer, n'échappant pas toutefois à la lutte qui opposait Guelfes et Gibelins (voir p. 26) représentés respectivement à l'intérieur de la ville par les familles rivales des Ardinghelli et des Salvucci. Ayant pris parti pour le pape, la ville se rangea aux côtés de Florence dans les guerres menées par cette dernière contre Pise, Sienne, Pistoia, Arezzo, Volterra... et, en 1353, lui fit allégeance. De grands peintres, siennois puis florentins, travaillèrent à San Gimignano où ils ont laissé des chefs-d'œuvre.

La maison-tour (casa torre), habitat de prestige ou lieu de travail ? – C'est de l'époque « communale » que datent les principaux édifices de la ville. C'est aussi à cette époque que furent bâties les murailles qui l'enserrent encore et que surgirent ces fameuses maisons-tours qui lui ont valu le surnom de « San Gimignano dalle belle torri » et qui font aujourd'hui sa célébrité. Des 70 qu'elle comptait au Moyen Âge, il n'en restait plus que 25 à la fin du 16ᵉ s., contre 13 seulement aujourd'hui.

Conçues comme des donjons, ces tours féodales furent construites dans de nombreuses villes d'Italie par les grandes familles, au moment des luttes entre Guelfes et Gibelins, puis entre tyrans locaux. Pour des raisons de prestige, les seigneurs leur donnaient la plus grande hauteur possible. Les trous encore visibles sur leurs murs auraient servi à l'époque à fixer un réseau de passerelles reliant les demeures des familles alliées qui pouvaient ainsi se réunir rapidement en cas d'alerte.

Plus prosaïquement, ces constructions pourraient témoigner du prestigieux passé économique de la ville, grand centre textile détenteur du

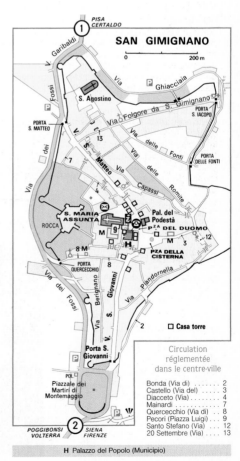

SAN GIMIGNANO

□ Casa torre

Circulation
réglementée
dans le centre-ville

Bonda (Via di) 2
Castello (Via del) 3
Diaceto (Via) 4
Mainardi 7
Quercecchio (Via di) . . 8
Pecori (Piazza Luigi) . . . 9
Santo Stefano (Via) . . . 12
20 Settembre (Via) 13

H Palazzo del Popolo (Municipio)

Pour les amateurs de tourisme vert

Voir p. 320 la correspondance des tranches de prix.

À BON COMPTE

Il Rosolaccio – *San Benedetto 34, à Capezzano (53037 San Gimignano) – ☎ 0577 94 44 65, fax 0577 94 44 67, internet : www.rosolaccio.com – piscine.*
Une ferme rustique qui jouit du calme et d'une vue panoramique.

VALEUR SÛRE

Il Casale del Cotone – *À Il Cotone 59, « Cellole », San Gimignano (53037), sur la route de Certaldo – ☎ et fax 0577 94 32 36, www.casaledelcotone.com*
À 2 km de San Gimignano, vacances tranquilles garanties dans cette élégante ferme du 18e s. nichée en pleine nature.

Podere Villuzza – *À Strada 25, San Gimignano (53037) – ☎ 0577 94 058, fax 0577 94 22 47 – fermé de décembre à février – piscine.*
Avec sa vue sur les tours de San Gimignano, cette ferme rustique et bien tenue offre aux visiteurs un accueil cordial.

secret de la teinture jaune au safran (épice dérivée de la culture d'une variété de crocus). Afin de fixer, à l'abri de la poussière et du soleil, la couleur sur les précieuses étoffes dont la valeur était proportionnelle à la longueur, les riches fabricants auraient été contraints de construire ces hautes tours faute de pouvoir s'installer à l'horizontale en raison de la topographie du village ; les trous aménagés dans les murs seraient la trace d'escaliers fixés à l'extérieur afin de ne pas réduire l'espace intérieur utile.

★★ PIAZZA DELLA CISTERNA

De la massive **porte San Giovanni** (13e s.), à bretèche et arc siennois, la pittoresque rue du même nom, bordée de maisons médiévales, conduit à cette place. Au passage, on remarque, à droite, les restes de la façade en style roman-pisan d'une église élevée au 13e s.

De forme irrégulière, pavée comme au Moyen Âge de briques disposées de chant et en arête de poisson, la piazza della Cisterna est ceinte d'austères demeures élevées aux 13e et 14e s., dont plusieurs sont surmontées de tours ; c'est l'un des lieux les plus surprenants d'Italie. Son centre est, depuis le 13e s., occupé par un **puits** (cisterna) qui lui a valu son nom. Sur le côté Sud, la **maison Salvestrini** (occupée par un hôtel) date du 13e s. ; aussitôt après, à l'entrée de la via del Castello, s'élève le **palais Tortoli**, à deux étages de fenêtres gothiques géminées, construit au 14e s. Presque en face se dresse la **tour du Diable** (torre del Diavolo). L'angle Nord-Ouest de la place, par lequel on accède à la piazza del Duomo, est dominé par les **tours jumelles des Ardinghelli**, la plus puissante famille guelfe de la ville.

★★ PIAZZA DEL DUOMO

La sobre collégiale, de très anciens palais et sept tours lui font un cadre majestueux.

★ **S. Maria Assunta** ⊘ – La collégiale ou dôme de San Gimignano est un édifice roman, élevé au 12e s. Il fut agrandi au 15e s. par l'architecte et sculpteur Giuliano da Maiano, qui remania notamment le chœur. La façade a subi au 19e s. une importante restauration.
L'intérieur est couvert de fresques.

San Gimignano et ses tours

Revers de la façade – *Éclairage payant près du 2e pilier à gauche.* Le Florentin Benozzo Gozzoli a évoqué, dans la partie inférieure, le *Martyre de saint Sébastien* (1465) qu'encadrent deux statues en bois peint représentant la *Vierge* et l'*Ange de l'Annonciation* sculptés vers 1420 par le Siennois Jacopo della Quercia. Au-dessus, un autre artiste siennois, Taddeo di Bartolo, a peint en 1393 un *Jugement dernier* débordant de part et d'autre sur la première travée de la nef, avec à droite l'*Enfer* et à gauche le *Paradis*.

Bas-côté gauche – Il a été, dans la seconde moitié du 14e s., couvert d'un cycle de fresques★ illustrant l'Ancien Testament, par le Siennois Bartolo di Fredi. Avec une verve un peu naïve et très colorée, cet artiste qui fut influencé par la manière de Simone Martini et des frères Lorenzetti *(voir p. 285)* a représenté :
– **en haut**, la Création du monde, celle de l'Homme, Adam au Paradis terrestre, la Création d'Ève, le Fruit défendu ;
– **au niveau intermédiaire**, après deux premières scènes illisibles (Adam et Ève chassés du Paradis et Caïn tuant Abel), la Construction de l'arche de Noé, les Animaux pénétrant dans l'arche, la Sortie de l'arche, l'Ivresse de Noé, le Départ d'Abraham et de Loth, Loth se séparant d'Abraham, le Songe de Joseph, Joseph descendu dans la citerne ;
– **en bas**, de nouveau après la première travée illisible (Joseph faisant arrêter ses frères et Joseph reconnu par eux), on peut voir : Moïse et le serpent d'airain, l'Armée du pharaon emportée par la mer Rouge, le Passage de la mer Rouge par les Juifs, Moïse sur le mont Sinaï, Satan obtenant de Dieu la permission de tenter Job, le Meurtre des serviteurs de Job et l'enlèvement de ses troupeaux, l'Effondrement de la maison de Job, Job rendant grâce à Dieu, Job malade réconforté par ses amis.

Bas-côté droit – Face à l'Ancien Testament, la vie du Christ a été évoquée dans une série de fresques★★ brossées vers 1335-1340, à une époque donc antérieure à celle de Bartolo di Fredi, par un certain **Barna da Siena** travaillant dans l'atelier de Simone Martini. Si l'on en croit Vasari, l'artiste serait mort en tombant des échafaudages un peu avant que son œuvre ne soit achevée. Ce cycle n'en demeure pas moins un témoignage de première importance dans l'histoire de la peinture gothique italienne par son ampleur.

Dans ces scènes réparties sur trois registres, l'artiste a mêlé, à une élégance du dessin et à une délicatesse de coloris qui sont l'apanage du style gothique siennois (Duccio, Simone Martini), une humanité, une vigueur dans la manière dont sont typés les personnages et une concentration dramatique qui révèlent l'influence de Giotto. On reconnaît, en partant des **lunettes** en haut à droite : l'Annonciation, la Nativité, l'Adoration des Mages, la Circoncision, le Massacre des Innocents et la Fuite en Égypte ; au **registre médian** de gauche à droite à partir de la grande Crucifixion : Jésus et les docteurs de l'Église, le Baptême du Christ, la Vocation

S. Chirol

de saint Pierre, les Noces de Cana, la Transfiguration, la Résurrection de Lazare et l'Entrée de Jésus à Jérusalem (sur deux panneaux) ; enfin au **registre inférieur** en repartant vers la gauche : la Dernière Cène, Judas recevant le prix de sa trahison, la Prière au jardin des Oliviers, le Baiser de Judas, la Comparution de Jésus devant Caïphe, la Flagellation, le Couronnement d'épines et la Montée au Calvaire qui aboutit à la Crucifixion. À gauche de ce grand panneau ont été peintes, en bas, la Déposition au tombeau *(presque entièrement disparue)* et la Descente du Christ aux Enfers *(très abîmée)*, surmontées de la Résurrection *(en partie abîmée)* et de la Pentecôte.

Chapelle Santa Fina – *Au fond de la nef droite.* Elle est dédiée à la sainte locale, Serafina di Ciardi, qui, paralysée, mourut en 1254, dans sa quinzième année. Le jour de sa mort, toutes les cloches se mirent à sonner et sa couche ainsi que le sommet des tours de la ville se couvrirent de fleurs. Pour l'honorer, ses concitoyens firent venir de Florence, en 1468, Giuliano da Maiano qui construisit cette élégante chapelle, dont l'harmonieux **autel★** de marbre et d'albâtre très finement sculpté et rehaussé d'or est l'œuvre de Giuliano, Benedetto ; Domenico Ghirlandaio y brossa en 1475 de remarquables **fresques★** relatant la vie de la sainte, dans le style descriptif et précis qui le caractérise, mais avec une certaine naïveté et une élégance moins raffinée que dans son chef-d'œuvre de Santa Maria Novella à Florence, réalisé quelques années plus tard.

Piazza dei Pecori – *Accès par un passage voûté s'ouvrant à gauche de la collégiale.* Cette place minuscule, au charme naïf, est bordée par un portique ou **loggia du Baptistère**, reste d'un cloître du 14e s., au fond duquel Domenico Ghirlandaio peignit à fresque en 1482 une harmonieuse *Annonciation*.

À gauche du passage voûté, un palais du 13e s. abrite deux petits musées. Au 1er étage, le **musée d'Art sacré** ⊙ présente, en particulier, le buste de marbre très expressif d'Onofrio di Pietro par Benedetto da Maiano (vers 1493) dans la première salle, et dans la seconde un *Crucifix* de bois de Giuliano da Maiano (sous verre) et la *Madone à la Rose* sur fond or de Bartolomeo di Fredi. À droite de l'escalier, on accède à l'unique salle du **Musée étrusque** ⊙ qui rassemble surtout des urnes funéraires et de la céramique.

★ **Palazzo del Popolo** ⊙ – Le palais du Peuple (ou nouveau palais du Podestat) date des 13e et 14e s. Une tour haute de 54 m, dite Torre Grossa, le domine. Il abrite une petite cour intérieure répartie sur deux niveaux et bordée d'un portique ; un puits octogonal se blottit dans l'angle Sud-Ouest tandis qu'un escalier extérieur conduit au **Musée municipal★**.

Dominant la piazza del Duomo, la grande salle du Conseil où Dante, en 1300, prononça un discours, est ornée de fresques, œuvres de l'école siennoise du 14e s. représentant des scènes de chasse et Charles d'Anjou, roi de Naples. Le primitif Siennois Lippo Memmi y a brossé, en 1317, une magistrale **Maestà★** qui fut restaurée vers 1467 par Benozzo Gozzoli.

Avant d'atteindre le 2e étage, un escalier sur la droite permet d'accéder au sommet de la **Torre Grossa**, d'où l'on découvre une curieuse **vue★★** sur les tours et les toits couleur pain brûlé. Au 2e étage, une petite salle à gauche est ornée de fresques décrivant la vie d'un couple, tandis qu'à droite s'ouvrent les collections de peintures. La plupart de celles-ci sont l'œuvre des écoles florentine et siennoise du 12e au 15e s. On remarque : dans la 1re salle, un *Crucifix* avec des scènes de la Passion par Coppo di Marcovaldo, et – gloire du musée – une *Annonciation* en deux « tondi » (compositions en rond) par Filippino Lippi ; dans la 2e salle, deux *Vierges avec l'Enfant et des saints* par Benozzo Gozzoli, et dans la 3e une grande *Vierge en gloire* de l'Ombrien Pinturicchio (1512), ainsi que deux polyptyques de Taddeo di Bartolo *(Vierge à l'Enfant* et *Scènes de la vie de saint Gimignano)*.

Palazzo del Podestà – Construit au 13e s., il s'ouvre sur la piazza del Duomo par un vaste porche, la « loggia », que surmonte une large arcade. La puissante tour **Rognosa** le domine de ses 51 m.

À gauche de la tour s'élève le palais Chigi, du 13e s., lui-même flanqué de sa propre tour.

AUTRES CURIOSITÉS

S. Agostino – On s'y rend en empruntant la pittoresque et commerçante **via San Matteo** bordée de palais et de maisons-tours.

Bâti au 13e s., l'édifice de style roman-gothique présente l'aspect austère des églises à nef unique propre aux ordres mendiants. Son chœur est néanmoins couvert de dix-sept **fresques★★** exécutées en 1464 et 1465 par l'un des maîtres du Quattrocento florentin (15e s.), Benozzo Gozzoli.

Avec la fraîcheur des couleurs, le sens de la perspective, le goût du détail intime et familier qui lui sont habituels, l'artiste a évoqué la vie du célèbre théologien. Les scènes les plus remarquables sont, au bas du mur gauche, Augustin présenté à l'école par sa mère sainte Monique ; au bas du mur de droite, Augustin enseignant la philosophie à Rome et son départ pour Milan ; et à la lunette du même mur, ses funérailles.

Au maître-autel, *Couronnement de la Vierge* (1485), par Piero del Pollaiuolo. À gauche de l'entrée actuelle, la chapelle San Bartolo clôturée d'une grille renferme un autel de marbre réalisé en 1494 avec une extrême finesse par Benedetto da Maiano : l'autel monumental s'articule autour du tombeau de saint Bartolo que surmontent les statues des trois vertus théologales.

À gauche de l'église *(accès par la sacristie)* s'ouvre un gracieux petit cloître Renaissance.

ENVIRONS

Certaldo – *13 km au Nord. Voir ce nom.*

★ **San Vivaldo** – *17 km au Nord-Ouest. Voir ce nom.*

SAN GIOVANNI VALDARNO

17 122 habitants
Carte Michelin n° 430 ou Atlas Italie p. 40 L 16

Grand centre industriel du Val d'Arno, San Giovanni est particulièrement connu pour ses aciéries et les importantes mines de lignite situées dans ses environs. Le premier peintre de la Renaissance florentine, **Masaccio** (mort en 1428), y vit le jour en 1401.

LE CENTRE HISTORIQUE

★ **Palazzo Pretorio** – Au centre de la ville, ce palais constellé de blasons de podestats présente sur ses quatre côtés un portique voûté et, à l'étage, une loggia charpentée ouvrant uniquement sur les deux places qui l'encadrent.
L'édifice serait l'œuvre d'Arnolfo di Cambio : construit au 13e s., il subit des remaniements à la Renaissance.

S. Giovanni Battista – Sur la piazza Cavour, cette église du début du 14e s. fait face à la façade principale du palais Pretorio auquel elle répond par son élégant portique orné de tondi vernissés dans le style des Della Robbia.

S. Maria delle Grazie – 15e s. Cette basilique dresse sa façade néo-Renaissance (19e s.) piazza Masaccio, à l'arrière du Prétoire. Sous le portique, *Assomption de la Vierge* : très belle céramique vernissée, haute en couleur, de Giovanni Della Robbia. À l'intérieur, on admire au maître-autel la fresque de *Notre-Dame-des-Grâces* du 14e s., qui donne son nom à la basilique, et dans la nef droite une *Vierge à l'Enfant, quatre saints et deux anges* sur fond or d'un anonyme du 15e s.
Derrière le chœur, un petit **musée** ⊙ rassemble des œuvres d'école florentine principalement des 15e et 16e s., dont une très belle *Annonciation*★★ de Fra Angelico.

Oratoire S. Lorenzo – *À droite en sortant de la basilique.* Derrière une modeste façade de briques et de pierres, il conserve le long de ses murs de nombreuses fresques des 14e et 15e s. ainsi qu'un retable du *Couronnement de la Vierge* d'école giottesque *(au maître-autel).*

ENVIRONS

Montevarchi – *5 km au Sud-Est.* Village réputé en Toscane pour son marché des poulets du Val d'Arno et du vin des collines arétines, Montevarchi déploie ses rues, dans le centre historique, en arcs parallèles de part et d'autre de la via Roma. Piazza Varchi *(au milieu de via Roma)*, l'**église S. Lorenzo** du 18e s. conserve une ampoule du saint lait de la Vierge dans le tabernacle du maître-autel ; au-dessus, théâtrale *Vierge en gloire* sculptée par Giovanni Baratta.

SAN MINIATO★

26 301 habitants
Carte Michelin n° 430 ou Atlas Italie p. 39 K 14

Étirée sur la crête d'une colline en amphithéâtre, la charmante ville de San Miniato a conservé son aspect ancien. Autrefois son nom était suivi de l'appellation « al Tedesco » (« de l'Allemand »), car elle fut dès le 10e s. résidence toscane des empereurs germaniques et siège des vicaires impériaux. Sa fière silhouette est visible de loin, ponctuée au sommet par la tour de la Rocca et largement épaulée au Nord-Est par les hauts contreforts de brique du couvent San Francesco construit sur l'église primitive San Miniato du 8e s. Quelques maisons-tours et de nobles palais des 15e, 16e et 17e s. font également la preuve de son riche passé.

Deux frères amoureux de cinéma – San Miniato est la patrie de **Paolo** et **Vittorio Taviani** (nés respectivement en 1929 et 1931). Ces frères inséparables, qui tournèrent une partie de leur œuvre dans les Pouilles et en Sicile, ont filmé leur Toscane natale dans *Le*

Pour les amateurs de tourisme vert

À BON COMPTE

Agriturismo San Gervasio – *Via Colle Verde 20, à Terricciola (56030), à 14 km au Sud-Ouest de San Miniato* – ☎ *et fax 0587 65 30 98* – *piscine.*
Composée de 18 appartements, cette ferme se dresse sur un terrain de 150 ha, parmi la vigne et les oliviers. On peut y pratiquer le tennis, la natation, le VTT et l'équitation.

Pré (1979), qui met en scène San Gimignano, *Good Morning Babilonia* (1987), dont le début se situe à Pise, et *La Nuit de San Lorenzo* (1982), qui n'est que le rappel d'un épisode douloureux de l'histoire de San Miniato pendant la Seconde Guerre mondiale.

Fêtes et manifestations – Aujourd'hui survivent encore des traditions anciennes telles que les feux de la Saint-Jean qui, sur les collines alentour lors de la plus courte nuit de l'année, brûlent épis de maïs et gousses d'ail afin d'éloigner le mauvais sort. Ces mêmes collines recèlent des truffes blanches ramassées à l'automne : le précieux champignon donne lieu à une grande foire se tenant les trois derniers week-ends de novembre.

Depuis 1947, San Miniato est le siège de l'Institut dramatique populaire, qui chaque année en juillet met en scène, à l'occasion de la fête du théâtre, un drame inédit à caractère sacré ou spirituel (T.S. Eliot, Julien Green, Thomas Mann, Elie Wiesel, Karol Wojtyla – devenu le pape Jean-Paul II –...).

Voir par ailleurs le chapitre Principales manifestations touristiques en fin de volume où sont citées d'autres manifestations ayant lieu à San Miniato.

CURIOSITÉS

Prato del Duomo – Il rassemble divers monuments : le **dôme** remonte au 12e s. mais son campanile à mâchicoulis, tour de défense de l'ancien château, lui est antérieur. Remanié au 15e s. (et refait à l'intérieur aux 18e et 19e s.), il présente une façade romane relevée de quelques bols de céramique du 13e s. selon une tradition pisane ; les trois portes datent du 15e s.

Le **musée d'Art sacré** (Museo diocesano d'Arte Sacra ⊙ – *à gauche de la cathédrale*) conserve des œuvres de peinture et de sculpture du 15e au 19e s. (Filippo Lippi, Neri di Bicci, Cigoli, Verrocchio), ainsi que des objets d'art sacré (livres religieux anciens). Face au dôme, le **palais épiscopal**, construit au 12e s., fut d'abord la résidence du capitaine des milices de la citadelle. Par la suite y résidèrent les *Signori Dodici* (les Seigneurs « Douze », c'est-à-dire les 12 gouverneurs de la ville) et le capitaine du peuple. Depuis 1622, elle sert de demeure à l'évêque. Le **palais des Vicaires impériaux** (ancien palais impérial, désormais transformé en hôtel) lui fait pendant et dresse sa petite tour sur la place : il remonte au 12e s. et la tradition veut que la comtesse Mathilde de Toscane y soit née en 1046.

En passant entre les deux, on accède à une petite terrasse d'où l'on profite d'un point de vue sur les toits de San Miniato et la campagne toscane ; en contrebas, la **piazza della Repubblica** est bordée du **palazzo del Seminario**★, à façade concave, orné au début du 18e s. de fresques et d'aphorismes (en latin) des Pères de l'Église dans sa partie haute et ouvert de devantures de boutiques médiévales dans sa partie basse (partiellement conservées).

★ **Esplanade du château** – De la terrasse à gauche de la cathédrale, on accède par un raidillon et un escalier *(1/4 h à pied AR)* au sommet arasé de la colline que domine une haute tour de briques refaite à l'identique de l'ancien château (Rocca) de Frédéric II détruit pendant la dernière guerre. C'est dans cette tour, dit-on, que Pierre des Vignes, chancelier de Frédéric II accusé de trahison, se suicida après qu'on lui eut arraché les yeux (Dante, *L'Enfer*, chant XIII).

De l'esplanade, beau **panorama**★★ sur San Miniato, le val d'Arno, les collines de Pise, de Pistoia et de Florence au-dessus desquelles apparaît la chaîne des Apennins.

Santuario del Crocifisso – Derrière la cathédrale s'élève le sanctuaire du Crucifix, du 17e s., surmonté d'un tambour circulaire. À l'intérieur : crucifix ottonien en bois du 10e s. Un escalier quelque peu théâtral rejoint la via delle Vittime del Duomo.

Palazzo Comunale – *Via delle Vittime del Duomo.* Il abrite des fresques de l'école de Giotto (dont une *Vierge à l'Enfant entre les vertus théologales* attribuée à Cenni di Francesco di Ser Cenni) ainsi qu'une petite église, la **chiesa del Loretino**, qui présente un précieux autel en bois marqueté, doré et peint, un tabernacle peint par Lanfranco et des fresques du 16e s. narrant la vie de Jésus.

S. Domenico – *Piazza del Popolo.* L'église remonte à 1194 mais fut plusieurs fois remaniée et sa façade jamais achevée. À l'intérieur, dans une chapelle au fond à droite, on admire le monument funéraire du médecin et humaniste Giovanni Chellini, attribué à Bernardo Rossellino (15e s.).

SAN QUIRICO D'ORCIA★

2 444 habitants

Carte Michelin n° 430 ou Atlas Italie p. 46 M 16

Ce vieux bourg, campé sur une petite éminence, a gardé ses remparts du 12e s. et ses portes monumentales. Très tôt au Moyen Âge, San Quirico acquit de l'importance grâce à la via Francigena (reliant Rome au Nord de l'Italie) qui empruntait le Val d'Orcia et passait par la ville. En 1154, Frédéric Ier de Souabe, dit Barberousse, y accueillit les ambassadeurs du pape Adrien IV. Chaque année, le 3e dimanche de juin, la « Festa del Barbarossa » rappelle cet épisode historique.

★★ **Collegiata** - Cette admirable collégiale romano-gothique fut élevée aux 12e et 13e s. Sous un couronnement d'arcatures, la façade, dont l'élégante simplicité est ponctuée par une belle rosace sculptée, met en relief la richesse du majestueux **portail roman**★ qui s'y en-

castre : ses colonnes et son linteau sculpté de monstres affrontés s'inscrivent dans un grand arc à voussures retombant sur un jeu de colonnes nouées supportées par des lions. Au flanc droit de l'église s'ouvrent **deux portails gothiques**, le plus large encadré de statues-colonnes reposant sur des lions, d'une facture plus élaborée qu'au portail roman de la façade principale ; remarquer également l'Atlante agenouillé et riant soutenant la division de la double baie à droite.

À l'intérieur, on remarque : entre les deux derniers piliers de la nef à gauche, le gisant du comte Henri de Nassau (mort à San Quirico en février 1451 de retour du jubilé de Rome), dans le chœur les boiseries sculptées et marquetées du début du 16e s., et surtout dans le transept gauche un **retable**★ peint par Sano di

Le portail roman de la collégiale

S. Chirol

Pietro (15e s.) : composé en triptyque, il représente la Vierge, l'Enfant et quatre saints, sur fond or, avec, à la lunette, la Résurrection et la Descente aux Limbes, et, à la prédelle, des scènes de la vie de la Vierge.

Palazzo Chigi - Fermant la place de la collégiale au niveau du chœur, il remonte au 17e s. Malgré son mauvais état, on entrevoit sa majesté passée dans la régularité rythmique de ses ouvertures et son magnifique blason (où l'on reconnaît les six monticules des Chigi et le chêne aux branches en couronne des Della Rovere).

Porta ai Cappuccini - En longeant à droite le palais Chigi, la via Poliziano, ruelle médiévale, mène à cette porte du 13e s., qui à l'extérieur se présente comme une tour polygonale.

★ EXCURSION DANS LE VAL D'ORCIA

Visite : 1 h 30 sans la visite de la forteresse de Tentennano – environ 10 km de San Quirico à Castiglione et Rocca d'Orcia.

En sortant de San Quirico vers le Sud (*par la via Cassia S 2, direction Rome*) s'amorce une paisible descente dans le Val d'Orcia dans un paysage de collines aux ondulations douces et aux contours soulignés de rangées d'arbres et de bosquets, ou ponctués par la silhouette isolée d'un cyprès. Au printemps, coquelicots et fleurs des champs jaunes et roses donnent un caractère riant à l'ensemble.

Sur l'éminence la plus proche se dresse déjà distinctement la puissante forteresse de Rocca d'Orcia, tandis qu'au loin se distinguent le mont Amiata et la forteresse de Radicofani.

Juste avant le pont sur l'Orcia, tourner à droite vers Bagno Vignoni ; la route en forte montée longe la vallée abrupte du fleuve et offre une belle vue sur la forteresse voisine.

Pour les amateurs de tourisme vert

Voir p. 320 la correspondance des tranches de prix.

À BON COMPTE

Aiole – *À Aiole (53023 Poggio Rosa), à 8,5 km de Castiglione d'Orcia, sur la SP 22 dite de la Grossola* – ☎ et fax 0577 88 74 54 – fermé en janvier et février. Calme et propreté sont les deux atouts majeurs de cette maison en pierre qui propose une formule demi-pension.

Il Rigo – *À Casabianca (53027 San Quirico d'Orcia)* – ☎ 0577 89 75 75, 0577 89 72 91, fax 0577 89 82 36. Gîte typique perché sur une colline. Autour de la table d'hôte, une cuisine à base de cultures biologiques garantit l'authenticité des produits.

VALEUR SÛRE

La Locanda del Loggiato – *À Bagno Vignoni (53020), piazza del Moretto 30* – ☎ 0577 88 89 25, internet : www.loggiato.it
Charmant bed & breakfast aménagé dans une maison du 15e s., à deux pas de la fraîche fontaine qui caractérise la place de Bagno Vignoni. L'accueil est fort sympathique et l'ameublement du meilleur goût.

Bagno Vignoni – Ce hameau est fréquenté pour ses eaux thermales, dont l'efficacité contre l'arthrite et les rhumatismes est connue depuis les Romains. Les habitations se serrent autour d'une antique piscine, dont l'un des côtés est longé par le portique de sainte Catherine, ainsi nommé pour rappeler que la sainte serait venue ici à la fin de sa vie.

À proximité, un grand parking fait face à la forteresse de Rocca d'Orcia tout en surplombant une partie des gorges de l'Orcia, rivière qui au Moyen Âge permettait de communiquer avec la Maremme.

Redescendre jusqu'au pont sur l'Orcia, que l'on traverse. 350 m plus loin prendre à droite la route de Castiglione.

Castiglione d'Orcia – Ancien fief des Aldobrandini (dits aussi Aldobrandeschi en Italie), Castiglione passa sous le joug siennois au début du 14e s. Quelques années plus tard, ayant besoin de fonds, la République céda à la riche famille siennoise des Salimbeni le village et d'autres possessions dans le Val d'Orcia (dont la forteresse de Tintinnano), avant de récupérer le tout en 1419, lorsque Cocco Salimbeni, entré en conflit avec sa ville, fut contraint de capituler.

Piazza Vecchietta – Place centrale de ce bourg médiéval rustique, elle célèbre le souvenir du peintre Lorenzo di Pietro dit le Vecchietta, qui serait né à Castiglione vers 1412. Triangulaire et pentue, elle est pavée de gros galets et de briques. Au centre, puits en travertin du 17e s.

La « via Francigena »

De la fin du 12e s. au début du 15e s. la prospérité économique qui fleurit partout en Europe s'accompagna d'un développement sans précédent d'échanges commerciaux. Les voies de communication prirent énormément d'importance et tout particulièrement celle qui reliait le riche pôle économique de la mer du Nord, la Picardie, la Champagne et Lausanne à l'Italie. La Flandre pendant le haut Moyen Âge faisant partie de la France, cette route prit donc au 9e s. le nom de *via Francigena* ou *via Francesca*. En Italie, elle empruntait celle que les Lombards avaient été contraints d'ouvrir au cœur de la Toscane dès le 6e s. afin de rejoindre, depuis leur capitale Pavie, leurs duchés méridionaux de Spolète et de Bénévent en évitant les territoires aux mains de Byzance. Cette route franchissait l'Apennin au col de la Cisa, suivait la trouée de la Lunigiana, gagnait ainsi Lucques, puis les vallées de l'Elsa, de l'Arbia et de l'Orcia ; elle passait ensuite à l'Est du mont Amiata et du lac de Bolsena et rejoignait Rome par l'antique via Cassia. Charlemagne, ayant vaincu les Lombards en 774, utilisa cette route pour communiquer avec Rome. Dès lors, elle fut l'itinéraire obligé des marchands et des voyageurs mais également des pèlerins qui se rendaient dans la ville Éternelle ou même en Terre sainte et, dans l'autre sens, à Saint-Jacques-de-Compostelle. Sur le trajet, ils s'arrêtaient dans les nombreuses églises du parcours et à Lucques se pressaient pour voir le « Saint Voult » (*voir Lucca*), dont la renommée fut proportionnelle au nombre de visiteurs.

Passant à Sienne, mais ignorant Florence, la *via Francigena* fut doublée à partir du 13e s. d'une autre route qui reliait le Val d'Arno à la plaine padane et au Nord de l'Europe.

Rocca Aldobrandeschi – Au sommet du village, la forteresse a conservé peu de vestiges. De l'esplanade située au-dessus du mur d'enceinte *(accès par un escalier)*, on peut voir les quelques ruines du château et jouir du panorama sur le mont Amiata et le val d'Orcia.

Suivre la signalisation « Rocca a Tentennano » et se garer sur le parking en contrebas de la forteresse.

★ **Rocca a Tentennano** – Le promontoire surplombant la via Francigena et les gorges de l'Orcia aurait été occupé et construit dès le 9e s.

Œuvre d'un certain Tignoso di Tintinnano, la forteresse resta entre les mains des Tignosi jusqu'au milieu du 13e s., quand la République de Sienne, alléchée par sa position stratégique, s'en empara. La puissante tour visible aujourd'hui date de cette époque. Gravement endommagée par le temps, elle fut restaurée dans les années soixante-dix et les parties manquantes remplacées par de la brique.

Sa **visite** ⊘, appréciable pour les splendides points de vue sur le val d'Orcia et le mont Amiata, révèle l'organisation d'un système défensif médiéval. Les fortifications de plan pentagonal renferment une cour à usage militaire dans laquelle s'élève la grosse tour polygonale. À l'intérieur de celle-ci, les différents niveaux, équipés d'une grande citerne et d'un four, sont desservis par des escaliers et des corridors étroits.

Rocca d'Orcia – *Accès à pied depuis la forteresse.* Bourg médiéval blotti contre la Rocca a Tentennano dont il dépendait (d'où son nom). Au centre de ses ruelles, encore en partie pavées de galets, se trouve une grande citerne polygonale surmontée d'un puits.

SANSEPOLCRO★

15 760 habitants
Carte Michelin n° 430 ou Atlas Italie p. 41 L 18

Cette petite ville industrielle (fief de la maison Buitoni) a conservé ses remparts et de nombreuses demeures anciennes du Moyen Âge au 18e s., témoignage de sa précoce et durable prospérité au centre de la haute vallée du Tibre.

Son nom rappelle qu'au 10e s. deux pèlerins rapportèrent de Terre sainte des reliques du saint sépulcre *(santo sepolcro* en italien), pour lesquelles on construisit en ces lieux un oratoire, autour duquel prit naissance par la suite un village nommé tout naturellement Borgo San Sepolcro, simplifié au fil du temps en Sansepolcro. C'est dans cette ville que naquit entre 1415 et 1420, dans le foyer d'un cordonnier, **Piero della Francesca** *(voir index)* : il y passa une partie de sa vie et y mourut en 1492.

Le 2e dimanche de septembre se déroule un **concours de tir à l'arbalète** ; les participants et les personnages du cortège qui les accompagnent sont vêtus de costumes de la Renaissance.

CURIOSITÉS

★ **Les rues patriciennes** – Au cœur de la vieille ville, la **piazza Torre di Berta** offre un bel espace où les gens se rencontrent volontiers ; en son centre se dressait autrefois une tour médiévale du même nom, détruite par un obus allemand lors de la dernière guerre. Elle conserve néanmoins, sur un côté, une autre tour du 13e s. qui fait face à un palais aux fenêtres cernées de bossages. Avant de se prolonger en partie sur la très large via Matteotti, la place est traversée perpendiculairement par la **via XX Settembre**, presque entièrement bordée de palais gothiques, Renaissance et maniéristes, et ponctuée de quelques tours médiévales tronquées : le tronçon de droite en offre de très beaux exemples dont les nos 127 et 131 qui encadrent la curieuse ruelle **via del Buon Umore** surmontée de cinq arcs ; l'autre tronçon, animé de jolies boutiques, mène *(en empruntant à gauche la via Luca Pacioli)* à l'**église S. Lorenzo** qui conserve une superbe *Descente de croix*★ du maniériste Rosso Fiorentino.

De retour sur la piazza Torre di Berta se détache donc à gauche l'ample **via Matteotti** qui sert de parvis au dôme.

Dôme – La cathédrale St-Jean-l'Évangéliste remonte au début du 11e s. mais offre à la fois une structure romane (intérieur très simple, à trois nefs, charpenté au centre) et des éléments gothiques comme le chœur polygonal. Sa sobre façade est percée de trois portes à caissons et d'une rosace d'albâtre. Son clocher carré et pointu a été refait au 14e s. dans l'esprit franciscain et ressemble à celui de la toute proche église San Francesco.

À gauche du dôme, le **palazzo delle Laudi** abrite l'administration de la ville ; il présente des formes maniéristes (fin 16e-début 17e s.) tout comme le **palazzo Aggiunti** qui lui fait face. De la via Matteotti, on accède à la piazza San Francesco en passant sous la porte de la Pesa.

★★ **Museo civico** ⊘ – 65, via Aggiunti ; *à gauche en sortant par la Porta della Pesa.* Son atout majeur est de conserver plusieurs œuvres★★★ admirables de **Piero della Francesca** : le très beau polyptyque de la *Vierge de Miséricorde*, où les réminiscences à Masaccio sont manifestes, surtout dans la Crucifixion, deux fragments de fresques, un *Saint Julien* et un *Saint Ludovic*, et la *Résurrection*, témoignage impressionnant d'un art parvenu à sa maturité. On peut y voir également des œuvres d'artistes natifs de Sansepolcro (Santi di Tito, Matteo di Giovanni, Raffaellino del Colle...), de Leandro Bassano, de Signorelli, de l'école des Della Robbia. À l'étage, belle vue sur la via Matteotti et fragments de fresques et de sinopies *(voir p. 244)* du 14e s. Le sous-sol abrite la section archéologique.

Piazza San Francesco – Face à l'**église S. Francesco** (12e-18e s.), qui présente un clocher pointu, se trouve, flanquée d'une petite loge à deux arcs, l'**église S. Maria delle Grazie** : les deux caissons hauts de la porte sont ornés de squelettes tandis que les consoles du tympan reposent sur deux crânes.

Dans la rue, qui longe San Francesco à droite, se trouve au n° 71 la **casa di Piero della Francesca**, maison où demeura l'artiste (15e s.).

À la sortie de la ville *(en direction de Pérouse)*, restes de la **forteresse médicéenne**.

ENVIRONS

Monterchi – *17 km au Sud.* Une petite **salle d'exposition** ⊙ abrite depuis sa restauration une œuvre singulière de Piero della Francesca, la *Vierge de l'enfantement*★. Cette fresque, détachée, fut exécutée à peu près à la même époque que le cycle de la *Légende de la Sainte Croix* à Arezzo qu'elle rappelle par son caractère majestueux. Nimbés de doré, les bruns et les verts s'y répondent autour de la lumineuse tache bleue que forme la grande robe de la Vierge, dans une harmonie et un équilibre remarquables.

Anghiari – *8 km au Sud-Ouest. Voir ce nom.*

Abbazia di SANT'ANTIMO★★

Abbaye de SANT'ANTIMO

Carte Michelin n° 430 ou Atlas Italie p. 46 M 16

Dans un **coin typique**★ de la campagne toscane, aux collines plantées d'oliviers et de cyprès, se dresse au pied de **Castelnuovo dell'Abate** l'**ancienne abbaye bénédictine de Sant'Antimo** ⊙, solitaire et très évocatrice.

L'abbaye, fondée au 9e s., atteint son apogée au 12e s., date à laquelle est bâtie l'église, très bel exemple d'architecture cistercienne romane d'inspiration bourguignonne comme en témoigne le déambulatoire à chapelles rayonnantes. Le porche et les lésènes qui ornent le campanile et les différentes façades sont en revanche typiquement lombards.

R. Leslie

L'abbaye de Sant'Antimo au creux de son vallon

À l'intérieur, sobre et spacieux, la nef principale à charpente est séparée des bas-côtés voûtés d'arêtes par des colonnes surmontées de beaux chapiteaux d'albâtre. On remarquera le **déambulatoire** aux harmonieuses proportions, la lumineuse abside à baie géminée, les fresques du 14e s. au 17e s. et les chapiteaux (ceux de la seconde colonne à droite sont attribués au Maître de Cabestany et représentent *Daniel dans la fosse aux lions*).

L'abbaye est de nos jours confiée aux soins et aux prières (en **grégorien**) d'une communauté de prémontrés, communauté fondée en France au 12e s. par saint Norbert à Prémontré (Aisne). Ses chanoines réguliers étaient soumis à la règle de saint Augustin.

SAN VIVALDO★

Carte Michelin n° 430 ou Atlas Italie p. 39 L 14

C'est dans ce lieu boisé que, vers 1300, Vivaldo Stricchi, franciscain séculier originaire de San Gimignano, se retira comme ermite. Il fut retrouvé mort le 1er mai 1320 au creux d'un châtaignier. En 1500, des franciscains s'installèrent dans cette forêt pour garder le corps du saint.

Église - Dès la mort de Vivaldo, un petit oratoire fut construit en ces lieux et flanqué dès le 15e s. d'une église qui honore, dans sa première chapelle à droite, l'endroit où le corps de saint Vivaldo fut retrouvé. Au-dessus de l'autel, douce *Nativité* de Giovanni Della Robbia.

Sacro Monte ⊙ - Autour de leur couvent, profitant de la configuration du terrain, les franciscains construisirent de 1500 à 1520 environ 33 chapelles dont seulement 17 subsistent. Ces chapelles reproduisent en miniature les lieux saints de Jérusalem et abritent de remarquables terres cuites peintes représentant presque grandeur nature les scènes évangéliques de la Passion à la Pentecôte. Leurs auteurs ont travaillé dans la tradition des Della Robbia.

SATURNIA

Carte Michelin n° 430 ou Atlas Italie p. 52 O 16

Connue pour ses vestiges étrusques et romains et station thermale fréquentée, Saturnia est la digne héritière de l'étrusque *Aurinia*, une des plus anciennes cités d'Italie érigée sur un rocher de travertin. Elle doit son nom actuel à Saturne, le dieu romain des semailles et de la culture de la vigne.

Pour les amateurs de tourisme vert

Voir p. 320 la correspondance des tranches de prix.

À BON COMPTE

Azienda Agrituristica Le Fontanelle - *58050 Poderi di Montemerano (thermes de Saturnia)* - ☎ *et fax 0564 60 27 62.*
Cette maison de campagne alliant simplicité et grand calme est agrémentée d'un petit lac peuplé de gibier d'eau.

Agriturismo Galeazzi - *Sur la S 74, à l'Est de Manciano (58014)* - ☎ *et fax 0564 60 50 17 - piscine.*
Un gîte rural modeste mais d'une propreté irréprochable.

Agriturismo Poggio Tortollo - *Sur la route provinciale 32, à 4 km au Sud de Manciano (58014)* - ☎ *0564 62 02 09, fax 0564 62 09 49.*
Ce ravissant petit gîte est géré avec passion et soin.

À gauche de l'église se dressent les restes du donjon d'époque siennoise (15e s.). Le long de la via Italia, sur le piazzale Bagno Secco, des vestiges d'un bain romain – asséché, d'où son nom de *bagno secco* – sont visibles à quelques mètres de l'église. En poursuivant, on atteint la Porta Romana.
Dans les environs, on a retrouvé diverses nécropoles, parmi lesquelles la **nécropole du Puntone** *(fléchée)* remontant au 7e s. avant J.-C.
Aujourd'hui, la ville est particulièrement appréciée pour les cures que l'on peut faire aux **thermes**‡‡, où surgissent des eaux sulfureuses à 37 °C, indiquées pour soigner les maladies de la peau ou des voies respiratoires. En outre, Saturnia dispose d'un institut médical d'esthétique et de cosmétologie thermale.

SESTO FIORENTINO

46 809 habitants
Voir plan d'agglomération de Florence :
carte Michelin n° 430 pli 9, Atlas Italie p. 120 ou Guide Rouge Italia

Située au sixième *(sesto)* mille à l'Ouest de Florence – de même que Quinto, le village voisin, se trouve au cinquième mille –, cette petite ville a perdu tout caractère médiéval depuis son expansion industrielle (et démographique) liée tout particulièrement à sa renommée dans le domaine de la porcelaine et de la céramique.

★ **Museo delle Porcellane** ⓥ – *Viale Pratese, 31.* La prestigieuse manufacture de porcelaine fondée en 1735 par les Ginori dans la toute proche localité de Doccia, puis transférée à Sesto en 1954 (derrière le musée), a toujours réalisé des pièces d'une remarquable qualité, les Ginori s'entourant des meilleurs spécialistes de leur temps, dont l'Anglais Richard. Le musée présente un ensemble de porcelaines illustrant l'évolution du goût depuis le baroque du 18e s. jusqu'aux créations actuelles.

Nombreux services de table, vases, documents d'archives, modèles de cire et de terre cuite...

SETTIGNANO ★

Voir plan d'agglomération de Florence :
carte Michelin n° 430 pli 9, Atlas Italie p. 120 ou Guide Rouge Italia

Sur les collines au Nord-Est de Florence, non loin de Fiesole, Settignano se présente comme un petit village résidentiel chargé de souvenirs. C'est là que nombre de grands sculpteurs du 15e s. naquirent et que de plus modestes tailleurs de pierre travaillèrent la *pietra serena*, dont le gris bleuté embellit Florence d'innombrables détails architecturaux. Settignano est en effet la patrie des frères **Bernardo** et **Antonio Rossellino** et de **Desiderio da Settignano**, **Michel-Ange** y fut confié en nourrice et passa son enfance parmi les tailleurs de pierre, qui probablement lui donnèrent le goût de la sculpture ; enfin les frères **Benedetto** et **Giuliano da Maiano** portent le nom du hameau voisin où ils virent le jour.

La beauté des collines, riches en pierre, fut très tôt appréciée des grandes familles florentines qui se firent construire de belles villas dans tout ce secteur. **Boccace**, déjà, fit se dérouler le début de son *Décaméron (voir Certaldo)* dans le parc d'une demeure située au pied de cette colline. Au 19e s., la haute société anglaise aimait à s'y retirer, et l'historien d'art américain Bernard Berenson y restaura une villa où il constitua une belle collection d'art. Au 20e s., **D'Annunzio** choisit ce cadre, où lui-même possédait une villa, pour vivre ses amours avec la grande actrice Eleonora Duse.

★ **Viale Gabriele D'Annunzio** – Dès la sortie de Florence, en traversant **Coverciano**, cette longue avenue sinueuse permet de grimper la colline et de juger de la beauté du paysage et des magnifiques demeures qui la longent. À mi-parcours, la **villa Contri di Mezzaratta** surplombe le vallon sur le côté gauche de la route ; située dans un virage à droite, elle attire l'attention par sa tour crénelée et ses formes néo-médiévales caractéristiques de la fin du siècle dernier.

La route aboutit au cœur du village, sur la place Tommaseo, où s'élève la petite **église de l'Assunta** construite au 15e s. et remaniée au siècle suivant.

Prendre, sur la place, la très étroite via di San Romano, puis suivre à droite la via Rossellino. Quand celle-ci tourne à droite, poursuivre tout droit et garer la voiture à droite devant la villa.

★ **Jardin de la villa Gamberaia** ⓥ – *N° 72, entrée à droite avant un court passage voûté.*
Construite au 14e s. par des bénédictines qui exploitaient les terres alentour, la demeure initiale fut achetée au 17e s. et transformée en sobre villa quadrangulaire.

Un magnifique jardin savamment dessiné compléta aussitôt la réalisation. Côté Sud, au pied de la loggia, le parterre rigoureux de cyprès, d'ifs et de buis taillés a été refait au début du siècle : clôturé en exèdre par un mur de cyprès ajouré d'arcades, il s'achève par une terrasse, où se déploie un beau panorama sur la vallée de l'Arno et les collines argentées d'oliviers. À l'Est, agrémentés d'azalées, de camélias, d'hortensias ou de rhododendrons, se succèdent au hasard des divers niveaux des allées gazonnées, un parterre de citronniers en pots, de pample-moussiers et de mandariniers et deux grottes ornées de rocailles, de niches et de statues.

SIENA★★★

54 256 habitants
Carte Michelin n° 430 ou Atlas Italie p. 46 M 15/16
Plan d'agglomération dans le Guide Rouge Italia
Le centre de la ville étant interdit à la circulation,
nous indiquons sur le plan p. 289 l'emplacement des parkings

Cité d'art mystique et douce, passionnée et généreuse, Sienne vous accueille par sa devise « Cor magis tibi Sena pandit » (« Sienne t'ouvre encore plus grand son cœur »), inscrite sur sa porte Camollia, au Nord-Ouest.

Ville gothique, ville ocre (couleur « terre de Sienne »), ville que porte un relief capricieux, Sienne exerce une fascination sans pareille. Son plan serpentin s'inscrit sur trois collines d'argile rougeâtre, à l'intérieur de remparts d'une ampleur surprenante. De la houle fauve de ses toits émergent, incomparablement élégante, la tour de son palais Public et les zébrures noires et blanches de son immense cathédrale.

SE RENDRE ET SÉJOURNER À SIENNE

Accès à Sienne... et ses environs

Sienne est à 68 km de Florence, à laquelle elle est reliée par la voie rapide S 2 (Superstrada Firenze / Siena), signalée dans la ville par l'appellation « Tangenziale ».

La liaison en **autocar Florence / Sienne** (et vice versa) est assurée par les compagnies TRA-IN et SITA, qui relient les deux villes en 1 h 15 (parcours direct) ou 2 h 10 (par Poggibonsi). Départ à Florence depuis la gare routière située à proximité de la gare Santa Maria Novella, et à Sienne de la piazza San Domenico (devant la basilique). Départs fréquents le matin et en soirée.

Par **chemin de fer**, Sienne est reliée à Florence, à Rome (via Chiusi) et aux villes du bord de mer jusqu'à Orbetello (via Grosseto).

Une ligne ferroviaire spéciale permet de découvrir le paysage de la région. Il s'agit du « Trenonatura » (Train nature), qui effectue un parcours circulaire (Sienne / Asciano / Monte Antico / Sienne). Pour information, s'adresser au bureau d'accueil de la clientèle des chemins de fer italiens (Ufficio Accoglienza Clienti FS, ☎ 0577 20 74 13).

La gare, au Nord de la ville (piazza Fratelli Rosselli), est reliée au centre (piazza del Sale) en 5 mn par les autobus nos 17 (sens gare-centre) et 2 (sens centre-gare). On peut aussi emprunter les lignes 9 et 10 (ne pas prendre les autobus nos 3 et 15 – celle-ci est la ligne de ceinture –, qui ne passent pas par la gare). Pour information, s'adresser à l'Agence TRA-IN, Piazza Gramsci, ☎ 0577 20 42 46.

Renseignements pratiques

L'**Office de tourisme** se trouve dans le plus beau quartier de Sienne : au n° 56 de la Piazza del Campo, vous trouverez les renseignements nécessaires à votre séjour. ☎ 0577 28 05 51, fax 0577 27 06 76.

À la recherche d'un toit

Auberge de Jeunesse – **Guidoriccio**, via Fiorentina, dans le village de Stellino, ☎ 0577 52 212, fax 0577 56 172.

Camping – Magnifiquement situé, ce terrain géré par l'Office provincial de tourisme (A.P.T.) offre une vue très suggestive sur les campaniles et sur la tour, tout particulièrement la nuit. Pour information : Camping « Siena Colleverde », strada di Scacciapensieri 47, ☎ 0557 28 00 44. Ouvert du 21 mars au 10 novembre ; relié au centre par les bus nos 8 et 3 (seule la ligne 8 arrive à la gare), qui rejoignent la piazza del Sale en environ 1/4 h.

Hôtels – Nous vous suggérons trois adresses (voir p. 320 la correspondance des tranches de prix) : l'une pour qui apprécie la tranquillité et la spiritualité, l'autre pour qui possède des goûts dantesques (les deux conviendront à qui désire se trouver en plein centre-ville) et la troisième pour qui préfère être en dehors de la ville, dans un hôtel moderne aménagé à l'intérieur d'une vieille maison toscane.

À BON COMPTE

Santuario S. Caterina Alma Domus S.r.l. – Via Camporegio 37 – ☎ 0577 44 177 et 0577 44 487, fax 0577 47 601 – 29 chambres, toutes avec salle de bains – cartes de crédit non acceptées.

Aujourd'hui, ce simplissime lieu tranquille est aussi un hôtel. De la petite place située en bas de S. Domenico, il suffit de descendre quelques marches pour arriver à un point de départ, pratique et agréable, pour toute promenade à Sienne. Demander une « chambre avec vue ».

VALEUR SÛRE

Albergo Cannon d'Oro – *Via Montanini 28* – ☎ *0577 44 321, fax 0577 28 0868 – 25 chambres – cartes de crédit acceptées (sauf Diners).*
C'était le palais de Sapia, personnage qu'on retrouve dans le *Purgatoire* de la *Divine Comédie* de Dante (chant XIII). Les pensionnaires doivent, encore aujourd'hui, monter et descendre l'ancien escalier desservant les trois étages. Mais, pour ceux qui ne pourront plus marcher après avoir visité la ville, l'hôtel offre aussi des chambres au rez-de-chaussée.

Hotel Arcobaleno (hors plan) – *Via Fiorentina 32/40* – ☎ *0577 27 10 92, fax 0577 27 14 23, e-mél : ha@sienanet.it – 12 chambres avec air conditionné – cartes de crédit acceptées.*
Ce joli hôtel est une maison de petites briques rouges qui offre tout le confort – entre autres, sûrement très apprécié, le parking, souci constant de ceux qui circulent en voiture dans les villes d'art toscanes.

À la recherche d'une table typique

Avant de... se mettre à table, rappelons que les cafés **Nannini**, situés dans plusieurs endroits de la ville, sont typiquement siennois. Leurs glaces vous feront fondre...
La Chiacchiera (*costa di S. Antonio 4* – ☎ *0577 28 06 31*) est une toute petite « trattoria » toscane toujours bondée où il vaut mieux réserver.
Grâce à ses tables installées sur la piazza del Mercato (au n° 6), l'**Antica Trattoria Papei** vous donnera l'impression d'être reçus à l'hôtel de ville.

Détente

On appréciera une glace, un rafraîchissement ou un morceau de Panforte (le gâteau-friandise typiquement siennois) en s'arrêtant dans un des établissements de la piazza del Campo, de la via Banchi di Sopra ou de la piazza Matteotti, près des jardins de la Lizza (rare espace vert de la ville).
Le mercredi matin, on pourra se changer les idées en flânant sur le marché qui se tient au pied de la forteresse Médicis (à proximité du stade).
Enfin on ne manquera pas de se rendre à l'**Enoteca italiana** : située dans les bastions de la forteresse médicéenne construite au 16e s., l'œnothèque de Sienne ne présente pas moins de 750 vins italiens, à dénomination d'origine, sélectionnés pour leur qualité. Possibilité de dégustation et d'achat par cartons de 3, 6, 12 ou 24 bouteilles ; commande aux négociants possible. Ouverture au public de 15 h à 24 h.

HISTOIRE

Une fondation incertaine – On ignore si ce sont les Étrusques, les Gaulois Senones ou les Romains qui furent à l'origine de la ville. La légende – qui supplée l'histoire – veut que Sienne ait été fondée au début de l'ère romaine (8e s. avant J.-C.) par Senius, fils de Rémus ; ainsi s'expliquerait la présence sur l'emblème siennois de la louve allaitant les jumeaux Romulus et Rémus. Un fait est certain : à l'endroit où s'élève aujourd'hui la ville existait à l'époque de la Rome républicaine une petite agglomération que l'empereur Auguste (1er s. avant J.-C.) repeupla en y établissant une colonie romaine qui prit le nom de Sena Julia.

Sienne médiévale : grandeur et déclin – Au 12e s., Sienne s'érige en république indépendante. Enrichie par le commerce – qu'elle exerce dans l'Europe entière – et par la banque, elle devient une concurrente redoutable pour sa voisine Florence. Dans ce même temps se donnent libre cours les rivalités politiques qui règnent entre les deux cités, la première étant le fief du parti gibelin, la seconde celui des Guelfes (*voir encadré p. 26*). Ainsi, jusqu'au 15e s., l'histoire de ces deux villes que tout oppose est-elle marquée par une alternance de succès et de revers. En 1230, les Florentins ayant mis le siège devant Sienne catapultent du fumier et des ânes par-dessus les remparts ; en 1258, passant outre à un accord conclu avec Florence, Sienne ouvre grand ses portes aux exilés gibelins. Mais l'épisode le plus mémorable de cette longue

Piazza del Campo

lutte est, le 4 septembre 1260, la sanglante défaite que Sienne, après s'être solennellement vouée à la Vierge, inflige aux Florentins à **Montaperti**, petite hauteur située à une dizaine de kilomètres à l'Est.

C'est pourtant durant cette période, du milieu du 13e au milieu du 14e s., que se situe la grande époque de Sienne qui vit la construction de ses plus prestigieux monuments et de la plupart de ses palais et maisons patriciennes.

La grande peste qui, entre 1348 et 1350, ravagea l'Occident avait réduit à un tiers sa population. Les dissensions internes finirent, dès le début du 15e s., de l'acheminer vers son déclin.

Ayant accepté de Charles Quint une ingérence « pacificatrice », et fêté l'empereur venu à Sienne en avril 1536, la ville finit par se rebeller contre cette tutelle et se plaça sous la protection du roi de France Henri II. Investie par les troupes impériales, défendue par un général français, le Gascon **Blaise de Montluc**, elle opposa à ses assaillants une résistance héroïque à laquelle participèrent les femmes siennoises : le pain et le vin manquaient, mais celles-ci organisaient des fêtes. « Il ne sera jamais, dames siennoises que je n'immortalise votre nom… car, à la vérité, vous êtes dignes d'une immortelle louange », écrivait Montluc dans ses *Commentaires*.

Sortie exsangue de ce siège qui s'était prolongé du début de 1554 à avril 1555, la ville fut rattachée quatre ans plus tard au grand-duché de Toscane, gouverné par Cosme Ier.

Deux grands saints – **Sainte Catherine** naquit à Sienne en 1347. Elle était la fille d'un teinturier-foulon qui eut vingt-cinq enfants. Ayant, selon la tradition, décidé à l'âge de sept ans qu'elle n'aurait d'autre époux que le Christ, elle embrassa à seize ans la règle dominicaine. Son mariage mystique avec le Christ (qu'il ne faut pas confondre avec celui de sainte Catherine d'Alexandrie, à laquelle l'anneau nuptial est remis non pas par un Christ adulte mais par l'Enfant Jésus) a été l'un des sujets préférés des peintres. Sa légende dorée est l'une des plus riches de l'hagiographie : elle eut de nombreuses visions, des extases et reçut les stigmates à Pise en 1375. Elle écrivit un traité religieux et, en 1377, contribua au retour à Rome de la cour pontificale installée depuis 1309 à Avignon. C'est à Rome qu'elle mourut, en 1380.

La même année, à Massa Marittima, naissait **saint Bernardin**, lui aussi très vénéré des Siennois. Ayant abandonné les études universitaires pour assister, à Sienne, les pestiférés de l'hôpital de Santa Maria della Scala, dont il devint le directeur, il revêtit à l'âge de vingt-deux ans la bure franciscaine. Il fonda la congrégation des frères de l'Observance, strictement fidèles à la règle dictée par saint François, et fit du couvent de l'Osservanza *(voir p. 300)*, au Nord de la ville, le haut lieu de son enseignement.

S. Chirol

R. Leslie

Intérieur de la cathédrale, pavoisé aux couleurs des « contrade » de la ville

Réformateur éloquent, il parcourut l'Italie, dispensant des sermons qu'il chargeait volontiers d'une certaine causticité ; deux d'entre eux, prononcés à Sienne, sont restés célèbres. Il mourut en 1440 à L'Aquila.

Organisation administrative médiévale – Elle a en partie survécu. Aux trois collines correspondaient les trois quartiers de Città, Camollia et San Martino ; ces *terzi* étaient scindés en 59 *contrade*, ou paroisses, dont 17 subsistent aujourd'hui. À la tête de chacune, un *capitano* est encore investi de pouvoirs administratifs, judiciaires et territoriaux.

Autrefois, un gonfalonier avait la garde de l'étendard (ou gonfalon), emblème de chaque *terzo*. Le *carroccio*, char de la Liberté, devant lequel chaque citoyen se devait de prêter serment, était le symbole de la communauté ; on l'emmenait à la bataille. Aujourd'hui les 17 « **contrade** » vivent toute l'année dans l'attente d'une course de chevaux appelée *Palio (voir ci-dessous)*. Chacune possède une maison, c'est-à-dire un siège avec un musée conservant les trophées remportés au fil des courses, une église, une fontaine publique à son effigie, une écurie et des magasins où jadis on entreposait les armes, une fanfare et un emblème allié à une vertu. Ces 17 vertus et quartiers représentent et forment la cité siennoise : le Porc-Épic symbolise l'acuité, la Louve la fidélité, l'Oie la perspicacité, la Forêt la puissance, le Dragon l'ardeur, la Girafe l'élégance, l'Onde la joie, la Panthère l'audace, l'Aigle la combativité, l'Escargot la prudence, la Tour la résistance, la Tortue la fermeté, la Chenille l'habileté, le Bélier la persévérance, la Chouette la finesse, la Coquille la discrétion et la Licorne la science. Une vie interne à la *contrada*, à laquelle on appartient par sa lignée de naissance, se développe autour de soirées gastronomiques, de bals et bien sûr des préparatifs et des festivités liés aux deux *Palii* de l'année.

Le « Palio delle Contrade » – Cette fête, dont les origines remonteraient au 13e s., est la plus célèbre d'Italie. Elle a lieu tous les ans le 2 juillet et le 16 août et constitue un spectacle superbe. Chaque année, à tour de rôle, 10 *contrade* seulement prennent part à la compétition. Quelques jours avant, au cours desquels se trament des intrigues et s'échangent les paris, les préparatifs commencent : les rues sont pavoisées aux couleurs de chacune d'elles, des jeunes gens s'exercent au lancer de drapeau, la piazza del Campo est sablée sur son pourtour (futur terrain de course) et bordée de gradins, les angles dangereux sont garnis de matelas, le centre en revanche, où tout un chacun pourra assister gratuitement à la course, reste libre. La fébrilité s'accroît deux jours avant la course, avec le solennel tirage au sort sur le Campo des chevaux attribués aux contrade participantes ; dès lors, les animaux font l'objet de tous les soins (le dopage étant admis) ; si l'un deux vient à mourir, la contrada qu'il représente doit renoncer à concourir ; ses étendards en berne prennent toutefois part au défilé qui précède la course, les sabots de l'animal étant

Les 17 "contrade" de Sienne

Bien que la ville
ait un blason,
ce sont les couleurs
de ses quartiers
ou "contrade"
qui forment
son vrai visage

Onde

Coquille

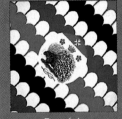
Porc-épic

Aigle

Licorne

Forêt

Chouette

Tortue

Bélier

Louve

Escargot

Oie

Girafe

Chenille

Dragon

Panthère

Tour

Photo : Lensini, Siena/avec l'autorisation du Consorzio per Tutela del Palio di Siena

solennellement portés sur un plateau d'argent. De leur côté les cavaliers *(fantini)* sont logés dans les locaux de la contrada et surveillés nuit et jour afin d'éviter qu'ils ne soient achetés pour perdre par un concurrent.

Le jour de la fête, une messe est dite le matin dans l'église de chaque contrada, et le cheval et son jockey sont bénis. L'après-midi, autour du Campo, un somptueux défilé met en scène les représentants des 17 contrade, en costumes du 15ᵉ s., portant leurs emblèmes, tandis que les *alfieri* (porte-drapeaux) manient leurs étendards avec virtuosité ; suivent six chevaux noirs montés par des cavaliers en deuil, qui défilent en souvenir de six contrade disparues (Vipère, Coq, Chêne, Glaive, Ours et Lion), probablement absorbées par de plus puissantes qu'elles ; le cortège s'achève enfin avec le char triomphal (émanation de l'antique *carroccio*) puis la garde de la commune composée d'arbalétriers.

La fin de l'après-midi voit le point culminant de la fête avec la fameuse course du Palio. Cette dangereuse course de chevaux, où tous les coups sont permis, se déroule en quelques minutes, le temps aux fantini, qui montent à cru, de faire trois fois le tour du Campo.

Au vainqueur est remis le palio du jour, cette bannière à l'effigie de la Vierge qui a donné son nom à la course et qui est peinte par un grand artiste pour l'occasion. À l'issue de la course, toutes les contrade poursuivent les festivités dans leurs rues et maison de quartier, où a lieu un dîner dans la liesse ou l'amertume suivant le sort.

L'ART SIENNOIS OU LA NOBLESSE DE L'ÉLÉGANCE

À la différence de Florence qui fut avant tout la ville de la Renaissance, Sienne connut son apogée artistique avec l'épanouissement de l'art gothique à l'égard duquel elle se montra singulièrement conservatrice. Celui-ci s'y exprima d'une manière particulièrement élégante, précieuse et fleurie.

Architecture – Les architectes qui œuvrèrent à Sienne étaient, pour la plupart, originaires d'autres villes. Toutefois, le style gothique y revêtit, dans le domaine de l'architecture civile, certains aspects particuliers : association de la brique et de la pierre, au niveau inférieur des édifices, ouvertures à arc double (arc aigu sous-tendu par un arc surbaissé) dit **« arc siennois »**, abondance des fenêtres (généralement à triples baies, fines colonnettes et tympan), couronnement de merlons souligné par une frise de petits arcs.

L'architecture religieuse siennoise eut aussi son originalité : comme la façade de la cathédrale d'Orvieto – œuvre du maître siennois **Lorenzo Maitani** *(voir Guide Vert Italie)* – , celle du dôme de Sienne exprime le passage du style roman toscan au gothique flamboyant, dans une interprétation empreinte de préciosité.

Sienne donna à la Renaissance un talentueux architecte, **Francesco di Giorgio Martini** (1439-1502), qui a laissé peu de traces dans sa cité natale, mais qui travailla dans d'autres villes de Toscane, en Ombrie et dans les Marches, en particulier à Urbino.

Sculpture – Elle fut à l'origine le fait des Pisans et surtout de Nicola et Giovanni Pisano *(voir index)*, qui vinrent travailler à Sienne et y firent école.

Le Siennois **Tino di Camaino**, né vers 1280 et qui acheva sa vie à Naples en 1337, fit montre sinon d'une personnalité aussi forte que celle de Giovanni son maître, tout au moins d'un talent à la fois robuste et délicat ; il fut aussi l'un des maîtres d'œuvre de la cathédrale, et s'imposa surtout par la réalisation de tombeaux monumentaux, d'une structure complexe et ciselés comme des châsses. Toutefois, la grande figure de la sculpture à Sienne fut, au 15ᵉ s., **Jacopo della Quercia** (vers 1371-1438), qui rivalisa avec les plus grands artistes de son époque et fut en compétition avec Brunelleschi et Ghiberti pour l'exécution des portes du baptistère de Florence. Nourri de tradition gothique, mais ouvert à la culture florentine de la Renaissance, il réalisa une synthèse très personnelle de ces deux styles. Sa manière sobre et pure, vigoureuse et équilibrée, qui reflète bien peu l'irritabilité de son tempérament et le désordre de sa vie, est également fort éloignée de la grâce exquise qui avait jusqu'alors caractérisé l'art de ses concitoyens.

L'École siennoise de peinture – Ce sont surtout ses peintres primitifs qui, aux 13ᵉ et 14ᵉ s., ont donné à Sienne sa renommée artistique. Animés d'une piété fervente et douce, ils peignent, tout d'abord dans la manière byzantine, des personnages hiératiques sur fonds dorés et gravés. L'expression, soucieuse de beauté et empreinte de tendresse, touche souvent à la préciosité. Le dessin très fin, la vivacité des couleurs, le goût du détail rappellent la miniature. Le thème favori de ces artistes fut la Vierge à l'Enfant, dont il ne faut oublier qu'elle demeura pour les Siennois, durant plusieurs siècles, la suprême salvatrice ; ils la représentèrent dans des attitudes si semblables et en tant d'exemplaires qu'elle semble avoir fait l'objet d'une production en série.

Le premier nom connu parmi les Primitifs siennois est celui de **Guido da Siena** qui, dans la 2ᵉ moitié du 13ᵉ s., exécuta pour le palais Public une Maestà. Toutefois, c'est avec **Duccio di Buoninsegna** que Sienne fit sa brillante entrée dans l'histoire de la peinture. Né entre 1250 et 1260, mort vers 1318, il représenta pour sa ville ce que fut à Florence son contemporain Cimabue : un glissement, à partir de la tradition byzantine, vers un art nouveau de sensibilité gothique. Mais, alors que chez Cimabue ce passage se fit par l'introduction d'un sens dramatique, il s'effectua moins brusquement chez Duccio par le biais de l'élégance, trait spécifiquement siennois. Ses œuvres, encore imprégnées de byzantinisme, commencent à s'en dégager par un sens exquis des lignes et des couleurs, et font déjà montre de cette grâce naïve et de ce charme maniéré qui, avec l'héritage byzantin des fonds or, caractériseront l'école siennoise de peinture.

Son disciple, **Simone Martini**, né vers 1285, fut l'une des grandes figures de la peinture gothique et exerça son influence jusqu'en Provence, en Catalogne, en Aragon, en Angleterre, en Flandre et en Bohême. Il travailla dans la ligne de son maître, mais en se libérant du hiératisme byzantin pour tendre vers un art plus naturel. Avec lui, la couleur revêt une délicatesse sans égale et la ligne, sinueuse et pure, une insurpassable élégance. Ce peintre d'une préciosité raffinée a laissé des œuvres d'une douceur indicible et d'une poésie presque musicale. Il fut l'artiste préféré de Robert d'Anjou, qui l'appela à Naples. En 1339, il s'établit à Avignon, où il devint le peintre officiel de la cour pontificale et où il mourut en 1344 ; là, il s'était lié d'amitié avec Pétrarque, autre exilé venu de Toscane, d'une sensibilité artistique proche de la sienne, et qui, dans le domaine de la littérature, apporta comme lui un souffle de lyrisme sur la culture européenne d'alors.

Parmi les disciples de Simone Martini se détachent **Lippo Memmi** – qui fut son beau-frère et son aide – et **Barna da Siena** (mort vers 1380), qui exécuta pour la collégiale de San Gimignano des fresques d'un style pathétique et plein de vie.

Contemporains de Simone Martini, tous deux formés à l'école de Duccio, les frères **Lorenzetti** subirent à la fois l'influence du sculpteur Giovanni Pisano à la manière expressive et tourmentée et celle de l'art sobre, naturaliste et souverainement dramatique de Giotto ; sans toutefois se départir du sens de la couleur et du goût du détail, traits spécifiquement siennois. Le premier, **Pietro** (né vers 1280), proche encore de la sévérité byzantine, emprunta à la sculpture pisane l'art de représenter ces madones qu'un tendre dialogue semble relier à l'Enfant Jésus.

Ambrogio, le cadet, bénéficiait d'une réputation de sagesse et jouissait à Sienne d'une grande notoriété ; d'une personnalité plus forte que son aîné, plus ouvert aussi à la peinture florentine, il finit par se dégager de toute influence et par révéler un style très personnel ; il peignit, en bon Siennois, plusieurs madones et Vierges en majesté, mais se rendit surtout célèbre par un cycle de fresques de caractère « civique » qu'il exécuta au Palazzo Pubblico ; il composa des paysages dans lesquels s'exprime un naturalisme méticuleux allié à une verve savoureuse et à une exquise fantaisie. Tous deux moururent victimes de la grande peste de 1348.

Ces maîtres, princes de la peinture gothique, furent continués, dans la seconde moitié du 14e s. et au-delà, par une pléiade d'artistes de second plan comme **Lippo Vanni, Luca di Tommé** (très influencé par Pietro Lorenzetti), **Bartolo di Fredi** (qui peignit lui aussi des fresques à la collégiale de S. Gimignano), **Taddeo di Bartolo** (1362-1422).

Le Quattrocento (15e s.) produisit des maîtres séduisants, sinon très novateurs. À l'heure où à Florence se faisait la grande éclosion de la Renaissance, l'art siennois entretenait un attachement fondamental aux valeurs gothiques. **Lorenzo Monaco** (1370-vers 1425), d'origine siennoise, s'imposait encore – justement à Florence où il fut le maître de Fra Angelico – avec des compositions d'une finesse de miniaturiste et des couleurs d'enluminures qui firent de lui l'un des brillants représentants du style gothique international. **Giovanni di Paolo** (né vers 1403, mort vers 1483) resta étroitement lié à la tradition de l'école siennoise. Toutefois, certains artistes ne demeurèrent pas totalement fermés à l'influence florentine. Ce fut le cas de Stefano di Giovanni, dit **Sassetta** (né vers 1400, mort en 1450), chez qui apparaît une recherche de perspectives mais qui se caractérise encore par son aimable ingénuité, ses figures aux lignes souples et ses précieuses harmonies de couleurs. Son élève, **Sano di Pietro** (1406-1481), fait toujours montre d'une minutie naïve et d'une grande fraîcheur narrative dans ses délicieuses prédelles.

C'est Lorenzo di Pietro, dit **Vecchietta** (né vers 1410, mort en 1480), qui assura véritablement une transition : peintre, mais aussi sculpteur, il fut en étroit contact avec les Florentins. Avec lui, la perspective fit tardivement son entrée dans la peinture siennoise, qui s'enrichit d'une vigueur nouvelle. Son élève le plus marquant fut **Matteo di Giovanni** (né vers 1430, mort en 1495), qui peignit des madones d'une élégance raffinée mais fut aussi l'auteur de compositions dramatiques et mouvementées. Il influença également **Francesco di Giorgio Martini**, dont l'œuvre peinte traduit le souci de la perspective reçu des Florentins mais se caractérise par une douceur poétique typiquement siennoise.

Au 16e s., avec l'Ombrien **Pinturicchio** venu s'établir à Sienne en 1502 et qui y réalisa la brillante décoration de la Libreria Piccolomini (*voir p. 294*), la ville connut un renouveau artistique. Sienne fut aussi la patrie d'adoption de **Sodoma** (1477-1549), venu de Lombardie et ancien élève de Vinci ; les œuvres qu'il y exécuta, d'un pathétisme un peu théâtral, influencèrent dans le sens du maniérisme le Siennois **Domenico Beccafumi** (né vers 1486, mort vers 1551), l'un des grands représentants en Toscane de cette tendance.

D. Hée/MICHELIN

Ainsi apparaît Sienne du haut de la tour du Mangia

★★★ PIAZZA DEL CAMPO *visite : 1 h 30*

La place du « Campo », parmi les plus célèbres du monde, compose un ensemble monumental d'une harmonie presque insurpassable. Rose et blanc, doucement inclinée, « coquille » ou « éventail », elle constitue un exemple accompli de ces « places-salons » qui sont l'une des gloires des villes italiennes et qui représentent moins la convergence des artères de la cité qu'une sorte de champ clos, foyer de sa vie et de son histoire. C'est là que, au cours des siècles, furent prononcées les grandes proclamations au peuple, là que s'affrontèrent avec violence les factions qui déchiraient la ville, là que, du haut d'une chaire érigée devant le palais Public, saint Bernardin stigmatisa la frivolité des femmes siennoises et les luttes destructrices auxquelles se livraient les partis.

Au milieu du 14e s., la place reçut son pavement de briques, que cerne un anneau dallé de pierres. À sa base se déploie, mariant elle aussi la pierre et la brique, la longue façade du palais Public. De là rayonnent huit lignes blanches divisant le Campo en neuf parties, symbole du gouvernement dit « des Neuf », composé de neuf membres issus de la petite bourgeoisie des artisans, de commerçants et des banquiers qui, de 1287 à 1355, fit connaître à la ville sa plus grande prospérité. Dans le haut de la place, la **fontaine de la Joie** (Fonte Gaia), ainsi nommée en raison de la liesse que déchaîna en 1348 son inauguration, reçut en 1419 des panneaux de marbre sculptés par Jacopo della Quercia ; ceux-ci ont été remplacés par des copies réalisées en 1868 et sont pour partie exposés depuis leur restauration (*inachevée*) à S. Maria della Scala.

Derrière la fontaine, sur la droite, surmonté d'une petite tour, se dresse le palais Sansedoni, élevé au 13e s. et très remanié à la fin du siècle suivant.

★★★ Palazzo Pubblico ⊙

C'est l'un des plus beaux monuments civils d'Italie. D'une élégance et d'une sobriété exceptionnelles, il présente une synthèse de tous les éléments caractéristiques du gothique siennois et servit de modèle à la plupart des autres palais de la ville.

Sa construction fut entreprise à la fin du 13e s. Vers le milieu du siècle suivant, elle était pratiquement achevée, à l'exception du second étage des deux ailes ajouté en 1680. La teinte claire du travertin dans lequel est bâti le niveau inférieur faisant contraste avec l'ocre soutenu du reste de l'édifice, les multiples ouvertures qui ajourent même le rez-de-chaussée, le mouvement légèrement incurvé qui parcourt toute la façade donnent à ce considérable volume une grande légèreté. Deux clochetons crénelés (aujourd'hui vides) flanquent le sommet du corps principal, au centre duquel flamboie un grand cercle de cuivre portant le trigramme du Christ (I.H.S. – *Iesus Hominum Salvator* : Jésus Sauveur des Hommes) qui accompagnait toujours saint Bernardin. Les fenêtres à trois baies trilobées réunies sous un arc de décharge ont leur tympan marqué de l'écusson de Sienne.

De l'une des extrémités du palais jaillit, projetant vers le ciel son couronnement de pierre blanche dessiné avec une rare élégance par Lippo Memmi, la svelte **Torre del Mangia** haute de 88 m. Sa construction, qui demanda dix années, était tout juste achevée lorsque se déclara la grande peste. Son nom lui vient du surnom donné au premier de ses sonneurs de cloche. On peut monter jusqu'au sommet (*voir ci-après*).

Au pied de la tour, la **Cappella di Piazza**, chapelle en forme de loggia élevée en 1352 au lendemain de la peste, transformée et décorée un siècle plus tard dans la forme Renaissance, témoigne de la reconnaissance des Siennois délivrés du fléau.

À droite de la chapelle, un portail s'ouvre sur l'étroite et austère cour du Podestat. Le palais, siège des gouvernements successifs de Sienne, et qui abrite encore les services de l'administration municipale, fut décoré intérieurement par la plupart des grands peintres de l'école siennoise.

Montée à la tour ⏱ – *Accès par la cour du Podestat ; on ne peut rester plus de 20 mn au sommet.*
Du haut de la tour se révèle un superbe **panorama**★★ sur la ville entière, avec le stupéfiant imbroglio de ses toits couleur de pain brûlé, et sur la campagne siennoise, doucement ondulée.

1er étage – Il abrite les anciens appartements des podestats et membres du Conseil.

Salle du Risorgimento (6) – Son nom provient de sa décoration, peinte entre 1886 et 1891, évoquant la vie du premier roi d'Italie, Victor-Emmanuel II.

Salle de la Balia (7) – Appelée aussi **salle des Prieurs** car, à partir de 1445, s'y réunissaient les membres (puissants magistrats) de la *Balia*, très ancienne institution siennoise. Ses murs, sa voûte, l'arc qui la divise en deux parties sont couverts de fresques : Spinello Aretino a exécuté entre 1405 et 1407 avec un sens très vif de la narration celles qui, autour de la pièce, relatent la lutte victorieuse menée au 12e s. par le pape Alexandre III (originaire de Sienne) contre l'empereur Frédéric Barberousse ; les épisodes les plus remarquables sont la bataille navale remportée par les Vénitiens sur les Impériaux (*mur mitoyen avec la salle 8*) et, en face, le retour du pape à Rome.

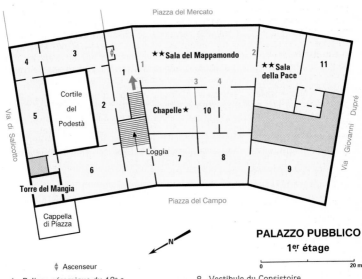

Piazza del Mercato

4 | 3 | ★★ **Sala del Mappamondo** | 2 | ★★ **Sala della Pace** | 11

Cortile del Podestà

Via di Salicotto

Chapelle ★ | 10

Loggia

Torre del Mangia

Cappella di Piazza

Piazza del Campo

Via Giovanni Dupré

N

PALAZZO PUBBLICO
1er étage

0 ——— 20 m

⇕ Ascenseur

1. Palier : céramique du 18e s.
2. Peinture étrangère 16e-18e s.
3-4. Peinture siennoise 16e-17e s.
5. Peinture siennoise 17-18 s.
   et orfèvrerie 17e-19e s.
6. Salle du Risorgimento
7. Salle de la Balia,
   dite aussi Salle des Prieurs

8. Vestibule du Consistoire
9. Salle du Consistoire
10. Vestibule de la chapelle :
    orfèvrerie 12e-17e s.
11. Salle des Piliers :
    peinture siennoise 13e-15e s.

Ambrogio Lorenzetti – Les Effets du bon gouvernement

Salle du Consistoire (9) – Les fresques à sujet allégorique qui ornent la voûte furent peintes vers 1530 par Domenico Beccafumi : les sujets antiques qui y sont évoqués sont autant d'allusion aux vertus civiques et patriotiques du gouvernement siennois.

Vestibule de la chapelle (10) – Parmi les précieuses pièces d'orfèvrerie (12e-17e s.) qui sont présentées dans ce vestibule, on remarque en particulier un petit rosier en or d'une grande finesse, œuvre de Simone da Firenze, offert à la ville par le pape Pie II Piccolomini.

★ **Chapelle** – Fermée par une très belle **grille**★ en fer forgé (dont le dessin serait de Jacopo della Quercia), la chapelle compose un ensemble remarquable avec ses fresques de Taddeo di Bartolo contant la *Vie de la Vierge* (1407-1414) et, surtout, ses **stalles**★★, dont les splendides marqueteries des dossiers illustrent le Credo et demandèrent à Domenico di Niccolò aidé de Matteo Vanni cinq ans de travail de 1425 à 1429. L'autel est surmonté d'une *Sainte Famille*, par Sodoma.

★★ **Salle de la Mappemonde** – Cette salle, qui tient son nom d'une mappemonde peinte par Ambrogio Lorenzetti (autrefois située sous le portrait équestre de Guido Riccio et aujourd'hui disparue), est célèbre pour les deux fresques qu'y réalisa Simone Martini. Inattendue à l'intérieur d'un édifice civil, l'admirable *Vierge en Majesté*★★, assise sous un baldaquin et entourée des apôtres, d'anges et de saints, est la première œuvre connue de l'artiste (1). Exécutée en 1315, elle fut très endommagée par l'humidité que dégageait un dépôt de sel installé au-dessous et offre cette particularité d'avoir été restaurée par son auteur lui-même en 1321. La souplesse de la composition, l'expressivité des visages, la merveilleuse fluidité des vêtements, la délicatesse des couleurs et la préciosité de la décoration font de cette œuvre l'une des plus gracieuses et des plus poétiques de la peinture gothique siennoise.

En face se détache le fameux **portrait équestre de Guido Riccio da Fogliano**★★ (2). Le général siennois est représenté entre les deux places fortes dont, en 1328, il mata la rébellion. Bien que la République de Sienne ait dépêché sur place et à ses frais l'artiste afin que les lieux soient reproduits avec vérité, le paysage âpre et crayeux de la Maremme contrastant avec un ciel d'un bleu d'encre frappe par son caractère d'irréalité. En revanche, le condottiere, fièrement juché sur un cheval comme lui paré d'une somptueuse étoffe dont les motifs sont minutieusement détaillés, est dépeint avec un certain réalisme.

La fresque située juste au-dessous, représentant deux hommes et un château, fut redécouverte au début des années quatre-vingt. Elle daterait du début du 14e s. et serait la dernière œuvre de Duccio di Buoninsegna. On y décèle très nettement des sillons concentriques, marques laissées par la rotation de l'ancienne mappemonde.

SCALA

D'autres artistes de premier plan ont travaillé à la décoration de cette salle. Sur le même mur, les deux autres fresques représentant deux saints sont l'œuvre de Sodoma. Face aux fenêtres, sur l'un des piliers Vecchietta a représenté en 1461 sainte Catherine (3) ; sur celui d'à côté figure saint Bernardin (4), par Sano di Pietro (1460).

★★ **Salle de la Paix** – Elle renferme elle aussi de précieuses peintures, malheureusement très abîmées. C'est là que siégeait le gouvernement des Neuf, auquel Ambrogio Lorenzetti a dédié les deux grandes compositions qu'il exécuta entre 1335 et 1340 et qui illustrent les *Effets du bon et du mauvais gouvernement*. Mêlant avec verve et naturel le ton noble et doctrinal propre à l'allégorie et celui de la narration minutieuse en faveur de laquelle il multiplie les notations précises, amusantes ou poétiques, le peintre a réalisé ici une œuvre avant tout didactique ; mais celle-ci, unique à l'époque médiévale par son inspiration profane, est d'une remarquable valeur artistique et présente pour nous un inestimable intérêt documentaire.

Au mur qui fait face à la fenêtre trône, sous les traits d'un noble vieillard habillé aux couleurs de Sienne, le Bon Gouvernement ; les vertus cardinales (Tempérance, Justice, Force et Prudence) en compagnie de la Magnanimité et de la Paix sont assises à ses côtés (cette dernière, l'une des plus belles figures de la fresque, vêtue de blanc et nonchalamment accoudée, a donné son nom à la salle) ; au-dessus volent les vertus théologales (Foi, Espérance et Charité). La Justice est figurée une seconde fois, majestueuse sur son trône, à l'extrémité gauche de la scène ; à ses pieds est assise la Concorde, un rabot posé sur les genoux, allusion à l'égalité qui doit régner entre les citoyens représentés en rang et tous tenant des cordes (symboles de l'entente) émanant des plateaux de la Justice.

Au-dessus de la porte d'entrée sont exaltés les effets du bon gouvernement à la ville et à la campagne. Dans la Sienne médiévale, tout hérissée de tours, on voit cheminer d'élégants cavaliers, des jeunes gens jouer dans une taverne où dansent des jeunes filles, le savetier travailler dans son échoppe, des maçons construire une maison. Dans les champs qui apparaissent aux deux meilleurs moments de l'année – le printemps et l'été –, les paysans s'activent, tandis que des seigneurs partent pour la chasse au sanglier.

La fresque qui couvre le mur faisant face à l'entrée est la plus endommagée. Le Mauvais Gouvernement, figuré par un Lucifer entouré de personnages représentant les vices, a pour effet de semer la discorde dans la ville où les citoyens sont arrêtés ou tués. La campagne, quant à elle, apparaît dans ses saisons les plus sombres, l'automne et l'hiver.

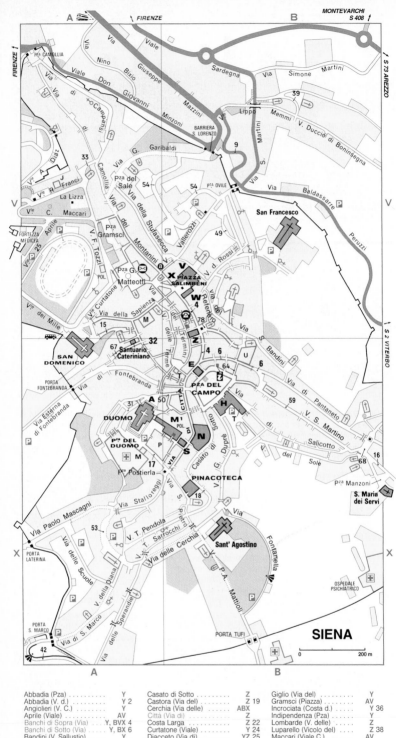

Circulation réglementée dans le centre-ville

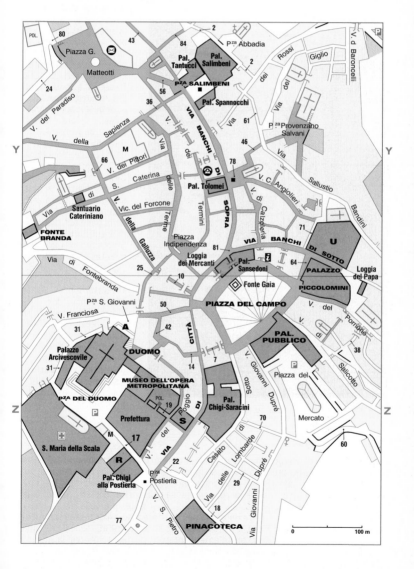

Pour organiser vous-même votre voyage
vous trouverez, au début de ce guide,
la carte des principales curiosités et un choix d'itinéraires de visite.

Salle des Piliers (11) – Elle rassemble des œuvres de peinture siennoise des 13e, 14e et 15e siècles, parmi lesquelles une *Maestà* de Guido da Siena *(mur de droite)* et un étourdissant *Massacre des Innocents* par Matteo di Giovanni *(face à l'entrée)*.

Loggia – Du corridor qui sépare la salle des Prieurs (**7**) de la salle du Risorgimento (**6**), un escalier conduit à l'étage supérieur, où une belle loggia abrite les fragments originaux de la fontaine de la Joie sculptée par Jacopo della Quercia pour orner la piazza del Campo.

De là, surplombant la place du marché située en fort contrebas, on profite d'une large ouverture sur la campagne, qui pénètre profondément entre les quartiers de S. Maria dei Servi à gauche et de S. Agostino à droite.

★★★ ENSEMBLE MONUMENTAL DE LA CATHÉDRALE visite : 2 h

Située au point le plus haut de la ville, la **piazza del Duomo**★ est bordée par la longue façade de l'hôpital Santa Maria della Scala en partie du 13e s. Les deux plus petits côtés de la place sont occupés, à gauche par le palais néogothique de l'Archevêque, à droite par le palais de la Préfecture construit au 16e s. En surplomb s'élève le célèbre dôme, orné de striures de marbre bicolore, que les Siennois avaient voulu le plus vaste édifice du monde chrétien.

Portail latéral de la cathédrale inachevée

Ospedale di S. Maria della Scala – L'intérêt principal de cet ancien hôpital réside dans la salle du **Pèlerinage**★, datant de la fin du 14e s. et du début du 15e. Les fresques qui couvrent ses murs, réalisées pour la plupart par Vecchietta (vers 1412-1480) et Domenico di Bartolo (1428-1447), illustrent les fonctions de l'établissement. Ces représentations variées traitent le plus souvent de la misère humaine et surprennent par leur réalisme et le souci du détail. On note par exemple les qualités de composition de *L'Aumône du Veuf*, ou bien de *Le « Pansement » et le traitement des infirmes*, la fresque la plus connue, où, au milieu de l'activité frénétique de l'hôpital, l'œil est captivé par les objets : le flacon à urine, les pantoufles, un bas rouge, les bassins, la grenade.

★★★ Duomo ⊙ (Dôme)

L'histoire de sa construction est complexe. Commencé vers le milieu du 12e s., le dôme était achevé au début du 14e s., en grande partie grâce à l'œuvre des moines cisterciens de San Galgano qui, pour cette réalisation, s'inspirèrent de l'église de leur abbaye. Plus tard, Sienne, à l'apogée de sa prospérité, décida d'élever à la gloire de la Vierge une cathédrale immense, plus vaste que celle de sa rivale Florence, et dont l'édifice déjà existant (à peu de chose près la cathédrale actuelle) aurait constitué le transept. Les travaux entrepris en 1339 et menés avec une exceptionnelle célérité furent brutalement interrompus en 1348 par la grande peste. Gravement amputée de ses forces vives, Sienne décida de renoncer à ce gigantesque projet. Une partie des nouvelles constructions jugées dangereuses, le sol ayant été insuffisamment préparé à recevoir une telle charge, furent abattues, et on acheva dans le dernier quart du 14e s. l'ancienne cathédrale (partie supérieure de la façade, surélévation de la nef principale, construction de l'abside).

Pavement du Duomo :

1. Hermès Trismégiste
   (entre 1481 et 1498)
2. Armes de Sienne
   et de douze autres villes
   (mosaïque)
3. Autel impérial
4. Allégorie de la Fortune
   (le Pinturicchio)
5. Roue de la Fortune
   (Marchese di Adamo, 1406)
6-15. Sibylles
   (entre 1481 et 1498)
16. Les Sept Âges de l'homme
   (vers 1450)
17. Les vertus théologales
   (Foi, Espérance et Charité)
   et la Religion
18. Histoire de Jephté
   (entre 1481 et 1498)
19. Histoire d'Élie et d'Achab
   par Beccafumi entre 1518
   et 1547 *(certaines scènes ont
   été refaites en 1878 par
   Alessandro Franchi)*
20. **Moïse fait jaillir l'eau
   du rocher** (Beccafumi,
   entre 1518 et 1547)
21. Moïse sur le Sinaï (Beccafumi,
   entre 1518 et 1547)
22. L'empereur Sigismond (1434)
23. Mort d'Absalon (1443)
24. Bataille de Samson contre
   les Philistins (vers 1425)
25. Moïse et les tables de la loi
   (vers 1425)
26. Le géant Goliath vers (1425)
27. David chantant les psaumes
   (vers 1425)
28. Le jeune David armé
   de sa fronde (vers 1425)
29. Josué (vers 1425)
30. Pendaison des cinq rois
   amorrhéens (vers 1425)
31. Sacrifice d'Abraham
   (Beccafumi, entre 1518
   et 1547)
32. Prudence (Marchese di Adamo,
   début 15ᵉ s.)
33. Tempérance (Marchese di Adamo,
   début 15ᵉ s.)
34. Miséricorde (Marchese di Adamo,
   début 15ᵉ s.)
35. **Justice** (Marchese di Adamo,
   début 15ᵉ s.)

DUOMO

36. Force (Marchese di Adamo, début 15ᵉ s.)
37. Judith délivre Béthulie (1473)
38. **Massacre des Innocents**
   (Matteo di Giovanni, entre 1481 et 1495)
39. Hérode chassé du trône
   (entre 1481 et 1498)

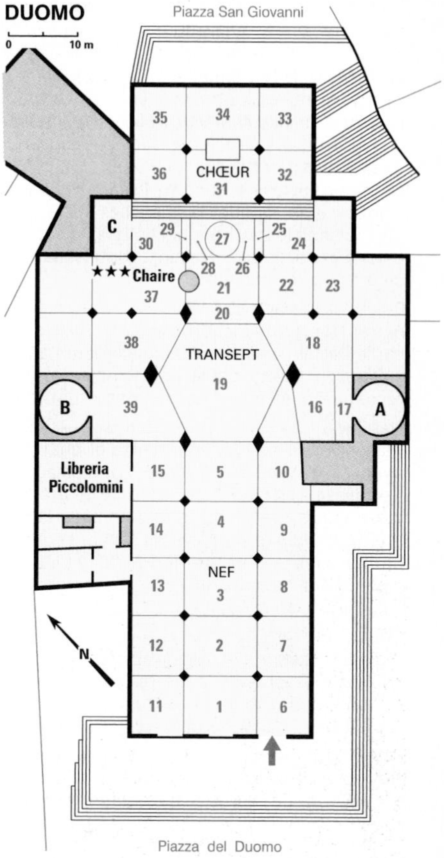

De cette formidable entreprise subsistent à côté du flanc droit les structures de ce qui devait être la façade du nouvel édifice et une partie des grandioses arcades de la nef.

Façade – Elle séduit par sa richesse et la douce polychromie de ses marbres. Sa partie inférieure, encore romane mais où pointe une influence gothique, est due à Giovanni Pisano qui y travailla de 1285 à 1296 et l'orna de statues aujourd'hui remplacées par des copies (originaux au musée de l'Œuvre de la cathédrale). Dans la partie supérieure, construite un siècle plus tard et fortement inspirée de la façade du dôme d'Orvieto, s'épanouit avec exubérance le style gothique. Les mosaïques des pinacles datent de la fin du siècle dernier.

Campanile – Élevé en 1313, il est d'une sobriété toute romane. L'effet d'horizontalité créé par les assises de marbre blanc et sombre est compensé par l'impression de légèreté due à l'ampleur croissante des baies.

Intérieur – La dense alternance des lignes horizontales de marbre clair et sombre, l'importance du transept (bien que peu saillant) et de l'abside rectangulaire, la multiplication des piliers suscitant au fur et à mesure que l'on se déplace à l'intérieur du transept et du chœur une infinité de perspectives, tels sont les éléments enivrants les plus caractéristiques de cet édifice qui produisit sur Taine une « impression incomparable » : « La plus admirable fleur gothique » – écrivait-il en 1864, dans son *Voyage en Italie* – « et qui est à nos cathédrales ce que les poèmes de Dante et de Pétrarque sont aux chansons de nos trouvères. »

★★★ **Pavement** – *Voir détails sur plan ci-contre.* Il est unique au monde. Formé de 56 panneaux de marbre figurant des personnages mythiques (sibylles, vertus, allégories) ou des scènes tirées pour la plupart de l'Ancien Testament, prodigieuses de finesse et de vie, il fut exécuté de 1369 à 1547. Une quarantaine d'artistes y travaillèrent, parmi lesquels Matteo di Giovanni, Pinturicchio et Beccafumi, qui a créé avec un remarquable talent de dessinateur et de décorateur les cartons de 35 panneaux. Certains d'entre eux ont fait l'objet de restauration, d'autres ont été remplacés par des copies. *Le pavement est recouvert à 60 % environ d'un plancher amovible, périodiquement déplacé afin d'offrir la possibilité d'en admirer par roulement les différents panneaux et d'éviter l'usure localisée de certains d'entre eux.*

Les plus anciens furent réalisés selon la technique dite *agraffito*, c'est-à-dire composés de silhouettes blanches sur fond noir où les détails et le relief étaient gravés dans le marbre puis noircis à l'asphalte naturel ; à partir de 1518, quand Beccafumi reprit les travaux, il utilisa la technique de la marqueterie de marbre de différentes couleurs.

Cappella della Madonna del Voto (A) – Baroque, cette chapelle abrite, de part et d'autre de l'entrée, un *Saint Jérôme* et une *Sainte Madeleine* en marbre exécutés au 17e s. par le Bernin, à qui l'on doit également l'autel et les deux anges qui le surmontent. Le mur à droite précédant l'entrée est couvert d'ex-voto parmi lesquels on reconnaît quelques chapeaux des « fantini » (jockey) du Palio.

Presbiterio – Le bel autel de marbre, du 16e s., présente un fin tabernacle en bronze réalisé vers 1470 par Vecchietta et quatre anges porte-cierge exécutés quelques années plus tard par Francesco di Giorgio Martini (les deux du bas) et Giovanni di Stefano. Les **stalles**★★ constituent un précieux ensemble de boiseries sculptées et marquetées : celles du fond datent du 16e s., celles des côtés, les plus belles, de style gothique, remontent au 14e s., et ont été enrichies de merveilleux panneaux de marqueterie, œuvre de Fra Giovanni da Verona (1503). Le vitrail circulaire récemment restauré qui éclaire le chœur illustre l'Annonciation, le Couronnement et la Mort de la Vierge ; il fut exécuté en 1288 sur des cartons de Duccio di Buoninsegna.

Chapelle S. Ansano (B) – Dédiée au premier patron de Sienne, elle renferme, encastrée dans son pavement, la pierre tombale de l'évêque Pecci, sculptée par Donatello (1426), et, à côté de l'autel, un monument funéraire gothique (1318) en marbre dû à Tino di Camaino et à son père Camaino di Crescentino.

★★★ **Chaire** – La splendide chaire en marbre sculpté est un chef-d'œuvre de Nicola Pisano, réalisé six années après celle du baptistère de Pise, de 1266 à 1268, avec le concours de son fils Giovanni et de quelques aides, dont Arnolfo di Cambio. Assez semblable à la précédente, elle témoigne toutefois d'un esprit plus nettement gothique dans ses lignes légères et dans le souple modelé de ses sculptures.

L'artiste a conté ici en sept panneaux, avec le même sens de la grandeur et la même puissance qu'à Pise, mais en apportant à ses scènes un souffle dramatique, des épisodes de la vie du Christ ; de gauche à droite : Nativité, Adoration des Mages, Fuite en Égypte et Présentation de Jésus au Temple, le Massacre des Innocents, Crucifixion, Jugement dernier (en deux parties). Des statues de prophètes et d'anges séparent les différents panneaux que surmonte l'aigle porte-Évangile, attribut de saint Jean. Entre les arcs trilobés, des femmes assises figurent les vertus. Neuf colonnes en marbre, granit et porphyre supportent la cuve ; celle du centre s'appuie sur un groupe de petits personnages représentant les Arts libéraux.

Chapelle S. Giovanni Battista (C) – Renaissance, en forme de rotonde, elle renferme, dans la niche du fond une statue du saint par Donatello (1457) et a été décorée de fresques (restaurées) par le Pinturicchio.

Libreria Piccolomini ⊙ – Cette fameuse salle, que précède un très décoratif portail de marbre, fut bâtie vers 1495 sur l'ordre du cardinal Francesco Piccolomini, pour accueillir la bibliothèque de son oncle **Aeneas Sylvius Piccolomini**, pape sous le nom de Pie II *(voir p. 231).*

Sur le sol et dans les frises du plafond figure le croissant de lune sur fond bleu, emblème des Piccolomini. D'élégantes proportions, elle a ses murs entièrement peints. C'est l'Ombrien Pinturicchio qui fut appelé à Sienne pour célébrer ce pontife qui y exerça plusieurs années d'épiscopat. Les **fresques**★★ qu'il exécuta de 1502 à 1509 ont une finesse de dessin propre aux miniaturistes et les couleurs éclatantes des enluminures. Dans un luxe de personnages et de décors d'architecture et avec un talent narratif léger et plein de séduction, il a relaté en dix panneaux les épisodes marquants de la vie de ce personnage. Le cycle se lit dos aux fenêtres de gauche à droite : départ de Gênes pour le concile de Bâle ; au retour de ce concile, rencontre avec Jacques Ier d'Écosse ; Aeneas sacré poète par Frédéric III ; soumission au pape Eugène II ; *mur d'entrée* : Aeneas présentant près de la porte Camollia l'empereur Frédéric III à sa fiancée Éléonore d'Aragon, Aeneas recevant des mains du pape Callixte III le chapeau de cardinal ; *mur de droite* : Aeneas élu pape, décision de partir en guerre contre les Turcs au concile de Mantoue, canonisation de Catherine de Sienne, réception de la flotte chrétienne de retour de Turquie. Le plafond porte une riche décoration d'allégories, de scènes mythologiques et de grotesques. Un beau groupe en marbre représentant les *Trois Grâces*, sculpture romaine (3ᵉ s.) d'influence hellénistique, occupe le centre de la salle. Les vitrines situées sous les fresques renferment des psautiers du 15ᵉ s.

En sortant de la Bibliothèque, on voit à droite l'imposant **autel Piccolomini**, de la fin du 15ᵉ s., orné de statues attribuées à Michel-Ange.

★★ Museo dell'Opera Metropolitana ⊙

Le **musée de l'Œuvre (de l'Église) métropolitaine** est installé derrière les arcades murées de ce qui devait constituer le bas-côté droit de la nouvelle cathédrale. *Entrée sous la grande arcade qui s'ouvre à l'arrière du flanc droit de la cathédrale.*

Rez-de-chaussée – De chaque côté de la galerie des statues sont disposées les **œuvres de Giovanni Pisano** qui ornaient à l'origine la façade du dôme : prophètes, sages de l'Antiquité, sibylle, représentés avec une singulière puissance d'expression. Juste après les grilles de cette salle se dresse le grand *tondo* de la *Vierge à l'Enfant* par Donatello. Le taureau, le lion (symboles des Évangélistes), ainsi que la louve allaitant Rémus et Romulus (emblème de Sienne) qui se trouve près de l'entrée sont également dus à Giovanni Pisano, assisté de ses élèves.

Au centre de la salle est exposé un très beau **haut-relief** représentant la Vierge, saint Antoine abbé et un cardinal, sculpté par Jacopo della Quercia l'année même de sa mort (1438).

Revers du retable de la Maestà de Duccio

1. Entrée à Jérusalem
2. Lavement des pieds
3. Dernière Cène
4. Jésus prend congé des apôtres
5. Pacte de Judas
6. Prière au jardin des Oliviers
7. Baiser de Judas
8. Jésus devant Anne
9. Reniement de saint Pierre
10. Jésus devant Caïfe
11. Christ aux Outrages
12. Jésus devant Pilate
13. Réponse de Pilate aux Juifs
14. Jésus devant Hérode
15. Jésus ramené devant Pilate
16. Flagellation
17. Couronnement d'épines
18. Lavement des mains de Pilate
19. Montée au Calvaire
20. Crucifixion
21. Descente de croix
22. Mise au tombeau
23. Descente aux limbes
24. Les Saintes Femmes au sépulcre
25. Apparition du Christ à la Madeleine
26. Les Pèlerins d'Emmaüs

Premier étage – Il abrite, admirablement mise en valeur par l'écrin d'une obscurité ambiante, la célèbre *Maestà* – Vierge en majesté – que Duccio peignit sur la fin de sa vie pour le maître-autel de la cathédrale.

Ce retable, historié sur ses deux faces (aujourd'hui séparées), lui fut commandé en 1308 par la ville de Sienne qui, pour sa réalisation, fit à l'artiste un pont d'or. Il y travailla pendant près de trois années au terme desquelles la Maestà, qui demeure son chef-d'œuvre, fut portée en grande pompe, au milieu d'une ville en liesse, de l'atelier du peintre à la cathédrale.

Outre le charme qu'elle exerce par le chatoiement de ses ors, la rutilance de ses couleurs et la tendre ferveur dont elle est empreinte, cette œuvre présente un intérêt exceptionnel pour l'influence déterminante qu'elle eut dans l'orientation de la peinture siennoise : représentée sur fond doré, selon la tradition médiévale byzantine, de face et impassible, la Vierge est toutefois traitée avec une certaine souplesse (manifeste dans le mouvement de son vêtement), qui préfigure l'esprit gothique ; de même, le geste plein d'abandon des anges marque chez l'artiste une distance prise à l'égard de la rigidité héritée de l'art de Byzance.

À gauche de l'entrée est exposé le revers du retable, à l'origine composé d'une quarantaine de panneaux (dispersés en 1771, plusieurs d'entre eux sont aujourd'hui à Londres et à New York) ; les quatorze panneaux rassemblés ici relatent avec une exceptionnelle richesse narrative et un sens charmant de l'observation des épisodes de la Passion. Dans sa *Naissance de la Vierge*, placée contre le mur à droite de l'entrée, Pietro Lorenzetti a de façon originale utilisé, pour représenter une unique scène, la composition en triptyque. À côté, *Vierge à l'Enfant* par Duccio.

Trésor – Conservé dans les pièces situées entre le 1ᵉʳ et le 2ᵉ étage, il compte, exposés dans la grande salle, au centre le reliquaire de la tête de saint Galgan (*voir San Galgano*) en forme de clocheton, très beau travail d'orfèvrerie en vermeil repoussé de la fin du 13ᵉ s. illustrant la vie du saint, le « Rosier d'or » offert en 1658 à la cathédrale de sa ville natale par le pape Alexandre VII Chigi (*vitrine au* fond), un splendide **parement d'autel** du 15e s. (contre le mur de gauche), en fils d'argent et d'or, merveilleusement brodé de scènes de la vie du Christ (l'Annonciation, l'Entrée de Jésus à Jérusalem, la Cène sont d'une extrême finesse).

Troisième étage – Dans la salle faisant face à l'escalier sont rassemblées quelques belles œuvres de Primitifs, parmi lesquelles, au centre, la *Vierge aux gros yeux* (Madonna dagli occhi grossi) – qui donne son nom à la salle –, l'une des plus anciennes peintures siennoises (début du 13e s.), que caractérisent une technique de léger relief et une touchante gaucherie d'exécution, et un *Saint Bernardin* de Sano di Pietro, encadré de deux scènes représentant le saint prêchant devant des foules piazza del Campo et piazza San Francesco à Sienne. La salle suivante (des « Conservatori ») réunit la peinture italienne des 16e et 17e s., dont un *Saint Paul* de Beccafumi où l'on aperçoit à l'arrière-plan la chute du saint sur le chemin de Damas et sa décollation. La « sala dei Parati », qui présente des vêtements sacerdotaux richement brodés, donne accès à l'escalier montant au sommet de la façade de la cathédrale inachevée, d'où l'on profite d'un magnifique **panorama★★**.

★ Battistero di S. Giovanni ⓥ

Situé en contrebas de la cathédrale, le baptistère St-Jean a été aménagé au-dessous de l'abside de celle-ci. Sa construction date du début du 14e s. ; la façade en marbre blanc, d'un style gothique plus sévère que celle du dôme, a été réalisée en 1382 et ne fut jamais achevée.

L'intérieur (à l'entrée, demander l'éclairage), voûté et divisé en trois nefs, a été décoré de fresques au 15e s. Les **fonts baptismaux★★**, de la même époque, en occupent le centre. Composés d'une cuve hexagonale ornée de panneaux en bronze doré que surmonte un ravissant tabernacle en marbre, ils représentent l'une des plus jolies réussites de la sculpture toscane dans son passage du style gothique à celui de la Renaissance. Le dessin en est attribué à Jacopo della Quercia. Plusieurs maîtres travaillèrent à la réalisation des panneaux de la cuve, évoquant des épisodes de la vie du précurseur : la scène montrant *Zacharie chassé du temple* (du côté de l'autel) a pour auteur le même Jacopo ; la *Naissance de saint Jean Baptiste* (en poursuivant vers la droite), un autre Siennois, Turino di Sano ; la *Prédication de saint Jean Baptiste*, Giovanni di Turino, élève de Jacopo della Quercia ; le *Baptême de Jésus* et l'*Arrestation de saint Jean Baptiste*, le créateur de la célèbre porte du Paradis au baptistère de Florence, Lorenzo Ghiberti ; le *Festin d'Hérode*, Donatello : remarquer la profondeur que l'auteur est parvenu à suggérer en multipliant les arrière-plans. Ce dernier a également sculpté deux des *Vertus* en ronde-bosse qui se trouvent à chacun des angles de la cuve : la *Foi*, séparant les deux panneaux de Ghiberti, et l'*Espérance*, précédant le *Festin d'Hérode*.

★★★ PINACOTECA ⓥ *visite : 2 h*

La pinacothèque occupe le **palais Buonsignori★** édifié au milieu du 15e s. et dont l'imposante façade en briques rouges rappelle celle du palais Public. Bien que les deux grands maîtres de l'École de Sienne – Duccio et Simone Martini – n'y soient que très peu représentés, elle offre un intérêt exceptionnel, ses collections extrêmement complètes permettant de suivre l'évolution de la peinture siennoise du 13e s. au 16e s.

Pour sa visite, se reporter au chapitre l'« École siennoise de peinture », en introduction à la ville.

Deuxième étage – Les Primitifs y sont rassemblés. *Commencer par la droite.*

Salles nos 1 et 2 – Les crucifix peints qui ornaient les églises romanes de la région sont les seules manifestations picturales rencontrées à la fin du 12e et au début du 13e s. ; la première salle en abrite deux exemplaires, d'inspiration toute byzantine dans leur hiératisme et la rutilance de leurs couleurs : le Christ y est représenté triomphant et non pas souffrant comme par la suite. Le premier peintre siennois connu est Guido da Siena ; les trois scènes de la vie du Christ exposées contre le mur faisant face à l'entrée et qui comptent parmi les premières peintures sur toile sont attribuées à son École.

La deuxième salle est en revanche presque entièrement consacrée au maître. Ses œuvres sont toujours très marquées par la manière grecque : personnages de face (quoique les têtes soient parfois penchées ou vues de trois quarts), modelé suggéré par la ligne (remarquer l'accentuation systématique de l'arête du nez, le jeu des lignes concentriques pour rendre le volume des joues...), plis du vêtement très cassés et soulignés de sombre ou de doré. Autre peintre toscan, Margaritone d'Arezzo montre avec son *Saint François* (à droite de l'entrée) combien l'influence byzantine a perduré jusque pendant la deuxième moitié du 13e s.

Salles nos 3 et 4 – La fin du 13e s. montre toutefois une évolution : le modelé des visages s'adoucit, les attitudes gagnent en naturel et le rendu des étoffes en volume. Niccolò di Segna (bien représenté salle 3) recherche un plus grand naturel : les yeux de ses personnages ne sont plus fardés, leurs cheveux et leurs barbes plus soyeux ; son grand *Crucifix* (face à la fenêtre) présente un Christ souffrant.

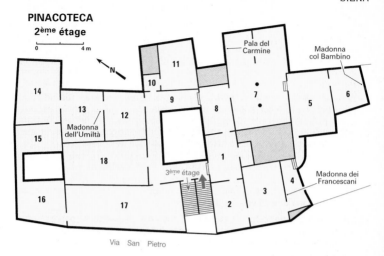

PINACOTECA
2ème étage

Via San Pietro

Avec Duccio, on aborde la grande peinture siennoise. La délicate petite **Madone des franciscains** (salle nº 4, à gauche de l'entrée), œuvre de jeunesse du peintre, conserve une solennité et une rigidité d'expression qui se réfèrent à l'art byzantin ; le léger fléchissement du corps de la Vierge et le trait sinueux qui ourle son manteau annoncent toutefois la manière souple et pleine de grâce qui caractérisera l'école siennoise. L'influence du maître marqua de nombreux peintres dont Ugolino di Nerio.

Salle nº 5 – Luca di Tommè et Bartolo di Fredi œuvrèrent durant la seconde moitié du 14e s. dans la ligne des grands maîtres – Simone Martini et les frères Lorenzetti – avec un style toujours plus raffiné : on remarque, du second, une *Adoration des Mages* (mur de droite), d'une verve narrative brillante et d'un coloris exquis. Le ciel d'or se résume à presque rien, tandis que foisonnent les détails pittoresques d'un cortège et que s'impose la notion de paysage avec la représentation de deux villes.

Salle nº 6 – Simone Martini (mort en 1344) est représenté par une *Vierge à l'Enfant*, d'une douceur et d'une pureté rarement égalées, ainsi que par le joli polyptyque du *Bienheureux Agostino Novello*. On retrouve dans les madones de son plus proche disciple, Lippo Memmi, un peu de la même élégance et de la même grâce, sans cette vibration poétique qui caractérise le grand maître de la peinture siennoise.

Salle nº 7 – Elle est aussi très importante, pour la remarquable série d'œuvres des frères **Lorenzetti** (morts lors de la peste de 1348) qu'elle renferme. De l'aîné, **Pietro**, on remarque surtout – occupant en partie le mur à droite de la porte d'accès à la salle 8 – le grand **retable du Carmel**, qui fut commandé à l'artiste en 1329 par les carmélites de Sienne ; si la sévère et imposante *Vierge en Majesté*, présentée de face et très droite, reste encore figée, les scènes de la prédelle évoquant l'histoire de l'ordre du Carmel témoignent d'un sens très vif de la narration, à l'authenticité de laquelle participent le paysage et les perspectives d'architecture.
En face, l'exquise petite *Vierge en Majesté* du frère de Pietro, **Ambrogio**, est une œuvre plus précieuse, plus raffinée, plus tendre aussi, comme ses autres madones dont la salle abrite plusieurs exemplaires ; d'Ambrogio également, deux charmantes petites vues d'une *Ville dominant la mer* et d'un *Château au bord d'un lac*, où la grâce toute gothique du peintre s'exprime dans l'extrême finesse des tours de la ville et le galbe gracieux de la barque sur le lac ; il fait encore figure, parmi les peintres siennois, de précurseur en introduisant dans son *Annonciation* (présentée contre le même mur) une recherche de la perspective.
On note aussi une *Assomption*, toute dorée et d'une préciosité inouïe, due au Maître de Monte Oliveto, dont la manière fut très marquée par le caractère de monumentalité des œuvres de Pietro Lorenzetti. La partie gauche de la salle est du reste principalement consacrée à ce maître ainsi qu'à Paolo di Giovanni Fei.

Salles nos 11 à 13 – Parmi les derniers Primitifs siennois travaillant dans un style gothique tardif au cours du 15e s., on note : Taddeo di Bartolo (salle 11), mort vers 1425, représenté par une *Annonciation* (mur de droite) ; Giovanni di Paolo (vers 1403-1482), quelque peu maniériste comme le prouve son *Assomption de la Vierge entourée de quatre saints* (salle 12, mur de l'entrée) par les ondulations des draperies, la curieuse flexion des genoux du Baptiste (dont les veines sont très marquées), l'affliction presque outrée de l'Ecce Homo et des saints de la prédelle ; quant à sa ravissante **Vierge d'humilité** (salle 13 à gauche de l'entrée), à la silhouette longue et sinueuse et qu'un poétique rideau de rosiers sépare d'un fond de paysage aux notations minutieuses, elle manifeste une exquise irréalité.

Salles nᵒˢ 14-15 – Le 15ᵉ s. siennois voit pourtant pénétrer les innovations de la Renaissance tout en conservant cette grâce dont la cité du Palio ne sait se départir : Francesco di Giorgio Martini (1439-1502) montre dans ses représentations religieuses les débuts de cette influence florentine et également celle de Mantegna dans ses évocations de paysage ; Matteo di Giovanni (vers 1430-1495), peintre au dessin vigoureux, accentue et varie volontiers les attitudes et les expressions (plusieurs *Vierges à l'Enfant* salle 14 et une *Adoration des bergers* salle 15).

Salles nᵒˢ 16-17 – Sano di Pietro (1406-1481), peintre très fécond mais peu novateur, reste à cette époque le plus fidèle aux modèles gothiques ; voir son grand polyptyque *(salle 16, mur de droite)* représentant la *Vierge à l'Enfant avec des saints* aux tons rutilants et raffinés, d'une bonne qualité de dessin, ainsi que les somptueux polytyques d'architecture gothique de la salle 17.

Salle 18 – Les innovations esthétiques de la Renaissance florentine sont également visibles chez le Vecchietta (vers 1400-1480), dont le grand panneau à caissons *(au centre)* provenant d'une armoire à reliques présente de nets effets de perspective ; chez Girolamo di Benvenuto et Benvenuto di Giovanni, cette ouverture s'accompagne d'une certaine dureté.

Collection Spannocchi (3ᵉ étage) – Ensemble de peintures des 16ᵉ et 17ᵉ s. d'origine flamande et hollandaise, allemande (*Saint Jérôme* de Dürer), vénitienne (œuvres de Paris Bordon, *Nativité* de L. Lotto), lombarde, émilienne et romaine.

Premier étage – *Même plan que le 2ᵉ étage.* On y remarque, salle nᵒ 23 *(2ᵉ salle à droite après la cour)*, une *Sainte Famille avec le petit saint Jean*, composition en *tondo* de Pinturicchio, sur un arrière-fond de très doux paysage que baigne la caractéristique lumière des ciels ombriens. Les deux autres peintres qui marquèrent de leur personnalité la peinture siennoise du 16ᵉ s., Beccafumi et **Sodoma** *(voir index)*, sont amplement représentés. Du premier, on note surtout une **Naissance de la Vierge** *(à l'aplomb de la salle 13 du 2ᵉ étage)*, aux audacieux dégradés de couleurs dépeints dans une certaine obscurité où les coloris semblent comme absorbés par d'irréels éclairages. Par le second, un pathétique **Christ à la colonne** *(à l'aplomb de la salle 15)*, d'une étonnante beauté plastique, et dans la salle suivante une grande *Déposition de croix* aux draperies bouillonnantes et aux couleurs chatoyantes.

RUES PITTORESQUES

★ **Via di Città** – Réservée aux piétons comme la plupart des rues du centre historique, elle constitue avec la via Banchi di Sopra l'artère principale et commerçante de Sienne. Sinueuses et étroites, dallées et sans trottoirs, elles sont bordées de maisons patriciennes et de remarquables palais★.

Venant du Duomo ou de la pinacothèque, on rencontre dans la **via di Città**, à gauche après plusieurs palais de brique, le **palais Piccolomini** ou «**delle Papesse**» en pierre claire *(il abrite des bureaux de la Banca d'Italia)*. Construit dans la seconde moitié du 15ᵉ s. sur ordre de Caterina Piccolomini, sœur du pape Pie II (Aeneas Sylvius Piccolomini), il fut probablement élevé d'après un projet de Bernardo Rossellino et présente au niveau inférieur de sa façade en pierre d'énormes bossages dans le style de la Renaissance florentine.

Presque en face se déploie, légèrement incurvée, la longue façade gothique du **palais Chigi-Saracini**, en partie rebâti au 18ᵉ s., et qui, par le mélange qui y est fait de la pierre et de la brique, ses deux étages d'élégantes fenêtres à triples baies et son couronnement de

La via di Città à son débouché sur la piazza del Campo

E. Lanssner/RAPHO

merlons, rappelle celle du palais Public. L'édifice abrite une illustre Académie de musique, l'Accademia Chigiana. C'est du haut de sa tour, aujourd'hui tronquée, qu'aurait été annoncée aux Siennois la victoire de Montaperti (*voir p. 281*).

Plus loin à droite, au lieu-dit la Croce del Travaglio, la **Loggia dei Mercanti** servait de siège au tribunal de commerce. Bâtie durant la première moitié du 15e s., elle est Renaissance dans son architecture mais porte encore dans sa décoration (niches abritant des statues) des traces du style gothique. Des bancs de marbre sculptés de bas-reliefs représentant des philosophes et des généraux de l'Antiquité courent le long de deux de ses côtés. L'étage supérieur a été ajouté au 17e s.

★ **Via Banchi di Sopra** – Sur la place du même nom s'élève, à gauche, le **palais Tolomei** (*occupé par la Cassa di Risparmio di Firenze*), dont la construction remonte au début du 13e s. C'est le plus ancien palais privé de Sienne. Sa façade entièrement en pierre, aux deux étages de baies gothiques géminées sur un rez-de-chaussée d'une exceptionnelle hauteur, est empreinte d'austérité mais aussi d'élégance ; Robert d'Anjou, roi de Naples, y logea en 1310.

La **piazza Salimbeni**★, l'une des plus nobles places de Sienne, est close sur trois côtés par trois édifices dont l'architecture marque trois styles. Au fond, le **palais Salimbeni**, élevé au 14e s., très restauré en 1879, présente une façade en pierre claire percée d'une série de belles fenêtres gothiques à triples baies surmontées d'un arc aigu ; son nom est celui d'une puissante famille siennoise, à l'époque médiévale grands marchands et grands banquiers.

Le **palais Spannocchi**, à droite, fut commencé en 1470 par l'architecte florentin Giuliano da Maiano pour le trésorier du pape Pie II Piccolomini ; sa façade Renaissance, à baies géminées et à trois niveaux de bossages lisses que délimitent des corniches, est semblable à celle des palais bâtis à cette époque à Florence. Le **palais Tantucci** a été dessiné près d'un siècle plus tard par le Siennois Riccio.

Tous trois abritent les services du fameux **Monte dei Paschi**, une très ancienne institution siennoise – organisme de crédit d'initiative publique – dont les origines remontent à 1472 et dont l'existence fut étroitement liée à la prospérité de la ville ; son nom lui vient des pâturages (*pascoli*, ou *paschi*) de la Maremme toscane, alors propriété domaniale, dont les revenus constituaient une garantie à ses activités ; le Monte dei Paschi se place aujourd'hui au rang des grandes banques italiennes.

★ **Via Banchi di Sotto** – Prolongeant la via di Città pour enlacer les palais de la piazza del Campo, cette rue abrite l'université historique de Sienne. En face de cette dernière, le **palais Piccolomini**★ présente une façade en travertin blanc. C'est très probablement Bernardo Rossellino, l'architecte du palais Ruccellai à Florence, qui dessina les plans de ce bel édifice Renaissance et lui donna cette allure florentine : façade à légers bossages s'atténuant vers le haut, petites corniches soulignant les différents niveaux, toit débordant où se logent entre les consoles les armes des Piccolomini (croissant de lune). Il abrite les archives de la ville. Un peu plus loin, la **loggia del Papa**, aux grandes arcades Renaissance soutenues par des colonnes corinthiennes, rappelle par son nom qu'elle fut édifiée à la demande du pape Pie II Piccolomini.

★ **Via del Capitano** – Cette très belle rue relie la piazza Postierla (ou lieu-dit des Quattro Cantoni) à la piazza del Duomo. À gauche (au n° 1) s'élève le **palais Chigi alla Postierla** du 16e s., attribué à l'architecte siennois Riccio. Toujours à gauche (nos 15 à 19), l'ancien **palais du Capitaine de justice**, de la fin du 13e s. (très restauré au siècle dernier), est un bel édifice gothique bâti en pierre et brique à la manière siennoise ; le niveau inférieur puissant et austère, percé seulement de très hautes portes, contraste fortement avec le haut de l'édifice allégé par sa succession de baies gothiques géminées, sa corniche sur minuscules arcades abritant des écussons et son couronnement de merlons.

Via della Galluzza – Très étroite et en forte pente, bordée de vieilles maisons aux murs de brique percés de furtives ouvertures, c'est l'une des rues médiévales les plus pittoresques de Sienne, avec ses huit arches dont l'une est joliment ajourée d'une triple baie.

AUTRES CURIOSITÉS

★ **S. Domenico** – Dans cette église conventuelle proche de sa demeure (*voir ci-après*), sainte Catherine eut ses extases. La construction de l'édifice, d'un style gothique puissant et sévère, s'échelonna du 13e au 15e s.

L'intérieur, de plan en T, spacieux et clair, a une large nef et un très petit chœur. En légère surélévation au fond de la nef, la chapelle « delle Volte » conserve, au-dessus de l'autel, le seul portrait authentique de la sainte, exécuté par un de ses contemporains, l'artiste siennois Andrea Vanni.

Vers le milieu de la nef, à droite, s'ouvre la **chapelle Ste-Catherine** : le **tabernacle**★ Renaissance, en marbre, sculpté en 1466 par un autre Siennois, Giovanni di Stefano, conserve la tête de la sainte ; sur les murs du fond et de gauche, Sodoma a représenté des épisodes de sa vie dans des **fresques**★ devenues célèbres (Sainte Catherine en extase, recevant les stigmates, et assistant un condamné à mort).

Les vitraux contemporains du chœur ont été réalisés en 1982 par B. Cassinari. Le tabernacle et les deux anges du maître-autel ont été sculptés au 15e s. par Benedetto da Maiano. La 1re chapelle à droite de l'autel renferme un joli triptyque *(Vierge à l'Enfant entourée de saints)* de Matteo di Giovanni ; la 2e à gauche, par le même artiste, une exquise *Sainte Barbe entre deux anges et deux autres saintes* surmontée d'une *Adoration des Mages* dans la lunette *(mur de droite)*.

Santuario Cateriniano – *Entrée via Santa Caterina.* La **maison natale de sainte Catherine**, transformée en sanctuaire en 1465, forme aujourd'hui, avec les constructions édifiées tout autour, un ensemble d'oratoires superposés. On visite au niveau inférieur *(prendre au fond l'escalier à gauche)*, là où se trouvait l'atelier de teinturerie du père de Catherine, l'église consacrée à la sainte. Au niveau supérieur, l'oratoire de gauche richement orné de boiseries or et bleu, aménagé à l'emplacement de la cuisine, possède un beau pavement en majoliques du 17e s. ; celui de droite abrite le crucifix peint (13e s.) devant lequel la sainte aurait, à Pise, reçu les stigmates.

★ **Fonte Branda** – En contrebas de la basilique San Domenico, la fontaine Branda toute de brique, à la surprenante architecture, est la plus ancienne de la ville. Elle existait déjà en 1080, mais c'est en 1246 que lui fut donnée sa forme actuelle qui rappelle les façades des palais gothiques siennois par son couronnement crénelé et ses trois arches amples comme des portails.

S. Francesco – Bâtie sur l'extrême avancée de l'une des collines qui portent la ville, la basilique St-François est un édifice gothique très restauré (façade du 19e s.).

C'est sur son parvis que prêcha en 1425 **saint Bernardin**, moine franciscain, d'où la présence d'un petit **oratoire** *(à droite de l'église)* qui arbore en façade le trigramme IHS. La basilique, pavoisée en permanence aux couleurs des contrade, comprend une **nef**★ unique d'une magnifique ampleur, dont le parement peint imite l'alternance de marbres blanc et noir du dôme, et un chœur flanqué de petites chapelles. De très beaux vitraux historiés y diffusent une agréable lumière. On y remarque, dans la 1re chapelle à gauche de l'autel, une fresque de Pietro Lorenzetti représentant la *Crucifixion* et, dans la 3e, d'autres fresques exécutées par son frère Ambrogio, qui a figuré *(au mur de droite)* saint Louis de Toulouse (petit-neveu de Saint Louis et frère du roi de Naples Robert d'Anjou) devant Boniface VIII et *(en face)* le Martyre des franciscains à Ceuta.

C'est dans cette église que Verdi fit jouer pour la première fois son *Requiem* avec 400 choristes comme le rappelle une plaque en haut de la nef à gauche.

S. Agostino – L'église St-Augustin date du 13e s. L'intérieur, refait au 18e s. par Vanvitelli, est baroque.

Au 2e autel à droite, on admire une *Adoration du Crucifix*★ sur un très beau fond de paysage, exécuté en 1506 par le Pérugin. La chapelle Piccolomini *(porte aussitôt après)* renferme d'intéressantes **œuvres**★ peintes : une *Madone avec des saints*, fresque d'une grande fraîcheur par A. Lorenzetti, et, au-dessus de l'autel, une *Adoration des Mages* par Sodoma.

S. Maria dei Servi – Sa rustique façade de briques, inachevée, se détache au sommet d'une courte allée de cyprès. Un joli clocher roman-gothique la domine. Du haut de l'escalier qui la précède on jouit d'une magnifique **vue**★★★ sur la colline escarpée du dôme et la façade postérieure de l'hôtel de ville.

À l'intérieur, où cohabitent bizarrement les styles gothique et Renaissance, on note de remarquables **œuvres d'art**★ : une *Vierge en Majesté* (1261) du Florentin Coppo di Marcovaldo qui, fait prisonnier à Montaperti, aurait peint cette œuvre en échange de sa liberté *(2e autel à droite)* ; un *Massacre des Innocents*, très expressionniste, par Matteo di Giovanni *(5e autel)*, dans la 2e chapelle à gauche du chœur, des fresques de P. Lorenzetti évoquant à droite la *Danse de Salomé* et la *Mort de saint Jean Baptiste* et, à l'autel, une *Adoration des bergers* (1404) de Taddeo di Bartolo ; au fond du transept gauche, incorporée à un autre tableau, une très douce *Vierge de miséricorde* par Lippo Memmi.

Convento dell'Osservanza – *3 km au Nord-Est. Quitter Sienne par la route de Montevarchi (S 408) ; dès que l'on atteint cette route, après avoir traversé le passage à niveau, suivre le fléchage jaune « Basilica Osservanza ».*

Fondé par saint Bernardin *(voir p. 281)*, le **couvent de l'Observance** est situé sur le faîte d'une colline d'où l'on a une jolie vue sur Sienne.

La **basilique**, en brique, restituée dans son style du 15ᵉ s. après sa destruction en 1944, abrite d'intéressantes **œuvres d'art**★, dont un *Couronnement de la Vierge* en terre cuite par Andrea Della Robbia *(2ᵉ chapelle gauche)*, un triptyque de la *Vierge à l'Enfant* par Sano di Pietro *(1ʳᵉ chapelle gauche)* et, dans la 2ᵉ chapelle de droite, une belle *Pietà* sculptée par le Siennois G. Cozzarelli (1453-1515). Sous l'église s'étend une immense crypte à voûtes d'arêtes.

À l'intérieur du couvent, on voit la cellule de saint Bernardin, où sont conservés ses effets et le moulage de son visage, exécuté en 1443, un an avant sa mort.

SINALUNGA

11 681 habitants
Carte Michelin nº 430 ou Atlas Italie p. 46 M 17

La ville ancienne domine le Val di Chiana, zone autrefois marécageuse où régnait la malaria. Depuis la bonification et la construction du chemin de fer, Sinalunga s'est largement étendue dans la plaine.

LA VIEILLE VILLE

Sur la grande place principale, piazza Garibaldi, s'élèvent trois églises des 17ᵉ et 18ᵉ s., dont la **collégiale S. Martino** précédée d'un grand escalier : sa construction fut entreprise à la fin du 16ᵉ s. sur l'emplacement et avec les matériaux de l'ancienne forteresse. À l'intérieur, on peut admirer, à droite du chœur, une *Vierge à l'Enfant entourée de deux saints et de deux anges* sur fond or signée Benvenuto di Giovanni (1509).

De la piazza XX Settembre *(à droite de la collégiale)*, la via Mazzini conduit dans le centre historique où se trouve le **palazzo Pretorio** (remanié à plusieurs reprises) orné de quelques blasons de préteurs et de l'écusson des Médicis à qui revint la ville en 1533.

ENVIRONS

Trequanda – *7 km au Sud-Ouest*. Ce petit village perché conserve une partie de ses murs crénelés et quelques vestiges d'un château des Cacciaconti, dont une grosse tour d'angle ronde. L'**église S. Pietro**, du 13ᵉ s., présente une façade rustique très originale, où alternent en damier des blocs de travertin blanc et de pierre locale ocre brun. À l'intérieur : dans un encadrement de *pietra serena* sculptée et dorée, *Ascension* de Sodoma *(mur de droite)* et, à l'autel, triptyque de Giovanni di Paolo.

SORANO★

3 986 habitants
Carte Michelin nº 430 ou Atlas Italie p. 52 N 17

Curieux bourg, pittoresquement situé en à pic sur les superbes **gorges**★ calcaires et boisées du Lente, criblées de cavernes naturelles ou artificielles (tombes étrusques). Au Moyen Âge il faisait partie du fief des Aldobrandeschi, puis passa aux mains des Orsini en 1293 et enfin entra dans le grand-duché de Toscane en 1608.

Dominé par l'austère forteresse des Orsini, du 15ᵉ s., à demi ruinée mais encore ornée de blasons, il comporte un quartier surélevé du 18ᵉ s., le « Masso Leopoldino », bâti sur un rocher au sommet arasé ; de là, belle vue sur les gorges en contrebas.

Dans le quartier moderne a été aménagé un agréable parc public en terrasses d'où la vue est intéressante sur les gorges, le bourg et la citadelle.

G. Mairani/LAURA RONCHI

Sorano

SOVANA★

Lieu natal de **Grégoire VII** – Ildebrando da Sovana –, né vers l'an 1020 et élu pape en 1073, ce village assoupi conserve, jalonnant sa longue rue principale à pavement de briques en arêtes de poisson du 16e s., d'intéressants témoins de sa gloire passée. Au début de celle-ci se dressent les ruines de sa « Rocca » féodale. À mi-parcours s'élève sur une gracieuse petite place l'église **S. Maria**, du 12e s., dont l'intérieur typiquement roman abrite un **ciborium**★ du 9e s. finement sculpté et des fresques du 16e s. À l'extrémité de la rue, la **cathédrale**★ est une massive construction romano-gothique dont le flanc gauche s'orne d'un joli portail et de petites baies à colonnettes, et dont le chevet semi-circulaire est décoré de colonnades et de bas-reliefs ; l'intérieur, sous coupole, possède des piliers quadrilobés aux amusants chapiteaux du 12e s. de style lombard.

Nécropole étrusque – *De 1 à 1,5 km à l'Ouest de Sovana (route de San Martino).*

De nombreuses sépultures étrusques, du 7e s. au 2e s. avant J.-C., sont nichées dans les falaises calcaires, de part et d'autre de la route. On accède aux principales d'entre elles *(signalées)* par des sentiers se détachant de la route même ou d'étroits et sombres **défilés**★ *(les tagliate)* fracturant la falaise, anciens chemins étrusques longs de plusieurs centaines de mètres et parfois profonds de plus de 30 m. On peut ainsi visiter successivement : la tombe de la Sirène, à la façade en forme de temple avec un fronton sculpté de bas-reliefs dont le motif central est une sirène ; la **tombe Ildebranda**, la plus intéressante, majestueux ensemble de terrasses et de cavités dominé par un temple à piliers cannelés et vestiges de bas-reliefs, en vue de la cathédrale de Sovana ; la tombe du Tifone, dont le porche est orné d'une grosse tête hirsute ; la tombe Pola, grand hypogée coudé, creusé dans la falaise.

STIA

Situé au confluent du Stia, torrent montagnard, et de l'Arno, dont la source sur le mont Falterona est toute proche, ce village conserve quelques vestiges du temps où il s'appelait Palagio.

Sur la jolie et caractéristique place Bernardo Tanucci, toute en longueur, l'**église S. Maria Assunta** remonte au 12e s. mais subit de multiples transformations au cours des siècles. L'intérieur roman, à trois nefs séparées par des colonnes aux beaux chapiteaux ornés, abrite plusieurs **œuvres**★ d'intérêt : 1re chapelle à droite, triptyque de l'*Annonciation* par Bicci di Lorenzo (1414) ; chapelle à droite du chœur, très beau tabernacle en terre cuite vernissée des Della Robbia ; au centre de l'abside, *Crucifix* de bois du 14e s. ; chapelle à gauche du chœur, *Vierge à l'Enfant* par Andrea Della Robbia et, sur l'autel, *Vierge à l'Enfant et deux anges* du Maître de Varlungo ; autel de la nef gauche, *Assomption*, peinture du début du 15e s. du Maître de Borgo alla Collina.

Au Nord-Est du village, l'antique **château** des Guidi, entièrement restauré dans le style néogothique au début du siècle, présente au 2e étage un **musée d'art contemporain** ⊙ dont les collections s'échelonnent du futurisme (1916) à l'art conceptuel d'aujourd'hui et dont le fil conducteur est l'attachement des artistes à la Toscane.

ENVIRONS

Porciano – *1,7 km. À la sortie de Stia vers Londa, prendre une petite route à droite qui grimpe sur la colline et d'où l'on a de beaux aperçus sur le château.* Comptant parmi les toutes premières demeures des comtes Guidi, le **château** ⊙ de Porciano élevé vers l'an mille est entouré du village médiéval et conserve, outre son imposante tour, quelques vestiges de son mur d'enceinte. Le rez-de-chaussée abrite un musée d'art paysan et le 1er étage une collection de céramiques découvertes lors de fouilles.

VALLOMBROSA★

VALLOMBREUSE

Carte Michelin n° 430 ou Atlas Italie p. 40 K 16

Vallombreuse, célébrée par Milton dans *Le Paradis perdu* et par Lamartine, doit sa notoriété à sa **situation**★, ses **points de vue**★★, sa magnifique forêt de sapins et ses excursions dans le massif du Pratomagno.

Vers 1028, un jeune noble florentin, **Jean Gualbert**, se retira ici avec un compagnon et rencontra deux ermites avec lesquels il fonda une première communauté. Conçue sur le modèle bénédictin, la congrégation de Vallombreuse devint rapidement puissante grâce à de nombreuses donations. Plusieurs fois transformé à travers les siècles, le **couvent** ⊙ a gardé son aspect des 16e et 17e s. Sa noble façade blanche régulièrement percée de fenêtres aux encadrements de *pietra serena* est l'œuvre de Gherardo Silvani (1635-1640). Précédé d'une cour ceinte de murs, le bâtiment est surmonté d'un haut clocher du 13e s. et flanqué sur son côté droit d'une tour du 15e s., seuls vestiges des époques plus lointaines.

Le portique d'entrée mène à un petit atrium d'où l'on accède à l'église. Sous le porche, une sculpture de Roberto Nardi (1990) – *Un olivier pour la paix* – met en scène saint Jean Gualbert et le gibier de Vallombreuse. L'intérieur baroque à nef unique conserve sous le buffet d'orgue, une architrave en pietra serena remontant à l'église Renaissance.

Santuario della VERNA★

Sanctuaire de la VERNA

Carte Michelin n° 430 ou Atlas Italie p. 41 K 17 – Alt. 1 128 m

En 1213, le mont de la Verna, dominant des abrupts calcaires, fut donné à saint François par le comte Cattani, de Chiusi dans le Casentino. Le « Poverello » s'y installa avec ses frères et y reçut les stigmates en 1224.

Aujourd'hui, le sanctuaire ⊙, lieu de pèlerinage fort fréquenté, est un complexe très évocateur par sa **position**★★ retirée au milieu d'une futaie de pins, de sapins et de hêtres, et son atmosphère de sérénité et de recueillement.

Corridoio delle Stimmate – Les franciscains du couvent se rendent quotidiennement en procession à la chapelle des Stigmates par ce corridor, d'où son nom. Il est orné de fresques par Baccio Bacci et *(dans le fond)*, à la fin du 17e s., par Fra' Emmanuele da Como. À mi-parcours s'ouvre une porte qui indique l'entrée de la grotte où François dormait sur la pierre nue.

Cappella delle Stimmate – La chapelle des Stigmates fut construite pour conserver le lieu où advint le prodige. Sur les parois, on voit une *Crucifixion* d'Andrea Della Robbia. Sur les stalles marquetées du 15e s., restaurées à la fin du 19e s., sont représentés des saints, des papes et des hommes illustres qui témoignèrent des stigmates de François.

Saint François, le « Poverello » (1182-1226)

Fils d'un riche marchand drapier italien et d'une mère française, François, homme d'un brillant esprit et épris de vie mondaine, vécut une jeunesse agitée, animée d'un idéal chevaleresque. Fait prisonnier lors d'un conflit contre Pérouse en 1201 et victime d'une fièvre grave, il fut touché par la grâce et se convertit.

François eut plusieurs apparitions de la Vierge et du Christ, la plus célèbre étant celle de la Verna au cours de laquelle il reçut les stigmates. Il mourut en 1226 après avoir établi en 1210 l'ordre des Mineurs, frères mendiants appelés franciscains. Suivi dans son existence de prière et de pénitence par de nombreux fidèles, il encouragea une jeune fille de la noblesse d'Assise, Claire, qui fonda l'ordre des Clarisses. Les épisodes réels ou légendaires de sa vie et de celle de ses disciples ont été relatés par un auteur anonyme du 14e s. dans un recueil aujourd'hui célèbre, les *Fioretti*.

La simplicité de sa vie se traduisit dans un langage adapté aux plus humbles, l'ombrien vulgaire qu'il utilisa pour écrire le *Cantique des créatures* (1224), l'un des premiers grands poèmes de la langue italienne. Aimant la beauté de la nature, prêchant l'amour des créatures, il célébra la valeur de la joie au service de Dieu et fut surnommé « Jongleur de Dieu ». On trouve cette simplicité dans la joie d'inventer des méthodes efficaces et toujours nouvelles pour chercher à sauver les autres : la reconstitution de la crèche étant peut-être son intuition la plus chère à l'esprit populaire.

On arrive ainsi au **précipice** où, selon les *Fioretti*, le diable chercha à précipiter le saint. La basilique et l'église Santa Maria degli Angeli se dressent sur la grande place, dite le *Quadrante* en raison du méridien autrefois gravé sur Santa Maria degli Angeli.

Basilique - À signaler tout particulièrement *(dans les deux petits temples voisins du maître-autel)* la *Nativité* et l'*Annonciation* d'Andrea Della Robbia.

S. Maria degli Angeli - Elle abrite deux terres cuites vernissées de Giovanni Della Robbia *(de part et d'autre de la grille qui divise l'église en deux parties distinctes)* et un parement d'autel en terre cuite *(au maître-autel)* d'Andrea Della Robbia, représentant l'*Assomption de la Vierge*. Sous le corridor des Stigmates se trouve la « **Sasso Spico** », énorme roche en surplomb où François se rendait pour prier.

La VERSILIA★

Carte Michelin n° 430 ou Atlas Italie p. 38 J/K 12/13

La Versilia est une région au climat doux et au paysage contrasté qui unit la montagne (barrière naturelle des vents du Nord) et la mer en passant par de douces collines et une plaine côtière verdoyante formée au quaternaire par les alluvions des torrents dévalant des cimes toutes proches. Sur la Riviera se succèdent de belles stations balnéaires qui profitent de plages de sable fin pouvant atteindre jusqu'à 100 m de largeur et qui s'enfoncent doucement dans la mer pour la tranquillité des parents d'enfants en bas âge. De la côte on aperçoit les Alpes Apuanes qui apportent à la Haute Versilia la merveilleuse ressource des marbres blanc et rouge et d'ardoise. Dans l'arrière-pays, la nature reprend le dessus et les petits villages traditionnels, entourés d'oliviers et de châtaigniers, permettent d'oublier la foule du bord de mer.

Les Alpes Apuanes, érigées en **parc naturel** comprenant les communes de Camaiore, Pietrasanta, Seravezza et Stazzema, se prêtent à diverses activités allant de la randonnée à l'escalade, du vol à voile au trekking à cheval, du vélo tout terrain à la spéléologie *(se renseigner auprès des offices de tourisme – APT – de la Versilia)*.

1 **La Riviera** *28 km.*

Viareggio - *Voir ce nom.*

En remontant vers le Nord depuis Viareggio, le littoral est une succession presque ininterrompue de stations balnéaires ouvrant sur le golfe de Gênes.

Lido di Camaiore - Jouxtant Viareggio, Lido di Camaiore, bien qu'un peu plus moderne et familial que sa prestigieuse voisine, se confond avec elle. Il profite de la même plage de sable fin, de pinèdes et d'une agréable promenade de bord de mer.

La route longeant le littoral devient ensuite plus aérée et verdoyante. Les hôtels étant beaucoup plus espacés et noyés dans la végétation, on profite alors d'une belle vue sur les Alpes Apuanes toutes proches.

Marina di Pietrasanta - Tout comme Lido di Camaiore, cette fraction du littoral, qui regroupe les localités de **Focette**, **Motrone**, **Tonfano** et **Fiumetto**, porte le nom du village situé dans l'arrière-pays. En tant que station balnéaire, elle offre à la fois une longue plage bien aménagée sur 5 km, d'agréables allées plongées dans la pinède à parcourir à pied ou à bicyclette, et de nombreuses structures sportives ou de vie nocturne. À la sortie de Marina di Pietrasanta, à peine traversé le cours du Fiumetto, s'étend, légèrement en retrait par rapport à la plage, le **parc de la Versiliana** (petit bois d'environ 80 ha), dont la villa accueillait régulièrement au début du siècle Gabriele D'Annunzio. D'agréables allées permettent de le parcourir, tandis que pendant les mois d'été des activités culturelles y sont proposées.

Les pièves de la Versilia

Ancien domaine lombard, la Versilia fut annexée au Moyen Âge par Lucques qui cherchait une ouverture sur la mer lui permettant une libre circulation de ses marchandises. Construites aux 12e et 13e s., les **pièves** (églises romanes) ont donc subi l'influence lucquoise dans leur structure et leur ornementation sculptée. Elles se caractérisent en effet par leur harmonieuse sobriété, leurs façades lisses inscrites dans un carré et leur intérieur à charpente apparente.

Cabines de plage à Forte dei Marmi

Forte dei Marmi – Noyée dans une forêt de pins, cette station particulièrement distinguée, fréquentée par des artistes et la haute société italienne, offre une plage aux ravissantes petites cabanes alignées en rangs réguliers de couleurs différentes. En regardant vers le Nord, on voit les montagnes ligures revenir vers la mer et y plonger, interrompant ainsi la douce côte versiliaise.

Marina di Massa et Marina di Carrara – Après un secteur un peu délaissé, ces stations (séparées par le port d'exportation des marbres qui s'y entassent en d'immenses dépôts) offrent de nouveau quelques belles constructions du début du siècle.

☑ Circuit des Alpes Apuanes *84 km - 3 h*

Ce circuit dans la Haute Versilia contourne le **mont Altissimo** au cœur des Alpes Apuanes. Ce mont recèle un marbre d'une très grande finesse, recherché pour la statuaire et connu comme tel depuis l'antiquité étrusque et romaine.

L'extraction, abandonnée au Moyen Âge, reprit à la Renaissance sous l'impulsion du pape Léon X, fils de Laurent de Médicis, qui confia à **Michel-Ange** le soin d'en organiser l'exploitation. Mythe que reflète le nom de la ville voisine de Pietrasanta (pierre sainte), ce marbre était très difficile à atteindre et à acheminer dans la vallée. Michel-Ange, dont une carrière conserve le nom, y travailla de 1515 à 1518 : il dessina le tracé des routes permettant, depuis Seravezza, d'y accéder, puis d'en descendre les blocs extraits. Depuis, d'autres carrières sont exploitées sur le versant Sud et Sud-Est du massif, dont on peut voir les activités dérivées depuis la route proposée : ateliers de débitage du marbre des dalles de toutes tailles, aux blocs ou aux graviers.

La Haute Versilia fut également jusqu'à peu une terre minière exploitée pour ses richesses en plomb, en argent, en mercure et en fer.

★ Pietrasanta – *Voir ce nom.*

Prendre la route de Massa jusqu'à **Querceta** où l'on rejoint alors **Ripa** et les villages plus tranquilles situés sur les pentes des Alpes Apuanes. Après **Strettoia**, la route monte dans le Canale di Murli pour redescendre au-delà de la ligne de partage des eaux parmi les pins et les vignes. On atteint peu après un col où subsistent les ruines du **château Aghinolfi**, qui aurait été bâti par le roi lombard Agilulfe vers l'an 600. De la route, belle vue sur la Riviera.

Après avoir traversé Capanne, on rejoint la via Aurelia (S 1) menant à Massa.

Massa – *Voir ce nom.*

Sortir de Massa par l'Est en direction de S. Carlo par la SP 4. La route s'éloigne alors de façon notable des plaines du bord de mer pour parcourir un secteur naturel à belles échappées panoramiques parmi les oliviers, les châtaigniers et les pins. La route traverse **San Carlo Terme**, **Altagnana** (d'où l'on jouit d'une très belle vue sur les Alpes Apuanes), **Antona** et, après le **passo del Vestito**, passe non loin d'**Arni**. Le paysage de montagnes et d'amples pâturages se fait toujours plus grandiose. En laissant sur la gauche la route de Castelnuovo di Garfagnana, on se dirige vers Seravezza et Pietrasanta par la SP 10 en traversant **Tre Fiumi**, où se succèdent des carrières de marbre, puis en empruntant le **tunnel du Cipollaio**

N. Bosquès/MICHELIN

d'environ 1 km de long. La route redescend alors, tortueuse, longeant à droite le **mont Altissimo** (1 589 m), qui recèle la célèbre carrière de Michel-Ange et que l'on reconnaît à son sommet découpé et ses flancs blanchis par les coulées de pierraille de marbre rejetées des carrières. Sur la gauche de la route, en revanche, s'élèvent les versants boisés de châtaigniers du mont Corchia.

Quand la route rejoint le torrent Vezza, prendre à gauche, puis 2 km plus loin, sur la place de la mairie de Ponte Stazzemese, à droite.

Stazzema – *À 5 km de Ponte Stazzemese par une route sinueuse et souvent étroite.*
Tel une tour de guet, le mont Procinto domine ce village aux petites rues tortueuses et aux balcons fleuris, lieu de villégiature apprécié pour la fraîcheur des forêts de châtaigniers qui l'entourent et la proximité des Alpes Apuanes et de leurs nombreuses possibilités de randonnées. En entrant dans Stazzema, à gauche, l'église romane **S. Maria Assunta**, flanquée de grands cyprès, est construite sur un éperon d'où l'on jouit d'un agréable panorama. À l'intérieur, beau plafond du 14e s.

Revenir en arrière pour descendre la vallée du torrent Vezza jusqu'à Sera-vezza.

Seravezza – L'histoire de ce village né au confluent de deux torrents, la Serra et la Vezza (d'où son nom), est étroitement liée depuis le début du 16e s. à l'exploitation du marbre. Cosme Ier de Médicis, à l'origine de l'impulsion donnée

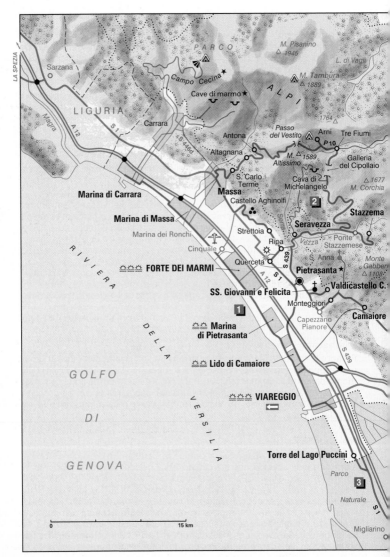

à cette activité, s'y fit construire de 1561 à 1565 un **palais**★. Au centre de la splendide cour intérieure, joli puits, dont la margelle fut taillée dans un seul bloc de marbre. Elle représente une truite qui aurait eu pour modèle celle que Marie-Christine de Lorraine pêcha dans la Vezza en 1603.

Le cœur de Seravezza, desservi par de nombreux ponts, abrite le **dôme SS. Lorenzo e Barnaba** (commencé en 1422 et consacré en 1569), gravement endommagé par un bombardement pendant la Seconde Guerre mondiale. Il conserve des fonts baptismaux de marbre (début 16e s.) sculptés par Stagio Stagi (un artiste de la région) et un lutrin en marbres incrustés.

Après Seravezza, on longe la Vezza sur la droite jusqu'à l'embranchement à gauche de la S 439 qui traverse le torrent pour conduire à Pietrasanta.

③ Des Alpes Apuanes au parc Migliarino-San Rossore-Massaciuccoli *38 km.*

★ **Pietrasanta** – *Voir ce nom.*

Suivre la direction de Lucques (S 439) et bifurquer à gauche peu après la sortie de Pietrasanta.

SS. Giovanni e Felicita – *À gauche de la route.*

Entourée d'oliviers, c'est la plus ancienne (9e s.) piève *(voir index)* de la Versilia. En façade, belle rosace de la fin du 14e s. De petites arcatures gothiques surmontent le flanc gauche et l'arrière du monument.

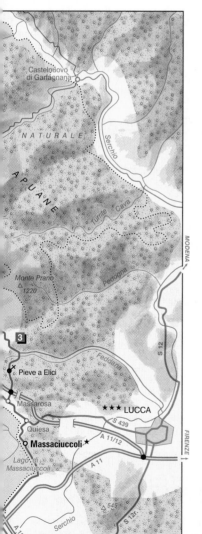

Intérieur d'une grande sobriété orné de quelques fresques du 14e s. et d'un sarcophage pré-roman.

En poursuivant dans la vallée, on arrive à Valdicastello Carducci.

Valdicastello Carducci – C'est ici, au pied du mont Gabberi, que naquit **Giosuè Carducci**. Sa **maison natale** (casa natale ⊙) abrite un petit musée consacré au poète.

Revenir sur la route de Lucques (S 439). Au bout de 3,5 km, tourner à gauche peu avant Capezzano Pianore direction S. Lucia, Monteggiori.

La route grimpe parmi les oliviers et les cyprès jusqu'à **Monteggiori**, village médiéval accroché à la montagne. Monter à pied à travers les ruelles pavées jusqu'au sommet, d'où l'on jouit d'une belle vue sur la vallée et les collines plantées de vignes et d'oliviers. Reprendre la voiture et gagner la conque de Camaiore située au pied du mont Prana (1 220 m) en suivant direction S. Anna di Stazzema *(au 1er carrefour : à gauche)*, puis Camaiore *(au 2e carrefour : à droite)*.

Camaiore – Ce village d'origine romaine (Campus Major) est aujourd'hui un important centre agricole et commercial qui conserve quelques témoignages de son passé médiéval : l'**église romane S. Maria Assunta** (1278), flanquée d'un massif campanile du 14e s., se dresse sur la piazza S. Bernardino da Siena qu'orne une belle fontaine. Non loin de là, une porte du 14e s. permet de gagner, à 1 km du centre *(suivre Badia et Cimitero)*, l'église d'une abbaye bénédictine fondée au 8e s. : cette construction romane achevée au 13e s., dont l'abside est dominée par un majestueux campanile crénelé ajouré d'arcatures, est précédée d'un grand arc, seul vestige du mur d'enceinte crénelé du 13e s. qui cernait tout le complexe abbatial.

Repartir en sens inverse et prendre à gauche en direction de Lucques au carrefour qui suit. La route descend jusqu'à un cours d'eau, où se détache à droite celle pour Massarosa.

5 km plus loin, sur la droite dans une courbe, s'élève l'église S. Pantaleone de **Pieve a Elici** : de pur style roman, elle remonte au 11ᵉ s. ; sa grande sobriété met en valeur, à l'intérieur, un triptyque de marbre (1470) au-dessus du maître-autel.

Dès que l'on quitte Pieve a Elici, la vue s'ouvre sur l'ancienne zone marécageuse de Massaciuccoli avec le lac et les nombreux canaux qui drainent le secteur. La route, sinueuse, traverse des oliveraies.

Après Massarosa, dans la plaine, prendre la direction de Lucques jusqu'à Quiesa.

À la différence de la route des hauteurs aux petits villages paysans, on traverse un secteur moderne. Après Quiesa, l'environnement redevient champêtre : vue sur tout l'ancien marais dédié à la culture maraîchère et céréalière, en petites parcelles mêlées de quelques plans de vigne.

★ **Massaciuccoli** – Ce village qui a donné son nom au lac qui le borde a conservé des vestiges de l'époque romaine. En entrant, à droite de la route, les murs d'une **villa** des 1ᵉʳ et 2ᵉ s. ont été mis au jour. À côté, la salle de l'**Antiquarium** ⊙ présente les éléments céramiques retrouvés sur place, tandis que l'école élémentaire située en face conserve la mosaïque qui ornait le sol d'une des pièces. À peine plus loin à gauche se dressent sur la hauteur, parmi les oliviers, les ruines imposantes des **thermes romains**★ *(accès à pied par un chemin fléché « zona archeologica »).* Du parvis de l'église S. Lorenzo *(1ʳᵉ à gauche après la villa romaine),* belle **vue**★ en contrebas sur les thermes, le lac et la mer.

Rejoindre la via Aurelia (S 1), direction Viareggio, que l'on quitte pour entrer dans Torre del Lago.

Par cette route, on traverse une partie du **parc naturel Migliarino-San Rossore-Massaciuccoli**, comprenant le lac (d'une profondeur moyenne de 1,60 m), le marais de Massaciuccoli et ce qu'il demeure de l'antique forêt pisane qui s'étendait sans interruption des environs de La Spezia jusqu'à Castiglioncello, au Sud de Livourne. La faune du lac compte de nombreux poissons et tortues et plus de 250 espèces d'oiseaux (dont certaines espèces rares), qui y vivent, y nidifient ou s'y arrêtent durant leur migration. L'immense zone forestière du reste du parc témoigne de l'implantation massive à partir du 16ᵉ s. du pin parasol, malgré la présence d'autres essences.

Torre del Lago Puccini – Le Lucquois **Puccini** (1858-1924) y composa la plupart de ses œuvres *(La Bohème, Tosca, Madame Butterfly...).* Sur les bords de l'agréable **lac de Massaciuccoli**, sa maison, la **villa Puccini** ⊙, abrite quelques souvenirs du musicien et son tombeau.

Retour à Pietrasanta, par Viareggio et Lido di Camaiore (voir circuit 1 *).*

Necropoli di VETULONIA★

Nécropole de VETULONIA

Carte Michelin nº 430 ou Atlas Italie p. 45 N 14 – Schéma : La MAREMMA

Vetulonia domine la plaine de Grosseto. Les puissantes **murailles de l'Arce** sont les seuls vestiges de son enceinte originale des 5ᵉ et 6ᵉ s. avant J.-C. Ville parmi les plus importantes de l'Étrurie septentrionale, elle est citée notamment par Diogène d'Alicarnasse et par Pline. Ses richesses archéologiques témoignent de la vie de cette cité du 8ᵉ s. au 2ᵉ s. avant J.-C.

Au bout de via Garibaldi, une ruelle à gauche mène à la place du cimetière : ici, on trouve les sites archéologiques de Costa dei Lippi et de Costa Murata. Au premier appartiennent une rue et des ouvrages de maçonnerie antérieurs, des 3ᵉ et 2ᵉ s. avant J.-C., tandis qu'une rue et une maison des 2ᵉ et 1ᵉʳ s. avant J.-C., situées dans une zone sacrée plus ancienne (des céramiques grecques des 6ᵉ et 5ᵉ s. avant J.-C. et étrusques y ont été retrouvées), font partie du deuxième site.

La ville actuelle se dressant sur le site même de son aînée étrusque, on s'attardera davantage à la nécropole, située à quelques kilomètres de la localité.

Nécropole – *Suivre l'indication « Tombe etrusche » et prendre ensuite avec précaution le sentier carrossable non asphalté sur environ 800 m.* Parmi les vestiges les plus intéressants, le **tumulus della Pietrera** (7ᵉ s. avant J.-C.) est une tombe formée de deux chambres superposées : la chambre supérieure, couverte d'une pseudo-coupole, est de plan quadrangulaire et celle inférieure, munie au centre d'un pilier, était à l'origine de plan probablement circulaire. À voir également la **tombe « del Diavolino »** (du petit diable), à chambre quadrangulaire et couverture en pseudo-coupole, qui conserve la base de son pilier central.

Outre la nécropole, on peut visiter les fouilles de la ville hellénistique et étrusco-romaine, au Nord-Est du village, qui ont mis au jour une rue pavée le long de laquelle se trouvaient des échoppes et des habitations.

VIAREGGIO ☆☆☆

58 531 habitants

Carte Michelin n° 430 ou Atlas Italie p.38 K 12 – Schéma : La VERSILIA

Plan dans le Guide Rouge Italia

Principale station balnéaire de la Versilia, parmi les plus fréquentées d'Italie, Viareggio est un ancien petit village de pêcheurs et de charpentiers de marine métamorphosé au début du 19e s. en station balnéaire par Marie-Louise de Bourbon, qui y lança la mode des bains de mer. En 1828 deux établissements balnéaires y sont construits : l'un pour les hommes, l'autre pour les femmes, chaque sexe ayant sa plage. Sur le **viale Regina Margherita** sont peu à peu édifiés, grâce au savoir-faire des charpentiers de marine reconvertis, une série de pavillons en bois à un étage abritant tout autant de cafés, établissements balnéaires ou boutiques. Malheureusement, en octobre 1917, un terrible incendie ravage la désormais célèbre promenade du bord de mer. Bien que les pavillons soient immédiatement reconstruits, le petit air Far West de la « Passeggiata » s'achève définitivement en 1924, date à laquelle tout est démoli au profit de la pierre. Curieusement épargné, le **chalet Martini** est le seul vestige de cette haute époque encore visible aujourd'hui.

Reconstruits en très peu de temps, le viale Regina Margherita et son prolongement, le viale Guglielmo Marconi, offrent de beaux exemples des tendances architecturales de la fin des années vingt, entre Art nouveau (ou Liberty pour les Italiens) et art déco, comme le splendide **Gran Caffè Margherita** aux coupoles baroques hautes en couleur. Portée par sa réputation, Viareggio fut très élitiste jusqu'au début des années soixante-dix : l'ouverture de campings dans les pinèdes lui permirent alors de se démocratiser.

Le chalet Martini et le Gran Caffè Margherita sur le viale Regina Margherita

LARA PESSINA

La station offre une large et longue plage de sable fin, dont de nombreux secteurs sont réservés aux seuls résidents des hôtels situés en vis-à-vis. Elle profite également de l'activité assez importante de son port de pêche. Son carnaval jouit d'une renommée internationale pour ses défilés de chars allégoriques en papier mâché, caricaturant traditionnellement la vie politique italienne et internationale. Viareggio est également connue pour ses **pinèdes** du Levant et du Ponant (la seconde, située en plein cœur de la ville, étant la plus belle), composées de pins maritimes et de pins parasols. Des laies bien aménagées parcourent ces oasis de silence.

VINCI★

13 964 habitants
Carte Michelin n° 430 ou Atlas Italie p. 39 K 14

C'est près de ce bourg, bâti à proximité du mont Albano et au cœur d'une campagne plantée d'oliviers et de vignes, que naquit en 1452 le génial **Léonard de Vinci**, mort à Amboise en 1519.

★ **Museo Leonardiano** ⊘ – Au sommet du village médiéval perché sur une colline, le clocher pointu de l'église paroissiale répond au château des comtes Guidi du 11e s., qui abrite le musée dédié à Léonard : collection d'une centaine de maquettes de machines réalisées d'après les dessins de l'artiste.

Maison natale ⊘ – *À 2,5 km au Nord de la localité, en direction de S. Lucia et Faltognano.*
La maison natale de Léonard s'élève dans un **site**★★ imprégné de douceur : une lumière transparente, des bois d'oliviers au feuillage argenté, des cultures en terrasses closes de muretins, un horizon de collines aux formes atténuées composent un harmonieux tableau. La maison présumée de l'artiste *(parking 50 m au-delà)* conserve quelques éléments du 15e s. : la cheminée, la pierre à évier et le blason familial dans la pièce principale, ainsi que le pavement de la salle en contrebas.

Léonard de Vinci, un génie universel (1452-1519)

Né à Vinci d'une liaison illégitime, Léonard prit le nom de son village. Génie créateur dont le « regard avait quatre siècles d'avance », il révèle très tôt des dons pour le dessin, la peinture et les sciences.
En 1469, venu à Florence, il apprend la peinture sous la conduite de Verrocchio. Mais la cité toscane ne lui offre pas la possibilité d'exploiter ses nombreux talents et en 1482 il part à Milan au service de Ludovic le More, auprès duquel il exercera tous les métiers : peintre, sculpteur, ingénieur civil et militaire, hydraulicien, urbaniste, musicien, organisateur de spectacles... Parallèlement il poursuit ses recherches sur l'anatomie humaine, l'eau, l'air, le vol des oiseaux, la physique et la mécanique.
En 1499, la chute de Ludovic le More l'oblige à quitter Milan. Il devra alors, après de nombreux voyages, attendre 1516 pour retrouver avec François Ier un protecteur et mécène à sa mesure.
Sa vie mouvementée n'en fut pas moins féconde. Ingénieur prolifique et visionnaire, il fut aussi un peintre hors pair, inventeur du célèbre « sfumato », cette brume légère dans laquelle ses personnages et ses paysages prennent un relief et une profondeur remarquables et où la lumière pénètre les surfaces de manière veloutée.

VOLTERRA★★

11 686 habitants
Carte Michelin n° 430 ou Atlas Italie p. 45 L 14

Volterra, ceinte de murailles étrusques et médiévales, se dresse sur une hauteur qui sépare les vallées du Cecina et de l'Era, dans un **paysage**★★ insolite et fascinant. La silhouette de la colline est interrompue à l'Ouest par les **Balze**★, éboulements chaotiques et grandioses dus à l'action de l'érosion, tandis qu'au Nord la campagne est douce et fertile.
Habitée dès le néolithique, la ville connut une période de grande splendeur avec la civilisation étrusque. Elle devint une des douze lucumonies de la confédération étrusque, avant de passer, au 3e s. avant J.-C., sous la juridiction de Rome dont elle devint un municipe.
Ainsi, malgré sa structure médiévale générale, Volterra conserve des vestiges étrusques (porte de l'Arc, enceinte du 4e s. avant J.-C.), et romains (théâtre et ruines). Une des activités les plus importantes de la ville est le travail de l'albâtre, pratiqué depuis le 8e s. avant J.-C., dont témoignent les nombreuses boutiques artisanales. À l'Ouest, de vastes salines sont exploitées pour la fabrication de sel raffiné et de soude.

★★ **Piazza dei Priori** – Elle est entourée de palais sobres et sévères. À droite, le **palais Pretorio** (13e s.), percé de baies géminées, est accompagné d'une massive tour crénelée dite « del Porcellino » (du petit cochon) ainsi appelée à cause du sanglier représenté dans sa partie supérieure. En face, le **palais des Prieurs** du 13e s. est décoré d'emblèmes de gouverneurs florentins.

À gauche du palais des Prieurs, prendre la via Turazza.

★ **Dôme et baptistère** – Sur la pittoresque piazza San Giovanni, le dôme, de style roman pisan, a été plusieurs fois modifié. Il comporte trois nefs à colonnes monolithes et chapiteaux du 16e s. Le plafond à caissons représente le Paradis avec

Le travail de l'albâtre

les saints de Volterra, et au-dessus du chœur l'Assomption de la Vierge. Sur la gauche, on accède à la chapelle de l'Addolorata (Vierge de douleur), qui abrite le *Cortège des Mages*, fresque de Benozzo Gozzoli (1420-1497) servant de fond à la crèche en terre cuite polychrome de Zaccaria Zacchi da Volterrra (1473-1544). En face de cette composition harmonieuse se trouve une autre terre cuite polychrome de Zacchi, l'*Adoration des Mages*. Au second autel à gauche dans l'église, *Annonciation* d'Albertinelli et de Fra Bartolomeo della Porta (1498). Entre le bas-côté et la nef centrale, la chaire présente des bas-reliefs de maîtres romans du 12e s. Au 3e autel gauche, on peut voir l'*Immaculée Conception* de Niccol Cercignani, dit le Pomarancio (vers 1530-1592).

Circulation réglementée dans le centre-ville

Dans le croisillon gauche, la chapelle Inghirami, ou de St-Paul, abrite la *Conversion de saint Paul* du Dominiquin (1581-1641) et le *Martyre de saint Paul*, du maniériste Francesco Curradi. Dans le même croisillon, *Vierge* en bois de l'école siennoise du 15e s.

Dans le croisillon droit, on sera touché par une *Déposition*★★ du 13e s., en peuplier polychromé, argenté et doré représentant le Christ, Nicodème, Joseph d'Arimathie, Marie et Jean (groupe statuaire parmi les mieux conservés de cette époque). Sa beauté provient de la polychromie, de la richesse des figures et de la douce harmonie de l'ensemble, à laquelle contribuent l'escalier et la croix d'origine.

Le baptistère, de plan octogonal, date de 1283. Son portail est en marbre, et seul un de ses côtés est décoré de bandes de marbre blanches et vertes.

★ **Porta all'Arco** – L'arc étrusque, du 4e s. avant J.-C., est appareillé de blocs colossaux quadrangulaires.

Revenir piazza dei Priori, prendre la ruelle en pente qui part de la place, et tourner dans la via Buomparenti, où l'on admire les remarquables maisons-tours Buomparenti datant du 13e s., unies par un arc élancé.

Via dei Sarti – Elle est bordée de palais, dont les plus intéressants sont, au no 1, le palais Minucci-Solaini, attribué à Antonio da Sangallo et occupé par la pinacothèque, et, au no 41, le palais Viti, dont la superbe façade Renaissance a été dessinée par Ammannati.

Palazzo Viti ⊘ – C'est ici que Luchino Visconti tourna en 1964 quelques scènes de son film *Sandra*. Aujourd'hui, le palais nous parle encore des activités et des voyages de la famille Viti, propriétaire de la fabrique la plus renommée de Volterra jusqu'à sa fermeture en 1874, d'où proviennent les sculptures de marbre, de pierre et d'albâtre. Les magnifiques vêtements indiens de Giuseppe Viti, marchand d'albâtre ainsi que vizir et émir du Népal, sont ici exposés. Les *stencils* qui décorent les murs des salles et les délicates collections de dessins chinois et de porcelaines, sont eux aussi saisissants.

Pinacoteca ⊘ – *Dans le palais Minucci-Solaini.* Elle présente d'intéressantes œuvres d'art sacré dues à des maîtres toscans du 14e au 17e s., notamment une *Vierge à l'Enfant* de Taddeo di Bartolo (vers 1362-vers 1422), une belle *Annonciation* de Luca Signorelli (vers 1445-1523) et une dramatique *Déposition de croix*★★ (illustration p. 117), aux silhouettes stylisées, du Rosso (1495-1540), un *Christ Rédempteur* de Domenico Ghirlandaio (1449-1494), des statues du 15e s. et des peintures sur bois du 14e s., dont une prédelle (*Le Mariage de la Vierge*), de Benvenuto di Giovanni (1436-vers 1518).

Gagner la **piazza San Michele**, sur laquelle s'élèvent la façade romane de l'église du même nom, qui abrite une *Vierge à l'Enfant* en terre cuite de Giovanni Della Robbia, et une singulière maison-tour.

De là en passant par la porta Fiorentina, on peut rejoindre les **ruines romaines** du 1er s. avant J.-C., visibles également d'en haut, depuis la rue ouvrant à gauche avant la porte.

Urne étrusque du musée Guarnacci

Revenir piazza San Michele et descendre le long escalier de la via di Docciola pour atteindre la **Porta di Docciola**, porte fortifiée du 13e s. près de laquelle se trouve la fontaine de Docciola, remontant à 1245.

Revenir piazza S. Michele par le même escalier. Dépasser l'étroite et pittoresque **via Matteotti** et prendre la via Gramsci. Une fois arrivé piazza XX Settembre, entrer dans la petite église pour voir l'*Assomption de la Vierge*, terre cuite dans le style des Della Robbia datant du 16e s.

★ **Museo etrusco Guarnacci** ⊘ – Cette très riche collection de pièces étrusques date de 1761, quand monseigneur Mario Guarnacci offrit à la ville sa collection archéologique ainsi que sa bibliothèque privée.

Aujourd'hui, le musée présente chronologiquement des pièces allant de l'époque villanovienne (8e s. avant J.-C.) à la

L'urne cinéraire

Elle est caractéristique de l'art funéraire étrusque de Volterra. Après le rite de crémation, on y déposait les cendres du défunt, devenu immortel, et voué au bonheur du banquet des dieux des enfers.

Cette vision de l'au-delà explique que l'urne possède un couvercle anthropomorphe où la figure humaine est généralement allongée (position usuelle pour les banquets). L'urne à couvercle à double pente et poutre centrale précédait ce type d'urne.

période hellénistique (du 4e au 1er s. avant J.-C.), phase de très grande créativité artistique, s'exprimant essentiellement à travers les **urnes cinéraires** en tuf, en albâtre et plus rarement en terre cuite.

Parmi les petits bronzes votifs, il faut signaler la célèbre *Ombre du soir*, probablement baptisée ainsi par Gabriele D'Annunzio en raison de la forme allongée du corps.

Viale dei Ponti – Cette promenade offre de superbes **vues**★★ sur les Collines Métallifères *(voir Colline Metallifere)*. Au-dessus se dresse la Fortezza : cet impressionnant ensemble d'architecture militaire, aujourd'hui prison, se compose de deux forteresses, l'Ancienne (14e s.) et la Nouvelle, édifiée en 1472 et comprenant un donjon et quatre tours d'angle.

P. Sommelet/DIAF

Les Balze

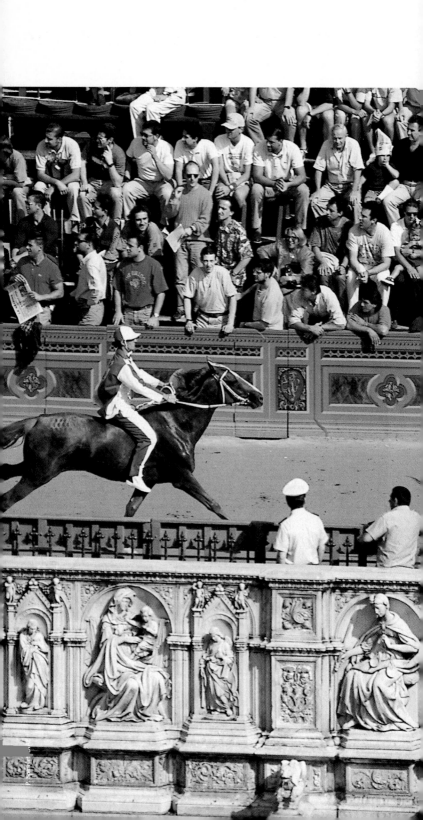

Renseignements pratiques

Ce qu'il faut savoir

ADRESSES UTILES

Offices de tourisme – Pour organiser son voyage, rassembler la documentation nécessaire, vérifier certaines informations, s'adresser en premier lieu à l'**E.N.I.T.** (Ente nazionale italiano per il turismo), c'est-à-dire l'Office national italien de tourisme :
– à Paris, 23, rue de la Paix (75002), ☎ 01 42 66 66 68 (informations téléphonées), fax 01 47 42 19 74, ☎ 08 36 68 26 28 (serveur vocal, 24 h/24). Minitel 3617 ITALIE ;
– à Bruxelles, 176, avenue Louise, ☎ (00 322) 647 11 54 ou 647 17 41, fax (2) 6 40 56 03, Web : perso.infonie.be/enit-bel, E-mél : enit-bel@infonie.be ;
– à Zurich, Uraniastrasse 32 (8001), ☎ (00 411) 21 17 917 ou 21 13 031, E-mél : enit@bluewin.ch ;
– à Toronto, 17 Bloor Street, suite 907, South Tower (M4W 3R8), ☎ (001 416) 92 54 882 ou 92 53 725, Web : www.italiantourism.com
On peut aussi se renseigner aux bureaux de la **Compagnie italienne de tourisme (C.I.T.)** installée à Paris : 3/5, boulevard des Capucines (75002), ☎ 01 44 51 39 51, fax 01 44 51 39 67. D'autres agences sont installées à Paris ainsi qu'à Bordeaux, Cannes, Lille, Lyon, Marseille, Nantes, Nice et St-Étienne et dans un certain nombre de villes européennes. Le serveur Minitel 3615 CITEVASION permet d'obtenir le catalogue et de profiter de tous les services offerts par la C.I.T.
En Toscane, dans les chefs-lieux de province (l'équivalent des préfectures françaises), il existe un Office provincial de tourisme portant le nom de **A.P.T. (Azienda Promozione Turismo)** ou un **E.P.T. (Ente Provinciale per il Turismo)** ; dans chaque station touristique, une **Azienda Autonoma di Soggiorno, Cura e Turismo (A.S.)**, qui fait office de syndicat d'initiative et fournit les renseignements touristiques nécessaires sur la localité elle-même.
La dernière partie de ce chapitre, intitulée Conditions de visite, donne l'adresse des offices de tourisme des principales villes de Toscane. On s'adressera de préférence à eux pour obtenir des renseignements plus précis sur une ville, un secteur, des manifestations touristiques ou des possibilités d'hébergement. Le Guide Rouge Italia (hôtels et restaurants) donne également les adresses des offices de tourisme des villes qu'il traite, ainsi que celles des bureaux de l'**Automobile Club italien (A.C.I.)**.

Ambassades – De **France** : à Rome, palazzo Farnese, piazza Farnese 67, ☎ 06 68 60 11. De **Belgique** : à Rome, via dei Monti Parioli 49, ☎ 06 36 09 511. De **Suisse** : à Rome, via Barnaba Oriani 61, ☎ 06 80 95 71.

Consulats – De **France** : à Florence, piazza Ognissanti 2, ☎ 055 230 25 56. De **Belgique** : à Rome, via Monti Parioli 49, ☎ 06 32 24 441. De **Suisse** : à Gênes, piazza Brignole 3, ☎ 010 56 56 20 ; à Milan, via Palestro 2, ☎ 02 77 77 91 61.

COMMENT SE RENDRE EN TOSCANE

En voiture – Les voies d'accès pour l'Italie, hormis le passage côtier Menton/Vintimille, sont tributaires des cols et tunnels alpins. Les routes principales utilisent le col du Montgenèvre près de Briançon, le tunnel du Fréjus et le col du Mont-Cenis près de St-Jean-de-Maurienne, le col du Petit-St-Bernard près de Bourg-St-Maurice et le tunnel du Mont-Blanc près de Chamonix *(fermé à la circulation jusqu'au printemps 2001)*. Depuis la Suisse, trois routes sont possibles : par le col ou le tunnel du Grand-St-Bernard, le col du Simplon et celui du St-Gothard qui, via le Tessin et Lugano, permet d'entrer en Italie par la région des lacs lombards (d'où l'on rejoint facilement Milan).
La Toscane est ensuite desservie par les autoroutes A 1 (Milan / Naples), A 11 (Côte tyrrhénienne / Florence) et A 12 (Gênes / Livourne).
Pour définir l'itinéraire entre votre point de départ en France et votre destination en Italie, consultez :
– les **cartes Michelin** *(voir détail des publications utiles ci-après)* ;
– sur **Minitel** : le **3615 MICHELIN** (2,23 F TTC/min), les **3617** et **3623 MICHELIN** avec feuille de route par fax (5,57 F TTC/min). Ces serveurs vous indiquent en France comme en Europe : le temps de parcours, les distances, les routes à suivre, le coût des péages, l'itinéraire le plus rapide, le plus court, favorisant les autoroutes, évitant les péages ou simplement celui que vous conseille personnellement Michelin. Le 3623 n'est accessible que depuis un Minitel Magis Club ou un modem TVR ;
– sur **Internet**, adresse multilingue http ://www.michelin-travel.com (services identiques à ceux du Minitel).

En train – De **Paris** (gare de Lyon), deux trains directs desservent la Toscane. Le *Galilei* (départ 20 h 09, arrêt à Dijon et Chambéry) est à destination de Florence (9 h 32). Le *Palatino Euronight* en direction de Rome part de Paris à 19 h 33, fait arrêt à Dijon et Chambéry, et dessert Pise à 6 h 56.
De **province**, peu de trains directs relient la France à la Toscane :
– de Lyon, changement à Dijon pour Florence, ou à Turin pour Pise ;
– de Bordeaux, changement à Toulouse, Marseille ou Nice pour Pise ;

De Belgique, un seul train circulant uniquement en juillet et août relie sans changement Bruxelles à Florence (pour Pise prendre une correspondance à Florence) : départ vers 15 h 57 de Bruxelles (gare Bruxelles-Midi), arrivée vers 7 h 24 à Florence, avec arrêts à Namur, Arlon, Luxembourg et Bâle.

De Suisse, par les chemins de fer fédéraux suisses, un changement à Milan est nécessaire. Pour obtenir des **réductions**, penser à se renseigner auprès de la SNCF en France et des chemins de fer belge (SNCB) et suisse (CFF).

En avion – Pise et Florence *(voir détails en début du chapitre Firenze et Pisa)* sont reliées aux capitales européennes et aux grandes villes de France. Se renseigner auprès des agences Air France, Meridiana, Sabena, Swissair et Alitalia de la ville de départ. L'arrivée par Bologne peut également être intéressante dans la mesure où l'on prévoit de visiter le secteur au Nord de Florence.

FORMALITÉS D'ENTRÉE EN ITALIE

Papiers d'identité – Pour un voyage de moins de 3 mois, il suffit aux citoyens de la Communauté européenne d'être en possession d'une carte d'identité en cours de validité ou d'un passeport (éventuellement périmé depuis moins de cinq ans). Pour les mineurs, se renseigner auprès de la mairie ou du commissariat de police.

Conducteurs – Permis de conduire à 3 volets ou permis de conduire international.

Documents pour la voiture – Outre les papiers du véhicule, il est recommandé de se munir d'une carte verte internationale d'assurance automobile, dite « carte verte ». Se renseigner auprès de sa propre compagnie d'assurance.

Assistance sanitaire – Afin de profiter d'une assistance médicale en Italie au même coût que dans leur pays d'origine, les citoyens de la CEE doivent se procurer le formulaire **E 111** avant leur départ (il en est de même pour les citoyens de la Principauté de Monaco). Les Français doivent s'adresser auprès de leur centre de Sécurité sociale (obtention du formulaire possible par Internet : http://www.cerfa.gouv.fr) Pour les accidents d'auto, les Suisses jouissent de la Convention prévue par le formulaire ICH.

Animaux domestiques – Se munir d'un certificat vétérinaire de moins de dix jours prouvant que son animal de compagnie a été vacciné contre la rage depuis plus d'un mois et moins de onze.
Attention, les Italiens ont beaucoup moins d'animaux domestiques que les Français. Nombre d'établissements hôteliers et de terrains de camping ne les admettent pas : consulter le Guide Rouge hôtelier ITALIA pour choisir un hôtel acceptant les chiens.

Vie pratique en Toscane

HORAIRES

Heure – L'Italie est à la même heure que la France, la Belgique et la Suisse, et applique l'heure d'été aux mêmes dates. Les Italiens appellent l'heure d'été « heure légale », l'heure d'hiver « heure solaire » et se réfèrent aux dates de changement d'heure lorsqu'ils divisent sommairement l'année en deux : l'été et l'hiver (ceci est vrai tout particulièrement pour les horaires d'ouverture des musées et monuments).

Jours fériés
– 1er janvier
– 6 janvier (Épiphanie)
– Pâques
– lundi de Pâques (« lunedì dell'Angelo »)
– 25 avril (anniversaire de la libération de 1945)
– 1er mai
– 15 août (« Ferragosto »)
– 1er novembre
– 8 décembre (Immaculée Conception)
– Noël
– 26 décembre (Saint-Étienne)
En outre, chaque ville chôme la fête de son saint patron.

MONNAIE ET PAIEMENT

Change – En Italie on compte en lires. Taux de change moyen en 2000 : 1 000 lires pour 3,40 francs français (ou approximativement 1 FF = 294 L.)

Banques – Elles sont généralement ouvertes de 8 h 30 à 13 h 30 et de 15 h à 16 h, et fermées les samedis, dimanches et jours fériés.
On peut également changer de l'argent à la poste (sauf les chèques de voyage) et dans les agences de change. Une commission est toujours perçue.

Cartes de crédit – Les paiements par carte sont de plus en plus possibles, les commerçants et les établissements hôteliers (tout particulièrement dans les grandes villes) s'étant équipés des appareils nécessaires. Le **Guide Rouge Italia** signale les cartes de crédit acceptées par les hôtels et restaurants sélectionnés par ses soins, lorsque ces établissements permettent ce type de paiement.

Attention, en Italie deux systèmes cohabitent : le « Bancomat » et la « Carte de crédit » (ce qui explique que les Italiens ont pour la plupart deux cartes distinctes). Les cartes internationales dont disposent les touristes conviennent aux deux systèmes. Le **Bancomat** exige de taper son code personnel et retient une commission de 3 000 L par opération. En revanche, le système **carte de crédit** ne prend pas de frais et se distingue par la simple apposition de la signature sur le ticket de paiement. Il est donc conseillé de réclamer le paiement dit par « Carte de crédit » (et signature) si quelqu'un vous réclame votre code, que ce soit à l'hôtel, au restaurant ou pour un achat, afin d'éviter la commission **Bancomat**.

En revanche la délivrance de billets dans les distributeurs automatiques (nombreux dans toutes les grandes villes) n'est possible que par Bancomat. Cela dit, la commission de 3 000 L pour un retrait bancaire en lires est souvent inférieure à celle d'une commission de change, et le taux du Bancomat toujours plus intéressant.

POSTE ET TÉLÉPHONE

Les **postes** en Italie sont indépendantes du service des télécommunications. Elles sont ouvertes de 8 h 30 à 14 h (à 12 h le samedi et le dernier jour du mois).

Les **services téléphoniques** sont gérés par Telecom Italia (anciennement SIP, dont le sigle est encore visible sur certaines cabines téléphoniques). Chaque agence est équipée de **cabines publiques** permettant de régler son appel à la caisse.

Par ailleurs, et parallèlement aux cabines à pièces (ou encore pour certaines à jetons), dans les zones touristiques se généralisent les **cabines à carte** ; on peut se procurer ces cartes auprès des agences Telecom Italia ainsi que dans les bureaux de tabac (signalés par un panonceau à T blanc sur fond noir). Détacher l'angle prédécoupé (comme indiqué sur la carte elle-même) avant la première utilisation ; les cabines ne peuvent fonctionner si les 4 coins sont vierges.

Appels internationaux :

D'Italie vers la France : 00 33 + numéro du correspondant
(00 32 pour la Belgique ; 00 352 pour le Luxembourg ; 00 41 pour la Suisse)
De France vers l'Italie : 00 39 + numéro du correspondant.

Numéros utiles :

12 : renseignements
15 : appel en PCV
112 : intervention d'urgence des carabiniers (*n'appeler qu'en cas de réelle nécessité*).
113 : police, croix-rouge, intervention sanitaire rapide (*n'appeler qu'en cas d'urgence absolue*).
115 : pompiers
116 : secours routier de l'ACI (Automobile Club d'Italie)
17200 suivi de l'indicatif du pays (33 pour la France, 32 pour la Belgique, 41 pour la Suisse) : appel en PCV vers l'étranger, service nommé *Countrydirect*.

En **Italie**, les communications sont moins chères à partir de 18 h 30 en semaine, le week-end à partir du samedi 13 h 30 ; un second palier de réduction est appliqué tous les jours entre 22 h et 8 h du matin.

SANTÉ

Les pharmacies (« farmacia ») sont signalées par une croix rouge et blanc. Les jours de fermeture, on y trouve affichés les noms des médecins et de la pharmacie de garde.

ACHATS

Heures d'ouverture des commerces – En général, les magasins ouvrent de 9 h à 12 h et de 15 h 30 à 19 h 30. Dans les stations balnéaires, nombreux sont ceux qui restent ouverts tard le soir.

Chaussures et confection – Avant même d'essayer, sachez que les tailles de vêtements italiens ne correspondent pas aux françaises : retirez deux tailles pour obtenir la taille française (un 44 italien correspond à un 40 français). De même, pour les pointures de chaussures ajoutez en une (un 37 italien correspond à un 38 français).

Vidéocassettes – Attention, les cassettes vidéo italiennes sont généralement enregistrées en PAL et non en SECAM (système adopté en France). Bien connaître les possibilités de son propre équipement (certains lisent les deux systèmes) avant de faire une acquisition.

APPAREILS ÉLECTRIQUES

Le voltage est le même qu'en France (220 V), mais l'écartement des prises de branchement varie parfois quelque peu par rapport aux normes françaises : il est recommandé en conséquence de se munir d'un adaptateur.

LA VOITURE

Cartes routières - Pour l'ensemble de l'Italie, utiliser la **carte Michelin** n° 988 au 1/1 000 000. La Toscane est par ailleurs couverte par la **carte Michelin** n° 430 Italie Centre au 1/400 000.
Le **Touring Club italien (T.C.I.)**, Corso Italia 10, 20122 Milano, ☎ 02 85 26 72 à Milan, édite également des cartes au 1/200 000 couvrant toute l'Italie.

Carburant

Super = essence super

Senza piombo ou **Euro-Plus** = essence sans plomb, indice d'octane 95

Sur les **routes**, les stations-service ferment généralement de 12 h 30 à 15 h, le soir après 19 h et les dimanches et jours fériés. Sur autoroute, elles sont ouvertes nuit et jour. Le règlement peut être effectué directement sur certaines pompes, soit par carte de crédit, soit en liquidités, mais les billets de 10 000 ou 50 000 L sont alors les seuls acceptés.

Limitation de vitesse – En ville, la vitesse est limitée à 50 km/h, sur les routes nationales (« strade statali » ou « S.S. ») à 90 km/h, et sur autoroute généralement à 130 km/h, parfois 110 km/h (c'est le cas partout en Sicile). Attention, sur autoroute, les détenteurs d'un permis de moins de 3 ans sont tenus de ne pas dépasser 100 km/h.

Ceinture de sécurité – Elle est obligatoire à l'avant et à l'arrière du véhicule.

Paiement des autoroutes – Il est conseillé d'acheter la carte de paiement *Via Card* pour passer rapidement aux guichets d'autoroute. La carte (d'une taille de carte de crédit) est en vente aux péages et aux autogrills d'autoroute ainsi que dans certains bureaux de poste et bureaux de tabac. Il en existe à 20 000, 50 000 et 100 000 lires.
Aux péages emprunter, quand elles existent, les voies réservées aux paiements par carte Viacard ; ces voies sont signalées en hauteur par des panonceaux appropriés et tracées au sol par un marquage bleu. En revanche, attention de ne pas s'engager dans ces voies réservées si vous ne possédez pas la carte : il ne vous sera pas possible de régler en liquide ou carte de crédit le tronçon emprunté, et si vous ne pouvez faire marche arrière (pour peu qu'une file de voitures vous suive), vous n'aurez d'autre solution que de vous mettre en communication (en italien) avec un opérateur à distance. Une certaine perte de temps est alors à prévoir.

Avertissements routiers - Pour les indications routières les plus communes consulter le lexique en fin de volume.

Parking - Il est fréquent de trouver des parkings surveillés par des **gardiens**. Se renseigner sur les tarifs avant de laisser sa voiture.
Dans de nombreuses villes, de grands panneaux rectangulaires ceinturent le centre historique, portant l'inscription **« Zona a traffico limitato riservata ai veicoli autorizzati »**. Ils signalent le début d'une zone à trafic limité (réservée aux véhicules autorisés) : éviter de pénétrer dans ces secteurs anciens, aux rues géné-ralement très étroites, souvent sans trottoir, et se garer impérativement en dehors.

Indications touristiques

Lorsque vous circulez en voiture en Italie, les curiosités touristiques sont portées à votre attention par des panneaux de signalisation à fond jaune.

Les plages

Sur certains secteurs de la côte, des plages payantes (souvent très propres et d'un confort particulièrement remarquable) peuvent alterner avec des plages libres parfois un peu moins bien entretenues.

Hébergement

Soucieux de vous aider à organiser vos étapes ou votre séjour dans les grandes cités touristiques, nous avons établi pour certaines localités un **carnet d'adresses**, aisément repérable par le bandeau bleu placé sur le bord extérieur des pages. Là, vous trouverez une sélection d'hôtels établie en fonction de l'agrément ou du bon rapport qualité/prix offert par ces établissements et, pour les plus grandes villes, les adresses et informations utiles pour tirer le meilleur profit de votre séjour.

Les hôtels retenus sont classés en trois catégories correspondant à une fourchette de prix :

À BON COMPTE signale des établissements où le prix des chambres est inférieur à 150 000 L ;

VALEUR SÛRE ceux dont le prix est compris entre 150 000 et 300 000 L ;

UNE PETITE FOLIE ceux où les prix sont supérieurs à 300 000 L.

Guide Rouge Italia – Mis à jour chaque année, il recommande un large choix d'hôtels établi après visites et enquêtes sur place. Ne pas oublier que :
– les établissements se distinguant dans le guide par des symboles en rouge offrent un séjour particulièrement agréable ou reposant
– & signale les hôtels tranquilles
– & signale les établissements simples mais convenables.

« Agriturismo » – Ce terme permet pour les Italiens de définir un mode de vacances particulier en milieu rural. L'hébergement se fait **à la ferme**, ou dans des dépendances aménagées spécifiquement, ce qui permet un contact privilégié avec la nature, les habitants, les produits régionaux et la cuisine typique mais sans contrepartie de travaux agricoles. Souvent des activités récréatives ou sportives sont proposées.

La Toscane offre à cet égard des paysages magnifiques et extrêmement variés allant des douces collines du Chianti ou de la campagne siennoise, aux montagnes et aux vallées du Mugello, du Casentino, de la Garfagnana et de la Lunigiana ou encore aux secteurs côtiers avec ses plates étendues de plaine ou ses promontoires et ses îles rocheuses.

Pour informations, envois du guide (payant) et réservations, s'adresser au secrétariat général de **Terranostra Toscana** (branche régionale de Terranostra, Associazione per l'Agriturismo e l'Ambiente) à Florence : via Magazzini n° 2 Firenze, ☎ 055 28 05 39 tous les jours de 8 h 30 à 13 h 30, ainsi que l'après-midi des lundi, mercredi et vendredi de 14 h 30 à 17 h 30. Fermé le samedi. On peut également acheter le guide auprès des bureaux de l'E.N.I.T. *(adresses en début de chapitre)*.

Auberges de Jeunesse – En Italie, on les nomme « *Ostelli della Gioventù* ». Certaines délivrent la carte annuelle internationale des Auberges de Jeunesse, mais il est plus prudent de se la procurer auprès de la FUAJ (Fédération unie des auberges de jeunesse, reconnue par la Fédération internationale) : 27, rue Pajol, 75018 Paris, ☎ 01 44 89 87 27. 70 F jusqu'à 25 ans, 100 F au-delà, 100 F pour les familles dont au moins un membre a moins de 14 ans, 250 F pour les groupes d'au moins 10 personnes.

On peut également obtenir des informations auprès de la Ligue française des A.J., 67, rue Vergniaud, 75013 Paris, ☎ 01 44 16 78 78 ; fax 01 44 16 78 80, Minitel 3615 Auberge de J. Se renseigner à ce numéro pour obtenir les coordonnées des antennes régionales.

Camping-Caravaning – Voir le symbole △ sur la carte Michelin n° 430.

Il suffit, pour planter sa tente, de demander l'autorisation au propriétaire du terrain. Il existe en Italie de nombreux camps aménagés. Renseignements auprès de Federcampeggio (Fédération italienne du camping et du caravaning) : via Vittorio Emanuele 11, 50041 Calenzano. ☎ 055 88 23 91.

Cette fédération édite annuellement une carte des terrains de camping italiens avec la liste des terrains accordant une réduction aux titulaires du Carnet camping international, ainsi qu'un guide *Campeggi e villaggi turistici in Italia* en coopération avec le Touring Club italien.

Forfaits intéressants – Pour des séjours courts dans des villes données (surtout Florence, Pise, Sienne, San Gimignano), ne pas hésiter à consulter une agence de voyages pour obtenir un forfait train + hôtel ou avion + hôtel. Une carte permettant d'accéder à divers musées de la ville peut également faire partie du forfait.

Restauration

COMMENT SE COMPOSE UN REPAS ITALIEN

Le repas traditionnel se compose d'un « **antipasto** » ou hors-d'œuvre (crudités, charcuterie, légumes confits, etc.) ; d'un « **primo** » (primo piatto : le premier plat), essentiel, que sont le riz, mais surtout les pâtes sous toutes leurs formes et accommodées de multiples façons ; d'un « **secondo** » (viande ou poisson) que l'on peut accompagner d'un « **contorno** » (légumes ou salade). Après le fromage – « **formaggio** » – sont servis les fruits ou « **frutta** », ainsi que de nombreux desserts : gâteau ou « **dolce** », glace ou « **gelato** », gâteau glacé ou « **semifreddo** ».

BOISSON

L'**eau** se consomme peu en carafe (on peut néanmoins demander *acqua naturale*) mais plutôt en bouteille ; on demande alors de l'*acqua minerale*, sans préciser de marque, *non gassata* (plate) ou *gassata* (gazeuse). Les **vins** se commandent à la carte, mais de nombreux établissements proposent du vin en pichet. Si l'on souhaite moins d'une bouteille, demander du vin *in caraffa* ou « **vino sfuso** », en précisant *un quartino* (un quart) ou *mezzo litro* (un demi-litre) ou *vino della casa* (la cuvée du patron). Quant à la **bière**, elle peut être servie en bouteille ou à la pression *(alla spina)* ; les principales marques italiennes sont : Moretti, Forst et Peroni.

Pâtisserie typique

PETIT DICTIONNAIRE DES PÂTES LES PLUS COURANTES

Cannelloni : gros tubes farcis de ragoût ou d'une autre sauce.

Farfalle : pâtes en forme de papillon.

Fettuccine : tagliatelle romaines (légèrement plus étroites).

Fusilli : petites pâtes en spirale.

Lasagne : larges feuilles de pâtes que l'on prépare en superposant plusieurs fois pâtes, ragoût à la sauce tomate et parmesan, le tout passé au four.

Maccheroni : pâtes en forme de petits tubes.

Ravioli : petits coussinets fourrés à l'intérieur de ragoût ou d'épinard.

Spaghetti : le grand classique, pâtes fines et longues.

Tagliatelle : rubans de pâte étroits et longs.

Tortellini : pâtes enroulées sur elles-mêmes garnies de viandes ou de fromage et servies dans un bouillon.

LE CAFÉ

Grande spécialité des Italiens, qui semble-t-il le torréfient légèrement plus que les Français, le café se boit à toute heure. L'« **espresso** » correspond à notre express : il est particulièrement serré et remplit juste le fond de la tasse. Si l'on préfère un café un peu plus long, de l'ordre de l'express français, demander alors un « **caffè lungo** ». Le café « **corretto** » est « corrigé » d'eau-de-vie. Le « **caffè latte** » est un simple café au lait, différent du café « **macchiato** » servi dans une petite tasse et simplement « taché » de lait. Le « **cappuccino** » (ou *cappuccio*) enfin se rapproche du café crème, quoique le lait soit battu en mousse et saupoudré à volonté de cacao.

Le sucre en morceau est très peu utilisé en Italie : ne pas s'étonner par conséquent de ne trouver que du sucre en poudre au comptoir des bars (présenté généralement dans de magnifiques récipients oblongs à couvercle, fréquemment en argent, où chacun se sert grâce à une cuillère à long manche).

En règle générale, on paye d'abord sa consommation à la caisse, et ensuite seulement, muni du ticket, on peut commander au comptoir auprès du serveur qui ne manipule pas d'argent.

G. del Magro/SIPA PRESS

Les glaces

Réputées à travers le monde, les glaces et sorbets italiens (*gelato*) participent au plaisir des vacances. Outre les sorbets les plus originaux, quelques parfums sont peu connus des Français : la « **stracciatella** » est une glace au lait relevée de pépites de chocolat ; « **gianduia** » fait référence à de petits chocolats au lait, oblongs et fondants, parfumés à la noisette ; « **bacio** » est une glace au chocolat au lait, « **fior di latte** » (ou « **panna** » qui lui ressemble énormément) simplement à la crème de lait, sans oublier la « **cassata** » proche de notre plombières et « **crema** » une crème jaune parfumée de vanille ; quant au parfum « **tiramisù** », il reprend celui du fameux gâteau glacé (ou *semifreddo*) au café ainsi nommé.

Les sandwichs

À la différence de la France, la garniture d'un sandwich n'a rien de vraiment traditionnel. On ne peut pas dire que l'on trouvera imperturbablement un jambon beurre ! Premier point, faites un deuil du beurre (un mince filet d'huile rendra tout aussi onctueux votre pain) et profitez des dentelles de jambon cru ou cuit (*prosciutto crudo* ou *cotto*), assaisonnées de cœurs d'artichauts, de tomates, de petits champignons ou d'épinards. La mortadella est également fréquente, vous trouverez parfois des anchois, sans parler des fromages frais style *mozzarella* ou *stracchino*…
N'hésitez pas à prendre du temps avant de choisir ce que vous verrez exposé derrière une petite vitrine (comme chez nos pâtissiers) déjà tout préparé ou en mesure de l'être selon votre goût (bocaux et charcuterie à la coupe pourront répondre à votre envie du moment).
Ne vous laissez pas surprendre pas les différents types de « pain ». Généralement plus petits, ils se présentent principalement sous trois formes :
– la « **schiacciata** » : sandwich à base d'onctueuses galettes à l'huile légèrement salées en surface, de large diamètre et se présentant fréquemment comme des parts de gâteaux.
– le « **tramezzino** » : sandwich triangulaire fait avec du pain de mie coupé en diagonale.
– le « **panino** » : sandwich préparé avec un petit pain rond ou long.
N'oubliez pas non plus qu'un « **pezzo di pizza** » peut faire l'affaire : la pizza dans les bars est préparée sur de grandes plaques de métal et donc vendue à la part (en morceau : pezzo).

Restauration rapide

Outre les bars proposant sandwichs et glaces, les petites épiceries de village offrent de quoi se composer un repas à la sauvette ; fruits frais, légumes (les tomates sont très parfumées), boissons souvent rafraîchies et yaourts vendus à l'unité. Une « **pizzicheria** » est une charcuterie, mais dans les villages ce type de commerce propose également du pain, parfois du fromage, du vin, de l'huile et autres spécialités locales.

G. Thouvenin/EXPLORER

Idées de voyage en Toscane

VOYAGES À THÈME

Le détail des circuits présentés ici figure sur la carte des itinéraires de visite p. 12 et 13. Les explications qui suivent permettent d'organiser son voyage en fonction de ses goûts, du désir de découvrir la région ou d'en approfondir les richesses.

1 **Les villes de prestige** – *300 km (12 jours dont 4 à Florence)*. Ce circuit permet de découvrir ce qu'il faut voir en Toscane, si l'on y va pour la première fois, c'est-à-dire avant tout les grandes villes d'art. L'itinéraire offre par ailleurs un bon aperçu de la campagne florentine en longeant les monts du Chianti par la S2, ou en parcourant des routes plus confidentielles aux environs de San Gimignano.

2 **Autour des montagnes de marbre : villes d'art et nature** – *300 km*. Secteur très largement montagneux ouvrant toutefois sur la Riviera de la Versilia et incluant les villes de Pise et Lucques, cette région tire une grande partie de son activité et de sa richesse du marbre des Alpes Apuanes auxquelles succède dans la Lunigiana et la Garfagnana le relief des Apennins.

3 **Le Nord de Florence** – *200 km*. Découverte des environs élégants de Florence en allant à Fiesole, et d'un secteur de petites montagnes en parcourant la vallée de la Sieve et le Mugello.

4 **Casentino et Pratomagno : nature et spiritualité** – *250 km*. Modelée par le cours moyen de l'Arno, cette région se caractérise par ses montagnes austères mais non sévères ni inhospitalières ; leurs formes amples et souples, leurs contours doux appellent à la méditation comme en témoignent les nombreuses implantations religieuses et ordres qui ensuite essaimèrent en dehors de la région : la Verna (pour saint François), Camaldoli (pour les Camaldules), Vallombrosa (pour les Vallombrosiens).

5 **De la haute vallée du Tibre au Val di Chiana** – *250 km*. Cet itinéraire permet de découvrir de prestigieuses cités étrusques, la ville d'Arezzo, des œuvres majeures de Piero della Francesca qui vécut longtemps dans ce secteur, ainsi que les paysages calmes de la haute vallée du Tibre et du Val di Chiana bordés par de petites montagnes.

6 **Sienne et le Sud siennois** – *200 km*. Outre la découverte de Sienne, ce circuit permet d'entrer dans la paisible campagne siennoise et de goûter ses paysages enchanteurs : douces collines, curieuses « crete » ravinées par la pluie, vallées de l'Orcia et de l'Arbia, le tout ponctué de trésors artistiques, de petits villages perchés, de splendides abbayes et de quelques forteresses.

7 **La Toscane minière et ses richesses (Collines Métallifères et île d'Elbe)** – *400 km*. Très riches en minerais, cette région déjà bien connue des Étrusques recèle une nature surprenante et variée, de jolies villes d'art ainsi que la belle abbaye cistercienne de San Galgano.

8 **Le Sud toscan** – *450 km*. Cette région peu peuplée (qui attire peu de monde hormis le bord de mer élégant) unit le mont Amiata, au sommet souvent enneigé, et une plaine côtière autrefois marécageuse, la Maremme. Elle séduira les amoureux d'une nature un peu âpre que déjà les Étrusques avaient tenté d'apprivoiser.

Montecatini Terme – Bains Tettuccio

LAURA RONCHI

THERMALISME

La Toscane est la région italienne où se concentrent le plus de stations thermales. Connues pour la plupart depuis l'Antiquité, ces sources sont très variées depuis celles accessibles en plein air (comme les cascades d'eau chaude de Terme di Saturnia) jusqu'à celles exploitées dans de grands complexes assistés de services médicaux compétents.

Les stations thermales les plus réputées sont celles de Chianciano, de Saturnia (à l'Est de Grosseto) et surtout de Montecatini, dont le charme et la renommée européenne remontent au 19e s. et aux premières années du 20e s. à l'époque où l'on passait ses vacances dans le cadre prestigieux des magnifiques architectures thermales.

La carte des principaux lieux de séjour (p. 14-15) offre une sélection de ces stations thermales. La liste complète est disponible auprès de l'ENIT (Office de tourisme italien, voir p. 316), avec toutes les coordonnées requises, types de soins (eau à boire, bains d'eau chaude, bains de boue, bains en surface ou dans des grottes souterraines), capacités hôtelières des stations…

Dans la plupart des établissements, une visite médicale est requise avant de commencer certains soins spécifiques. Le coût de la cure peut passablement varier selon les établissements et les soins entrepris. Pour les Français, la **Sécurité sociale** ne refuse pas l'étude d'un dossier prévoyant une cure vers un pays de la CEE et donc la prise en charge d'une partie des soins ; en parler à son médecin traitant pour le choix du lieu de cure. Il est évident toutefois que les indemnités prévues pour le transport ont très peu de chance d'être accordées (la France offrant certainement un traitement thermal similaire plus proche du domicile du curiste).

RANDONNÉES PÉDESTRES

Découvrir la Toscane à pied permet une approche plus intime de ses magnifiques paysages. De France il est assez difficile de se procurer une cartographie détaillée des chemins de grande randonnée. En revanche des organismes proposent des circuits en groupe :
– **Club Aventure**, 18, rue Séguier, 75006 Paris, ☎ 01 44 32 09 30.
– **Les Chemins du Sud**, Randonnées et Voyages à pied, 48110 Gabriac, ☎ 04 66 44 73 54, fax 04 66 44 71 84.

ARTISANAT ET PRODUITS DU TERROIR

Dans les siècles passés, l'art et l'**artisanat** ont fait la célébrité et la fortune de la région au point que l'organisation d'un métier (une confrérie) s'appelait « art ». La renommée de la qualité de l'artisanat toscan n'est donc plus à faire.

Dans le domaine du **tissu** Florence, Prato et Lucques sont connues pour leurs très belles créations. La **maroquinerie** et les **chaussures** de qualité, spécialité de la vallée de l'Arno, se trouvent facilement dans toutes les grandes villes et les stations balnéaires. En ce qui concerne l'artisanat de décoration, la **céramique** a fait la réputation de Montelupo Fiorentino, de Cafaggiolo (Ouest et Nord de Florence), de Sesto Fiorentino pour la porcelaine, de Sienne et de Cortone : les plats et assiettes, souvent à dominante jaune et bleu, rappellent les beaux modèles de majoliques anciennes vues dans les musées. La **terre cuite** est la spécialité d'Impruneta, mais on trouve de nombreuses fabriques plus au Sud dans le Chianti : outre les tuiles, les briques et autres éléments utiles au bâtiment, on trouve de magnifiques pots ou bacs à fleurs de toute forme et de tout format ornés de cannelures, de putti, de frises de fleurs, de feuillages d'un grand effet décoratif. Le travail de l'**albâtre** est en revanche une spécialité de Volterra : petites sculptures, échiquiers, pieds de lampe, bibelots… ; on en trouve beaucoup à Pise, car Volterra se trouve dans la province de Pise.

Par ailleurs vous pourrez ramener de Toscane des salaisons (jambons crus, saucissons…) et du *pecorino* (fromage de brebis) à consommer assez rapidement, ainsi que de l'huile d'olive et du vin que vous pourrez en revanche conserver plus longtemps.

Pour l'artisanat proprement florentin, voir p. 106.

OCCASIONS DE CHINER

En Toscane ont lieu plusieurs fois par an des foires à la brocante et marchés d'antiquités, où l'on trouve toute sorte d'objets insolites, de meubles anciens, bibelots, verrerie, argenterie, dentelles et autres poupées de porcelaine. La région compte parmi ces fameux *mercatini* le plus célèbre d'Italie, c'est-à-dire celui d'**Arezzo**, qui a peut-être donné à d'autres villes l'idée d'imiter ce grand rassemblement.

Arezzo – Chaque premier week-end du mois, large choix d'objets et de mobilier (dont quelques belles pièces) sur la Piazza Grande.

Marina di Grosseto – Une opportunité sympathique pour les passionnés de bric-à-brac. Le *mercatino* a lieu le 3e week-end de chaque mois.

Montelupo – *Montelupo antiquariato* a lieu le dimanche précédant le 25 avril et le 3e dimanche d'octobre.

Orbetello – Du 13 au 17 août : *Mostra-mercato di antiquariato* dans les jardins municipaux. Le marché offre un vaste éventail de pièces de collection en tout genre.

Poggio a Caiano – Le 4e dimanche de chaque mois, sauf en juillet et août, se tient le *Mercato del Collezionismo* (ou marché du collectionneur) dans les anciennes écuries médicéennes.

Porto Santo Stefano – Le dernier week-end de juin, juillet et août.

San Miniato – Le *mercatino dell'antiquariato* a lieu le 1er dimanche de chaque mois. Possibilité d'achats au marché biologique et artisanal qui se tient le 2e dimanche de chaque mois.

Loisirs sportifs

Sur place, il est possible de pratiquer un grand nombre d'activités sportives. Nous proposons ci-dessous quelques adresses locales (activité par activité) permettant de profiter de la structure de certains clubs, de leurs équipements, voire de leur personnel (professeurs, guides ou accompagnateurs).
On peut obtenir des précisions à propos des diverses activités sportives en contactant la Région de Toscane, Servizio Turismo e Sport, via di Novoli 26, 50127 Firenze, ☎ 055 43 83 822/823.

CANOË-KAYAK

Pour obtenir des informations générales pour toute la Toscane, s'adresser à la **Federazione Italiana Canoa Kayak**, via G. P. Orsini 10, 50126 Firenze, ☎ 055 68 90 44, et à **Fuori rotta**, via F. Bocchi 32, 50126 Firenze, ☎ 055 68 50 09.

Lunigiana – CONFTURIST, Massa, ☎ 0585 40 225 ; Club Val di Magra, Aulla, ☎ 0187 40 96 03.

Alpes Apuanes – Cooperativa Il Lago, 55030 Vagli di Sotto (Lucca), ☎ 0583 66 40 41 ; Cooperativa La Fanaccia, 55034 Gramolazzo (Lucca), ☎ 0583 61 06 96.

Garfagnana – Fuori rotta, Fabbriche di Casabasciana, 55021 Bagni di Lucca, ☎ 0583 85 802 ; Cooperativa Il Lago, Vagli di Sotto, ☎ 0583 66 40 57 ; Cooperativa La Fanaccia, Gramolazzo, ☎ 0583 61 04 50.

Versilia et région de Lucques – Associazione canoa Giunti, via di Montramito, S. Rocchino, ☎ 0584 96 21 65 ; Kaiak Airone UISP, via di Montramito, S. Rocchino, ☎ 0584 96 00 35.

Mugello – Arcobaleno sport, località Lago di Montelleri, 50039 Vicchio, ☎ 055 84 48 638.

Casentino – Scuola Appennino Kajak, ☎ 0575 42 04 59.

Région de Florence et le Chianti – Federazione italiana Canoa, via G. P. Orsini 10, 50126 Firenze, ☎ 055 68 90 44.

Collines siennoises – La valle del Farma, via Fontebranda 56, 53100 Siena.

La Maremme – Circolo Ombrone, Istia d'Ombrone, ☎ 0564 40 91 52 ; Centro Canoe alla Barca, via Cavour 9, 58100 Grosseto, ☎ 0564 41 20 00.

Riviera des Étrusques (littoral au Sud de Livourne) – Unione canottieri, via Calabria 10, 57100 Livorno ; Canoa Club, viale Corti, 57010 Castellanselmo ; Circolo « Il Porticciolo », via della Marina, 57025 Piombino, ☎ 0565 22 42 97.

Environs de Pise, Parc de Migliarino, S. Rossore, Massaciuccoli – Soc. canottieri Arno, via da Padule 2, 56122 Pisa ; Cooperativa Le Rene, via Palazzi 28, 56010 Coltano, ☎ 050 98 92 22.

Archipel toscan – Fuori rotta kajak in mare, 57032 Capraia Isola.

CYCLOTOURISME ET VÉLO TOUT TERRAIN

On peut obtenir des informations utiles à la **Federazione Ciclistica Italiana**, piazza Stazione 2, 50123 Firenze, ☎ 055 98 38 18, et à **UISP**, via F. Bocchi 32, 50126 Firenze, ☎ 055 68 85 53. *En italien, on utilise l'appellation anglaise « Mountain Byke » (ou MTB) pour VTT.*

Lunigiana – Consorzio Lunigiana Turistica, à Pontremoli, ☎ 0187 83 00 75.

Alpes Apuanes – MTB Garfagnana Club, 50032 Castelnuovo G. (Lucca), ☎ 0583 65 89 38.

Garfagnana – Team Bike Barga, c/o Giornale di Barga, Barga, ☎ 0583 72 30 03 ; UC Fornaci Cicli Vellutini, via C. Battisti 31, 55052 Fornaci di Barga, ☎ 0583 70 96 45 ; MTB Garfagnana Club, 50032 Castelnuovo G., ☎ 0583 65 89 38.

MICHELIN

Versilia et région de Lucques – Bike-Club UOEI, viale Marconi 3, Pietrasanta, ☎ 0584 70 098 ; Lega Ciclismo Versilia, c/o ARCI, via Pucci 34, Viareggio, ☎ 0584 46 385 ; MTB Club, c/o Cicli Maggi, viale Morin 85, Forte dei Marmi, ☎ 0584 89 529.

Région au Nord de Pistoia – Federazione Ciclistica Italiana, via Panciatichi 11, 51100 Pistoia, ☎ 0573 36 76 58 ; Gruppo Ciclo Natura, corso Gramsci 108, 51100 Pistoia, ☎ 0573 25 144 ; Lega Ciclismo UISP, viale Adua 74, 51100 Pistoia ; Off-Road Bike Club, via Busoni, 51100 Pistoia, ☎ 0573 20 931 ; Pedale Pesciatino, via Castellare 1/a, 51017 Pescia.

Environs de Prato, Val di Bisenzio et Montalbano – MTB Casa dello Sport, piazza S. Marco 13, 50047 Prato, ☎ 0574 60 62 06 ; MTB Club Le Ruote, via Montalese 131, 50045 Montemurlo, ☎ 0574 79 81 64 ; MTB Il Campione, viale Repubblica 80, Prato, ☎ 0574 58 33 40.

Mugello – Gruppo ciclistico, via Villani, 50033 Firenzuola ; Gruppo ciclistico MTB Rufina, via Balducci 8, 50065 Montebonello Rufina.

Casentino – MTB Club Casentino, via Bocci 37, 52010 Soci, ☎ 0575 59 40 660 ; Iron Team, via Vittorio Veneto 33, 52100 Artezzo, ☎ 0575 90 24 06.

Environs d'Arezzo, Val Tiberina – Leonardi Racing, via del Prugno 2, 52037 Sansepolcro, ☎ 0575 74 05 50.

Région de Florence et le Chianti – Lega ciclismo UISP/MTB, via Bocchi 32, 50126 Firenze, ☎ 055 68 85 553 ; Federazione ciclistica italiana, piazza Stazione 2, 50123 Firenze, ☎ 055 28 39 26.

Collines siennoises – Federazione ciclistica italiana, via Cassia Nord 32, 53100 Siena, ☎ 0577 52 505 ; Lega ciclismo UISP, strada Massetana Romana, 53100 Siena, ☎ 0577 27 15 67.

Monte Amiata, Monte Cetona – Club Biancaneve, piazza Garibaldi 25/A, 58033 Castel del Piano (GR) ; Team MTB Aquilaia, via Ricasoli 1, 58031 Arcidosso (GR), ☎ 0564 96 65 34 ; MTB Team S. Fiora, via degli Olmi 12, 58037 S. Fiora (GR), ☎ 0564 97 81 90 ; MTB Sherpa Ciclo Club, via Trasimeno 6, 53047 Sarteano (SI), ☎ 0578 26 52 50.

La Maremme – Spazio Bici, via Settembrini 15, 58100 Grosseto, ☎ 0564 49 63 03 ; UISP, chiasso degli Zuavi 15, 58100 Grosseto, ☎ 0564 29 253.

Collines Métallifères – Consorzio Promozione Turistica, via Parenti, 58024 Massa Marittima, ☎ 0566 90 27 56 ; Tecnobike Team, via D. Alighieri 1/e, 58022 Follonica (GR), ☎ 0566 45 012 ; Veloetruria MTB Alta Val di Cecina, via Gramsci, 56045 Pomarance (PI), ☎ 0588 63 060.

Secteur de Volterra, S. Gimignano et Certaldo – Gruppo MTB, via Don Minzoni, 50052 Certaldo (FI) ; Unione ciclistica Villamagna, via dei Valloni 58, 56040 Villamagna (PI), ☎ 0588 33 150.

Riviera des Étrusques (littoral au Sud de Livourne) – Club Special Team, via Gorgona 15, 57128 Antignano, ☎ 0586 58 01 07 ; Grizzly MTB Club, via Galilei, 36, 57025 Piombino, ☎ 0565 36 194 ; Team Bike, via Pantalone 13, 57122 Livorno ; Velo Club, corso Italia 94, 57027 San Vincenzo.

Environs de Pise, Parc de Migliarino, S. Rossore, Massaciuccoli – MTB CRAL/CNR, via S. Apollinare 2, 56100 Pisa ; MTB Libertas, via Vietta 6, 56011 Calci ; Ciclomoda Tracker Bike, via Romagnola Ovest 459, 56021 Cascina ; Bici Bike, via della Spina 25, Pisa, ☎ 050 20 200.

Archipel toscan – Gruppo protezione civile, via Kennedy 4, 57036 Porto Azzurro, ☎ 0565 92 02 02 ; TWN, Portoferraio, ☎ 0565 91 46 66.

ÉQUITATION ET TOURISME ÉQUESTRE

Pour obtenir des informations générales pour toute la Toscane, s'adresser à l'**ANTE**, loc. Formole, 52036 Pieve S. Stefano (AR), ☎ 0575 79 70 13.

Lunigiana – Se renseigner à l'APTE, via Ceccardi 80, Carra, ☎ 0585 77 71 27, ou à Montagna Verde Apella, Licciana Nardi, ☎ 0187 47 14 50.

Alpes Apuanes – ANTE, via Ceccardi 80, 54031 Carrara, ☎ 0585 77 71 27 ; Centro Trekking a Cavallo, Monte Brugiana (Massa) ☎ 0337 71 36 10.

Garfagnana – Centro ippico Valdilago, Fornaci di Barga, ☎ 0583 75 89 49 ; Sport Club Il Ciocco, Caltelvecchio P., ☎ 0583 71 91 ; « La Garfagnana », Le Prade, Castiglione G., ☎ 0583 68 705 ; Mulin del Rancone, Camporgiano, ☎ 0583 61 86 70.

Versilia et région de Lucques – Club ippico lucchese, via Scogliera, 55100 Lucca, ☎ 0583 47 054 ; Centro equestre « Il Vignale », via di Valgiano, Segromigno in Monte, ☎ 0583 30 364 ; Società ippica viareggina, viale Comparini, 55049 Viareggio, ☎ 0584 39 11 76 ; House Country Club, via Cava Grande, Piano di Mommio, Massarosa, ☎ 0584 99 73 26.

Région au Nord de Pistoia – Circolo ippico val di Nievole, via Poggiolina Bassa 4, 51030 Serravalle, ☎ 0573 51 055 ; Circolo ippico pistoiese, via Puglianese, 51100 Pistoia, ☎ 0573 47 72 84.

Environs de Prato, Val di Bisenzio et Montalbano – Associazione equitazione Montalgeto, via Montalgeto 3, Carmignano, ☎ 055 87 18 248 ; La Querce, via la Querce 41/43, 50045 Montemurlo, ☎ 0574 68 21 38 ; Selvapiana, 50040 Cantagallo, ☎ 0574 95 60 45 ; Il Parugiano, via Parugiano di Sopra 6, Montemurlo, ☎ 0574 65 03 80 ; Club ippico pratese, via dell'Ippodromo, Prato, ☎ 0574 63 10 04.

Mugello – Azienda Vallebona, via di Grignano 32, 50065 Pontassieve, ☎ 055 83 97 246 ; Centro ippico « Il Cigno », loc. Covigliaio, 50030 Firenzuola, ☎ 055 81 20 91 ; Club ippico « Montefreddi », loc. Pietramala, 50030 Firenzuola, ☎ 055 81 34 33 ; Equitrekking Campestri, via Campestri 22, 50039 Vicchio, ☎ 055 84 90 003.

Casentino – Casina della Burraia, Vocognano 70, 52010 Subbiano, ☎ 0575 48 71 93 ; Cortequestre, fraz. Lonnano 46, 52015 Pratovecchio, ☎ 0575 55 81 26.

Environs d'Arezzo, Val Tiberina – Centro ippico « Il Violino », Gricigano, 52037 Sansepolcro, ☎ 0575 72 03 23 ; Centro ippico S. Apollinare, S. Apollinare, 52036 Pieve S. Stefano, ☎ 0575 79 91 12 ; Unione popolare sport equestre, Ossaia, 52040 Montanino di Cortona, ☎ 0575 67 500 ; Azienda agricola « La Selva », La Selva 13, 52045 Foiano della Chiana, ☎ 0575 64 00 79.

Région de Florence et le Chianti – APTE, via Cigliano 38, 50026 S. Casciano V.P., ☎ 055 82 88 24 ; Alltrek, La Fornace S. Michele, Greve in Chianti, ☎ 055 60 11 08 ; Mugnano Riding Club, via Casale 32, 50052 Certaldo, ☎ 0571 66 74 26 ; Centro ippico toscano, via dei Vespucci 5/a, 50145 Firenze, ☎ 0555 31 56 21.

Collines siennoises – APTE, via Rinaldini 7, 53100 Siena, ☎ 0577 20 21 62 ; Arbatraia Club, strada Lecceto 1, 53100 Siena, ☎ 0577 31 45 16 ; Fattoria Casabianca, Montepescini, 53016 Murlo, ☎ 0577 81 10 33 ; Fattoria La Bagnaia, San Rocco a Pilli, ☎ 0577 81 75 92 ; Monastero d'Ombrone, 53019 Castelnuovo Berardenga, ☎ 0577 35 50 71.

Monte Amiata, Monte Cetona – Cavalieri Val d'Orcia, strada Foce e Fornace 24, 53042 Chianciano Terme (SI), ☎ 0578 69 108 ; Coop. « Arminio Agri Horsy's », via Kennedy 34, 58037 S. Fiora (GR), ☎ 0564 97 73 77 ; Faggio rosso, Aiole, 58031 Arcidosso (GR), ☎ 0564 96 72 74 ; Il Poggio, Celle sul Rigo, 53040 S. Casciano dei Bagni (SI), ☎ 0578 53 748 ; Lazzeroni Ivan, Canali, 58031 Arcidosso (GR), ☎ 0564 97 77 78 ; Le Murate, strada della Montagna, 53040 S. Casciano dei Bagni (SI), ☎ 0578 58 309 ; Montebello, fraz. S. Caterina, 58053 Roccalbegna (GR), ☎ 0564 98 01 90.

Chevaux de la Maremme

La Maremme – APTE, via Ametista 13, 58100 Grosseto, ☎ 0564 41 44 42 ; Associazione sportiva Eques, via S. Carlo 334, 58046 Principina a Mare, ☎ 0564 30 120 ; Centro ippico Le Ginestre, Stiacciole, Istia di Ombrone, ☎ 0564 40 93 80 ; Circolo Cavalcanti di Maremma, via Stazione 19, 58011 Capalbio, ☎ 0564 89 51 01 ; CM Equitazione, Giannella, Orbe-

R. Leslie

tello, ☏ 0564 87 05 77 ; Consorzio vacanze attive, via Martiri di Niccioleta 9, 58022 Follonica, ☏ 0566 43 050 ; Equiturismo Il Rialto, Alberese, ☏ 0564 40 71 02 ; Rifugio Prategiano, 58026 Montieri (GR), ☏ 0566 99 77 03.

Collines Métallifères - Associazione sportiva Amici Cavallo, via Bucignana 19, 56040 Montecastelli Pisano, Castelnuovo v. Cecina (PI), ☏ 0588 20 306 ; Azienda agrituristica Il Collonzolo, 56041 Castelnuovo v. Cecina (PI), ☏ 0588 20 628 ; Centro ippico Green Horse, Bruciano, 56040 S. Dalmazio, Pomarance (PI), ☏ 0588 66 102 ; Centro ippico Le Sugherine, 58021 Bagno di Gavorrano, ☏ 0566 84 49 06 ; Centro turismo equestre Cerbaiola, 56040 Montecastelli Pisano, Castelnuovo v. Cecina (PI), ☏ 0588 29 939 ; Maneggio Vecchia Maremma, Padulette, 58020 Scarlino Scalo (GR), ☏ 0566 34 058 ; Podere La Perlina, 56040 La Leccia, Castelnuovo v. Cecina (PI), ☏ 0588 26 149 ; Rifugio Prategiano, 58026 Montieri (GR), ☏ 0566 99 77 03.

Secteur de Volterra, S. Gimignano et Certaldo - Centro ippico Pistolese Ranch, via Sanminiatese 117, 50050 Montaione (FI), ☏ 0571 69 196 ; Comitato ippico Montaionese, via Amendola 10, 50050 Montaione (FI), ☏ 0571 63 166 ; Il Rifugio, Rioddi, 56040 Volterra (PI), ☏ 0588 85 690 ; Mugnano Riding Club, via Casale 32, 50052 Certaldo (FI), ☏ 0571 66 74 26.

Riviera des Étrusques (littoral au Sud de Livourne) - APTE, via M. Adriatico, 57012 Caletta, ☏ 0586 75 43 19 ; Centro ippico ASE, San Dazio, 57027 San Vincenzo, ☏ 0565 70 24 67 ; Centro ippico California, via Melograni 2, 57020 Bibbona, ☏ 0586 60 02 94 ; Centro ippico Il Felciaino, via di Cafaggio 5, 57021 Campiglia, ☏ 0565 83 87 50.

Environs de Pise, Parc de Migliarino, S. Rossore, Massaciuccoli - APTE, via S. Pietro 19, 56011 Calci, ☏ 050 93 75 90 ; Horse Trekking School, via Poggio Pallone 4, 56043 Fauglia, ☏ 050 65 02 49 ; La Certosa, via Roma, 56011 Calci, ☏ 050 93 84 47.

Archipel toscan - Circolo UAK Il Pettirosso, via Cibo 12, 57032 Capraia Isola ; Ranch Antonio, loc. M. Orello, Portoferraio, ☏ 0565 93 31 32 ; Fattoria Rossi Paolo, loc. Buraccio, Portoferraio, ☏ 0565 94 02 45 ; Fattoria Reale, loc. Reale, Porto Azzurro, ☏ 0565 95 77 53.

PARAPENTE (ET MONTGOLFIÈRE)

On peut obtenir des informations utiles auprès de l'**Aeroclub Italia**, c/o Aeroporto Peretola, 50145 Firenze, ☏ 055 31 73 13.

Alpes Apuanes - Volo Libero Versilia, CP 155, 55045 Pietrasanta (Lucca) ; Scuola volo libero Fly T.EN., via Quasimodo, 55020 Diecimo (Lucca), ☏ 0583 83 90 27.

Garfagnana - Scuola volo libero Fly T.EN., via Quasimodo 55020 Diecimo (Lucca), ☏ 0583 83 90 27.

Versilia et région de Lucques - Para UOEI Club, viale Marconi, Pietrasanta, ☏ 0584 79 33 53 ; Scuola volo libero Fly T.EN., via Quasimodo 55020 Diecimo (Lucca), ☏ 0583 83 90 27 ; Aeroclub, Tassignano, 55012 Capannori, ☏ 0583 93 51 48.

Région au Nord de Pistoia - Toscana parapente, CP 17, 51021 Abetone.

Environs de Prato, Val di Bisenzio et Montalbano - Parapendio città di Prato, via Fra' Bartolomeo 265, 50047 Prato.

Mugello - Aeroclub Volovelistico Mugello, Figliano, 50031 Borgo S. Lorenzo, ☏ 055 84 08 665 ; Aviodelta S.R.L., via Mercatale 14, Barberino di Mugello, ☏ 055 84 28 373.

Région de Florence et le Chianti - Aero Club L. Gori, via del Termine 12, 50145 Peretola, ☏ 055 43 19 74.

Collines siennoises - Aeroclub aeroport, sezione *paracadutisti*, Ampugnano, 53018 Sovicille ; possibilité de **vol en montgolfière** en s'adressant au Chianti Balloon Club, Podere il Porto, 53010 Pianella, ☏ 0577 36 32 32.

La Maremme - Azienda agricola Pian dei Casali, Pianetti, 58050 Montemerano, ☏ 0564 60 26 25 ; possibilité de **vol en montgolfière** en s'adressant au Club Maremma Mongolfiera, Pian dei Casali, 58050 Manciano, ☏ 0564 60 26 27.

Riviera des Étrusques (littoral au Sud de Livourne) - Star Flying, viale Petrarca 143, 57124 Livorno.

Environs de Pise, Parc de Migliarino, S. Rossore, Massaciuccoli - Gruppo Lisi, via Palazzetto 19, 56100 S. Giuliano Terme.

TREKKING

Pour obtenir des informations générales pour toute la Toscane, s'adresser au **CAI**, Delegazione Regionale, via Altopascio 8, 50047 Prato, ☏ 0574 24 760 ; **Federazione Italiana Escursionistica**, piazza Etrusca 10c, 50061 Compiobbi (FI), ☏ 055 65 94 167 ; **Guide Ambientali Escursionistiche**, via Cavour 9, 58100 Grosseto, ☏ 0564 41 20 00 ; **Centro Naturalistico Europeo**, via S. Francesco di Paola 10, 50124 Firenze, ☏ 055 22 39 84.

La Lunigiana – CAI, piazza Unità d'Italia, 54027 Pontremoli, ☎ 0187 83 07 14 ; CAI, via Giorgi 1, 54033 Carrara, ☎ 0585 77 67 82 ; CAI, piazza Mazzini 13, 54100 Massa, ☎ 0585 48 80 81.
L'école de trekking se trouve au Castello Malaspina, 54035 Fosdinovo, ☎ 0187 68 391.

Alpes Apuanes – CAI, via Vittorio Emanuele, 55023 Castelnuovo G., ☎ 0583 65 092 ; CAI, via Carducci, 55042 Forte dei Marmi, ☎ 0584 89 808 ; CAI, via Mazzini 105, 55045 Pietrasanta, ☎ 0584 70 563 ; CAI, CP 319, 55049 Viareggio, ☎ 0584 46 573 ; CAI, Cortile Carrara 18, 55100 Lucca, ☎ 0583 58 26 69 ; Consorzio Apuane e natura, via Pacinotti 14, 54100 Massa, ☎ 0585 45 440.

Garfagnana – CAI, cortile Carrara 18, 55100 Lucca, ☎ 0583 58 26 69 ; CAI, via Vittorio Emanuele, 55023 Castelnuovo G., ☎ 0583 65 092 ; CAI, via del Giardino 49, 55051 Barga ; Garfagnana Vacanze, piazza Erbe 1, 55032 Castelnuovo G., ☎ 0583 65 169.

Versilia et région de Lucques – CAI, cortile Carrara 18, 55100 Lucca, ☎ 0583 58 26 69.

Région au Nord de Pistoia – Centro documentazione padule Fucecchio, via Castelmartini 11, 51030 Larciano, ☎ 0573 84 540 ; CAI, via XXVII Aprile 6, 51100 Pistoia, ☎ 0573 36 55 82 ; CAI, via Cassero 33/H, 51026 Maresca, ☎ 0573 64 88 01 ; CAI, Sdrucciolo del Duomo 3, 51017 Pescia, ☎ 0572 47 83 90.

Environs de Prato, Val di Bisenzio et Montalbano – CAI, via Altopascio 8, 50047 Prato, ☎ 0574 22 004 ; CAI, Fucecchio, ☎ 0571 21 798 ; Gruppo escursionistico Montalbano, via F. Tozzi, Seano – Carmignano, ☎ 055 87 05 520 ; Gruppo trekking Bisenzio, 50048 Vernio, ☎ 055 95 02 37 ; La Traccia, via Soffici 64, Poggio a Caiano, ☎ 055 87 72 02 ; Lo scarpone, via S. Jacopo 20, Prato, ☎ 0574 38 305 ; Montemurlo, via Toscanini 1, Montemurlo, ☎ 0574 68 83 01.

Mugello – CAI, via dello Studio 5, 50122 Firenze, ☎ 055 23 98 580 ; CAI, via Algeri, 50065 Pontassieve, ☎ 055 83 68 018 ; Associazione turismo ambiente, piazza Dante 29, 50032 Borgo S. Lorenzo, ☎ 055 84 58 793 ; Cooperativa Acquacheta, via Matteotti 3, 50060 S. Godenzo, ☎ 055/83 74 267 ; Gruppo escursionistico vicchiese, 50039 Vicchio, ☎ 055 84 86 88.

Casentino – CAI, via S. Giovanni Decollato 37, 52100 Arezzo, ☎ 0575 35 58 49 ; CAI, via Tanucci 7, 52017 Stia, ☎ 0575 58 891 ; CAI, piazza Varchi 1, 52035 Montevarchi, ☎ 055 96 90 10 ; Cooperativa Euroservizi, 52010 Badia Pratiaglia, ☎ 0575 55 93 20 ; Cooperativa Quadrifoglio, via Ricci 62, 52017 Stia, ☎ 0575 50 44 82.

Environs d'Arezzo, Val Tiberina – CAI, via S. Giovanni Decollato 37, 52100 Arezzo, ☎ 0575 35 58 49 ; CAI, piazza Matteotti, 52037 Sansepolcro, ☎ 0575 73 34 56.

Région de Florence et le Chianti – CAI, via dello Studio 5, 50122 Firenze, ☎ 055 23 98 580 ; CAI, viale Mazzini 95, 53100 Siena, ☎ 0577 27 06 66 ; CAI, via Gramsci 206, 50019 Sesto Fiorentino, ☎ 055 44 03 39 ; Gruppo trekking Firenze, piazza S. Gervasio 12, 50126 Firenze, ☎ 055 58 53 20 ; Associazione italiana trekking, piazza Etrusca 10, 50061 Compiobbi, ☎ 055 65 94 167.

Collines siennoises – CAI, viale Mazzini 95, 53100 Siena, ☎ 0577 27 06 66 ; Centro naturalistico europeo, via S. Francesco di Paola 10, 50124 Firenze, ☎ 055 22 39 84.

Monte Amiata, Monte Cetona – CAI, via Mazzini 15, 53100 Siena, ☎ 0577 27 06 66 ; CAI, via Roma 18, 58100 Grosseto, ☎ 0564 21 022 ; Coop. L'albatro, via Cavour 20, 58100 Grosseto, ☎ 0564 41 20 00 ; Coop. Nuovi Orizzonti, via Hamman, 53021 Abbadia S. Salvatore (SI), ☎ 0577 77 74 80 ; Coop. Heimat, piazza Garibaldi 38, 58037 Santa Fiora (GR), ☎ 0564 97 77 78 ; Coop. Gestione Parchi Naturali (observation des oiseaux), piazza Savonarola 10, 53045 Montepulciano (SI), ☎ 0337 71 98 45.

La Maremme – CAI, via Roma 18, 58100 Grosseto, ☎ 0564 29 253 ; Coop. L'Albatro, via Cavour 20, 58100 Grosseto, ☎ 0564 41 20 00 ; Lega Ambiente, chiasso degli Zuavi 15, 58100 Grosseto, ☎ 0564 27 886 ; Follonica Trekking Club, via Bicocchi 86, 58022 Follonica, ☎ 0566 45 407.

Collines Métallifères – CAI, via Roma 18, 58100 Grosseto, ☎ 0564 41 03 68 ; CAI, via Cisanello 4, 56100 Pisa, ☎ 050 57 39 51 ; Follonica Trekking Club, via Bicocchi 86, 58022 Folonica, ☎ 0566 45 407.

Secteur de Volterra, S. Gimignano et Certaldo – CAI, via Cisanello 4, 56100 Pisa, ☎ 050 57 39 51 ; CAI, via Studio 5, 50122 Firenze, ☎ 055 23 98 580 ; CAI, via Mazzini 35, 53100 Siena, ☎ 0577 27 06 66 ; CAI, Poggio Salamartano 3, 50054 Fucecchio (FI), ☎ 0571 21 798 ; Gruppo Trekking Dodo, 50052 Certaldo (FI), ☎ 055 66 41 33 ; Gruppo Trekking Firenze, piazza S. Gervasio 12, 50126 Firenze, ☎ 055 58 53 20.

Riviera des Étrusques (littoral au Sud de Livourne) – CAI, via S. Fortunata 31, 57100 Livorno, ☎ 0586 89 77 85 ; Cooperativa ARDEA, via Pescatori 18, 57100 Livorno, ☎ 0586 88 13 82.

Environs de Pise, Parc de Migliarino, S. Rossore, Massaciuccoli – CAI, via Cisanello 4, 56124 Pisa, ☎ 050 57 39 51 ; Cooperativa ARDEA, via Pescatori 18, 57100 Livorno, ☎ 0586 88 13 82 ; Ecotour, Lago Massaciuccoli, ☎ 0584 48 449.

Archipel toscan – Coop. Parco Naturale Gorgona, Circoscrizione 2, 57122 Livorno, ☎ 0586 88 83 13 ; Il Genio del bosco, via Roma 12, 57037 Portoferraio, ☎ 0565 93 08 37.

VOILE ET PLANCHE À VOILE

Pour obtenir des informations générales pour toute la Toscane, s'adresser à la **Federazione Italiana Vela**, CP 49, 54036 Marina di Carrara (MS), ☎ 0585 63 40 47, et à la **Lega Navale Italiana**, via de' Bardi 5, 50125 Firenze, ☎ 055 23 42 870.

Lunigiana – Club nautico, 54036 Marina di Carrara, ☎ 0585 78 51 50 ; Circolo della vela, Marina di Massa, ☎ 0585 24 00 00.

Versilia et région de Lucques – Associazione surfisti italiani Versilia, via Nino Bixio 30, 55049 Viareggio, ☎ 0584 55 074 ; Club nautico Versilia, piazzale Artiglio, Viareggio, ☎ 0584 31 444 ; Club velico, piazza IV Novembre, Motrone, ☎ 0584 74 53 66 ; Compagnia della vela, piazza Navari, Forte dei Marmi, ☎ 0584 89 771 ; Yachting Club Versilia, c/o Bagno Annetta, Forte dei Marmi, ☎ 0584 89 314.

DOUBLE'S

Punta Ala

La Maremme – Circolo della vela, via Marina 2, 58010 Talamone, ☎ 0564 88 72 45 ; Circolo nautico e vela Argentario, via Marina, Porto Ercole, ☎ 0564 83 22 00 ; Club nautico Follonica, via Italia 149, 58022 Follonica, ☎ 0566 43 647 ; Club velico Molo di Levante, CP 9, 58043 Castiglione della Pescaia, ☎ 0564 93 70 98 ; Gruppo vela LNI, viale Italia 203, Prato Ranieri, 58022 Follonica, ☎ 0566 45 461 ; Yacht Club, Porto, 58040 Punta Ala, ☎ 0564 92 11 17.

Riviera des Étrusques (littoral au Sud de Livourne) – Centro velico Piombino, piazza Bovio 10, 57025 Piombino, ☎ 0565 22 61 06 ; Circolo nautico, Porticciolo, viale Nazario Sauro 12, 57126 Livorno, ☎ 0586 80 73 54 ; Circolo nautico, via Toniolo 9, 57024 Donoratico, ☎ 0565 74 57 94 ; Yacht Club, Molo Mediceo 21, 57123 Livorno, ☎ 0586 89 61 42.

Environs de Pise, Parc de Migliarino, S. Rossore, Massaciuccoli – Yacht Club Repubblica Marinara, 56013 Marina di Pisa, ☎ 050 35 845 ; Gruppo Vela LNI Arno, viale D'Annunzio 250, 56013 Marina di Pisa, ☎ 050 36 652.

Archipel toscan – Casa di vela, 57036 Portoferraio, ☎ 0565 93 32 65 ; Centro velico elbano, 57038 Rio Marina, ☎ 0565 96 20 05 ; Club del mare, 57034 Marina di Campo, ☎ 0565 97 69 42 ; Circolo della vela, 57033 Marciana Marina, ☎ 0565 99 027 ; Elba Surf, 57033 Marciana, ☎ 0565 90 78 33 ; Lega navale, 57037 Portoferraio, ☎ 0565 91 72 43 ; Sea Club, 57033 Marciana, ☎ 0565 90 74 88 ; Segel Club, 57037 Portoferraio, ☎ 0565 93 32 88 ; Segel Zentrum, 57037 Portoferraio, ☎ 0565 96 10 90.

PLONGÉE SOUS-MARINE

On peut obtenir des informations utiles auprès de la **Federazione Italiana Attività Subacquee**, via P. L. da Palestrina 27, 50144 Firenze, ☎ 055 35 79 16, ainsi qu'à la **Federazione Italiana Pesca Sportiva e Sub**, via Gordigiani 44, 50127 Firenze, ☎ 055 35 47 68.

Versilia et région de Lucques – Associazione subacquei Versilia, via Salvador Allende 38, Forte dei Marmi, ☎ 0584 82 070 ; Plastic Sport, via Coppini 189, Viareggio, ☎ 0584 38 41 89.

Riviera des Étrusques (littoral au Sud de Livourne) – Federazione italiana attività subacquee, via Aurelia 640, 57012 Castiglioncello ; Spazio Sub, via le Caprera 17, 57123 Livorno ; Sub Marine Diving Center, via C. Colombo 26, 57015 Quercianella, ☎ 0586 49 21 76.

Environs de Pise, Parc de Migliarino, S. Rossore, Massaciuccoli – Gruppo A. Millemaci, via Cagliari 39, 56100 Pisa.

Archipel toscan – Capraia Diving Service, via Assunzione, 57032 Capraia Isola, ☎ 0586 90 51 37 ; Elba Diving Center, 57033 Marciana Marina, ☎ 0565 90 42 56 ; Sporting Club Lacona Sub, Lacona, 57030 Capoliveri, ☎ 0565 96 41 75 ; Giglio Diving Club, Giglio Porto, ☎ 0564 80 40 64.

NAVIGATION DE PLAISANCE

Voir le symbole sur la carte Michelin 430.

Les ports de plaisance qui apparaissent sur la carte 430 ont été sélectionnés pour leurs équipements.

Avant de partir en mer il est important de consulter le bulletin météorologique.

Livres et films

POUR PRÉPARER OU REVIVRE SON VOYAGE

Ouvrages généraux

La Toscane (Larousse, coll. Monde et voyages).

Toscane, par S. Romano (Le Seuil, coll. Points Planète).

La Toscane, par C. Semenzato (Silva).

Toscane, le balcon de la vie (Autrement, Série Monde).

Florence et la Toscane aujourd'hui, par Jean Hureau (Aujourd'hui).

Ouvrages d'iconographie

Toscane, par A. Braun et R. Kutter (Vilo).

Toscane, par H. Classen (Lattès, coll. L'Iconothèque).

La Toscane vue du ciel, par G. Grazzini et G. Alberto Rossi (Gallimard, coll. Vue du ciel).

Histoire, civilisation

Les Étrusques, la fin d'un mystère, par J.-P. Thuillier (Découvertes Gallimard, 1992).

La vie quotidienne chez les Étrusques, par J. Heurgon ; à Florence au temps de Dante, par P. Antonetti (Hachette).

Florence et la Renaissance, le Quattrocento par A. Lemaître et E. Lessing (Terrail).
Au sujet de quelques personnalités intéressantes :
– Les Médicis à Florence, par G. Taborelli (Dencel).
– Savonarole : Frère Jérôme Savonarole, par T. Sante Centi (CLD, coll. Veilleurs de la foi).
– Bianca Cappello : La Vénitienne des Médicis, par J. Alexandre-Debray (Des Femmes).
– Jean-Gaston de Médicis (1671-1737) : Le dernier des Médicis, par Dominique Fernandez (Grasset).

Art

L'art italien, par A. Chastel (Flammarion).

Étrurie : de Rome à Florence autrement, par C. De Palma (Casterman, coll. Les Itinéraires culturels).

Toscane romane, par I. Moretti et R. Stopani (Zodiaque, coll. « La Nuit des temps », diff. Desclée De Brouwer).

La Peinture à Florence et à Sienne après la peste noire [de 1348], par Millard Meiss (F. Hazan).

L'Éclosion de la Renaissance : Italie 1400-1460, par L. H. Heydenreich (Gallimard, L'Univers des formes).

Au cœur de Florence, par Damien Wigny, préface d'André Chastel (Ed. Duculot, Paris – Louvain-la Neuve, 1990).

Sienne et le sud de la Toscane, par Damien Wigny, préface de John Pope-Hennessy (Ed. Duculot, Paris – Louvain-la-Neuve, 1992).

Villas et jardins de Toscane, par S. Bajard et R. Bencini (Terrail).

Civilisation des villas toscanes, par C. Cresti et M. Listri (Mengès).

L'Architecture de la Renaissance italienne, par P. Murray (Thames & Hudson, coll. L'Univers de l'Art).

Piero della Francesca, par Maurizio Calvesi (Liana Levi).

Dans la collection « Les Fleurons de l'Art » de Bordas sont déjà parus : Duccio, Masaccio, Simone Martini, Piero della Francesca, Léonard de Vinci, Andrea del Sarto, Botticelli, Vasari.

Sur Florence en particulier

Art et humanisme à Florence au temps de Laurent le Magnifique, par A. Chastel (PUF).

L'Art de Florence, par G. Andres, J. Hunisak et R. Turner, 2 vol. (Bordas).

Histoire de Florence, par P. Antonetti (PUF, coll. Que-sais-je ?).

Ouvrages de photographies :

Florence, les siècles d'or, par P. Marton et M. Scalini (Mengès).

Florence vue du ciel, par M. Sabbieti et G. A. Rossi (Gallimard, coll. Vue du ciel).

Gastronomie

Toscane gourmande, par J. Dore Meis et J. Ferro Sims (Flammarion).

Littérature et lectures d'agrément

Lorenzaccio, par A. de Musset.

Histoire de la peinture en Italie de Stendhal *(Seuil, L'école des lettres)*.

Voyage en Italie, par J. Giono *(Gallimard, coll. Folio)*.

Voyage du Condottiere, par A. Suarès *(Granit)*.

Toscanes, par Pierre-Jean Rémy *(Le livre de poche)*.

Outre les ouvrages des écrivains toscans cités p. 48 et suivantes, nous conseillons les livres italiens suivants ayant pour cadre la Toscane :

Petits Malentendus sans importance, par Antonio Tabucchi *(UGE, coll. 10/18)*.

Place de Sienne, côté ombre, par Fruttero et Lucentini *(Seuil)*.

Films

De nombreux réalisateurs, tant étrangers qu'italiens, ont trouvé en Toscane de beaux décors pour une de leurs œuvres. Bien sûr, ceux qui surent peut-être le mieux mettre en valeur et magnifier cette terre sont les Toscans eux-mêmes comme Mauro Bolognini, né à Pistoia en 1922, ou les frères Taviani nés en 1929 et 1931 à San Miniato où ils retournent régulièrement.

Nous signalons ici les films tournés dans les lieux de prédilection des metteurs en scène :

Florence

Mes chers amis (1975) et *Mes chers amis 2* (1982), de Mario Monicelli, avec Ugo Tognazzi, Gastone Moschin, Philippe Noiret, Adolfo Celi, Bernard Blier.
Ces deux films mettent en scène les farces plus ou moins cruelles de cinq quinquagénaires désœuvrés. Une partie du second se déroule à Pise.

Chambre avec vue (1986) de James Ivory, avec Maggie Smith, Helena Bonham Carter, Julian Sands, Daniel Day-Lewis.
Ceux qui ont apprécié le roman de Forster regarderont avec plaisir cette fidèle transposition cinématographique, réalisée dans les sites les plus remarquables de Florence et dans la villa de Maiano, toute proche.

Le cyclone (1996) de Leonardo Pieraccioni, avec Leonardo Pieraccioni, Lorena Forteza, Alessandro Haber, Paolo Hendel.
Tous les Italiens, ou presque, ont vu et aimé ce film gentillet – tourné à Florence et à Stia, dans le Casentino – qui fleure bon la Toscane.

Obsession (1976) de Brian De Palma, avec Cliff Robertson, Geneviève Bujold.

L'incompris (1967) de Luigi Comencini, avec Anthony Quayle, Stefano Colagrande, Simone Giannozzi.

La Viaccia (1961) de Mauro Bolognini, avec Jean-Paul Belmondo, Claudia Cardinale, Pietro Germi, Romolo Valli.

Sienne et ses environs

Les Yeux fermés (1994) de Francesca Archibugi, avec Marco Messeri, Stefania Sandrelli, a pour cadre la campagne siennoise du début du siècle (d'après un roman de Federigo Tozzi écrit en 1909).

Pourvu que ce soit une fille (1985) de Mario Monicelli, avec Liv Ullmann, Catherine Deneuve, Philippe Noiret, Bernard Blier, Athina Cenci, Stefania Sandrelli.

Ailleurs en Toscane

Portrait de femme (1996) de Jane Campion, avec Nicole Kidman, John Malkovich, tourné dans des villas proches de Lucques (d'après le roman de Henry James).

Good Morning Babilonia (1987) des frères Taviani met en scène au début du siècle le travail de trois sculpteurs sur le Camposanto de Pise avant qu'ils ne partent tenter leur chance aux États-Unis.

Beaucoup de bruit pour rien (1993), pièce de jeunesse de Shakespeare adaptée par Kenneth Branagh, a été tournée à Greve in Chianti.

Le patient anglais (1996) d'Anthony Minghella, avec Ralph Fiennes et Juliette Binoche, tourné en partie à Pienza et à Sant'Anna in Camprena.

Roberto Benigni endosse les rôles de metteur en scène et d'acteur dans *La vie est belle* (1997), l'histoire d'un père héroïque qui, grâce à son imagination débordante, réussira à faire croire à son petit garçon que le camp de concentration dans lequel ils ont été déportés est un camp de jeux, et chaque atrocité une mise en scène. Tourné à Cortona, Arezzo (où furent réalisées les premières séquences) et Montevarchi.

Principales manifestations touristiques

Carnaval
Viareggio .... Défilé de chars allégoriques (*voir Viareggio*).
Santa Croce sull'Arno .... Défilé de chars allégoriques.

Dimanche de Pâques
Florence .... Scoppio del carro (*voir p. 121*).
Prato .... Présentation de la Sainte Ceinture (*voir Prato*).

1er dimanche après Pâques
San Miniato .... « Festa degli Aquiloni » – Des cerfs-volants sont lancés depuis l'esplanade de la Rocca, puis cortège historique et départ d'une montgolfière.

30 avril
Castiglione d'Orcia .... « Maggio di Castiglione d'Orcia » – Fête de la ville, célébrant le mois de mai en chantant des madrigaux dans la campagne.

1er mai
Prato .... Présentation de la Sainte Ceinture (*voir Prato*).

Mai
Fucecchio .... « Palio delle contrade ».

Ascension
Florence .... « Festa del grillo ».

20 mai ou dimanche suivant
Massa Marittima .... « Balestro del Girifalco » (*voir Massa Marittima*).

Mai/juin
Florence .... Mai musical florentin (*voir Firenze*).

Juin/juillet
San Miniato .... « Scuola europea dell'attore » (*voir San Miniato*).

Juin
Pise .... Régate historique des Républiques maritimes (*voir Pisa*).

16 juin
Pise .... « Luminara di San Ranieri » (*voir Pisa*).

17 juin
Pise .... Régate historique en l'honneur de saint Rainier (*voir Pisa*).

3e dimanche de juin
San Quirico d'Orcia .... « Festa del Barbarossa » (*voir San Quirico d'Orcia*).

Avant-dernier dimanche de juin
Arezzo .... « Giostra del Saracino » (*voir Arezzo*).

23 juin au soir
San Miniato .... Feux de la Saint-Jean (*voir San Miniato*).

24 juin et jours suivants
Florence .... « Calcio storico fiorentino » (*voir p. 122*).

Dernière semaine de juin
Montelupo Fiorentino .... Fête internationale de la Céramique.

Dernier dimanche de juin
Pise .... « Gioco del Ponte » (*voir Pisa*).

De juillet à septembre

San Gimignano .... « Estate Sangimignanese » – Festival international à thème sur la piazza del Duomo : œuvres lyriques, prose, ballets, concerts, cinéma.

Juillet et août

Sienne .... Cours de musique à l'Accademia Chigiana donnés par de grands concertistes.

Juillet

San Miniato .... Festival international du Théâtre de marionnettes : « La Luna è azzurra ».

Sienne .... Semaine musicale siennoise.

2 juillet

Sienne .... « Palio delle Contrade » *(voir p. 282).*

25 juillet

Pistoia .... « Giostra dell'Orso » *(voir Pistoia).*

Dernière semaine de juillet/1ʳᵉ semaine d'août

Montepulciano .... « Cantiere Internazionale d'Arte » – Musique et théâtre.

2ᵉ dimanche d'août

Massa Marittima .... « Balestro del Girifalco » *(voir Massa Marittima).*

Montalcino .... Tournoi d'ouverture de la chasse.

15 août

Prato .... Présentation de la Sainte Ceinture *(voir Prato).*

16 août

Sienne .... Palio delle Contrade *(voir p. 282).*

Dernier dimanche d'août

Montepulciano .... « Bravìo delle botti » – Deux hommes de chaque quartier poussent un tonneau d'environ 80 kg sur une rue en forte montée. La bannière (« bravìo ») de la ville est remise au duo vainqueur.

Septembre (en années paires)

Pescia .... Biennale des fleurs.

1ᵉʳ dimanche de septembre

Arezzo .... « Giostra del Saracino » *(voir Arezzo).*

7 septembre

Florence .... Fête de « la Rificolona » *(voir p. 123).*

8 septembre

Prato .... Présentation de la Sainte Ceinture aux fidèles à l'occasion de la naissance de la Vierge : grande procession en costumes historiques *(voir Prato).*

13 septembre

Lucques .... « Luminara di Santa Croce » *(voir Lucca).*

2ᵉ dimanche de septembre

Sansepolcro .... « Palio della Balestra » *(voir Sansepolcro).*

Dernier dimanche de septembre

Impruneta .... Fête du raisin : une des plus grandes fêtes de la région du Chianti avec défilé de chars allégoriques.

3ᵉ semaine d'octobre

Impruneta .... Foire de St-Luc *(voir Impruneta).*

Dernier dimanche d'octobre

Montalcino .... « Sagra del Tordo » (Fête de la grive) – Défilé historique, bal traditionnel en costumes *(il Trescone)*, tir à l'arc et stand gastronomique à la forteresse.

Carnaval de Viareggio

Conditions de visite

Avertissement – Dans la partie descriptive du guide, les curiosités soumises à des conditions de visite sont signalées au visiteur par le signe ⊙.
En raison des variations du coût de la vie et de l'évolution incessante des horaires d'ouverture de la plupart des curiosités, nous ne pouvons donner les informations ci-dessous qu'à titre indicatif.

Prix d'entrée – Ces renseignements s'appliquent à des touristes voyageant isolément et ne bénéficiant pas de réductions. Pour les groupes constitués, il est généralement possible d'obtenir des conditions particulières concernant les horaires ou les tarifs, avec un accord préalable.
À l'occasion de la **Settimana dei Beni Culturali** (Semaine du patrimoine) en décembre, certains monuments et musées ouvrent leurs portes gratuitement.

Visites guidées – Elles sont le plus souvent commentées en italien, mais peuvent être effectuées dans une autre langue, dont le français, auquel cas le fait est mentionné. Prévoir un supplément au prix d'entrée.

Fermetures aléatoires – N'hésitez pas à téléphoner avant d'entreprendre un périple : le patrimoine toscan est considérable et de nombreuses restaurations de monuments ont lieu un peu partout, certaines pouvant durer plusieurs années.
Notez que certains **musées** risquent aussi d'être en totalité ou en partie fermés temporairement pour restauration ou manque de personnel. Les **églises** ne se visitent pas pendant les offices.

Horaires – La liste des **principaux jours fériés légaux** figure p. 317.
L'Italie applique l'**heure d'été** aux mêmes dates que la France. Les Italiens appellent l'heure d'été « heure légale », l'heure d'hiver « heure solaire ». Pour des raisons pratiques, ils divisent sommairement l'année en deux périodes, l'**été** et l'**hiver**, basculant de l'une à l'autre au moment du changement d'heure.
Soyez matinaux : beaucoup de musées sont fermés l'après-midi et les églises respectent pour la plupart la coupure de la sieste.
Dans la plupart des cas, les dernières admissions dans les musées et monuments ont lieu une demi-heure avant la fermeture. Nous ne précisons ce point que si les délais d'entrée sont différents.

Offices de tourisme – En face du nom des principales localités, nous mentionnons les adresses et ☎ de l'Office de tourisme en le signalant par un **🖪** .

Lorsqu'il nous a été impossible d'obtenir des informations à jour, les éléments figurant dans l'édition précédente ont été reconduits. Dans ce cas ils apparaissent en italique.

A

ALBERESE

Parco naturale della Maremma – À partir du « Centro Visite del Parco » (centre d'accueil) : approximativement de mi-juin à fin septembre, parcours accompagné de l'itinéraire de **San Rabano** (départ à 7 h) et de celui des **Torri** (départ à 8 h et 16 h) ; découverte de la forêt et de la faune (départ à 7 h 30), de la pinède et des marais de la Maremme (visite conseillée tôt le matin ou en fin de journée) ; promenades de nuit sur rendez-vous. Billetterie et informations auprès du « Centro Visite del Parco », ☎ 0564 40 70 98.

ANGHIARI

Museo Taglieschi – Visite de 9 h à 19 h (13 h le dimanche). Fermé le lundi, ainsi que les 1er janvier, 1er mai et 25 décembre. 4 000 L (visite guidée possible en s'adressant à Pro Loco, ☎ 0575 74 92 79). ☎ 0575 78 80 01.

ANSEDONIA

Musée archéologique – Visite de 9 h à 19 h. 4 000 L. ☎ 0564 88 14 21.

AREZZO
🖪 Piazza della Repubblica 28 - 52100 - ☎ 0575 37 76 78

Église S. Francesco : Fresques de Piero della Francesca – Visite uniquement sur accord préalable de 9 h à 18 h 30 (17 h le samedi) et de 13 h à 17 h 30 le dimanche. en s'adressant au ☎ 0575 90 04 04 ou 0575 06 32 810 (ou sur le site Internet : www.pierodellafrancesca.it).

Casa del Vasari – Visite de 9 h à 19 h (13 h les dimanches et jours fériés). Fermé les mardis et jours fériés. ☎ 0575 40 901.

Museo d'Arte Medievale e Moderna – Visite de 9 h à 19 h (13 h le dimanche). 8 000 L. ☎ 0575 23 868.

S. Chirol

Arezzo – La joute du Sarrasin

Museo Archeologico – Visite de 9 h à 14 h (19 h le jeudi et le samedi, 13 h les dimanches et jours fériés). Fermé les 1er janvier, 1er mai et 25 décembre. 8 000 L. Entrée libre pour les personnes âgées de moins de 18 ans et de plus de 65 ans et durant la Semaine du patrimoine. ☎ 0575 20 882.

ARTIMINO

Museo archeologico (Villa La Ferdinanda) – Visite de 9 h à 13 h (12 h 30 d'octobre à mars, ainsi que les dimanches et jours fériés). Fermé le mercredi, ainsi que les 1er janvier, dimanche de Pâques, 1er mai, 15 août, 1er novembre, 25 et 26 décembre. 8 000 L. ☎ 055 87 18 124.

ASCIANO   🄱 – ☎ 0577 71 95 10

Museo di Arte Sacra – Lors de l'impression du guide, le musée était sur le point d'être transféré dans un autre édifice avec le Musée archéologique. Visite de mars à octobre de 10 h à 13 h et de 15 h à 18 h. Fermé le lundi. Entrée libre. Visite guidée possible (1 h) en allemand, anglais, espagnol, français et italien. Billet combiné pour la visite guidée des 3 musées : 10 000 L. ☎ 0577 71 95 10.

Museo archeologico – Visite en heures d'été de 10 h à 13 h et de 15 h à 18 h, le reste de l'année sur accord auprès de l'Office de tourisme. Fermé le lundi. 7 000 L.

Museo Amos e Giuseppe Cassioli – Visite en heures d'été de 9 h à 13 h et de 16 h 30 à 18 h 30, le reste de l'année sur accord auprès de l'Office de tourisme. Fermé le lundi. 4 000 L.

AULLA

Museo di Storia naturale – Visite de 9 h à 12 h et de 16 h à 19 h (15 h à 18 h de mi-octobre à mi-juin). Fermé le lundi, ainsi que le matin du 1er janvier et les 24, 25 et 31 décembre. 4 000 L. ☎ 0187 40 02 52.

B

BROLIO

Château – Visite de 9 h à 12 h et de 15 h à 18 h (14 h 30 à 17 h en hiver). Fermé le vendredi en hiver, ainsi que le 1er janvier et pendant les vacances de Noël. 5 000 L. ☎ 0577 73 01.

BUONCONVENTO

Museo di Arte Sacra della Val d'Arbia – De mi-mars à octobre, visite de 10 h 30 à 13 h et de 15 h à 19 h, fermé le lundi ; le reste de l'année, visite le week-end de 10 h à 13 h et de 15 h à 17 h. 6 000 L. ☎ 0577 80 71 81.

C

CALCI

Certosa di Pisa – Visite de 9 h à 18 h 30 (12 h les dimanches et jours fériés). Fermé le lundi, ainsi que les 1er janvier, 1er mai et 25 décembre. 8 000 L. Entrée libre pour les personnes de moins de 18 ans et de plus de 65 ans, ainsi que durant la Semaine du patrimoine. ☎ 050 93 84 30.

Musée d'histoire naturelle – Visite de 9 h à 18 h, les dimanches et jours fériés de 10 h à 22 h (19 h de mi-septembre à mi-juin). Fermé le lundi, le 1er janvier, du 10 au 17 janvier, du 1er au 10 juin et le 25 décembre. 8 000 L. ☎ 050 93 61 93.

CAMALDOLI

Eremo – Visite en semaine de 8 h 30 à 11 h 15 et de 15 h à 18 h ; les dimanches et jours fériés de 8 h 30 à 10 h 45 et de 15 h à 18 h.

CAMPIGLIA MARITTIMA

Parco archeologico minerario di San Silvestro – Visite de juin à septembre de 9 h à 20 h, avec fermeture le lundi sauf en août ; le reste de l'année les samedis, dimanches et jours fériés de 10 h à la tombée de la nuit. Fermé les 1er janvier, 24, 25 et 31 décembre. 20 000 L ; enfants de 6 à 14 ans : 14 000 L ; visite partielle : 12 000 ou 7 000 L. Visite guidée (1 à 3 h) en allemand, anglais, français et italien possible. ☎ 0565 83 86 80.

CAPRESE MICHELANGELO

Museo Michelangiolesco – Visite de mi-juin à octobre de 9 h 30 à 18 h 30 (19 h 30 le week-end) ; le reste de l'année de 10 h à 17 h (18 h le week-end). Fermé le lundi de novembre à mi-juin et les 24 et 25 décembre. 4 000 L. Visite guidée (30 mn) possible en italien. ☎ 0575 79 37 76.

CARRARA

Museo del Marmo – Visite de juin à septembre de 10 h à 20 h ; en mai et octobre de 10 h à 17 h ; le reste de l'année de 8 h 30 (6 h 30 le samedi) à 13 h 30. Fermé le dimanche. 6 000 L ; étudiants et personnes de plus de 65 ans : 3 000 L. Visite guidée (2 h) possible en s'adressant au ☎ 0585 84 57 46.

CASTAGNETO CARDUCCI

Museo archivio Giosuè Carducci – Visite de 10 h à 13 h, ainsi que de 15 h 30 à 18 h 30 les week-ends de mi-juin à mi-septembre. Fermé le lundi de mi-juin à mi-septembre et le week-end le reste de l'année. Entrée libre. Visite guidée (20 mn) possible en allemand et italien. ☎ 0565 76 50 32.

CASTELFIORENTINO

Raccolta Comunale d'Arte – Visite le mardi, le jeudi et le samedi de 16 h à 19 h, les dimanches et jours fériés de 10 h à 12 h et de 16 h à 19 h. 3 000 L. ☎ 0571 68 63 38.

CASTELLINA IN CHIANTI

Rocca – Travaux de restauration en cours. Lors de l'impression du guide, la visite n'était possible qu'à l'occasion d'expositions.

CASTELLO

Villa de Castello – Visite du parc seul en juin, juillet et août de 8 h 15 à 20 h ; en avril, mai et septembre de 8 h 15 à 19 h ; en mars et octobre de 8 h 15 à 18 h ; de novembre à février de 8 h 15 à 17 h. Dernière entrée 1 h avant la fermeture. Fermé les 2e et 3e lundis du mois. 4 000 L. ☎ 055 45 47 91.

Villa de la Petraia – Visite accompagnée en juin, juillet et août de 9 h à 19 h 30 ; en avril, mai, septembre et octobre de 9 h à 18 h 30 ; en mars de 9 h à 17 h 30 ; de novembre à février de 9 h à 16 h30. Fermé les 2e et 3e lundis du mois, ainsi que les 1er janvier, 1er mai et 25 décembre. 4 000 L ; entrée libre pour les personnes de moins de 18 ans et de plus de 65 ans et durant la Semaine du patrimoine. ☎ 055 45 26 91.

CASTELNUOVO BERARDENGA

Parc de la villa Chigi – Visite uniquement les dimanches et jours fériés de 10 h à 20 h (17 h en hiver). Entrée libre. ☎ 0577 35 55 00.

CASTELVECCHIO PASCOLI

Casa Pascoli – Visite guidée uniquement (45 mn) en anglais et italien d'avril à septembre de 10 h 30 à 13 h et de 15 h (15 h 30 le mardi) à 18 h 45 ; le reste de l'année de 9 h 30 à 13 h et de 14 h 30 (14 h le mardi) à 17 h 15. Fermé le lundi, le matin le mardi et le 25 décembre. 6 000 L. ☎ 0583 76 61 47.

CASTIGLION FIORENTINO

Pinacoteca – Visite de 10 h à 12 h 30 et de 16 h à 18 h 30 (de 15 h 30 à 18 h d'octobre à mars). Fermé le lundi, ainsi que les 1er janvier et 25 décembre. 5 000 L. Visite guidée possible. ☎ 0575 65 74 66.

CECINA

Musée archéologique – Visite en été du mardi au dimanche de 15 h à 19 h, ainsi que de 10 h à 13 h les dimanches et jours fériés ; le reste de l'année, uniquement les vendredis, samedis, dimanches et jours fériés aux mêmes heures. Fermé le 1er janvier. ☎ 0586 26 08 37.

CERRETO GUIDI

Villa medicea – Visite de 9 à 19 h. Fermé les 2e et 3e lundis du mois et le 25 décembre. 4 000 L. Entrée libre durant la Semaine du Patrimoine. ☎ 0571 55 707.

CERTALDO

Casa-museo del Boccacio – En cours de restauration. ☎ 0571 66 42 08.

Palazzo Pretorio – Visite d'avril à fin octobre de 9 h 30 à 13 h et de 14 h à 19 h 30 ; de fin octobre à mars de 10 h à 12 h 30 et de 15 h à 18 h. 5 000 L. ☎ 0571 66 12 19.

CETONA

Museo civico per la preistoria del Monte Cetona – Visite de juin à septembre de 9 h à 13 h et de 17 h à 19 h ; d'octobre à mai les samedis de 16 h à 18 h, les dimanches et jours fériés de 9 h 30 à 12 h 30, les autres jours sur rendez-vous. Fermé le lundi. Musée ou parc de Belverde seuls : 4 000 L ; billet combiné : 5 000 L. ☎ 0578 23 80 04.

Visites guidées à Belverde – (1 h) de juillet à septembre de 9 h à 13 h et de 16 h à 19 h. Fermé le lundi. Tarifs : voir le musée ci-dessus.

CHIANCIANO VECCHIA

Museo di Arte Sacra – Visite de juin à octobre de 10 h à 12 h et de 16 h à 19 h ; de novembre à mai uniquement sur demande à présenter 3 jours plus tôt à la direction. Fermé les dimanches et lundis. 3 000 L. Direction : ☎ 0578 30 378.

CHIUSI

Museo archeologico nazionale et tombes étrusques – Visite de 8 h à 20 h (13 h les dimanches et jours fériés de novembre à mars). Fermé les 1er janvier, 25 avril et 25 décembre. 8 000 L. Entrée libre pour les personnes de moins de 18 ans et de plus de 65 ans et durant la Semaine du patrimoine et la Journée européenne de la Culture. Visite guidée (1 h) possible en allemand, anglais, italien et néerlandais. ☎ 0578 20 177.

Museo della Cattedrale – Visite de juin à mi-octobre de 9 h 30 à 12 h 45 et de 16 h 30 à 19 h ; le reste de l'année de 9 h 30 à 12 h 45 ainsi que de 16 h à 19 h les dimanches et jours fériés. Fermé le dimanche de Pâques et le 25 décembre. Musée : 3 000 L. Visite des vestiges étrusques obligatoirement accompagnée de 10 h à 12 h : 5 000 L. Visite guidée du musée (45 mn) possible en allemand, anglais et français sur rendez-vous. ☎ 0578 22 64 90.

Catacombes de sainte Mustiola et de sainte Catherine – Visite obligatoirement guidée (1 h) tous les jours à 11 h ainsi qu'à 17 h de juin à mi-octobre et à 16 h les dimanches et jours fériés de mi-octobre à mai. S'inscrire au préalable au musée de la Cathédrale. 6 000 L. ☎ 0578 22 64 90.

COLLE DI VAL D'ELSA

Museo archeologico Bianchi Bandinelli – Visite de mai à septembre de 10 h à 12 h et de 17 h à 19 h (16 h 30 à 19 h 30 les samedis, dimanches et jours fériés) ; d'octobre à avril de 15 h à 17 h (de 10 h à 12 h et de 15 h 30 à 18 h 30 les samedis, dimanches et jours fériés). Fermé le lundi. 3 000 L. Visite guidée (1 h) possible en italien. ☎ 0577 92 29 54.

Museo civico e d'Arte Sacra – Visite d'avril à octobre de 10 h à 12 h et de 16 h à 19 h ; de novembre à mars le week-end uniquement de 10 h à 12 h et de 15 h 30 à 18 h 30. Fermé le lundi ainsi que les 1er janvier et 25 décembre. 5 000 L. ☎ 0577 92 38 88.

COLLODI

Jardin de la villa Garzoni – Visite de 9 h à 1 h avant le coucher du soleil. ☎ 0572 42 95 90.

Parco di Pinocchio – Visite de 8 h 30 au coucher du soleil. 12 000 L, enfants 7 000 L. ☎ 0572 42 93 42.

COMEANA

Tombe de Montefortini – Visite de 8 h à 14 h. Fermé les dimanches et jours fériés. Entrée libre. ☎ 055 87 19 741.

CORTONA
☐ Via Nazionale 42 - 52044 - ☎ 0575 63 03 52

Sala del Consiglio (Palazzo comunale) – Visite de 8 h à 13 h. Fermé les dimanches et jours fériés. Entrée libre. ☎ 0575 63 71.

Museo dell'Accademia etrusca – Visite de 10 h à 19 h (17 h de novembre à mars). Fermé le lundi, ainsi que les 1er janvier et 25 décembre. 8 000 L. Visite guidée (1 h) possible en anglais et italien. ☎ 0575 63 72 35.

Museo Diocesano – Visite de mars à septembre de 9 h 30 à 13 h et de 15 h 30 à 19 h ; en octobre de 10 h à 13 h et de 15 h 30 à 18 h ; de novembre à février de 10 h à 13 h et de 15 h à 17 h. Fermé le lundi, ainsi que les 1er janvier et 25 décembre. 8 000 L. ☎ 0575 62 830.

COSA

La cité antique – Visite de 9 h à 19 h (13 h 30 d'octobre à avril). Entrée libre au site ; musée : 4 000 L. ☎ 0564 88 14 21.

E

Isola d'ELBA

Marciana

Musée archéologique – Fermé pour restructuration et extension.

Monte Capanne

Télécabine – Fonctionne de Pâques à fin octobre de 10 h à 12 h 15 et de 14 h 30 à 18 h (18 h 30 en juillet et août). Aller-retour : 20 000 L, enfants : 12 000 L. ☎ 0565 90 10 20.

Portoferraio
☐ Calata Italia 26 - 57037 - ☎ 0565 91 46 71

Museo nazionale della Palazzina dei Mulini – Visite de 9 h à 19 h 30 (16 h 30 en heure d'hiver, 13 h les dimanches et jours fériés toute l'année). Fermé les 1er janvier, 1er mai et 25 décembre. 6 000 L (billet combiné avec la Villa Napoleone di San Martino, valable trois jours : 10 000 L), entrée libre pour les personnes de moins de 18 ans et de plus de 65 ans et durant la Semaine du patrimoine. ☎ 0565 91 58 46.

San Martino

Villa Napoleone – Mêmes conditions de visite que le Museo nazionale della Palazzina dei Mulini *(voir ci-dessus)*. ☎ 0565 91 46 88.

EMPOLI

Museo della Collegiata – Visite de 9 h à 12 h et de 16 h à 19 h ; nocturnes en juillet les mardis et jeudis de 21 h à 23 h 30. Fermé le lundi et les jours fériés. 5 000 L. ☎ 0571 76 284.

EQUI TERME

Grottes – Visite obligatoirement guidée en été de 10 h à 12 h et de 14 h 30 à 17 h 30 (18 h 30 les dimanches et jours fériés) ; en hiver uniquement les dimanches et jours fériés de 14 h à 17 h 30. 10 000 L. ☎ 0585 77 64 53 ou 0347 82 77 505.

F

FARNETA

Abbaye – L'église est ouverte tous les jours toute la journée ; le musée archéologique est ouvert sur demande. Entrée libre. ☎ 0575 61 00 10 (Mr Sante Felici).

FIESOLE
☐ Piazza Mino da Fiesole 36 - 50014 - ☎ 055 59 87 20

Convento di S. Francesco (église et musée des Missions franciscaines) – Visite de 9 h à 12 h 30 et de 15 h à 18 h. Fermé au cours des célébrations liturgiques. ☎ 055 59 175.

FIESOLE

Zone archéologique – Visite du 29 mars à septembre de 9 h 30 à 19 h ; en mars et du 1ᵉʳ au 24 octobre de 9 h 30 à 18 h ; du 25 octobre à février de 9 h 30 à 17 h. Fermé le 1ᵉʳ mardi du mois ainsi que les 1ᵉʳ janvier et 25 décembre. 10 000 L (billet commun avec l'antiquarium Costantini et le musée Bandini). Visite guidée (de 1 à 3 h) possible. ☎ 055 59 477.

Antiquarium Costantini – Mêmes conditions de visite que la zone archéologique.

Museo Bandini – Mêmes conditions de visite que la zone archéologique.

FIRENZE
🛈 Via Cavour 1r - 50129 – ☎ 055 29 08 32

Duomo – Visite de 10 h (13 h 30 les dimanches et jours fériés) à 17 h (15 h 30 le jeudi et le 1ᵉʳ samedi du mois). Visite guidée possible les jours ouvrables aux horaires communiqués sur place. **Crypte** : visite de 10 h à 17 h ; fermé les mêmes jours que la coupole, ainsi que le 8 septembre. 5 000 L. ☎ 055 23 02 885.

Montée à la coupole – De 8 h 30 à 19 h 30 (17 h le samedi, 15 h 20 le 1ᵉʳ samedi du mois). Dernière entrée 40 mn avant la fermeture. Fermé le dimanche et les 1ᵉʳ et 6 janvier, le Jeudi saint au dimanche de Pâques, les 24 juin, 15 août, 1ᵉʳ novembre, 8, 25 et 26 décembre. 10 000 L. ☎ 055 23 02 885.

Montée au campanile – De 9 h à 19 h 30. Dernière entrée 40 mn avant la fermeture. Fermé le 1ᵉʳ janvier, du 7 au 27 février, le dimanche de Pâques, les 8 septembre et 25 décembre. 10 000 L. ☎ 055 23 02 885.

Battistero – Visite en semaine de 12 h à 18 h 30, les dimanches et jours fériés de 8 h 30 à 13 h 30. Fermé les 1ᵉʳ janvier, dimanche de Pâques, 24 juin et 25 décembre. 5 000 L. ☎ 055 23 02 885.

Museo dell'Opera del Duomo – Visite de 8 h à 19 h 30 (14 h le dimanche et en basse saison). Dernière entrée 40 mn avant la fermeture. Fermé les 1ᵉʳ janvier, dimanche de Pâques et 25 décembre. 10 000 L. ☎ 055 23 02 885.

Palazzo Vecchio – Visite de 9 h à 19 h (14 h les jeudis, dimanches et jours fériés). Fermé les jours fériés nationaux. 10 000 L. Visite guidée possible. ☎ 055 26 25 961.

Galleria degli Uffizi – Visite de 8 h 30 à 19 h (22 h le samedi). Fermé le lundi ainsi que les 1ᵉʳ janvier, 1ᵉʳ mai et 25 décembre. 12 000 L. ☎ 055 23 88 651.

Corridoio Vasariano – Visite sur rendez-vous à 9 h, 10 h 30, 13 h et 15 h ; les deux dernières visites sont avancées à 12 h et 13 h en novembre et décembre et n'ont jamais lieu les dimanches et jours fériés. Fermé les lundis et jeudis. ☎ 055 26 54 321.

Palazzo Pitti

Galleria Palatina – Visite de mai à octobre de 8 h 30 à 22 h (20 h les dimanches et jours fériés) ; le reste de l'année de 8 h 30 à 19 h (14 h les dimanches et jours fériés). Fermé de janvier à mars, ainsi que le lundi, le 1ᵉʳ mai et le 25 décembre. 12 000 L. ☎ 055 23 88 614.

Appartements royaux – Mêmes conditions de visite que la Galerie palatine.

Galleria d'Arte Moderna – Visite de 8 h 30 à 13 h 50. Fermé les 1ᵉʳ, 3ᵉ et 5ᵉ lundis du mois et les 2ᵉ et 4ᵉ dimanches, ainsi que les 1ᵉʳ janvier, 1ᵉʳ mai et 25 décembre. 8 000 L. Entrée libre durant la Semaine du patrimoine. Visite guidée possible, s'adresser aux Musées de Florence (☎ 055 29 48 83). ☎ 055 23 88 601.

Museo degli Argenti – Visite de 9 h à 13 h 30. Fermé les 1ᵉʳ, 3ᵉ et 5ᵉ lundis du mois et les 2ᵉ et 4ᵉ dimanches, ainsi que les 1ᵉʳ janvier, 1ᵉʳ mai et 25 décembre. 4 000 L. Entrée libre durant la Semaine du patrimoine. ☎ 055 23 88 709.

Galleria del Costume – Visite de 8 h à 14 h. Fermé les 1ᵉʳ, 3ᵉ et 5ᵉ lundis du mois et les 2ᵉ et 4ᵉ dimanches, ainsi que les 1ᵉʳ janvier, 1ᵉʳ mai, 25 avril et 25 décembre. 8 000 L. Entrée libre pour les personnes de moins de 18 ans et de plus de 65 ans, et durant la Semaine du patrimoine. ☎ 055 23 88 713.

Giardino di Boboli – Visite de mai à octobre de 9 h à 19 h 30 ; en mars et avril de 9 h à 17 h 30 ; de novembre à février de 9 h à 16 h 30. Fermé les 1ᵉʳ et dernier lundis du mois ainsi que les 1ᵉʳ janvier, 1ᵉʳ mai et 25 décembre. 4 000 L. Entrée libre pour les personnes de moins de 18 ans et de plus de 65 ans, et durant la Semaine du patrimoine. Visite guidée (1 h) possible. ☎ 055 23 48 63.

Museo delle Porcellane – Visite de 8 h 30 à 13 h 50. Dernière entrée à 13 h 15. Fermé les 1ᵉʳ, 3ᵉ et 5ᵉ lundis du mois et les 2ᵉ et 4ᵉ dimanches, ainsi que les 1ᵉʳ janvier, 1ᵉʳ mai et 25 décembre. 4 000 L. Entrée libre durant la Semaine du patrimoine. ☎ 055 23 88 605.

Museo nazionale del Bargello – Visite de 8 h 30 à 13 h 50. Fermé les 2ᵉ et 4ᵉ lundis du mois et les 1ᵉʳ, 3ᵉ et 5ᵉ dimanches, ainsi que les 1ᵉʳ janvier, dimanche de Pâques, 1ᵉʳ mai et 25 décembre. 8 000 L (billet combiné pour la visite du musée, de la galerie de l'Accademia et des chapelles Médicis : 25 000 L). Entrée libre pour les personnes de moins de 18 ans et de plus de 65 ans, et durant la Semaine du patrimoine et la Journée de l'Europe. Visite guidée (1 h) possible dans diverses langues. ☎ 055 23 88 606.

Florence – Vue générale

Biblioteca Medicea Laurenziana – Visite de 9 h à 13 h. Dernière entrée à 12 h 40. Fermé les dimanches et jours fériés, ainsi que les 1er et 6 janvier; dimanche et lundi de Pâques, 25 avril, 1er mai, 15 août, 1er novembre, 8, 25 et 26 décembre. Entrée libre. ☎ 055 21 07 60.

Cappelle Medicee – Visite de 8 h 30 à 17 h (13 h 50 les jours fériés nationaux). Fermé les 1er, 3e et 5e lundis du mois et les 2e et 4e dimanches, ainsi que les 1er janvier, 1er mai et 25 décembre. 11 000 L. Entrée libre pour les citoyens de l'Union européenne de moins de 18 ans et de plus de 65 ans. ☎ 055 29 48 83.

Palazzo Medici Riccardi – Visite de 9 h à 19 h. Fermé le mercredi et le 1er janvier. 8 000 L. ☎ 055 27 60 340.

Convento e museo di S. Marco – Visite de 8 h 30 à 13 h 50 (18 h 50 le samedi, 19 h le dimanche). Fermé les 2e et 4e lundis du mois et les 1er, 3e et 5e dimanches, ainsi que les 1er janvier, 1er mai et 25 décembre. 8 000 L. Entrée libre pour les citoyens de l'Union européenne de moins de 18 ans et de plus de 65 ans et durant la Semaine de la culture. ☎ 055 23 88 608.

Galleria dell'Accademia – Visite de 8 h 30 à 18 h 50. Fermé le lundi ainsi que les 1er janvier, 1er mai et 25 décembre. 12 000 L. Entrée libre pour les citoyens de l'Union européenne de moins de 18 ans et de plus de 65 ans et durant la Semaine de la culture. ☎ 055 23 88 612.

S. Maria Novella

Église – Visite de 7 h à 12 h et de 15 h à 18 h (17 h les samedis, dimanches et jours fériés). Pour visiter les chapelles, prévenir 15 jours auparavant par fax au 055 28 60 86. Fermé le matin les dimanches et jours fériés. Offrande souhaitée. ☎ 055 21 59 18.

Cloîtres monumentaux – Visite de 9 h à 14 h. Fermé les vendredis et jours fériés nationaux. 5 000 L. Visite guidée possible. ☎ 055 26 25 961.

S. Croce

Église et sacristie – Visite de mars à octobre de 8 h à 18 h (17 h 30 les week-ends et jours fériés) ; de novembre à février de 10 h à 12 h 30 et de 15 h à 18 h (17 h 30 les week-ends et jours fériés). Fermé le matin les dimanches et jours fériés. ☎ 055 24 46 19.

Chapelle des Pazzi – Visite de 10 h à 19 h (18 h d'octobre à février). Fermé le mercredi ainsi que les 1er janvier, 25 et 26 décembre. 8 000 L. ☎ 055 24 46 19.

Museo dell'Opera di S. Croce – Mêmes conditions de visite que la chapelle des Pazzi.

Chapelle Brancacci (Santa Maria del Carmine) – Visite de 10 h (13 h les dimanches et jours fériés) à 17 h. Fermé le mardi et les jours fériés nationaux. 5 000 L. Visite guidée possible. ☎ 055 26 25 961.

Museo dell'antica casa fiorentina – Temporairement fermé.

Galerie d'art de l'Ospedale degli Innocenti – Visite de 8 h 30 à 14 h. Fermé le mercredi, ainsi que les 1er janvier, dimanche de Pâques, 1er mai, 15 août et 25 décembre. 5 000 L. ☎ 055 24 91 723.

Fondazione Romano nel Cenacolo di S. Spirito – Visite de 9 h à 14 h. Fermé le lundi, ainsi que les 1er janvier, dimanche de Pâques, 1er mai, 15 août et 25 décembre. 4 000 L. ☎ 055 26 25 961.

Cenacolo di S. Apollonia – Visite de 8 h 30 à 13 h 50. Fermé les 2e et 4e lundis du mois et les 1er, 3e et 5e dimanches, ainsi que les 1er janvier, 1er mai et 25 décembre. Entrée libre. ☎ 055 23 88 607.

Ognissanti – Visite de 8 h à 12 h et de 16 h à 19 h. Réfectoire : visite les lundis, mardis et samedis de 9 h à 12 h.

Cenacolo di Fuligno – Visite de 9 h à 12 h. Fermé les jours fériés nationaux. Laisser une obole. ☎ 055 28 69 82.

Cenacolo di San Salvi – Visite de 8 h 30 à 13 h 50. Fermé le lundi, ainsi que les 1er janvier, 1er mai et 25 décembre. Entrée libre. ☎ 055 23 88 603.

Crucifixion du Pérugin – Visite de 9 h à 12 h, de 17 h à 17 h 20 et de 18 h 10 à 18 h 50, les samedis et veilles de jours fériés de 9 h à 12 h et de 17 h à 18 h 20, les dimanches et jours fériés de 9 h à 10 h 45 et de 17 h à 18 h 50. Laisser une obole (1 000 L au moins). ☎ 055 24 78 420.

Chiostro dello Scalzo – Visite du lundi au jeudi de 9 h à 13 h. Entrée libre. ☎ 055 23 88 604.

Synagogue – Visite obligatoirement guidée d'heure en heure de 10 h à 13 h et de 14 h à 17 h (16 h les dimanches et jours fériés ainsi que d'octobre à mars). Fermé l'après-midi le vendredi et la journée le samedi. 6 000 L. ☎ 055 23 46 654.

Museo Archeologico – Visite de 9 h (14 h le lundi) à 19 h (14 h le samedi). Fermé les 1er janvier, 1er mai et 25 décembre. 8 000 L. Entrée libre pour les personnes de moins de 18 ans et de plus de 65 ans, ainsi que durant la Semaine du patrimoine. ☎ 055 23 575.

Casa Buonarroti – Visite de 9 h 30 à 13 h 30. Fermé le mardi, ainsi que les 1er janvier, dimanche de Pâques, 25 avril, 1er mai, 15 août et 25 décembre. 10 000 L. Visite guidée possible en italien sur rendez-vous au ☎ 055 24 17 52.

Opificio delle Pietre Dure – Visite de 9 h à 14 h. Fermé les dimanches et jours fériés. 4 000 L. Entrée libre durant la Semaine du patrimoine. ☎ 055 26 51 357.

Museo di Storia della Scienza – Visite de 9 h 30 à 13 h et de 14 h à 17 h, le dimanche de 10 h à 13 h. Fermé les jours fériés nationaux, ainsi que le 24 juin. 12 000 L. Entrée libre durant la Semaine de la Culture scientifique. ☎ 055 29 34 93.

Museo Marino Marini – Visite de 10 h à 17 h (13 h les dimanches et jours fériés, 23 h le jeudi en juin, juillet et septembre). Fermé le mardi, ainsi que le 1er mai, en août et le 25 décembre. 8 000 L. Entrée libre durant la Semaine du patrimoine. Visite guidée (1 h) possible en italien. ☎ 055 21 94 32.

Museo Bardini – Visite de 9 h à 14 h. Fermé le mercredi, ainsi que les jours fériés nationaux. 6 000 L. ☎ 055 26 25 961.

Museo « La Specola » – Visite de 9 h à 13 h. Fermé le mercredi, ainsi que les jours fériés nationaux et le 24 juin. 6 000 L. ☎ 055 22 88 251.

Museo Stibbert – Visite de 10 h à 14 h (18 h le week-end). Fermé le jeudi, ainsi que les 1er janvier, dimanche de Pâques, 1er mai, 15 août et 25 décembre. 8 000 L. ☎ 055 47 55 20.

Museo storico topografico « Firenze Com'era » – Visite de 9 h à 14 h. Fermé le jeudi et les jours fériés nationaux. 5 000 L. ☎ 055 26 16 545.

Casa di Dante – Visite de 10 h à 18 h (16 h de novembre à février, 14 h les dimanches et jours fériés). Fermé le mardi et aux fêtes de fin d'année. 5 000 L. ☎ 055 21 94 16.

FORNOVOLASCO

Grotta del Vento – Visite guidée uniquement en allemand, anglais, français et italien : de une heure (10 000 L) à 10 h, 11 h, 12 h, 14 h, 15 h, 16 h, 17 h et 18 h ; de deux heures (18 000 L) à 11 h, 15 h, 16 h et 17 h ; de trois heures (25 000 L) à 10 h et 14 h. En période dite d'heure solaire, seules les visites de une heure ont lieu les jours ouvrables. Fermé le 25 décembre. Pour toute information : ☎ 0583 72 20 24.

G – I

Certosa del GALLUZZO

Visite guidée uniquement de 9 h à 11 h 30 (12 h en période d'heure d'hiver) et de 15 h à 17 h 30 (16 h 30 en période d'heure d'hiver). Fermé les lundis non fériés. Nous conseillons de laisser une obole au père qui assure la visite. ☎ 055 20 49 226.

GARAVICCHIO

Giardino dei Tarocchi – Visite de mi-mai à mi-octobre de 14 h 30 à 19 h 30. Fermé les dimanches et jours fériés. 20 000 L.

GROSSETO 🛈 Via Fucini 43 - 58100 - ☎ 0564 45 45 10

Museo Archeologico e d'Arte della Maremma – Visite de mai à octobre de 10 h à 13 h et de 17 h à 20 h, en mars et avril de 9 h à 13 h et de 16 h à 18 h, de novembre à février de 9 h à 13 h, ainsi que de 16 h à 18 h le week-end. Fermé le lundi, ainsi que les 1er janvier, 1er mai et 25 décembre. 10 000 L. ☎ 0564 48 87 50.

IMPRUNETA

Museo del Tesoro (Basilique S. Maria dell'Impruneta) – Visite de juin à septembre du mercredi au dimanche de 10 h à 13 h, ainsi que de 16 h 30 à 20 h le week-end ; le mardi sur inscription auprès de Proloco (☎ 055 23 13 729). Fermé le lundi. 5 000 L.

L

LIVORNO 🛈 Piazza Cavour 6 - 57126 - ☎ 0586 89 81 11

Acquario Diacinto Cestoni – Fermé pour travaux.

Museo civico G. Fattori – Pour informations, s'adresser au ☎ 0586 80 80 01.

Museo Mascagnano – Visite sur rendez-vous les lundis, mercredis et vendredis de 14 h 30 à 19 h 30, les mardis, jeudis et samedis de 8 h 30 à 13 h 30. Fermé les dimanches et jours fériés. Entrée libre. ☎ 0586 86 20 63.

LUCCA 🛈 Vecchia Porta S. Donato, piazzale Verdi - 55100 - ☎ 0583 44 29 44

Tombeau d'Ilaria del Carretto – Visite de 9 h 30 à 18 h (19 h le samedi toute l'année, 17 h de novembre à février), les dimanches et jours fériés de 9 h à 10 h, de 11 h 20 à 11 h 50 et de 13 h à 18 h (17 h de novembre à février). Fermé le matin les 1er janvier, dimanche de Pâques et 25 décembre. 3 000 L. ☎ 0583 49 05 30.

Museo della Cattedrale – Visite de 10 h à 18 h (15 h du lundi au vendredi de novembre à mi-mars). Fermé le matin les 1er janvier, dimanche de Pâques et la journée le 25 décembre. 5 000 L. ☎ 0583 49 05 30.

Baptistère et église SS. Giovanni e Reparata – Mêmes horaires de visite que le musée de la cathédrale. Fermé les 1er janvier, 7 janvier (si férié), 28 février (si férié), dimanche de Pâques et 25 décembre. 2 000 L (4 000 L avec la visite des fouilles). ☎ 0583 49 05 30.

Tour des Guinigi – Visite de mars à septembre de 9 h à 19 h 30 ; en octobre de 10 h à 18 h ; de novembre à février de 10 h à 16 h 30. Fermé le 25 décembre. 5 000 L. ☎ 0583 48 524.

Pinacoteca – Visite de 9 h à 19 h (14 h les dimanches et jours fériés). Fermé le lundi, ainsi que les 1er janvier, 1er mai et 25 décembre. 8 000 L. ☎ 0583 55 570.

Casa natale di Puccini – Visite de juin à septembre de 10 h à 18 h ; de mi-mars à mai et d'octobre à décembre de 10 h à 13 h et de 15 h à 18 h ; en janvier et février de 10 h à 13 h, ainsi que de 15 h à 18 h les samedis et dimanches. Fermé le lundi d'octobre à mai, ainsi que les 1er janvier et 25 décembre. 5 000 L. Entrée libre le 29 novembre. Visite guidée possible en appelant au ☎ 0583 34 16 12. ☎ 0583 58 40 28.

Lucques – Église S. Michele

Museo Nazionale di Villa Guinigi – Visite de 9 h à 19 h (14 h les dimanches et jours fériés). Fermé le lundi, ainsi que les 1er janvier, 1er mai et 25 décembre. 8 000 L. ☎ 0583 49 60 33.

LUCIGNANO

Musée – Visite de 10 h 30 à 12 h 30 et de 16 h à 19 h (15 h 30 à 17 h 30 en hiver). Fermé le lundi. 5 000 L. ☎ 0575 83 801.

M

MARLIA

Villa Reale – Visite obligatoirement guidée en italien (1 h) de mars à novembre à 10 h, 11 h, 12 h, 15 h, 16 h, 17 h et 18 h, le reste de l'année sur rendez-vous. Fermé les lundis non fériés. 10 000 L. ☎ 0583 30 108.

MASSACIUCCOLI

Antiquarium – Visite de mars à octobre de 9 h à 12 h et 15 h à 18 h (de 16 h à 19 h en horaires d'été), fermé le lundi ; le reste de l'année uniquement le week-end de 9 h à 12 h et de 15 h à 18 h ou sur rendez-vous. Entrée libre. Visite guidée (environ 1 h) possible en italien. Fermé les 1er janvier, dimanche de Pâques et 25 décembre. ☎ 0584 97 58 66.

MASSA MARITTIMA

Musée archéologique – Visite de 10 h à 12 h 30 et de 15 h 30 à 19 h (de 15 h à 17 h de novembre à mars). Fermé le lundi. 5 000 L. ☎ 0566 90 22 89.

Fortezza dei Senesi et Torre del Candeliere – Visite d'avril à octobre de 10 h à 13 h et de 15 h à 18 h ; de novembre à mars de 11 h à 13 h et de 14 h 30 à 16 h 30. Fermé le lundi. 3 000 L. ☎ 0566 90 22 89.

Museo di Storia e Arte delle miniere – Fermé pour travaux lors de l'impression du guide. ☎ 0566 90 22 89.

Antico frantoio – Fermé pour travaux lors de l'impression du guide. ☎ 0566 90 22 89.

Museo della Miniera – Visite guidée uniquement à 10 h 15, 11 h 15, 12 h, 15 h 30 et 16 h 15, ainsi qu'à 17 h et 17 h 45 d'avril à octobre. 10 000 L. ☎ 0566 90 22 89.

MONSUMMANO TERME

Casa Giusti – Visite guidée uniquement (1 h) en italien de 8 h à 14 h et de 15 h à 18 h. Fermé le mardi. Entrée libre. ☎ 0572 95 09 60.

MONTALCINO

Rocca – Visite de 9 h à 20 h (18 h de novembre à mars). Fermé le lundi et le 25 décembre. 4 000 L. ☎ 0577 84 92 11.

Museo civico e diocesano – Visite d'avril à décembre de 10 h à 18 h ; de janvier à mars de 10 h à 13 h et de 14 h à 17 h 40. Fermé le lundi. 7 000 L. Visite guidée (1 h) possible en italien et, sur inscription, en anglais. ☎ 0577 84 93 31.

MONTE OLIVETO MAGGIORE

Abbazia – Visite de 9 h 15 à 12 h et de 15 h 15 à 18 h (17 h en heures d'hiver). Entrée libre. Visite guidée possible en allemand, anglais, français et italien. ☎ 0577 70 76 11.

MONTECATINI TERME   🄱 Viale Verdi 66/68 - 51016 - ☎ 0572 77 22 44

Museo dell'Accademia d'Arte – Visite en été de 15 h à 19 h, le reste de l'année se renseigner. Fermé le lundi. Entrée libre. ☎ 0572 76 63 36.

MONTELUPO FIORENTINO

Museo archeologico e della ceramica – Visite de 9 h à 12 h et de 14 h 30 à 19 h. Dernière entrée possible 1 h avant la fermeture. Fermé le lundi ainsi que les dimanche de Pâques, 15 août et 25 décembre. 5 000 L. Visite guidée (de 1 à 3 h) possible en allemand, anglais et italien. ☎ 0571 51 087.

MONTEPULCIANO

Tour de l'hôtel de ville – Visite de 8 h 30 à 13 h 30. Fermé les dimanches et jours fériés. Entrée libre. ☎ 0578 71 21.

Museo civico – Fermé pour restauration lors de l'impression du guide. ☎ 0578 71 69 35.

MONTERCHI

Salle d'exposition – Visite en juin et juillet de 9 h 30 à 24 h, le reste de l'année de 9 h à 13 h et de 14 h à 19 h (18 h en période d'heure solaire). Fermé le lundi. 5 000 L. Visite guidée (15 mn) possible. Du 1er mercredi de juin au dernier mercredi d'août, concerts de musique classique, médiévale et religieuse dans le jardin. ☎ 0575 70 713.

MURLO

Antiquarium di Poggio Civitate – Fermé pour travaux lors de l'impression du guide. ☎ 0577 81 40 99.

P

Abbaye de PASSIGNANO

Visite guidée uniquement, le dimanche de 16 h à 18 h en heure légale, de 15 h à 17 h en heure solaire.

PESCIA

Gipsoteca Libero Andreotti – Visite d'avril à octobre les mercredis, vendredis, samedis, dimanches et jours fériés de 16 h à 19 h, ainsi que les vendredis et samedis de 10 h à 13 h ; de novembre à mars les mercredis, vendredis, samedis, dimanches et jours fériés de 15 h à 18 h, ainsi que les vendredis et samedis de 10 h à 13 h. Fermé les 1er janvier et 25 décembre. Entrée libre. Visite guidée (une demi-heure) possible en italien. ☎ 0572 49 00 57.

PIENZA
🛈 Corso Rossellino 59 - ☎ 0578 74 90 71

Museo diocesano – Visite de 10 h à 13 h et de 14 h à 18 h 30. Fermé le mardi. 8 000 L. . ☎ 0578 74 99 05.

Palazzo Piccolomini – Visite obligatoirement guidée (une demi-heure) de 10 h à 12 h 30 et de 16 h à 19 h (de 15 h à 18 h d'octobre à mars). Fermé le lundi et en novembre. 5 000 L. ☎ 0578 74 85 03.

PIETRASANTA

Museo archeologico – Fermé pour réaménagement. Informations : ☎ 0584 79 11 22.

PISA
🛈 Via Cammeo 2 - 56126 - ☎ 050 56 04 64

Duomo – Visite de 7 h 45 à 20 h. 3 000 L.

Battistero – Visite en été de 8 h à 20 h ; au printemps et en automne de 9 h à 18 h ; en hiver de 9 h à 17 h. 10 000 L pour la visite de 2 monuments, 15 000 L pour 4, 18 000 L pour les 5.

Camposanto – Mêmes conditions de visite que le baptistère.

Museo delle Sinopie – Mêmes conditions de visite que le baptistère.

Museo dell'Opera del Duomo – Mêmes conditions de visite que le baptistère.

Museo Nazionale di San Matteo – Visite de 9 h à 19 h (14 h les dimanches et jours fériés). Fermé le lundi, ainsi que les 1er janvier, 1er mai et 25 décembre. 8 000 L. Entrée libre pour les citoyens de l'Union européenne de moins de 18 ans et de plus de 65 ans, ainsi que durant la Semaine du patrimoine. Billet combiné avec la visite du musée du Palais royal : 12 000 L. ☎ 050 54 18 65.

PISTOIA
🛈 Piazza del Duomo 4 - 51100 - ☎ 0573 21 622

Chapelle de l'autel de saint Jacques (Duomo) – Visite de 10 h (11 h 20 les dimanches et jours fériés) à 12 h et de 16 h à 17 h 45 (17 h 30 les dimanches et jours fériés). 3 000 L. ☎ 0573 25 095.

Battistero S. Giovanni in Corte – Visite de 10 h à 19 h, les dimanches et jours fériés de 9 h à 12 h 30. Fermé le lundi et les jours fériés nationaux. 6 000 L. Billet combiné avec la visite des autres musées : 12 000 L. ☎ 0573 37 12 78.

Palazzo dei Vescovi – Visite guidée uniquement (1 h 30) en italien les mardis, jeudis et vendredis de 10 h à 13 h et de 15 h à 17 h, après accord avec la Cassa di Risparmio (via Roma 3 – ☎ 0573 36 91).

Cappella del Tau – Visite de 9 h à 14 h. Fermé le dimanche. ☎ 0573 32 204.

Palazzo del Tau – Visite de 9 h à 13 h (12 h 30 les dimanches et jours fériés) et de 15 h à 19 h. Fermé le lundi, l'après-midi les dimanches et jours fériés, ainsi que les 1er janvier, 1er mai et 25 décembre. 6 000 L. Entrée libre le samedi après-midi. ☎ 0573 30 285.

LARA PESSINA

Pistoia – Détail de la frise de l'Ospedale del Ceppo

Museo Civico – Visite de 10 h à 19 h, les dimanches et jours fériés de 9 h à 12 h 30. Fermé le lundi, ainsi que les 1er janvier, 1er mai et 25 décembre. 6 000 L. ☎ 0573 37 12 78.

POGGIO A CAIANO

Villa – Visite accompagnée d'heure en heure de juin à août de 9 h à 18 h 30 ; en avril, mai et septembre de 9 h à 17 h 30 ; en mars et octobre de 9 h à 16 h 30 ; de novembre à février de 9 h à 15 h 30. Fermé les 2e et 3e lundis du mois, ainsi que les 1er janvier, 1er mai et 25 décembre. 4 000 L. ☎ 055 87 70 12.

PONTREMOLI

Musée des statues-stèles de la Lunigiana – Visite de 9 h à 12 h et de 15 h à 18 h (14 h à 17 h en hiver). Fermé le lundi et le 25 décembre. 6 000 L. ☎ 0187 83 14 39.

POPPI

Château – Visite de mi-mars à mi-octobre de 9 h 30 à 12 h 30 et de 15 h à 18 h ; de mi-octobre à mi-mars du jeudi au dimanche de 9 h 30 à 12 h 30 et de 14 h 30 à 17 h 30, les autres jours sur accord préalable. 5 000 L. Visite guidée (1 h) possible, en italien. ☎ 0575 50 22 20.

Parc-Zoo – Visite de 8 h à une heure avant le coucher du soleil. 9 000 L ; enfants : 8 000 L. ☎ 0575 50 45 41.

POPULONIA

Nécropole – Visite de juin à août de 9 h à 20 h ; de mars à mai et en septembre et octobre de 9 h à la tombée du jour, le reste de l'année, uniquement visite guidée sur rendez-vous auprès de Mme Chiara Cilli (☎ 0565 29 002), de 9 h à 14 h (de 10 h à la tombée du jour le week-end). Fermé le lundi, ainsi que les 1er janvier, 24, 25 et 31 décembre. Visite guidée en allemand, anglais, français et italien complète : 3 h, 20 000 L ; partielle : 1 h, 14 000 L.

PORCIANO

Château – Visite du 15 mai au 15 octobre uniquement les dimanches et jours fériés de 10 h à 12 h et de 16 h à 19 h. En cas de fermeture, contacter la gardienne, Mme Evelina Alterini. Laisser une obole. ☎ 055 40 05 17.

PRATO

🛈 Piazza S. Maria della Carceri 15 - 59100 - ☎ 0574 24 112

Museo dell'opera del Duomo – Visite de 9 h 30 à 12 h 30 et de 15 h à 18 h 30. Fermé le mardi, l'après-midi les dimanches et jours fériés, ainsi que les 1er janvier, dimanche de Pâques, 1er mai et 25 décembre. 10 000 L (billet valable également pour le musée de Peintures murales et le château de l'Empereur). Entrée libre le 26 décembre et durant la Semaine des musées. ☎ 0574 29 339.

Museo civico – Fermé pour restauration ; les œuvres sont momentanément transférées au musée des Peintures murales, dans le couvent S. Domenico.

Quadreria comunale – Visite le samedi de 16 h à 19 h 30, le dimanche de 10 h à 13 h. Entrée libre.

Museo d'Arte Contemporanea Luigi Pecci – Visite des expositions temporaires de 10 h à 19 h. Fermé le mardi, ainsi que les 1er janvier (matin), 1er mai, 15 août, 24 (après-midi), 25 et 31 décembre. Visite guidée possible en anglais et italien sur rendez-vous auprès du Dipartimento Educazione (☎ 0574 53 18 25). 12 000 L. Visite de la collection permanente sur rendez-vous. 8 000 L. Billet combiné expositions et collection : 15 000 L. ☎ 0574 53 17.

PRATOLINO

Parc de la villa Demidoff – Visite d'avril à septembre du jeudi au dimanche de 10 h à 20 h ; en octobre seulement le dimanche de 10 h à 19 h. Fermé en hiver. 5 000 L.

Q - R

QUINTO ALTO

Tombe étrusque de la Montagnola – Fermé pour travaux lors de l'impression du guide.

ROMENA

Église – Visite de 10 h à 12 h et de 15 h à 19 h sur rendez-vous. ☎ 0575 58 37 25 (Mme Alba Cipriani).

Château – Visite guidée uniquement (environ 30 mn) en anglais, français et italien le samedi de 9 h à 12 h et de 15 h à 18 h, les dimanches et jours fériés de 10 h à 12 h et de 15 h à 18 h, les autres jours sur rendez-vous auprès de l'ingénieur Tommaso Farrattini Pojani (☎ 0575 58 25 20). 5 000 L.

ROSELLE

Fouilles – Visite de juillet à septembre de 9 h à 20 h 30, d'avril à juin de 9 h à 18 h 30, le reste de l'année de 9 h à 17 h 30. Fermé les 1er janvier, 1er mai et 25 décembre. 8 000 L. Visite guidée (2 h) possible en allemand, anglais et français sur rendez-vous. ☎ 0564 40 24 03.

ROSIGNANO MARITTIMO

Musée archéologique – Visite de juillet à août de 16 h 30 à 21 h 30 ; le reste de l'année de 9 h à 13 h, sauf le dimanche, ainsi que de 15 h 30 à 18 h 30 les week-ends et jours fériés. Fermé le lundi, ainsi que les 1er janvier, dimanche de Pâques, 1er mai et 25 décembre. 5 000 L. Entrée libre pour les personnes de plus de 65 ans et durant la Semaine du patrimoine. Visite guidée (1 h 30) possible en anglais et italien. ☎ 0586 72 42 88.

S

SAN CASCIANO IN VAL DI PESA

Musée d'art sacré – Visite en été le samedi de 17 h à 19 h 30, le dimanche de 10 h à 12 h 30 et de 16 h 30 à 19 h 30 ; le reste de l'année, le samedi de 16 h 30 à 19 h, le dimanche de 10 h à 12 h 30 et de 16 h à 19 h. Entrée libre. ☎ 055 82 29 444.

Abbazia di SAN GALGANO

Visite d'avril à octobre de 10 h à 18 h 30 (19 h le week-end), de mi-février à mars et en novembre et décembre de 10 h 30 à 16 h 30. Entrée libre. ☎ 0577 75 67 38.

SAN GIMIGNANO   🛈 Piazza del Duomo 1 - 53037 - ☎ 0577 94 00 08

S. Maria Assunta – Visite de 9 h 30 à 19 h 30 (17 h le samedi, ainsi que de novembre à mars), les dimanches et jours fériés de 13 h à 17 h. 6 000 L. ☎ 0577 94 22 26.

Musée d'Art sacré – Visite de 9 h 30 à 19 h 30 (17 h de novembre à mars). 5 000 L.

Musée étrusque – Visite de mi-juin à mi-novembre de 11 h à 18 h. 8 000 L. ☎ 0577 94 03 48.

Palazzo del Popolo – Visite de mars à octobre de 9 h 30 à 19 h 20, le reste de l'année de 10 h 30 à 16 h 20 (13 h 30 les 24 et 31 décembre). Dernière entrée 20 mn avant la fermeture. Fermé le vendredi de novembre à février, ainsi que les 1er et 31 janvier, 1er mai et 25 décembre. 7 000 L ; billet combiné pour tous les musées : 18 000 L. **Torre grossa** : 8 000 L ; billet combiné avec la visite du Musée municipal : 12 000 L. ☎ 0577 94 00 08.

SAN GIOVANNI VALDARNO

Musée (Basilique S. Maria delle Grazie) – Visite de juin à septembre de 10 h à 13 h et de 16 h à 18 h, le reste de l'année de 10 h à 12 h et de 15 h à 17 h. Fermé le lundi. 3 000 L. ☎ 055 91 22 445.

SAN MARCELLO PISTOIESE

Musée Ferrucciano – Visite en juillet et août tous les jours de 10 h à 12 h et de 17 h à 19 h (les dimanches et jours fériés de 9 h 30 à 12 h 30 et de 16 h à 19 h), le reste de l'année uniquement le samedi de 15 h à 17 h et le dimanche de 10 h à 12 h et de 17 h à 19 h. 3 000 L. ☎ 0573 62 12 89.

Observatoire astronomique – Visite guidée uniquement (1 h 30) le mardi et le jeudi à 9 h 30, le vendredi et le samedi à 21 h, ainsi que le lundi à 21 h en juillet et août. Fermé deux semaines en septembre. 5 000 L. Il est nécessaire de demander une autorisation deux jours auparavant à la Bibliothèque communale, piazza Matteoti 159, ☎ 0573 62 12 89.

SAN MINIATO

Museo diocesano d'Arte Sacra – Fermé pour travaux au moment de l'impression du guide.

SANSEPOLCRO

Museo Civico – Visite de 9 h à 13 h et de 14 h 30 à 19 h 30 (18 h d'octobre à mai). 10 000 L. Entrée libre le 12 octobre. ☎ 0575 73 22 18.

Abbazia di SANT'ANTIMO

Visite de 10 h 30 à 12 h 30 et de 15 h à 18 h 30, les dimanches et jours fériés de 9 h 15 à 10 h 45 et de 15 h à 18 h. ☎ 0577 83 56 59.

SANT'APPIANO

Antiquarium – Visite uniquement les week-ends et jours fériés de 15 h à 20 h (18 h de novembre à mars). Fermé en janvier, août et décembre. 3 000 L. ☎ 055 80 75 297.

SAN VIVALDO

Sacro Monte – Visite obligatoirement guidée les jours ouvrables, libre les dimanches et jours fériés de 9 h à 11 h 30 et de 15 h (13 h les dimanches et jours fériés) au coucher du soleil. Fermé l'après-midi le samedi et le matin les dimanches et jours fériés. Laisser une obole. ☎ 0571 68 01 14.

SEGROMIGNO IN MONTE

Villa Torrigiani – Visite obligatoirement guidée (20 mn) en italien et en anglais à l'intérieur de la villa de mars à octobre de 10 h à 12 h et de 15 h à la tombée du jour. Fermé le mardi et de novembre à février. 15 000 L. ☎ 0583 92 80 08.

Villa Mansi – Visite de mars à novembre de 10 h à 12 h 30 et de 15 h à la tombée du jour. 9 000 L. ☎ 0583 92 00 96.

SESTO FIORENTINO

Museo delle Porcellane – Visite les mardis, jeudis et samedis de 9 h 30 à 13 h et de 15 h 30 à 18 h 30. Fermé les jours fériés. 10 000 L. ☎ 055 42 077 67.

SETTIGNANO

Jardin de la villa Gamberaia – Visite de 8 h à 19 h (18 h en hiver). 15 000 L. ☎ 055 69 72 05.

SIENA   🚩 Piazza del Campo 56 - 53100 – ☎ 0577 28 05 51

Palazzo Pubblico – Visite en juillet et août de 10 h à 23 h, de mars à juin et en septembre et octobre de 10 h à 19 h, de novembre à février de 10 h à 16 h, toute l'année les dimanches et jours fériés de 10 h à 18 h 30. Fermé les 1er janvier, 1er mai, 1er et 25 décembre. 12 000 L. Billet combiné avec la montée à la tour del Mangia : 18 000 L. ☎ 0577 29 22 63.

Montée à la tour du Mangia – Mêmes horaires que le Palazzo Pubblico. 10 000 L.

Duomo – Visite de mi-mars à octobre de 7 h 30 à 19 h 30 ; de novembre à mi-mars de 7 h 30 à 13 h 30 et de 14 h 30 à 17 h, le dimanche de 7 h 30 à 13 h et de 14 h 30 jusqu'à la fin de l'office. ☎ 0577 28 30 48.

Libreria Piccolomini – Visite de mi-mars à octobre de 9 h à 19 h 30 ; de novembre à mi-mars de 10 h à 13 h et de 14 h 30 à 17 h. 2 000 L.

Museo dell'Opera Metropolitana – Visite de mi-mars à septembre de 9 h à 19 h 30 ; en octobre de 9 h à 18 h ; de novembre à mi-mars de 9 h à 13 h 30. Fermé les 1er janvier et 25 décembre. 6 000 L. ☎ 0577 28 30 48.

Battistero di S. Giovanni – Visite de mi-mars à septembre de 9 h à 19 h 30 ; en octobre de 9 h à 18 h ; de novembre à mi-mars de 10 h à 13 h et de 14 h 30 à 17 h. Fermé les 1er janvier et 25 décembre. 3 000 L. ☎ 0577 28 30 48.

Pinacoteca – Visite de 8 h 30 à 13 h 30 et de 14 h 30 à 19 h ; les dimanches et jours fériés de 8 h à 13 h. Fermé les 1er janvier, 1er mai et 25 décembre. 4 000 L. Entrée libre pendant la Semaine de la Culture. ☎ 0577 28 11 61.

STIA

Musée d'art contemporain – Visite sur demande au gardien (☎ 0575 58 33 88). 3 000 L.

T

Rocca a TENTENNANO

Visite de juin à septembre tous les jours de 10 h à 13 h et de 15 h à 19 h ; en avril et mai tous les jours de 10 h à 12 h 30 et de 15 h à 18 h 30 ; en octobre tous les jours de 10 h à 13 h et de 14 h 30 à 17 h 30 ; en mars uniquement le week-end de 10 h à 12 h 30 et de 14 h 30 à 17 h ; le reste de l'année les week-ends et jours fériés de 10 h à 13 h et de 14 h 30 à 16 h 30. 3 000 L. ☎ 0577 88 73 63.

TORRE DEL LAGO PUCCINI

Villa Puccini – Visite obligatoirement guidée (20 mn) en allemand, anglais, français et italien d'avril à octobre de 10 h à 12 h 30 et de 15 h à 18 h 30 (18 h en avril et mai), de décembre à mars de 10 h à 12 h 30 et de 14 h 30 à 17 h 30. Fermé le lundi, sauf en été, et tout novembre. 7 000 L. ☎ 0584 34 14 45.

V

VALDICASTELLO CARDUCCI

Casa natale di Giosuè Carducci – Visite en juillet et août du mardi au dimanche de 17 h à 20 h ; le reste de l'année le mardi de 9 h à 12 h et le week-end de 9 h à 12 h et de 15 h à 18 h. Entrée libre. Visite guidée (une demi-heure) possible en italien sur rendez-vous. ☎ 0584 79 11 22.

VALLOMBROSA

Couvent – Visite en été de 6 h à 12 h et de 15 h à 19 h, en hiver de 9 h à 12 h et de 15 h à 18 h.

Santuario della VERNA

Visite de 8 h à 19 h. Entrée libre. Visite guidée (environ 1 h) possible en italien. ☎ 0575 53 41.

VESPIGNANO

Casa di Giotto – Visite de mi-juin à septembre de 16 h à 19 h, le reste de l'année de 15 h à 17 h, ainsi que de 10 h à 12 h le week-end. Fermé le lundi, le mercredi et le vendredi. 2 000 L. Visite guidée (un quart d'heure) possible en italien. ☎ 055 84 48 251.

VICCHIO

Musée Beato Angelico – Visite de mi-juin à septembre de 16 h à 19 h, le reste de l'année de 15 h à 17 h, ainsi que de 10 h à 12 h le week-end. Fermé le lundi, le mercredi et le vendredi. 7 000 L (billet combiné avec la visite de la maison de Giotto à Vespignano). ☎ 055 84 48 251.

VILLAFRANCA IN LUNIGIANA

Musée ethnographique – Visite de 9 h à 12 h et de 16 h à 19 h (15 h à 18 h d'octobre à avril). Fermé le lundi, ainsi que les 1er janvier, dimanche de Pâques, 24 juin et 25 décembre. 5 000 L. ☎ 0187 49 44 00.

VINCI

Museo Leonardiano – Visite de 9 h 30 à 19 h (18 h de novembre à février). 7 000 L. Visite guidée (1 h) possible en allemand, anglais, français et italien sur rendez-vous. ☎ 0571 56 055.

Maison natale de Léonard de Vinci – Mêmes horaires que le musée. Entrée libre. Visite guidée (une demi-heure) possible en allemand, anglais, français et italien sur rendez-vous. ☎ 0571 56 055.

VOLTERRA Piazza dei Priori 20 - 56048 - ☎ 0588 87 257

Palazzo Viti – Visite d'avril à début novembre de 9 h à 13 h et de 14 h 30 à 18 h ; le reste de l'année sur rendez-vous. 7 000 L. ☎ 0588 84 047.

Pinacoteca – Visite de 9 h à 19 h (14 h de début novembre à mi-mars). Fermé les jours fériés nationaux. 13 000 L (billet valable pour la visite des autres musées de la ville).

Museo etrusco Guarnacci – Mêmes horaires de visite que la pinacothèque. Fermé les 1er janvier et 25 décembre. 13 000 L (billet valable pour la visite des autres musées de la ville). ☎ 0588 86 347.

Lexique

SUR LA ROUTE ET EN VILLE

A destra, a sinistra	à droite, à gauche	lavori in corso	travaux en cours
banchina	bas-côté	neve	neige
binario	quai (de gare)	passaggio a livello	passage à niveau
corso	boulevard	passo	col
discesa	descente	pericolo	danger
dogana	douane	piazza	place
fermata	arrêt (d'autobus)	piazzale	esplanade
fiume	fleuve, rivière	stazione	gare
frana	éboulement	stretto	étroit
ghiaccio	verglas	uscita	sortie
ingresso	entrée	viale	avenue
largo	rue très large	vietato	interdit

SITES ET CURIOSITÉS

abbazia	abbaye	mercato	marché
affreschi	fresques	pala	retable
aperto	ouvert	palazzo	palais
cappella	chapelle	passeggiata	promenade
casa	maison	piano	étage
castello	château, forteresse	priorato	prieuré
certosa	chartreuse	quadro	tableau
chiesa	église	(in) restauro	(en cours de) restauration
chiostro	cloître		
chiuso	fermé	rivolgersi a...	s'adresser à...
civico	municipal	rocca	château fort
collegiata	collégiale	rovine, ruderi	ruines
cortile	cour	sagrestia	sacristie
dintorni	environs	scala	escalier
duomo	dôme, cathédrale	scavi	fouilles
eremo	ermitage		
funivia	téléphérique	seggiovia	télésiège
gole	gorges	spiaggia	plage
lago	lac	tesoro	trésor
lungomare	promenade de bord de mer	torre	tour
		vista	vue

MOTS USUELS

oui, non	si, no	beaucoup	molto
monsieur	signore	peu	poco
madame	signora	plus / moins	più / meno
mademoiselle	signorina	cher	caro
hier	ieri	combien çà coûte ?	quanto costa ?
aujourd'hui	oggi	grand	grande
demain	domani	petit	piccolo
matin	mattina	la route pour... ?	la strada per... ?
soir	sera	où ?	dove ?
après-midi	pomeriggio	où est... ?	dov'è... ?
s'il vous plaît	per favore	quand ?	quando ?
merci	grazie	peut-on visiter ?	si può visitare ?
pardon	scusi	quelle heure est-il ?	che ore sono ?
assez	basta		
bonjour	buon giorno	je ne comprends pas	non capisco
bonsoir	buona sera		
au revoir	arrivederci	tout, tous	tutto, tutti

CHIFFRES ET NOMBRES

0	zero	10	dieci	20	venti		
1	uno	11	undici	30	trenta		
2	due	12	dodici	40	quaranta		
3	tre	13	tredici	50	cinquanta		
4	quattro	14	quattordici	60	sessanta		
5	cinque	15	quindici	70	settanta		
6	sei	16	sedici	80	ottanta		
7	sette	17	diciassette	90	novanta		
8	otto	18	diciotto	100	cento		
9	nove	19	diciannove	1000	mille		

Index

Les curiosités isolées (châteaux, abbayes, sanctuaires, villas, nécropoles, thermes, belvédères, monts, lacs, îles, gorges, grottes...) sont répertoriées à leur propre nom.

Les monuments situés dans les villes de Florence, Pise et Sienne font l'objet d'une indexation propre, sous le nom de la ville.

L

M

N

O

P